# 沙苑子文史论稿

## Writings in Cultural Relics and History by Shayuanzi

张维慎 著

科学出版社

北京

# 内 容 简 介

本书是作者 10 年间（2013—2022 年）学术论文的汇总，包括文物研究、古代礼俗研究、唐人疾病研究、历史地理研究、中国古代史研究、读书札记、书评 7 个部分，尤其是前四类的多篇论文具有一孔之见，可供研究人员参考。

本书适合历史学、考古学、历史地理学等相关专业高等院校师生及文史爱好者参考、阅读。

**图书在版编目（CIP）数据**

沙苑子文史论稿 / 张维慎著. —北京：科学出版社，2023.8
ISBN 978-7-03-076176-7

Ⅰ. ①沙… Ⅱ. ①张… Ⅲ. ①文史—中国—文集 Ⅳ. ①C52

中国国家版本馆CIP数据核字（2023）第153393号

责任编辑：蔡鸿博 / 责任校对：张亚丹
责任印制：肖 兴 / 书籍设计：金舵手世纪

*科学出版社* 出版

北京东黄城根北街16号
邮政编码：100717
http://www.sciencep.com

**北京中科印刷有限公司** 印刷

科学出版社发行 各地新华书店经销

\*

2023 年 8 月第 一 版 开本：787×1092 1/16
2023 年 8 月第一次印刷 印张：34
字数：756 000

**定价：368.00 元**

（如有印装质量问题，我社负责调换）

　　张维慎，男，1964年生。陕西大荔县人。1986年，陕西师范大学历史系本科毕业，获历史学学士学位；1989年，宁夏大学历史系研究生毕业，获历史学硕士学位；2002年，陕西师范大学西北环境与经济社会发展研究中心研究生毕业，获历史学博士学位。现为陕西历史博物馆学术委员会委员、二级研究馆员，《陕西历史博物馆馆刊》副主编，陕西省三五人才。社会兼职有秦文化研究会副会长、中国武则天研究会副会长、西安唐代文化史研究会副会长、中国唐史学会理事、中国古都学会理事、西安古都学会理事。主要从事中国历史文献、中国历史地理、汉唐文化及文物研究。出版《宁夏农牧业发展与环境变迁研究》《沙苑子文史论集》等；先后在多种刊物上发表学术论文80余篇，代表作有《新石器时代河姆渡人与半坡人居址选择比较研究》《〈史记〉"黄帝铸鼎"之荆山地望考》《面缚：古代投降仪式解读》《关于周人女始祖姜嫄的几个问题》《试论唐高宗的"风疾"及其治疗》《〈新唐书〉"青他鹿角"新解——兼谈"青虫"之名实》《论唐墓壁画中侍女所持"丁"字形竿的用途》《两件唐代跪拜俑拜仪考》《谈"踞坐俑"及其相关问题》等。

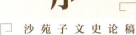

　　摆在读者面前的《沙苑子文史论稿》(以下简称《文史论稿》)一书,是陕西历史博物馆张维慎研究员继2012年出版《宁夏农牧业发展与环境变迁研究》博士论文,2014年出版《沙苑子文史论集》(以下简称《文史论集》)之后的又一部新著。据维慎先生在《文史论集》"后记"所言,该书为收集其二十年间撰作的40篇论文所得;而今,他又将2013—2022年这10年间发表于各种期刊的45篇学术论文,结集形成这本《文史论稿》,足见维慎先生学术研究的精进成熟和勤勉用功。维慎提出让我为这部大著作序,我多有犹豫,恐有僭越或让人耻笑之失。不过,作为同龄、同窗、同乡、同好,并且有二十余年密切交往的学友,维慎的拜托自有他的理由。在此,与其说作序,倒不如看作我拜读这部新著的读后感吧。

　　开宗明义,需要对维慎以"沙苑子"作为两部文集题名做一诠释。上述《文史论集》中"序"作者对书名中为何镶入"沙苑子"虽有推测说明,但这里仍有阐发的必要。"沙苑子"有何独特之意义?读者只知道作者的故乡在陕西大荔,但对大荔或朝邑所在与"沙苑"的关系恐了解得并不多,故很有必要予以提及。笔者与维慎为同乡,我们的故乡位于陕西关中东府同州大荔县,关中地区常以"八百里秦川"丰茂肥沃而著称,但在洛、渭、黄三河交汇之地,历史时期却形成连绵东西八十里、南北三十里奇特的"沙阜"地貌,其与所谓的渭河平原良田沃野格格不入,而著名的"大荔人"先民们就在此繁衍成长、生生不息。这里南北朝末期曾发生过著名的"沙苑大战",奠定了北朝后期中国历史发展的整体格局;初唐时代,李渊、李世民父子常常光顾的长春宫,就位于沙苑东部边沿地带。据《唐六典》等史籍记载,沙苑地区还是唐代长安宫廷所需羊、豚的豢养供应基地,又是某一时期国家军马场之所在。宋元明清时代,这里多民族杂居融合,清末回民起义的发源地恰在于此。史载沙苑地区出产各种农作物及时令水果,近代以来,花生、西瓜、大枣、黄花菜等驰名全国,近年来的冬枣更是闻名遐迩。维慎将"沙苑子"镶入《文史论集》《文史论稿》书名之中,不仅显示出他对家乡"沙苑"的留恋挚爱,而且采用这种命名形式,无疑很好地宣传了关中东府"沙苑"文化。当然,作为从沙苑地区走出来的新一代文史名家,这也是关中东部文化成长发展的突出体现。

全书由"文物研究""古代礼俗研究""唐人疾病研究""历史地理研究""中国古代史研究""读书札记""书评"七部分共45篇各种类别的论文组成,显示出作者宽阔的研究视野及精细深邃的研究风格。通观全书,我认为有以下几个特点。

强调博物贯通,释疑解惑。正如维慎先生所云,做学术刊物的编辑,特别是文博类学术期刊编辑,对诸多司空见惯的问题要力求刨根问底,做到贯通和广博,既要了解别人不知道或者存在疑惑的知识,还要对已有问题的解释提出质疑。《文史论稿》承继上述《文史论集》的风格,层层剥皮,细微探究,堪称典范。如利用陕西各地墓葬出土的鎏金铜蚕,结合文献记载,探讨秦汉时期的农本政策及关中地区的桑蚕业发展;从出土文物图像中的"耦犁",考察学界对史料所见"用耦犁,二牛三人"理解的分歧,辨析出现误解的原因,并用时空变迁理念,以出土汉画像石、敦煌石窟壁画、唐人墓室壁画实物作为素材,究明不同时期不同地域耦犁的使用,以及使用耦犁对当时农业发展的促进等;对文物图像所见汉代一人一牛耕田法的影响也提出自己的看法,部分地解决了学界对秦汉时期农业发展长期存在的一些疑问。

对一些细小却不容忽视的日常生活中存在的问题,有的也牵涉复杂的古代礼仪规范,作者也释疑解惑,提出自己的看法。如依据出土唐墓壁画、文献史料记载,以及其他各类证据,质疑唐房陵大长公主墓壁画所谓"托果盘侍女图"的命名问题,认为该壁画正确的命名应为"持果案侍女图"。利用众多的唐墓壁画实物,以及学界现有研究,考证唐墓壁画侍女所持"丁"字形竿的用途,涉及初唐时代王公贵室钟情绘画、书法展示,带动画轴的出现,进而促成达官贵室侍女日常用"丁"字形竿悬挂画轴形象的出现等。其他例如对出土文物"跽坐俑"所涉及的问题,溯源"跪拜俑",考证史料文献中的"长揖"为"拱手至额,然后弯腰而下手及地"等学界存在模糊印象的问题。而对古代社会中"免冠、徒跣、稽颡"等请罪礼仪亦多有爬梳,令人印象深刻。这些看似琐碎,涉及中国古代宫廷乃至一般民众的礼仪规范,由于时光的流逝已不为现代人所重视和了解,但却是中国传统文化的重要组成部分,作者身处文博部门,见多识广、日积月累,又善于钻研、勤于思考,故而纵横贯通、释疑解惑,得出令人信服的结论。

聚焦热点,探讨古代疾病。近年来,由于新冠疫情的缘故,探讨古代医学社会史成为学界研究的热点之一。作者首先关注史书所载唐高宗罹患"风疾"及其治疗问题,考证得知唐代"风疾"就是现在医学中的"脑卒中(中风)",即所谓的脑溢血、脑血栓等,唐高宗因"风疾",促使皇后武则天逐渐走到国家治理前台,并对当时治疗"风疾"的几种方法及其疗效多有论证,堪称这一问题最前沿的研究。其次,探讨高宗时期著名御医秦鸣鹤的医术,阐述唐代域外"开脑取虫"及秦鸣鹤的头顶"放血"疗法,并将这种"刺头微出血"疗法归结为内病外治。再次,作者利用现存8方出土唐人墓志史料,再结合文献史料记载,广范围探讨唐人常见的另外一种病症"气疾",认为唐人患"气疾"者有六种症状，即患"气疾"者需注意通风，"气疾"患者暑天及登高会加剧病情，"气疾"患者心情紧张亦会对治疗不利，"气疾"可以治愈，但亦可致人死亡等，这些结论性的东西无疑对探讨唐代医学社会史具体问题提供佐证。作者还利用新出土的23方墓志史料，从志文所表现出的唐人不同神情心理状态，如"悲（哀）""忧""恨"，爬梳极端心情和疾病产生间的关系。同时，作者总结出中医在对情志的控制和引导中所起的作用，唐人官宦子弟饱食终日，却因情志控制的缺失丧命黄泉，当然也会对今人如何打理控制不良情绪提供借鉴。不仅如此，作者还将唐人疾病，特别是将皇帝罹患疾病与国家政治风向转变联系起来，重点探讨疾病与政治，即唐高宗"风疾"与高宗、武则天"二圣"政治格局形成的关系。有关这一点，此前虽有学者在其论著中约略提到，但作者专文论述在学界当为首次。总之，作者利用出土石刻墓志史料，并结合文献记载，将学界或人们稍有了解，但却难得其详的唐人乃至中古时代所谓的"风疾""气疾"，以及人们在特殊状态下的极端心情导致致命病症联系起来，警示今人注重情感管理，避免不必要的身心损伤。这些论述既聚焦疫情状态下学界的热点问题，无疑也对唐代医疗社会史研究的深入做出了贡献。

旧瓶装新酒，考辨史实。西汉元年，高祖刘邦采纳大将韩信策略，"从故道出，袭雍"，历来文献记载就有这次行动时间的"八月说""五月说"两种说法，作者依据文献史料，统计刘邦率领军队随从从长安到南郑约需十日，拜韩信为大将则需要五日，为自己建造宫殿至少也需要十日；与此同时，从巴蜀征运粮草最少也要半个月，而从实力看，汉王刘邦一个月进军到关中的时间也是过于仓促。如此看来，刘邦率兵四月出发，五月到达关中根本就是不可能的事情，在此前提下，作者认定"八月说"的正确。对于秦末著名谋略之士范增事迹，战国至汉初"竖子"称谓，三国时期曹魏"质任"制度，以及诸葛亮北伐目的、行走路线及粮草供给，赫连夏政权速亡原因，唐太宗公主婚姻等问题，作者均在鞭辟入里的考释论证之后，得出自己的看法。

另外，众所周知，武则天建立武周政权前后，为了实现其改朝换代的政治目的，在利用酷吏制造白色恐怖的同时，还从政坛舆论入手，不仅频繁改换年号，而且对不同时期的政敌、情敌改名换姓，对掌控舆论风向起到了重要作用。作者抓住这一问题，探讨武则天为李氏家族、武氏家族、徐氏家族改姓；改孙万荣、李尽忠、默啜、骨咄禄等少数民族首领的名字史实证据，汇总学界对武则天如此作为的评论，特别提及清人赵翼对此的看法，认为武则天作为中国历史上唯一的女皇帝，她从登上皇帝宝座前到登基后的所作所为，有些是可取的，有些则是值得商榷并应受到鞭挞的。无疑，这些改名换姓等不择手段即是如此。就这样，这些学界一直存在的固有问题，经过作者深入细致的分析考证，得出自圆其说的结论，为读者了解相关问题提供了很好的参考。

利用新资料，解决老问题。无疑，唐太宗、高宗父子在位期间，解决唐与朝鲜半岛三国存在的问题，是其实现中国的天下秩序的重要一环。对此，海内外学界做过很多有益的探讨，只是因史料欠缺等缘故，有些问题的结论仍有进一步探讨的必要。随着西安、洛阳及其周边城市开发建设大张旗鼓地开展，大量唐人墓志得以面世。作者注意到这一时期唐朝与朝鲜半岛关系关联的唐人任雅相、萧嗣业两人事迹，以及苏定方出征高句丽失利原因等问题，并对此多有爬梳和创建。"任雅相墓志"前些年在关中东部现世，因任氏官拜宰相，担当唐朝出兵高句丽唐军浿江道行军总管，但却成为丧命于朝鲜半岛前线唐朝最高职阶的官员军将；而《旧唐书》《新唐书》并未有任雅相的传记，故墓志的价值可想而知。作者首先对志文的字词做了相应的释读，为下文探讨墓主所涉及的问题提供保证，然后考察志文中涉及的任雅相生平事迹，认为任雅相墓志弥补了《旧唐书》《新唐书》未为任雅相立传的欠缺；志文中转录的5件皇帝诏书，为研究初唐时代诏书格式提供了新的资料；志文提供了唐朝任命燕然都护的时间和人选，这一新的说法弥足珍贵；志文充分反映出661年唐军征伐高句丽战役实况，以任雅相指挥平壤城攻坚战，最终身亡前线的史实；指出志文记载任雅相死于龙朔元年（661）十二月相对可信，从而纠正了历来史书记载任雅相死于龙朔二年二月的错误。与此同时，对于苏定方龙朔元年征伐高句丽失利原因的探讨，作者亦在学界现有的研究基础上，引用上述任雅相墓志、含资道行军总管柴将军精舍草堂铭，以及其他可资辩驳的石刻、文献史料，得出失利源自唐百济留守军陷入困境，对苏定方所率远征军难以形成有效配合；高句丽王廷内部团结，唐人无机可乘；唐境内突发铁勒叛乱，阻挠了高宗实施南北夹攻高句丽战略的实施；进攻时间恰值寒冬时节，大唐远征军饥寒交迫，难以实施有效进攻，进而导致战事全线失利。这些看似平常，但在此前研究中却多少有所忽视的问题，经过作者精心考辨得出自圆其说的观点。对初唐鸿胪卿萧嗣业事迹的考述亦是如此。《旧唐书》萧嗣业本传只有百字左右，作者利用新出土的萧嗣业的家门萧瑀、萧守规墓志，探讨出自兰陵的萧氏在唐朝的繁衍生息状况，利用李勣墓志、郑仁泰墓志考证萧氏军旅生涯历程，当然这些也和萧嗣业的生平事迹联系起来。同时，文中还探讨萧嗣业"深识蕃情"，进而出任鸿胪卿，显庆二年担当伊丽道行军大总管，参与平定西突厥贺鲁叛乱；龙朔元年官拜扶余道行军大总管，随苏定方征伐高句丽，中途返回，又以仙萼道行军总管参与平定铁勒九姓叛乱；最终在调露初年因平叛突厥失利被流放岭南而死之史实。检索现有研究，作者对任雅相、萧嗣业在初唐时代开疆拓土贡献的探讨，应为海内外学界之首创，显示出作者极强的学术敏感度和雷厉风行的探索精神；而对苏定方率三十五军于龙朔元年出征高句丽失利原因的考察，亦可看出作者宽广的学术探讨视野。

除此之外，《文史论稿》还收录了作者读书札记七则（包括其他学术散论四篇），以及为新出版学术著作撰写的四篇书评，勾勒出近年来作者对学界诸多学术问题的思考轨迹。全书附有120余幅文物照片、10余幅地图，以及作者精心制作的10余个表格，不仅图文并茂，而且通过地图、表格的清晰映衬，有利于读者对所论问题的理解。不仅如此，作者适应国际化学术交流的新要求，将书名、目录等书籍要件译为英语，有助于不同语言环境的读者了解本书内容，这也是值得推崇和效法的一大亮点。

当然，作为一部学术文集，其中可资论证或宣扬之优点仍有许多，例如既有宏观论述，让人对所论有整体全面的了解，也有对某些特定问题解剖麻雀般的细致入微，笔者在此只是就学习过程中所得予以介绍，相信读者在阅读过程中，一定会有更多的收获和认识。无疑，这是作者迄今出版的第三部著作，以作者对学术研究的执着和勤勉，一定会在向后的论著中，对论题的选择、各类史料的运用、宏观与微观的合理把握等方面，更加稳健自如成熟。期待作者新的著作不断出笼，为故乡"沙苑"，以及海内外学术界做出更多更大的贡献。

是为序！

陕西师范大学历史文化学院

拜根兴　教授

2021年12月24日

于西安封城氛围下之南郊陋室

# 目 录

沙苑子文史论稿

## 文 物 研 究

## 古代礼俗研究

## 唐人疾病研究

# 历史地理研究

# 中国古代史研究

# 读 书 札 记

## 书　　评

# Table of Contents

沙 苑 子 文 史 论 稿

## Research on Cultural Relics

## Research on Ancient Rituals and Social Customs

# Research on Diseases of the Tang People

# Research on Historical Geography

# Research on Chinese Ancient History

## Reading Notes

## Book Review

沙苑子文史论稿

# 文物研究

# 鎏金铜蚕与秦汉王朝的农本政策<sup>*</sup>

**摘要**：关中西周贵族墓中有陪葬玉蚕的习俗，史载秦始皇陵陪葬有金蚕（即鎏金铜蚕），当是对西周贵族墓陪葬玉蚕习俗的继承和发展。周秦汉时期，皇后"亲蚕"礼与皇帝"亲耕"礼一样重要，是国家农本政策的表现。石泉发现的鎏金铜蚕，应是来自高等级的汉墓，它是墓主人参加皇后"亲蚕"礼的纪念，是汉王朝农本政策在丧葬礼仪上的重要体现，也是关中和南山（秦岭）蚕桑业兴盛的反映。

**关键词**：西周；秦；汉；玉蚕；鎏金铜蚕；农本政策

1984年12月的一天，陕西省石泉县农民在池河（古直水）河畔谭家湾（西汉古直城遗址）淘金时发现了一枚鎏金铜蚕（图一）。通长5.6、胸围1.9、胸高1.8厘米，重

图一 "鎏金铜蚕"发现地

---

\* 本文与张红娟合作。

10克。全身首尾共计九个腹节，胸脚、腹脚、尾脚均完整，体态为仰头或吐丝状，造型逼真，制作精美（图二）①。现藏于陕西历史博物馆。另外，日本京都帝国大学文学部陈列馆收藏有两件金蚕：一件金蚕长5.5、宽0.57、厚0.5厘米。铜质，通体鎏金，全身共有五个节段，底面尾部有两对脚，中间部位有四对脚。另外一件金蚕体型稍大，蚕身下部的脚凸起明显，全身共有九个节段②。

图二　鎏金铜蚕

石泉县位于安康地区西部，"因县城江畔，石隙多泉，其水清冽，故名石泉。秦属西城县。汉属安阳"③。石泉县是陕西省蚕桑基地县之一，"现有桑园24749亩，其中良桑占51%，幼林桑占76.5%。1984年产茧98.56万斤，在安康地区居第三位"④。其气候属北亚热带湿润季风气候，适宜发展蚕桑业。

孟子说："五亩之宅，树之以桑，五十者可以衣帛矣。鸡豚狗彘之畜，无失其时，七十者可以食肉矣。"⑤帛就是丝织品的材料。《汉书·食货志》载："还（环）庐树桑，菜茹有畦，瓜瓠果蓏殖于疆易（场），鸡豚狗彘毋失其时，女修蚕织，则五十可以衣帛，七十可以食肉。"⑥"易"乃"场"之讹，《诗·小雅·信南山》"中田有庐，疆场有瓜"可证。可见，以孝治天下的西汉统治者，把孟子主张老人"五十者可以衣帛，七十者可以食肉"的想法作为自己的理想来实现。

汉承秦制。西汉王朝的农本政策，显然承袭于秦王朝。秦与周一样，都是依靠关中的地理优势，在农本政策下发展起来的。下面分别加以阐述：

---

① 冀东山主编：《神韵与辉煌——陕西历史博物馆国宝鉴赏·青铜器卷》，西安：三秦出版社，2006年，第214页。

② 〔日〕滨田耕作：《金蚕考》，《东亚考古学研究》，冈书院，1930年，第221—228页。

③ 何金铭主编：《陕西县情》，西安：陕西人民出版社，1986年，第657页。

④ 何金铭主编：《陕西县情》，第660页。

⑤ 杨伯峻：《孟子译注·梁惠王章句上》，北京：中华书局，1960年，第5页。

⑥ （汉）班固：《汉书》卷24上《食货志第四上》，北京：中华书局，1962年，第1120页。

## 一、西周的农本政策与关中的蚕桑业

周的祖先后稷，在小儿时就立志于农作物的栽培。史载：周人"犹有先王之遗风，好稼穑"①。这是说，周人是擅长农业生产的。

《诗·豳风·七月》载："……春日载阳，有鸣仓庚。女执懿筐，遵彼微行，爰求柔桑……蚕月条桑，取彼斧斨，以伐远扬。猗彼女桑……"②这反映了关中地区的劳动人民从春天到八月整个采桑、育蚕、作茧、织丝、作衣的全过程。赵承泽先生据此认为："周代以农立国，自公刘起至古公亶父，凡10代，都迁居豳地（今陕西旬邑县），并改善农桑……当时豳地已成为祖国古老的蚕区，建有'公桑''蚕室'。天子、诸侯的夫人在每年养蚕缫丝之前，还要举行蚕缫的祀礼，以示提倡，蚕丝生产在当时的重要性可知。"③这说明西周初年"豳地"（今陕西彬州、旬邑一带）已普遍种桑养蚕和织帛，关中西部蚕桑生产已达到一定的水平，所以《汉书·地理志》才有"故《豳》诗言农桑衣食之本甚备"的话。

《石泉县志·地理志第一》："夫石泉，古庸人之国也。地滨汉水，在周之南。周室东迁，楚灭庸，至于石溪，遂兼其地。秦列天下为郡县，为汉中郡地。汉为安阳县地，蜀汉时为西城郡地。"④据此可知，石泉是"古庸人之国"，在周的南面。

周武王灭商，庸人曾参与其事⑤，可谓有功于周。西周先祖擅长种桑养蚕是不争的事实。西周王朝建立后不久，把种桑养蚕技术传给有功于己的庸人，当是情理中事。也就是说，西周王朝建立后不久，庸人就学会了周人的技术，在石泉发展了种桑养蚕业。

西周、春秋时期，关中平原已普遍种桑养蚕，桑林成片，养蚕织丝成了妇女的副业生产⑥。

1974年12月至1975年4月底，宝鸡茹家庄西周墓发掘队在宝鸡茹家庄发掘了西周奴隶主贵族强伯、井（邢）姬夫妇合葬墓，出土玉石器1300多件，其中就包括玉蚕⑦。

① （汉）司马迁：《史记》卷129《货殖列传》，北京：中华书局，1982年第2版，第3261页。

② 周振甫：《诗经译注》（修订本），北京：中华书局，2010年，第200页。

③ 赵承泽主编：《中国科学技术史》（纺织卷），北京：科学出版社，2002年，第9页。

④ （清）舒钧纂修：《石泉县志》（道光二十五年刊本），台北：成文出版社股份有限公司，1969年，第13页。

⑤ 《史记》卷4《周本纪》，第122页。

⑥ 田培栋：《陕西通史·经济卷》，西安：陕西师范大学出版社，1997年，第16页。

⑦ 宝鸡茹家庄西周墓发掘队：《陕西省宝鸡市茹家庄西周墓发掘简报》，《文物》1976年第4期。

据研究，BRM1乙室的墓主人为强伯，BRM2的墓主人为井姬①。具体地说，蚕出于死者胸部。该墓甲、乙两室共出土十件，均为圆雕，雕工都十分精细，口部有一穿孔。按其形制可分为三式，BRM1甲室出三件，有Ⅰ、Ⅲ两式（图三）；BRM1乙室出七件，有Ⅰ、Ⅱ两式（图四—图六）。Ⅰ式，二件。标本BRM1甲：229，青玉，灰白色，晶莹透明。体似幼蚕，两小圆目突起，首尾共五节。长1.3、宽0.4厘米。标本BRM1甲：227，青玉，灰绿色，透明光润。蚕体平直，背微鼓起，首尾共七节。长1.9、宽0.5、高0.5厘米。Ⅲ式，一件。标本BRM1甲：228，青玉，灰黄色，略透明。屈身，

图三　Ⅰ式蚕（BRM1甲：229、227）、
Ⅲ式蚕（BRM1甲：228）

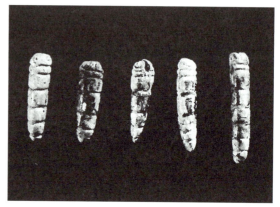

图四　Ⅰ式蚕（BRM1乙：270—274）

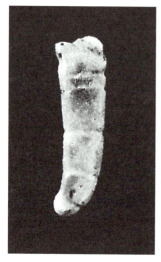

图五　Ⅰ式蚕（BRM1
乙：276）

图六　Ⅱ式蚕（BRM1乙：256）

① 中国社会科学院考古研究所编：《新中国的考古发现与研究》，北京：文物出版社，1984年，第258页。

圆头尖尾，形似蚕蛹，首尾共五节。长1.5、宽0.4、高0.8厘米①。在茹家庄二号墓（BRM2），出于死者头颈部的串饰（标本BRM2：62），由料珠与玉蚕组成，其中玉蚕十件（图七）。十件玉蚕均为圆雕，青玉，灰白色，泛绿，玉质油润透亮。蚕两小目突起，穿孔在口部，首尾7—8节不等，其中两件体微曲。一般长2.6—3.2、宽0.3—0.5、高0.4—0.6厘米②。

西周奴隶主贵族强伯、井（邢）姬夫妇异穴合葬墓中均有仿生玉蚕陪葬，而且井（邢）姬墓中的玉蚕数量多于强伯墓，说明种桑养蚕主要与妇女有关，是统治者提倡的本业。

在宝鸡竹园沟，考古工作者也发掘了一批西周墓葬，这些墓葬属强国墓。竹园沟墓地共出玉蚕16件，可分为三式。BZM13出土二件，属Ⅱ式。圆雕，体作弯钩状，似蚕蛹。标本BZM13：92、93，两件大小相同，青玉，灰白色，不透明。大头，两目突起，口部有一圆穿孔，蚕体首尾共六节。长3、宽1、厚0.5厘米③。BZM9出土14件，分三式。Ⅰ

图七　玉串饰

式，二件。圆雕，体躯呈长条状，背腹平直。标本BZM9：16，青玉，灰黄绿色，透明油润。蚕体较扁平，两小圆目突起，口部有一穿孔，首尾共十节。长5.4、宽0.7、厚0.4厘米。标本BZM9：17，青玉，灰绿色，透明光亮。两小圆目微突，口部有一穿孔，首尾共六节。长3.9、宽0.6、厚0.4厘米（图八）。Ⅱ式，九件。圆雕，蚕体作弯钩状，似蚕蛹。标本BZM9：18、19、20、21、22，五件形制、大小、色泽基本相同。青玉，墨绿色，略透明，光润。蚕头部较大，两小圆目突起，口部有一穿孔，首尾共六节。长1.6、宽0.6—0.8、厚0.6厘米。标本BZM9：25、26、27、28，四件形制、大小、色泽基本相同。青玉，灰白色，不透明。两圆目微突，口部为一穿孔，首尾共六节。长1.6、宽0.6、厚0.4厘米。Ⅲ式，三件。蚕体特小微拱，似幼蚕匍行状。标本BZM9：23、24，两件形制、大小、色泽相同。青玉，灰绿色略透明。无目，口部有一圆穿孔，首尾共六节。长1.6、宽0.4、厚0.2厘米。标本BZM9：29，青玉，

① 卢连成、胡智生：《宝鸡强国墓地》，北京：文物出版社，1988年，第349页；图三采自该书图版一九二（CXCII）5，图四采自该书图版一九二（CXCII）4，图五采自该书图版一九二（CXCII）6，图六采自该书图版一九二（CXCII）7。

② 卢连成、胡智生：《宝鸡强国墓地》，第380页；图七采自该书图版二〇六（CCVI）2。

③ 卢连成、胡智生：《宝鸡强国墓地》，第89页。

灰白色，质地差。长1.4、宽0.3、厚0.2厘米（图九）[①]。

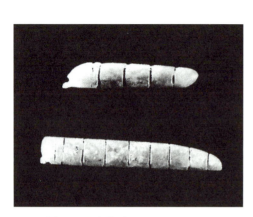 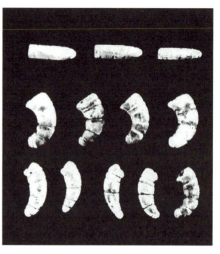

图八　Ⅰ式蚕（BZM9∶17、16）　　图九　Ⅲ式蚕（BZM9∶23、24、29）、
　　　　　　　　　　　　　　　　　　　Ⅱ式蚕（BZM9∶18—22、25—28）

在扶风强家村一号西周墓中，也出土玉蚕和玉蚕蛹各一件。玉蚕1件（M1∶93），黄绿色，半透明，通体抛光，晶莹鲜润，通体弯曲成半环状，圆雕。巨目圆嘴，大圆耳，体有节骨纹，尾端扁平，腮帮两侧有对穿的小孔，形象逼真。长7.5厘米。玉蚕蛹1件（M1∶107），青白色，通体抛光，圆雕。方首，大嘴，圆目，体有节骨纹，下颚处有上下对穿的小孔。长3.7、厚0.5厘米[②]。

位于西安市长安区沣河西岸马王镇张家坡村的张家坡西周墓地，应为丰京遗址所在。

在张家坡西周墓地出土的玉器中，标本206∶2是一件玉蚕，白色软玉，首尾10节，嘴下有穿孔[③]。这里的西周墓葬出土了大量的玉器，其中包括仿生的玉蚕，共19件（不包括串饰中的玉蚕）。蚕器形较小，绝大部分都用软玉制作，宽头，尖尾，身上刻横线纹以象腹节。以蚕的体态，分为三式。Ⅰ式，11件。蚕体弯曲似钩状。如M52∶14，透闪石软玉，白色。头部较宽，两侧刻出一对小圆睛，尖尾，蚕身刻八周线纹，顶端有一孔，由腹下侧穿透。长2.8、宽0.9、厚0.5厘米（图一〇）。M50∶19，透闪石软玉，绿色有褐斑。顶端刻一对蚕睛，身上刻七周横线，顶端眼下有一穿孔，由腹下侧穿透。长3.4、宽0.7、厚0.6厘米。M219∶06，透闪石软玉，灰绿色。此蚕体短而粗

① 卢连成、胡智生：《宝鸡强国墓地》，第242页；图八采自该书图版一三九（CXXXLX）2，图九采自该书图版一三九（CXXXLX）3。

② 周原扶风文管所：《陕西扶风强家一号西周墓》，《文博》1987年第4期，第12—13页。

③ 中国科学院考古研究所编：《沣西发掘报告》，北京：文物出版社，1963年，第126页。

壮。顶端两侧刻出一双大眼，以双线纹
将蚕体划为三节，顶端有一穿孔，贯通
蚕尾。长2.5、宽1.3、厚0.8厘米（图一
〇）。M33：34，透闪石软玉，白色。器
形特小，头端两侧刻双目，身上刻四周
横线分为四节，顶端有穿孔由腹下侧透
出。长1.3、宽0.5、厚0.2厘米。Ⅱ式，4
件。蚕身为长条形。M200：07，透闪石
软玉，白色。头端两侧刻出一对圆眼，
下有嘴，蚕身直而尾尖，身上刻六周横
线区分蚕体为六节。嘴部有一穿孔，由
腹下侧透出。长4.4、宽0.6、厚0.6厘米

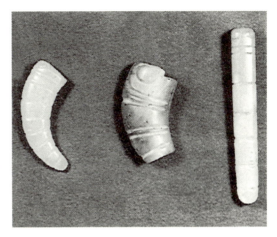

图一〇　Ⅰ式蚕（M52：14、M219：06）、
Ⅱ式蚕（M200：07）

（图一〇）。M2：24：1，透闪石软玉，白色。头宽尾尖，头部仅刻出一凹槽，未刻蚕
目，身上刻六周横线。头端凹槽内有一穿孔。长2.9、宽1.1、厚0.4厘米。Ⅲ式，4件。
为两对，蚕身成三角形。M194：1，透闪石软玉，青灰色。器为长三角形。头端较宽，
两侧刻出蚕目，下为突出的嘴部，上有一穿孔。尖尾，身上有四周凹槽区分为四节。长
3.1、宽1、厚0.4厘米。M244：08，透闪石软玉，褐色。略呈直角三角形，只在宽端刻
一凹槽象征蚕嘴，上有一穿孔。别无刻纹。长1.9、宽1.1、厚0.5厘米[①]。作为丰京遗址
内的张家坡西周墓地，其墓内陪葬大量玉蚕，足以证明西周统治者对种桑养蚕本业的
重视。

2004年10月至2005年10月，考古工作者在少陵原发掘西周墓葬400余座，其中
M330：7出土蚕饰一件。器用青玉雕琢而成，表面光洁润滑，呈竹节状，首端宽，尾
端尖，已残断，首端一角琢蚕眼，身刻四圈阴弦纹。残长2.7、首宽1.5、厚0.5厘米[②]。

1959年12月12日至1960年1月20日，考古工作者在宝鸡福临堡东北角发掘东周
早期墓葬10座，其中有随葬品者7座。墓1出土玉蚕一件，玉质淡黄色，很坚硬，头大
尾细，有节，口眼俱备。长3.9厘米[③]。

在宝鸡的茹家庄、竹园沟的强国墓地以及扶风强家村一号西周墓，在丰京遗址内

①　中国社会科学院考古研究所编著：《张家坡西周墓地》，北京：中国大百科全书出版社，1999
年，第285页；图一〇采自该书图版180（CLXXX）7—9。

②　陕西省考古研究院编著：《少陵原西周墓地》上册，北京：科学出版社，2009年，第53页。

③　中国科学院考古研究所宝鸡发掘队：《陕西宝鸡福临堡东周墓葬发掘记》，《考古》1963年第
10期，第541页。

的张家坡西周墓地及少陵原西周墓M330∶7中，均有玉蚕陪葬，这与《诗经》等文献反映的西周时期关中种桑养蚕业的发达是吻合的。

在考古发掘中，出土的西周时期的丝织品实物残迹也不少。如在岐山贺家村M107西周墓葬中，出土的丝织品残迹在棺内西壁。其丝织品每平方厘米经纬分别是22根和26根，呈红色。在M113墓中，有丝织物残迹为黄土色，其每平方厘米经纬各30根。M123墓中棺底和死者身上的丝织品残迹为白色，每平方厘米经25根、纬30根[1]。经鉴定，"这种丝织品已经用钙质的温水漂凍，并且已用表（朱）砂作颜料而染色"[2]。又在此地发现刺绣，而且刺绣印痕上附着红、黄、褐、棕4种颜色，残痕中红、黄2色特别鲜艳。推测红色是涂上的辰砂，黄色是涂上的黄石，这些是"现知周代最早着色织物"[3]。再如在宝鸡茹家庄发掘的西周奴隶主贵族強伯、井（邢）姬夫妇合葬墓中，亦有丝织物的遗痕，"或则贴附在铜器上，或则压在淤泥上，三层四层叠在一起"[4]。

## 二、秦的农本政策与关中的蚕桑业

西周灭亡以后，"西周故地为秦国所有，因此《秦风·东邻》《皇鸟》中也有'阪有桑，隰有杨'，'交交黄鸟，止于桑'的诗句，可见到秦时关中仍多桑树"[5]。此言不虚。

战国时期，秦国特别重视栽桑养蚕。商鞅变法规定，努力耕织使粟和帛增产的人户，可免其徭役[6]。战国末，《吕氏春秋·上农篇》把耕织看成是"本教"，使"春秋冬夏皆有麻枲丝茧之功"[7]。

《石泉县志·地理志第一》载："夫石泉……秦列天下为郡县，为汉中郡地。"

据此可知，秦时石泉属汉中郡管辖。受秦的农本政策的刺激，在汉中郡管辖下，位于石泉的秦人，当是努力从事蚕桑业的。

在纺织业方面，"秦国大量养蚕抽丝，并继承了周代的纺织技术，每年织造许多绸、绢、锦、帛，又大量织造麻布，供居民穿衣之用。政府也设有官营的纺织作坊，

---

① 陈全方：《周原与周文化》，上海：上海人民出版社，1988年，第85页。

② 杨宽：《西周史》，上海：上海人民出版社，1999年，第306页。

③ 赵承泽、李也贞：《关于西周丝织品（岐山和朝阳出土）的初步探讨》，《北京纺织》1979年第2期。

④ 许倬云：《西周史》（增补本），北京：生活·读书·新知三联书店，2001年，第268页。

⑤ 陈全方：《周原与周文化》，第84页。

⑥ 《史记》卷68《商君列传》载："僇力本业，耕织致粟帛多者复其身。"第2230页。

⑦ 陈奇猷：《吕氏春秋校释》卷26《上农》，上海：学林出版社，1984年，第1711页。

从事较高级的产品，在咸阳等地的遗址中发现有丝、绸、绢、锦和麻布的残片，证明织造技术是非常精湛的"①。

目前考古发现且能够辨别出的有关秦纺织品的标本，只有属于秦公一号大墓内所出土的一批和秦咸阳一号宫殿遗址出土的织物残片。

秦国的纺织手工业，基本上还是继承了商周时期的传统工艺技术，这个时期具有代表性的纺织品主要发现于秦公一号大墓内。大墓内出土的纺织品，"既有丝织物，又有麻织物，前者主要发掘于主椁室内，其用途除了墓主人的衣着、陪葬品外，还有主椁室内壁上的围帐等；后者主要发现于陪葬者的箱、匣殉之内，其用途当属陪葬者的衣着等。且在椁室东南角侧室内发现了一件长约10、宽约15厘米的深灰色丝织品，经专家鉴定，可能是丝织品绢，它质地细薄、工艺水平很高，与现代同类产品相比毫无逊色"②。战国晚期之后，秦代纺织手工业有了长足的发展。蚕丝织物，在秦的丝织品中所占的比重相当大，因为它具有纤维长、弹性好、光泽鲜艳、质地柔软和易采集等特点。丝织品的种类除了绢、纱之外，还有锦等工艺较为复杂的复合织物③，且已出现了毛纺织品。

在咸阳原一号秦宫遗址的窖穴XYNIJ3的木炭层中，出土了一包已经炭化的丝绸衣服，"丝绸质地细致，大多为平纹。种类有锦、绮、绢等。衣服可分辨有单衣、夹衣和丝绵衣。单衣为平纹绢；夹衣和丝绵衣，面为平纹绢或绢地锁绣和锦，里为平纹绢。包袱皮双层，面为平纹绢，里为麻布，还有丝，绳径0.3厘米"④。

## 三、西汉的农本政策与关中的蚕桑业

中国古代以农立国，"男耕女织"是其特点。封建国家把纺织与耕田同等对待，所谓"一夫不耕，或受之饥；一女不织，或受之寒"⑤就是这种思想的深刻反映。

### （一）与皇帝"亲耕"礼同样重要的皇后"亲蚕"礼，是国家农本政策的重要表现

皇帝的农本政策，主要载于皇帝的诏书中。汉文帝十三年（前167）春二月甲寅，

① 田培栋：《陕西通史·经济卷》，第43页。
② 宝鸡先秦陵园博物馆编：《雍城秦公一号大墓》，北京：作家出版社，2007年，第68页。
③ 王学理主编：《秦物质文化通览》上册，北京：科学出版社，2017年，第118页。
④ 秦都咸阳考古工作站：《秦都咸阳第一号宫殿建筑遗址简报》，《文物》1976年第11期，第23页。
⑤ 《汉书》卷24上《食货志第四上》，第1128页。

诏曰："朕亲率天下农耕以供粢盛，皇后亲蚕以奉祭服，其具礼仪。"师古曰："令立耕桑之礼制也。"① 据此可知，文帝十三年把"皇后亲蚕"与"皇帝亲耕"一样作为国家礼仪固定下来了，此后便为后来皇帝所遵循。

景帝后元二年（前142）夏四月，诏曰："雕文刻镂，伤农事者也；锦绣纂组，害女红者也。农事伤则饥之本也，女红害则寒之原也。夫饥寒并至，而能亡为非者寡矣。朕亲耕，后亲桑，以奉宗庙粢盛祭服，为天下先；不受献，减太官，省徭赋，欲天下务农蚕，素有畜积，以备灾害。"②

昭帝元平元年（前74）春二月，诏曰："天下以农桑为本，日者省用，罢不急官，减外徭，耕桑者益众，而百姓未能家给，朕甚愍焉。其减口赋钱。"有司奏请减什三，上许之③。这是"天下以农桑为本"在诏书中的明确反映。

元帝建昭五年（前34）春三月，诏曰："方春农桑兴，百姓（戮）〔勠〕力自尽之时也，故是月劳农劝民，无使后时。"④

成帝阳朔四年（前21）春正月，诏曰："方东作时，其令二千石勉劝农桑，出入阡陌，致劳来之。"⑤ 应劭曰："东作，耕也。"

平帝元始元年（1），"置少府海丞、果丞各一人；大司农部丞十三人，人部一州，劝农桑"⑥。

由以上记载可见，西汉的各位皇帝，非常重视农桑，除"皇帝亲耕""皇后亲蚕"以做表率外，就是"令二千石勉劝农桑"。

据《三辅黄图》所载，上林苑有蚕馆，为皇后亲蚕之地，反映了最高统治者对蚕桑业的重视。

## （二）西汉关中的桑蚕业

### 1. 史籍记载，关中富桑麻

秦汉时期，关中地区大量种植桑麻。南山（秦岭）"其地从汧陇以东，商雒以西，厥壤肥饶"，不仅"出玉石，金、银、铜、铁，豫章、檀、柘"，又有"秔稻梨栗桑麻

---

① 《汉书》卷4《文帝纪》，第125页。
② 《汉书》卷5《景帝纪》，第151页。
③ 《汉书》卷7《昭帝纪》，第232页。
④ 《汉书》卷9《元帝纪》，第296页。
⑤ 《汉书》卷10《成帝纪》，第314页。
⑥ 《汉书》卷12《平帝纪》，第351页。

竹箭之饶，土宜薑芋，水多蛙鱼"①，贫者借此"得以人给家足，无饥寒之忧"。"北依秦岭山麓，南接巴山北坡，中有汉江穿过，全县呈'两山夹一川'地势轮廓"②的石泉县（汉在此设安阳县），处于南山"其地从汧陇以东，商雒以西，厥壤肥饶"范围内，自然，"又有秔稻梨栗桑麻竹箭之饶"的南山包括石泉县在内。西都长安，其"郊野之富，号曰近蜀"，右扶风郑、白渠沿岸，"五谷垂颖，桑麻敷棻"③。杜笃赞誉关中说："《禹贡》所载，厥田惟上。沃野千里，原隰弥望。保殖五谷，桑麻条畅。"④"桑麻条畅"一句，充分反映了关中蚕桑业的兴盛。

关中地区之所以蚕桑业兴盛，与广大百姓的辛勤劳作是分不开的。作为宰相杨敞子的杨恽，失去爵位后，"家居治产业"⑤，"身率妻子，戮力耕桑，灌园治产"⑥，却遭到了别人的讥讽。杨恽是失去爵位后不得已才"身率妻子，戮力耕桑"，而平常百姓的辛勤耕桑却是常态，否则其生计堪忧。献帝兴平元年（194），"八月，冯翊羌叛，寇属县，郭汜、樊稠击破之。九月，桑复生椹，人得以食"⑦。因战乱导致百姓乏食，是他们辛勤种植的桑树所结的桑椹果救了他们的命。黄初初，身为京兆太守的颜斐，其前任"不为民作久远计"，而颜斐到官，"乃令属县整仟佰，树桑果"⑧，体现了关中民间在发展农桑的同时又重视园艺的传统的继承⑨。

《汉金文录》卷4有"大富虫（蚕）王"的铜器，这说明在关中地区已出现了养蚕致富的巨富。

### 2. 种桑是当时农家经营的重要事业

万国鼎先生指出：

> 氾胜之是我国古代杰出的农学家之一。汉成帝（前32—前7）时做议郎，曾经在今陕西省关中平原地区教导农业，获得丰收……他的闻名后世，主要

---

① 《汉书》卷65《东方朔传》，第2849页。

② 何金铭主编：《陕西县情》，第655页。

③ （南朝宋）范晔：《后汉书》卷40上《班彪列传附子固》，北京：中华书局，1965年，第1338页。

④ 《后汉书》卷80上《文苑列传第七十上·杜笃》，第2603页

⑤ 《汉书》卷66《杨敞传附子恽》，第2894页。

⑥ 《汉书》卷66《杨敞传附子恽》，第2895页。

⑦ 《后汉书》卷9《孝献帝纪》，第377页。

⑧ （晋）陈寿撰，陈乃乾点校：《三国志》卷16《魏书·仓慈传》裴松之注引《魏略》，北京：中华书局，1982年，第513页。

⑨ 程兆熊：《中华园艺史》，台北：商务印书馆，1985年，第40—41页。

依靠他的著作《氾胜之书》。《氾胜之书》是后世的通称,《汉书·艺文志》农家称作《氾胜之十八篇》。这书在汉朝就有崇高的声誉……这书的确可以说是整个汉朝四百多年间最杰出的农书[1]。

《氾胜之书》之所以在当时和以后能获得如此高的声誉,与氾胜之对西汉及其以前农业生产的经验教训的总结不无关系。

根据《艺文类聚》[2]和《太平御览》[3]的征引,氾胜之曾经"前上蚕法,今上农事(法)",但各家征引的《氾胜之书》仅有种桑法一条[4],未见有关养蚕的记载,想是已经佚去。"氾胜之所提到关中的农作物,大致有十二三种,如禾、黍、麦、稻等皆为重要的种类,而种桑一项和这些农作物并列,可知桑树的栽种为当时农家经营的重要事业。其地位并不远在禾、黍等农作物之下。"[5]史念海先生的分析,不无道理。

### 3.从桑椹籽的使用量看关中蚕桑的栽种程度

关中人们利用宅旁和其他荒地种桑,是由来已久的事情。

史念海先生说:"《氾胜之书》中所说的种桑法,并不是指的零星栽培,而是有计划地大面积种植。他所陈述的方法是以十亩作计算单位。每亩应种桑椹籽三升,也就是说十亩的桑田起码要准备桑椹籽三斗。这是一个不小的数目。单就这样多的桑椹籽来说,关中已有的桑树应该是不少的。"[6]其说有理。

### 4.从蚕粪的使用量看关中蚕桑的栽种程度

氾胜之在谈到种植农作物时却主张施用蚕粪,或者使用煮茧缫丝的水来调粪溲种。这样都可能使瘠薄的田地肥沃起来。施用蚕粪不仅可以肥田,还可以防止虫害,使田禾耐旱,增加产量。

值得人们重视的是使用蚕粪的数量,正如史念海先生所说:

---

① 万国鼎:《氾胜之书辑释》,北京:农业出版社,1980年,第1页。

② (唐)欧阳询:《艺文类聚》卷85《百谷部·粟》引,上海:上海古籍出版社,1999年,第1453页。

③ (宋)李昉等:《太平御览》卷822《资产部一·农》引,北京:中华书局,1960年,第3661页。

④ (北魏)贾思勰著,石声汉校释:《齐民要术今释》卷5《种桑柘第四十五》引,北京:中华书局,2009年,第405页。

⑤ 史念海:《陕西地区蚕桑事业盛衰的变迁》,氏著:《河山集》三集,北京:人民出版社,1988年,第266—267页。

⑥ 史念海:《陕西地区蚕桑事业盛衰的变迁》,氏著:《河山集》三集,第267页。

《氾胜之书》中在说到种麻和种瓠时都提到这一点。他指出：种麻一株，要施蚕粪三升（《齐民要术》卷二《麻子》引《氾胜之书》），种瓠四苗，要施蚕粪一斗（《齐民要术》卷二《种瓠》引《氾胜之书》）。如果种十亩瓠就应该用蚕粪二百石。施这样多的粪，在苗旁几乎是粪土各半（《齐民要术》卷二《种瓠》引《氾胜之书》）。汉朝的度量衡制度比现在小些，一亩只等于现在的半亩多，十石大致等于现在两石。用现在的话说，按氾胜之的办法，种十亩瓠也要用四十石蚕粪。如果当时农家不是普遍养蚕，而且不是养蚕很多，哪里能够积存这样多的蚕粪？①

从史念海先生的分析可知，西汉时关中的蚕桑种植是普遍的。

### （三）西汉关中的纺织业

汉代的纺织业，分官营与私营两种。

汉政府设置了许多管理蚕丝生产的机构，如"蚕官令丞"，又据西安出土的汉瓦，有"崇蛹嵯峨"瓦，有"□桑□监"瓦，皆为养蚕的宫观及管理蚕事的官置所用。

《汉书》载："少府，秦官，掌山海池泽之税，以给供养，有六丞。属官有……东织、西织……河平元年省东织，更名西织为织室。"②河平元年为公元前28年。西安汉城曾出"织室令印"铜印，应为河平元年以后所设之官。可见，主管汉王朝官营纺织业的最高长官是少府属官的东织室令丞、西织室令丞或织室令。

《三辅黄图》载："织室，在未央宫。又有东、西织室，织作文绣郊庙之服，有令史。"③

《三辅黄图》又载："暴室，主掖庭织作染练之署……有啬夫官属。"④官府手工业掌练染，西汉在暴室（疑属织室令），东汉则在平准令⑤。可见，作为西汉中央王朝的纺织工厂——织室，是位于长安城的未央宫中。

东、西织室制作丝绣衣物，专供皇族使用。设在未央宫的东西织室，一岁的费用相当可观，正如《汉书》卷72《贡禹传》所载：

① 史念海：《陕西地区蚕桑事业盛衰的变迁》，氏著：《河山集》三集，第268页。
② 《汉书》卷19上《百官公卿表第七上》，第731—732页。
③ 何清谷：《三辅黄图校释》卷3《未央宫》，北京：中华书局，2005年，第169页。
④ 何清谷：《三辅黄图校释》卷3《未央宫》，第171页。
⑤ 陈直：《两汉经济史料论丛》，北京：中华书局，2008年，第80页。

故时齐三服官输物不过十笥，方今齐三服官作工各数千人，一岁费数钜
万。蜀广汉主金银器，岁各用五百万。三工官官费五千万，东西织室亦然[1]。

西汉时官营纺织业以齐、蜀等地为发达，东西织室一年的费用是五千万，与齐三
服官的费用相同，说明汉长安城的官营纺织业达到了全国的最高水平。

除官营纺织业外，还有私营纺织业。私营纺织业分为两种：一是官僚地主家中有
许多人参加的私人作坊；二是一家一户的小农个体经营。官僚地主家的纺织业，具有
一定规模。昭宣时期的大官僚张安世，"尊为公侯，食邑万户……夫人自纺绩，家童
七百人，皆有手技作事，内治产业，累积纤微，是以能殖其货，富于大将军光"[2]。连大
臣的夫人尚且"自纺绩"，其家人奴婢从事纺织的，自然不在少数。

官僚地主家的纺织业除具有一定规模外，还引进了当时先进的技术。《西京杂记》
卷一《霍显为淳于衍起第赠金》载："霍光妻遗淳于衍蒲萄锦二十四匹，散花绫二十五
匹。绫出钜鹿陈宝光家，宝光妻传其法。霍显召入其第，使作之。机用一百二十镊，
六十日成一匹，匹直万钱。"[3]据此可知，匹直万钱的散花绫，是霍光妻霍显引进钜鹿陈
宝光家的先进技术织出来的，说明长安城的纺织技术代表了当时的最高水平，难怪陈
直先生慨叹："两汉的纺织手工业，就考古发掘的材料来看，是相当发达的。从染色到
花纹，从花纹到织机的技术，几乎无样不精。"[4]其说有理。

至于一家一户的个体纺织业，是普遍存在的。童书业先生指出："连大臣的家里
尚且讲究纺织，则民间纺织业之盛，自可推想而知。所以到了后汉，凡赏赐臣下或令
人民赎罪，均用谷帛及缣布，赐缯布之数，多者至万匹（见《后汉书·南匈奴传》）以
上；以缯赎罪的，也多至几十匹；这非极盛的纺织业决供应不了。"[5]其说有理。

两汉的丝织品，以缯帛二字为代表名称，犹今人之称丝绸，或称绸缎[6]。《范子计然
书》卷下云："白素出三辅，匹八百。"[7]三辅（今关中地区）所出的白素，由于价钱较临
淄、襄邑锦便宜，一匹值八百钱，所以销路很广，既可以做衣，还可以代替竹简书写。

---

① 《汉书》卷72《贡禹传》，第3070页。

② 《汉书》卷59《张汤传附子安世》，第2652页。

③ （晋）葛洪撰，周天游校注：《西京杂记》，西安：三秦出版社，2006年，第33页。

④ 陈直：《两汉经济史料论丛》，北京：中华书局，2008年，第94页。

⑤ 童书业撰，童教英校订：《中国手工业商业发展史》（校订本），北京：中华书局，2005年，
第36页。

⑥ 陈直：《两汉经济史料论丛》，北京：中华书局，2008年，第76页。

⑦ 陈直：《两汉经济史料论丛》，第80页。

在当时，由于贫穷的读书人往往用不起白素，所以流传着"贫不及素"的话。白素多半是私人作坊的产品，专供市场，说明陕西的丝织品已经享誉京城。在关中地区，家庭纺织业较为发达，所谓"女织"或"妇人纺绩织纴"，主要是为了供自家衣著之需，即使一些官僚地主的家庭，家人的衣服也是自行织造，如王莽时京兆下邽（今渭南）人王丹，拿着自己机杼织出的缣在（河南）太守陈尊面前以示自豪①。再如，后汉扶风平陵人梁鸿，娶孟光为妻后，便一起进入霸陵山中，"以耕织为业，咏《诗》《书》，弹琴以自娱"②。对个体农户来说，家庭纺织业是其不可缺少的，也是政府大力提倡的。

《汉书》卷24上《食货志第四上》载：

> 冬，民既入，妇人同巷，相从夜绩，女工一月得四十五日。必相从者，
> 所以省费燫火，同巧拙而合习俗也③。

服虔曰："一月之中，又得夜半为十五日，凡四十五日也。"师古曰："省费燫火，省燫火之费也。燫所以为明，火所以为温也。"据此可知，进入冬季后，同巷的妇人为了节省照明费和烤火费，聚在一起晚上纺织（相从夜绩），这样在时间上一个月就多出了15日的纺织时间，由此可见民间纺织业的兴盛。

### （四）汉墓中随葬铜蚕的实质

#### 1. 古代皇后的"亲蚕"礼

《礼记·祭仪》载："古者天子诸侯必有公桑蚕室……卜三宫之夫人、世妇之吉者，使入蚕于蚕室，奉种浴于川，桑于公桑……因少牢以礼之。"④明帝永平二年（59）三月，"是月，皇后帅公卿诸侯夫人蚕。祠先蚕，礼以少牢。"⑤

皇后"亲蚕"礼也就是祭先蚕（蚕神），这在唐人杜佑《通典》中有集大成的反映，即对周、汉、后汉、魏、晋、宋、北齐、后周、隋、唐祭先蚕的礼仪做了总结⑥，这里我们只录周、汉、后汉、魏、晋祭先蚕的礼仪如下，正如《通典》卷46《礼六·沿

---

① 《后汉书》卷27《王丹传》，第931页。

② 《后汉书》卷83《遗民列传第七十三·梁鸿》，第2766页。

③ 《汉书》卷24上《食货志第四上》，第1121页。

④ （汉）郑玄注，（唐）孔颖达正义，吕友仁整理：《礼记正义》卷56《祭仪第二十四》，上海：上海古籍出版社，2008年，第1840页。

⑤ 《后汉书》志第4《礼仪上》，第3110页。

⑥ （唐）杜佑撰，王文锦等点校：《通典》，北京：中华书局，1988年，第1288—1289页。

革六·吉礼五·先蚕》所载：

> **周**制，仲春，天官内宰诏后帅外内命妇，始蚕于北郊，以为祭服。蚕于北郊，妇人以纯阴也。天子、诸侯必有公桑蚕室，近川而为之。筑宫仞有三尺，棘墙而外闭之。后妃斋戒，享先蚕而躬桑，以劝蚕事。季春吉巳，王后享先蚕。先蚕，天驷也。享先蚕而后躬桑，示率先天下也。及大昕之朝，君皮弁素积，卜三宫之夫人、世妇之吉者。使入蚕于蚕室，奉种浴于川。桑于公桑，风戾以食之。是月也，命有司无伐桑柘，爱蚕食也。有司，主山林之官也。乃修蚕器，薄槌钩筐之类。禁原蚕。原，再也。天文，辰为马。蚕与马同气，物莫能两大，禁原蚕，为伤马。
>
> **汉**皇后蚕于东郊。其仪：春桑生，而皇后亲桑于苑中。蚕室养蚕千薄以上，祀以中牢羊豕。祭蚕神曰苑窳妇人、寓氏公主，凡二神，群臣妾从桑还，献于茧馆，皆赐从桑者丝。皇后自行。

这里的"千薄"之"薄"，依本校法应作"簿"，证据见后引文。

> **后汉**皇后四月，帅公卿列侯夫人蚕……桑于蚕宫，手三盆于茧馆，毕，还宫。祀先蚕，礼以少牢。凡蚕丝絮，织室以作祭服。祭服者，冕服也。天地宗庙群神五时之服。其皇帝得以作缕缝衣，皇后得以作巾絮而已。置蚕宫令、丞，诸天下官下法皆诣蚕室，与妇人从事，故旧有东西织室作治。
>
> **魏**文帝黄初七年，皇后蚕于北郊，依周典也。
>
> **晋**武帝太康六年，蚕于西郊。盖与籍田对其方也。先蚕坛高一丈，方二丈，四出陛，陛广五尺，在皇后采桑坛东南帷宫外门之外，而东南去帷宫十丈，在蚕室西南，桑林在其东。取列侯妻六人为蚕母。蚕将生，择吉日，皇后著十二笄步摇，依汉魏故事……先桑二日，蚕宫生蚕著簿上。躬桑日，皇后未到，太祝令质明以太牢告祠，谒者一人监祠。祠毕，彻馔，颁余胙于从桑及奉祠者。皇后至西郊升坛，公主以下陪列坛东。皇后东面躬桑，采三条，诸妃公主各采五条，县乡以下各采九条，悉以桑授蚕母，还蚕室。事讫，皇后还便座，公主以下乃就位，设飨宴，赐绢各有差。

从上引文可知，皇后"亲蚕"礼是隆重的。对于蚕神的贡品，或是太牢，或是中牢，或是少牢。参加者除皇后外，既有内命妇如妃嫔等，又有外命妇如列侯夫人、公主等。

### 2.墓葬陪葬金蚕习俗溯源

在凤雏西周房基内出土了一件雕刻精美、栩栩如生的玉石蚕蛾。在齐家西周墓葬中也出土了不少玉蚕<sup>①</sup>。这些玉蚕蛾、玉蚕的雕刻，也是当时养蚕业发达的一种反映<sup>②</sup>。

　　作为中山国王墓周边的陪葬墓，河北定州47号汉墓出土汉代铜蚕一枚，长9厘米。此蚕体积较大，蚕表面材质只剩铜，全身首尾共计九个腹节，腹部八对足均完整，体态圆润饱满，或为吐丝状（图一一）。蚕的体态刻画较为写实，说明当时此地应有养蚕的习俗。现藏定州市博物馆<sup>③</sup>。既然定州47号汉墓是中山国王墓周边的陪葬墓，说明墓主应有较高的地位。据此来看，石泉发现的鎏金铜蚕，无疑是来自高等级的汉墓。

图一一　汉代铜蚕

　　明曹学佺《蜀中广记》卷2《名胜记第二·川西道·成都府二》载：

> 　　按《方舆胜览》，蜀王蚕丛氏祠今呼为青衣神，在圣寿寺。昔蚕丛氏教人养蚕，作金蚕数十，家给一蚕，后聚而弗给，瘗之江上为蚕墓。《南史》齐永明间始兴王萧鉴为益州刺史，于州园得古冢，有金为蚕数斗，鉴一无所取，复为起冢立祠<sup>④</sup>。

　　昔蚕丛氏教人养蚕，"作金蚕数十，家给一蚕"，应该也是起示范作用，这是重农的表现。

　　《括地志》载："齐桓公墓在临淄县南二十一里牛山上，亦名鼎足山。一名牛首堈，一所三坟。晋永嘉末，人发之，初得板，次得水银池，有气不得入。经数日，乃牵犬入，中得金蚕数十簿，珠、襦、玉匣、缯彩、军器不可胜数。又以人殉葬，骸骨狼藉

　　① 陈全方：《周原与周文化》，第85页。

　　② 田培栋：《陕西通史·经济卷》，第18页。

　　③ 赵丰主编：《丝路之绸：起源、传播与交流》，杭州：浙江大学出版社，2017年，第35页；图一一，采自该书第35页之图。

　　④ （明）曹学佺：《蜀中广记》卷2《名胜记第二·川西道·成都府二》，文渊阁《四库全书》第591册，上海：上海古籍出版社，1987年，第22—23页。

也。"①"簿"与"箔"通假。齐桓公是春秋五霸之首,他在管仲的辅佐下,取得了"九合诸侯,一匡天下"的业绩。其墓陪葬金蚕,意在鼓励农户种桑养蚕,当与其为了争霸而推行的"富国强兵"政策有关。

任昉《述异记》卷上载:"阖闾夫人墓中周回八里,别馆洞房,迤逦相属,漆灯照烂如日月焉,尤异者,金蚕、玉燕各千余双。"②吴王阖闾也是春秋五霸之一。其夫人墓陪葬金蚕,这是重耕织的体现,应与吴王阖闾为了争霸而推行的"富国强兵"政策有关。

秦始皇死后,在墓葬中就放置许多金银蚕。《太平御览》引《三辅故事》云:"始皇后葬用大蚕二十箔。"③郭海文教授指出:"此处'箔'即'蚕箔',用来做量词,以二十箔金蚕来做皇后陪葬品,说明当时的统治者极其重视蚕桑生产活动。"④甚确。《长安志》引《郡国志》曰:"始皇陵有银蚕金雁,以多奇物,故俗云秦王地市。"⑤《长安志》又引《三辅故事》曰:"始皇陵七百步,以明珠为日月,鱼膏为脂烛,金银为凫雁,金蚕三十箔,四门施徼,奢侈大过。六年之间,为项籍所发。"⑥始皇陵陪葬金银蚕,当是由西周贵族墓陪葬玉蚕的礼俗发展而来。

《南齐书》载:

> 宜都王铿字宣严,太祖第十六子也。初除游击将军。永明十年,迁左民尚书。十一年,为持节、都督南豫司二州军事、冠军将军、南豫州刺史,镇姑熟。时有盗发晋大司马桓温女冢,得金蚕、银茧及珪璧〔等物。铿使长史蔡约自往修复,纤毫不犯。〕⑦

①（清）陈厚耀:《春秋战国异辞》卷17《齐桓公下》引《括地志》,文渊阁《四库全书》第403册,上海:上海古籍出版社,1987年,第377页。

②（南朝梁）任昉:《述异记》卷上,文渊阁《四库全书》第1047册,上海:上海古籍出版社,1987年,第616页。

③（汉）赵岐等撰,（清）张澍辑,陈晓杰注:《三辅决录·三辅故事·三辅旧事》,西安:三秦出版社,2006年,第74页。

④郭海文、王琪:《〈豳史·蚕织门〉生产工具考》,陕西历史博物馆编:《陕西历史博物馆论丛》第25辑,西安:三秦出版社,2018年,第211页。

⑤（宋）宋敏求撰,阎琦等点校:《长安志》卷15《县五·临潼》,西安:三秦出版社,2013年,第285页。

⑥（宋）宋敏求撰,阎琦等点校:《长安志》卷15《县五·临潼》,第285页。

⑦（南朝梁）萧子显:《南齐书》卷35《高祖十二王·宜都王铿》,北京:中华书局,1972年,第631页。

桓温尚晋明帝女南康长公主，"拜驸马都尉，袭爵万宁男，除琅邪太守，累迁徐州刺史"①，后官至大司马。按照晋的皇后亲蚕礼，公主是可以参加的。桓温之妻为南康长公主，贵宠无比，因而桓温之女的地位也不会太低。桓温女冢陪葬金蚕，可能与她参加皇后"亲蚕"礼有关，应与东晋的重农政策有关。

古时皇后亲蚕，故其墓陪葬金蚕，应是对其"亲蚕"礼的纪念，是国家农本政策的重要体现。其他参加"亲蚕"礼的内、外命妇，墓中随葬金蚕，作用亦不外乎此。

### 3. 墓葬中随葬铜蚕的实质

刘钊先生认为："其实墓葬中随葬金蚕并没有什么深意，只不过是为了炫富。因为丝绸是日常生活中的必需品，特别是有身份地位的富裕人家的必需品，同时还是体现身份和财富的象征，所以随葬金蚕就是幻想让金蚕吐丝不断，织成各种衣物和织品，让墓主人在另一个世界里保持奢华侈靡的生活而已。"②对于刘钊先生"其实墓葬中随葬金蚕并没有什么深意，只不过是为了炫富"的观点，笔者并不赞同，其实墓葬中随葬金蚕是有深意的，主要有两点：

其一，不论是周、秦还是汉王朝，都有与皇帝"亲耕"礼一样重要的皇后"亲蚕"礼，目的是为老百姓树立一个示范，旨在强调作为本业的耕织的重要性，以便实现统治者"五十可以衣帛"的理想。西汉在石泉设安阳县。今在石泉发现鎏金铜蚕（原物应是来自墓葬），与在西周贵族墓陪葬玉蚕、在秦始皇陵陪葬金银蚕一样，是西汉政府农本政策的产物在汉代墓葬礼俗中的反映。

其二，蚕作茧自缚，变成蚕蛾钻出蚕茧，产下蚕子而死去；但蚕子来年又会孵出新蚕。因蚕有重生功能，所以墓内陪葬金蚕等可能会象征墓主的灵魂不灭。

综上所述，关中西周贵族墓中有陪葬玉蚕的习俗，史载秦始皇陵陪葬有金蚕（即鎏金铜蚕），当是对西周贵族墓陪葬玉蚕习俗的继承和发展。周秦汉时期，皇后"亲蚕"礼与皇帝"亲耕"礼一样重要，是国家农本政策的表现。石泉发现的鎏金铜蚕，应是来自高等级的汉墓，它是墓主人参加皇后"亲蚕"礼的纪念，是汉王朝农本政策在丧葬礼仪上的重要体现，也是关中和南山（秦岭）蚕桑业兴盛的反映。

原题《鎏金铜蚕与秦汉关中的蚕桑业》，载《石河子大学学报》（哲学社会科学版）2019年第6期；收录时改今名

---

① （唐）房玄龄等：《晋书》卷98《桓温传》，北京：中华书局，1974年，第2568页。

② 刘钊：《说"金蚕"》，《中国典籍和文化》2015年第3期。

# 从文物图像看赵过"耦犁"的推广及其影响

**摘要：**汉墓壁画和画像石中有不少反映牛耕的图像，本文采用二重证据法对其进行了考察。赵过发明的"耦犁"就是二牛抬杠，其原始形态是二人牵牛、一人扶犁，改进形态是一人牵牛、一人扶犁、一人压辕（兼赶牛），最终形态是因牵牛技术的改进和活动式犁箭的发明而改为西汉末一人驱二牛（抬杠）而耕，至东汉时期使用更加广泛，这都是单长辕犁的使用。这一时期是真正牛耕的时代，对后世产生了深远的影响。

**关键词：**两汉；赵过；耦犁；二牛抬杠；单长辕犁

杨振红指出："两汉时期是我国封建时代社会经济的大发展时期。推动这一发展的一个很重要的原因，是铁犁和牛耕技术的逐步推广，乃至基本上普及于全国。铁犁和牛耕技术结合形成了先进的社会生产力，这一社会生产力不仅是两汉时期农业发展的强大动力，而且也是促进当时手工业和商业大发展的强大动力。"① 既然"铁犁和牛耕技术结合形成了先进的社会生产力"，那么，我们来探讨两汉时期牛耕技术的发展，就非常有意义了。

## 一、对"用耦犁，二牛三人"理解的分歧

西汉武帝末年，搜粟都尉赵过在关中地区推广铁犁和牛耕技术，正如《汉书》卷24《食货志上》所载：

> 率十二夫为田一井一屋，故亩五顷，用耦犁，二牛三人，一岁之收常过缦田亩一斛以上，善者倍之②。

对于以上引文中的"耦犁"，学者们意见有所分歧，主要有以下四种观点：

---

① 杨振红：《两汉时期铁犁和牛耕的推广》，《农业考古》1988年第1期。
② （汉）班固：《汉书》卷24上《食货志第四上》，北京：中华书局，1962年，第1139页。

第一种观点以安作璋、范文澜、翦伯赞、傅筑夫、李剑农等老一辈学者为代表，他们认为耦犁是用二牛各挽一犁，二人各执一犁，一人牵引二牛，共二牛三人。

安作璋在《关于西汉农业生产的几个问题》①一文中认为："当时耕种是以两犁、二牛、三人为一组，二牛各挽一犁，二人执犁，一人在前导牛，两犁平行而进，故曰'耦犁'。"但他后来又修正了自己的观点。

范文澜认为，耦犁是"用二牛挽二犁，二人各执一犁，一人牵引二牛，共二牛三人"②。

翦伯赞认为，"这样的耕种是以二牛三人为一组，二牛各挽一犁，其三人，则二人执犁，一人在前导牛，两犁并排并耕，犁耦而进，故曰耦犁"③。

傅筑夫说：耦犁是"二犁并耕，每犁各一人执之，一牛挽之，另一个牵引二牛，故称二牛三人"④。

李剑农说："以二牛各挽一犁，故曰耦犁（前以一人引导二牛，后以二人各扶一犁柄，故共用三人），二犁并进，发土较速，盖犹沿古时耒耜人耦之法，即郑注所谓牛耦。"⑤

第二种观点认为，耦犁是"两犁互相联结，耕作时平行而进"⑥。日本人西嶋定生认为："与这种改进的耕作法同时出现的是一种有双犁头的犁，它需要用两头牛来拉，三个人带领。"⑦天野元之助还引用我国东北的对犁来印证耦犁是"两个并行犁"的形式，由二牛挽犁⑧。

第三种观点认为，耦犁是两头牛合拉一张犁，两人各牵一牛，一人扶犁。

《中国农学史》（初稿）说："'耦'指合犋的两头牛，'犁'是犁地的意思。所谓'二牛三人'是二人牵牛，一人扶犁（一张犁），计共三人。"⑨

---

① 原载《汉史初探》，学习生活出版社1955年版，上海人民出版社1957年再版；又收入氏著：《秦汉史研究文集》，北京：人民出版社，2015年，第171—183页。

② 范文澜：《中国通史简编》第二册，北京：人民出版社，1958年，第54页。

③ 翦伯赞：《中国史纲》第二卷《秦汉史》，北京：商务印书馆，2010年，第205页。

④ 傅筑夫：《中国经济史论丛》上册，北京：生活·读书·新知三联书店，1980年。

⑤ 李剑农：《中国古代经济史稿》，武汉：武汉大学出版社，2006年，第143页。

⑥ 林建法：《古代农业革新家——赵过》，《中国青年报》1961年8月13日。

⑦〔英〕崔瑞德、鲁惟一编，杨品泉等译：《剑桥中国秦汉史：公元前221至公元220年》，北京：中国社会科学出版社，1992年，第534页。

⑧ 天野元之助：《中国农业史研究》，东京农业综合研究所，1962年，第742页转引。

⑨ 中国农业科学院、南京农业大学中国农业遗产研究室编著：《中国农学史》（初稿），北京：科学出版社，1959年。

郭沫若认为："犁地用'耦犁'，'耦'指合犋的两头牛，'犁'是犁地的农具。即二人在前牵二牛，一人在后扶犁。"[1]

范楚玉认为："赵过推广的牛耕为'耦耕'，'二牛三人'，即操作时，二牛挽一犁，二人牵牛，一人扶犁而耕。东汉时这种耕作法推广至辽东，开始时也是'两人牵之，一人将之'……二牛三人耕作法反映了牛耕初期的情形，因为那时驾驭耕牛技术还不熟练，铁犁构件和功能也尚不完备。"[2]

田昌五、安作璋认为，"所谓'二牛三人'的'耦犁'乃是二人各牵一牛，一人扶犁，共计三人。这就是崔寔《政论》中所说的：'今辽东耕犁，辕长四尺，回转相防，既用两牛，两人牵之，一人将耕'"[3]。

东汉桓帝时曾做过辽东太守的崔寔在其《政论》中说："今辽东耕犁辕长四尺，回转相防，即用两牛，两人牵之，一人将耕……"陈正奇据此认为："'耦犁二牛三人'就是两头牛合拉一张犁，但两头牛并非'合犋'，操作者的分布应是二人在前各牵一牛，一人在后扶一张犁。"[4]作为耦犁法的原始形态来说，陈正奇先生的观点无疑是正确的。

第四种观点认为，耦犁是二牛共拉一张犁，一人在前牵牛，一人在后扶犁，一人在犁侧压辕而控制耕地之深浅。

宋兆麟等认为，"耦"指两头牛，"耦犁"指两牛合拉一犁，即俗称的二牛抬杠；三人的分工是前挽、中压、后驱[5]。林甘泉主编的《中国经济通史·秦汉卷》对此表示认同[6]。

马新说："所谓的耦耕，应当是指二牛抬杠，即一人在前牵牛，一人在后扶犁，一人在辕头的一侧掌握犁辕，以控制犁头入土的深度。"[7]

朱伯康、施正康认为，"赵过推行'用耦犁，二牛三人'，就是这种犁，需由二头牛抬杠式牵引，一人牵牛，一人掌辕，一人扶犁。这时，控制犁入土深浅的犁箭是固

①　郭沫若主编：《中国史稿》第一册，北京：人民出版社，1976年。

②　范楚玉：《赵过》，杜石然主编《中国古代科学家传》上集，北京：科学出版社，1992年，第38页。

③　田昌五、安作璋主编：《秦汉史》（修订本），北京：人民出版社，2008年，第230—231页。

④　陈正奇：《长安农事拾遗》，西安：陕西人民出版社，2009年，第76页。

⑤　宋兆麟：《西汉时期农业生产技术的发展——二牛三人耦犁的推广和改进》，《考古》1976年第1期，第4—5页；李朝真：《从白族的"二牛三人"耕作法看汉代的"耦犁法"》，《农史研究》第五辑，北京：农业出版社，1985年。

⑥　林甘泉主编：《中国经济通史·秦汉卷》上册，北京：经济日报出版社，1998年，第138页。

⑦　马新：《两汉乡村社会史》，济南：齐鲁书社，1997年，第28页。

定的，掌辕人不但要防止犁辕左右摇摆，还要不时调节耕地深浅。单长辕犁不仅需要较多的人力畜力，而且笨重，回转不灵"①。

齐涛认为，二牛三人一组的"耦犁"法，"具体地说，就是二牛抬杠式，即以二牛挽犁，一人在前牵牛，一人在后扶犁，一人在辕头一侧掌握犁辕，控制犁地之深度"②。

1981年山东省金乡县城东香城堌堆曾出土西汉元帝至平帝时期（前48—5）画像石"牛耕图"（图一），图上显示，二牛拉一犁耕地，扶犁者一人，牵牛者一人，赶牛者一人③。安作璋、刘德增结合《汉书·食货志》"用耦犁，二牛三人"的记载，认为赵过发明的耦犁已得到推广④。

图一　牛耕图

（采自：《中国画像石全集》编辑委员会编：《中国画像石全集（2）·山东画像石》，第20页图二七）

## 二、对"用耦犁，二牛三人"误释的辨析

在分析以上四种观点前，我们有必要了解一下汉代犁的构造。在甘肃武威磨咀子48号墓曾出土一件西汉木犁模型，由犁梢、犁床、犁辕和犁箭等部件组成，辕是直的，即长辕犁，属二牛抬杠的形式（图二）⑤。完整的汉犁，"除了铁铧外，还有木质的犁底、犁梢、犁辕、犁箭、犁衡等部件"⑥。从汉代壁画和画像石刻来看，"犁的结构，已具备框形犁的雏形。木质部件有犁底、犁箭、犁辕、犁梢、犁衡等部分；铁质部分有犁铧……总之，已具备了畜力犁的基本部件，但仍带有某些原始的痕迹。我国传统犁

①　朱伯康、施正康：《中国经济史》上卷，上海：复旦大学出版社，2005年，第188页。

②　齐涛编：《中国古代经济史》，济南：山东大学出版社，2011年，第101页。

③　《中国画像石全集》编辑委员会编：《中国画像石全集（2）·山东画像石》，济南：山东美术出版社、郑州：河南美术出版社，2000年，图版说明第9页。

④　安作璋、刘德增：《汉武帝大传》，北京：中华书局，2005年。

⑤　甘肃省博物馆：《武威磨咀子三座汉墓发掘简报》，《文物》1972年第12期，第22页图二三。

⑥　董恺忱、范楚玉主编：《中国科学技术史：农学卷》，北京：科学出版社，2000年，第168页。

图二　甘肃武威磨咀子48号墓出土西汉木犁模型
（采自：《文物》1972年第12期、第22页图二三）

的基型自此奠定"①。

在以上四种观点中，第一种观点属于二犁并耕，即后有二人各扶一犁，前有一人牵引二牛，故称"二牛三人"，这种说法显然是受《诗经》"亦服尔耕，十千维耦"的影响，它的弊端有二：一是"在犁索没有出现以前，长辕犁是单辕，是无法用一牛挽拉的。耦犁由二牛引犁，牵牛和扶犁者也难以驾驭，顾此失彼"②；二是"犁地不到，势必在两犁之间留下一道梁子；梁子的存在不仅影响作物的生长，还会给田间中耕除草带来困难"。所以这种说法"缺乏常理，不能成立，应属望文生义的想象之言"③。

对于第二种观点，宋兆麟先生分析认为："将二犁组合在一起也是不实际的，一是难以组合，二是过于庞大、笨重，占地面积大，运转不便，显然与《汉书·食货志》所称道的耦犁有'便巧'等长处相违背，二牛更拉不动。"同时，他认为"东北对犁是比较晚的，由两架曲辕犁组成，以若干衡木将犁铧、犁辕和犁梢固定在一起，形成一架双辕双铧犁……汉代犁还不具备犁铧、曲辕等进步设备。所以，以对犁印证耦犁为两架犁也是缺乏说服力的"④。其说有理。

## 三、"用耦犁，二牛三人"的变化及其影响

第三种观点与第四种观点的分歧是三人在耕作时的分工不同，但也有共同点，那就是二牛共拉一张犁，而这一点已成为学界的共识。如董恺忱、范楚玉先生指出："这种犁用两头牛牵引，犁衡的两端分别压在两头牛的肩上，即所谓'肩轭'。这种牛耕方式俗称'二牛抬杠'，也即文献中所说的'耦犁'……所谓'耦犁'，当指以二牛牵引

---

①　唐赞功总纂：《中华文明史》第三卷《秦汉》，石家庄：河北教育出版社，1992年，第237页。

②　宋兆麟：《西汉时期农业生产技术的发展——二牛三人耦犁的推广和改进》，《考古》1976年第1期，第3页。

③　陈正奇：《长安农事拾遗》，第94页。

④　宋兆麟：《西汉时期农业生产技术的发展——二牛三人耦犁的推广和改进》，《考古》1976年第1期，第3页。

为动力，以舍形大铧和犁壁为主要部件的框形犁。"①

### （一）二人牵牛、一人扶犁为赵过"耦犁"法的原始形态

对于"耦犁是两头牛合拉一张犁，两人各牵一牛，一人扶犁"的第三种观点，我们认为这是赵过推广耦犁法的最原始形态。孙机先生指出："汉代的犁起初只有一根长辕，辕端装衡，衡下用轭，驾两头牛，即所谓'二牛抬杠'，和传统驾牛方式基本相一致。"②此说有理。三人之所以会有这样的分工，是因为"大量推广普及牛耕之初，绝大多数耕牛还没有驯服，不听使役。因而两头牛合拉一张犁，必须两个人在前各牵一牛，一人在后扶犁"③。为什么在大量推广普及牛耕之初，必须两个人在前各牵一牛呢？这是因为，"耦犁"是二牛共抬一杠（衡），杠的两头分别用轭固定在两头牛的肩胛骨上，因而没有驯服而不听使役的耕牛，如果步调不一致或拉犁的方向有偏，犁衡（杠）就有可能脱落，就不能正常进行耕作。可见，在大量推广普及"耦犁法"之初，因绝大多数耕牛还没有驯服而不听使役，所以除一人在后扶犁外，必须两个人在前各牵一牛，这样才能保证耕作的顺利进行。宋兆麟先生也认为："在牛耕的初期，由于牛还不够驯服，以及人们缺乏熟练的牵牛技术，用两人牵牛是完全可能的……东汉辽东地区以二人牵牛的记载，可能就是推广牛耕的情形。"④宋先生的分析合情合理。

### （二）"一人在前牵牛，一人在后扶犁，一人在犁侧压辕而控制犁铧入地之深浅"是赵过"耦犁"法的改进形态

对于"耦犁是二牛共拉一张犁，一人在前牵牛，一人在后扶犁，一人在犁侧压辕而控制犁铧入地之深浅"的第四种观点，我们认为这是赵过"耦犁法"的改进形态。有学者指出："从目前出土的汉代牛耕图像看，绝大多数是'两牛抬杠'式的。无疑，这是'耦犁'的形象，为两牛合犋共拉一犁。但从图像中却没有发现三个人操作的。"⑤说图像中没有发现三个人操作的耦犁形象，显然是不妥当的。前述山东省金乡县香城堌堆出土汉画像石《牛耕图》显示的"二牛共挽一犁，一人牵牛，一人扶犁，一人赶

———————————

① 董恺忱、范楚玉主编：《中国科学技术史·农学卷》，第169页。

② 孙机：《"木牛流马"对汉代鹿车的改进及其对犁制研究的一点启示》，《农业考古》1986年第1期。

③ 陈正奇：《长安农事拾遗》，西安：陕西人民出版社，2009年，第77页。

④ 宋兆麟：《西汉时期农业生产技术的发展——二牛三人耦犁的推广和改进》，《考古》1976年第1期，第3—4页。

⑤ 《中华文明史》第三卷《秦汉》，第237页。

牛"就是三人操作的耦犁形象，对此，万良先生有所研究，他说："二牛抬杠正在犁地，牛前一人执系倒退引牛，右牛后一人执竿赶牛，牛肚下一犊正在吃奶，长辕犁后一农扶犁掌握方向与深度。两牛间一孩童扶辕而行，似在戏耍，农夫上方还有一犊随耕而行。"[1]据此他得出二牛三人的耦犁应当是"二牛共挽一犁，一人扶犁，一人牵牛，一人执鞭赶牛"的结论[2]。在二牛抬杠耕作图中，除一人扶犁、一人牵牛外，郭世玉提出了第三人是赶牛者还是孩童的问题？他倾向于第三者是孩童，理由有二：一是一个孩童在两牛之间玩耍太危险，父母也不会让他们的孩子在这种地方玩耍；二是在两汉时期的小农经济社会中，一家一户中劳动力资源特别紧缺的情况下，小孩参与牛耕生产的可能性就更大了[3]。其分析似不无道理。但从牛犊吃奶的情形来看，笔者以为此图乃是牛耕前的准备状态，等牛耕正式开始，牛犊显然是要赶到一边的，同时扶辕的小孩也要退下场来，其压辕的工作由赶牛人兼任就可以了。

在"耦犁"法的改进形态中，由于使用了牛环技术，牵牛一个人就可胜任，可省出一人压辕而控制犁铧入土之深浅，使"耦犁"法人员分配更加合理。那么，西汉是否已使用了牛环技术呢？答案是肯定的。从甲骨文"牛"字来看，早在商代已发明了牛环技术[4]。战国时期，人们称牛环为棬，正如《吕氏春秋·重己》所载："使五尺竖子引其棬，而牛恣所以之，顺也。"陈奇猷先生认为，这里的"以"当是"欲"之误，非常正确[5]。武帝时淮南王刘安编撰的《淮南子·主术训》载："若指之桑条以贯其鼻，则五尺童子牵而周四海者，顺也。"[6]宋兆麟先生据此认为："西汉仍然用两人牵牛是不大可能的，未免对当时牵牛技术估计过低了。"[7]宋先生的分析不无道理。只是赵过推广"耦犁"法初期，虽然每头牛有可能使用了牛环术，但因牛是生牛（没有耕过地的牛），不听使役，所以尚用二人来牵牛；"耦犁"法推行一段时间后，由于生牛变成了熟牛（耕过地的牛），加之两头牛实现了真正意义上的合犋（即两头牛的牛环用绳连起来），互相制约，所以用一人牵牛就可胜任，省出的一人即可于辕侧压辕而控制犁铧入

---

①　万良：《山东甄城、成武、金乡发现的画像石》，《考古》1996年第6期。

②　万良：《山东甄城、成武、金乡发现的画像石》，《考古》1996年第6期。

③　郭世玉：《淮海地区牛耕画像石与汉代耦犁二牛三人问题的探讨》，《农业考古》2004年第8期。

④　黄绮：《部首讲解》，天津：天津人民出版社，1962年，第26页。

⑤　陈奇猷：《吕氏春秋校释》卷一《孟春纪·重己》，上海：学林出版社，1984年，第34页。

⑥　张双棣：《淮南子校释》（增订本）卷9《主术训》，北京：北京大学出版社，2013年，第1014页。

⑦　宋兆麟：《西汉时期农业生产技术的发展——二牛三人耦犁的推广和改进》，《考古》1976年第1期，第4页。

地之深浅。

在"耦犁"法的改进形态中，为什么要有一人压辕来控制犁铧入土深浅呢？前已述及，甘肃武威出土的木犁模型，由犁床、犁梢、犁箭、犁辕、犁衡组成，虽有犁箭，但"犁箭上端与犁辕平齐，犁辕不能沿犁箭上下移动，犁辕和犁床的夹角是不变的，所以犁箭还不能调节耕地的深浅。其形制与赵过推行的耦犁基本吻合，可以依靠人力掌辕来控制耕地深度"①。其说有理。

二牛三人的"耦犁"法对后世颇有影响，古籍中不乏这方面的记载。《景泰云南图经志书》卷1"云南府风俗·男劳女佚"条引《旧志》载："土人多服耕稼，以田四亩为一双，犁则二牛三夫，前挽、中压、后驱。"②《新唐书》卷222上《南蛮上·南诏上》载："犁田以一牛三夫，前挽、中压、后驱。然专于农，无贵贱皆耕。"③向达认为此处"一牛"疑为"二牛"之误④，很有道理。可见，唐时南诏的农民，无论贵贱，都用二牛三人的"耦犁"法耕作。

在我国一些少数民族地区，如羌、纳西、佤、藏族等，直到近现代仍保留使用着"二牛抬杠式"耕犁⑤。

解放前，云南省宁蒗纳西族地区还残留着二牛三人的耕作方法。宋兆麟等对此作了调查：

> 该犁呈二牛抬杠的形式，由犁梢、犁床、犁辕、犁箭、铁犁铧、挡泥板和犁衡组成。犁梢和犁床由一根曲折树木制成。犁床长120厘米，粗壮，底部平滑，前方略尖，便于安装犁铧。犁梢长115厘米。犁辕修直，长300、直径12厘米。辕前端下边有一缺口，是拴绳系犁衡的。在犁辕和犁床之间竖插一根犁箭，高85厘米，上边用木楔卡死，以便加固犁架，但不能调节耕地深浅。犁铧呈等腰三角形，铧面有较大凹度，长35、两翼宽12厘米。在犁铧上部靠近犁箭的地方安装一块长方形挡泥板，略向右后方倾斜。当犁铧将土翻

① 宋兆麟：《西汉时期农业生产技术的发展——二牛三人耦犁的推广和改进》，《考古》1976年第1期，第5—6页。

② （唐）樊绰著，赵吕甫校释：《云南志校释》卷8《蛮夷风俗》吕甫按引，北京：中国社会科学出版社，1985年，第295页。

③ 欧阳修、宋祁：《新唐书》卷222上《南蛮列传上·南诏上》，北京：中华书局，1975年，第6270页。

④ 向达：《蛮书校注》，北京：中华书局，1962年，第172页。

⑤ 尤振尧、周晓陆：《泗洪重岗汉代农业画像石刻研究》，《农业考古》1984年第12期。

起来后，土拨至挡泥板处因受阻而翻于右边……犁衡长266厘米，中央拴绳引辕处略细。绳长20厘米，这样辕头与犁衡就有一定的活动余地。犁衡两侧各有二孔，穿有牛颈绳，以便拴住牛颈，这一点已较梯状犁衡轻巧多了。

　　纳西族木犁用二牛挽拉，三人操作。除牵牛和扶犁者外，还有一人专门掌辕。由于这种犁的犁箭是固定的，也就决定了犁床和犁辕的夹角是固定的，铧锋一般入土10厘米。为了深翻土地，或者犁沟作垄，纳西族利用一人掌辕的办法来调节耕地深浅。在犁床和犁辕角度不变的前提下，掌辕人下压犁辕，犁床和犁铧也随着下沉，入土则深；反之，掌辕人上抬犁辕时，犁床和犁铧上升，入土则浅，从而达到调整耕地深浅的目的（图三）①。

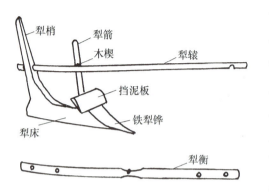

图三　近代纳西族木犁结构图

（采自：《考古》1976年第1期，第6页）

从宋先生的描述来看，由于纳西族的犁箭是固定的，而辕头与犁衡的连接是20厘米长的绳索，有活动余地，这就使一人压辕来控制耕地深浅成为可能，也的确实现了。所以，纳西族的犁耕方式为复原西汉时期耦犁的形制提供了具体而珍贵的资料。

　　原始犁既没有犁箭，又没有犁壁，只能破土划沟，而二牛三人耕作法则大有进步，可以深耕和翻土，宋兆麟先生对此高度评价说："它是人们有意识地控制耕地深浅的重大改革，是从无箭犁向有箭犁的过渡形式，在犁耕发展史上具有承先启后的作用。"②此言不虚。

### （三）西汉末至东汉时期"耦犁"法经过了"二牛二人"到"二牛一人"的形态

　　东汉时期，牛耕技术进一步推广，其范围已不局限于黄河流域和西北地区，而是辽东和江南也开始推广。

　　考古资料中的"二牛二人"耦犁法画像，就是在江南地区出土的。如1984年江苏

---

①　宋兆麟：《西汉时期农业生产技术的发展——二牛三人耦犁的推广和改进》，《考古》1976年第1期，第5—6页、第6页。

②　宋兆麟：《西汉时期农业生产技术的发展——二牛三人耦犁的推广和改进》，《考古》1976年第1期，第6页。

省泗洪县重岗乡出土的耕种画像石（泗洪县文化馆藏）显示：犁地图为"二牛抬杠"，一农夫在前，两手向后牵握着系在牛鼻子上的缰绳；两牛并排但相距较远，牛形体硕壮，头上双角内弯，当为水牛，尾巴下垂，腹下特意雕刻出雄性生殖器官；"二牛抬杠"连着直辕犁，一农夫左手扶犁梢，右手扬鞭，吆喝驱牛前进（图四）①。值得注意的是，"辕的前端有三叉戟式联搭，联搭搭在长长的辐衡上，衡抬担在二牛肩部，形成所谓'二牛抬杠'。三叉戟式的联搭的作用，是利用杠杆原理，适当调节两头不同挽力的牛的负担，使犁能平衡前进，陕西米脂官庄村犁亦使用这种联搭"②。这说明，"三叉戟式联搭"连接犁辕与衡的办法是由北方传入南方的。

图四　江苏泗洪出土耕种画像石

（采自：中国农业博物馆编：《汉代农业画像砖石》，第21页图A4）

在图四的"耦犁"法中，两人的分工是：一人扶犁，一人牵牛。

有学者指出："后来发明了活动犁箭或功能相似的装置，耕牛也调教得更为驯熟，压辕人和牵牛人就可以省掉，因此，我们在东汉的牛耕图中可以看到，一般只要两牛两人或两牛一人就可以了。"③刘克祥先生也说："就犁的构造而言，汉代已出现框形犁的雏形，近代畜力犁的主要构件，这时均已具备。在牛耕的劳动力配备方面，由汉武帝末年的二牛三人'耦耕'，减少到东汉以后的二牛一人，大大节省了劳力。"④以上两说并不准确。其实，作为"两牛一人"的耦犁法，在西汉末就已出现了，不必等到东汉以后，正如宋兆麟先生所说："劳动人民在长期的生产实践过程中，改进了耦犁的构造，发明了活动式犁箭……用其控制耕地深浅，这就取代掌辕人；加上牵牛技术的推广，从而又取消了专门的牵牛人，这就是山西平陆枣园西汉晚期壁画墓所表现的二牛

① 尤振尧、周晓陆：《泗洪重岗汉代农业画像石刻研究》，《农业考古》1984年第12期。

② 尤振尧、周晓陆：《泗洪重岗汉代农业画像石刻研究》，《农业考古》1984年第12期。

③ 董恺忱、范楚玉主编：《中国科学技术史·农学卷》，第169页。

④ 刘克祥：《简明中国经济史》，北京：经济科学出版社，2001年，第110页。

一人犁的犁耕形式。"①齐涛先生也说："到西汉末年，牛耕技术又有所改进，仍是二牛抬杠式，但由一人操作即可，扶犁者可同时用牛鼻穿环来控制牛的方向，用犁箭控制耕地的深度。"②此说有理。

作为"两牛一人"的耦犁法，在考古资料中比比皆是。今以省为单元，加以简述。

### 1. 山西省

1959年，山西省平陆县张店人民公社枣园村汉墓墓室西壁上层绘有新莽时代（或东汉初期）牛耕图（高约65、宽约60厘米，图五、图六）："左上方有一房屋，两侧各有一树，屋前有宽广的路面；一短衣赤足的农夫，右手扶犁，左手扬鞭，驱二黑牛向左翻地，犁铧露于土外。"③这说明二牛一人的耦耕法在西汉末或东汉初就产生了。

图五　山西平陆枣园汉墓西壁所绘牛耕图摹本　　　图六　山西平陆枣园汉墓西壁所绘牛耕图
（采自：《考古》1959年第9期，第463页图二）　　　（采自：徐光冀主编：《中国出土壁画全集
　　　　　　　　　　　　　　　　　　　　　　　　　　　（2）·山西》，第3页）

### 2. 陕西省

1971年，陕西省米脂县官庄村牛文明墓出土东汉永初元年（107）双牛曳犁画像

---

① 宋兆麟：《西汉时期农业生产技术的发展——二牛三人耦犁的推广和改进》，《考古》1976年第1期，第7页。

② 齐涛编：《中国古代经济史》，济南：山东大学出版社，2011年，第101页。

③ 山西省文物管理委员会：《山西平陆枣园村壁画汉墓》，《考古》1959年第9期，第462—463、468页；徐光冀主编：《中国出土壁画全集（2）·山西》，北京：科学出版社，2012年，第3页。

石。画像石位于前室内门框，下格是一幅双牛曳犁的牛耕图。耕者双手扶犁俯首缓步，一根绳子系在两耕牛的牛鼻环上，两牛蹄步蹒跚，曳引耕犁。耕犁由铧、床、柱、辕、梢等部件构成，图形十分清晰。铧作等腰三角形，当是铁铸的发土利器。犁前接以长辕，辕首又置横木为轭，以压于两牛颈上，这种二牛抬杠式的耕作方式和先进的耕犁，反映了东汉陕北农耕技术水平（图七）[1]。

图七　陕西米脂牛文明墓画像石上的牛耕图

（采自：李林、赵兰英、赵力光编著：《陕北汉代画像石》，陕西人民出版社，1995年，第189页图559、

第23页图74）

1962年，绥德县境内出土东汉画像石，现藏西安碑林博物馆。画面下为二牛抬杠图，二牛并列前行，犁衡搭于两牛颈部，衡引长辕后加犁床；一人扶犁举鞭耕耘；一童子手提小袋点播下种（图八）[2]。李贵龙先生认为，这幅牛耕图应该是春播图，是反映春末夏初之季，农人扶犁开沟、小孩点籽入种的场景[3]。

图八　陕西绥德东汉画像石上的牛耕图

（采自：李林、赵兰英、赵力光编著：《陕北汉代画像石》，

第189页图558）

---

① 中国农业博物馆编：《汉代农业画像砖石》，北京：中国农业出版社，1996年，第25页。

② 李林、赵兰英、赵力光编著：《陕北汉代画像石》，西安：陕西人民出版社，1995年，第187页。

③ 李贵龙：《石头上的历史：陕北汉画像石考察》，西安：陕西师范大学出版总社有限公司，2014年，第55页。

图九　陕西绥德白家山东汉画
像石上的牛耕图

（采自：绥德县博物馆编：《绥德汉
代画像石》，第159页右图）

在绥德县中角镇白家山出土的东汉画像石中，有一墓室墓门左右竖石都高140、宽48厘米。两石画面为对称构图，上下左右分为四格。右竖石下横格为二牛抬杠的牛耕图，二牛前胛架一根木杠，木杠与长直辕相连牵动犁身犁地，一农人双手扶犁，远处放一把镢头。虽然这是陕北汉画像石中见到的最古老的犁的图样，但细观犁身与犁铧，与至今在陕北还使用的犁和铧形状基本相同。二牛抬杠式的犁地方法在榆林南部、延安的个别乡村至今还在使用着（图九）[1]。他进一步指出："从镢头图像可以推断出，在当时土地深翻后主要是用镢头将土块打碎、平整土地的。镢头的功用主要为掏地和打土疙瘩。时至今日，在陕北平整土地粉碎土块的主要农具仍是镢头，并把这种劳动过程称之为'打土疙瘩'。"[2]

2003年四五月份，在陕北定边县郝滩乡四十里铺村约0.5千米处发现一座东汉壁画墓，墓室南壁（后壁）上方右侧绘有牛耕图[3]。图虽简略，但却能看出是一农夫驱二牛拉一长单辕犁耕作的场景，图上的横杠被省略（图一〇）。

2005年，陕西省靖边县杨桥畔杨一村东汉墓后室北壁下层东段壁画绘有牛耕图（高

图一〇　陕西定边东汉壁画墓南壁上的牛耕图

（采自：孙大伦：《郝滩东汉墓壁画艺术述略》）

---

[1]　李贵龙：《石头上的历史：陕北汉画像石考察》，第54—55页。

[2]　李贵龙：《石头上的历史：陕北汉画像石考察》，第57页。

[3]　孙大伦：《郝滩东汉墓壁画艺术述略》，《陕西历史博物馆馆刊》第四辑，西安：三秦出版社，2006年。

20、宽67厘米）：一农夫身穿白色长袍，赤脚，左手扶犁，右手执鞭，黑、白二牛牵犁而耕，高20、宽67厘米（图一一）[①]。

图一一　陕西靖边东汉墓后室北壁所绘的牛耕图

（采自：徐光冀主编：《中国出土壁画全集（6）·陕西上》，第105页）

### 3. 甘肃省

1972年，在甘肃省嘉峪关市东新城公社发现东汉晚期砖墓数座，其中一号墓出土了耕种画像砖。上下画有双套牛两对，四男驾牛，前两套牛在犁地，中有二女持钵播种，后两套牛在耱地。画面上有用朱红色写的"耕种"二字（图一二）[②]。从画面来看，不论是耕地，还是耱地，驾牛法都是二牛抬杠式，由此可见这种二牛抬杠式驾牛法推广的范围之广。

图一二　甘肃嘉峪关东汉画像砖上的耕种图

（采自：中国国家博物馆编：《文物三国两晋南北朝史》，中华书局，2009年，第20页上图）

---

①　徐光冀主编：《中国出土壁画全集（6）·陕西上》，北京：科学出版社，2012年，第105页。

②　嘉峪关市文物清理小组：《嘉峪关汉画像砖墓》，《文物》1972年第12期，第24—41页。

#### 4.山东省

现藏邹城孟府的东汉中期（89—146）宴乐、农作、门兽画像，纵45、横245厘米。画面二层，上层左半为农作图，自左而右，二农夫着短衣，一人担壶、箪，一人肩扛铁舌左行，后有两牛拉犁耕地，再后一农夫扛打场农具，一农夫扛镬，一牛车随后而来（图一三）[①]。

图一三　山东邹城孟府藏东汉画像石

（采自：《中国画像石全集》编辑委员会编：《中国画像石全集（2）·山东画像石》，第58页图六六）

1933年，山东省滕州市黄家岭出土而现藏山东省图书馆金石所的耕耱画像石，纵55、横187厘米。画像石分为二层，上层为迎谒和锻造兵器场面。下层为耕作场面：画面中间有一男子扶犁耦耕，一牛一马拉犁。其后有一男子操耙耱地。耦耕者前方有三人持锄耘地，一人端着水罐似在浇水。画像左侧有一妇女挑着担子，带着两个小孩朝田间走，似为送饭而来。值得注意的是，画像右侧大树下有一人持杖而坐，当为监督农民劳动的监工。这幅画像石反映了汉代地主庄园依附农民集体耕作的真实情景，也是最早反映以畜力引耙耱地的具体形象，是反映汉代整地情形的珍贵资料（图一四）[②]。值得注意的是，耦耕的牛与马，缰绳是连在一起的。

在山东省枣庄市出土的一块画像石上刻画出一牛一马缰绳连在一起而同挽一犁的情景，犁明显是长单辕犁（图一五）[③]。孙机先生认为，犁盘被表现得很清楚

---

① 《中国画像石全集》编辑委员会编：《中国画像石全集（2）·山东画像石》，济南：山东美术出版社、郑州：河南美术出版社，2000年，第23页图版说明。

② 中国农业博物馆编：《汉代农业画像砖石》，北京：中国农业出版社，1996年，第24页。

③ 石晶：《枣庄发现汉农耕画像石》，《中国文物报》1998年4月8日。

图一四　山东滕州黄家岭出土耕耱画像石

（采自：中国农业博物馆编：《汉代农业画像砖石》，第24页图A7）

图一五　山东枣庄出土画像石上的牛耕图

（采自：石晶：《枣庄发现汉农耕画像石》，《中国文物报》1998年4月8日）

（图一六）[1]。其观点值得重视。

### 5.内蒙古

1972年，内蒙古和林格尔县新店子乡小板申村东汉壁画墓前室北耳室西壁绘有农耕图，高131、宽260厘米。在农耕场景中，中心有一人扶犁，二牛抬杠，正在耕作，周围还有堆积的粮谷（图一七）[2]。

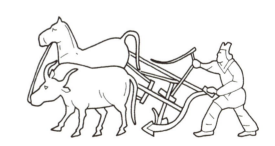

图一六　山东枣庄出土画像石上牛耕图摹本

（采自：孙机：《汉代物质资料文化图说》（修订本），第6页图2-4）

① 孙机：《汉代物质资料文化图说》（修订本），上海：上海古籍出版社，2008年，第6页图2-4。
② 徐光冀主编：《中国出土壁画全集（3）·内蒙古》，北京：科学出版社，2012年，第46页。

图一七　内蒙古和林格尔东汉壁画墓所绘农耕图
（采自：徐光冀主编：《中国出土壁画全集（3）·内蒙古》，第46页）

### 6.江苏省

由江苏省睢宁县双沟征集而现藏中国国家博物馆的东汉牛耕画像，纵80、横106厘米。画面分为三层：上层刻仙人骑鹿、鹿驾云车等。中层刻人物会见，有榜无题。下层刻牛耕图：二牛引拉一犁，一农夫扶犁耕地，一儿童随墒播种；右端停放一辆大车，车上似装肥料，车旁憩息一犬；左上一人举锄耘草，田间一人箪食壶浆，给农夫们送饭（图一八）①。从图像来看，二牛引拉一犁的方式无疑就是二牛抬杠。林巳耐夫已注意到辕上方有与辕平行的绳子②，笔者以为这两根绳是二牛的缰绳分别与犁梢的连接绳，以便扶犁人到地头后转换方向。

从以上的举例可以看出，自西汉末（或东汉初）产生"二牛一人"的耦耕法后，至东汉时期，这种耕作法更加普及，在山西、陕北、甘肃、内蒙古、山东、江苏等省发现的耦耕图就是明证。

温乐平先生指出："西汉中期至东汉初年，一直处于牛耕的推广阶段，在此阶段关中、西北、关东地区牛耕已经普及，牛耕技术开始向辽东、交趾等边远地区推广。南方地区，自西汉末年逐渐出现牛耕，但不普及。东汉建立以后牛耕技术在南方地区全面推广，而且南方地区开始将北方传入旱地牛耕技术转化为适宜南方水田耕作的技术，

---

① 《中国画像石全集》编辑委员会编：《中国画像石全集（4）·江苏、浙江、安徽画像石》，济南：山东美术出版社、郑州：河南美术出版社，2000年，图版说明第36页。

② 〔日〕林巳耐夫著，唐利国译：《刻在石头上的世界——画像石述说的古代中国的生活和思想》，北京：商务印书馆，2010年，第61—62页。

图一八　中国国家博物馆藏东汉牛耕图画像石

（采自：《中国画像石全集》编辑委员会编：《中国画像石全集（4）·江苏、浙江、安徽画像石》，第76页图一〇六）

主要采用二牛一人的犁耕技术，东汉后期又转化为一牛一人的先进犁耕技术。"[1]此说有理，考古资料对此也有所印证。

"二牛一人"的耦耕法，与"二牛三人"或"二牛二人"的耦耕法相比，大大节省了人力，提高了耕作效率，对后世产生了深远影响，历经魏晋北朝直至隋唐五代仍在使用。

如1972年，甘肃省嘉峪关市三国魏墓出土画像砖，上绘有二牛抬杠牛耕图（图一九）。一农夫右手扶犁且抓有与两头牛的缰绳相连的绳索，左手扬鞭，驱牛而耕。

1982年，辽宁省朝阳市十二台营子乡袁台子村前燕（337—370）壁画墓西壁龛顶部绘有牛耕图，画面高39、宽69厘米。红、黄二牛挽犁耕作，一扶犁者圆脸，黑帻，着方领短衣，领边袖口亦镶黑边，束腰，似在协助耕作。画法较为简洁，两牛牛身直接用颜色涂绘，不用墨线勾勒，很有特色（图二〇）[2]。可见，"二牛一人"的耦耕法，

①　温乐平：《论秦汉养牛业的发展及相关问题》，雷依群、徐卫民主编：《秦汉研究》第一辑，西安：三秦出版社，2007年，第185—207页。

②　徐光冀主编：《中国出土壁画全集（8）·辽宁、吉林、黑龙江》，北京：科学出版社，2012年，第40页。

图一九　甘肃嘉峪关三国魏墓出土画像砖上的牛耕图

（采自：胡泽学主编：《中国传统农具》，中国时代经济出版社，2010年，第36页图7）

图二〇　辽宁朝阳前燕壁画墓所绘牛耕图

（采自：徐光冀主编：《中国出土壁画全集（8）·辽宁、吉林、黑龙江》，第40页）

直到十六国时期的前燕，农民还在使用。

在敦煌莫高窟296号窟北周壁画作品《善事太子入海品》故事画里，有农夫、耕牛、孔雀、蛤蟆和蛇的形象，其中一农夫驱二牛耕作的画面就是二牛抬杠的形式（图二一）①。

到了唐五代宋初时期，"二牛一人"的耦耕法农民还在使用，这从初唐李寿墓壁画（图二二）、敦煌莫高窟4号窟五代壁画（图二三）、瓜州榆林窟25号中唐壁画（图二四）、

———————

①　敦煌研究院主编：《敦煌石窟全集（19）·动物画卷》，上海：上海人民出版社，2000年，第63页。

图二一　甘肃敦煌莫高窟296号窟所绘牛耕图

（采自：敦煌研究院主编：《敦煌石窟全集（19）·动物画卷》，第63页）

图二二　李寿墓壁画上的牛耕图

（采自：陕西省博物馆、文管会：《唐李寿墓发掘简报》，《文物》1974年第9期）

榆林窟61号宋初壁画（图二五）的牛耕图就可看出，难怪方壮猷先生发出了"直到唐五代时期，西北地区的步犁结构同汉代步犁的形式基本上没有很大差别"①的慨叹！

值得注意的是，反映农作过程比较全面的是敦煌莫高窟445号窟盛唐的农作图，从

---

① 方壮猷：《战国以来中国步犁发展问题试探》，《考古》1964年第7期。

图二三　敦煌莫高窟4号窟南壁牛耕图

（采自：敦煌研究院主编：《敦煌石窟全集（9）·报恩经画卷》，上海人民出版社，2001年，第157页）

图二四　甘肃瓜州榆林窟25号窟所绘牛耕图

（采自：敦煌研究院主编：《敦煌石窟全集（19）·动物画卷》，第116页下图）

图二五　甘肃瓜州榆林窟61号窟壁画中的牛耕、收割、扬场图

（采自：《文物参考资料》1956年第2期）

开始耕地直至粮食收仓（图二六）[1]。从牛耕图的画面来看，虽然是二牛抬杠，但已不用长单辕犁，而是改用先进的曲辕犁，自然与辕端连接是犁盘，而犁衡与犁盘连接则是一根绳索，这是应该特别注意的。

两汉是真正意义上的牛耕时代，正如李根蟠所说："从完整的意义讲，我国真正的牛耕时代的到来，可以以赵过推广耦犁为标志。"[2]有学者指出："以耦犁推广为标志的牛耕在黄河流域的普及，是中国农业生产力发展中一个新的里程碑，它不但大大提高了粮食亩产量和农业劳动生产率，为农业生产和整个社会经济文化的全面发展奠定了新的基础，使传统农业技术获得新的形态，而这又呼唤和造就了传统农学的新的形态。"[3]此说有理。

综上所述，汉墓壁画和画像石中有不少反映牛耕的图像，本文采用二重证据法对

---

① 敦煌研究院主编：《敦煌石窟全集（25）·民俗画卷》，上海：上海人民出版社，2001年，第13页。

② 李根蟠：《"镵"与"耦犁"——秦汉农具名实考辨之一》，《古今农业》1987年第1期。

③ 董恺忱、范楚玉主编：《中国科学技术史：农学卷》，第169页。

图二六　敦煌莫高窟445号窟农作图

（采自：敦煌研究院主编：《敦煌石窟全集（25）·民俗画卷》，第13页）

其进行了考察。赵过发明的"耦犁"就是二牛抬杠，其原始形态是二人牵牛、一人扶犁，改进形态是一人牵牛、一人扶犁、一人压辕（兼赶牛），最终形态是因牵牛技术的改进和活动式犁箭的发明而改为西汉末一人驱二牛（抬杠）而耕，至东汉时期使用更加广泛，这都是单长辕犁的使用。这一时期是真正牛耕的时代，对后世产生了深远的影响。

原文载《秦始皇帝陵博物院》总柒辑，三秦出版社，2017年

# 从文物图像看汉代的一人一牛耕田法及其影响

**摘要：**汉墓壁画和画像石中有不少反映牛耕的图像，本文采用二重证据法对其进行了考察。陕北绥德东汉画像石中一人一牛的犁耕图，乃是一人扶犁"二牛抬杠"式之省。而一牛双辕犁的使用包括两种情况：一是赵过发明的双辕耧犁，是在翻耕的熟土上播种的，既可用一牛挽拉，也可用人挽拉，其使用贯穿于封建社会始终；二是用于耕田的双辕犁，其系驾法是受牛车系驾法的启发而来，其使用历魏晋至隋唐，直到解放初期还在北方地区使用。

**关键词：**双长辕犁；一人一牛耕田法

二牛抬杠式的耦耕是两汉时期主要的耕作方式。考古发现的山西平陆枣园村王莽时期壁画墓牛耕图、陕西米脂东汉画像石牛耕图、江苏睢宁双沟画像石牛耕图等均为二牛抬杠式的耦耕。

二牛抬杠式的耦耕自武帝时赵过在关中发明应用后，先后经历了"二牛三人""二牛二人""二牛一人"的发展历程，并且先北方而后南方在全国推广，在此基础上，又产生了"一人一牛一犁"的先进耕作法，正如有专家所说：

> 从牛耕画像资料看，以"二牛抬杠"式居多。但是人们已经注意到"回转相防"、用牛用劳过多、生产效率不高等问题（《崔寔《政论》）。米脂、睢宁牛耕图中已用牛环、牛辔导牛，故只刻绘一人扶犁驱牛，显然已非《汉书·食货志》中所谓的"用耦犁，二牛三人"式耕作，或为一牛一犁式之萌芽。一牛一犁耕作方法是犁具改良与操作技术完善的结果，并且逐渐取代"二牛抬杠"式成为中国牛耕的主导形式。单牛挽犁方式的出现，减轻了牛耕的资金投入，在客观上有利牛耕的进一步普及[①]。

---

[①] 张波、樊志民主编：《中国农业通史：战国秦汉卷》，北京：中国农业出版社，2007年，第126页。

据此可知，一人扶犁驱牛的"二牛抬杠"式耕作法或为一牛一犁式之萌芽，换句话说，一牛一犁耕作方法是犁具改良与操作技术完善的结果，并且逐渐取代"二牛抬杠"式成为中国牛耕的主导形式。这两种表述法，无疑是正确的，意思也是一样的。

那么，"一人一牛一犁"的先进耕作法，其情况如何呢？

有学者认为，汉代是直辕犁的时代，直辕犁又可分为二牛抬杠的单直辕犁和单牛或双牛牵引的双直辕犁两类[①]。二牛抬杠式牵引单直辕犁是武帝时赵过的发明，先在关中使用，后推广到河东及北方边郡。至东汉时又在辽东及江南推广。

下面，我们主要谈一谈一人一牛耕田法的使用。

刘克祥先生指出："就犁的构造而言，汉代已出现框形犁的雏形，近代畜力犁的主要构件，这时均已具备。在牛耕的劳动力配备方面，由汉武帝末年的二牛三人'耦耕'，减少到东汉以后的二牛一人，大大节省了劳力。到西晋初年，又由二牛一人减为一牛一人。既节省牛力，又提高了耕作效率，更适合个体小农经营需要。"[②]刘先生认为一牛一人耕作法是西晋初年出现的，不免失之过晚。

与一牛二人耕作法相比，一牛一人耕作法因省了一个劳动力，无疑是先进的。

陆敬严先生认为汉代犁的特征之一是："汉犁辕很长，大多为单长辕，两边用牛牵引，少数为双长辕。"[③]既然汉代有双长辕犁，那我们对考古资料中的一些图像就容易理解了。

## 一、绥德的一人一牛耕田法实为一人扶犁"二牛抬杠"式之省

1952年陕西省绥德县东汉永元十二年（100）王得元墓前室东耳室门洞左右镶嵌的两块竖石上均有一牛挽犁图像。左右竖石都高137、宽36厘米，为全对称构图。每石竖分为四格：上格为仙人娱乐图，二格为翼龙图，三格为牛耕图，四格为谷物图[④]。有学者把牛耕图命名为"扬鞭持锸画像石"，画面共分四格：在第三格中刻有一棵茂盛的扶桑树，树下一农夫手持犁锸，一手高举鞭子吆喝驱赶耕牛。这是最早的关于一人一牛耕作方式的形象资料之一（图一）[⑤]。王伟先生据此认为："相对于二牛一人的农耕方式来说，一人一牛比较灵活，方便操作，适合在山区坡地或有树木等障碍物的小块土

① 陆敬严、华觉明主编：《中国科学技术史：机械卷》，北京：科学出版社，2000年，第319页。
② 刘克祥：《简明中国经济史》，北京：经济科学出版社，2001年，第110页。
③ 陆敬严：《中国古代机械文明史》，上海：同济大学出版社，2012年，第120页。
④ 李贵龙：《石头上的历史：陕北汉画像石考察》，第57页。
⑤ 中国农业博物馆编：《汉代农业画像砖石》，北京：中国农业出版社，1996年，第27页。

图一　牛耕图

（采自：李林、赵兰英、赵力光编著：《陕北汉代画像石》，第60页图179、图180）

地上耕种。"[1]

1974年，绥德县出土了一块墓室竖石，残断，残石高74、宽31厘米。画面上下分为四格：上格为跪拜图；二格为龙虎灵兽图；三格为捕鸟图，男子持竿捕鸟，身后跟一女子；下格为牛耕图（图二）[2]。

李贵龙认为以上3幅牛耕图皆为一牛挽一短直辕犁，并进一步指出：

虽然套牛挽犁的细节没有描绘出来，但根据图像信息对照流传至今的犁和牛轭犁绳及驾套方法分析，东汉时期的一牛挽犁耕地技术已经成熟，与流传至今的牛耕形式基本相似。犁在陕北方言口语中叫耩。耩由耩身、耩辕、炮杆、铁铧组成。耩身的上部叫耩把，供农人把扶用，耩身下部前端供套安铁铧；耩辕与耩身套接一起，前端通过铁环与炮杆中部连接；炮杆两端钉一小铁环，以备挂钩犁绳。挽具由牛轭、犁绳组成。牛轭由一弓形木棍修整打磨而成，轭两端挽两根用麻丝拧制的犁绳，驾套牛时，将两根犁绳挽钩在炮杆的两端，牛轭

---

① 王伟：《汉画与汉代农业》，郑先兴主编：《中国汉画学会第十届年会论文集》，武汉：湖北人民出版社，2006年，第136—138页。

② 李贵龙：《石头上的历史：陕北汉画像石考察》，西安：陕西师范大学出版总社有限公司，2014年，第57页。

图二　竖石上的牛耕图
（采自：绥德汉代画像石展览馆编：
《绥德汉代画像石》，第174页左图）

套在牛的胛骨前用小绳固定，就可耕地了。耕地时，牛走动带动牛轭前行，通过挽于牛轭上的两根犁绳拉犁犁地。一牛犁地容易控制牛的前进方向，用犁绳代替长辕，便于农人掌握，加强了对牛的控制力，使犁的行进更灵活，犁沟匀称，耕层深浅易于掌握，耕作质量和效率更高[①]。

李先生根据图像信息对照流传至今的犁和牛轭犁绳及驾套方法分析，认为东汉时期的一牛挽犁耕地技术已经成熟，其说不妥，因为他把长单辕犁误为了短单辕犁。

张振新先生指出："武威西汉木犁模型和绥德东汉牛耕图所表现的虽然只有一头牛，但由于都是单长辕犁，所以可以推定也是二牛抬杠式。"[②]对于张振新先生的观点，我们是完全赞同的，画像石上所表现的一人一牛耕田法，实际上是对一人扶犁"二牛抬杠"式耕田法的省略。

## 二、双辕犁的使用

一牛曳拉的双辕犁，包括两种情况：一是双辕耧犁，是在翻耕的熟土上播种的，也是赵过的发明；二是双辕犁，是用于耕地的。下面分别加以论述。

### （一）双辕耧犁

1959年，山西省平陆县张店人民公社枣园村汉墓墓室北壁西段上层绘有新莽时代（或东汉初期）耧播图，高约88、宽约177厘米，描绘一农夫驾一黄牛用耧犁向东播种，耧斗下的三足尚可看见（图三）[③]。三脚耧犁是有辕的，而且是双辕，所以驾一头牛就行了。东汉崔寔《政论》载："（赵过）教民种植，其法三犁共一牛，一人将之，下种挽耧，皆取备焉，日种一顷，至今三辅犹赖其利。"从文献记载来看，枣园村新莽墓壁画耧播图所绘一人驱一牛驾双辕而耧播，正是赵过耧犁推广后在后世的反映。需

---

① 李贵龙：《石头上的历史：陕北汉画像石考察》，第58页。
② 张振新：《汉代的牛耕》，《文物》1977年第8期，第58页。
③ 山西省文物管理委员会：《山西平陆枣园村壁画汉墓》，《考古》1959年第9期。

图三　耧播图

（采自：徐光冀主编：《中国出土壁画全集（2）·山西》，第2页）

要指出的是，耧播一般是在翻耕的土地上进行的，所以用一头牛就足够了。

至于双辕耧犁的形象，1973年发掘三原县初唐李寿墓时，其壁画上就绘有一农夫驱一牛驾双辕耧犁播种的图像（图四）①。

图四　耧播图

（采自：《文物》1974年第9期）

---

① 陕西省博物馆、文管会：《唐李寿墓发掘简报》，《文物》1974年第9期。

双辕耧犁的形象，在金代的考古发掘中也有发现。1988年，山西省屯留县李高村泰和八年（1208）金墓墓室北壁中部绘有备耕图。左向行走一牛一驴，随后一名男童，作挥鞭驱赶状；随行有两名壮年农夫，或肩扛犁耧，或肩扛犁耙等农具（图五）[①]。

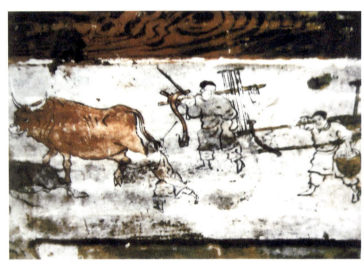

图五　备耕图

（采自：徐光冀主编：《中国出土壁画全集（2）·山西》，第167页）

耧犁分为单脚、双脚、三脚、四脚等，直到解放初期，关中地区尚用三脚耧犁播种。

### （二）双辕犁的使用

陆敬严等先生指出："双辕犁的出现是汉代犁耕发展的重要标志……这种双直辕犁20世纪50年代还在中国北方使用。《农具图谱》中载有山东掖县（现莱州）的双直辕独脚犁、河北宁河的双直辕水田耪子和河北军粮城也有双辕的劐子，这些犁均可用于耕地开沟。此外，中国古代制车技术十分发达，由牛牵引的双辕大车在《考工记》中已有记载……从双辕牛车的结构得到启示去制造双辕犁；在设计方法上是没有多大困难的。"[②]陆敬严等先生介绍"双直辕犁20世纪50年代还在中国北方使用"的话是不虚的，并以《农具图谱》中载有山东莱州的双直辕独脚犁、河北宁河的双直辕水田耪子等说明汉代双辕犁的存在，其论据虽是后代的，但为我们提供了借鉴，是非常有价值的。

---

① 徐光冀主编：《中国出土壁画全集（2）·山西》，北京：科学出版社，2012年，第167页。

② 陆敬严、华觉明主编：《中国科学技术史：机械卷》，北京：科学出版社，2000年，第321页。

1930年，山东省滕州市宏道院出土而现藏中国历史博物馆的牛耕画像石，拓片纵77、横173厘米。画面分三层：一层为王公赏乐，二层为狩猎图像。第三层右侧有诸伎表演，左侧一大树下有一人坐于案前，案上置壶杯，其前有三人各执一禾站立；左方一人扶犁，一牛曳拉，耕牛的形体健壮高大，牛前有一小孩牵牛导引，犁上设有调节耕地深浅的犁箭。这幅图像表明东汉时期单牛曳犁和设犁箭的耕作技术已经较为成熟了（图六）[1]。齐涛先生据此认为："大约到东汉中晚期，才又出现了一牛两人的耕地方式。山东滕州宏道院东汉画像石牛耕图则为一牛挽一犁、一人扶犁、一人牵牛鼻之式。"[2] 此说有理。

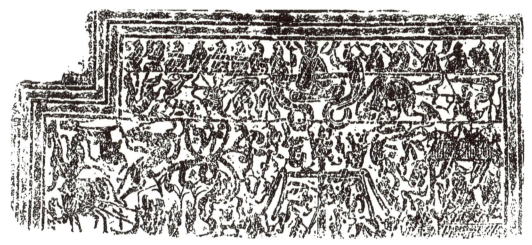

图六　山东滕州宏道院东汉画像石拓片

（采自：中国农业博物馆编：《汉代农业画像砖石》，第26页图A9）

对于山东省滕州市宏道院汉墓所出一头牛拉犁的画像，有学者认为是双长辕犁[3]，但也有不同意见，如蒋英矩先生说："有人说滕县……画像石的犁是双辕或双长辕。但是犁和车不同，双辕犁是如何的结构呢？若双辕都出自犁梢，那就位于上下一条线上，无法驾牛。初步判断，所谓'双辕犁'可能是不确的，画像中的双辕应该是绳索，用两股绳索方能套驾牲畜。两股绳索又须系在一根横木上牵引，这就是后世的犁盘（俗称'套盘子'），推测东汉时期犁盘也有其雏形了。"[4] 孙机先生对蒋英矩先生的观点表示认同，同时认为1972年甘肃武威磨咀子汉墓出土的木牛、犁模型的单辕较短，无法用

① 中国农业博物馆编：《汉代农业画像砖石》，北京：中国农业出版社，1996年，第26页。

② 齐涛编：《中国古代经济史》，济南：山东大学出版社，2011年，第101页。

③ 张振新：《汉代的牛耕》，《文物》1977年第8期，第59页。

④ 蒋英矩：《略论山东汉画像石的农耕图像》，《农业考古》1981年第2期。

偏系单辕的驾牛法，"只能如蒋文所说，须将其'两根绳索'（即靷绳，亦即鞅）系在一根横木上，再连接犁辕才成。现在看来，这根横木不是别的，正是《作'木牛流马'法》里所说的'鞅轴'……而通过对'木牛''流马'的研究，却有可能把套盘出现的时间之下限上溯到三国时代。"[1]孙机先生所说的"鞅轴"，就是后世的"犁盘"，也是上文李贵龙先生所说陕北犁的"炮杆"。

对于山东滕县宏道院汉墓所出一头牛拉犁的画像，笔者是赞同张振新先生观点的，它应是一头牛曳拉双辕犁而耕作的情形。

2000年陕西省旬邑县百子村东汉墓前室东壁南侧出土而现藏陕西省考古研究院的壁画《牛耕、牧马图》，高150、宽93厘米。顶部朱红色帷幔，间饰组绶，树下拴两匹马，旁有一匹奔跑的马驹，画面下方为牛耕场面（图七）[2]。从牛耕画面来看，是一人一牛；从辕的长短来看，无疑是长辕犁，且右边的长辕与短直衡垂直捆绑连接，特别清晰；从人物的站姿来看，牛的左边也有长辕，也应与短直衡垂直捆绑联结。衡下当有轭固定在牛的脖子上。因此，我们推测，这幅牛耕图应为双长辕的驾牛耕田法，此系驾法应是受牛车系驾法的影响而来的。

虽然陕北与山东的画像石上都有一牛曳拉双辕犁的形象，但陕北的一牛曳拉双辕犁，其结构明显要比山东的复杂，故而我们认为，山东的双辕犁应是由陕西传过去的。

东晋十六国时期，是一人一牛耕作方式的温和推广时期。东晋咸康七年（341），燕王慕容皝接受其记室参军封裕的建议，诏令其境内："贫者全无资产，不能自存，各赐牧牛一头。若私有余力，乐取官牛垦官田者，其依魏晋旧法。"[3]这充分说明，政府已经推行了单牛曳拉的耕作方式。

一牛曳拉双辕犁而耕作的形象，在甘肃的考古发掘中也有发现。2007年，甘肃省高台县罗城乡河西村地埂坡墓地4号魏晋墓前室南壁绘有壁画《牛耕图》：以白垩为底，以土红色线条起稿，再以墨线绘出轮廓后平涂色彩。一男子束发赤足，扶犁扬鞭，在耕地，后面跟随一男子在捧钵撒种（图八）[4]。从壁画《牛耕图》来看，牛脊颈上架的是曲轭，曲轭左边与单辕有明显的绳索捆绑；从对称的角度出发，曲轭右边与单辕也应有绳索捆绑。故而认为，这幅图像亦是一牛曳拉双辕犁而耕作的情形。

---

[1] 孙机：《"木牛流马"对汉代鹿车的改进及其对犁制研究的一点启示》，《农业考古》1986年第1期。

[2] 徐光冀主编：《中国出土壁画全集（6）·陕西上》，北京：科学出版社，2012年，第115页。

[3] （唐）房玄龄等：《晋书》卷109《慕容皝载记》，北京：中华书局，1974年，第2825页。

[4] 徐光冀主编：《中国出土壁画全集（9）·甘肃、宁夏、新疆》，北京：科学出版社，2012年，第38页。

图七　牛耕、牧马图

（采自：徐光冀主编：《中国出土壁画全集（6）·陕西上》，第115页）

图八　牛耕图

（采自：徐光冀主编：《中国出土壁画全集（9）·甘肃、宁夏、新疆》，第38页）

北朝时期，尤其是北魏孝文帝统治北方时期，是一人一牛耕作方式的强制推广阶段。史载：

> 牧守令长，勤率百姓，无令失时。同部之内，贫富相通。家有兼牛，通借无者，若不从诏，一门之内，终身不仕。守宰不督察，免所居官①。

所谓"兼牛"，是指一家拥有两头耕牛。一家之内如有两头或两头以上耕牛，除留一头供自己使用外，其余都要借给无牛人家使用，否则，一门之内的人终身都不允许做官，而守宰失于督察也要免官，这样重的处罚，既突出了牛在农业生产中的重要性，又说明了北魏孝文帝时期一人一牛的耕田法在强制地推行。

直到唐代，一牛曳拉双辕犁而耕作的方法还在使用。莫高窟23号窟北壁盛唐壁画绘有《雨中耕作图》：天上乌云密布，电闪雷鸣，雨下如注。农夫头戴席帽，正在耕地。另一农夫上着半臂衫，下穿犊鼻裤，肩挑麦束行进。边上有一家三口席地在田间餐饮（图九）②。金毓黻先生认为，此图中的犁为双辕犁③。我们完全赞同金先生的观点。

---

①　（北齐）魏收：《魏书》卷7上《高祖纪第七上》，北京：中华书局，1974年，第138页。

②　敦煌研究院主编：《敦煌石窟全集（25）·民俗画卷》，上海：上海人民出版社，2001年，第16页。

③　金毓黻：《从榆林窟壁画耕作图谈到唐代寺院经济》，《考古学报》1957年第2期。

图九　雨中耕作图

（采自：敦煌研究院主编：《敦煌石窟全集（25）·民俗画卷》，第16页）

综上所述，汉墓壁画和画像石中有不少反映牛耕的图像，本文采用二重证据法对其进行了考察。陕北绥德东汉画像石中一人一牛的犁耕图，乃是一人扶犁"二牛抬杠"式之省。而一牛双辕犁的使用包括两种情况：一是赵过发明的双辕耧犁，是在翻耕的熟土上播种的，既可用一牛挽拉，也可用人挽拉，其使用贯穿于封建社会始终；二是用于耕田的双辕犁，其系驾法是受牛车系驾法的启发而来，其使用历魏晋至隋唐，直到解放初期还在北方地区使用。

原文载《文博》2018年第1期

# 陕北汉画像石所见"双头连体人面兽"寓意考

**摘要：**1955年陕西省绥德县刘家沟出土了内容为"主客赞见、杂技表演图"的画像石，最下层雕有龟蛇组成的玄武与双头连体人面兽。在汉人眼里，"龟与蛇合"谓玄武，也就是雌龟与雄蛇交合之意。"双头连体人面兽"与玄武的含义大致相同。两汉时期，属上郡管辖的陕北，水草丰美，当地人除从事农牧业生产外，也重视自身的繁衍。"双头连体人面兽"反映的是一种接触巫术，是类似于湖南瑶族求子时师公跳一种名叫"狗绊臀"的舞，借此舞希求子孙的繁盛。

**关键词：**陕北汉画像石；玄武；双头连体人面兽；繁殖巫术

图一

在西安碑林博物馆，藏有一内容为"主客赞见、杂技表演图"的画像石。高88、宽34厘米。1955年出土于陕西省绥德县刘家沟。石上刻几组人物，上两组为赞见和击剑，下二组涵意不明，似为杂技表演，最下层雕有龟蛇组成的玄武和双头人面兽，各组画面之间均看不出相互关系，但人物造型极为生动，比例适当，动作准确，虽有残缺，但仍属陕北东汉画像石的精品（图一）[①]。从图一可见，双头人面兽即"双头连体人面兽"。

在雕有"主客赞见、杂技表演图"的画像石上，龟蛇组成的玄武和双头连体人面兽都雕刻在最下层的方框里，因而它们属于一组画面。既然龟蛇组成的玄武与双头连体人面兽为一组画面，那么，它们之间应该有某种内在的联系，因而我们在讨论"双头连体人面兽"的寓意之前，有必要先来谈谈"龟蛇组成的玄武"。

---

①　李域铮：《陕西古代石刻艺术》，西安：三秦出版社，1995年，第22页。

# 一、汉人眼里"玄武"的涵义

玄武本是中国古代的水神，后在阴阳五行学说的改造下，成为中国古代四方神中的北方之神。在汉代，玄武的形象常见于画像石、瓦当（图二）等的装饰图案之上。玄武的形象，起初只是龟的个体，《礼记·曲礼疏》所谓"玄武，龟也"可证，《楚辞·九怀》亦注玄武为"天龟"。张衡《思玄赋》载："玄武缩于壳中兮，腾蛇蜿而自纠。"玄武与腾蛇对举，说明两者是二物，玄武不是龟蛇合体，仅指灵龟而言。后来，玄武才变成了龟蛇合体。《后汉书》卷23《王梁传》引《赤伏符》有"王梁主卫作玄武"，唐章怀太子李贤注曰："玄武，北方之神，龟蛇合体。"①玄武为什么是龟蛇合体呢？学者们有不同的观点。

图二

## （一）天象星光说

《尚书考灵曜》载："二十八宿，天元气，万物之精也。北方斗牛女虚危室壁七宿，其形如龟蛇，曰'后玄武'。"②"后玄武"之"后"表示方位，指"北"。许道龄《玄武之起源及其蜕变考》载："北方七宿：斗牛女虚危室壁，总称曰玄武。二十八宿的被发现和利用，至晚在战国之世，而玄武和四灵之名，又并见于《楚辞》与《曲礼》。上面所说的玄武的起源，是属于天文方面的。"③可见，在二十八宿中，斗牛女虚危室壁七宿被古人想象为玄武，这就是玄武在天文方面的起源。

## （二）"龟甲类动物"说

刘逸生认为，玄武其实是一种龟，名叫"蛇龟"，因为罕见的缘故，被用来与苍

---

① （南朝宋）范晔：《后汉书》，北京：中华书局，1965年，第774页。

② 〔日〕安居香山、中村璋八辑：《纬书集成》卷2，石家庄：河北人民出版社，1994年。

③ 孙作云：《中国民间诸神》，石家庄：河北人民出版社，1986年，第72页引。

龙、白虎、朱雀相配，成为"四象"之一；至于生出龟与蛇二物的说法，是一种误解或想当然[①]。周晓薇教授认可刘逸生的说法，并总结说："玄武为四象之一，代表北方，其形象为龟蛇，可能属于已经消亡的上古时期的一种龟甲类动物。"[②]其说可供参考。

### （三）"鳄鱼"说

何新先生认为，"蛇头鳖身，是玄武之相，即所谓龟蛇合体，而玄武也是龙神——我们已论证过，其真相乃是鳄鱼"[③]。这是"鳄鱼"说。

### （四）图腾说

著名学者闻一多先生认为："因部落的兼并而产生的混合的图腾……在我们历史上，五方兽中的北方玄武本是龟蛇二兽，也是一个好例。"[④]这是图腾说。其立意是由于崇拜龟图腾的部落与崇拜蛇图腾的部落相互兼并而产生了混合的图腾玄武。

### （五）龟蛇相斗说

《尔雅·释鱼》记载的龟有10种，即神龟、灵龟、摄龟、宝龟、文龟、筮龟、山龟、泽龟、水龟、火龟[⑤]。其中的"摄龟"，其特征是"腹甲曲折"，"好食蛇"。

即使有"好食蛇"的"摄龟"，被食的蛇也不会不作反抗而等待"摄龟"来食，因而蛇绕龟而互相对视的图像恐非想象。

刘毓庆先生认为，玄武图的意义分为三个层次：取象于生物界的龟蛇相斗，为其表面的结构形态，这是第一个层次；作为共工与颛顼争帝的神话故事内涵，为第二个层次；表现生命意识深处的冲突，为其文化意义，这是第三个层次[⑥]。具体地说，其文化意义是"玄武由龟衍化为龟蛇合体，使蛇从服于龟，性从服于寿，其意义在于长寿崇拜"[⑦]。可备一说。

---

① 刘逸生：《神魔国探奇》，南京：江苏古籍出版社，1992年，第14页。

② 周晓薇：《释"玄武"》，《中国典籍与文化》2004年第4期。

③ 何新：《龙：神话与真相》，上海：上海人民出版社，1989年，第190页。

④ 闻一多：《伏羲考》，苑利主编：《二十世纪中国民俗学经典·神话卷》，北京：社会科学文献出版社，2002年，第160—211页。

⑤ （晋）郭璞注，（宋）邢昺疏，王世伟整理：《尔雅注疏》，上海：上海古籍出版社，2010年，第522页。

⑥ 刘毓庆：《玄武图的神话内涵及其文化意义》，原载《文艺研究》1995年第1期；又收入氏著：《神话与历史论稿》，北京：商务印书馆，2017年，第132—150页。

⑦ 刘毓庆：《玄武图的神话内涵及其文化意义》，《文艺研究》1995年第1期。

### （六）"雄龟的生殖器误解为蛇"说

江绍原先生据刘丕基《人间误解的生物》所说，认为玄武是"雄龟的生殖器误解为蛇"的缘故①。这是一种能引起人们兴趣的说法。

### （七）"广肩无雄，以蛇为雄"说

玄武为什么是龟蛇的合体呢？汉人戴德的《大戴礼》为我们提供了有趣的解释，他说："龟上穹象天，下平法地。千载神龟，问无不知，广育无雄，以蛇为雄。故龟与蛇合谓玄武。"②这里的"育"，应为"肩"之讹，东汉许慎《说文解字》十三篇下《龟部》作"肩"可证。今本《大戴礼记》并非足本，因而不见这句话，但其主要观点，却被后人承袭，如宋陆佃《埤雅》卷2《龟》载："龟，旧也。外骨内肉，肠属于首，广肩无雄，与蛇为匹，故龟与蛇合，谓之'玄武'。"③在汉人眼里，由于龟是"广肩无雄，以蛇为雄"，所以"龟与蛇合"之"合"，无疑就是雌龟与雄蛇"交合"之意。

《文选·思玄赋》李善注云："龟与蛇交曰玄武。"这里的"龟与蛇交"与上文的"龟与蛇合"是同一个意思，即雌龟与雄蛇"交合"之意。《博物志》卷4《物性》也载："大腰无雄，龟鼋类也，无雄，以蛇通气则孕。"④因为龟"大腰无雄"，因而在龟蛇合体的玄武形象中，龟是雌的，蛇是雄的。

东汉魏伯阳《周易参同契》载："'关关雎鸠，在河之洲，窈窕淑女，君子好逑。'雄无独处，雌无孤居，元（玄）武龟蛇，蟠虬相扶，以明牝牡，意当相须。"⑤魏伯阳从"雄不独处，雌不孤居"的角度出发，认为玄武龟蛇"纠盘相扶"是要说明"牝牡"的，即龟牝蛇牡，是有一定道理的。对于魏伯阳的观点，孙作云、何定杰、赵国华等学者认同并加以发挥。孙作云说："玄武即玄冥，玄冥即鲧，鲧的图腾是鳖，龟鳖性近，原先大概是一个氏族的分支。鲧妻修己，修己就是长蛇，己字象蛇形。玄武图之龟蛇合体，就是鲧夫妻的交尾图。"⑥何定杰说：玄武的龟蛇相绕形象，乃是男女拥抱的化装⑦。孙作云、何定杰均认为，玄武形象含有男女或夫妻交尾的意思。赵国华说："所

① 江绍原：《民俗与迷信》，北京：北京出版社，2003年1月，第64页。

② 胡雪竹：《两汉玄武图像的组合形式及功能意义》，《荣宝斋》2015年第5期。

③ 李涛：《〈埤雅〉译注》，北京：人民出版社，2019年，第25页。

④ （晋）张华著，祝鸿杰译注：《博物志全译》，贵阳：贵州人民出版社，1992年，第88页。

⑤ 任法融：《周易参同契释义》第三十章，北京：东方出版社，2009年。

⑥ 孙作云：《敦煌画中的神怪画》，《考古》1960年第6期。

⑦ 何定杰：《鬼神信仰的三个来源》，武汉：湖北人民出版社，1964年。

谓'玄武'，自汉代起人们一般认为是龟蛇合体的一种灵物。龟蛇为什么合体？没有人能够解释清楚。其实，它不是龟蛇合体，而是蛙蛇合体，原是男女性结合的象征。"①赵国华先生认为"龟蛇合体"应是"蛙蛇合体"并不正确，其实"龟蛇合体"是对的，四川人骂人的惯用语"龟儿子"正是汉人释龟"广肩无雄，以蛇为雄"的绝好注脚。陈器文指出："玄武衍生的系列故事中，不仅从雌雄无别逐渐演变出雌雄对偶，且龟蛇的阴阳性别常多变互换，隐藏着对立两极共存于一体的特点，无论是神生神杀或阴阳媾精，双身双头之玄武都隐含人类父母或生殖之神的意味，因此伏羲女娲交合图中也会出现玄武的身影。"②因在汉画像《伏羲女娲交合图》中确实存在"玄武"的身影，所以陈器文说"玄武隐含人类父母或生殖之神的意味"，不无道理。

## 二、"双头连体人面兽"寓意考

两汉时期，属上郡管辖的陕北，水草丰美，当地人除从事农牧业生产外，也重视自身的繁衍。周予同教授认为，中国人口如此众多的原因是"以多子多孙为福"的观念，而"以多子多孙为福"的观念则是来自儒家的根本思想——生殖崇拜观念③。其分析可谓一针见血！

靳之林先生指出：

由人类自身男女阴阳两性同体交感到自然界动物牡牝阴阳两性同体交感巫术，均寓意通天通阳、化生人类、化生万物。由河姆渡文化中的对鸟、对猪、对鱼通天与通天生命树，仰韶文化中的对鱼、对虎、对龙、对凤、对蝉等通天与通天生命树，汉墓画像石、画像砖中的对龙、交龙、对鸟、对凤、对虎、对羊、对鹿、对马、对鱼通天与通天生命树，汉唐丝绸之路文化带上的对鸟、对鸡、对羊、对马生命树与太阳联珠纹丝绸织锦，一直到现代民间仍然无孔不入地广泛流行的动物牡牝阴阳两性同体通天与通天生命树，7000年来是一脉相承的。这表明阴阳观与通天观合一的哲学观是中华民族本原哲学体系的核心。阴阳相合化生宇宙万物，万物生生不息与阴阳相合、天地相

---

① 赵国华：《生殖崇拜文化论》，北京：中国社会科学出版社，1990年，第289页。

② 陈器文：《玄武神话、传说与信仰》，西安：陕西师范大学出版总社有限公司，2013年，第65—66页。

③ 朱维铮编：《周予同经学史论著选集》（增订本），上海：上海人民出版社，1983年。

通、生命永生的文化意识，则是民族民间艺术造型体系的核心①。

由靳先生的论述可知，"双头连体人面兽"属于"男女阴阳两性同体交感"，无疑具有繁殖巫术的寓意。

在汉人眼里，"龟与蛇合"谓玄武，也就是雌龟与雄蛇交合之意。因玄武与"双头连体人面兽"在画像石上是一组画面，所以"双头连体人面兽"与玄武的涵义大致相同，无疑具有繁殖巫术的寓意。

成书于战国至秦汉间的《山海经》，"反映了全部野蛮时代和开化时代的若干历史情况"②。对于《山海经》等书里"左右有首"或"前后有首"或"一身二首"的生物，闻一多先生从人体的不同角度（正看为前后有首，侧看为左右有首，混言之则为一身二首）观察后而释为"实有雌雄交配状态之误解或曲解"③的观点是精辟的，值得重视。

在日常生活中，对称美是我们常见的艺术形式。也就是说，"美的主要形式，就是（空间的）秩序对称和明确"④。例如，在中国古代建筑中，皇室建筑中的双阙，就是对称美的体现。不论是皇宫的大门，还是贵族和老百姓的大门，均是对开，也就是两扇门，这是对称美最广泛的体现。其中的"对称是来自对动物形体和人的形体的模拟，这种形体本身就是对称的，证明 ——动物大部共有的横的对称"⑤。"动物大部共有的横的对称"是比较盛行的艺术形式，先秦玉器中的玉璜、汉画像中的交龙等，莫不具有这样的特点。对于"两性同体人像、对称动物图案"这些特殊的对称图案，"除了具有一般的对称点之外，还有其特殊的社会意义——繁殖巫术"⑥。其说有理。

宋兆麟先生认为：河姆度文化、半坡仰韶文化、临潼姜寨等器物上的对称动物纹，以及历代所流行的不少对称动物图案，"多是动物交尾、交配的变型"⑦。宋先生所谓历代所流行的不少对称动物图案，多是"动物交尾、交配的变型"的观点，与前述闻一多先生的观点有异曲同工之妙！

---

① 靳之林：《绵绵瓜瓞与中国本原哲学的诞生》，桂林：广西师范大学出版社，2002年，第89页。

② 吕振羽：《史前期中国社会研究》，北京：生活·读书·新知三联书店，1961年，第68页。

③ 闻一多：《伏羲考》，氏著：《神话与诗》，上海：华东师范大学出版社，1997年，第3—69页。

④ 亚里斯多德：《形而上学》，北京：商务印书馆，1959年，第265页。

⑤ 普列汉诺夫：《论艺术》，北京：生活·读书·新知三联书店，1973年，第144页。

⑥ 宋兆麟：《生育神与性巫术研究》，北京：文物出版社，1990年，第156页。

⑦ 宋兆麟：《生育神与性巫术研究》，第173页。

英国人类学家弗雷泽认为，交感巫术（交感律）包括顺势巫术（相似律）与接触巫术（接触律）[①]。

对于英国人类学家弗雷泽的交感巫术原理，宋兆麟先生结合中国古代的实际又做了进一步的阐释，他认为，作为最主要的巫术形式的交感巫术包括模拟巫术与接触巫术两种形式：相同的事物影响相同的事物，这是模拟巫术，它是根据相似律而产生的巫术，如"两性同体、对称动物图案都是一种模拟繁殖巫术的反映"；当事物互相接触时，彼此会对对方产生一种持久的影响，这就是接触巫术，如"两性同体人像、连体动物以及伏羲女娲形象，实际都兼有接触巫术的性质，其目的也与生育有关"[②]。宋先生所谓"两性同体人像、连体动物以及伏羲女娲形象，实际都兼有接触巫术的性质，其目的也与生育有关"的论点是颇有道理的，由此我们认为，陕北汉画像石上的"双头连体人面兽"无疑具有接触巫术的性质，其目的也与生育有关。

湖南江永县瑶族还盘王愿的最后仪式是求子，师公跳名叫"狗绊臀"的舞。两师公扮一男一女，用一根红布带子从胯下穿过，一人系一端，背相对，手撑地，以腿勾搭，边跳边淫逗[③]。陕北汉画像石上的"双头连体人面兽"，其形象与湖南江永县瑶族求子活动师公跳的"狗绊臀"舞颇为相似，应是一种繁殖巫术。

综上所述，1955年陕西省绥德县刘家沟出土了内容为"主客赘见、杂技表演图"的画像石，最下层雕有龟蛇组成的玄武与双头连体人面兽。在汉人眼里，"龟与蛇合"谓玄武，也就是雌龟与雄蛇交合之意。"双头连体人面兽"与玄武的含义大致相同。两汉时期，属上郡管辖的陕北，水草丰美，当地人除从事农牧业生产外，也重视自身的繁衍。"双头连体人面兽"反映的是一种接触巫术，是类似于湖南瑶族求子时师公跳一种名叫"狗绊臀"的舞，借此舞希求子孙的繁盛。

原文载《华夏文明》2021年第01期（总第538期），收录时有增补

---

① 〔英〕J. G.弗雷泽著，汪培基、徐育新、张泽石译：《金枝——巫术与宗教研究》上册，北京：商务印书馆，2012年，第27页。

② 宋兆麟：《生育神与性巫术研究》，第158页。

③ 力木：《略述楚地求子风俗与性崇拜遗存》，巫瑞书等主编：《巫风与神话》，长沙：湖南文艺出版社，1988年，第213—222页。

# 唐房陵大长公主墓壁画
# "托果盘侍女图"正名*

**摘要：**在唐朝，皇太子、国子监生、州学或县学的学生在初入学行"束脩之礼"时要用食案，而皇帝在宴请蕃国主或蕃国使节的重要场合同样要用。食案有大、小之别，唐房陵大长公主墓壁画中的"五足圆盘"应叫"五足圆案"，它的造型承袭了汉晋以来中国传统食具有足圆案的形态，又知握住案足的动作叫"持"，因此，唐房陵大长公主墓壁画"托果盘侍女图"命名为"持果案侍女图"是比较妥当的，其中侍女所持的五足圆案属于低矮的小型食案，是可以搬到床榻上饮茶进膳的。

**关键词：**托果盘侍女图；持果案侍女图

对于这幅侍女图的研究，主要是对于器皿中的两种果品之一的佛手持不同意见：现在的观点是，专家学者多否定果品为佛手，倾向于甜瓜或木瓜，结论较为可信。本文研究的重点，是对器皿的名称及其持法做一探讨。

## 一、"托果盘侍女图"名称准确吗？

在《唐房陵长公主墓清理简报》一文中，对于墓室东壁第三图即"两手托五足圆盘"的侍女，安峥地先生只是笼统地以侍女名之，并没有具体的名称。可是，30多年来出版的10余部画册，却对它加上了具体的名称，如陕西历史博物馆编、陕西人民美术出版社1991年6月出版的《唐墓壁画真品选萃》，名为"托果盘女侍"[①]；陕西历史博物馆编、香港文化教育出版社1992年9月出版的《陕西历史博物馆》，名为"房陵公主墓托果盘侍女图"[②]；《陕西省志·文物志》编纂委员会编、三秦出版社1995年8月出版

---

\* 本文与张红娟、李聪合作。

① 陕西历史博物编：《唐墓壁画真品选萃》，西安：陕西人民美术出版社，1991年，第31页。

② 陕西历史博物馆编：《陕西历史博物馆》，香港：香港文化教育出版社，1992年。

图一

的《陕西省志·文物志》，名为"托果盘侍女图"①；李国珍编撰、陕西旅游出版社1996年出版的《大唐壁画》，名为"端果盘侍女"②；董理主编、陕西人民出版社2006年6月出版的《魅力独具的唐墓壁画》，名为"托果盘女侍"③；冀东山主编、三秦出版社2006年6月出版的《神韵与辉煌——陕西历史博物馆国宝鉴赏·唐墓壁画卷》，名为"托果盘侍女图"④；陕西历史博物馆编、陕西出版集团三秦出版社2011年6月出版的《唐墓壁画珍品》，名为"托果盘侍女图"⑤；徐光冀主编、科学出版社2012年1月出版的《中国出土壁画全集（7）·陕西下》，名为"托果盘侍女图"⑥。从以上的叙述可以看出，多数画册把这幅壁画命名为"托果盘侍女图"，个别画册命名为"端果盘侍女"或"托果盘女侍"。由于命名者对食用器皿名称的理解不准确，因而"托果盘侍女图"的命名也就难以准确了。

## 二、"五足圆盘"应为"食案"考

秦汉时期，人们的食具既用案又用盘，今人容易混淆。

《急就篇》载："椯、杅、槃、案、栝、閜、盌。"颜注："无足曰槃，有足曰案，所以陈举食也。"⑦陈衎认为："案，有足之盘也，古人席地所用。"⑧据此可知，有足之盘叫"案"。杨泓先生在《从卫贤〈高士图〉谈"举案齐眉"》一文中指出："汉代的案，多系木质，或髹漆彩绘，加饰金属饰边、角饰，形状或矩形或圆形，有的仅为类

---

① 《陕西省志·文物志》编纂委员会：《陕西省志·文物志》，西安：三秦出版社，1995年，第459页。

② 李国珍编撰：《大唐壁画》，西安：陕西旅游出版社，1996年，第133页。

③ 董理主编：《魅力独具的唐墓壁画》，西安：陕西人民出版社，2006年，第41页。

④ 冀东山主编：《神韵与辉煌——陕西历史博物馆国宝鉴赏·唐墓壁画卷》，西安：三秦出版社，2006年，第80页。

⑤ 陕西历史博物馆编：《唐墓壁画珍品》，西安：三秦出版社，2011年，第25页。

⑥ 徐光冀主编：《中国出土壁画全集（7）·陕西下》，北京：科学出版社，2012年，第241页。

⑦ （清）桂馥：《札朴》（学术笔记丛刊）卷4引，北京：中华书局，1992年，第167页。

⑧ 陈衎：《槎上老舌》（丛书集成初编），北京：中华书局，1985年，第6页。

似后世托盘的形状，有的下设矮足，矩形的多4足，圆形的或为3足，即使有足也极低矮，因此轻便易于捧持。”①在汉代，无论是平民还是贵族，皆席地而坐，故室内家具陈设比较简单，其中最主要的是案，而案中最多见的是食案。食案分两种：一种无足，类似托盘，应名梡案，“举案齐眉”之案即指梡案②；另一种是有足之食案，有足的食案除案面呈长方形者外，还有一种案面呈圆形，其名为檈，即《说文·木部》所谓“檈，圆案也。”沂南画像石中亦有食器之檈案；广州沙河顶5054号东汉墓中的一件铜檈案，面径40、高8.6厘米，上置大小铜耳杯6个、出土时檈上还有鸡骨与猪骨少许，而且无论方案或檈案，都可以叠置起来庋存食物③。由上面的论述可知，汉代食案分无足与有足两种：无足的食案类似托盘，名叫梡案；有足食案除方形外，亦有名为“檈”的圆形食案，其足多为3个，至魏晋时期又有5足者，因而唐墓壁画的“五足圆盘”应为食案，其造型是承袭了汉至魏晋以来的造型，下面我们就加以证明。

## 三、唐以前圆案的考古资料举例

有人认为，带足的盘子“在出土的唐代器物中并不罕见，仅房陵大长公主墓的壁画中就绘有三件。这种器物质地上也有金属、陶瓷之分。从墓葬出土或保存至今的唐代带足盘的实物看，多数为三足，少数为四足，五足的很少见。但都被认为是带有中亚银器特征的器物”④。既然我们已知带足盘其实名叫食案，那么，无论是三足盘，还是四足盘或五足盘，都应叫食案。孙机先生认为，有足之案“早在前24—前19世纪的山西襄汾陶寺大墓中已经发现，历夏、商、周、秦，一直沿用下来”⑤。

两汉时期，食案广泛应用于人民的生活当中，仅以圆案为例，考古资料中就多有发现。如1961年，河南密县打虎亭一号东汉墓南耳室甬道南壁出土一块画像石，名“送膳图”，高70、长78厘米。画中八个成人和两个儿童，除一童短衣外，余均着直叉领长袍，分两层，均作行进状。上层自右起依次为：一儿童抚腰，手举尖头棒回首顾望；第二人双手端案，案内放四耳杯；第三人手端小盘回望，与后者作交谈状；第四人双手高托一案，案内多置盛食之盘碗等；第五人为儿童，作跟随行走状；第六人也高托一案，案内置盘碗。下层四人依次为：右第一人手提带链三足火盆，执火钳，转

① 杨泓：《逝去的风韵——杨泓谈文物》，北京：中华书局，2007年，第21页。
② 孙机：《汉代物质资料文化图说》（增订本），上海：上海古籍出版社，2008年，第256页。
③ 孙机：《汉代物质资料文化图说》（增订本），第258页。
④ 董理主编：《魅力独具的唐墓壁画》，第41页。
⑤ 孙机：《汉代物质资料文化图说》（增订本），第256页。

图二

身交谈；第二人手持一承旋，上放樽，樽内有一带柄勺；第三、四人共抬一直腿方案，上有带柄器，案下有小口圆腹圈足壶，壶侧置双系罐。画面表现群仆向室内送膳景况（图二）[①]。从"送膳图"来看，单个人拿的既有圆案，又有圆盘，一般是案比盘大，而且在有的圆案内，往往是既有圆盘又有碗或杯。再如1954年3月，山东沂南北寨村东汉晚期墓出土的墓前室西壁横额画像，纵48、横185厘米，刻"弔唁祭祀图"（图三）[②]。左边五列十九人均右向执笏，前二列各四人跪拜，其后二列各三人，最后一列五人，皆恭立。左端地上置案、盘、壶、盒、篚等，案上放置果品、鱼、耳杯。案前一老者执笏右向跪。案、盒后二人右向行，似布置祭品的侍仆。从"弔唁祭祀图"可以看出，两个方形大案各置10只耳杯，而两个三足圆案，一个上面放两条鱼，可以称为鱼案；另一个上面置果品、耳杯，可以称为果案。

图三

（采自：《中国画像石全集（1）·山东汉画像石》，第163页图一八六）

魏晋时期，人们的日常生活中仍然离不开带足圆案。如1972年，甘肃省嘉峪关市新城1号三国魏甘露二年（257）墓的前室西壁出土一幅壁画，高175、宽36.5厘

---

① 《中国画像石全集》编纂委员会编：《中国画像石全集（6）·河南汉画像石》，济南：山东美术出版社、郑州：河南美术出版社，2006年，第32页。

② 《中国画像石全集》编辑委员会编：《中国画像石全集（1）·山东汉画像石》，济南：山东美术出版社、郑州：河南美术出版社，2000年，图版说明第60页。

米, 名 "宴乐图"（图四）[①]。画面上部绘帷帐的垂幔，下部左侧四位男子并坐于一张大榻上，着帽及交领袍服，正在观赏右侧二位男伎乐的演奏，中间有一组酒具，为宴乐场景。从壁画 "宴乐图" 来看，承载酒具的当为三足承旋，实际上就是三足圆案。在晋朝的墓葬中，又发现了五足圆案。如1993年，甘肃省酒泉市果园乡高闸沟村魏晋墓出土一幅壁画，高19、宽39厘米，名 "宴饮图"（图五）[②]。画面表现的是女墓主宴

图四

图五

饮情形：女墓主坐于帷帐内，均梳高髻，着交领襦服相对而坐，中间置一组由承镟、樽、耳杯组成的酒具。这里的承镟（亦作 "承旋"），本应是五足，出于透视关系而只画出了三足。孙机先生指出："筩形尊，它常配有专用的圆形 '承旋'。旋当为樏字之假……圞案即圆案即樏，承旋正作圆案形……在汉画像石上，盆形尊绝无附承旋者，

---

①   徐光冀主编：《中国出土壁画全集（9）·甘肃、宁夏、新疆》，北京：科学出版社，2012年，第10页。

②   徐光冀主编：《中国出土壁画全集（9）·甘肃、宁夏、新疆》，第21页。

而笛形尊往往有之。盆形尊放在地上，而笛形尊多放在案上（80—5），可见后者在汉代更受重视。不过，说笛形尊附承旋，当然也不是绝对的。"①孙机先生的话告知我们，圆形承旋实际上就是带足圆案，它虽常常与笛形樽配套使用，但也不是绝对的，因而唐墓壁画的"五足圆盘"即圆案显然是从晋墓壁画的五足承旋即五足圆案发展而来。

## 四、唐代重大场合使用食案

既然唐墓壁画中的"五足圆盘"是食案，这说明唐人不仅使用食盘，而且仍在使用食案。初唐欧阳询编撰的类书《艺文类聚》（上海古籍出版社1995年新2版）卷69《服饰部上》，收有词条"案"，包括食案、书案。《唐六典》卷21《国子监》载："其生初入，置束帛一篚、酒一壶、脩一案，号为束脩之礼。"②这是说，国子监的学生初入学时要送"束脩之礼"，具体包括束帛一篚、酒一壶、脩一案。作为州学或县学的学生，初入学时同样要送"束脩之礼"，所送内容与国子监的学生大致一样③。作为皇帝的儿子，虽贵为皇太子，初入学也要送"束脩之礼"，所送内容与国子监学生一样④。

食案除皇太子、国子监学生或州学、县学的学生初入学行"束脩之礼"时使用外，在皇帝宴请蕃国主的重要场合同样使用，正如《通典》卷131《礼九十一·开元礼纂类二十六·宾》所载：

> ……觞行三周，尚食奉御进食。食升阶，殿上典仪唱："食至，兴。"阶下赞者承传，蕃主以下皆执笏，俯伏，兴，立座后。殿中监到阶省案，尚食奉御品尝食讫，以次进置御前。太官令又行蕃主以下食案。设讫，殿上典仪唱："就座。"阶下赞者承传，蕃主以下皆就座，俯伏，坐。皇帝乃饭，《休和之乐》作，蕃主以下皆饭，御食毕，乐止。蕃主以下食讫，尚食太官俱撤案⑤。

---

① 孙机：《汉代物质资料文化图说》（增订本），第363页。

② （唐）李林甫等撰，陈仲夫点校：《唐六典》，北京：中华书局，1992年，第559页。

③ （唐）杜佑撰，王文锦等点校：《通典》卷121《礼八十一·开元礼纂类十六·吉十三》，北京：中华书局，1988年，第3080页。

④ （唐）杜佑撰，王文锦等点校：《通典》卷117《礼七十七·开元礼纂类十二·吉九》，第2999页。

⑤ （唐）杜佑撰，王文锦等点校：《通典》，第3374页。

据此可知，在皇帝宴请蕃国主时，蕃国主的食案是太官令负责的；蕃国主等吃完饭，尚食太官——撤掉食案。而在皇帝宴请蕃国使节时，同样要用到食案，正如《通典》卷131《礼九十一·开元礼纂类二十六·宾》所载：

> ……觞行三周，食升阶，殿上典仪唱："食至，兴。"阶下赞者承传，上下诸客皆执笏，俯伏，兴，立座后。太官令行诸客案。设食讫，殿上典仪唱："就座。"阶下赞者承传，上下诸客皆就座，俯伏，坐。上下诸客皆饭。诸客食讫，太官令俱撤案①。

由此可见，在皇帝宴请蕃国使节时，蕃国使节的食案是由太官令负责的；蕃国使节等吃完饭，太官令一起撤掉食案。

上已述及，食案是中国传统的食具，尤其广泛应用于两汉人的生活中，魏晋至唐也在使用，所以说唐墓壁画中的"五足盘"即食案显然就是中国传统的食具圆案在唐代的继续使用，文献资料也证明了这一点，即皇太子、国子监生、州学或县学的学生在初入学行"束脩之礼"时要用食案，而皇帝在宴请蕃国主或蕃国使节的重要场合同样要用。

韩养民等先生认为："到唐代时由于高坐具出现，案也逐步升高了。一般的'几'都是长方形，而案为长方形或方形，可是唐代也出现了圆案。同昌公主出嫁时宅中就有'百宝为圆案'，大致上相当于圆桌……在家中几案一般摆设在厅堂或坐榻前，也有低矮的小型几案可以搬到床榻上饮茶进膳用。"②据此可知，食案有大小之别，皇帝在宴请蕃国主或蕃国使节的重要场合使用的食案应为大型食案，而房陵大长公主墓壁画中的五足圆案则属于低矮的小型食案，是可以搬到床榻上饮茶进膳的。

## 五、"托果盘侍女图"应命名为"持果案侍女图"

既然唐墓壁画中的"五足圆盘"为食案，那么，我们不妨把它称为"五足圆案"。对于侍女手握"五足圆案"中的两足的做法，我们应该给一个什么样的称呼呢？正确的称呼应为"持"。

前已述及，食案分有足和无足两种。无足的食案类似托盘，它的拿法俗语叫

---

① （唐）杜佑撰，王文锦等点校：《通典》，第3376页。

② 韩养民等：《中国民俗史：隋唐卷》，北京：人民出版社，2008年，第171页。

"端"，书面语叫"举"，孟光侍奉其夫梁鸿时"举案齐眉"①的动作可证，具体的形象犹如图二中上层右起第二人的动作。无论是有足食案还是无足食案，其拿法俗语又叫"托"，具体形象犹如图二中上层右起第四人的动作。对于有足食案来说，它还有一种拿法，书面语叫"持"。如《盐铁论》载："从容房帷之间、垂拱持案食者，不知跂末躬耕者之勤也。"②《史记》卷104《田叔列传》也载："汉七年，高祖……过赵，赵王张敖自持案进食，礼甚恭，高祖箕踞骂之。"③那么，"持"又是什么样的动作呢？《庄子·秋水》载："庄子持竿不顾。"《辞源》释"持"曰："执着，握住。"④《辞源》的解释是正确的。因此，不论是"垂拱持案食者"，还是赵王张敖"自持案进食"，他们对有足之案的拿法就是手握住食案的两足，其具体形象，犹如唐墓壁画中侍女手握"五足圆案"中两足的样子。

通过以上的分析，我们认为，在唐代，食案有大小之别，房陵大长公主墓壁画"托果盘侍女图"命名为"持果案侍女图"是比较妥当的，而其中侍女所持的五足圆案属于低矮的小型食案，是可以搬到床榻上饮茶进膳的。

综上所述，在唐朝，皇太子、国子监生、州学或县学的学生在初入学行"束脩之礼"时要用食案，而皇帝在宴请蕃国主或蕃国使节的重要场合同样要用。食案有大、小之别，唐房陵大长公主墓壁画中的"五足圆盘"应叫"五足圆案"，它的造型承袭了汉晋以来中国传统食具有足圆案的形态，又知握住案足的动作叫"持"，因此，唐房陵大长公主墓壁画"托果盘侍女图"命名为"持果案侍女图"是比较妥当的，其中侍女所持的五足圆案属于低矮的小型食案，是可以搬到床榻上饮茶进膳的。

原文载《文博》2014年第4期

---

① （南朝宋）范晔：《后汉书》卷83《逸民列传·梁鸿》，北京：中华书局，1965年，第2768页。

② 马非百：《盐铁论简注·取下》，北京：中华书局，1984年，第302页。

③ （汉）司马迁：《史记》，北京：中华书局，1982年，第2775页。

④ 广东、广西、湖南、河南辞源修订组，商务印书馆编辑部编：《辞源》（修订本）第二册，北京：商务印书馆，1980年，第1249页。

# 论唐墓壁画中侍女所持"丁"字形竿的用途

**摘要**：在初唐至高宗、武周时期，统治者上层鉴赏书画成风。当时书画的立轴，称为障（包括画障、图障、软障等）。统治者上层在鉴赏立轴（挂轴）书画时，其展示方式最少有三种：一是让人用"丁"字形竿或鸦叉（丫叉）悬挑立轴书画直接展示；二是在曲江盛会或贵族的宴会上，以"丁"字形竿或鸦叉悬挑立轴书画挂于架子上来展示；三是让侍女用"丁"字形竿或鸦叉把立轴书画悬挑起来挂在庑殿的横梁上来展示，这在公主墓或高等级墓壁画中多有反映。

**关键词**：唐墓壁画；侍女；"丁"字形竿；鸦（丫）叉；障；立轴

据研究[1]，唐代墓葬壁画中的执杖者，至少可分为三种：一种以山西太原唐墓壁画为代表，杖呈"Y"形或"T"形，执于侍女手中，用途不明，有人推测是尺，日本正仓院藏玳瑁杖亦即此种；第二种见于安元寿墓甬道一男侍手中，与现在的手杖基本相同；第三种见于李贤墓前室东壁南面的男装侍女、唐安公主墓墓室东壁第二个男侍手中所举的杖，此类杖长数尺，前端呈偃月形，用于骑马打球，如李贤墓墓道东壁有许多骑马打球的人手持这类杖就是明证。

《新城、房陵、永泰公主墓壁画》一书的作者指出，在新城公主墓墓室东壁南幅与北壁西幅都有一持杖侍女，而持杖侍女在太原地区唐壁画墓、西安地区的李震、安元寿墓壁画中都有发现。另外，日本正仓院还保存有玳瑁杖。这些杖为长杆T形或Y形，在壁画中多次出现，应是常用物品，但用途尚不明了[2]。

上面所说的三种杖，后两种杖的用途已知，只有第一种杖即"Y"形或"T"形杖的用途不明，因而探讨第一种杖即"Y"形或"T"形杖的用途成为本文所要解决的问题。由于唐代尚无"T"或"Y"的概念，因而考古报告和有关书中使用的"T"形杖或"Y"形杖，我们一律改用"丁"字形竿。

---

① 齐东方、张静：《唐墓壁画与高松冢古坟壁画的比较研究》，陕西历史博物馆编：《唐墓壁画研究文集》，西安：三秦出版社，2001年，第254页。

② 周天游主编：《新城、房陵、永泰公主墓壁画》，北京：文物出版社，2002年，第73页。

# 一、绘有侍女所持"丁"形竿壁画的唐墓情况简介

### 1.太原市董茹庄唐代壁画墓

图一

1953年10月，太原董茹庄发现古墓一座，出土"大周赵君墓志"一合，年代是"万岁登封元年"（696）。太原市文管会派人调查后并做了清理。墓为单面绳纹砖筑成的单室墓，内有壁画，主要是以红、黄、黑三色构成的人物山树、建筑的椽枋斗栱。在绘有横梁和立柱的壁画上，有两名侍女：后边的侍女双手端盘，而前边的侍女双手举一略似"Y"形的竿（图一），竿距横梁很近[①]。

### 2.太原市金胜村第6号唐代壁画墓

1959年3月中旬，在太原市西南郊三十里的金胜村西发现了一座砖室墓。墓坐北朝南，北偏东15度，墓道在墓室的南端，墓为单室。墓室内壁画保存完整，计有人物画和四神画共16幅。人物画12幅分别绘于东、西、南、北四壁，其中西壁3幅由北至南绘竹下老人、侍女、文史。侍女高55厘米，梳高髻，着绿色上衣，白底红点花裙，黑履，肩披巾，面型丰满，两颊及上额均涂红点，双手拿一丁字形物（图二），与东壁侍女相对。这里的"丁"字形物，实际上就是"丁"字形竿。

据墓葬的发掘者研究，这座墓的壁画与太原董茹庄发现的唐武后万岁登封元年的壁画墓极相似，墓内殉葬物也与一般唐墓中所见略同，所以墓的年代应为唐代盛期[②]。

图二

---

① 《山西太原董茹庄唐墓壁画》，《文物参考资料》1954年第12期，图版二二。

② 山西省文物管理委员会：《太原市金胜村第六号唐代壁画墓》，《文物》1959年第8期。

### 3. 太原市金胜村第4号唐代壁画墓

1958年4月，为配合基建工程，山西省文物管理委员会在太原南郊15千米的金胜村附近清理了一批汉、唐墓。第4号唐墓为单室砖墓，位于金胜村西约0.5千米，北距董茹庄新村1.5千米。西壁南端与东壁南端各绘侍女图，二者相对称，每幅二人面向棺床。西壁南端一幅，前一侍女较高，高髻朱唇，面容丰满，上额中间与腮部点胭脂；披红巾，右手持巾敞开，巾里为灰色，上穿灰色短衫，下穿黄裙，足着如意履；左手持一件顶部有弯形横叉的长竿（图三）。高71.3厘米。发掘者认为，此墓的年代应在初唐[①]。

### 4. 太原市南郊唐代壁画墓

1987年7月，山西省考古研究所为配合太原化工焦化厂的基建施工，在太原市南郊金胜村附近清理了一座唐代壁画墓。墓葬位于金胜村西南太原化工焦化厂厂区内，为单室砖结构，方向180度，由墓道、甬道、墓室组成。墓室壁画分墓顶和墓壁两部分。侍女图2幅，绘于墓室东西两壁南端。画幅高1、宽0.45米。西壁侍女头梳高髻，额描花钿，面相丰满，双目注视右前下方，左手持一似"Y"形的竿（图四），右臂上屈，右手伸出二指。身着黄地黑花长裙，外罩红色对襟半臂，披帛从背后绕出，搭于左臂，足穿高头履。通高8厘米。

图三

图四

---

这座唐墓有四点值得关注：一是墓室平面弧边方形，与太原董茹庄万岁登封元年赵澄墓大同小异，与西安地区初唐墓亦有较多相同之处；二是墓室四壁以红色粗线绘出房屋的立柱、斗栱、阑额和枋，将画面分成一个个相对独立的部分，它既象征着房屋，又兼作画格，这种做法与西安羊头镇总章元年（668）李爽墓、太原金胜村四号、六号墓的做法几乎完全一样，具有唐代前期墓室壁画的特点；三是墓中出土的3件陶俑，头梳高髻，腰肢修长，亭亭玉立，反映出唐代前期女俑的特点；四是出土的"开元通宝"铜钱，钱文亦具有唐代前期的特点。基于以上四点，发掘者判定墓葬的年代约当高宗或武周时期[①]。

### 5.太原金胜村第337号唐代壁画墓

1988年6月，山西省考古研究所和太原市文物管理委员会为配合太原第一热电厂扩建施工，在太原南郊金胜村附近清理了一座唐代砖室壁画墓（编号为TD1988M337）。墓葬为单室砖结构，由墓道、甬道和墓室三部分构成，其中墓室的墓顶和墓壁绘有壁画。墓室每壁绘有2幅壁画，其中侍女、女童2幅绘于墓室东、西两壁的南端。东壁的画幅高1、宽1.24米。左侧是一衣着华贵的妇女，面相丰满，头梳高髻并贯发笄，左手持一枝鲜花，右手握一件"Y"形竿（图五），身着曳地素身长裙，外罩橙黄色对襟短褂，袒胸，红色帔帛搭在肩上，足蹬高头履。身后的女童身着长袍，脚穿平底鞋，双手捧杯盘侍立。发掘者认为，此墓的年代为唐高宗时期[②]。

### 6.李震墓

李震（617—665），字景阳，李勣（徐懋功）子。麟德二年（665），以梓州刺史卒于任上，年四十九岁。其时，李勣健在，预赐茔地，先葬夫人。李震仅官居四品，未得真正享有陪葬昭陵的荣典，而是"听随其母陪葬昭陵"，因而有"震于陵旧茔之说"。其墓在李勣墓东侧，即今昭陵博物馆东墙外，1973年发掘清理[③]。

《持杖女侍图》（图六）位于第三过洞西壁，高90、宽86厘米。头梳反绾式双髻，颊施胭脂，面态丰腴；上穿白色袒胸窄袖襦，披红色帔帛，双手拱举胸前，横持丁字竿；下着红、白色条纹相间长裙[④]。

---

① 山西省考古研究所：《太原市南郊唐代壁画墓清理简报》，《文物》1988年第12期。
② 山西省考古研究所、太原市文物管理委员会：《太原金胜村337号唐代壁画墓》，《文物》1990年第12期。
③ 昭陵博物馆编：《昭陵唐墓壁画》，北京：文物出版社，2006年，第97页。
④ 昭陵博物馆编：《昭陵唐墓壁画》，第215页。

图五

图六

### 7.新城公主墓

新城公主（634—663），唐太宗第二十一女，皇后长孙氏生。初嫁长孙诠，诠以罪徙巂州，更嫁韦正矩。正矩遇公主不以礼，龙朔三年（663）二月，公主暴亡，高宗问罪，正矩不能辩，伏诛。高宗诏以皇后礼陪葬昭陵。其墓在礼泉县烟霞乡东坪村，西北距昭陵1.5千米，1994年10月至1995年6月发掘清理①。

《群侍图》之五，位于墓室北壁西铺，高185、宽135厘米。图中四女侍……左一，面部剥残，可看出是在回首顾视。上穿白色窄袖襦，披土黄色帔帛，右手斜执白色丁字竿（图七）；下着黑、白色条纹相间裙②。

图七

---

① 昭陵博物馆编：《昭陵唐墓壁画》，第60页
② 昭陵博物馆编：《昭陵唐墓壁画》，第213页。

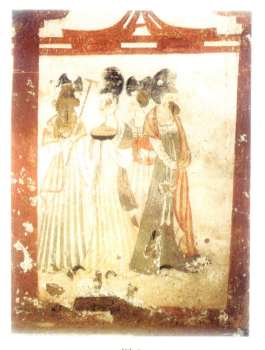

图八

《群侍图》之十，位于墓室东壁南铺，高85、宽135厘米。图中四女侍……左一，系浅黑色与白色条纹长裙，套白色裙护，披橘黄色褶纹帔帛。竖持淡赭色丁字竿（图八）[①]。

### 8.长乐公主墓

长乐公主（621—643），名丽质，唐太宗第五女，皇后长孙氏生。贞观七年（633）以十三岁下嫁长孙冲。因太宗所钟爱，出嫁前，曾"敕有司资送倍于长公主"（因魏徵极谏乃止）。贞观十七年（643）八月暴病而亡，年仅二十三岁。九月陪葬昭陵。其墓在礼泉县烟霞乡陵光村，西北距昭陵仅一沟之隔，1986年发掘，经修复，于1991年对外开放[②]。

《四女侍图》（图九）位于甬道东壁，高68、宽98厘米。图中四女侍，或捧盂，或持拂尘，或持丁字竿，或捧胆瓶。瓶内插荷花、莲蓬。其中持竿女侍肤色较深，圆脸、卷发，大耳环，着男装，是昆仑奴的形象。[③]

图九

---

① 昭陵博物馆：《昭陵唐墓壁画》，第213页。

② 昭陵博物馆：《昭陵唐墓壁画》，第36页。

③ 昭陵博物馆：《昭陵唐墓壁画》，第201页。

### 9. 太原市晋源镇赤桥村 TC2001M1

2001年6—9月，为配合太祁高速公路的建设，山西省考古研究所、太原市文物考古研究所组成考古工作队，于晋源区段取土场抢救性发掘清理了战国、两汉、北朝、唐、宋时期墓葬300余座，其中以汉唐墓葬居多。在这一期间清理了三座唐砖室壁画墓，三座墓分别为温神智墓（编号TL2001M618）、TL2001M552、TC2001M1。温神智墓和TL2001M552两座墓葬位于晋源镇（明太原县城）西门外的果树场内，TC2001M1位于晋源镇赤桥村北约200米。这一区域为太原市西山山前坡地，属于晋阳古城遗址墓葬区①。TC2001M1墓葬坐北朝南，方向180度，由墓道、甬道和墓室三部分组成。墓室

为砖彻穹窿顶单室结构，平面呈弧边方形，东西宽1.9、南北长1.9米，墓室总高2.5米。墓室四壁抹有一层厚0.2—0.3厘米的草秸泥，其上抹白灰，壁画绘于其上②。

在墓室东、西两壁南端各绘有一幅《侍女图》。东壁画幅高0.74、宽1米。侍女头梳高髻并贯发髻，佩步摇，面庞圆润丰满，弯眉凤目，面额中央有一心形花钿。身着素色曳地长裙，裙下露一重台高履。外罩素色对襟短褶，袒胸。肩披淡黄色长帔，帔子经右臂在腰部左侧搭结。左手于身前握一"Y"形长竿（图一〇）。侍女左右两侧各有一株花草③。这里的"T"形长竿，即"丁"字形竿。专家推断，"晋源镇赤桥村TC2001M1时代为初唐到盛唐之间"④。

图一〇

### 10. 山西太原唐代郭行墓

2019年8月，太原市万柏林区小井峪小学在进行校园围墙施工时发现一座古墓，山西省考古研究院、太原市文物考古研究所随后进行了抢救性发掘。该墓葬位于太

---

① 太原市文物考古研究所：《山西太原晋源镇三座唐壁画墓》，《文物》2010年第7期，第33页。

② 太原市文物考古研究所：《山西太原晋源镇三座唐壁画墓》，《文物》2010年第7期，第36—37页。

③ 太原市文物考古研究所：《山西太原晋源镇三座唐壁画墓》，《文物》2010年第7期，第40页。

④ 太原市文物考古研究所：《山西太原晋源镇三座唐壁画墓》，《文物》2010年第7期，第42页。

原市万柏林区小井峪路与小井峪街交叉路口西南角小井峪村50米，地理坐标为北纬37°85′52.7″，东经112°50′40.9″。墓葬未被盗扰，器物组合完整，壁画保存完好。据出土墓志得知，墓主为唐代上骑都尉郭行。郭行墓为斜坡墓道单室砖墓，由墓道、封门、甬道、壁龛、墓室五部分组成，方向187度。斜坡墓道开口距现地表2.08米，残长2.4米，残存墓道宽1.48米，北深南浅；坡度为22度，根据残存墓道坡度，推测墓道长约6米。墓室平面近方形，四壁略外弧，顶部作四面攒尖状。墓室长宽皆为4.4、高4.2米①。

　　墓室四壁及墓顶、棺床、甬道、壁龛和墓门均饰有精美壁画。墓室东壁演乐图，画幅高123.6、宽160.6厘米，共绘四名侍女，侍女周围装饰有荷花。北侧第一位，面朝南，头梳螺髻，额前贴花子，上身穿淡红色敞口窄袖襦裙，围红色帔子，下身穿黄黑色间裙，足蹬高头履，左臂轻抬、左手食指中指竖起，其余手指紧握；右手持"T"形竿于身前（图一一）②。这里的"T"形竿，即"丁"字形竿。

图一一

## 二、"丁"字形竿的用途考释

　　在考释唐墓壁画中侍女所持"丁"字形竿的用途前，有必要对壁画所属的墓主之

---

① 　山西省考古研究院、太原市文物考古研究所：《山西太原唐代郭行墓发掘简报》，《考古与文物》2020年第5期，第43页。

② 　山西省考古研究院、太原市文物考古研究所：《山西太原唐代郭行墓发掘简报》，《考古与文物》2020年第5期，第51页。

时代进行揭示，今列表一如下。

### 表一　侍女所持"丁"字形竿壁画所属墓主一览表

| 墓主名 | 身份 | 葬地 | 葬年或时代 | 相关壁画 | 壁画位置 |
|---|---|---|---|---|---|
| 赵澄 | | 太原董茹庄 | 万岁登封元年（696） | 侍女双手举一略似"Y"形的竿 | |
| 不详 | | 太原金胜村 | 唐代盛期 | 侍女双手拿一"丁"字形竿 | 墓室西壁 |
| 不详 | | 太原金胜村 | 初唐 | 侍女左手持一件顶部有弯形横叉的长竿 | 墓室西壁南端 |
| 不详 | | 太原金胜村 | 高宗或武周时期 | 侍女左手持一似"Y"形的竿 | 墓室西壁 |
| 不详 | | 太原金胜村 | 高宗时期 | 侍女右手握一件"Y"形竿 | 墓室东壁 |
| 李震 | 梓州刺史（四品） | 昭陵博物馆东墙外（李勣墓东侧） | 麟德二年（665）卒 | 侍女双手于胸前横持"丁"字形物 | 第三过洞西壁 |
| 李氏 | 新城公主 | 礼泉县烟霞乡东坪村（西北距昭陵1.5千米） | 龙朔三年（663）亡 | 侍女右手斜执白色"丁"字竿；侍女竖持淡赭色"丁"字竿 | 墓室北壁西铺；墓室东壁南铺 |
| 李丽质 | 长乐公主 | 礼泉县烟霞乡陵光村（西北距昭陵仅一沟之隔） | 贞观十七年（643）亡 | 昆仑奴女侍持"丁"字形竿 | 甬道东壁 |
| 不详 | | 太原市晋源镇赤桥村 | 初唐到盛唐之间 | 侍女左手于身前握一"Y"形长竿 | 墓室东壁 |
| 郭行 | 上骑都尉 | 太原市万柏林区小井峪小学 | 圣历三年（700）卒 | 侍女右手持"T"形竿于身前 | 墓室东壁 |

从表一可以看出，在10位墓主中，有7位葬于太原附近，这是李唐王朝的发祥地；有3位陪葬于长安以西的太宗昭陵。这些墓主所处的时代，主要在唐初至高宗、武周时期。

在唐初至高宗、武周时期的壁画中，侍女手持"丁"字形竿（或"Y"形竿）是为其主人（或男或女）服务的，因而这种器具对于男女墓主都是适用的。有学者认为李震墓壁画侍女所持"丁"字形物为"尺"的观点虽让人耳目一新，但男女墓主对"尺"这种器具都有兴趣却是令人难以想象的。

在陪葬昭陵的安元寿墓中，前甬道西壁绘有《拄杖给使图》（图一二），一男侍头戴黑色软角幞头，身穿土黄色圆领窄袖袍，束腰，佩黑色鞢韅带，足蹬黑色长统靴。形

图一二

容枯槁，眉眼呈"八"字形，鼻子翘起，嘴角低垂，两颊深陷，下巴前伸。左手置腰间，袖筒下垂；右手挂"丁"字形拐杖。活现出老年男侍的龙钟老态和步履蹒跚的神态①。老年人是离不开拐杖的，刘向《杖铭》所谓"历危乘险，匪杖不行。年耆力竭，匪杖不强。有杖不任，颠跌谁怨？"②就是对拐杖功能的最好揭示。

受此启发，我们不仅要问，在唐初至高宗、武周时期的壁画中，侍女手持"丁"字形竿或"Y"形竿是不是拐杖呢？答案是否定的。首先，安元寿墓壁画中男侍所挂"丁"字形竿不仅粗糙，且因男侍老态龙钟而所需，因而把它定名为拐杖是正确的。而在唐初至高宗、武周时期的壁画中，手持"丁"字形竿或"Y"形竿的侍女不仅年轻无腿疾，而且她们的主人也是青壮年去世的，亦不闻有腿疾，所以她（他）们是不需要拐杖的。

那么，在唐初至高宗、武周时期的壁画中，侍女手持的"丁"字形竿或"Y"形竿的用途到底如何呢？通过沉思，我们还得从唐代繁荣的文化背景下去寻找答案。

唐代是中国历史上的强盛王朝，文化高度繁荣。据张彦远《历代名画记》载，唐高祖神尧皇帝、太宗皇帝、中宗皇帝、玄宗皇帝"并神武圣哲，艺无不周，书画备能"，汉王元昌（高祖神尧皇帝第七子、太宗皇帝之弟）"少博学，能书画"，韩王元嘉（汉王弟）"亦善书画"③。楚哀王智云（高祖子）"善射，工书、弈"，鲁王灵夔（高祖子）"笃学，善草隶"④。太宗女临川公主（韦贵妃所生）"工籀隶，能属文"；晋阳公主（文德皇后所生）"临帝飞白书，下不能辨"⑤。所谓上行下效。不仅皇帝、亲王、公主擅长书画，臣子们也不甘示弱。褚遂良以书法见长；太宗称虞世南有"五绝"，其一就是书翰⑥。杨恭仁之弟杨师道"雅善篇什，又工草隶""酬赏之际，援笔直书，有如宿构"，

---

① 昭陵博物馆编：《昭陵唐墓壁画》，第231页。

② （唐）欧阳询：《艺文类聚》卷69《服饰部上·杖》，上海：上海古籍出版社，1999年，第1210页。

③ （唐）张彦远撰，周晓薇校点：《历代名画记》卷9《唐朝上》，沈阳：辽宁教育出版社，2001年，第77页。

④ （宋）欧阳修、宋祁：《新唐书》卷79《高祖诸子传》，北京：中华书局，1975年，第3548页，第3558页。

⑤ 《新唐书》卷83《诸帝公主传·太宗二十一女》，第3646页，第3649页。

⑥ （后晋）刘昫等：《旧唐书》卷72《虞世南传》，北京：中华书局，1975年，第2570页。

常受到太宗皇帝赞赏①。阎立德的父亲阎毗在隋就以丹青知名，阎立德与其弟立本"俱传家业"②。其他名画家尚有尉迟乙僧、吴道玄、李思训、李昭道、李林甫、曹霸、韩干等，不一而足。

唐代的皇帝、亲王、公主及大臣们在书画创作方面不仅人才济济，而且也以文会的形式互相鉴赏，如杨恭仁之弟杨师道尚桂阳公主，超拜礼部侍郎，累转太常卿，封安德郡公，贞观十年（636）代魏徵为侍中，退朝后"必引当时英俊，宴集园池，而文会之盛，当时莫比"③。在文会上，除了咏诗作文外，鉴赏书画应是必不可少的内容。装裱好的书画，称为卷轴。在新城公主墓的壁画上，就有两幅持卷轴侍女：一幅位于第四过洞东壁，南5侍女身侧向北位于北开间南侧，头梳单刀半翻髻，柳眉细眼，小嘴红唇，右眼处有一圆凹坑。身穿白襦，外套淡青色半臂，袖头皆饰白宽边，橘红色束胸长裙，上部又围黑色腰巾，裙裾下露出黑色云头履。左臂贴身下垂而手隐长袖中，右臂屈肘抬起，手持一卷轴（图一三）④。另一幅位于第五过洞东壁，南3侍女着男装，身略侧向北，头戴黑幞头，眉眼清秀，小嘴红唇，面部多施淡红粉。身穿圆领紧袖橘红色长袍，腰束黑色鞢韄带，脚蹬黑色高勒靴，双手于胸前捧一捆六个卷轴（图一四）⑤。有人认为："唐代初期宫廷收藏鉴赏书画成风。新城长公主墓中发现有二幅捧卷轴的侍女图，正是这种风气的写照。"⑥这种观点，不无道理。具体地说，贞观年间，太宗皇帝曾"使典仪王行真等装裱，起居郎褚遂良，校书郎王知敬等监领"⑦；天后朝，"张易之奏召天下画工修内库图画，因使工人各推所长，锐意模写，仍旧装背，一毫不差"⑧。太宗贞观年间与天后朝对书画的两次装裱，为这一时期宫廷贵族间鉴赏书画奠定了坚实的物质基础。

在新城公主墓壁画上既有持卷轴侍女，又有持"丁"字竿侍女，这两种场面的出现并不是偶然的。笔者认为，新城公主墓壁画上侍女所持的卷轴，既有横轴，又有立轴（挂轴），侍女在展示挂轴供主人鉴赏时，自然需持有"丁"字形竿的侍女把它悬

① 《旧唐书》卷62《杨恭仁传》，第2383页。

② （唐）张彦远撰，周晓薇校点：《历代名画记》卷9《唐朝上》，第77页。

③ 《旧唐书》卷62《杨恭仁传》，第2383页。

④ 陕西省考古研究院、陕西历史博物馆、礼泉县博物馆编著：《新城长公主墓发掘报告》，北京：科学出版社，2004年，第87页。

⑤ 陕西省考古研究院、陕西历史博物馆、礼泉县博物馆编著：《新城长公主墓发掘报告》，第89—90页。

⑥ 周天游主编：《新城、房陵、永泰公主墓壁画》，第72页。

⑦ （唐）张彦远撰，周晓薇校点：《历代名画记》卷3《论装背裱轴》，第30页。

⑧ （唐）张彦远撰，周晓薇校点：《历代名画记》卷1《叙画之兴废》，第3—4页。

图一三

图一四

起来或挂起来加以配合，而侍女悬立轴的"丁"字形竿，就是五代和宋人所说的"画叉"。要使我们的观点成立，最关键的证据是唐代有没有立轴（挂轴）？

有人认为："到了盛唐时期，山水画渐渐趋向独立画科，为适应高大画幅装裱的需要，产生了挂轴的装裱格式。这种格式也是从隋唐时的屏障、屏风形制的基础上演变而来的。"①盛唐时期已有挂轴这种装裱形式是毋庸置疑的。唐代李濬《松窗杂录》记载了一则故事：

> 自大和乙卯岁后，上不乐事，稍闻则必有叹息之音。会幸三殿东亭，因见横廊架巨轴于其上，上谓修己曰："斯《开元东封图》也。"因命内巨轴悬于东庑下。上举白如意指张说辈数人叹曰："使吾得其中一人来，则吾可见开元矣。"②

据此可知，大和乙卯岁为文宗大和九年（835）。从文宗要求"内巨轴悬于东庑下"一句可知，《开元东封图》是立轴的人物画。文宗与程修己所见到的《开元东封图》立轴，应该

---

① （明）周嘉胄著，田君注译：《装潢志图说》，济南：山东画报出版社，2003年，第126页。

② （唐）李濬：《松窗杂录》，《唐五代笔记小说大观》下册，上海：上海古籍出版社，2000年，第1216页。宋人王谠《唐语林》（上海：上海古籍出版社，1978年）卷4《企羡》亦有类似记载。

就是从玄宗朝流传下来的。又宋郭若虚《图画见闻志》卷6《近事·钟馗样》载：

> 昔吴道子画钟馗，衣蓝衫，鞸一足，眇一目，腰笏巾首而蓬发，以左手
> 捉鬼，以右手抉其鬼目，笔迹遒劲，实绘事之绝格也。有得之以献蜀主者，
> 蜀主甚爱重之，常挂卧内。一日，召黄荃令观之，荃一见称其绝手①。

据此可知，蜀主常挂卧内而被黄荃称为绝手的《钟馗样》立轴（玄宗朝吴道子入禁中改名道玄），是玄宗朝有立轴的又一例证。

杜甫在《戏题王宰画山水图歌》一诗中写道："壮哉昆仑方壶图，挂君高堂之素壁。"②成江由此认为："早在唐上元年间，已流行挂画。"③上元（760—761），为唐肃宗李亨年号。又韩愈《桃源图》一诗有"生绡数幅垂中堂"④之句，裴楷《桃源图四诗》"能向鲛绡四幅中，丹青暗与春争工"则道出了唐时四条屏的挂法，成江由此认为："唐代在立轴画普遍兴起的同时，数幅组成的条屏轴也较为流行。"⑤此说有理。

从挂轴的起源来说，湖南长沙马王堆一号汉墓出土的"T"字形帛画（幡旗形式），上有挂绳，下有坠穗，冯增木认为是"书画立轴最早的雏形"⑥。单国强先生据张彦远《历代名画记》"自隋代以前，多画屏风，未知有画幛，故以屏风为准也"认为："立轴从屏风演变而来，将屏风框架里的画拆下装裱即成轴。据载始于隋唐。"⑦徐邦达先生认为："直幅、方幅书画装成挂轴，不知始于何时。敦煌石窟发现的佛画，有唐代的'帧子'，那是佛徒供奉礼拜之用的，这是我们所见到的最早的挂轴。"⑧林政宜认为，挂轴的形式来源于三个方向：一是来自佛教幡画；二是来自"非衣"，即马王堆一号汉墓"T"字形帛画；三是来自所谓"活动壁画"，即"南北朝至唐代壁画中，也有画在绢布上面的，这些绢画也有可能是从壁上揭取下来，但也有直接画在绢布之上。这种绢画有时贴在壁面，有时移动到其他壁上，并未贴牢，形成一种

① （宋）郭若虚撰，王其祎点校：《图画见闻志》，沈阳：辽宁教育出版社，2001年，第64页。

② （清）彭定求等：《全唐诗》上册，上海：上海古籍出版社，1986年，第522页。

③ 成江：《谈装说裱》，太原：书海出版社，2005年，第48页。

④ （清）彭定求等：《全唐诗》上册，第835页。

⑤ 成江：《谈装说裱》，第48页。

⑥ 冯增木：《中国书画装裱》（增订本），济南：山东科学技术出版社，1990年，第249页。

⑦ 单国强：《古画鉴识》，桂林：广西师范大学出版社，2000年，第70页。

⑧ 徐邦达：《徐邦达论古书画汇集（壹）·古书画鉴定概论》，上海：上海人民美术出版社，2000年，第49页。

'活动壁画'的形式"①。从上引观点来看，隋唐之际，受非衣或幡旗（帧子）形制的影响，将屏风框架里的画拆下装裱就产生了挂轴，这是不成问题的。因此，单国强先生认为立轴（挂轴）产生于隋唐之际的观点是可以成立的，只不过当时的立轴称为"图障"或"软障"而已。

　　所谓"图障"，王定保《唐摭言》卷3述曲江盛会的情景有云："人置被袋，例以图障、酒器、钱绢实其中，逢花即饮。"②"被袋"，囊之类也。图障可以纳入囊中，自然是指卷轴一类。而"逢花即饮"，取囊中图障来观赏是不可或缺的雅事！那么，怎么观

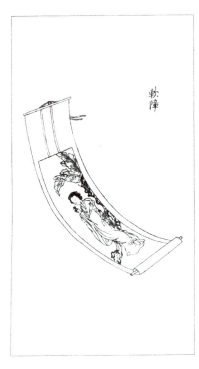

图一五
（采自：扬之水：《终朝采蓝——古名物寻微》）

赏呢？唐大中年间（847—859）人张彦远《论鉴识收藏购求阅玩》载："人家要置一平安床褥，拂拭舒展观之，大卷轴宜造一架，观则悬之。"③从"人家要置一平安床褥，拂拭舒展观之"一语来看，作为卷轴的横轴是在"平安床褥"上展示的；而从"大卷轴宜造一架，观则悬之"一语来看，"大卷轴"无疑就是立轴（挂轴）。也就是说，在曲江盛会赏画时，立轴的图障是挂在架子上观赏的。

　　关于软障，唐代流传一个美丽的传说："唐进士赵颜于画工处得一软障，图一妇人甚丽"，因心生慕意，便从画工处乞得活人之法，使画中人活了过来，并娶了这位美人真真为妻，生得一子。后因错听友人的话而要加害其妻，本为地仙的真真乃"挟其子却上软障，呕出先所饮百家彩灰酒。睹其障，唯添一孩子。皆是画焉。"④扬之水先生认为，唐代的软障，宋代还在使用，《南宋馆阁录》所载的"软背山水图"即软障之属；而软障之式，明话本小说集《七十二朝人物演义》插图（图一五）可以确认，图绘玉立在芭蕉山石前一嗅花女子，旁则

　　① 林政宜：《中国挂轴形式演变试析》，（台北）《故宫文物月刊·51》，1983年，第23—24页。
　　② （五代）王定保：《唐摭言》，《唐五代笔记小说大观》下册，上海：上海古籍出版社，2000年，第1595页。
　　③ （唐）张彦远撰，周晓薇校点：《历代名画记》，第23页。
　　④ （宋）李昉等编：《太平广记》卷286《画工》，北京：中华书局，1961年，第2283页。

标示其名为"软障"，值得注意的是，它正是一幅立轴①。

扬之水指出："障，亦作幛或鄣。唐又称图障，画障，软障，障子。"②她又说："画障，或曰图障、障子，一旦脱离开屏风，即可以成为独立的挂轴，其展挑方式以及装裱形式便都是从行障直接演变而来。"③此说有理。

"行障"在隋以前就已出现。陈朝阴铿《秋闺怨诗》曰："独眠虽已惯，秋来只自愁。火笼恒暖脚，行障镇床头。眉含黛俱敛，啼将粉共流。谁能无别恨，唯守一空楼。"④"火笼"与"行障"对举，说明它们都是器具，"火笼"是用来暖脚的，而"行障"则是置于床头起遮挡作用的。

作为日常生活用具的行障，唐时仍在使用，且已升格至卤簿制度。《通典》卷107《开元礼纂类二》"皇太后皇后卤簿"载："次行障六具，分左右，宫人执。次坐障三具。分左右，宫人执。"⑤又同书"皇太子妃卤簿"载："次行障四具，分左右，夹车，宫人执。次坐障二具。夹车，宫人执。"⑥又同书"内命妇四妃九嫔婕妤美人才人卤簿太子良娣以下同"载："行障三具，九嫔以下二具。坐障二具，九嫔以下一具。并妇人执。"⑦又同书"外命妇卤簿"载："行障三具，二品、三品二具，四品一具。坐障二具，以下并一具。"⑧由此可见，行障在唐代已进入了卤簿制度，说明它的应用是较广泛的。

令人欣喜的是，考古资料中也发现了"行障"形象。其一是唐高宗显庆五年（660）李震墓墓道西壁有一幅出行图（图一六）⑨，图绘牛车一具，前有虬发赤足者御车而行，后有侍女三人紧随其后，中间一位上罩圆领袍、下著线鞋和条纹裤的侍女，其障竿中挑而负于肩的，扬之水认为就是长代飘垂的行障。李震虽为唐开国元勋李勣之子，但其人亦官居四品，这里描述的当是眷属出行的场面。其二是美国弗利尔博物馆藏传阎立本《锁谏图》（图一七），所绘为十六国时期汉廷尉陈元达向皇帝刘聪冒死进谏事。该图为长达两米的长卷，画面分作三部分：中为皇帝刘聪，周围环侍者是手执凿脑斧和驱使猎犬的侍卫；右端，是用预备的铁链把自己与庭树锁在一起而冒死进

① 扬之水：《终朝采蓝——古名物寻微》，北京：生活·读书·新知三联书店，2008年，第38—39页。
② 扬之水：《终朝采蓝——古名物寻微》，第37页。
③ 扬之水：《终朝采蓝——古名物寻微》，第40页。
④ 逯钦立：《先秦汉魏晋南北朝诗》下册，北京：中华书局，1983年，第2457页。
⑤ （唐）杜佑撰，王文锦等点校：《通典》，北京：中华书局，1988年，第2784页。
⑥ （唐）杜佑撰，王文锦等点校：《通典》，第2787页。
⑦ （唐）杜佑撰，王文锦等点校：《通典》，第2789页。
⑧ （唐）杜佑撰，王文锦等点校：《通典》，第2790页。
⑨ 张鸿修：《中国唐墓壁画集》，广州：岭南美术出版社，1995年，第40页。

图一六

图一七

（采自：扬之水：《终朝采蓝——古名物寻微》）

谏的陈元达；左端之一部，为闻讯自内而出的刘贵妃，一对宫人左右打伞，一宫人持
行障相随。障竿中挑、长带飘垂，上覆障额，其下沥水，整幅行障满饰团花。扬之水
认为："《锁谏图》虽然未必是阎立本真迹，而很可能是出自后人之手的摹本，但典章
名物却多不失唐代之真。"[1]此说有理。

　　唐人陆畅《咏行障》诗云："碧玉为竿丁字成，鸳鸯绣带短长馨。强遮天上花颜
色，不隔云中笑语声。"[2]扬之水由此认为："诗中形容与图画所绘几乎契合无间。丁字
竿，鸳鸯绣带，行障的式样长久以来已如此。"[3]既然行障与丁字竿为孪生姐妹，形影

　　① 扬之水：《终朝采蓝——古名物寻微》，第34页。

　　② （唐）范摅：《云溪友议》卷中《吴门秀》引，本社编：《唐五代笔记小说大观》下册，上海：
上海古籍出版社，2000年，第1282页。

　　③ 扬之水：《终朝采蓝——古名物寻微》，第34页。

相随，行障又是立轴（挂轴）式样，那么，我们把"丁"字竿理解为"画叉"也就顺理成章而不足为奇了。李商隐《病中闻河东公乐营置酒口占寄上》载："锁门金了鸟，展障玉鸦叉。"[①]扬之水由此认为："了鸟即屈戌，鸦叉则是悬挑画障的叉竿。诗乃借此'金了鸟'与'玉鸦叉'为对。这是酒宴间展障观画，与曲江大会时的情景正是相同。"[②]又郭若虚《图画见闻志》卷6《玉画叉》载："张文懿性喜书画，古今图轴，襞积繁多，铨量必当，爱护尤勤。每张画，必先施帟幕，画叉以白玉为之，其画可知也。"[③]张文懿即宋之张士逊，仁宗时官至宰相。因"鸦"与"丫"音同，所以"玉鸦叉"也就是"玉丫叉"，其形制正是唐墓壁画中侍女所持"Y"形竿的造型，亦即宋人所说的画叉。

成江认为："在《历代名画记》里，张彦远说，观看大卷轴画时，应在架子上把画挂起来。有轴的横卷与直幅的挂轴在唐代十分普遍。"[④]虽然"有轴的横卷与直幅的挂轴在唐代十分普遍"，但从我们上面的论述来看，在初唐至高宗、武周时期还没有形成在墙壁上固定挂画的风习，究其原因，只是"当日各式高坐具尚未发展得成熟，室内陈设仍以临时布置、随意安排为常"[⑤]。

在初唐至高宗、武周时期虽没有形成在墙壁上固定挂画的风习，但在统治者上层却鉴赏书画成风。统治者上层在鉴赏立轴（挂轴）书画时，其展示方式最少有三种：一是让人用"丁"字形竿或鸦叉（丫叉）悬挑立轴书画直接展示在大家面前，就像日本大德寺所藏宋《五百罗汉·树下观画》（图一八）之情景；二是在曲江盛会或贵族的宴会上，以"丁"字形竿或鸦叉悬挑立轴书画挂

图一八
（采自：扬之水：《终朝采蓝——古名物寻微》）

---

① 《全唐诗》下册，上海：上海古籍出版社，1986年，第1383页。

② 扬之水：《终朝采蓝——古名物寻微》，第40页。

③ （宋）郭若虚撰，王其祎点校：《图画见闻志》，第62页。

④ 成江：《谈装说裱》，第48页。

⑤ 扬之水：《终朝采蓝——古名物寻微》，第40页。

于架子上来展示；三是让侍女用"丁"字形竿或鸦叉把立轴书画悬挑起来挂在庑殿的横梁上来展示，如我们上面所述公主墓或高等级墓壁画中有多处侍女斜持或横持"丁"字型竿（或"Y"形竿）就是这样的意思。值得注意的是，初唐至高宗、武周时期公主墓或高等级墓壁画中侍女斜持或横持的"丁"字形竿，其两边有对称的镶嵌物，目的是悬挑立轴书画时以免脱落，而这一时期侍女斜持或横持的"Y"形鸦叉，出于装饰的需要，仍承袭了"丁"字形竿两边有对称镶嵌物的做法。

至于在墙壁上挂画的风习，则是盛唐以后的事了。

综上所述，在初唐至高宗、武周时期，统治者上层鉴赏书画成风。当时书画的立轴，称为障（包括画障、图障、软障等）。统治者上层在鉴赏立轴（挂轴）书画时，其展示方式最少有三种：一是让人用"丁"字形竿或鸦叉（丫叉）悬挑立轴书画直接展示；二是在曲江盛会或贵族的宴会上，以"丁"字形竿或鸦叉悬挑立轴书画挂于架子上来展示；三是让侍女用"丁"字形竿或鸦叉把立轴书画悬挑起来挂在庑殿的横梁上来展示，这在公主墓或高等级墓壁画中多有反映。

原题《论唐墓壁画中侍女所持"丁"字形杖的用途》，载《文博》2017年第2期，
收录时内容有增补，且题目改为今名

# 唐任雅相墓志考释*

**摘要：**唐任雅相墓志虽无撰书人姓名，但丝毫不影响它的价值。墓志的价值，不少于以下五个方面。第一，任雅相在高宗朝贵为宰相，墓志弥补了两《唐书》无《任雅相传》的缺憾。第二，墓志收录五件诏书，为研究唐初的诏书格式提供了新的资料。第三，关于燕然都护府的设置时间及首任都护人选，墓志提出了新的说法。第四，高宗龙朔元年唐与新罗联合而南北夹攻高句丽，浿江道行军总管任雅相曾指挥了平壤攻坚战，因而墓志对进一步研究唐与朝鲜半岛三国关系具有重要价值。第五，墓志记任雅相龙朔元年十二月廿九日卒于军，这正是苏定方围平壤城期间，可纠史书记载之不确。

**关键词：**唐；任雅相

唐任雅相墓志，全称"大唐故司戎大常伯荆州都督乐安郡公任君墓志铭并序"（图一）。青石质，正方形，边长72厘米，厚20厘米。四边饰以线刻十二生肖纹。志文楷书39行，满行41字，字径1厘米许，凡1526字。志盖（图二）覆斗形。底边长73厘米，盖顶边长59厘米，距周边1.4厘米饰以间距6厘米的蔓草缠枝花，花边内侧几何纹。四刹宽9厘米，饰以线刻青龙、白虎、朱雀、玄武四神。四边高6厘米，饰以蔓草缠枝花。志盖无文。志文无撰书人姓名。志石现存灏文斋。

## 一、墓志录文

今录志文如下：

大唐故司戎大常伯荆州都督乐安郡公任君墓志铭并序
君讳雅相，字公辅，青州乐安人也。资灵启胄，肇圣疏源。固崇迹于轩丘，茂乔柯于挚邑。朝鲁显其华胄，嫔周/播其芳声。青史细图，备详之矣。

---

* 本文与郭宝书合作。

[图一]

曾祖凤，周赵王长史。器范凝深，风度弘远。露宿无怠，忠敬显于河宫；辟剑难/犯，强毅曒于淄馆。祖璨，隋邵州王屋县令。父续，隋滑州白马县令。并道德齐礼，纠慝闭邪！名子著其循风，沉/巫彰其察政。公幼挺奇姿，犀文表质，凤摽远量；豹策居心，暗合孙吴。自得因机之变，遂同管乐；无待既琢之/功，制锦荣班。芬丝化美，必资时杰寄阐。　皇风贞观六年，遂迁延州临真县令。十二年，授朝散大夫/，随班例也。毗风八翅，良资展骥之材；赞化六条，实属题舆之彦。十四年，迁灵州都督府长史。髦头之野，屡起戎/埃；穷发之酋，时惊汉柝。式遏之寄，佥议攸归。廿年，授燕然都护。廿三年，检校丰州都督府司马。礼高三牒/，政洽百城。桴鼓以之辍音，摧烽由其

图二

息照。黜虏、车鼻，匈奴余种。凝氛狼望，起褫龙庭。公料敌设奇，因机制变/。妖徒冰泮，丑类云销。永徽元年，　　诏曰："车鼻未平，屡献谋略。北伐兵马，由其部署。指踪之效，寔有厥劳。可太中大夫，赐物二百段。"显庆三年，　　诏曰："轩卫之重，事高历选；周庐之任，义属英材。燕然都护/、上护军任雅相，器怀沉正，干用优敏。驱驰自久，勤劳克著。拥旄北塞，绥集有方。振策西荒，绩效为重。宜加抽/奖，委以兵栏，可左骁卫将军。贺鲁叛常，兽心遂骋。　　王师薄伐，是用龙行。役不逾时，寇便泥首。封乐安县开国公，食邑一千户，赐物一千五百段。"俄迁兵部侍郎。南宫务切，北斗望崇；非贤勿居，惟材是授。四年/，转兵部尚书。　　诏册曰："维显庆四年岁次己未三月戊寅朔十七日甲午，皇帝若曰：'於戏！制军诘禁/。政官之务，寔隆进贤。兴国安邦之寄，尤重咨尔！银青光禄大夫、行兵部侍郎、上柱国、乐安县开国公任雅相/，体扃沉正，干略优敏。端肃表其深心，资纯固其情操。出逾沙塞，盛绩宣于獯虏；入奉岩廊，芳规洽于绅绂。永/言喉舌，实仁材良。是用命尔为兼兵部尚书，勋官封如故。往钦哉！其祗循典册，总五兵之要，参万机之本。仰/膺枢斗，可不慎与？'"职敫帝命，位总王言；誉偃播绅，声驰廊庙。诚以奉国，讵存怀禄之心；忠以事君，必尽匪/躬之节。辽隧遗丑，凭菟堞以挺灾；险渎余妖，负鳖梁而肆疟。人怨彻于九天，　　皇情矜于万里。龙朔/元年，　　诏曰："设表封辕，属五才之远略；抚兵鞠旅，伫三术之宏规。故能禁暴夷凶，战胜攻取。肃雷霆/于绝壤，畅风雨于殊俗。兼兵部尚书、上柱国、乐安县开国公任雅相，襟情爽济，扃量沉简；负文武之资，包将/相之具。北绥龙漠，义结于玄乡；西抚麟州，效宣于昧谷。九都之野，爰兴问罪之师；洱水之滨，式寄总戎之重/。可洱江道行军总管。"公帅彼貔貅，弘兹吊伐；威稜遗玉，泽被披犀。士感挟纩之恩，敌轸倒戈之望。城危偃月，守堞之哭遽闻；阵掩浮云，舆榇之降将及。方期通神大泽，应佳梦于吹尘。假寐上玄，飨遐龄于锡筴；奄惊大/夜，俄穷小年。以其年十二月廿九日，薨于军所，春秋六十二。撤悬轸悼，舍爽兴悲；赗赠所加，有浚恒筴。　　诏曰："职峻文昌，赐剑之荣先重；材膺师律，授柯之任特隆。奉光华于琼宸，宣功烈于金册。故兼兵部尚书、洱/江道大总管、上柱国、乐安县开国公任雅相，束发随班，谦搞呙体；濯缨登政，恭慎为心。内蕴阳秋，会□韬于/辞义；中怀铁石，遇事混其光尘。式过蕃部，不渐脂膏之润；翊化中台，有惮珠玑之赏。方伫献于凯乐，遽兴悲/于徵愆。宜备哀荣，光寀岁，可赠司戎大常伯、使持节都督荆硖岳朗四州诸军事、荆州刺史，勋封之如故。赠绢布四百段、米粟四百石，丧事所须，并宜官给。仍令四品一人兼护，仪仗送至墓所。往还所有供给，务令优/厚。礼也。"夫人信都郡君张氏，清河东武城人也。降皇家之粹灵，蕴贞和之淑气。年在初笄，作配君子；四德无爽，七行是尊。既先分剑之悲，终偕同穴之讬。以龙朔二年岁次壬戌十一月景臣朔十七日庚申，合葬于渭南之原，礼。恐陵谷迁移，海崃贸易，式铅翠琬，永纪清徽。其铭曰/：

　　昭彰冠盖，蝉联龟组。戏路开基，夏车踵武。鼎鼎亦载，旗常叠矩。其一燕庭肇辟，寔资桢干。倚欹长史，道光变赞。粤祖粤考，玄若其烂。其二英灵不已，载诞明贤。誉彰绾发，声驰妙年。抟风九万，激水三千。其三爰初莅仕，运膺潜/跃。扙剑辕门，式参戎略。金城冰泮，汤池雾廊。其四丹青景化，粉泽喉唇。建旟龙漠，杖节鲲滨。率兹九伐，膺斯五/申。其五月置削祆，河孙革面；武震沙庭，威翔海县。隐如敌国，方期罢战。其六玉堂掩色，金库销光；狼星延照，太白/垂芒。英威新俗，凄凉故乡。其七楚铎晨锵，周箫晓急；松寒初龚，霜隆旧隰。容卫空存，咄嗟何及！

（"皇""诏""王"等字前的空白，是志文的格式空白；"/"代表换行，"□"代表字漫漶不清）

# 二、志文重要字、词释读

轩丘：古地名。相传为轩辕黄帝所居之处。晋葛洪《抱朴子·广譬》"灵凤所以晨起丹穴，夕萃轩丘，日未移晷"可证。

挚：古诸侯国名。在今河南省汝南县东南。夏奚仲之后，即薛。《诗·大雅·大明》："挚仲氏任，自彼殷商，来嫁于周。"毛传："挚国任姓之中女也。"

华胄：世家贵族的后代子孙。《晋书·桓玄传》："（杨）佺期为人骄悍，尝自谓承藉华胄，江表莫比。"[1]

青史：古以竹简纪事，故称史为青史。

缃图：缃，黄色。缃图，缃牒，指图书典册。

河宫：北周宇文护所筑长春宫，因在同州朝邑镇黄河岸边塬上，故名。

强毅：威猛。《周书·崔说传》："说莅政强毅，百姓畏之。"

沉巫：即"西门投巫"。后因以"西门投巫"为称颂地方官吏反对巫术、为民除害的典故[2]。唐汪尊《西河》诗："自从明宰投巫后，直到如今鬼不神。"

豹策：古代兵书《六韬》中有《豹韬》篇。豹策引申为兵书。

孙吴：指春秋时孙武和战国时吴起，皆以善用兵知名，后世多以孙吴并称。《荀子·议兵》："孙吴用之，无敌于天下。"注："孙，谓吴王阖闾将孙武；吴，谓魏武侯将吴起也。"[3]

管乐：指管仲与乐毅。管仲，春秋时齐之名相；乐毅，战国时燕之名将。后管乐并称，指有治国才能的人。《三国志·蜀书·诸葛亮传》："身长八尺，每自比于管仲乐毅，时人莫之许也。"[4]

八翅：犹八翼，形容居高位握重权。北周庾信《周大将军司马裔神道碑》："八翼频飞，六条亟秉，勇此行义，行此宽猛。"

六条：在隋唐墓志中常用为赞扬志主善于理政的褒奖之词。具体地说，"在隋唐时

---

① （唐）房玄龄等：《晋书》卷99《桓玄传》，北京：中华书局，1974年，第2588页。

② 汉语大辞典编纂处编：《中国典故大辞典》，上海：上海辞书出版社，2005年，第1007页。

③ （清）王先谦撰，沈啸寰、王星贤点校：《荀子集解》卷19《大略篇》，北京：中华书局，1988年，第496页。

④ （晋）陈寿撰，陈乃乾点校：《三国志》卷35《蜀书·诸葛亮传》，北京：中华书局，1982年，第911页。

六条是当时考量地方政绩的最高标准"[1]。

髦头：星宿名，即昂星，其分野在冀州。《史记》卷27《天官书》："昂曰髦头，胡星也。"

摧烽：即摧锋，挫败敌军的锐气。唐杜甫《观安西兵过赴关中待命》诗之一："四镇富精锐，摧锋皆绝伦。"

狼望：如狼之顾望。汉王粲《大暑赋》："兽狼望以倚喘，鸟垂翼而弗翔。"

祲（jìn）：《左传·昭十五年》："吾见赤黑之祲。"注："祲，妖氛也。"

龙庭：即龙城、茏城。城名。在今蒙古国鄂尔浑河西侧和硕柴达木湖附近。西汉时为匈奴祭天、大会诸部处。东汉时曾为鲜卑所占据。班固《封燕然山铭》："蹑冒顿之区落，焚老上之龙庭。"李善注："匈奴正月诸长小会单于庭祠，五月大会茏城，祭其先、田地、鬼神。"[2]刘祎之撰《李勣墓志》有"残云断盖，碎几阵于龙庭"之语。

冰泮：冰融、解冻。《荀子·大略》："霜降逆女，冰泮杀内。"后用来比喻分崩离析的险境。《后汉书·黄琼传》："创基冰泮之上，立足枳棘之林。"[3]

駈：《玉篇》：同驱。

泥首：以泥涂首，表示自辱服罪，犹言囚首。《文选》南朝梁任彦升（昉）《为范尚书让吏部封侯第一表》："泥首在颜，舆榇未毁。"李善注："张温表曰：临去武昌，庶得泥首阙下。"[4]

南宫：唐尚书省六部通称南宫。唐韦应物《和张舍人夜直中书寄吏部刘员外》："西垣草诏罢，南宫忆上才。"

北斗："北斗星"之省称。指大熊星座的七颗明亮的星，分布成勺形。

沙塞：沙漠边塞。《后汉书·南匈奴列传·论》："世祖以用事诸华，未遑沙塞之外，忍愧思难，徒报谢而已。"[5]南朝梁丘迟《与陈伯之书》："惟北狄野心，掘强沙塞之间，欲延岁月之命耳。"

獯虏：古代对北方少数民族的蔑称。《文选》王粲《从军诗》："一举灭獯虏，再举服羌夷。"唐李益《从军有苦乐行》："北逐驱獯虏，西临复旧疆。"

_____

① 严耀中：《唐代墓志中"六条"源流辨析》，原刊《唐史论丛》第十一辑，西安：三秦出版社，2009年；又收入氏著：《晋唐文史论稿》，上海：上海人民出版社，2013年，第60—70页。

② （南朝梁）萧统编，（唐）李善注：《文选》卷56《铭》，上海：上海古籍出版社，1986年，第2408页。

③ （南朝宋）范晔：《后汉书》卷61《黄琼传》，北京：中华书局，1975年，第2037页。

④ （南朝梁）萧统编，（唐）李善注：《文选》，上海：上海古籍出版社，1986年，第1735页。

⑤ （南朝宋）范晔：《后汉书》卷89《南匈奴列传·论》，第2966页。

枢斗：枢指中央发号施令的机构。斗，星名，北斗七星第一星。

匪躬：尽忠而不顾身。《易·蹇》："王臣蹇蹇，匪躬之故。"疏："尽忠于君，匪以私身之故而不济君。"

辽隧：县名。也作辽隊，汉置，属辽东郡。东汉初废，公孙度复置。三国景初元年，公孙渊曾拒击幽州刺史毋丘俭于此。故地在今辽宁海城市。

五才：亦作五材。勇、智、仁、忠、信。《六韬·论将》："太公曰：'将有五材十过'。武王曰："敢问其目。"太公曰："所谓五材者，勇、智、仁、信、忠也。"

三术：指兼并别国之三术。《荀子·议兵》："凡兼人者有三术：有以德兼人者，有以力兼人者，有以富兼人者。"

龙漠：指塞外沙漠地区，犹龙沙。《晋书·桓温传》上疏："若乃海运既徙，而鹏翼不举，永结根于南垂，废神州于龙漠，令五尺之童掩口而叹息。"[1]《宋书·武帝纪》中封宋公策："拓土三千，申威龙漠。"

玄乡：指阴间。《全唐诗》卷864载冥吏《示韦泛禄命》诗："前阳复后杨，后杨年年强，七月之节归玄乡。"

昧谷：古代传说西方日入之处。《书·尧典》："分命和仲宅西曰昧谷。"孔传："昧，冥也，日入于谷而天下冥，故曰昧谷。"[2]

貔貅：古籍中的两种猛兽。《史记·五帝本纪》："（轩辕）教熊罴貔貅貙虎，以与炎帝战于阪泉之野。"后多连用以比喻勇猛的战士。

披犀：指披犀甲的士兵，《诗经》有"操吴戈兮披犀甲"可证。

倒戈：周武王在朝歌郊外伐纣时，殷纣军队临阵倒戈。

埤（pí）：高曰垣，低曰埤，皆墙也。杜诗"掖垣竹埤梧十寻"可证。

舆榇之降：在古代，战败者用车拉着棺材向战胜者投降的仪式。

赐剑之荣：指德高望重之臣可以"带剑履上殿，如朝不趋"，如汉萧何故事。

授柯之任特隆：将帅出征时，君王授予柯柄之斧（即尚方宝剑）的仪式特别隆重。

扆（yǐ）：户牖间画有斧形的屏风。《礼记·明堂位》："天子负斧依，南向而立。"注："依，本又作'扆'。"[3]

金册：金书记录功绩的策文。晋张景阳（协）《七命》诗："生必耀华名于玉牒，

① 《晋书》卷98《桓温传》，第2573页。

② （汉）孔安国传，（唐）孔颖达正义，黄怀信整理：《尚书正义》卷2《虞书·尧典第一》，上海：上海古籍出版社，2007年，第39页。

③ （汉）郑玄注，（唐）孔颖达正义，吕友仁整理：《礼记正义》卷42《明堂位》，上海：上海古籍出版社，2008年，中册第1258页。

没则勒洪伐于金册。"①

濯缨：源见"沧浪濯缨"。比喻清除世尘，保持高洁②。南朝宋殷景仁《文殊师利赞》："体绝尘俗，古濯缨者高其迹。"

初笄：古代指女子刚加完笄礼的年龄。

四德：指妇德、妇言、妇容、妇功。

七行：即水之七德。《老子》八章："上善若水。水善利万物而有争，居众人之所恶，故几于道矣。居善地，心善渊，与仁善，言善信，政善治，事善能，动善时，夫唯不争，故无尤。"陈鼓应先生认为："本章用水性来比喻上德者的人格……这就是老子'善利万物而不争'的思想。"③水之七德，也就是女人应有的德行。

棻：《正字通》：俗桑字。

清徽：指美洁的操行。徽，美。南齐谢朓《谢宣城集》卷3《休沐重还丹阳道中》诗："问我劳何事，沾霖仰清徽。"张缵《南征赋》："又有生为令德，没为明神……扬清徽于上列，并异世而为邻。"④

踵武：武，足迹。踵武，譬喻继承前人的事业。《楚辞·屈原·离骚》："忽奔走以先后兮，及前王之踵武。"吴福助注："踵武，跟着别人的脚步走。"⑤《史记·司马相如传》载其遗札言封禅事："率迩者踵武，逖听者风声。"

桢干：指国家栋梁，即能胜重任的人才。《三国志·吴书·陆凯传》上疏："姚信、楼玄……皆社稷之桢干，国家之良辅。"⑥

道光：道德的光辉。《晋书·汝南王亮传》史臣曰："有晋郁兴，载崇藩翰，分茅锡瑞，道光恒典。"⑦

变赞：变，唐代俗文学的一种文体。《才调集》卷8有《吉斯老看蜀女传昭君变》。敦煌出土写本有《王昭变》《大目乾连冥间救母变文》等。赞，文体名，以颂扬人物为主旨。《后汉书·蔡邕传》："所著诗、赋、碑、言末、铭、赞、连珠……凡百四篇，传于世。"

载诞：犹"载生"。《诗·大雅·生民》："载生载育。"⑧载，语词。

---

① （南朝梁）萧统编，（唐）李善注：《文选》卷35《七命》，第四册第1597页。
② 汉语大词典编纂处：《中国典故大辞典》，第81页。
③ 陈鼓应：《老子译注及评介》，北京：中华书局，1984年，第91—92页。
④ （唐）姚思廉：《梁书》卷34《张缅传附弟缵》，北京：中华书局，1973年，第497页。
⑤ 吴福助：《楚辞注译》上册，台北：里仁书局，2007年，第25页。
⑥ 《三国志》卷61《吴书·陆凯传》，第1403页。
⑦ 《晋书》卷59《汝南王亮传》，第1626页。
⑧ 周振甫：《诗经译注》（修订本）卷7《大雅·生民之什》，北京：中华书局，2002年，第394页。

绾发：即绾髻，盘发为髻。

抟风九万：同"抟翼万里"①。唐方干《寄于少监》："蹑履三千皆后学，抟风九万即前程。"

激水三千：湍急的水流。《孙子·势》："激水之疾，至于漂石者，势也。"杜佑注："言水性柔弱，石性刚重，至于漂转大石，投之洿下，皆由急疾之流，激得其势。"②

莁仕：莁仕，即"筮仕"。古人将出仕，先占吉凶，谓之筮仕。《左传》闵元年："初，毕万筮仕于晋。"后遂称入官为筮仕。唐白居易《长庆集》卷7《答故人》诗："自从筮仕来，六命三登科。"

辕门：指军营营门。《史记·项羽本纪》："项羽召见诸侯将，入辕门，无不膝行而前，莫敢仰视。"《集解》张晏曰："军行以车为阵，辕相向为门，故曰辕门。"③

戎略：军事谋略。《宋书·沈庆之传》诏："或尽诚谋初，宣综戎略……皆忠国忘身，义高前烈，功载民听，诚简朕心。"④

金城：指坚城，言城之坚，如金铸成。《韩非子·用人》："不谨萧墙之患而固金城于远境。"⑤《史记·秦始皇本纪》贾谊曰："天下已定，始皇之心，自以为关中之固，金城千里，子孙帝王万世之业也。"

汤池：指护城河。《汉书·蒯通传》："必将婴城固守，皆为金城汤池，不可攻也。"⑥注："金以喻坚，汤以喻沸热不可近。"《汉书·食货志上》晁错曰："神农之教曰：有石城十仞，汤池百步，带甲百万，而无粟，弗能守也。"⑦

丹青：古代丹册纪勋，青史纪事，丹青犹言史籍。宋人文天祥《文山集》卷14《正气歌》："时穷节乃见，一一垂丹青。"

建旟：意同建麾。旟：绘有鸟隼图像的旗。建麾：建，树立；麾：指挥调度的旗帜。古时建大麾以封藩国。《周礼·春官·巾车》："建大麾，以田，以封蕃国。"⑧后因称出任地方长官为建麾。

① 汉语大词典编纂处编：《中国典故大辞典》，第508页。

② （魏）曹操等注：《孙子十家注》卷5《势篇》，上海：上海书店，1986年，第71页。

③ （汉）司马迁：《史记》卷7《项羽本纪》，北京：中华书局，1982年，第307页。

④ （南朝梁）沈约：《宋书》卷77《沈庆之传》，北京：中华书局，1974年，第2001页。

⑤ 梁启雄：《韩子浅解》第二十七篇《用人》，北京：中华书局，1960年，第221页。

⑥ （汉）班固：《汉书》卷45《蒯通传》，北京：中华书局，1962年，第2149—2150页。

⑦ 《汉书》卷24上《食货志第四上》，第1133页。

⑧ （汉）郑玄注，（唐）贾公彦疏，彭林整理：《周礼注疏》卷31《春官宗伯下·巾车》，上海：上海古籍出版社，2010年，第1033页。

鲲滨：意同鲲海之滨。东鲲人所在的海外之国。南齐谢朓《谢宣城集》卷2《永明乐之五》："化洽鲲海君，思变龙庭长。"《旧唐书·玄宗本纪》："象郡、炎州之玩，鸡林、鲲海之珍。莫不结辙于象胥，骈罗于典属。"[①]

九伐：古代指对九种罪恶的讨伐。《大戴礼记·朝事》："诸侯之得失治乱定，然后……明九伐之法，以威震之。"[②]后泛指征伐。《旧唐书·代宗纪》："九伐之师，尚勤王略；千金之费，重困吾人。"

五申：即"五申三令"，亦作"三令五申"，谓再三告诫。

革面：《易·革》："君子豹变，小人革面。"注："小人乐成，则变面以顺上也。"言不能化其心，但变其容貌颜色而已。后以革面指改过。

狼星：即天狼星。《史记·天官书》："秦之疆也，候在太白，占于狼、弧。"[③]《正义》："太白、狼、弧，皆西方之星，故秦占候也。"狼弧，天狼星。

太白：中国古代指金星。古星象家以为太白星主杀伐，故多以喻兵戎。唐李白《胡无人》诗："云龙风虎尽交回，太白入月敌可摧。"

# 三、相关问题

任雅相，新、旧《唐书》无传，事迹散见于新旧《唐书》《资治通鉴》《唐会要》《册府元龟》《元和姓纂》及《三国史记》等。

## （一）任姓源流

志文载："固崇迹于轩丘，茂乔柯于挚邑。朝鲁显其华胄，嫔周播其芳声。"

《元和姓纂》载："黄帝廿五子，十二人各以德为姓，一为任氏，六代至奚仲，封薛。魏有任座，秦有任鄙。汉御史大夫、广阿侯任敖，武帝任安。"[④]

《新唐书》卷73上《宰相世系表三上》："任姓出自黄帝少子禹阳，受封于任，因以为姓。十二世孙奚仲，为夏车正，更封于薛。又十二世孙仲虺，为汤左相。太戊时有臣扈，武定时有祖巳，皆徙国于邳。祖巳七世孙成侯，又迁于挚，亦谓之挚国。汉

---

① （后晋）刘昫等：《旧唐书》卷9《玄宗本纪上》史臣曰，北京：中华书局，1975年，第236页。

② （清）王聘珍：《大戴礼记解诂》卷12《朝事》，北京：中华书局，1983年，第239页。

③ 《史记》卷27《天官书》，第1346页。

④ （唐）林宝撰，岑仲勉校记，郁贤皓、陶敏整理：《元和姓纂》，北京：中华书局，1994年，第745页。

有御史大夫广阿侯任敖，世居于沛，其后徙居渭南。"①这里引文中的两处"祖巳"之"巳"，乃"己"之讹。

《元和姓纂》说任氏是"以德为姓"，《新唐书》说任氏是"受封于任"而为姓。虽然两书记载任姓得姓的方式不同，但却一致认为任姓出自黄帝之子，这与志文所述"固崇迹于轩丘"之意是吻合的。

据上引《新唐书》之文可知，志文"茂乔柯于挚邑"显然是指商代"祖己七世孙成侯，又迁于挚，亦谓之挚国"而言。

《诗经稗疏》卷3《大雅·挚仲氏任》载：

> 任姓者，奚仲之后，为夏后氏车正，封于薛俗作薛。《潜夫论》曰："奚仲后迁于邳，其嗣仲虺居薛，为汤左相。"薛，任姓。此云"挚仲氏任"，《集传》云："挚，国名。"然挚国不他见。若以为殷之诸侯，至周失国，则文王母族不应废灭。挚、薛古音相近通用，挚盖薛也。仲虺为商宗臣。其后嗣留仕于殷，食采于畿内，故曰"自彼殷商"。至周改封，始启土于山东，而国号则仍其旧。薛初见于《春秋》，称侯，其后降称伯，盖大国也。亦应以太任故，受元侯之封。不然，则车正之泽，固不能如是其丰也。《唐书·宰相世袭表》云："奚仲为夏车正，更封于薛。又十二世孙仲虺为汤左相。太戊时有臣扈，武丁时有祖己，徙国于邳。祖己七世孙成侯又迁于挚，一谓之挚国。"然则挚之为薛明矣。《左传》宗人衅夏曰："周公娶于薛。"薛与周固世为婚姻之国也。若挚虞《思游赋序》曰："有轩辕之遗冑，氏仲任之洪裔。"则远讬华冑而近遗本支也。②

王船山先生所谓"仲虺为商宗臣。其后嗣留仕于殷，食采于畿内，故曰'自彼殷商'。至周改封，始启土于山东，而国号则仍其旧"是对志文"朝鲁显其华冑"最好的解释。

《左传》宗人衅夏曰："周公娶于薛。"王船山先生据此得出了"薛与周固世为婚姻之国也"的结论，这正好对志文"嫔周播其芳声"作了合理解释。

总之，任姓出自黄帝少子禹阳，受封于任，因以为姓。十二世孙奚仲为夏车正，更封于薛。又十二世仲虺为汤左相，太戊时有臣扈，武丁时有祖己，皆徙国于邳。祖己七世孙成侯又迁于挚，亦谓之挚国。汉御史大夫、广阿侯任敖"世居于沛，其后徙居渭南"。

---

① （宋）欧阳修、宋祁：《新唐书》卷73上《宰相世系表三上》，北京：中华书局，1975年，第2883页。

② （明）王夫之：《船山全书》第三册，长沙：岳麓书社，1992年，第159页。

### （二）籍贯

志文载："君讳雅相，字公辅，青州乐安人也。"

从上引《新唐书》的记载来看，任姓本出自黄帝少子禹阳，受封于任，因以为姓。至黄帝十二世孙奚仲，为夏车正，更封于薛。薛在今山东省。可见，任雅相说自己是"青州乐安人"，是有渊源的。

青州，唐武德四年（621），改隋北海郡为青州，治青州县（今山东青州）。①

乐安，即乐安县。在隋代，北海郡所辖之博昌县"旧曰乐安，开皇十六年改焉。"②至唐高祖武德八年，省乐安、安平二县入青州北海郡所辖之博昌县③。也就是说，"唐初复置乐安县，武德八年省入博昌"④。郭声波指出："乐安县（619—625）：武德二年，析博昌县置乐安县，以隋旧县为名，治新乐安城（今山东广饶县李鹊镇小张村），隶乘州。四年，割隶青州。八年省入博昌县。仍移治乐安城，骆宾王谓博昌移就乐安故城是也。"⑤他注解说："《旧唐志》青州千乘县：'武德二年，于县置乘州，领千乘、博昌、寿光、新河五县。'脱一县名，今按千乘县曾置乐安郡，博昌县曾置乐安县，故知所脱一县为乐安县，今补。"⑥其说有理。

### （三）曾祖、祖、父辈的仕宦

1.志文载："曾祖凤，周赵王长史。"

这里的"周赵王"，应为北周"赵僭王"之省，正如《周书》卷13《列传第五·文闵明武宣诸子》所载："文帝（宇文泰）十三子……王姬生赵僭王招。"⑦《周书》又载：

> 隋文帝辅政，加招等殊礼，入朝不趋，剑履上殿。隋文帝将迁周鼎，招密欲图之，以匡社稷……后事觉，陷以谋反。其年秋，诛招及其子……国除。

---

① 赵文润、赵吉惠：《两唐书辞典》，济南：山东教育出版社，2004年，第515页。

② （唐）魏徵等：《隋书》卷30《地理志中》，北京：中华书局，1975年，第860页。

③ 《新唐书》卷38《地理志二》，第994页。

④ （清）顾祖禹撰，贺次君、施和金点校：《读史方舆纪要》卷35《山东六·博昌城》，北京：中华书局，2005年，第1633页。

⑤ 郭声波：《中国行政区划通史·唐代卷》上册，上海：复旦大学出版社，2017年，第371页。

⑥ 郭声波：《中国行政区划通史·唐代卷》上册，第371页。

⑦ （唐）令狐德棻等：《周书》卷13《文闵明武宣诸子列传》，北京：中华书局，1971年，第201页。

因隋文帝"将迁周鼎",作为北周亲王的宇文招对隋文帝"密欲图之",不果,后被隋文帝以谋反罪诛杀。我们推测,在宇文招对隋文帝"密欲图之"过程中,身为周赵王长史的任凤并没有参与此事,引而对其子孙的仕途没有产生多大影响。

2.志文又载:"祖璨,隋邵州王屋县令。父续,隋滑州白马县令。"

邵州:北周置,治所在亳城县(今山西垣曲县东南五十七里古城镇)。辖境相当今山西垣曲县及河南济源市等地。隋大业初废。唐武德二年(619)复置,九年(626)又废①。王屋县:古县名。北周武成元年(559)改长平县置,王屋郡治此,治今河南济源市西王屋。因县北王屋山得名②。

前已述及,北周赵王宇文招对隋文帝"密欲图之"而未果,后被隋文帝以谋反罪诛杀,国除。身为赵王长史的任凤,可能没有参与这件事,所以其子任璨虽不能在京为官,却也可以做大县王屋县的县令。

滑州:隋开皇十六年(596)改杞州置,治所在白马县(今河南滑县东南城关镇)。《太平寰宇记》卷9载:"取滑台为名。"大业二年(606)改为兖州。三年改东郡。唐武德元年(618)复置滑州。天宝元年(742)改为灵昌郡,乾元元年(758)复为滑州。辖境相当今河南滑县、长垣、延津等县地③。

白马县:秦置,属东郡。治所在今河南滑县东二十八里。取白马山为名。西晋属濮阳国。北魏天兴中为西兖州治,徙治滑台城(今滑县东南八里城关镇)。东魏为东郡治。隋开皇中为滑州治,大业初为东郡治。唐为滑州治④。

由于滑州始置于开皇十六年,而白马县在开皇年间为滑州的治所,因而任雅相的父亲任隋滑州白马县令应在开皇十六年(596)至开皇二十年(600)之间。

任雅相的爷爷任璨在做邵州王屋县令及其父任续在做滑州白马县令时,不仅"道德齐礼",而且像西门豹一样"察政",为地方兴利除弊。

## (四)志主任雅相的仕宦阅历

### 1.太宗朝仕宦阅历

(1)志文载:"贞观六年,遂迁延州临真县令。"

唐人李吉甫说:"临真县,中。西北至州一百四十里。本汉高奴县地,后魏文成帝

---

① 史为乐主编:《中国历史地名大辞典》下册,北京:中国社会科学出版社,2005年,第2616页。
② 戴均良等主编:《中国古今地名大词典》上册,上海:上海辞书出版社,2005年,第337—338页。
③ 史为乐主编:《中国历史地名大辞典》下册,第2616页。
④ 史为乐主编:《中国历史地名大辞典》上册,第770页。

置临真县，属偏成郡。周武帝天和元年，稽胡叛，攻破郡城，遂移于今理。隋开皇元年改为临真县，属延安郡。皇朝因之。"① 《旧唐书》载："临真，隋县。武德初，属东夏州。贞观二年，州废来属。"②

郭声波说："临真县（618—907）：本隋延安郡旧县，武德元年，置东夏州。三年，移治流川旧城（今延安市宝塔区临镇固县村）。四年，析置行榆林、龙泉二县。六年，以废行云州行榆林、龙泉二县省入。贞观二年，州废，改隶延州。天宝元年，隶延安郡。乾元元年，复隶延州。"③

延州临真县虽近边地，却是中县。因任雅相有"暗合孙吴"的豹策和管仲、乐毅的"因机之变"，贞观六年（632）被朝廷授予延州临真县令。

（2）志文载："十二年，授朝散大夫，随班例也。"

《唐六典》卷2《尚书吏部》载："从五品下曰朝散大夫"④，注："隋文帝置朝散大夫，为正四品，散官；炀帝改为从五品下。"⑤

《唐六典》卷2《尚书吏部》又载："凡散官四品已下、九品已上，并于吏部当番上下。"⑥据此可知，贞观十二年（638）任雅相按"班例"被授朝散大夫后，因从五品下的朝散大夫属于"散官四品已下、九品已上"的范围，因而他要在吏部"当番上下"，即轮流值班。

在任朝散大夫期间，任雅相展济时之才，慕苏绰为太祖宇文泰奏施政六条之举，也为太宗李世民提出了好的施政举措。

（3）志文载："十四年，迁灵州都督府长史。"

灵州都督府，为唐都督府之一。《元和郡县图志》载，武德元年（618）于灵州（治今宁夏吴忠市西）置总管府，七年改为都督府⑦。贞观后督灵、盐（治今陕西定边县）二州。永泰元年（765）仅督灵州。贞观二十年（646）至永徽元年（650）曾管辖置于州界的铁勒皋兰、高丽、祁连三羁縻州⑧。

---

① （唐）李吉甫撰，贺次君点校：《元和郡县图志》卷3《关内道三·延州》，北京：中华书局，1983年，第77页。

② （后晋）刘昫等：《旧唐书》卷38《地理志一·延州中都督府》，第1411页。

③ 郭声波：《中国行政区划通史·唐代卷》上册，第89页。

④ （唐）李林甫等撰，陈仲夫点校：《唐六典》卷2《尚书吏部》，北京：中华书局，1992年，第30页。

⑤ 《唐六典》卷2《尚书吏部》，第30—31页。

⑥ 《唐六典》卷2《尚书吏部》，第31页。

⑦ 《元和郡县图志》卷4《关内道四·灵州》，第92页。

⑧ 戴均良等主编：《中国古今地名大词典》中册，第1618页。

长史："官名。秦始置。汉朝丞相、太尉、御史大夫府均有设置，为众史之长，职似秘书长，凡本府之事无所不通。后世诸官置（署）及州郡亦有设置，权任颇重，可以替长官主持军政事。中唐以后，由于幕职官大兴，长史之任渐轻，多为闲散之职。"①

至德元年（756）七月，肃宗即位于灵武郡（治今宁夏吴忠市西），升灵州为大都督府②。因而此前贞观年间的灵州都督府应为中都督府。

《旧唐书》载："中都督府……长史一人。"注云："正五品上。"③也就是说，贞观十四年（640）任雅相受到重用而迁灵州都督府（中都督府④）长史，官正五品上，"权任颇重，可以替长官主持军政事"。

（4）志文载："廿年，授燕然都护。"

志文赞铭也说："燕庭肇辟，寔资桢干。"说明贞观二十年"燕然都护府"初设时，朝廷桢干任雅相为第一任都护。

《资治通鉴》唐贞观二十一年（647）载：

> （四月）丙寅，置燕然都护府，统瀚海等六都督、皋兰等七州，以扬州都督府司马李素立为之。素立抚以恩信，夷落怀之，共率马牛为献；素立唯受其酒一杯，余悉还之⑤。

燕然都护府治所在故单于台（今内蒙古杭锦后旗东北乌加河北）。根据《资治通鉴》的记载，可知燕然都护府的设置时间是贞观二十一年（647）。对此，不仅权威工具书《中国历史地名大辞典》⑥《中国古今地名大词典》⑦《中国历史地名辞典》⑧《丝绸之路大辞典》⑨《两唐书辞典》⑩肯定其说，而且隋唐史专家李鸿宾先生亦支持其说。⑪

① 赵文润、赵吉惠主编：《两唐书辞典》，第551页。

② 《旧唐书》卷38《地理志一》，第1415—1416页。

③ 《旧唐书》卷44《职官志三》，第1916页。

④ 《元和郡县图志》卷4《关内道四·灵州》，第91页。

⑤ （宋）司马光编著：《资治通鉴》卷198，唐太宗贞观二十一年（647），北京：中华书局，1956年，第6246页。

⑥ 史为乐主编：《中国历史地名大辞典》下册，第2902页。

⑦ 戴均良等主编：《中国古今地名大词典》下册，第3257—3258页。

⑧ 复旦大学历史地理研究所《中国历史地名辞典》编委会：《中国历史地名辞典》，南昌：江西教育出版社，1986年，第980页。

⑨ 周伟洲、丁景泰主编：《丝绸之路大辞典》，西安：陕西人民出版社，2006年，第163页。

⑩ 赵文润、赵吉惠主编：《两唐书辞典》，第1332页。

⑪ 李鸿宾：《唐朝朔方军研究》，长春：吉林人民出版社，2000年，第340页。

对于《资治通鉴》李素立任燕然都护的说法，两《唐书》本传的记载有异。《旧唐书》载："李素立，赵州高邑人……贞观中，累转扬州大都督府司马。时突厥铁勒部相率内附，太宗于其地置瀚海都护府以统之，以素立为瀚海都护。"[①]《新唐书》所载与此大致相同[②]。

《旧唐书·高宗本纪》载："龙朔三年二月……改燕然都护府为瀚海都护府，瀚海都督府为云中都护府。"《唐会要》卷73载："龙朔三年二月十五日，移燕然都护府于（矶北）回纥部落，仍（按应作"乃"）改名瀚海都护府。其旧瀚海都督府，移置云中古城，改名云中都护府。仍以矶为界，矶北诸蕃州悉隶瀚海，矶南（诸蕃州）并隶云中"。艾冲教授据《旧唐书·高宗本纪》《唐会要》认为："在建置云中都护府之前，北疆并不存在一个所谓'瀚海都护府'机构……而此前在矶北地区的回纥部置有瀚海都督府，是年移燕然都护府于（矶北）回纥部落，遂改名'瀚海都护府'。"[③]也就是说，"瀚海都护府"是龙朔三年由"燕然都护府"更名而来，此前的太宗贞观年间并没有"瀚海都护府"（只有"燕然都护府"），只有"瀚海都督府"，因而两《唐书》记载李素立于贞观年间任瀚海都护的说法不确，应从司马光《资治通鉴》之说。

志文载，任雅相"廿年，授燕然都护"。"燕然都护"无疑是"燕然都护府"的最高官职，换句话说，"燕然都护府"设置于贞观二十年，而这种说法却与《资治通鉴》贞观二十一年"（四月）丙寅，置燕然都护府，以扬州都督府司马李素立为之"的记载不同，如何解释呢？

《旧唐书》卷3《太宗本纪下》载：

> （贞观二十年）九月甲辰，铁勒诸部落俟斤、颉利发等遣使相继而至灵州者数千人，来贡方物，因请置吏，咸请至尊为可汗。于是北荒悉平，为五言诗勒石以序其事[④]。

据此可知，贞观二十年"铁勒诸部落俟斤、颉利发等相继至灵州者数千人，来贡方物，因请置吏，咸请至尊为可汗"，唐太宗欣然接受，在"置吏方面"除设置府县外，还设置燕然都护府并任命任雅相为燕然都护，但这只是设想或计划。由于"北荒悉平"，

---

① 《旧唐书》卷185上《良吏列传上》，第4786页。

② 《新唐书》卷197《循吏列传》，第5619页。

③ 艾冲：《唐代都督府研究——兼论总管府、都督府、节度司之关系》，西安：西安地图出版社，2005年，第351页。

④ 《旧唐书》卷3《太宗本纪下》，第59页。

太宗"为五言诗勒石以序其事",可见其意义非同寻常。但具体执行起来,就到贞观二十一年了。正如《资治通鉴》所载:

> (春,正月)丙申,诏以回纥部为瀚海府,仆骨为金微府,多滥葛为燕然府,拔野古为幽陵府,同罗为龟林府,思结为卢山府,府者,都督府也。浑为皋兰州,斛薛为高阙州,奚结为鸡鹿州,阿跌为鸡田州,契苾为榆溪州,思结别部为蹛林州,白霫为寘颜州;各以其酋长为都督、刺史,各赐金银缯帛及锦袍⋯⋯及还,上御天成殿宴,设十部乐而遣之。诸酋长奏称:"臣等既为唐民,往来天至尊所,如诣父母,请于回纥以南、突厥以北开一道,谓之参天可汗道,置六十八驿,各有马及酒肉以供过使,岁供貂皮以充租赋,仍请能属文人,使为表疏。"上皆许之①。

太宗所置六府七州,除"各以其酋长为都督、刺史"(即"府置都督,州置刺史")外,"府州皆置长史、司马已下官主之"②。这里的"燕然府",是指"燕然都督府"。至于"燕然都护府"的具体设置时间,要到本年四月了。但对于燕然都护的人选,唐太宗数个月前还是青睐于灵州都督府长史任雅相,可数个月后,唐太宗的态度有了转变,把这项重任压在了扬州大都督府司马李素立的肩上。

燕然都护府治古单于台。其长官燕然都护统瀚海等六都督、皋兰等七州,"以道宾贡"③,其责任重大。

(5)志文载:"廿三年,检校丰州都督府司马。"

《元和郡县图志》载:"周武帝于今永丰县置永丰镇。隋文帝开皇三年,于镇置丰州,后废。贞观四年,突厥降附,又权于此置丰州都督府,不领县,唯领蕃户,以史大奈为都督。十一年,大奈死,复废府,以地属灵州。二十二年,又分置丰州⋯⋯天宝元年,改为九原郡,乾元元年,复为丰州。"④

《旧唐书》载:"(贞观二十三年)三月丙辰,置丰州都督府。"⑤《资治通鉴》贞观二十三年(649)也载:"三月,丙辰,置丰州都督府,使燕然都护李素立兼都督。"⑥

---

① 《资治通鉴》卷198,唐太宗贞观二十一年(647),第6244—6245页。

② 《旧唐书》卷195《回纥传》,第5196页。

③ 《旧唐书》卷195《回纥传》,第5196页。

④ 《元和郡县图志》卷4《关内道四·丰州》,第112页。

⑤ 《旧唐书》卷3《太宗本纪下》,第62页。

⑥ 《资治通鉴》卷199,唐太宗贞观二十三年(649),第6266页。

从《元和郡县图志》记载来看，丰州都督府始置于贞观四年；而《旧唐书》和《资治通鉴》所说贞观二十三年（649）"置丰州都督府"，只能是复置了。

丰州，治九原县（在今五原县西南），辖境约今内蒙古自治区河套西北部及其迤北一带①。

《旧唐书》载："下都督府：司马一人。"注云："从五品上。"②

《两唐书辞典》载："隋唐州府，诸王府均置司马，为事务性佐官，多为闲职。"③

因丰州都督府为下府④，所以丰州都督府司马为从五品上；而检校丰州都督府司马，其官职更要低于从五品上。

贞观二十三年（649）复置丰州都督府后，燕然都护李素立兼都督，作为检校丰州都督府司马的任雅相，只能是李素立的下属了。

《文献通考》卷348《四裔考二十五·黠戛斯》："黠戛斯，古坚昆国也。地当伊吾之西、焉耆北、白山之旁，或曰居勿，曰结骨。其种杂丁零，乃匈奴西鄙也……唐贞观二十二年，闻铁勒等已入臣，即遣使者献方物。其酋长俟利发失钵屈阿栈身入朝，以其地为坚昆府，拜俟利发左屯卫大将军，即为都督，隶燕然都护。高宗世再来朝。"⑤

黠戛斯族，汉时称坚昆，魏晋时称结骨或纥骨，唐称黠戛斯。原居今叶尼塞河上游流域，是中国古代草原贸易路的必经地区，其先民很早就参与了国际贸易联系。从事畜牧业，兼营农业和狩猎业。唐贞观初年，为薛延陀属部之一，薛延陀汗国亡后，开始与唐交往，唐朝于其地设置坚昆都督府，隶燕然都护府。⑥

在检校丰州都督府司马任上，因"黠虏、车鼻，匈奴余种。凝氛狼望，起祲龙庭。"（黠虏即《文献通考》所说的"黠戛斯"）任雅相"料敌设奇，因机制变。妖徒冰泮，丑类云销"，直接促成了黠戛斯的臣服。

### 2. 高宗朝仕宦阅历

（1）永徽元年，以平东突厥车鼻部功封"太中大夫"。

薛延陀败亡后，东突厥车鼻部又渐强大。唐以车鼻可汗不入朝，贞观二十三年

---

① 戴均良等主编：《中国古今地名大词典》上册，第324页。

② 《旧唐书》卷44《职官志三》，第1917页。

③ 赵文润、赵吉惠主编：《两唐书辞典》，第298页。

④ 《元和郡县图志》卷4《关内道四·丰州》，第111页。

⑤ （元）马端临：《文献通考》卷348《四裔考二十五·黠戛斯》，北京：中华书局，1986年，考二七二四。

⑥ 周伟洲、丁景泰主编：《丝绸之路大辞典》，第368—369页。

（649）太宗"遣右骁卫郎将高侃潜引回纥、仆骨等兵众袭击之"①，诸部相继来降。高宗永徽元年（650）九月庚子，"高侃执车鼻可汗至京师，释之，拜左武卫将军，处其余众于郁督军山，置狼山都督府以统之"②。郁督军山，即"于都斤山"（今杭爱山），是"突厥帝国的历史象征"③。于是"突厥尽为封内之臣，分置单于、瀚海二都护府。单于领狼山、云中、桑乾三都督，苏农等一十四州；瀚海领瀚海、金徽、新黎等七都督，仙萼等八州；各以其酋长为刺史、都督。"④注："金徽当作金微。"管辖车鼻余众的狼山都督府，隶单于都护府。

因东突厥车鼻部被平定，"自永徽已后，殆三十年，北鄙无事"⑤。

"自永徽已后，殆三十年，北鄙无事"局面的取得，与东突厥车鼻部的平定密切相关。而东突厥车鼻部的覆灭，任雅相的作用是不可忽视的，据墓志所载永徽元年诏文，其作用有二：一是"车鼻未平，屡献谋略"，其谋略之一是"指踪之效，寔有厥劳"；其谋略之二是"北伐兵马，由其部署"，可能向太宗推荐了右骁卫郎将高侃，才取得了征讨车鼻部的胜利。

任雅相以平车鼻功，高宗诏"可太中大夫，赐物二百段"。

《唐六典》卷2《尚书吏部》载："从四品上曰太中大夫"⑥，注："秦太中大夫秩比千石，掌论议。汉氏因之。梁班第十一，陈秩千石。北齐从第三品。皇朝为散官。"⑦

高宗永徽元年（650）任雅相被授太中大夫后，因从四品上的太中大夫不属于"散官四品已下、九品已上"的范围，因而他不需在吏部"当番上下"（即轮流值班）。

（2）显庆三年，以"勤劳"授"左骁卫将军"，以平西突厥贺鲁功封"乐安县开国公"。

志文：显庆三年，诏曰："轩卫之重，事高历选；周庐之任，义属英材。燕然都护、上护军任雅相，器怀沉正，干用优敏。驱驰自久，勤劳克著。拥旄北塞，绥集有方。振策西荒，绩效为重。宜加抽/奖，委以兵栏，可左骁卫将军。"

前已述及，治古单于台的燕然都护府，其长官燕然都护统瀚海等六都督、皋兰等

① 《旧唐书》卷194上《突厥列传上》，第5165页。

② 《资治通鉴》卷199，唐高宗永徽元年（650），第6271—6272页。

③ 罗新：《从于都斤山到伊斯坦布尔——突厥记忆的遗失与重建》，原刊《全球史评论》第11辑，2016年；又收入氏著：《有所不为的反叛者：批判、怀疑与想象力》，上海：上海三联书店，2019年，第133—157页。

④ 《资治通鉴》卷199，唐高宗永徽元年（650），第6272页。

⑤ 《旧唐书》卷194上《突厥列传上》，第5166页。

⑥ 《唐六典》卷2《尚书吏部》，第30页。

⑦ 《唐六典》卷2《尚书吏部》，第30页。

七州，"以道宾贡"，其责任重大。而在太宗贞观末年燕然都护府初创时，李世民虽有意让任雅相为首任都护，但在实际执行时却改变了主意。高宗永徽末年至显庆初年，任雅相已被高宗任命为燕然都护，负责北方少数民族事务，可见高宗对其格外器重。同时，对其加官晋爵，封上护军。史载："十转为上护军，比正三品。"① 可见，上护军为勋官品职。

《唐六典》卷24《诸卫》载："左、右骁卫……将军各二人，从三品。"注："隋炀帝置，皇朝因之。"又载："左、右骁卫大将军·将军之职掌如左、右卫。其异者，大朝会建黄麾、凤旗、飞黄旗、吉利旗、兕旗、太平旗。亲府之翊卫、外府之豹骑番上者，则分配之。在正殿之前，则以胡禄队坐于东、西廊下。若御座正殿，则以队仗次立于左、右卫下。在正门之外，则以挟门队列于东、西厢。凡分兵以守诸门，则知左厢诸门之内事，右厢诸门之外事。若在皇城四面、宫城之内外，则与左、右卫分知助铺之职。"②

任雅相"驱驰自久，勤劳克著"，主要表现在两个方面：一是"拥旄北塞，绥集有方"。二是"振策西荒，绩效为重"。其中"振策西荒，绩效为重"，应包括志文所载龙朔元年诏文所述任雅相功绩的"西抚麟洲，效宣于昧谷"一件事。

麟州，唐贞观八年（634）改西麟州置，为羁縻州，属松州都督府。治所在今四川若尔盖县东境。后废③。可见，任雅相"西抚麟洲"是对麟州（羁縻州）的少数民族进行安抚，这也是其"振策西荒"的绩效之一。

鉴于任雅相的"勤劳克著"，在显庆三年，高宗封燕然都护、上护军任雅相为从三品的左骁卫将军，把"轩卫之重"交给了他，让他负责京城皇宫的安全防卫，可见高宗对其信任有加。

永徽年间（650—655），沙钵罗可汗阿史那贺鲁曾在千泉和双河建牙帐。关于双河的地点，丁谦推定为伊犁河西南所会支流撒勒克河；沙畹将其对应为Borotala；松田寿男缜密考证该地为伊丽水（伊犁河）以东的博罗塔拉。当以松田之说为是④。

---

① 《唐六典》卷2《尚书吏部》，第40—41页。

② 《唐六典》卷24《诸卫》，第619页。

③ 史为乐主编：《中国历史地名大辞典》下册，第2980页。

④ 参见丁谦：《新唐书突厥传地理考证》，《浙江图书馆丛书》第1集第6册，1915年，第17页；〔法〕沙畹撰，冯承均译：《西突厥史料》，北京：中华书局，1958年，第293页；〔日〕松田寿男撰，陈俊谋译：《古代天山历史地理学研究》，北京：中央民族学院出版社，1985年，第409—420页。转引自许序雅：《唐代丝绸之路与中亚史地丛考——以唐代文献为研究中心》，北京：商务印书馆，2015年，第94页。

显庆二年（657），西突厥阿史那贺鲁犯边。高宗"遣右屯卫将军苏定方，燕然都护任雅相，副都护萧嗣业，左骁卫大将军、瀚海都督回纥婆闰等率师讨击，仍使右武卫大将军阿史那弥射、左屯卫大将军阿史那步真为安抚大使。"[①]实际上，这次讨击贺鲁，高宗采取的是"南北并进，剿抚兼施的方针"[②]。北道的主将是充伊丽道行军总管的右屯卫将军苏定方，也是元帅，副手有任雅相、萧嗣业、婆闰；南道的主将是右武卫大将军阿史那弥射、左屯卫大将军阿史那步真。《旧唐书》载：

> 定方行至曳咥河西，贺鲁率胡禄居阙啜等二万余骑列阵而待。定方率副总管任雅相等与之交战，贼众大败，斩大首领都搭达干等二百余人。贺鲁及阙啜轻骑奔窜，渡伊丽河，兵马溺死者甚众[③]。

曳咥河，即今新疆额尔齐斯河上游[④]。此战在沙钵罗轻敌的情况下，苏定方率副总管任雅相等大败沙钵罗可汗贺鲁，创造了以少胜多的战例。

在沙钵罗可汗贺鲁败逃和其部落投降的有利形势下，却遇到了风雪气候的严峻挑战，众兵士要求等天晴再行军，苏定方力排众议，一面"命萧嗣业、回纥婆闰将胡兵趋邪罗斯川，追沙钵罗"，同时与任雅相率新附之众"蹋雪昼夜兼行"，终于在距沙钵罗200里的双河与弥射、步真合兵，向毫无防备的沙钵罗牙帐扑去，彻底击败了沙钵罗可汗的军队[⑤]，沙钵罗可汗带着少量残兵败将向石国方向逃去，最终被苏定方副将萧嗣业擒获并送往长安而告终。

志文：显庆三年（658），诏又曰："贺鲁叛常，兽心遂骋。王师薄伐，是用龙行。役不逾时，寇便泥首。封乐安县开国公，食邑一千户，赐物一千五百段。"开国县公，爵位名。唐制"开国县公地位在开国郡公之下，秩从二品，食邑五千户"[⑥]。

可见，任雅相从二品"乐安县开国公"的爵位，是凭着平定沙钵罗可汗阿史那贺鲁的功劳取得的。

《唐六典》载："从三品曰银青光禄大夫。"注云："本末与金紫同。晋有银青光禄大夫王翘之。宋、齐之后，或置或省。梁、陈无职。北齐三品。隋正三品，散官；炀

①　《旧唐书》卷194下《突厥列传下》，第5187页。

②　吴玉贵：《突厥汗国与隋唐关系史研究》，北京：中国社会科学出版社，1998年，第392页。

③　《旧唐书》卷194下《突厥列传下》，第5187页。

④　周伟洲、王欣主编：《丝绸之路辞典》，西安：陕西人民出版社，2018年，第44页。

⑤　《资治通鉴》卷200，唐高宗显庆二年（657），第6306—6307页。

⑥　俞鹿年编著：《中国官制大辞典》下卷，哈尔滨：黑龙江人民出版社，1992年，第1279页。

帝改为从三品。皇朝因之。"①

任雅相在受封从二品"乐安县开国公"爵位的同时，应该还被皇帝授予从三品"银青光禄大夫"的文散官之职。

（3）志文载："俄迁兵部侍郎。"

志文载："俄迁兵部侍郎。南宫务切，北斗望崇；非贤勿居，惟材是授。"

《唐六典》卷5《尚书兵部》载："侍郎二人，正四品下。"注曰："《周官》夏官小司马中大夫也。汉以来尚书侍郎，今郎中之任也。后周依《周官》。隋炀帝置兵部侍郎，皇朝因之。龙朔二年改为司戎少常伯，咸亨元年复为兵部侍郎。"②兵部尚书、侍郎之职，"掌天下军卫武官选授之政令。凡军师卒戎之籍，山川要害之图，厩牧甲仗之数，悉以咨之。其属有四：一曰兵部，二曰职方，三曰驾部，四曰库部；尚书、侍郎总其职务而奉行其制命。凡中外百司之事，由于所属，咸质正焉"③。

显庆三年（658）任雅相被授兵部侍郎，"惟材是授"固然是重要的方面，而其大公无私的品格也是不容忽视的，正如史籍所载："雅相前后为将帅，未尝奏亲戚故吏为僚从，皆移所司补授之。谓人曰：'职无大小，皆是公器。岂以于身有便而挠王法哉？'由是其下无滥受功赏者。时人甚以此称之。"④可见，德才兼备是多么的重要！

据墓志，任雅相在任兵部侍郎的同时，又获得了上柱国的勋位。《旧唐书》载："凡勋，十有二转为上柱国，比正二品。"⑤可见，"上柱国"的勋位，"比正二品"。

（4）志文载："（显庆）四年，转兵部尚书。"

《册府元龟》载："任雅相为右骁卫将军、兵部侍郎。高宗闻其廉正，擢为兵部尚书，兼受将相之任。"⑥

《旧唐书》："兵部尚书一员。"下注曰："正三品。南朝谓之五兵尚书，隋曰兵部尚书。龙朔改为司戎太常伯，咸亨复也。"⑦可见，兵部尚书为正三品。

任雅相为兵部侍郎时，由于"廉正"的缘故，在显庆四年（659）被唐高宗"擢为兵部尚书，兼受将相之任"。可见，任雅相文武兼备，是一位不可多得的人才！

---

① 《唐六典》卷2《尚书吏部》，第30页。

② 《唐六典》卷5《尚书兵部》，第150页。

③ 《唐六典》卷5《尚书兵部》，第150—151页。

④ （宋）王钦若等纂，周勋初等校订：《册府元龟》卷405《将帅部（六十六）·识略第四》，南京：凤凰出版社，2006年，第伍册第4594页。

⑤ 《旧唐书》卷43《职官志二》，第1822页。

⑥ 《册府元龟》卷457《台省部（一）·选任》，第陆册第5150页。

⑦ 《旧唐书》卷43《职官志二》，第1832页。

（5）显庆四年参与"长孙无忌交通谋反"案审理。

显庆四年任雅相任兵部尚书后，五月丙申就与度支尚书卢承庆一起参知政事①。任雅相之所以能出将入相，一方面与其德才兼备有关，另一方面可能与宰相李勣（与任雅相同为山东人）的提携有关。

显庆四年四月，"中书令许敬宗遣人上封事，称监察御史李巢与无忌交通谋反，帝令敬宗与侍中辛茂将鞫之"②。因辛茂将的侍中去年才任命，主鞫事者还是许敬宗。敬宗奏称："无忌谋逆，由褚遂良、柳奭、韩瑗构扇而成；奭乃潜通宫掖，谋行鸩毒，于志宁亦党附无忌。"③高宗对"无忌交通谋反"虽半信半疑，但他"竟不亲问无忌谋反所由，惟听敬宗诬构之说"④，于是"诏追削遂良官爵，除奭、瑗名，免志宁官。遣使发道次兵援送无忌诣黔州"⑤。

秋七月，高宗"命御史往高州追长孙恩，象州追柳奭，振州追韩瑗，并枷锁诣京师，仍命州县簿录其家。恩，无忌之族弟也"⑥。似乎高宗对案件存有疑窦，想把案犯带回京城重审。

秋七月壬寅，高宗"命李勣、许敬宗、辛茂将与任雅相、卢承庆更共覆按无忌事"⑦。高宗任命5人组成的宰相班子覆按无忌事，只是走走过程，做做样子，因为这五人之首的李勣，与关陇集团的长孙无忌等权臣一贯貌合神离，辛茂将的侍中去年才任命，任雅相、卢承庆也是今年五月参知政事，而主事者还是武后的心腹许敬宗，结果就可想而可知了。最后，一代功臣长孙无忌落了一个被"逼令自缢而死，藉没其家"⑧的可悲下场！

《旧唐书·长孙无忌传》史臣哀叹长孙无忌遭遇说："嗟乎！忠信获罪，今古不免，无名受戮，族灭何辜。主暗臣奸，足贻后代。"⑨这里的"主暗臣奸"，"臣奸"指许敬宗等人狼狈为奸而诬构长孙无忌，确实存在；而"主暗"是指高宗昏庸，倒不一定。高

---

① 《旧唐书》卷4《高宗本纪上》，第79页；《新唐书》卷3《高宗本纪》，第59页；《资治通鉴》卷200，唐高宗显庆四年（659），第6315页。

② 《旧唐书》卷65《长孙无忌传》，第2455页。

③ 《资治通鉴》卷200，唐高宗显庆四年（659），第6314页。

④ 《旧唐书》卷65《长孙无忌传》，第2456页。

⑤ 《资治通鉴》卷200，唐高宗显庆四年（659），第6314页。

⑥ 《资治通鉴》卷200，唐高宗显庆四年（659），第6316页。

⑦ 《资治通鉴》卷200，唐高宗显庆四年（659），第6316页。

⑧ 《旧唐书》卷65《长孙无忌传》，第2456页。

⑨ 《旧唐书》卷65《长孙无忌传》史臣曰，第2456页。

宗李治一上台就面临三大难题，"如何摆脱权臣的控制"即为其一[1]。在皇后争夺战的"废王立武"成功后，李治摆脱长孙无忌等权臣的控制首战告捷；因为长孙无忌要"报先帝之顾托"，及"黜废中宫，竟不阿旨"[2]，高宗在处理"无忌交通谋反"案时，"竟不亲问无忌谋反所由，惟听敬宗诬构之说"，纵容冤案的产生，这是高宗为彻底摆脱权臣控制的进一步行动，足见史臣"主暗"说是难以成立的。

鉴于长孙无忌"既有大功，而死非其罪，天下至今哀之"，上元元年（674）高宗"优诏追复无忌官爵"[3]。

显庆四年，任雅相参与"长孙无忌交通谋反"案审理一事，为其墓志所不载。显然，撰写任雅相墓志者为亲唐派，他认为书写这件事虽能显现任雅相对唐高宗的忠诚，但却冤枉了长孙无忌等忠臣并为唐代社稷埋下了隐患，故墓志不载这件事是为贤者讳的缘故！

（6）龙朔元年以"浿江道行军总管"征高丽，壮志未遂。

龙朔元年（661）三月丙申朔，高宗欲伐辽，"诏李勣、李义府、任雅相、许敬宗、许圉师、张延师、苏定方、阿史那忠、于阗王伏阇（信）、上官仪等，谳于洛城门，观屯营新教之舞，名之曰《一戎大定乐》，时欲亲征辽，以象用武之势"[4]。高宗在洛城门宴请包括任雅相在内的众将相并观看屯营新教之舞《一戎大定乐》，目的是要表示他亲身征辽的决心。

四月庚辰，"任雅相为浿江道行军总管，契苾何力为辽东道行军总管，苏定方为平壤道行军总管，萧嗣业为扶余道行军总管，右骁卫将军程名振为镂方道行军总管，左骁卫将军庞孝泰为沃沮道行军总管，率三十五军以伐高丽"[5]。浿江，即今大同江[6]。

这次征伐高句丽，因为苏定方此前灭了百济，唐朝在朝鲜半岛南部有了根据地，自然高宗南北夹攻高句丽的战略就形成了。新出《唐任雅相墓志》也证明，这次征伐高句丽，唐朝采取的是南北夹击战略："丸都之野，爰兴问罪之师；浿水之滨，式寄总戎之重。"丸都即丸都城，为高句丽迁都平壤前的都城，直接取名于"丸都山"；今吉林集安市西北鸭绿江右岸之老岭支脉的小板石岭一带，即古"丸都山"，正如吴承志

---

① 易中天：《品人录》，上海：上海文艺出版社，2006年，第112页。

② 《旧唐书》卷65《长孙无忌传》史臣曰，第2456页。

③ 《旧唐书》卷65《长孙无忌传》，第2456页。

④ （宋）王钦若等撰，周勋初等校订：《册府元龟》卷569《章礼部（七）·作乐第五》，第柒册第6540页。

⑤ 《新唐书》卷3《高宗本纪》，第61页。

⑥ 史为乐主编：《中国历史地名大辞典》上册，第1399页。

《唐贾眈记边州四夷道里考实》卷2所言："丸都城在辽东之东千里，在西安平东北五百里，城濒鸭绿江，西有丸都山为之障"，即以"丸都山"名之①。地位非同一般。"丸都之野，爰兴问罪之师"，与史载辽东道行军总管契苾何力在鸭绿江畔击溃高句丽数万大军的事实相符；而"浿水之滨，式寄总戎之重"，也与高宗拜任雅相为浿江道行军总管的事实相符。

龙朔元年（661）八月，大唐远征军击破高句丽浿江防线后，"苏定方率领水军沿大同江逆流而上，直攻平壤"②。苏定方围攻平壤城，还有一个得力的帮手，那就是浿江道行军总管任雅相。此前在征讨西突厥沙钵罗可汗阿史那贺鲁时，任雅相曾以副职身份与元帅苏定方一起冒雪击败西突厥军队；这次征讨高句丽，作为平壤道行军总管的苏定方仍是元帅，而作为浿江道行军总管的任雅相却挂兵部尚书衔，两人都是对高句丽的主战派，合作基础良好。鉴于"海军虽然在战略上和供应军需上担任重要角色，但要彻底击败敌人，还得靠马步兵合成的陆军"③，因而，龙朔元年（661）八月"苏定方破高丽于浿江，屡战皆捷，遂围平壤城"，应有两方面的意思：其一，在浿江（今朝鲜大同江口）击败高句丽军后，苏定方让任雅相率唐军沿浿江（今朝鲜大同江）逆流而上，进攻平壤城；第二，擅长攻战的苏定方自己，则弃船登岸，率军沿浿江北岸逆流而上进攻，先夺马邑山，因山为营，遂围平壤城④。据新出《唐任雅相墓志》记载，在唐军的进攻下，平壤城"城危偃月"，即城墙已残缺不全，说明平壤攻坚战是何等的惨烈！这是南路的进攻。

北路的进攻，也在九月得手。苏定方率领的南路唐军八月就包围了平壤城，北路契苾何力率领的大唐远征军九月乘冰渡过鸭绿水而击溃高丽军，"斩首三万级"，本可长驱直入，配合南路大唐远征军一举攻克平壤城，可在这样的大好形势下，高宗却令契苾何力率领的大唐远征军班师⑤，究竟是什么原因呢？唐史专家唐长孺先生认为，龙朔元年征高丽既围平壤而旋即班师"与铁勒之叛有关"⑥，其结论是完全正确的。

龙朔元年九月，高宗诏夹攻高句丽的北路唐军契苾何力等班师时，"自恃着刚建立

① 王绵厚：《高句丽古城研究》，北京：文物出版社，2002年，第194页。

② 简江作：《韩国历史》，台北：五南图书出版有限公司，1998年，第94—95页。

③ 黄约瑟：《薛仁贵》，西安：西北大学出版社，1995年，第44页。

④ 《新唐书》卷220《东夷传·高丽》，第6196页；《册府元龟》卷986《外臣部（三十一）·征讨第五》，第拾壹册第11411页。

⑤ 《资治通鉴》卷200，唐高宗龙朔元年（661），第6325—6326页。

⑥ 唐长孺：《唐代军事制度之演变》，氏著：《山居存稿续编》，北京：中华书局，2011年，第331页。

的百济基地的支援，曾经冒着大雪击贺鲁的苏定方并没有同时收军"[1]。

苏定方围平壤城的八月至次年二月，正是陈寅恪先生所说的"冻期"[2]。在这期间，高宗命新罗"举兵相应"，无非就是苏定方希望的"打通粮道"，以备不时之需。但新罗王金法敏与刘仁愿合兵对苏定方远征军的配合是有限的，随着他们的撤兵，新罗至平壤前线的粮道还是没有打通。在长达半年的"冻期"中，大唐远征军的粮草得不到新罗及时供给，因而在饥寒交迫中士无战心，加之"高丽人善于利用坚守城池来抗拒外敌"[3]，大唐远征军处境艰难。唐军"在平壤外围旷日持久，寒冬考验着参战的唐军将士；新罗的粮草支持因各种原因不能如期到达，唐军陷入相当困难的境地"[4]。曾指挥平壤攻坚战的浿江道行军总管任雅相以龙朔元年（661）"十二月廿九日，薨于军所"（见《唐任雅相墓志》）[5]，这对苏定方和大唐远征军来说，无异于雪上加霜，为防唐军的士气被打击，苏定方秘不发表，对盟友新罗也守口如瓶。时天寒大雪不止，"唐军乏食窘迫"，苏定方于龙朔二年（662）二月上旬得新罗粮草后，以"食尽兵疲，不能力战"[6]为由，即刻部署返唐。

## （五）婚姻及子女

### 1. 婚姻

志文载："夫人信都郡君张氏，清河东武城人也……年在初笄，作配君子；四德无爽，七行是尊。"东武城，一作"武城"。战国时赵邑。在今河北清河县东北[7]。

据此可知，任雅相的夫人为清河东武城人，来自大家闺秀。她成年加笄礼后，就与任雅相订了婚。她不仅四德（妇德、妇言、妇容、妇功）咸备，而且具有如水之德的七行，可谓任雅相的贤内助。

信都郡，西汉景帝五年（前152）改广川国置，治所在信都县（今河北衡水市冀州

---

① 黄约瑟：《薛仁贵》，第96—97页。

② 陈寅恪：《唐代政治史述论稿》，上海：上海古籍出版社，1997年，第136页。

③ 刘健明：《一场求不战而胜的攻战——隋炀帝征高丽试析》，荣新江主编：《唐研究》第一卷，北京：北京大学出版社，1995年，第215页。

④ 拜根兴：《七世纪中叶唐与新罗关系研究》，北京：中国社会科学出版社，2003年，第55页。

⑤ 《旧唐书》卷4《高宗本纪上》、《新唐书》卷61《宰相世系表上》、《资治通鉴》均认为，龙朔二年二月甲戌"浿江道大总管任雅相薨于军"，时间不确，当以墓志为准。

⑥ 〔韩〕金富轼著，孙文范等校勘：《三国史记》卷42《金庾信列传中》，长春：吉林文史出版社，2003年，第497页。

⑦ 史为乐主编：《中国历史地名大辞典》上册，第689页。

区）。辖境相当今河北冀州、深州、武邑、枣强、衡水、南宫、景县等县市及山东德州市的一部分地。甘露三年（前51）改为信都国。隋大业及唐天宝、至德间曾改冀州为信都郡①。

郡君，外命妇名。唐制"以四品母、妻为郡君，若勋官二品有封，亦同四品"②。永徽元年（650），任雅相以平东突厥车鼻部的功劳被高宗授予从四品上的太中大夫，可知其妻张氏的信都郡君之封极有可能就在此年。

### 2. 子女

任雅相的子女情况，志文不载。但《新唐书·宰相世系表》有简略记载："任雅相相高宗。"曾孙"鹏，陵州刺史。（生）迪简，易定节度使。（生）宪字亚司"③。

关于任迪简，《旧唐书》卷185下、《新唐书》卷170均有小传。《旧唐书》本传载：

> 任迪简，京兆万年人。举进士。初为天德军使李景略判官。性厚重……及景略卒，众以迪简长者，议请为帅……表闻，德宗使察焉，具以军情奏，除丰州刺史、天德军使，自殿中授兼御史大夫，再加常侍。追入，拜太常少卿、汝州刺史、左庶子。及张茂昭去易定，以迪简为行军司马。既至，属虞候杨伯玉以府城叛，俄而众杀之。将纳迪简，兵马使张佐元又叛，迪简攻杀之，乃得入。寻加检校工部尚书，充节度使……三年，以疾代，除工部侍郎，至京，竟不能朝谢。改太子宾客卒，赠刑部尚书④。

迪简性"厚重"，在士兵中有"长者"美誉，并能与士兵同甘苦，有其先人遗风，故能官至节度使乃至卿相，并不是偶然的。

至于任宪，《元和姓纂》载："（又）迪简生宪宇：《新表》七三上，宪字亚司，无宇。《郎官柱》勋中有任宪，劳《考》七云：'《元和姓纂》亦不详历官。'盖元和初，或犹未仕，或尚在下僚，故不详也。"⑤可备一说。

① 史为乐主编：《中国历史地名大辞典》下册，第1923页。
② 俞鹿年编著：《中国官制大辞典》下卷，第1285页。
③ 《新唐书》卷73上《宰相世系表三上》，第2884页。
④ 《旧唐书》卷185下《良吏传下·任迪简》，第4829页。
⑤ （唐）林宝撰，岑仲勉校记，郁贤皓、陶敏整理：《元和姓纂》，第747页。

## （六）谥号、葬礼及葬地

### 1.谥号

志文不载任雅相死后的谥号。《唐会要·谥法下》"敬"注曰："令善典法曰敬。众方克就曰敬。夙夜警戒曰敬。夙夜就事曰敬。夙兴夜寐曰敬。斋庄中正曰敬。广直勤正曰敬。难不忘君曰敬。陈善闭邪曰敬。受命不迁曰敬。"[①]

前已述及，任雅相"负文武之资，包将相之具"，一生以"勤劳"著称，死后谥曰"敬"，符合谥法的"广直勤正曰敬"一条。

### 2.葬礼

墓志载：任雅相卒于龙朔元年（661）十二月，享年62岁。据此可知，任雅相生于开皇二十年（600）。

任雅相去世后，唐高宗专门下诏："故兼兵部尚书、浿江道大总管、上柱国、乐安县开国公任雅相……宜备哀荣，光宠穸，可赠司戎大常伯、使持节都督荆硖岳朗四州诸军事、荆州刺史，勋封之如故。赠绢布四百段、米粟四百石，丧事所须，并宜官给。仍令四品一人兼护，仪仗送至墓所。往还所有供给，务令优厚。礼也。"

高宗诏文主要包括以下三点内容：

第一，赠官问题。

在"可赠司戎大（太）常伯、使持节都督荆硖岳朗四州诸军事、荆州刺史"一文中，司戎太常伯是龙朔二年由兵部尚书而改[②]；荆州刺史，《唐会要》作"荆州大都督"[③]，当以墓志"荆州刺史"为准。至于任雅相的勋封，《唐会要》作"乐安县男"，可墓志有"勋封之如故"一语，因而应与生前的"上柱国、乐安县开国公"一样。

第二，丧事"往还所有供给，务令优厚"。

任雅相去世后，高宗"赠绢布四百段、米粟四百石"，不仅"丧事所须，并宜官给"，而且"往还所有供给，务令优厚"，规格很高。

第三，"仍令四品一人兼护"。

《唐六典》卷18《鸿胪寺》载："鸿胪寺：卿一人，从三品；少卿二人，从四品上。鸿胪卿之职，掌宾客及凶仪之事，领典客、司仪二署，以率其官属，而供其职务；少

---

① （宋）王溥：《唐会要》卷80《谥法下》，北京：中华书局，1955年，第1467页。

② （唐）杜佑撰，王文锦等点校：《通典》，北京：中华书局，1988年，第641页。

③ （宋）王溥：《唐会要》80《谥法下》，第1467页。

卿为之贰……凡诏葬大臣，一品则卿护其丧事；二品则少卿；三品，丞一人往，皆命司仪，以示礼制也。"①

任雅相官职为正三品的司戎太常伯（兵部尚书），其上柱国勋位"比正二品"。高宗"仍令四品一人兼护，仪仗送至墓所"，在"掌宾客及凶仪之事"鸿胪寺中，鸿胪少卿为从四品上，符合条件。

### 3. 葬地

志文载："以龙朔二年岁次壬戌十一月景臣朔十七日庚申，合葬于渭南之原，礼。"据此可知，龙朔二年十一月十七日，任雅相与其夫人信都郡君张氏合葬于渭南之原。

渭南县，十六国前秦苻坚甘露二年（360）置，属京兆郡。治所在今陕西渭南市北侧。后废。西魏废帝三年（554）改南新丰县复置渭南县，属渭南郡。治所在今渭南市东南四里。北周属京兆府。隋开皇十四年（594）移治今渭南市，属雍州。大业初属京兆郡。唐属京兆府②。

前已述及，任雅相原籍"青州乐安"，死后为什么不回葬原籍，而葬于渭南之原呢？

《资治通鉴》高宗显庆二年（657）载：

> ［春，正月（闰月）］庚戌，以左屯卫将军苏定方为伊丽道行军总管，帅燕然都护渭南任雅相、副都护萧嗣业发回纥等兵，自北道讨西突厥沙钵罗可汗③。

可见，高宗显庆二年任雅相以燕然都护率回纥等兵讨西突厥沙钵罗可汗时，其家已在渭南，因此我们推测，因汉御史大夫、广阿侯任敖"世居于沛，其后徙居渭南"，所以魏晋至隋唐之际，任姓已从江苏沛县徙居到了京兆渭南。

这样说来，任雅相与其夫人张氏合葬于渭南之原也就不难理解了。

## 四、墓志的价值

墓志虽无撰书人姓名，但丝毫不影响它的价值。笔者认为，墓志的价值，不少于

①　（唐）李林甫等撰，陈仲夫点校：《唐六典》卷18《鸿胪寺》，第504—505页。

②　史为乐主编：《中国历史地名大辞典》下册，第2615页。

③　《资治通鉴》卷200，唐高宗显庆二年（657），第6301页。

以下五个方面。

第一，任雅相在高宗朝贵为宰相，只在《新唐书·宰相世袭表》有简略介绍，而墓志详述任雅相生平，实为其专传，弥补了两《唐书》无《任雅相传》的缺憾。

第二，墓志收录五件诏书，分别为永徽元年诏、显庆三年诏、显庆四年诏、龙朔元年诏、龙朔二年诏。这些诏书，其遣词造句和用语符合唐人习惯，如显庆四年诏"是用命尔为兼兵部尚书，勋官封如故。往钦哉！其……仰膺枢斗，可不慎与？"与《册刘伯英左监门卫大将军》"是用命尔为左监门卫大将军，勋封如故。往钦哉！尔其职思，无荒朕命，无虞之寄，可不慎欤？"①如出一辙，这为研究唐初的诏书格式提供了新的资料，值得珍视。

第三，关于燕然都护府的设置时间及首任都护人选，墓志提供了与史书记载不同的新说，为这一问题的深化提供了新的资料，值得重视。

第四，高宗龙朔元年唐与新罗联合而南北夹攻高句丽是一次大规模的军事行动。元帅苏定方虽围高句丽都城平壤，但平壤攻坚战情况不详？作为元帅苏定方的亲密战友，浿江道行军总管任雅相曾指挥了平壤攻坚战，这在墓志中有充分反映，因而墓志对进一步研究唐与朝鲜半岛三国关系具有重要价值。

第五，关于任雅相的卒年，史书一致认为是龙朔二年二月卒于军，这正是苏定方从朝鲜半岛撤军的时间。墓志记任雅相龙朔元年十二月二十九日卒于军，这正是苏定方围平壤城期间，为防唐军士气被打击，元帅苏定方秘不发表。因而墓志所载任雅相卒年相对可信，可纠史书记载之不确。

## 参 考 书 目

［1］广东、广西、湖南、河南辞源修订组，商务印书馆编辑部编：《辞源》第一册，北京：商务印书馆，1979年7月修订第1版。

［2］广东、广西、湖南、河南辞源修订组，商务印书馆编辑部编：《辞源》第二册，北京：商务印书馆，1980年8月修订第1版。

［3］广东、广西、湖南、河南辞源修订组，商务印书馆编辑部编：《辞源》第三册，北京：商务印书馆，1981年12月修订第1版。

［4］广东、广西、湖南、河南辞源修订组，商务印书馆编辑部编：《辞源》第四册，北京：商务印书馆，1983年12月修订第1版。

［5］辞海编辑委员会：《辞海》（1979年缩印本），上海：上海辞书出版社，1980年8月。

---

①　周绍良主编：《全唐文新编》第一册，长春：吉林文史出版社，2000年，第192页。

［6］汉语大词典编辑委员会、汉语大词典编纂处编：《汉语大词典》（缩印本），上海：汉语大词典出版社，1997年4月第1版。

［7］汉语大辞典编纂处 整理：《康熙字典》（标点整理本），上海：上海辞书出版社，2008年。

原文载侯宁彬主编：《陕西历史博物馆论丛》（第28辑），

三秦出版社，2021年；收录时略有增订

沙苑子文史论稿

# 古代礼俗研究

# 谈"跽坐俑"及其相关问题

**摘要**：某些权威工具书和文博考古类的图书、展览中，常常把席地而坐时的正常坐姿"端坐"（正坐）误为"跽坐"。古人席地而坐，正常情况下的坐姿是两膝着地，臀部压在双脚后跟上，这就是坐，又叫跪坐、正坐、端坐、安坐。在坐姿的基础上，把臀部抬起，腰部挺直，使大腿同上身成一条直线，两膝仍然贴在席上，这就是"跽"，又叫"长跽"。本文认为，"跽坐"就是"危坐"，是与"安坐"对应的概念。秦汉时期，"跽坐"使用的场合大致有三：一是某人在对另一人表敬时呈"跽"姿；二是某人应付突发状况时亦呈"跽"姿；三是驭手策马时呈跽坐姿。

**关键词**：秦汉；端坐（正坐）；跽坐（危坐）

在文博考古界的图书和展览中，常常把席地而坐时的正常坐姿"端坐"（正坐）与"跽坐"混淆，为了避免以讹传讹，笔者不揣浅陋，特撰此文与大家商讨。

李济先生在《跪坐蹲居与箕踞——殷墟石刻研究之一》①一文中，把人类放置身体的方法（直立一式不算）分为四个阶段：第一阶段是坐地，即以尻承受全身重量，下肢的放置无定，如猿猴的坐法及人的箕踞等；第二阶段是蹲居，即以两足承受全身重量，下肢屈折，以膝向前；第三阶段是跪坐，即以两小腿及两脚承受全身重量，膝向前，尻在脚上；第四阶段是高坐，臀关节与膝关节处各作90°上下屈折，由坐具在下支持全身重量。他在同文中还说："事实上人的身体皆好逸而恶劳：坐具发明以前，就人的身体构造说，蹲踞比箕踞吃力，跪坐比蹲踞吃力。"本文所讨论的"跽坐"，属于李济先生所说的人类放置身体的第三个阶段——跪坐中的一个姿态。

## 一、"跪""坐""跽"概念辨析

古人席地而坐，正常情况下的坐姿是两膝着地，臀部压在双脚后跟上，这就是坐，

---

① 张光直、李广谟编：《李济考古学论文选集》，北京：文物出版社，1990年，第943—961页。

又叫跪坐[1]、正坐[2]、端坐[3]、安坐[4]。自商统治阶级把跪坐定为供奉祖先、祭祀神天、招待宾客的礼仪后，周人又发扬光大，把跪坐确定为当时通行的社交标准，即有跪坐习惯的人才算有礼貌，这样，这种观念经春秋战国、秦汉直到三国魏晋时期，一直主宰着人们的思想。

对于"跽"的概念及与"跪"的异同点，以下三点值得注意。

## （一）"跪""坐""跽"的联系

欲坐先跪，在坐的基础上直起腰，使上身和大腿成一条直线并与小腿垂直，这就是跽。《辞源》载："跽（jì）：古人席地而坐，以两膝着地，两股贴于两脚跟上。股不著脚跟为跪，跪而伸身直腰为跽。"[5]《辞源》对"跽"的解释虽是正确的，但还不明晰。《远东·汉语大辞典》第六卷载："跽：双膝着地，上身挺直。"[6]这里对"跽"的解释是正确的，但仍不明晰。《大辞典》载："跽jì：长跪。两膝着地，上腿和上身挺直而跪。"[7]这里对"跽"的解释是正确的，也是清楚的。

王凤阳先生在《古辞辨》中指出：

　　"跽"（jì）的姿态同现代汉语中"跪"的姿态一样。在上述"坐"的姿态的基础上，把臀部抬起，腰部挺直，使大腿同上身成一条直线，两膝仍然贴在席上，这就是"跽"。在表示注意或重视等等的时候往往这样……"长跽"是古代的习惯语，跽的时候比坐身体增高，所以叫"长跽"[8]。

---

① 林沄：《古人的坐姿和坐具》，《中国典籍与文化》1993年第1期。

② "妇好墓出土的5件玉石男女跪坐像，多足趾着地，臀部坐脚踵上，双手抚膝，是当时流行的正坐姿势。"见刘凤君：《雕塑考古中的艺术》，济南：山东画报出版社，2009年，第80页。

③ 朱启新：《看得见的古人生活》，北京：中华书局，2011年，第7页；刘德增：《秦汉衣食住行》（插图珍藏本），北京：中华书局，2015年，第243—244页。

④ （汉）司马迁：《史记》（点校本二十四史修订本）卷127《日者列传》司马季主语，北京：中华书局，2013年，第3881页。

⑤ 广东、广西、湖南、河南辞源修订组，商务印书馆编辑部编：《辞源》（四），北京：商务印书馆，1983年，第2998页。

⑥ 徐中舒主编：《远东·汉语大辞典》（繁体字本）第六卷，纽约：美国国际出版公司，1991年9月，第3711页。

⑦ 三民书局大辞典编纂委员会：《大辞典》（下），台北：三民书局股份有限公司，1985年，第4636页。

⑧ 王凤阳：《古辞辨》，长春：吉林文史出版社，1993年，第813页。

王先生对"踞"和"长踞"的解释，无疑是正确的，也是清楚明晰的。

## （二）"踞"或"长踞"与"长跪"姿态相同

王凤阳先生在《古辞辨》中指出：

> "跪"的姿态同"踞"一样，也是两膝贴席，大腿同上身成一条直线。这同现代汉语中的跪没有区别。跪和踞的区别是："跪"同"拜"联系在一起；"踞"同"拜"没有联系①。

据王凤阳先生的论述可知，在姿态上，"跪"（应为"长跪"）与"踞"并无区别，但在目的上两者却有不同，王先生对"跪""踞"区别的看法，显然是受段玉裁的启发而来②。

《说文》载："跪，拜也。"段玉裁注："当云所以拜。"③"拜"就是"磕头"，在磕头之前先跪。《史记·范雎蔡泽列传》说"范雎拜，秦王亦拜"④，王凤阳先生据此认为："两个人对谈时都是像上边所说那样坐在席子上，当他们要彼此磕头行礼的时候，必须先把臀部抬起，直起腰来，这就是'跪'。"⑤王先生所谓的"跪"实际上指"长跪"。其说法，显然是接受了清人顾炎武"古人之坐，皆以两膝著席；有所敬，引身而起，则为长跪矣"⑥的观点。准确地说，范雎与秦王对谈时原坐在席子上，当他们要彼此磕头行礼的时候，必须先把臀部抬起来，直起腰来，这就是"踞"；在"踞"的姿态下，虽也可磕头，但显得不隆重，因为前边有坐的动作。为了隆重起见，在"踞"的姿态下起身，然后下跪行拜礼，这样才符合许慎"跪，拜也"的目的，也与王凤阳先生"'跪'同'拜'联系在一起；'踞'同'拜'没有联系"的说法相吻合。

---

① 王凤阳：《古辞辨》，第813页。

② 许慎《说文解字》二篇下《足部》载："踞，长踞也。"段玉裁注："长踞，各本作长跪，今正。按，系于拜曰跪，不系于拜曰踞。"见（汉）许慎撰，段玉裁注：《说文解字注》，上海：上海古籍出版社，1988年，第81页。

③ （汉）许慎撰，（清）段玉裁注：《说文解字注》，第81页。

④ （汉）司马迁：《史记》（点校本二十四史修订本）卷79《范雎蔡泽列传》，第2908页。

⑤ 王凤阳：《古辞辨》，第813页。

⑥ （清）顾炎武著，黄汝成集释，栾保群、吕宗力点校：《日知录集释》卷28《坐》，上海：上海古籍出版社，2013年，第1583页。

### （三）"跽"与"跪"的区别

杨泓先生在《说坐、跽和跂坐》一文中指出：

> 原来那时人们席地起居，坐姿乃是双膝屈而接地，臀股贴坐于双足跟上。
> 跪，则是双膝接地，但臀股与双足跟保持有一定距离。只有当臀股不著于脚
> 跟，而且挺身直腰，才称"跽"，或谓之为"长跪"[①]。

据此可知，杨先生对古人的"坐""跪""跽"作了正确而恰当的论述和区别。具体地
说，"双膝屈而接地，臀股贴坐于双足跟上"，叫坐、跪坐、端坐、正坐。同样双膝屈
而接地，"臀股与双足跟保持有一定距离"即夹角小于90度，叫跪。只有双膝屈而接
地，"臀股与双足跟保持有一定距离"即夹角等于90度时，才叫跽、长跽或长跪。

## 二、以往著录多误"跪坐"（端坐、正坐）为"跽坐"

1976年，安阳殷墟发现的跪坐玉人俑（图一），由姿态判断应为"跪坐玉人"，考
古报告对其进行了正确的定名并描述为"跪坐，双手抚膝"[②]，而在一些著录中却将其称
为"跽坐玉人"[③]。如，"此次发现的圆雕人像均作跽坐姿态，有的足趾着地，有的不甚
清楚，但臀部皆坐在足踵上，双手抚膝，犹如今之日本人仍保留的坐姿"[④]。这种误释，
应是对"跽坐"了解不清所致。

1966年河南洛阳北窑西周墓出土车辖（图二），考古报告称"器分首、键两部分，
首铸一俑，跪于键上"[⑤]，然《中国文物精华大辞典·青铜器卷》收录此件文物时描述
为："跽坐人车辖：西周前期。车马器。车辖上部为一跽坐俑，俑头梳高髻，下以镂孔
冠相束，冠带系于颔下。上衣宽边右衽，腰系宽带，前面下垂，背后有一方形板，上

---

①　杨泓：《说坐、跽和跂坐》，杨泓、孙机：《寻常的精致》，沈阳：辽宁教育出版社，1996年，第3—7页。

②　中国社会科学院考古研究所：《殷墟妇好墓》，北京：文物出版社，1980年，第151页。

③　梁白泉主编：《国宝大观》，上海：上海文化出版社，1990年，第22—23页；中国文物交流中心编：《出土文物三百品》，北京：新世界出版社，1992年，第30—31页；文物出版社：《中国考古文物之美（2）——殷墟地下瑰宝·河南安阳妇好墓》，北京：文物出版社，1994年，第128页。

④　文物出版社：《中国考古文物之美（2）——殷墟地下瑰宝·河南安阳妇好墓》，北京：文物出版社，1994年，第128页。

⑤　洛阳市文物工作队：《洛阳北窑西周墓》，北京：文物出版社，1999年，第124页。

1

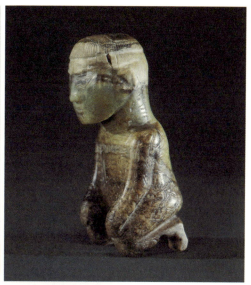
2

3

图一　殷墟妇好墓出土跪坐玉人俑
1.标本371　2.标本372（侧面）　3.标本372（背面）

饰兽面纹。"①从形态上观察，这里的"跽坐人车辖"，应命名为"跪坐人车辖"或"端坐人车辖"。

1975年西安市大白杨废品回收库征集一件提梁卣（图三）。《西安文物精华·青铜

---

① 国家文物局主编：《中国文物精华大辞典：青铜器卷》，上海：上海辞书出版社、香港：商务印书馆有限公司，1995年，第172页。

器》描述为："踞坐裸女形提梁卣……卣作裸女形。裸女双手扶腿踞坐，头部略圆形，
口、眼呈椭圆形内凹，凸鼻作三角形，耳为中空半环形，一耳残失，双乳突起，双手
五指纤细，垫于臀下的双脚极小，写实手法较为朴拙。"[1]结合图像，从"垫于臀下的双
脚极小"判断，该卣应命名为"跪坐裸女形提梁卣"。

安徽六安市九里沟窑厂M364出土铜人（图四），皖西博物馆编的《文物撷珍》，将
其录为："踞坐铜人：战国，六安市九里沟窑厂M364出土。长3.5、宽3.4、高8厘米。
踞坐姿。顶平，顶上有长发型发具，前额短发中分，脑后用发饰束髻。圆脸，五官清
晰。短直颈。上身端正，坐于脚跟，双手置于膝部。身着几何形与蝉形花纹的长衫，
束腰。"[2] 从"上身端正，坐于脚跟，双手置于膝部"的描述可知，"踞坐铜人"显系
"端坐铜人"或"正坐铜人"之误释。

图二　河南洛阳北窑西周墓　　　　图三　裸女形提梁卣　　　　图四　六安九里沟窑
　　　出土车辖（M451：18）　　　　　　　　　　　　　　　　　厂M364出土铜人

1976年，在秦始皇帝陵东侧的上焦村一带发现马厩坑，出土陶俑，简报描述为：
"踞坐陶俑九件，脑后梳圆形发髻，面像清俊，有髭须，着右衽交襟长袍。手势有三：
一是两臂自然下垂，半握拳，双手仅露五指置于膝上；二是两臂自然下垂，半握拳置
于膝上；三是双手拱于袖内……这次发掘清理的踞坐俑，有的与马同坑，说明了踞坐
陶俑是掌管马厩和饲马的人员（图五）[3]。从图像观察，简报所称"踞坐俑"实应为跪

───────────

　　① 西安市文物保护考古所编著：《西安文物精华·青铜器》，西安：世界图书出版西安公司，
2005年，第88页。
　　② 皖西博物馆编：《文物撷珍》，北京：文物出版社，2013年，第104页。
　　③ 秦俑坑考古队：《秦始皇陵东侧马厩坑钻探清理简报》，《考古与文物》1980年第4期。

图五　秦始皇帝陵马厩坑出土陶俑

坐俑（即正坐俑、端坐俑）。此后一些著录如《中国文物精华大辞典·陶瓷卷》《神韵与辉煌——陕西历史博物馆国宝鉴赏·陶俑卷》《一统天下：秦始皇帝的永恒国度》等也因袭了考古简报的错误命名[1]。后来，袁仲一先生在其《秦兵马俑的考古发现与研究》

① 国家文物局主编：《中国文物精华大辞典·陶瓷卷》，上海：上海辞书出版社、香港：商务印书馆有限公司，1995年，第79页；冀东山主编：《神韵与辉煌——陕西历史博物馆国宝鉴赏·陶俑卷》，西安：三秦出版社，2006年，第22—23页；香港历史博物馆编：《一统天下：秦始皇帝的永恒国度》，2012年，第230—231页；罗宗真、秦浩主编：《中华文物鉴赏》，南京：江苏教育出版社，1990年，第462—463页；中国文物交流中心编：《出土文物三百品》，北京：新世界出版社，1992年，第78—79页；许嘉璐：《中国古代衣食住行》（插图珍藏本），北京：中华书局，2013年，第135页；许进雄：《文物小讲》，北京：中央编译出版社，2016年，第186—187页。

图六　秦始皇帝陵铜车马坑出土铜御官俑

专著中即把"踞坐陶俑"更名为"跪坐陶俑"①。

秦始皇帝陵铜车马坑出土两套铜车马，其中二号车（安车）前舆内有一铜御官俑（图六），考古报告描述"铜御官俑作踞坐形"②，当是对"跪坐式铜御官俑"的误释。此后著录多沿用此说，如《秦始皇帝陵兵马俑辞典》在收录这件器物时描述为："踞坐式铜御官俑……踞坐式，高51厘米，重51.95公斤，身穿长襦，脑后梳扁髻，头戴鹖冠，腰际佩剑，双臂前举，手中紧握马辔。它目光略下视，意志集中，面露微笑。"③

1964年西安市未央区汉长安城遗址南出土铜羽人（图七），原简报对其进行了正确的定名和描述："铜羽人……曲膝跪坐，身向前伸……羽人臀部坐脚跟，衣服后露出一对赤脚。"④但《西安文物精华·青铜器》收录此件文物时却将其描述为"羽人踞坐"⑤，显然是一种误读。

1966年西安市东郊任家坡出土汉彩绘俑（图八），简报描述为："膝着地，脚掌向上，双趾内向交叠，臀压掌上，作坐姿。"⑥由此可知该陶俑定名为"跪坐俑"是准确的。然而《神韵与辉煌——陕西历史博物馆国宝鉴赏·陶俑卷》收录这件文物时却作："彩绘踞坐女侍俑……双膝着地，脚心向上，臀压脚掌，呈踞坐姿。"⑦实属对"踞

① 袁仲一：《秦兵马俑的考古发现与研究》，北京：文物出版社，2014年，第366页。
② 秦始皇兵马俑博物馆、陕西省考古研究所：《秦始皇陵铜车马发掘报告》，北京：文物出版社，1998年，第189页。
③ 袁仲一主编：《秦始皇帝陵兵马俑辞典》，上海：文汇出版社，1994年，第210页。
④ 西安市文物管理委员会：《西安市发现一批汉代铜器和铜羽人》，《文物》1966年第4期。
⑤ 西安市文物保护考古所编著：《西安文物精华·青铜器》，西安：世界图书出版西安公司，2005年，第206—207页。
⑥ 王学理、吴镇烽：《西安任家坡汉陵丛葬坑的发掘》，《考古》1976年第2期。
⑦ 冀东山主编：《神韵与辉煌——陕西历史博物馆国宝鉴赏·陶俑卷》，西安：三秦出版社，2006年，第38页。

坐""跪坐"区别不清。同样的错误在《中国
文物精华大辞典·陶瓷卷》中也一样出现①。

1992年陕西西安东郊白鹿原汉文帝霸陵
丛葬坑出土一批彩绘陶俑（图九），《三秦瑰
宝——陕西出土周秦汉唐文物展》对其描述
为："双膝着地，脚心向上，臀压脚掌，呈踞
坐姿"，并进一步解释道："我国古代的坐姿和
现代坐姿不一样，史前至魏晋时代，人们的生
活习俗是席地起居，两膝着地，臀部压在脚后
跟上称之为踞坐。这种坐姿也是汉代宫廷里一
种标准坐姿，南北朝以来，胡床等高脚家具
出现，这种坐姿就渐渐消失了。"②"两膝着地，
臀部压在脚后跟上"本应为"跪坐"，《三秦
瑰宝》却释为"踞坐"，可见未明晰"踞"与
"坐"的区别。

图七　长安城遗址南出土铜羽人
坐姿女侍俑（土坑1∶1）

图八　西安任家坡出土彩绘俑

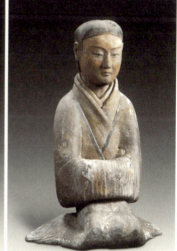

图九　汉文帝霸陵丛葬坑出土彩绘陶俑

① 国家文物局主编：《中国文物精华大辞典·陶瓷卷》，上海：上海辞书出版社、香港：商务印书馆有限公司，1995年，第86页。

② 深圳博物馆：《三秦瑰宝——陕西出土周秦汉唐文物展》，北京：文物出版社，2010年，第124—125页。

图一〇　汉阳陵出土彩绘女俑

汉景帝阳陵出土一件彩绘女俑（图一〇），《中国秦兵马俑展》将其收录为"塑衣式彩绘跽坐拱手侍女俑"①。察其形态，陶俑的手势，并非作拱手状，双股与双脚跟保持一定距离，但与其腰部不成一条竖线，所以只能称"跪"，而不能称"跽坐"。

在一些辞书类著作中，亦可见对"跽坐"概念的误释和混淆，造成后续研究的以讹传讹。如《汉语大辞典》中"跽"条目解释为："两膝着地，上身挺直。《庄子·人间世》：'擎跽曲拳，人臣之礼也。'王先谦集解引宣颖曰：'擎，执笏。跽，长跪。曲拳，鞠躬。'《史记·项羽本纪》：项王按剑而跽曰：'客何为者？'"②这里对"跽"的概念解释是正确的，虽不甚明晰，但举例却是恰当的。该书"跽坐"条解释为："两膝着地，臀（臀）部坐在小腿肚上。刘亚洲《秦宫月》（一）：'嬴政在几案后面跽坐下来。'"③则对"跽坐"的解释与举例都是错误的。

《中华秦文华辞典》④《秦汉文化史大辞典》⑤将秦陵马厩坑和珍禽异兽坑出土的陶俑不论跽坐俑还是跪坐俑，均命名为"跽坐俑"，是不清楚"跽"与"坐"之别所致。

## 三、对"跽坐俑"的正确阐释

以往著录中也可见对"跽坐俑"的正确解释，值得关注。

袁仲一先生在其《秦兵马俑的考古发现与研究》中，将秦始皇帝陵K0007陪葬坑中出土的15件陶俑，依其姿态不同分为箕踞俑（8件）和长跽俑（7件）两类。"长跽俑的服饰与箕踞俑相同，姿态作长跪形，双膝抵地，双足竖起，足尖抵地；上身挺直，双股竖立，臀不与足跟接触。左臂自然下垂，右臂上举，右手掌心向上作投物状。这

① 沈辰：《中国秦兵马俑展》，多伦多：皇家安大略博物馆出版社，2010年。

② 罗竹风主编：《汉语大辞典》（10），上海：汉语大辞典出版社，1993年，第487页。

③ 罗竹风主编：《汉语大辞典》（10），第487页。

④ 《中华秦文华辞典》编委会编：《中华秦文华辞典》，西安：西北大学出版社，2000年，第353页。

⑤ 林剑鸣、吴永琪主编：《秦汉文化史大辞典》，上海：汉语大辞典出版社，2002年，第809页。

两类俑的身份是禽苑内饲养水禽的仆役，古名圉人。"①此类"长跽俑"（图一一）在考古报告中称"踞坐陶俑"②，察其形态，臀股与双足跟保持有一定距离，膝关节夹角呈90°，可见袁先生将其命名为"长跽俑"是恰当的。《一统天下：秦始皇帝的永恒国度》③《三秦瑰宝——陕西出土周秦汉唐文物展》④等书中均沿用考古报告中"跽姿俑"的称呼，也是正确的。

　　1984年江苏省徐州市狮子山楚王陵兵马俑坑出土的陶驭手俑（图一二），简报中称"跪坐俑"⑤，不确。在吕章申主编《秦汉文明》中更名为"陶踞坐驭手俑"⑥。驭手俑呈踞坐姿，应与其策马需要有关。

图一一　秦始皇帝陵
K0007陪葬坑出土长跽俑

图一二　徐州狮子山楚王陵兵马俑坑出土西汉陶踞坐驭手俑

---

①　袁仲一：《秦兵马俑的考古发现与研究》，北京：文物出版社，2014年，第363—365页。

②　陕西省考古研究所、秦始皇帝陵博物院：《秦始皇陵园K0007陪葬坑发掘简报》，《文物》2005年第6期。

③　香港历史博物馆编：《一统天下：秦始皇帝的永恒国度》，2012年，第235页。

④　深圳博物馆：《三秦瑰宝——陕西出土周秦汉唐文物展》，北京：文物出版社，2010年，第96页。

⑤　徐州博物馆：《徐州狮子山兵马俑坑第一次发掘简报》，《文物》1986年第12期。

⑥　吕章申主编：《秦汉文明》（中国国家博物馆国内交流系列丛书），北京：北京时代华文书局，2017年，第86页。

# 四、"跽坐"又名"危坐"小考

《释名·释姿容》载："跽，忌也，见所敬忌，不敢自安也。"《释名·释姿容》又称："跪，危也。两膝隐地，体危陒也。"毕沅注云："古人危坐乃跪也，故管宁坐榻，当膝处皆穿。"①

清人毕沅认为古人的危坐就是跪，而前文已经说过"跽"的姿态与"长跪"的姿态并无不同，那么，古人的危坐也可以说是跽（坐）。又由于跪与坐的区别是"跪危而坐安"②，在"跽"的姿态与"长跪"的姿态无区别的情况下，也可以说，跽与坐的区别是"跽危而坐安"。

图一三　陶安坐驭手俑

在环境安定的情况下，"跽危而坐安"的情形还不太明显。但在运动如乘马车的情况下，"跽危"而"坐安"的实情就分别显现出来了。如，2002年陕西省西安市长安区郭杜街道茅坡村西安邮电学院新校区出土一件战国陶安坐驭手俑（原报告误作"陶跽坐驭手俑"）（图一三）③，将其与陶跽坐驭手俑对比，显然在纵马驰车时，安坐姿态要比跽坐姿态安全得多。因此将"跽坐"称为"危坐"，不仅是合乎情理的，而且也是符合古意的。

汉文帝时，宋忠、贾谊在长安见到司马季主先生，"猎缨正襟危坐"。《索隐》："猎犹揽也。揽其冠缨而正其衣襟，谓变而自饰也。"《索隐》："免坐。谓俯偄为敬。"④

对于"正襟危坐"一词，各种词典的解释，并不尽如人意。《汉语词典》载："［正襟危坐］谓端坐。"⑤这里把"正襟危坐"释为"端坐"，似是而非。《现代汉语词典》第5版载："［正襟危坐］理好衣襟端端正正地坐着，形容

---

① （汉）刘熙撰，（清）毕沅疏证，王先谦补：《释名疏证补》，北京：中华书局，2008年，第83页。

② 钱玉林、黄丽丽主编：《中华古代文华辞典》，济南：齐鲁书社，1996年，第553页。

③ 西安市文物保护考古所：《西安南郊秦墓》，西安：陕西人民出版社，2004年，第322页。

④ 《史记》（点校本二十四史修订本）卷127《日者列传》，第3880页。

⑤ 《中国大辞典》编纂处编：《汉语词典（简本）》（原名《国语词典》），北京：商务印书馆，1937年，第757页。

严肃而拘谨的样子。"①这里对 "正襟" 一词的解释是正确的，而对 "危坐" 之 "危" 的解释则是不清楚的。又同书载："危坐：端端正正地坐着。"②这里对 "危坐" 的解释似乎是正确的，但关键词 "危" 的解释并不清楚。《新华词典》载："[ 正襟危坐 ] 整好衣服，端端正正地坐着。形容严肃、恭敬或拘谨的样子。《史记·日者列传》：'猎缨正襟危坐。' 危，高耸，引申为端正。"③这里释 "危" 为 "高耸"，是指上身 "高耸"，也就是 "长跪" 或 "长跽"，道出了 "危坐" 的真相。

# 五、"跽" 或 "跽坐" 使用的场合

《辞海·语词分册》载："跽（jì）：长跪 。双膝着地，上身挺直。"④在宴会上，到客人面前布菜或斟酒，要膝行而前，所以 "长跪" 是一个常见而普通的动作。《说文解字》二篇下《足部》载："跽，长跽也。" 段玉裁注："长跽，各本作长跪，今正。按，系于拜曰跪，不系于拜曰跽。《范雎传》四言秦王跽，而后乃云秦王再拜是也。长跽乃古语，长俗作跟。人安坐则形驰，敬则小跪耸体若加长焉，故曰长跽。"⑤

## （一）某人在对另一人表敬时呈 "跽" 姿

王凤阳先生说："'长跽' 是古代的习惯语，跽的时候比坐身体增高，所以叫 '长跽'。'跽' 的时候如果两膝向前移动，这就是 '膝行'。" 如商鞅见秦孝公的时候，"公与语，不自知膝之前于席也"⑥，这里的 "前" 是动词，意思是前进。全句是说秦孝公与商鞅谈话，感到很投合，听得出神，竟不知不觉地挺身长跽，两膝向前移动越来越靠近商鞅了。

《史记》卷79《范雎蔡泽列传》载：

　　　秦王屏左右，宫中虚无人。秦王跽而请曰："先生何以幸教寡人？" 范

① 中国社科院语言研究所词典编辑室编：《现代汉语词典》（第5版），北京：商务印书馆，2005年，第1739页。

② 中国社科院语言研究所词典编辑室编：《现代汉语词典》（第5版），第1412页。

③ 《新华词典》编纂组编：《新华词典》（1988年修订版），北京：商务印书馆，1989年，第1141页。

④ 《辞海·语词分册》（下），上海：上海辞书出版社，1977年，第2142页。

⑤ （汉）许慎撰，（清）段玉裁注：《说文解字注》，上海：上海古籍出版社，1988年，第81页。

⑥ 《史记》（点校本二十四史修订本）卷68《商君列传》，第2694页。

睢曰："唯唯"。有间，秦王复跽而请曰："先生何以幸教寡人？"范睢曰：
"唯唯"。若是者三。秦王跽曰："先生卒不幸教寡人邪？"范睢曰："非敢然
也……"①

从史书的记载可知，秦王真心向范睢求教安国之策，多次从座位上直起腰来，这就是
"跽"，又叫"长跽"，可见，在使用"跽"（"长跽"）时是对人表示的敬意。

尚秉和对《史记·范睢蔡泽列传》"秦王跽而请曰"之"跽"注解时说："跪也。"
他进而指出："在今日而言跪，其礼甚重，古则坐时略示敬于人……是皆坐时身略竖
起致敬于人。故以秦王之尊，亦行之于臣下也。"②尚秉和先生所说的"跪"，实际上是
"长跪"，也就是"跽"。

而褚先生补《梁孝王世家》说：

> 帝与梁王俱侍坐太后前。太后谓帝曰："吾闻殷道亲亲，周道尊尊，其义
> 一也。"帝跪席举身曰："诺。"是也。《礼记》坐皆训跪③。

这是说，景帝与梁孝王刘武一起侍坐在其母窦太后前，景帝为了赞同其母的说法，向
其母致敬，便"跪席举身曰：诺"。由于"《礼记》坐皆训跪"，所以这里的"跪席举
身曰：诺"，也就是"坐席举身曰：诺"。景帝"坐席举身曰：诺"，也就是在臀部压
在脚后跟的姿态下把臀部抬起并直起腰，这就是"跽"，这是他向其母窦太后致敬的
行为。

朱启新先生说：

> 古人又称跪为跽，这是变动坐姿，把臀部抬起，离开脚后跟，直起身子，
> 也就是两膝着地而直起上身……现在人们坐在椅上，遇到长者、客人或上级
> 到他身边讲话，便站起来对答。这种动作，如同古代由坐而跪（跽）一样，
> 表示有礼④。

---

① 《史记》（点校本二十四史修订本）卷79《范睢蔡泽列传》，第2909页。

② 尚秉和著，母庚才、刘瑞玲点校：《历代社会风俗事物考》卷23《坐席》，北京：中国书店，
2001年，第274页。

③ （清）顾炎武著，黄汝成集释：《日知录集释》卷28《坐》，第1583—1584页。

④ 朱启新：《站有站相 坐有坐相》，氏著：《看得见的古人生活》，北京：中华书局，2011年，
第10页。

前文已谈到，"长跪"与"跽"的姿态虽无区别，但其目的还是不同的。在古代，学生由跪坐而抬起臀部并直起腰向老师、长辈或客人致敬，这叫"跽"（长跪）。

## （二）某人应付突发状况时亦呈"跽"姿

《史记·项羽本纪》载樊哙闯鸿门宴，"瞋目视项王，头发上指，目眦尽裂"，此时项王的反映是"按剑而跽"①，同时发出了"客何为者？"的质问。项王"按剑而跽"的"跽"，"谓长跪"②，即手握剑并把臀部抬起，以便起身来应付樊哙闯入后的突发状况。

## （三）驭手策马时呈跽坐姿

秦汉时期，在马车上一般都铺有茵蓐，供乘车者安坐③。武帝时，汲黯、司马安与周阳由同在二千石列，只因周阳由"最为暴酷骄姿"，他二人与周阳由"同车未尝敢均茵冯"④。师古曰："茵，车中蓐也。冯，车中所冯者也。言此二人皆下让由，故同车之时自处其偏侧，不均敌也。冯读曰凭。"尚秉和先生指出："惟安车亦广，故能容二人并坐。其谦抑自下者，敛身逼处，占地遂狭，故曰不敢均。"⑤

因驾车是一项专门技能，古人把驾马车的人称为"御"或"御者"。鸿嘉、永始之间，成帝"好为微行出游"，带着少则五六人多至十余人的期门郎和私奴客，"或乘小车，御者在茵上"⑥。苏林曰："茵，车上蓐也。御者错乱，更在茵上坐也。"师古曰："车小，故御者不得回避，而在天子茵上也。"可见，御者驾车时，与乘车者一样，是跪坐在茵上的⑦。御者的坐姿一般有两种：当马车行进时，他一般呈安坐状而跪坐在茵上，而在策马时则转换成跽坐姿态。

综上所述，某些权威工具书和文博考古类的图书、展览中，常常把席地而坐时的正常坐姿"端坐"（正坐）误为"跽坐"。古人席地而坐，正常情况下的坐姿是两膝著地，臀部压在双脚后跟上，这就是坐，又叫跪坐、正坐、端坐、安坐。在坐姿的基础上，把臀部抬起，腰部挺直，使大腿同上身成一条直线，两膝仍然贴在席上，这就是

---

① 《史记》（点校本二十四史修订本）卷7《项羽本纪》，第395页。

② 《史记》（点校本二十四史修订本）卷7《项羽本纪》之《索隐》，第396页。

③ （汉）班固：《汉书》卷74《丙吉传》，北京：中华书局，1962年，第3146页。

④ 《汉书》卷90《酷吏传·周阳由》，第3650页。

⑤ 尚秉和著，母庚才、刘瑞玲点校：《历代社会风俗事物考》，北京：中国书店，2001年，第136页。

⑥ 《汉书》卷27中之上《五行志第七中之上》，第1368页。

⑦ 尚秉和《历代社会风俗事物考》卷9《汉以来车马》载："汉安车上有蓐有凭；然安车仍有凭者，以古人车上亦跪坐。"第136页。

"跽"，又叫"长跽"。本文认为，"跽坐"就是"危坐"，是与"安坐"对应的概念。秦汉时期，"跽坐"使用的场合大致有三：一是某人在对另一人表敬时呈"跽"姿；二是某人应付突发状况时亦呈"跽"姿；三是驭手策马时呈跽坐姿。

原文载《文博》2020年第2期，收录时略有修订

# "跪拜俑"溯源

　　**摘要**："跪拜俑在唐代以前的考古发掘中从未出现过"的说法是不确切的。从溯源的角度出发，不仅隋墓中出土了跪拜俑，而且早在东汉墓中就出土了跪拜俑。作为政治礼仪的顿首，是下级官吏敬奉上官必不可少的跪拜礼。洛阳及浙江海宁东汉墓中出土的跪拜俑，与陕西、河南、山东、江苏等地东汉墓之画像石上的"拜谒图"一样，是当时跪拜礼在政治文化生活中的反映，反映了墓主较高的社会地位。

　　**关键词**：跪拜俑；东汉墓；汉画像石；拜谒图

　　有学者认为，"跪拜俑在唐代以前的考古发掘中从未出现过"，并推测说："武则天时期的山西、河北一带民间，开始兴起在墓葬中放置跪拜式的小陶人，让它在阴间永远做墓主人忠心虔诚的奴仆，五体投地地敬奉主人，后来这种做法流传到京城长安，被皇室采纳，扩大规格、精工细做成为皇族宗亲随葬俑的一种，代表着下级官员臣服叩首的形象，显示墓主人死后仍要身居高位，统领百官受人敬奉。"[①]

　　对于以上观点，笔者以为可以商榷。

　　其实，在唐以前的考古发掘中，跪拜俑并不是没有发现。在隋墓的考古发掘中，就曾发现了跪拜俑。如1981年秋天，巩义市（原巩县）南30千米的夹津口镇一砖厂有群众在起土中挖出一古墓，巩县文物保护管理所所长傅永魁赶往现场进行清理。这座墓为竖穴土洞墓，墓室呈长方形，长约2、宽约1.50米，斜坡墓道，经清理，共出土文物31件，大部分为白瓷，有少量黑釉器，其中镇墓兽2件、俑12件（包括武士俑2件、文官俑1件、男侍俑2件、女侍俑5件、胡俑1件、跪拜俑1件）、马1件、骆驼1件、牛车1件、家畜家禽8件、模型明器6件。发掘者根据器型判断，此墓为隋墓。具体地说，跪拜俑（标本0410）为白胎，大部分施白釉。头戴幞头，双手相握放于胸前，全身匍匐于底板上，与底板相连。长14.40、宽6.40、高4.80厘米（图一）[②]。

　　如果我们再往上追溯，东汉时就出现跪拜俑了。具体地说，目前发掘出土的跪拜俑

---

　　① 　张蕴：《"让皇帝"的跪拜俑》，《上海文博论丛》2005年第1期。

　　② 　巩义市博物馆：《河南巩义市夹津口隋墓清理简报》，《华夏考古》2005年第4期。

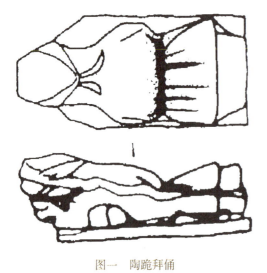

图一　陶跪拜俑

有三件：一是1973年浙江海宁东汉画像石墓出土的灰陶匍拜俑（现藏海宁市博物馆），高21.5、长38厘米。头戴山形冠，身着宽袖长袍，腰部束带，屈膝匍匐，两肘着地，两掌前伸，手指微内曲，头略仰，呈匍拜状。外表光洁细腻，面部眉、眼、鼻、须均作细微刻划，形象逼真（图二）[①]。

二是1987年洛阳市涧西区出土的东汉匍匐俑，高6厘米，头戴冠，身着宽袖长袍，腰束带；两手趴地，双腿跪地，头抬起前视（图三）[②]。古人"凡拜必跪"且两手着地，因而这里的"匍匐俑"命名为"跪拜俑"才是恰当的。

图二　陶跪拜俑

图三　陶跪拜俑

三是1992年洛阳市文物工作队在配合宿舍楼基建中发现并清理1座东汉墓（编号为C5M860），该墓位于洛阳市东北郊，距市区约8千米。C5M860共出土器物78件，分为陶器、陶俑、动物模型、铜器等。其中陶俑包括伎乐俑12件、杂技俑1件、滑稽俑1件、舞俑2件、乐俑8件、坐俑2件、童俑3件。在介绍8件乐俑时，发掘者指出："还

---

① 国家文物局主编：《中国文物精华大辞典·陶瓷卷》，上海：上海辞书出版社、香港：商务印书馆，1995年，第102页。

② 洛阳市文物管理局编：《洛阳陶俑》，北京：北京图书馆出版社，2005年，第32页。

有一人匍匐在地，手中抱有一物，不知做何表演。"①（图四）

图四　陶跪拜俑

对于图四，发掘者虽把它命名为匍匐俑，但从性质上却把它归入乐俑："还有一人匍匐在地，手中抱有一物，不知做何表演。"图四果真是乐俑吗？发掘者把图四命名为匍匐俑，已接近它的性质。不过，要弄清图四的性质，还要从两汉的礼仪谈起。

在两汉尤其是东汉的画像石上，反映当时礼仪的画面不胜枚举。反映西汉跪拜礼仪的画像石，出土虽不多，但还可举出两例。

其一是1972年河南唐河针织厂墓出土而现藏河南省南阳汉画馆的"拜谒"图，高45、长136厘米。东侧室、东主室、西主室、西侧室门楣四幅相连，组成宾主观看乐舞百戏画面：右起二人戴冠着长袍，颌下有须，扶几踞坐，当是主人和嘉宾，其左二人双手执笏，恭伏跪拜，当是进谒者（图五）②。

图五　汉画像石上的拜谒图

其二是1978年河南唐河郁平大尹墓出土而现藏河南省南阳汉画馆的新莽天凤五年（18）拜谒图，即南阁室南壁画中刻八人，右上三人戴巾帻着长袍，执笏叩首。右下三人戴冠着袍，执笏。左二人，戴冠着袍，一持物踞坐，一持笏长跪奏事（图六）③。

东汉的画像石，全国以河南、陕西、山东、江苏等省发现最多也最集中。至于画像石中反映跪拜礼仪的画面，更是不胜枚举。今举一例说明之。

---

①　洛阳市文物工作队：《洛阳东北郊东汉墓发掘简报》，《文物》2000年第8期。

②　《中国画像石全集》编辑委员会编：《中国画像石全集（6）·河南汉画像石》，济南：山东美术出版社，2000年，第10页，图版说明。

③　南阳地区文物队、南阳博物馆：《唐河汉郁平大尹冯君孺人画像石墓》，《考古学报》1980年第2期。

图六　汉画像石上的拜谒图

图七是陕北绥德四十铺汉墓墓门横额左侧之拜谒图。墙上挂有弓和环首刀，主人戴冠而坐，其身后两人：一人戴冠抱剑而立，一人戴冠执物而揖；主人身前四人：一人戴冠执笏而拜，后三人戴冠执笏而揖[①]。

图七　汉画像石上的拜谒图

从两汉画像石上的拜礼形象看，下级官员向上级官员行跪拜礼是礼仪上的要求，因而官员们"凡拜必跪"的形象在画像石上多有反映。有鉴于此，我们认为，图四并不是乐俑，叫匍匐俑也不准确。确切地说，图四应是墓主人在欣赏乐舞的同时而接受下级官员拜礼（具体名称应叫"顿首"）的反映，只不过这样的场面没有以画像的形式表现，而是以陶俑的雕塑形式表现而已。

跪拜俑之所以能在洛阳周围的两座东汉墓中出现，并不是偶然的。

李济先生在《跪坐蹲居与箕踞——殷墟石刻研究之一》一文中指出："蹲居与箕踞

① 绥德汉画像石展览馆编：《绥德汉画像石》，西安：陕西人民美术出版社，2001年，第10页。

不但是夷人的习惯，可能也是夏人的习惯；而跪坐却是尚鬼的商朝统治阶级的起居法，并演习成了一种供奉祖先，祭祀神天，以及招待宾客的礼貌。周朝人商化后，加以光大，发扬成了'礼'的系统，从而奠定3000年来中国'礼'教文化的基础。"①可见，与跪坐相关的跪拜礼，本是商人的传统礼仪，它适用于供奉祖先、祭祀神天以及宾主相见等场合；后来周人把它发扬光大，成了"礼"的系统，与封建社会相始终。

洛阳曾是商王朝统治的地区。东周时名雒邑，是天子的都城；东汉时，也是王朝都城所在地。洛阳既是东周、东汉的都城所在地，自然也是当时政治、文化的中心，跪拜俑在其周围的东汉墓中出土就不足为奇了，它与陕西、河南、山东、江苏等地东汉墓之画像石上的"拜谒图"一样，是当时跪拜礼在政治文化生活中的反映。

总之，"跪拜俑在唐代以前的考古发掘中从未出现过"的说法是不确切的。从溯源的角度出发，不仅隋墓中出土了跪拜俑，而且早在东汉墓中就出土了跪拜俑。作为政治礼仪的顿首，是下级官吏敬奉上官必不可少的跪拜礼。洛阳及浙江海宁东汉墓中出土的跪拜俑，与陕西、河南、山东、江苏等地东汉墓之画像石上的"拜谒图"一样，是当时跪拜礼在政治文化生活中的反映，反映了墓主较高的社会地位。

原文载《华夏文明》2017年第12期

---

① 张光直、李广谟编：《李济考古学论文选集》，北京：文物出版社，1990年，第943—961页。

# "长揖"礼小考*

**摘要**：长揖是腿不弯曲而站着行礼的，即拱手至额然后弯腰而下手及地，由于腰的尽可能弯曲，使拱手的幅度从最上的前额到最下的地面，恰似一人的长度，因而把这种礼节叫"长揖"。长揖是位卑者向位尊者行的仅次于跪拜礼的一种礼节，表达了位卑者对位尊者不附炎趋势的态度。

**关键词**：长揖；礼节

《文史知识》2014年第2期刊载了郑艳先生的大作《闲话"作揖"》一文（以下简称"郑文"），其中提到了土揖、时揖、天揖、拱揖、高揖、长揖、三揖等名词，使笔者开阔了视野，学到了许多知识，颇受启发。郑文对于"长揖"的定义是："'长揖'则是就行礼的时间而言，时间越长也就表明态度越发的尊重和谦卑。"作者引《笑林广记·殊禀部·作揖》曰：

> 两亲家相遇于途，一性急，一性缓。性缓者，长揖至地，口中谢曰："新年拜节奉扰，元宵观灯又奉扰，端午看龙舟，中秋玩月，重阳赏菊，节节奉扰，未曾报答，愧不可言。"及说毕而起，已半晌矣。性急者觉其太烦，早先避去。性缓者视之不见，问人曰："敝亲家是几时去的？"人曰："看灯之后就不见了，已去大半年矣！"

作者根据这则事例，进而得出结论说："当然，对于那些教条主义者或者看不惯繁文缛节的人来说，以时间的长短来表明尊敬的程度也很容易闹出笑话。"其实，"长揖"对人的尊敬程度与时间的长短并无关系。这则笑话的关键词语是"长揖至地"，并没有引起作者的注意。那么，"长揖至地"是何意呢？这与长揖的定义，密切相关。我们还是从较早的事例来说明问题吧！

---

\* 本文与田小娟合作。

一

中国自古是礼仪之邦，传统礼仪已经作为中国文化的精神内核进而渗透于社会生活的方方面面。作为人与人之间交际的礼仪动作，从先秦时代就有了关于揖的记载，如"武王持大白旗以麾诸侯，诸侯毕拜武王，武王乃揖诸侯"①。《仪礼·乡饮酒礼》载："主人揖，先入；宾厌介，入门，左；介厌众宾，入。"郑玄注："宾之属相厌，变于主人也。推手曰揖，引手曰厌。"②除了"揖"和"厌"之外，先秦关于揖礼的名词还分很多，如土揖、时揖、天揖、特揖、旅揖、三揖等等。其中"土揖、时揖、天揖"为天子礼。

《周礼》载："诏王仪，南乡见诸侯，土揖庶姓，时揖异姓，天揖同姓。"郑玄注："土揖，推手小下之也……时揖，平推手也……天揖，推手小举之。"③然而，土揖、时揖、天揖、特揖、旅揖、三揖等是特殊人物在特殊情况下所用的。随着时代的发展，这几种揖法在秦以后就逐渐消失了。

揖礼到了汉代，有了部分变化和发展。首先是厌礼逐渐消失。如前文《仪礼注疏》中郑玄注："推手曰揖，引手曰厌。今文皆作揖。"可见汉代的厌礼已经消失了。其次，就是出现了"擪"礼。"擪"是揖的一种，又称长揖。拱手后，双手下垂，随之弯腰。与揖不同的是，做擪时，双手是垂到下面，而不是向外推的。"擪，举首下手也。"这种行礼方式明显要比单纯的作揖重一些，然而有些人在该行跪拜礼时，行长揖礼以表示对尊者的不附炎趋势。

秦朝末年，即公元前207年（秦二世三年）二月，沛公刘邦从砀北进攻昌邑，虽有彭越相助，也没有攻下来。沛公西过高阳，高阳酒徒郦食其慕沛公为人大度，便去拜谒。郦生至，"沛公方踞床，使两女子洗足"④。所谓"踞床"，就是臀部坐在床上而垂足，这在古代是极不礼貌的。由于"踞见长者"⑤是不礼貌的行为，所以郦生对沛公不拜，仅"长揖"而已。

东汉灵帝光和元年（178），作为上计吏的赵壹到了京师，"是时司徒袁逢受计，计

---

① （汉）司马迁：《史记》卷4《周本纪》，北京：中华书局，1982年，第124页。

② （汉）郑玄注，（唐）贾公彦疏，王辉整理：《仪礼注疏》（十三经注疏），上海：上海古籍出版社，2008年，第201页。

③ （清）孙诒让：《周礼正义》卷72《秋官·司仪》，北京：中华书局，1987年，第3013页。

④ （汉）司马迁：《史记》卷8《高祖本纪》，第358页。

⑤ （汉）班固：《汉书》卷1上《高帝纪第一上》，北京：中华书局，1962年，第18页。

吏数百人皆拜伏庭中，莫敢仰视，壹独长揖而已"[1]。袁逢望见赵壹另眼相看，命人责怪道："下郡计吏而揖三公，为什么呢？"赵壹回答说："昔郦食其长揖汉王，今揖三公，何遽怪哉？"

三国末年，司马炎为晋王，王祥与荀顗前往谒见。荀顗对王祥说："相王尊重，何侯既已尽敬，今便当拜也。"王祥回答说："相国诚为尊贵，然是魏之宰相。吾等魏之三公，公王相去，一阶而已，班例大同，安有天子三司而辄拜人者！损魏朝之望，亏晋王之德，君子爱人以礼，吾不为也。"及入，"顗遂拜，而祥独长揖"[2]。帝曰："今日方知君见顾之重矣！"

五代后梁时，末帝雅好儒士，李愚被赏识，擢为左拾遗，俄充崇政院直学士，俨然正色，不畏强御。末帝的兄长衡王入朝，重臣李振辈皆致拜，只有李愚"长揖"[3]而已。末帝指责李愚道："衡王朕之兄，朕犹致拜，崇政使李振等皆致拜，尔何傲耶！"李愚回答说："陛下以家人礼兄，振等私臣也。臣居朝列，与王无素，安敢谄事。"其刚毅如此。

明朝时，海瑞署南平教谕。御史到了学宫，属吏都伏谒行礼，唯独海瑞"长揖"[4]。成化六年，陈选迁河南副使。寻改督学政，立教如南畿。汪直出巡，都御史以下皆拜谒，唯独陈选"长揖"，其理由是："此堂，师长教士也，不当屈。"[5]吉恩煦据此认为："在宦官当朝时，许多正直的官员，不趋炎附势，对待飞扬跋扈的长官和宦官皆用揖礼而不跪拜。这种揖礼的所用之处，与史记中郦生的长揖有异曲同工之感。"[6]

文化是传承的。不论是秦末郦食其对沛公刘邦的长揖或东汉下郡计吏赵壹对司徒袁逢的长揖，还是三国末年王祥对晋王司马炎的长揖或五代后梁时李愚对末帝兄长衡王的长揖，抑或是明海瑞对御史的长揖或陈选对汪直的长揖，其仪式应该是相同的。那么，"长揖"的真相究竟怎样呢？

在弄清楚"长揖"的真相前，我们有必要明白"揖"的定义。彭林先生指出："古人站着的时候常用的礼节是揖，民间喜欢叫'作揖'，就是拱手礼。"[7]

---

① （南朝宋）范晔：《后汉书》卷80下《文苑列传第七十下·赵壹》，北京：中华书局，1965年，第2632页。

② （唐）房玄龄等：《晋书》卷33《王祥传》，北京：中华书局，1974年，第988页。

③ （五代）薛居正等：《旧五代史》卷67《李愚传》，北京：中华书局，1976年，第892页。

④ （清）张廷玉等：《明史》卷226《海瑞传》，北京：中华书局，1974年，第5927页。

⑤ 《明史》卷161《陈选传》，第4389页。

⑥ 吉恩煦：《中国明代士民揖礼习俗小考》，《首都师范大学学报》（社会科学版）2011年增刊。

⑦ 彭林：《拜揖礼仪》，《新湘评论》2012年第16期。

宋代诗人陆游在《老学庵笔记》中指出："古所谓揖，但举手而已。"清代学者阎若璩在《论语·述而》注中说："古之揖，今之拱手。"这两人的解说可以认为基本一致[①]。陆游认定古揖为"举手"即"拱手上举"，与阎若璩认定古揖与清之拱手是一致的，只不过在拱手的同时身体也要随之略微弯曲。

二

现在我们回头来探讨"长揖"的真相。

宋代《训蒙法》是本蒙童读物，详细记载了行揖礼时的要求：

> 凡揖人时，则稍阔其足，其立则稳。揖时须是曲其身，以眼看自己鞋头，威仪方美，观揖时亦须直其膝，不得曲了，当低其头，使手至膝畔，又不入膝内，则手随时起，而又于胸前。揖时须全出手，不得只出，一指谓之鲜礼，揖尊位则手过膝下，亦以手随身起，又手于胸前也[②]。

这里的"揖尊位则手过膝下"，应即是"长揖"的施礼对象和动作要领。

台湾三民书局《大辞典》编纂委员会编的《大辞典》下册[③]举郦食其和赵壹的例子，认为长揖是"拱手高举自上而下。是旧时不分尊卑的相见礼"。这里"拱手高举自上而下"是对的，但对"拱手"高举后自上而下，下到什么程度没有说明，这就使人容易与"揖"混淆。《辞海》举郦食其的例子，认为长揖是"古时不分尊卑的相见礼，拱手高举，自上而下"[④]。同样没有谈及"拱手"自上而下可以下到什么程度。余云华先生认为："用于略尊于己者，叫'长揖'，即身体站立略折，两手合抱拱手高举，然后自上而下移。"[⑤]与《辞海》一样，余先生也没有谈及"拱手"自上而下可以下到什么程度。

---

①　马南邨：《握手与作揖》，马南邨：《燕山夜话》合集本，北京：北京出版社，1979年，第330页。

②　（宋）王虚中：《训蒙法》，转自张伯行：《养正类编》，上海：商务印书馆，1936年。

③　本局《大辞典》编纂委员会：《大辞典》下册，台北：三民书局股份有限公司，1985年，第5014页。

④　《辞海》编辑委员会编：《辞海》（1989年版）缩印本，上海：上海古籍出版社，1990年，第79页。

⑤　余云华：《拱手·鞠躬·跪拜——中国传统交际礼仪》，成都：四川人民出版社，2003年，第154页。

　　唐人颜师古在对"郦生不拜，长揖"作注时说："长揖者，手自上而极下。"①这里的"手"应是"拱手"之省，这样，颜师古对于"长揖"的定义才能讲通。大型工具书《辞源》，虽承袭了颜师古的说法，但改"手"为"拱手"，使长揖的定义较为准确："相见时，拱手自上而至极下以为礼。"②许嘉璐先生综合各家说法，对长揖做出了全面而准确的定义："古代用于稍尊于己者的拱手礼。行礼时，站立俯身，两手于胸前合抱从上移至最下面。"③在"行礼时，站立俯身，两手于胸前合抱从上移至最下面"一段话中，"两手于胸前合抱"，指的是"拱手"；"两手于胸前合抱从上移至最下面"之"最下面"，指的是地。清叶名沣《桥西杂记·揖》载："三十年前，见诸先辈宾主相揖，举手必至额及地……曩有一后进，见莱阳初公颐园于广座中，揖甫及半而止，初公答礼尚未毕也，同坐皆斥新进者礼节之疏。"④从宾主相见时"举手必至额及地"知他们行的是长揖礼，有一后进向先辈行礼时"揖甫及半而止"，因新进者礼节之疏而遭到同座一致训斥。

## 三

　　从上面的论述可知，长揖是腿不弯曲而站着行礼的，即拱手至额然后弯腰而下手及地，由于腰的尽可能弯曲，使拱手的幅度从最上的前额到最下的地面，恰似一人的长度，因而把这种礼节叫"长揖"，它与普通的揖在弯腰程度上是有区别的。上引《笑林广记·殊禀部·作揖》中提到的性缓者，之所以没能看到性急者是何时走的，固然与其啰嗦而多说了几句话有关，但更与"长揖至地"而只能往下看或往后看而看不到对方有关。

　　至于长揖的形象，在旧版《三国演义》电视剧中，益州别驾张松向汉丞相曹操（鲍国安饰）所行的揖礼，就是长揖礼的具体形象。

　　综上所述，长揖是腿不弯曲而站着行礼的，即拱手至额然后弯腰而下手及地，由于腰的尽可能弯曲，使拱手的幅度从最上的前额到最下的地面，恰似一人的长度，因而把这种礼节叫"长揖"。长揖是位卑者向位尊者行的仅次于跪拜礼的一种礼节，表达了位卑者对位尊者不趋炎附势的态度。

原文载《文博》2015年第3期

　　① 《汉书》卷1上《高帝纪第一上》，第19页。

　　② 广东、广西、湖南、河南《辞源》修订组，商务印书馆编辑部编：《辞源》（修订本）四，北京：商务印书馆，1983年，第3227页。

　　③ 许嘉璐主编：《中国古代礼俗辞典》，北京：中国友谊出版公司，1991年，第230—231页。

　　④ 转引自罗竹风主编：《汉语大辞典》中卷，上海：汉语大辞典出版社，1997年，第3698页。

# 西汉上层社会中的"免冠、徒跣，稽颡"等请罪礼

**摘要**："免冠、徒跣，稽颡请罪"与"免冠、徒跣，稽首谢"都是大臣向皇帝请罪的完整仪式，也可省称免冠谢、徒跣谢、免冠徒跣谢、稽颡谢、免冠稽首谢等；"免冠、徒跣，顿首谢"本是大臣之间请罪的完整仪式，也可省称免冠谢、免冠顿首谢、顿首谢、叩头谢，由于顿首与稽颡、稽首在请罪时只是头触地的时间长短略有差别，便不再细分，顿首也可用于大臣向皇帝的请罪；"去簪珥，徒跣顿首谢"是公主向皇帝请罪的完整仪式，省称脱簪请罪、脱簪珥叩头等。这些请罪礼，广泛应用于西汉上层社会，对于缓和君臣以及大臣之间的关系起了应有的作用。

**关键词**：西汉上层社会；免冠；徒跣；顿首；稽首；稽颡

史学界的泰斗钱穆先生在《一堂中国文化课》中说："要了解中国文化，必须站到更高来看中国文化之心。中国的核心思想就是'礼'。"[1]彭林先生认同此说，并进一步发挥说："自古以来，中国人就称自己的国家是'礼仪之邦'，礼是古代中国人文精神的集中表现。"[2]他又说：

> 中华民族几千年来历经坎坷，却始终没有灭亡，根本的原因在于，中国文化有一个超越地缘和血统的核心——礼，对它的认同，已经成为世世代代中国人的理念，成为维系民族团结的强大纽带[3]。

既然礼已成为维系民族团结的强大纽带，那么，我们研究"免冠、徒跣，稽颡"等请罪礼在西汉上层社会中的应用情况，对于了解西汉上层通过请罪礼仪来缓解双方的关系是有帮助的。下面，我们就从三个方面加以说明。

---

① 转引自：彭林：《儒家礼乐文明讲演录》，桂林：广西师范大学出版社，2008年，第25页。

② 彭林：《儒家礼乐文明讲演录》，第24页。

③ 彭林：《儒家礼乐文明讲演录》，第27页。

# 一、"免冠、徒跣，稽颡"等请罪礼溯源

华友根先生指出："实际上，在刘邦统一中国后，如何约束诸侯功臣、文武百官，使社会安定、天下太平，礼仪的作用比之律令、军法、章程，更为重要。因为当时，对于王、侯、将、相、官吏等所谓大夫，主要是以礼来约束他们，也借此来提高天子的地位，使君尊臣卑而不能僭越，更不能犯上作乱。"[1]胥仕元也说："真正使儒家礼治思想上升为统治思想是由董仲舒来完成的。"[2]可见，从汉初高祖到中期武帝的西汉上层已对礼来协调君臣关系有了充分认识。

文帝后元二年（前163），丞相申屠嘉入朝，看见宠臣邓通在文帝旁，有怠慢之礼。罢朝后，丞相申屠嘉坐府中，为檄召通诣丞相府，不来，将要斩通。邓通因恐惧事先告知皇帝，然后赶到丞相府，免冠、徒跣，顿首谢嘉[3]。申屠嘉端坐自如，弗为礼，斥责道："夫朝廷者，高帝之朝廷也。通小臣，戏殿上，大不敬，当斩。吏！今行斩之。"邓通顿首，首尽出血，申屠嘉也不原谅。最后，还是汉文帝派使者持节救出了邓通。邓通向丞相"免冠、徒跣，顿首谢"，是大臣之间请罪的完整仪式。

武帝时，霸陵尉因醉而喝止李广，李广被武帝拜为右北平太守后，就向皇帝请求与霸陵尉一同前往，等霸陵尉至军而斩之。李广就上书自陈谢罪，皇帝对李广说，你是国之爪牙，我看重你的是"报忿除害，捐残去杀"，至于"免冠徒跣，稽颡请罪"[4]，并非朕的本意！李广向汉武帝"免冠徒跣，稽颡请罪"，是大臣向皇帝请罪的完整仪式。

同一时期，馆陶公主为了使宠男董君（主人翁）与自己的关系合法化，称疾不朝。当武帝入府探病时，公主乃下殿，去簪珥，徒跣顿首谢曰："妾无状，负陛下，身当伏诛。陛下不致之法，顿首死罪。"[5]皇帝原谅了公主，公主就登履戴簪，到东厢引出董君拜见皇上，并叩头请罪。皇帝请他们起来，并下诏赐董君衣冠。当是时，董君见尊不名，称为"主人翁"。公主乃请赐将军列侯从官金钱杂缯各有数。于是董君贵崇，天下莫不闻。馆陶公主向汉武帝"去簪珥，徒跣顿首谢"，是公主向皇帝请罪的完整仪式；

---

① 华友根：《西汉礼学研究》，上海：上海社会科学院出版社，1998年，第17—18页。

② 胥仕元：《秦汉之际礼治与礼学研究》，北京：人民出版社，2013年，第128页。

③ （宋）司马光编著：《资治通鉴》卷15，汉文帝后元二年（前163），北京：中华书局，1956年，第505页。

④ （汉）班固：《汉书》卷54《李广传》，北京：中华书局，1962年，第2443—2444页。

⑤ 《汉书》卷65《东方朔传》，第2855页。

这里的"顿首"，本应为稽首或稽颡，只因顿首、稽首、稽颡在请罪时都要免冠（"去簪珥"与"免冠"同义），而区别仅是头触地的时间长短稍有差别，遂不加细分，顿首也可用于大臣向皇帝的请罪。

元帝时，淮阳王刘钦向皇帝使者免冠稽首谢曰："奉藩无状，过恶暴列，陛下不忍致法，加大恩，遣使者申谕道术守藩之义。伏念博罪恶尤深，当伏重诛。臣钦愿悉心自新，奉承诏策。顿首死罪。"①皇帝虽然赦免了淮阳王刘钦的死罪，但淮阳王的舅舅张博（兄弟三人）及张博的女婿京房却难逃死罪。稽首本是大臣对皇帝的礼节。皇帝的使者是代表皇帝的，所以淮阳王刘钦向皇帝使者"免冠稽首谢"，正符合请罪的礼仪。

其实，"免冠、徒跣，稽颡"等请罪方式并不始于西汉，而是在春秋战国时代就已在诸侯国应用了。如秦晋交兵，秦将孟明战败被俘，晋襄公放他归国，所以孟明在谢罪时用稽首之礼。赧王三十六年（前279），齐相田单因貂勃向齐王进谗言，就"免冠徒跣肉袒"②向齐王请死罪，齐王说："子无罪于寡人，子为子之臣礼，吾为吾之王礼而已矣。"赦免了田单的罪。同年，因救赵而不敢归国的魏公子无忌，与隐于博徒的处士毛公和隐于卖浆家的处士薛公一起游学，受到平原君的非难，魏公子为装欲去。平原君免冠谢③，乃止。

那么，自春秋战国至西汉使用的"免冠、徒跣，稽颡"等请罪方式，其源头在哪里呢？《后汉书》为我们提供了重要线索："单于惶怖，遣左奥鞬日逐王诣懂乞降，懂乃大陈兵受之。单于脱帽徒跣，面缚稽颡，纳质。"④这是安帝永初四年（110）发生的事。这里的"单于"指南单于，"脱帽"与"免冠"同义，"面缚"指反绑双手，"纳质"就是送人质。在南单于向梁懂的投降仪式中，如果去掉了面缚、纳质，就与李广向汉武帝的请罪方式一致了。由此可见，自春秋战国至西汉使用的"免冠、徒跣，稽颡"等请罪方式，其源头是从投降礼发展而来。

杨希枚先生在《先秦诸侯受降、献捷、遣俘制度考》⑤一文中指出：

　　春秋时代的诸侯战败国不仅有君主率领投降的仪式，而且可能由于民族

① 《汉书》卷80《宣元六王传》，第3318页。

② 范祥雍笺证：《战国策笺证》卷13《齐六·貂勃常恶田丹》，上海：上海古籍出版社，2011年，第725—726页。

③ 《资治通鉴》卷4，周赧王三十六年（前279），第182—183页。

④ （南朝宋）范晔：《后汉书》卷47《梁懂传》，北京：中华书局，1965年，第1593页。

⑤ 杨希枚：《先秦诸侯受降、献捷、遣俘制度考》，氏著：《先秦文化史论集》，北京：中国社会科学出版社，1995年，第156—157页。

及文化上的不同，仪式上也显然有着差异。殷、许、赖所代表的，是"面缚
衔璧舆榇"投降式，而郑国则可说是"肉袒牵羊"式……胜利国果允战败国
君主的请和，则释其面缚，受其璧赘，而示免其死罪。

据此可知，战国至西汉使用的"免冠、徒跣，稽颡"等请罪方式，是从春秋时期诸侯
战败国向战胜国的投降仪式发展而来。

作为春秋时期诸侯战败国向战胜国的投降仪式，其主要元素是丧礼的成分。如以
殷、许、赖为代表的"面缚衔璧舆榇"投降式，其中的"舆榇"，显然就是丧礼的象
征；再如，以郑国为代表的"肉袒牵羊"式，其中的"肉袒"，也是丧礼的元素。这样
说来，在南单于"脱帽徒跣，面缚稽颡，纳质"向梁慬的投降仪式中，稽颡本就是丧
礼的礼节，脱帽（与"免冠"同义）与徒跣，也是丧礼的要求，正如《礼记·问丧》
所载："冠至尊也，不居肉袒之体也，故为之免以代之也。"①同书又载："亲始死，鸡斯
徒跣……水浆不入口，三日不举火，故邻里为之糜粥以饮食之。"②郑注："亲，父母也。
鸡斯当为笄纚（xǐ），声之误也。亲始死，去冠；二日乃去笄纚，括发也……徒，犹空
也。上袒，深衣之裳前。"

总之，战国至西汉使用的"免冠、徒跣，稽颡"等请罪方式，是从春秋时期诸侯
战败国向战胜国的投降仪式发展而来，而当时投降仪式的主要元素是丧礼的成分。

## 二、"免冠、徒跣，稽颡"等请罪礼重要词语释读

在上面举的请罪例子中，基本上包括了请罪礼的重要词语。下面，我们就对这些
词语加以释读。

### （一）免冠（去簪珥）

清代学者洪颐煊认为："凡谢罪皆免冠。"③并以黄霸、霍光、辛庆忌等人的例子加
以说明。《辞源》释"免冠"曰："脱帽，表示谢罪。"④并以战国时期齐相田单的例子加

---

① 王梦鸥：《礼记今注今译》，台北：台湾商务印书馆，2009年，第984页。

② 王梦鸥：《礼记今注今译》，第979页。

③ （清）洪颐煊：《读书丛录》四《徒跣免冠》，北京：中华书局，1985年，第65页。

④ 广东、广西、湖南、河南《辞源》修订组，商务印书馆编：《辞源》第一册，北京：商务印书馆，1979年，第281页。

以说明。《汉语大词典》释"免冠"曰："脱帽。古人用以表示谢罪。"[①]亦以田单的例子加以说明。《大辞典》释"免冠"曰："古时脱帽用以表示谢罪。"[②]并以汉文帝"教儿子不谨"的例子加以说明。可见，男子在请罪时都是要免冠的。

馆陶公主向汉武帝请罪时"去簪珥"，唐人颜师古曰："珥，珠玉饰耳者也，音饵。"对于卫皇后向汉武帝的"脱簪请罪"，胡三省注曰："脱簪，去饰也。"可见，女人为了请罪方便都是要"去簪珥"的，这与男子的"免冠"有着同样的作用。

### （二）徒跣

洪颐煊认为：罪"重者始徒跣"[③]。并以萧何、匡衡、邓通等人的例子加以说明。《辞源》[④]《大辞典》[⑤]释"徒跣"皆曰："赤足步行。"并以田单、萧何等人请罪的例子加以说明。

### （三）稽颡（sǎng）

许嘉璐先生释"稽颡"曰："古代的跪拜礼。行礼时，屈膝下地，以额著地。'颡'即额头。居丧时答拜宾客所行之礼，用以表示极度悲痛或感谢之情……或于请罪、投降时行之，表示极度的惶恐。"[⑥]傅美琳先生释"稽颡"曰："旧时居父母之丧时，跪拜宾客，须行稽颡之礼。在九拜中，六曰凶礼，实际上就是稽颡之礼。行此礼者要以额触地，表示极度悲痛……总之，稽颡之礼首先要以额触地、迟迟举首，其次是不能像一般的拜礼流露出欣然致敬的表情……此外，后世也把稽颡之礼用于请罪。"[⑦]

### （四）稽首

《周礼·春官·大祝》："辨九拜：一曰稽首，二曰顿首，三曰空首，四曰振动，五曰吉拜，六曰凶拜，七曰奇拜，八曰褒拜，九曰肃拜。"郑玄注："稽首，拜头至地也。"贾公彦疏："稽首，其稽，稽留之字。头至地多时则为稽首也……稽首，拜中最重，臣拜君之礼。"

---

① 罗竹风主编：《汉语大词典》（缩印本）上卷，上海：汉语大词典出版社，1997年，第852页。

② 本局《大辞典》编纂委员会：《大辞典》上册，台北：三民书局股份有限公司，1985年，第353—354页。

③ （清）洪颐煊：《读书丛录》四《徒跣免冠》，第65页。

④ 广东、广西、湖南、河南《辞源》修订组，商务印书馆编：《辞源》第二册，北京：商务印书馆，1980年，第1075页。

⑤ 本局《大辞典》编纂委员会：《大辞典》上册，第155页。

⑥ 许嘉璐主编：《中国古代礼俗辞典》，北京：中国友谊出版公司，1991年，第230页。

⑦ 傅美琳等编著：《中国风俗大辞典》，北京：中国和平出版社，1991年，第490页。

许嘉璐释"稽首"曰："古代拜礼之一。行礼时屈膝跪地，拱手于地，左手按在右手上。头缓缓至于手前面的地上，并停留较长的一段时间。是臣子对君父的拜礼。"① 杨金鼎释"稽首"曰："九拜之一。用于臣子对君父。行礼方法与顿首同，区别在于要使头在地上停留一段较长的时间。"②

## （五）顿首

《周礼·春官·大祝》郑玄注："顿首拜，头叩地也。"贾公彦疏："顿首者，为空首之时，引头至地，首顿地即举，故名顿首……顿首者，平敌自相拜之礼。"

杨金鼎释"顿首"曰："九拜之一。即叩头。古人席地而坐，姿势和跪差不多，行顿首拜时，取跪姿，先拱手下至于地，然后引头至地，就立即举起。因为头触地的时间很短，只是略作停顿，所以叫顿首。"③ 许嘉璐释"顿首"曰："古代拜礼之一。又称叩头。行礼方法与稽首同。两者的区别在于，稽首头触地的时间长，顿首头触地的时间很短，头触地即起，属平辈之间的拜礼。"④ 傅美琳释"顿首"曰："顿首是古代的拜礼，为九拜之一，俗称叩头。行礼时，顿首与稽首形式略同，惟稽首头至地时须停留片刻，而顿首则作短暂的接触，就立即举起。因其头触地的时间短暂，故称顿首。后通用作下对上的敬礼。"⑤ 从杨金鼎、许嘉璐、傅美琳的论述可知，"叩头"是"顿首"的俗称。余云华认为，"叩头"并非礼让，而是服罪、谢罪之举⑥。并举了春秋时淳于髡的例子和汉代钩弋夫人、燕王刘旦等人的例子加以说明。

对于顿首与稽首的区别，《周礼·春官·大祝》贾公彦疏："二种拜俱头至地，但稽首至地多时，顿首至地则举，故以叩地言之，谓若以首叩物然。"

由于顿首与稽首的仪式相同，只是首留地的时间长短略有差别，后遂不做细的区别，多以顿首作为下对上的敬礼。又由于顿首与稽首用作请罪时都是要免冠的，而丧礼的稽颡在请罪时也是要免冠的，所以在汉代上层社会中，请罪时顿首的使用明显多于稽颡和稽首。

---

① 许嘉璐主编：《中国古代礼俗辞典》，第228页。

② 杨金鼎主编：《中国文化史词典》，杭州：浙江古籍出版社，1987年，第135—136页。

③ 杨金鼎主编：《中国文化史词典》，第135页。

④ 许嘉璐主编：《中国古代礼俗辞典》，第228页。

⑤ 傅美琳等编著：《中国风俗大辞典》，第484—485页。

⑥ 余云华：《拱手·鞠躬·跪拜——中国传统交际礼仪》，成都：四川人民出版社，2003年，第151页。

## 三、"免冠、徒跣，稽颡"等请罪礼在西汉上层社会中的应用

### （一）"免冠、徒跣，稽颡"等请罪礼在汉初的应用

高帝十二年（前195），相国萧何因替百姓向皇帝请求禁苑的空地而被囚禁，在大臣说情后，高帝刘邦派使者持节赦出了相国，"相国年老，素恭谨，入，徒跣谢。"①高帝说："相国休矣！相国为民请苑，吾不许，我不过为桀纣主，而相国为贤相。吾故系相国，令百姓闻吾过矣。"前已述及，"冠至尊也，不居肉袒之体也"，而作为光脚之意的"徒跣"，本身就是肉袒的表现，也是有罪的表示，故"徒跣谢"前必先"免冠"，因而萧何向高帝刘邦"徒跣谢"，应是"免冠、徒跣，稽首谢"或"免冠、徒跣，稽颡请罪"之省。

西汉第一任相国萧何去世后，继任者曹参承袭前任萧何与民休息的无为政策。惠帝二年（前193），相国曹参整天饮酒而不治事，惠帝让身为中大夫的曹窋谏阻其父曹参，反被曹参斥责，当惠帝说明曹窋的谏阻是自己的意思时，曹参马上就向惠帝"免冠谢"②，并解释了不治事的理由，惠帝心悦诚服。

吕后时，因禁止向南越国出口铁器，致使南越国经常与长沙国（吴姓诸侯国）在边境搞摩擦。文帝前元元年（前179），陆贾奉命出使南越国，南越王惶恐，便向汉使陆贾"顿首请罪"③，答应"愿奉明诏，长为藩臣，奉贡职"。从此例可知，作为平敌或大臣之间礼仪的"顿首"，在汉初吕后时就用于藩臣向皇帝使者的请罪仪式中。

文帝前元三年（前177）的一天，太子与梁王共车入朝而不下司马门，于是张释之追止太子、梁王无得入殿门，并以"不下公门不敬"罪奏之。文帝便以"教儿子不谨"向其母薄太后"免冠谢"④，薄太后使使承诏赦太子、梁王，然后得入。其后有人盗高庙座前玉环被捕，交廷尉审理。廷尉张释之认为盗宗庙服御物者依律当弃市，而皇帝认为此人应该株连三族，张廷尉向皇帝"免冠顿首谢"⑤来坚持自己的意见，才被文帝和

① （汉）司马迁：《史记》卷53《萧相国世家》，北京：中华书局，1982年，第2019页。

② 《史记》卷54《曹相国世家》，第2030页；《资治通鉴》卷12，汉惠帝二年（前193），第412—413页。

③ 《资治通鉴》卷13，汉文帝前元元年（前179），第446页。

④ 《史记》卷102《张释之冯唐列传》，第2753页；《汉书》卷50《张释之传》，第2309页；《资治通鉴》卷14，汉文帝前元三年（前177），第459页。

⑤ 《史记》卷102《张释之冯唐列传》，第2755页；《汉书》卷50《张释之传》，第2311页；《资治通鉴》卷14，汉文帝前元三年（前177），第461页。

太后理解。从此例可知，作为平敌或大臣之间礼仪的"顿首"，在汉初文帝时就用于大臣向皇帝的请罪仪式中。

前已述及，文帝时，邓通向丞相申屠嘉"免冠、徒跣，顿首谢"①，是大臣之间请罪礼的完整仪式。作为大臣之间请罪礼的完整仪式，"免冠、徒跣，顿首谢"也可省称免冠谢、免冠顿首谢、顿首谢、叩头谢等。

景帝时，梁孝王刘武以亲故可以置相、二千石，出入游戏，僭于天子。皇帝听说后心里不高兴，太后知皇帝不高兴，乃迁怒于梁使。身为梁使者的韩安国，通过大长公主向太后说明原委，太后转告皇上，这才消除了误会，景帝便以"兄弟不能相教，乃为太后遗忧"向窦太后免冠谢②，并厚赐梁使。

景帝前元三年（前154），吴、楚七国叛乱。汉将弓高侯穨当奉诏率军诛不义，胶西王刘卬向汉军壁"肉袒叩头"③，请赦免自己的菹醢之罪（死罪），因胶西王犯的是"未有诏、虎符，擅发兵击义国"的谋逆罪，弓高侯穨当无权做主，只能奉皇帝之命而宣诏，这样，刘卬自杀，太后、太子皆死。"肉袒"即裸露上身之意，是有罪的表示，而"叩头"则是胶西王刘卬向汉将弓高侯穨当行的礼仪。

在平定吴楚七国叛乱中，条侯周亚夫立下了汗马功劳。景帝后元元年（前143）的一天，皇帝在禁中召条侯并赐食，独置大胾（zì），无切肉，又不置箸。条侯亚夫心不平，顾谓尚席取箸，皇帝视而笑曰："此非不足君所乎？"亚夫向景帝免冠谢④。景帝让亚夫起来，并目送之说："此鞅鞅，非少主臣也！"

景帝时，被判流刑的淮南王，至雍（今陕西凤翔）病死，皇帝听说后辍食，哭甚哀。袁盎入，顿首向景帝请"不强谏"之罪⑤，皇帝后悔地说："以不用公言至此。"

在汉初的9例请罪中，"免冠谢"有4例，即曹参向惠帝、文帝向薄太后、景帝向窦太后、周亚夫向景帝，用的都是这种请罪方式。"徒跣谢"只有1例，那就是丞相萧何向高帝刘邦的请罪。"顿首谢"（俗称"叩头谢"）也有4例：在邓通"免冠、徒跣，顿首"向丞相申屠嘉请罪仪式中，"顿首"是作为大臣之间的一种礼仪；由于皇帝使

① 《汉书》卷42《申屠嘉传》，第2101页；《资治通鉴》卷15，汉文帝后元二年（前163），第505页。

② 《史记》卷108《韩长孺列传》，第2858页；《汉书》卷52《韩安国传》，第2394页。

③ 《史记》卷106《吴王濞列传》，第2835—2836页；《资治通鉴》卷16，汉景帝前元三年（前154），第528页。

④ 《史记》卷57《绛侯周勃世家》，第20178页；《汉书》卷40《周勃传》，第2061页；《资治通鉴》卷16，汉景帝后元元年（前143），第543页。

⑤ 《史记》卷101《袁盎晁错列传》，第2738页；《汉书》卷49《袁盎传》，第2269页。

者是代表皇帝的，所以南越王向汉使陆贾"顿首请罪"，胶西王刘卬向汉将弓高侯穨当"肉袒叩头"，以及袁盎向景帝"顿首"请罪，这里的"顿首"已不局限于大臣之间的请罪，而是扩大到大臣向皇帝或皇帝使者的请罪。而不论是"免冠谢"或"徒跣谢"，还是"顿首谢"，都应是"免冠、徒跣，顿首谢"之省。

### （二）"免冠、徒跣，稽颡"等请罪礼在武帝时期的应用

汉武帝是历史上有名的雄主。他在位期间，进行财政改革，北征匈奴，以致"漠南无王庭"，洗刷了高帝刘邦被围平城的耻辱。飞将军李广曾以伐匈奴为名，处死了对自己不敬的霸陵尉，他向皇帝"免冠徒跣，稽颡请罪"，是君臣之间请罪的完整仪式。至于馆陶公主向皇帝"去簪珥，徒跣顿首谢"，则是公主向皇帝请罪的完整仪式，实际上也是君臣之间请罪的完整仪式。

元光五年（前130），女巫楚服等教陈皇后祠祭厌胜，挟妇人媚道。御史张汤奉皇帝命深究党与，相连及诛者三百余人，楚服枭首于市。皇后玺绶被收，废居长门宫。作为陈皇后母亲的窦太主，既惭愧又惧怕，就向皇帝稽颡谢[①]。

元封三年（前108），天子因两将未有利，乃使卫山因兵威往谕朝鲜王右渠。右渠见使者，顿首谢[②]，并说："愿降，恐两将诈杀臣；今见信节，请复降。"遣太子入谢，献马五千匹，及馈军粮。

征和二年（前91），皇帝所幸王夫人生子闳，李姬生子旦、胥，李夫人生子髆，皇后、太子宠浸衰，常有不自安之意。皇帝觉察后，对大将军卫青说："太子敦重好静，必能安天下，不使朕忧。欲求守文之主，安有贤于太子者乎！闻皇后与太子有不安之意，岂有之邪？可以意晓之。"大将军卫青顿首谢；卫皇后听说后，也脱簪请罪[③]。

卫太子废后，未复立太子。后元元年（前88），钩弋夫人赵氏之子弗陵，年数岁，形体壮大，多知，上奇爱之，心欲立焉；因其年稚母少，犹豫久之，想让大臣辅佐，考察群臣，唯奉车都尉、光禄大夫霍光忠厚可任大事，乃使黄门画周公负成王朝诸侯以赐光。后数日，帝谴责钩弋夫人，夫人脱簪珥叩头[④]，帝曰："引持去，送掖庭狱！"卒赐死。

不论是卫皇后向汉武帝的脱簪请罪，还是钩弋夫人向汉武帝的脱簪珥叩头，都应

————————

①《资治通鉴》卷18，汉武帝元光五年（前130），第591页。

②《资治通鉴》卷21，汉武帝元封三年（前108），第688页。

③《资治通鉴》卷22，汉武帝征和二年（前91），第726页。

④《史记》卷49《外戚世家》，第1985—1986页；《资治通鉴》卷22，汉武帝后元元年（前88），第744—745页。

是馆陶公主向汉武帝"去簪珥，徒跣顿首谢"之省，这是古代史官描述相同礼仪时为避免重复而采用的习惯做法。

金日磾长子为皇帝弄儿，皇帝非常喜欢。其后弄儿长大，不谨，于后元二年（前87）自殿下与宫人戏；金日磾恰好看见，厌恶其淫乱，便杀死弄儿。皇帝听说后，大怒。金日磾就向武帝顿首谢[①]，并说明了杀死弄儿的原委。武帝非常悲哀，并为之涕泣，已而心敬日磾。

陈咸字子康，年十八，因其父万年而被任为郎。有异材，后迁为左曹。万年尝病，召其子陈咸教戒于床下，语至夜半，陈咸睡，头触屏风。万年大怒，欲杖之，并说："乃公教戒汝，汝反睡，不听吾言，何也？"陈咸叩头说："具晓所言，大要教咸谄也。"[②]既然儿子领会了自己的为官之道，陈万年也就无话可说了。

在武帝时期的8例请罪中，"稽颡谢"只有2例：一是飞将军李广向武帝"免冠徒跣，稽颡请罪"，另一则是窦太主向武帝"稽颡谢"。"顿首谢"占了6例：一是用于大臣之间的请罪，如大臣陈咸向其父陈万年"叩头"请罪即是。二是用于大臣向皇帝或皇帝使者的请罪，如朝鲜王右渠向汉使"顿首谢"，金日磾向武帝"顿首谢"即是；同时，也可用于皇后、夫人或公主向皇帝的请罪，如馆陶公主向武帝"去簪珥，徒跣顿首谢"，钩弋夫人赵氏向武帝"脱簪珥叩头"即是。其使用范围比汉初扩大了。

### （三）"免冠、徒跣，稽颡"等请罪礼在昭宣时期的应用

昭帝元凤元年（前80），左将军上官桀使人上书告大将军霍光谋反。有诏召大将军。霍光入，免冠顿首谢[③]，昭帝说："将军冠。朕知是书诈也，将军亡罪。"是时昭帝年才十四，尚书左右皆惊，而上书者果亡，捕之甚急。上官桀等惧，告诉皇帝小事不足遂愿，皇帝不听。

昭帝初立，燕王刘旦自以长子当立，与齐王子刘泽等谋为叛逆。昭帝缘恩宽忍，遣宗正与太中大夫公户满意、御史二人，偕往使燕，风喻之。于是燕王旦乃恐惧服罪，叩头谢罪[④]。

宣帝时，太子的外祖父特进平恩侯许伯认为太子年少，想让其弟中郎将许舜监护

① 《汉书》卷68《金日磾传》，第2960页；《资治通鉴》卷22，汉武帝后元二年（前87），第746页。

② 《汉书》卷66《陈万年传》，第2900页。

③ 《汉书》卷68《霍光传》，第2936页；《资治通鉴》卷23，汉昭帝元凤元年（前80），第762—763页。

④ 《史记》卷60《三王世家》，第2118—2119页。

太子家。皇帝征求疏广的意见，广回答说："太子国储副君，师友必于天下英俊，不宜独亲外家许氏。且太子自有太傅少傅，官属已备，今复使舜护太子家，视陋，非所以广太子德于天下也。"师古曰："视读曰示。言独亲外家，示天下以浅陋。"皇帝认为疏广说得对，并把疏广的话转达给丞相魏相，魏相以"此非臣等所能及"向宣帝免冠谢[①]。而疏广却因此事被皇帝器重，数受赏赐。

大将军霍光薨，宣帝始躬亲朝政，御史大夫魏相给事中。地节三年（前67），两家奴争道，霍氏奴入御史府，欲蹋大夫门，御史为叩头谢[②]，乃去。

贡禹复举贤良为河南令。岁余，以职事为府官所责，免冠谢[③]。禹曰："冠壹免，安复可冠也！"遂去官。

初，严延年的母亲从东海来，欲从延年腊，到雒阳，适见报囚。其母大惊，便止都亭，不肯入府。延年出至都亭谒母，母闭阁不见。延年免冠顿首阁下，良久，母乃见之，因数责延年："幸得备郡守，专治千里，不闻仁爱教化，有以全安愚民，顾乘刑罚多刑杀人，欲以立威，岂为民父母意哉！"延年服罪，重顿首谢[④]。延年表面上答应母亲要施行仁爱教化，实际上仍我行我素，以杀伐立威。后岁余，即神爵四年（前58）果败。在严延年向其母的请罪仪式中，史官的首次描述是"免冠顿首"；在严延年服罪后，史官的再次描述是"重顿首谢"。这不仅说明"免冠顿首"是"免冠徒跣，顿首谢"之省，而且表明"重顿首谢"也有强化请罪者的精诚态度之意。

乐陵侯史高以外属旧恩侍中贵重。五凤三年（前55），丞相黄霸推荐史高可以任太尉。天子使尚书召问霸："将相之官，朕之任焉。侍中乐陵侯高帏幄近臣，朕之所自亲，君何越职而举之？"尚书令受丞相对，霸免冠谢罪[⑤]，数日乃决。自是后不敢复有所请。

在昭宣时期的7例请罪中，"免冠谢"占了3例：一是用于大臣之间的请罪，如贡禹向府官"免冠谢"即是；二是用于大臣向皇帝的请罪，如魏相向宣帝"免冠谢"，黄霸向宣帝"免冠谢"即是。"顿首谢"占了4例：一是用于臣下之间的请罪，如魏相向霍氏奴"叩头谢"，严延年向其母"免冠顿首"即是；二是用于大臣向皇帝的请罪，如大将军霍光向昭帝"免冠顿首谢"，燕王刘旦向昭帝"叩头谢罪"即是。

① 《汉书》卷71《疏广传》，第3039页。

② 《汉书》卷68《霍光传》，第2951页；《资治通鉴》卷25，汉宣帝地节三年（前67），第811页。

③ 《汉书》卷72《贡禹传》，第3069页。

④ 《汉书》卷90《酷吏传》，第3672页；《资治通鉴》卷27，汉宣帝神爵四年（前58），第866页。

⑤ 《汉书》卷89《循吏传》，第3634页；《资治通鉴》卷19，汉宣帝五凤三年（前55），第874—875页。

## （四）"免冠、徒跣，稽颡"等请罪礼在元成哀平时的应用

元帝初即位，不省"谒者招致廷尉"为下狱也，批准了弘恭、石显治问其师萧望之的奏章。后皇帝召（周）堪、（刘）更生，才知"谒者招致廷尉"是"系狱"之意。皇帝大惊，切责恭、显，皆叩头谢[①]。才"令出视事。"初元二年（前47），石显等令太常急发执金吾车骑驰围萧望之府第。使者至，召望之。望之欲自杀，其夫人止之，以为非天子意。但在其门生朱云（好节之士）的劝说下，作为帝师而60余岁的他，竟饮鸩自杀。天子听说后大惊，拊手曰："曩固疑其不就牢狱，果然杀吾贤傅！"这时，太官方上昼食，上乃却食，为师傅涕泣，哀恸左右。于是，召显等责问；以议不详，皆免冠谢[②]，良久然后已。司马光据元帝"虽涕泣不食以伤望之，而终不能诛恭、显，才得其免冠谢而已"。认为元帝是一位"易欺而难悟"的君主，不杀弘恭、石显是助纣为虐，弘恭、石显会无复忌惮地肆其邪心。同是弘恭、石显向元帝的请罪仪式，第一次史官描述为"叩头谢"，第二次史官描述为"免冠谢"，因叩头乃"顿首"俗称，所以这并不是两种请罪方式，而是同一种请罪方式，即"免冠徒跣，顿首谢"之省称。

薛广德迁谏大夫，代贡禹为长信少府、御史大夫。永光元年（前43）秋，皇帝酎祭宗庙，出便门，欲御楼船，广德认为当乘御车，便向皇帝免冠顿首曰："宜从桥。"诏曰："大夫冠。"广德曰："陛下不听臣，臣自刎，以血污车轮，陛下不得入庙矣！"皇帝不高兴。先驱光禄大夫张猛进曰："臣闻主圣臣直，乘船危，就桥安；圣主不乘危。御史大夫言可听！"[③]皇帝这才接受了薛广德的建议，乃从桥。

建昭二年（前37），京房"免冠顿首"[④]与皇帝讨论治与乱的问题，指出当时日月失明、星辰逆行、山崩泉涌、地震石陨、夏霜冬雷、春凋秋荣、陨霜不杀、水旱螟虫、民人饥疫、盗贼不禁、刑人满市的根本原因是用人不当，而此人就是进退天下之士而受到皇帝信任的石显，皇帝与京房都心知肚明，就是不点破，而皇帝最终并没有采纳京房的意见，还是继续让石显统领文武百官。

作为宣帝的儿子，东平思王刘宇惭惧，因使者顿首谢死罪[⑤]，愿洒心自改。诏书又

---

① 《汉书》卷78《萧望之传》，第3286页。

② 《汉书》卷78《萧望之传》，第3288页；《资治通鉴》卷28，汉元帝初元二年（前47），第901—902页。

③ 《汉书》卷71《薛广德传》，第3047页；《资治通鉴》卷28，汉元帝永光元年（前43），第910—911页。

④ 《汉书》卷75《京房传》，第3162页；《资治通鉴》卷29，汉元帝建昭二年（前37），第929—930页。

⑤ 《汉书》卷80《宣元六王传》，第3323页。

敕傅相曰："今王富于春秋，气力勇武，获师傅之教浅，加以少所闻见，自今以来，非《五经》之正术，敢以游猎非礼道王者，辄以名闻。"

元帝即位，史高的儿子史丹为驸马都尉侍中；上以丹旧臣，诏丹护太子家。建昭四年（前35）六月甲申，与太子一起游学长大的皇帝少弟中山哀王薨，太子前弔。皇帝望见太子，自然感念哀王，悲不能自止。可太子既至前，不哀，上大恨，切责史丹，丹免冠谢上曰："臣诚见陛下哀痛中山王，至以感损。向者太子当进见，臣窃戒属毋涕泣，感伤陛下。罪乃在臣，当死。"[①]上以为然，意乃解。

汉元帝时，淮阳王刘钦向皇帝使者"免冠稽首谢"，应是"免冠徒跣，稽首谢"之省，因皇帝使者是代表皇帝的，所以这也是大臣向皇帝请罪的完整仪式。

成帝时，薛宣为政之道是得郡中吏民罪名，辄召告其县长吏，使自行罚，并说："府所以不自发举者，不欲代县治，夺贤令长名也。"长吏莫不喜惧，归恩受戒者而免冠谢宣[②]。

初，中书谒者令石显贵幸，专权为奸邪。丞相匡衡、御史大夫张谭皆阿附畏事显，不敢言。成帝初即位，显徙为中太仆，不复典籍。衡、谭乃奏显旧恶，请免显等。司隶校尉涿郡王尊劾奏："丞相衡，御史大夫谭，知显等专权擅势，大作威福，为海内患害，不以时白奏行罚；而阿谀曲从，附下罔上，怀邪迷国，无大臣辅政之义，皆不道！在赦令前。赦后，衡、谭举奏显，不自陈不忠之罪，而反扬著先帝任用倾覆之徒，妄言'百官畏之，甚于主上'；卑君尊臣，非所宜称，失大臣体！"于是匡衡惭惧，免冠谢罪[③]，上丞相、侯印绶。天子因新即位，不愿重伤大臣，乃下诏左迁王尊为高陵令，然群下多认为王尊做得对。久之，身为越骑校尉的匡昌，醉杀人，系诏狱。越骑官属与昌弟且谋篡昌，事发觉，匡昌的父亲匡衡免冠徒跣待罪[④]，天子使谒者诏衡冠履。而有司奏衡专地盗土，衡竟坐免。在丞相匡衡向汉成帝的两次请罪中，第一次请罪仪式史官描述为"免冠谢"，第二次请罪仪式史官描述为"免冠徒跣"，其实，这两次请罪用的是同一种请罪仪式，即"免冠、徒跣，顿首谢"之省。

成帝时，丞相故安昌侯张禹以帝师位特进，甚尊重。故槐里令朱云上书求见，公卿在前，指责安昌侯张禹上不能匡主而下无以益民，尸位素餐，皇帝认为朱云是"小臣居下讪上，廷辱师傅，罪死不赦！"于是左将军辛庆忌免冠解印绶，叩头殿下曰："此臣素著狂直于世，使其言是，不可诛；其言非，固当容之。臣敢以死争。"庆忌叩

---

① 《汉书》卷81《史丹传》，第3376页；《资治通鉴》卷29，汉元帝建昭四年（前35），第940页。

② 《汉书》卷83《薛宣传》，第3390页。

③ 《汉书》卷76《王尊传》，第3231—3232页。

④ 《汉书》卷81《匡衡传》，第3231—3232页。

头流血①。上意解，然后得已。左将军辛庆忌为救朱云而向成帝的请罪仪式是"免冠解印绶，叩头"，其中的"解印绶"是不惜辞官，他叩头流血，皇帝才赦免了朱云的死罪，因而辛庆忌的行为令人钦佩。

哀帝元寿元年（前2），王嘉封还益董贤户事，上乃发怒，召嘉诣尚书，责问以"相等前坐不忠，罪恶著闻，君时辄已自劾；今又称誉，云'为朝廷惜之'，何也？"嘉免冠谢罪②。

何并徙颍川太守，代陵阳严诩。是时颍川钟元为尚书令，领廷尉，用事有权；其弟钟威为郡掾，臧千金。何并为太守，（故）〔过〕辞钟廷尉，廷尉免冠为弟请一等之罪，愿蚤就髡钳③。并曰："罪在弟身与君律，不在于太守。"钟元惧，驰遣人呼弟。廷尉钟元免冠为其弟向颍川太守何并请罪之"免冠"，应是大臣间完整请罪礼仪"免冠、徒跣，顿首谢"之省。

元寿二年（前1），哀帝崩。太皇太后闻帝崩，即日驾临未央宫，收取玺绶。太皇太后召大司马董贤，引见东厢，问以丧事调度；贤内忧，不能对，免冠谢。太后曰："新都侯莽前以大司马奉送先帝大行，晓习故事，吾令莽佐君。"董贤顿首应之。太后遣使者驰召王莽，诏尚书，诸发兵符节、百官奏事、中黄门、期门兵皆属莽。王莽以太后指，使尚书劾董贤帝病不亲医药，禁止董贤不得入出宫殿司马中；董贤不知所为，诣阙免冠徒跣谢④。在董贤向太皇太后的三次请罪中，第一次请罪仪式史官描述为"免冠谢"，第二次请罪仪式史官描述为"顿首"，第三次请罪仪式史官描述为"免冠徒跣谢"，其实，这三次请罪用的是同一种请罪仪式，即"免冠、徒跣，顿首谢"之省，这是史官为了描述同一种礼仪而避免重复的做法。

平帝元始二年（2），车师后王姑句因故投降匈奴。又去胡来王唐兜与赤水羌数相寇，不胜，告急都护，都护但钦不按时救助。唐兜困急即将妻子、人民千余人亡降匈奴。单于受置左谷蠡地，遣使上书言状曰："臣谨已受。"诏遣中郎将韩隆等使匈奴，责让单于，单于叩头谢罪⑤，执二虏还付使者。

在元成哀平时期的14例请罪中，"免冠稽首谢"仅有1例，那就是淮阳王刘钦向宣

---

① 《汉书》卷67《朱云传》，第2915页；《资治通鉴》卷32，汉成帝元延元年（前12），第1033—1034页。

② 《汉书》卷86《王嘉传》，第3500页；《资治通鉴》卷35，汉成帝元寿元年（前2），第1117页。

③ 《汉书》卷77《何并传》，第3268页。

④ 《汉书》卷93《佞幸传·董贤》，第3739页；《资治通鉴》卷35，汉哀帝元寿二年（前1），第1124页。

⑤ 《资治通鉴》卷35，汉平帝元始二年（2），第1137页。

帝使者的请罪。"免冠谢"占了7例：一是用于大臣之间的请罪，如长吏向薛宣"免冠谢"，廷尉钟元向颍川太守何并"免冠谢"即是；二是用于大臣向皇帝、太后或皇帝使者的请罪，如弘恭、石显向元帝"免冠谢"，史丹向元帝"免冠谢"，匡衡向成帝"免冠谢"，韦贤向太皇太后"免冠谢"即是。"顿首谢"占了6例：主要用于大臣向皇帝或皇帝使者的请罪，如弘恭、石显向元帝"叩头谢"，谏大夫薛广德向元帝"免冠顿首"，京房向元帝"免冠顿首"，东平思王刘宇向汉使"顿首谢"，左将军辛庆忌向成帝"叩头"，单于向汉使韩隆"叩头谢罪"即是。

综上所述，"免冠、徒跣，稽颡请罪"与"免冠、徒跣，稽首谢"都是大臣向皇帝请罪的完整仪式，也可省称免冠谢、徒跣谢、免冠徒跣谢、稽颡谢、免冠稽首谢等；"免冠、徒跣，顿首谢"本是大臣之间请罪的完整仪式，也可省称免冠谢、免冠顿首谢、顿首谢、叩头谢，由于顿首与稽颡、稽首在请罪时只是头触地的时间长短略有差别，便不再细分，顿首也可用于大臣向皇帝的请罪；"去簪珥，徒跣顿首谢"是公主向皇帝请罪的完整仪式，省称脱簪请罪、脱簪珥叩头等。这些请罪礼，广泛应用于西汉上层社会，对于缓和君臣以及大臣之间的关系起了应有的作用。

原文载《陕西师范大学学报》（哲学社会科学版）2016年第5期

沙苑子文史论稿

# 唐人疾病研究

# 试论唐高宗的"风疾"及其治疗

**摘要：**风疾（脑卒中，又称中风）是高宗疾病的总名，风眩（即"头眩"）、风痹、脑痛是高宗疾病的具体名，也就是说，风眩（脑血栓形成）、风痹（脑栓塞）、脑痛（脑瘤）是高宗风疾的不同发展阶段。高宗的风疾虽采用减负疗法、"饵药"静养、避暑疗养、温泉疗法、针刺放血疗法等，有时是两种方法的巧妙结合，但终因贵为皇帝的高宗身体虚弱，且治疗方法受到限制，因而风疾一直在折磨他，使他"头重不可忍"，并最终把他送到了生命的尽头。

**关键词：**唐高宗；风疾；风眩；风痹；脑痛；治疗

高宗李治是唐代的第三位皇帝，他性格懦弱，却不昏庸。其父太宗李世民开创了"贞观之治"，他继其父后又创"永徽之治"。显庆以后，"他看重武则天的才能，更出于自己健康不佳需要帮手而信用武则天，让她参决大政"[①]，俩人"在政治上是伙伴……在生活上是情侣"[②]，互相依靠，在高宗执政的34年里创下了不菲的业绩，仅征服高丽而在其地设安东都护府一事足见其一斑。唐高宗之所以让武则天参决大政，主要原因是健康不佳，那么，唐高宗患上了什么病呢？

## 一、唐高宗的"风疾"考辨

贞观二十三年（649），开创"贞观之治"的大唐皇帝李世民驾崩，享年53岁。当年，太子李治在长孙无忌、褚遂良等大臣的拥戴下继皇帝位，是为高宗，年号永徽。史载，太子李治在太宗皇帝驾崩时便"哀毁染疾"[③]，这里的"疾"是指什么病

---

① 胡戟：《武则天本传》，北京：北京大学出版社，2011年，第74页。

② 赵文润：《唐高宗再评价》，氏著：《武则天与唐高宗新探》，西安：三秦出版社，2008年，第286页。

③ （宋）宋敏求编：《唐大诏令集》卷11《大帝遗诏》，上海：学林出版社，1992年，第61页。

呢？雷家骥先生认为是"因哀伤而感染风瘵"[1]。所谓"风瘵"，也就是"风疾"，是因身体虚弱和劳累造成的。高宗的"风瘵"，在他执政的永徽六年间（650—655）尚不见发病记录，但到他执政的显庆五年（660）冬十月，却发病了，正如史载那样："上初苦风眩头重，目不能视，百司奏事，上或使皇后决之。后性明敏，涉猎文史，处事皆称旨。由是始委以政事，权与人主侔矣。"[2]何谓风眩？《鸡峰普济方》载："头眩者，谓身如旋转，不能仰，仰则欲倒，头重不能举，至有视物不正，或身如车舡上。此由肝虚血弱而风邪乃生，盖风气通于肝，诸风掉眩皆属于肝，其脉左右关上虚眩，谓之风眩。"[3]有关专家据此认为，风眩是一种病症名，即头眩[4]。高宗的风眩，也叫头眩，它相当于西医中风的脑血栓形成。《旧唐书》卷6《则天皇后本纪》载："帝自显庆以后，多苦风疾，百司奏表，多委天后详决。"[5]《新唐书》卷4《则天皇后本纪》所载略同："高宗自显庆后，多苦风疾，百司奏事，时时令后决之，常称旨，由是参豫国政。后既专宠与政，乃数上书言天下利害，务收人心，而高宗春秋高，苦疾，后益用事，遂不能制。"[6]《旧唐书》与《新唐书》所说的"风疾"，是一种疾病的总名，而《资治通鉴》所说的"风眩"则是这种病的具体名称，也就是说，"风眩"（即"头眩"）是"风疾"的具体病名。何谓"风疾"？《备急千金要方》卷一《序例·服饵第八》载："凡人忽遇风疾，身心顿恶，或不能言，有如此者，当服大小续命汤及西州续命、排风、越婢等汤。"[7]从孙思邈描写"风疾"的症状来看，它实际上就是"中风"。而中医的中风，西医也叫脑卒中（apoplexy），包括脑溢血（cerebral hemorrhage）、脑血栓形成（cerebral thrombosis）、脑栓塞（cerebral embolism）及面神经麻痹（facial nerve paralysis）等疾病[8]。

---

[1]　雷家骥：《武则天传》，北京：人民出版社，2001年，第187页。

[2]　（宋）司马光编著：《资治通鉴》卷200，唐高宗显庆五年（660），北京：中华书局，1956年，第6322页。

[3]　《中医大辞典》编辑委员会编：《中医大辞典·基础理论分册》（试用本），北京：人民卫生出版社，1982年，第67页。

[4]　《中医大辞典》编辑委员会编：《中医大辞典·基础理论分册》（试用本），第67页。

[5]　（后晋）刘昫等：《旧唐书》卷6《则天皇后本纪》，北京：中华书局，1975年，第115页。

[6]　（宋）欧阳修、宋祁：《新唐书》卷4《则天皇后本纪》，北京：中华书局，1975年，第81页。

[7]　（唐）孙思邈：《备急千金要方》，北京：人民卫生出版社，1982年，第14页。

[8]　张瑞祥、孙家骥编：《祖国医学与现代医学病症名称对照》，西宁：青海人民出版社，1979年，第16页。

龙朔二年（662），“高宗染风痹，以宫内湫湿，乃修旧大明宫，改名蓬莱宫，北据高原，南望爽垲”①。何谓风痹？《灵枢经·寿夭刚柔》载：“病在阳者命曰风，病在阴者命曰痹，阴阳俱病，命曰风痹。”②有关专家据此认为，风痹是一种手足麻木不仁之症③。高宗的“风痹”，相当于西医中风的脑栓塞。可见，高宗的病在不断加重，显庆五年（660）初发时主要为阳性的“风眩”，才过了一年半载，至龙朔二年（662）已发展成阴阳俱病的“风痹”了。

乾封二年（667）九月庚申，高宗“以久疾，命太子弘监国”④。

上元二年（675）三月丁未，日色如赭。天后武则天亲蚕于邙山之阳，“时帝风疹不能听朝，政事皆决于天后”⑤。何谓风疹？风疹又称“风痧”，儿科病名，多发于婴幼儿，“初起类似感冒，发热一、二天后，即在全身出现疹点，疹点细小稀疏，色淡红，并有痒感。由感受风热时邪，发于肌表所致，治宜疏风、清热、透邪等法”⑥。唐高宗与他父亲一样，生性怕热，由于“感受风热时邪”，轻易就患上了婴幼儿才有的“风疹”，可见其身体每况愈下，已很虚弱了。确实如此，高宗因“苦风眩甚，议使天后摄知国政”⑦。只是在大臣的苦谏下才只好作罢。

永隆二年（681）闰七月，唐高宗开始“服饵”。饵“是金石之药，性烈，唐太宗即因饵金石中毒暴亡”⑧。唐高宗这次治疗前，做了两手准备：一是任命裴炎为侍中，负首相之责；二是为防不测，又令太子监国。可见这时病已不轻，而“服饵”虽能令高宗产生短暂的精神焕发，但却加重了他的病情。

永淳二年（683）十一月，天后武则天自封岱之后劝高宗封中岳，因岁饥、边事警急而止；至是复行封中岳礼，又因高宗“疾”而止。高宗“苦头重不可忍”⑨，侍医秦鸣鹤上奏说：“刺头微出血，可愈。”天后在帷中言曰：“此可斩，欲刺血于人主首耶！”高宗皇帝说：“吾苦头重，出血未必不佳。”即刺百会，高宗说：“吾眼明矣。”关于侍

① （宋）王溥：《唐会要》上册，北京：中华书局，1955年，第553页。

② 南京中医学院中医系编著：《黄帝内经灵枢译释》，上海：上海科学技术出版社，1986年，第60页。

③ 广东、广西、湖南、河南《辞源》修订组，商务印书馆编辑部 编：《辞源》（修订本）第四册，北京：商务印书馆，1983年，第3408页。

④ 《资治通鉴》卷201，唐高宗乾封二年（667），第6352页。

⑤ 《旧唐书》卷5《高宗本纪下》，第100页。

⑥ 《辞海·医药卫生分册》，上海：上海辞书出版社，1981年，第187页。

⑦ 《资治通鉴》卷202，唐高宗上元二年（675），第6375页。

⑧ 胡戟：《武则天本传》，第73页。

⑨ 《旧唐书》卷5《高宗本纪下》，第111页。

医秦鸣鹤为高宗治病的过程，宋人王谠的《唐语林》也有详细记载："高宗脑痈殆甚，待诏秦鸣鹤奏曰：'须针百会方止。'则天大呼曰：'天子头上，可是出血处？'上曰：'朕意欲针。'即时眼明，云：'诸苦悉去，殊无妨也。'则天走于帘下，自负银锦等赏赐，如向未尝怒也。"①《旧唐书》所载秦鸣鹤的身份为侍医，而《唐语林》所载则为待诏；《旧唐书》所载高宗的病症是"苦头重不可忍"，而《唐语林》所载则为"脑痈殆甚"。有人认为："武后能获取实权乃因高宗李治御宇三十四年，史籍中称他'苦风疾'，看来是高血压妨碍了他的视力。"②高血压令高宗头晕而妨碍他的视力固然是不能排除的，但笔者窃以为，高宗的"风眩（即头眩）头重""苦头重不可忍"是脑痈（即"脑瘤"）造成颅压过高而压迫视神经造成的；秦鸣鹤于高宗头顶的百会穴针刺放血使颅压降低，视神经受颅压的压迫也随之减轻，高宗头重减轻进而目明就在情理之中了。侍医秦鸣鹤的治疗，虽使高宗头重减轻且目明能视，但因治标不治本，脑痈一直在作祟，痊愈无望，一个月后他想登上则天门楼宣布改元弘道，却因"气逆不能乘马"，当夜召裴炎受遗诏辅政，随后溘然长逝，享年56岁。

## 二、唐高宗"风疾"的治疗

中国封建社会前半段的盛世王朝有周、秦、汉、唐四个，唐王朝即为其一。唐王朝时，国家强盛，社会安定，经济发展，人民庶足，生活水平较高，因而得"风疾"的贵族并不少见。在高宗李治之前，其祖父李渊③、父亲李世民④都曾患过风疾，永徽初年大臣高季辅"以风疾废于家"⑤；其后，将军哥舒翰⑥、突骑施首领苏禄⑦以及李敬方等也患过风疾。

---

① （宋）王谠：《唐语林》，上海：上海古籍出版社，1978年，第159页。

② 黄仁宇：《中国大历史》，北京：生活·读书·新知三联书店，2007年，第124页。

③ 《资治通鉴》卷194，唐太宗贞观九年（635）载："太上皇自去秋得风疾，庚子，崩于垂拱殿。"胡三省注曰："《旧书帝纪》：崩于大安宫之垂拱前殿，年七十。"第6112页。

④ 《资治通鉴》卷198，唐太宗贞观二十一年（647）载："是月，上得风疾，苦京师盛暑，夏，四月，乙丑，命修终南山太和废宫为翠微宫。"第6246页。

⑤ 《旧唐书》卷78《高季辅列传》，第2703页。

⑥ 《旧唐书》卷104《哥舒翰列传》载："哥舒翰，突骑施首领哥舒部落之裔也。蕃人多以部落称姓，因以为氏。""（天宝）十三载，拜太子太保，更加实封三百户，又兼御史大夫。翰好饮酒，颇恣声色。至土门军，入浴室，遘风疾，绝倒良久乃苏。因入京，废疾于家。"第3211、3213页。

⑦ （唐）杜佑撰，王文锦等点校：《通典》卷199《边防十五·北狄六·突厥下》，北京：中华书局，1988年，第5463页。

李世民虽患过风疾，但却治愈了。与大臣相比，作为皇帝的唐高宗，对于"风疾"治疗的方法呈现为多样化，主要表现为以下几种。

## （一）减负疗法

### 1.让皇太子监国，处理国事

据《新唐书》卷3《高宗本纪》载，唐高宗因"风疾"的缘故，身体每况愈下，为了健康，采取减负疗法，让皇太子监国，来处理国事。

显庆四年（659）十月（闰月）戊寅，如东都，皇太子监国。

龙朔二年（662）十月丁酉，幸温汤，皇太子监国。

乾封二年（667）九月庚申，以饵药，皇太子监国。《资治通鉴》卷201"唐高宗乾封二年"（第6352页）也载："九月，庚申，上以久疾，命太子弘监国。"

咸亨二年（671）正月乙巳，如东都，皇太子监国。《旧唐书·孝敬皇帝传》也载："咸亨二年，驾幸东都，留太子于京师监国……是时戴至德、张文瓘兼左庶子，与右庶子萧德昭同为辅弼，太子多病，庶政皆决于至德等。"[1]太子虽然多病，但高宗皇帝还是"庶其痊复，以禅鸿名，及朕理微和，将逊于位"[2]。目的是"释余重负"[3]，也就是释放高宗皇帝的重负。

咸亨三年（672）九月癸卯，徙封贤为雍王。十月己未，皇太子监国。

上元元年（674）八月壬辰，皇帝称天皇，皇后称天后。

调露元年（679）正月戊子，如东都。五月丙戌，皇太子监国。

永隆元年（680）八月……甲子，废皇太子为庶人。乙丑，立英王哲（即李显）为皇太子，大赦，改元，赐酺三日。

开耀元年（681）七月（闰月）庚戌，以饵药，皇太子监国。

永淳元年（682）四月丙寅，如东都，皇太子监国。

弘道元年（683）十一月辛丑，皇太子监国。《资治通鉴》卷203"唐高宗弘道元年"（第6416页）也载："诏太子监国。"

### 2.让皇后参政，处理部分政务

显庆五年（660）高宗皇帝"初苦风眩头重，目不能视"，百司奏事，高宗"或使

---

① 《旧唐书》卷86《高宗中宗诸子列传·孝敬皇帝弘》，第2829页。

② （宋）宋敏求编：《唐大诏令集》卷26《皇太子谥孝敬皇帝诏》，第78页。

③ （宋）宋敏求编：《唐大诏令集》卷26《册谥孝敬皇帝文》，第79页。

皇后决之"。皇后天性明敏，涉猎文史，处事"皆称旨"，由是处理部分政务。皇后武则天因处事"皆称旨"而参政，为高宗减负不少；但因高宗"春秋高，苦疾"，武则天参政的机会越来越多，渐渐造成了"自此内辅国政数十年，威势与帝无异，当时称'二圣'"[①]的局面。

## （二）"饵药"静养

《新唐书》卷3《高宗本纪》载：乾封二年（667）九月庚申，以饵药，皇太子监国。

开耀元年（681）七月（闰月）庚戌，以饵药，皇太子监国。《资治通鉴》卷202"唐高宗开耀元年"（第6403页）也载："庚申，上以服药，令太子监国。"

所谓"饵药"，也就是孙思邈所说的"服饵"。《备急千金要方》卷一《序例·服饵第八》载：

> 凡人忽遇风疾，身心顿恶，或不能言，有如此者当服大小续命汤及西州续命、排风、越婢等汤。于无风处密室之中，日夜四五服，勿计剂数多少，亦勿虑虚，常使头面手足腹背汗出不绝为佳。服汤之时，汤消即食粥，粥消即服汤，亦少与羊肉臛将补。若风大重者，相续五日五夜服汤不绝。即经二日停汤，以羹臛自补将息四体。若小差即当停药，渐渐将息。如其不差，当更服汤攻之，以差为度[②]。

据此可知，得"风疾"的人，须在无风处密室之中服汤药或粥，常使头面手足腹背汗出不绝为佳。若有好转，即当停药，慢慢将息；如果没有好转，当更服汤药急攻。他又说："凡患风服汤，非得大汗，其风不去。所以诸风方中，皆有麻黄。至如西州续命即用八两，越婢六两，大小续命或用一两三两四两，故知非汗不差。所以治风非密室不得。"[③]这是说，治疗风疾，需把握两点：一是非处于密室不可；二是须发汗才有望痊愈。而对于年过50岁且大虚的人，孙思邈认为"服三石更生，慎勿用五石也"[④]。开耀元年（681）七月（闰月），年已54岁且身体大虚的唐高宗，他的"服饵"之"饵"应是"五石"（礜石、紫石英、白石英、赤石脂、石钟乳）或"三石"（"五石"中的三

---

① 《旧唐书》卷6《则天皇后本纪》，第115页。
② （唐）孙思邈：《备急千金要方》，第14页。
③ （唐）孙思邈：《备急千金要方》，第14页。
④ （唐）孙思邈：《备急千金要方》，第14页。

种），而"五石"之一的礜石，"就是砷黄铁矿（FeAsS），又叫毒砂，是一种含砷的有毒矿物，辛热有毒，有去风痹，除腹中寒癖，治鼠瘘，明目利耳之功"①，其功效与高宗身患风疾且大虚的身体状况是对症的。正是高宗的"服饵"（饵为"五石"或"三石"），才导致了他后来的脑痛。可见，得"风疾"的人，饵药后需要在无风处密室之中静养，避免烦扰。唐高宗之所以在乾封二年、开耀元年让太子监国，是因为自己"饵药"后需要静养，这是减负疗法与饵药疗法的巧妙结合。

### （三）避暑疗养

太宗李世民"旧有气疾"，"暑辄顿剧"②，贞观六年（632），他打算临幸九成宫而避暑疗养，通直散骑常侍姚思廉谏，太宗赐思廉绢五十匹。又《资治通鉴》"唐太宗贞观二十一年（647）"载："是月，上得风疾，苦京师盛暑，夏，四月，乙丑，命修终南山太和废宫为翠微宫。"③据此可知，贞观二十一年（647），太宗李世民因"得风疾，苦京师盛暑"，命人"修终南山太和废宫为翠微宫"，打算夏四月前往翠微宫避暑疗养。确因避暑疗养效果好，太宗的风疾竟痊愈了。

作为李世民的儿子，李治虽在贞观二十三年（649）父皇驾崩时因哀毁过甚染上了"风瘵"，直到他君临天下的永徽年间尚未发作，但他却承袭了父皇避暑疗养的好方法。高宗避暑疗养的地方，主要有二：一是九成宫，二是大明宫。

#### 1.九成宫

《唐会要》卷30《九成宫》载：

> 永徽二年九月八日，改九成公为万年宫，至乾封二年二月十日，改为九成宫。三年四月，将作大匠阎立德，造新殿成，移御之日，谓侍臣曰："朕性不宜热，所司频奏，请造此殿，既作之后，深惧人劳。今既暑热，朕在屋下，尚有流汗，匠工暴露，事亦可愍。所以不令精妙者，意祇避炎暑耳。"长孙无忌曰："圣心每以恤民为念，天德如此，臣等不胜幸甚。"④

据此可知，唐高宗与他父皇一样"性不宜热"，他虽让将作大匠阎立德于九成宫（在今

---

①　傅维康主编：《中药学》，成都：巴蜀书社，1993年，第87页。
②　《资治通鉴》卷194，唐太宗贞观六年（632），第6094页。
③　《资治通鉴》卷198，唐太宗贞观二十一年（647），第6246页。
④　（宋）王溥：《唐会要》上册，第556页。

陕西麟游县）造新殿，却不令"精妙"，因为他只是"避炎暑耳"，深惧劳民伤财。

万年宫（永徽二年九月八日由九成宫改名）确是避暑疗养的宝地，此宫不仅"凉冷宜人"，而且"去京不远"①，因而永徽五年（654）三月，高宗皇帝带领一班文武大臣，浩浩荡荡，幸临万年宫，拉开了高宗避暑疗养的序幕。

在以后的岁月里，高宗皇帝曾多次驾临九成宫，避暑疗养，详情见《唐高宗于九成宫避暑疗养一览表》，足见高宗皇帝对于九成宫的钟爱。

唐高宗于九成宫（万年宫）避暑疗养一览表

| 夏历日期 | 公历日期 | 游历天数 | 资料来源 |
|---|---|---|---|
| 永徽五年三月戊午至九月丁酉 | 654.04.04—11.09 | 220 | 《旧唐书》卷4 |
| 麟德元年二月戊子至八月丙子 | 664.03.12—08.27 | 169 | 《旧唐书》卷4 |
| 总章元年二月戊寅至八月癸酉 | 668.04.10—10.02 | 176 | 《旧唐书》卷5 |
| 总章二年四月己酉至九月壬寅 | 669.05.06—10.26 | 174 | 《旧唐书》卷5 |
| 咸亨元年四月庚午至八月丁巳 | 670.05.22—09.06 | 108 | 《旧唐书》卷5 |
| 咸亨四年四月丙子至十月乙巳 | 673.05.12—12.07 | 210 | 《旧唐书》卷5 |
| 仪凤元年四月戊午至十月乙未 | 676.06.07—11.11 | 158 | 《旧唐书》卷5 |
| 仪凤三年五月壬戌至九月辛酉 | 678.06.01—09.28 | 120 | 《旧唐书》卷5 |

说明：本表采自王双怀《隋唐帝王与九成宫》②一文

从上表可以看出，高宗皇帝在九成宫的时间或三月至九月，或二月至八月，或四月至八月，或四月至九月，或四月至十月，或五月至九月，少则四五个月，多则半年，正好避开了京师难耐的盛夏酷暑，对自己的身体很有益处。

### 2.大明宫

《唐会要》卷30《大明宫》载：

> 贞观八年十月，营永安宫；至九年正月，改名大明宫，以备太上皇清暑。公卿百僚，争以私财助役。至龙朔二年，高宗染风痹，以宫内湫湿，乃修旧大明宫，改名蓬莱宫，北据高原，南望爽垲。六月七日，制蓬莱宫诸门殿亭等名。至三年二月二日，税延、雍、同、岐、豳、华、宁、鄜、坊、泾、虢、绛、晋、蒲、庆等十五州率口钱，修蓬莱宫。二十五日，减京官一月俸，助修蓬莱宫。四月二十二日，移仗就蓬莱宫新作含元殿。二十五日，始御紫宸殿听

---

① （宋）王溥：《唐会要》上册，第556页。
② 王双怀：《隋唐帝王与九成宫》，氏著：《古史新探》，西安：三秦出版社，2013年，第74页。

政，百僚奉贺，新宫成也①。

据此可知，大明宫是贞观九年（635）正月由永安宫（贞观八年建）改名而来，以之作为太上皇李渊的避暑之处。高祖崩后闲置不用。龙朔二年（662），高宗染风痹，因宫内湫湿，乃"修旧大明宫，改名蓬莱宫"；龙朔三年（663）四月，政府以15州民率口钱和京官一月俸的费用修饰蓬莱宫，接着高宗移仗蓬莱宫含元殿，从此之后，大明宫也成为唐朝皇帝的听政地点。

从地理方位上来说，太极宫在西，大明宫在东，故唐人习惯上称太极宫为"西内"，称大明宫为"东内"。除西内、东内外，唐人后来又将玄宗居住过的兴庆宫称为"南内"。

关于太极宫、大明宫、兴庆宫的位置及其地势，中唐时人李吉甫在其地理名著《元和郡县图志》中指出：

> 初，隋氏营都，宇文恺以朱雀街南北有六条高坡，为乾卦之象，故以九二置宫殿以当帝王之居，九三立百司以应君子之数，九五贵位，不欲常人居之，故置玄都观及兴善寺以镇之。大明宫即圣唐龙朔二年所置。高宗尝染风痹，以大内湫湿，置宫于斯。其地即龙首山之东麓，北据高原，南俯城邑，每晴天霁景，下视终南如指掌，含元殿所居高明，尤得地势。大明东南曰兴庆宫，玄宗藩邸宅也②。

唐长安城原为隋长安城。隋长安城系文帝时宇文恺主持修建。宇文恺附会乾卦的六爻，利用龙首原以南"六道高坡"的自然特点，在"九二"高坡的地方建太极宫；在"九三"高坡的地方建文武百官的办公衙署；至于"九五"高坡为贵位，"不欲常人居之"，故设玄都观和兴善寺以为镇守，后来就成为大明宫的所在地。著名历史地理学家史念海先生指出：

> 长安城自少陵原北，直至渭河岸边，是逐渐显得倾斜的坡地，但并非一直都在倾斜，间有突起的高岗，高岗之间却较为平坦，故宇文恺得以从容布置。宇文恺以九二高坡置为宫城，宫城规模不小，却未完全据有九二高坡，

---

① （宋）王溥：《唐会要》上册，第553页。
② （唐）李吉甫撰，贺次君点校：《元和郡县图志》卷一《关内道一·京兆府》，北京：中华书局，1983年，第1—2页。

九二高坡还向东北延伸。唐太宗贞观初年于其地置永安宫，寻改为大明宫。这座宫殿"北据高原，南望爽垲，每天晴日朗，南望终南山如指掌，京城坊市街陌，俯视如在槛内，盖其高爽也"[1]。

李文才教授据此分析说：

> 史念海氏对于诸宫所在地势的判断，殊为精当，其中所说"宇文恺以九二高坡置为宫城，宫城规模不小，却未完全据有九二高坡，九二高坡还向东北延伸，唐太宗贞观初年于其地置永安宫，寻改为大明宫"，对于我们准确理解诸宫地势之高低十分关键，其实所谓"九五"高坡，也不过是"九二"高坡向东北方向的自然延伸，也就是说，大明宫与太极宫在地理位置上并无实质性的海拔落差[2]。

他由此认为，太极宫与大明宫地势差异只是龙朔三年"移宫"的借口，其真实原因或真相乃是高宗与武则天之间的帝后权利之争。李教授的分析有一定道理。

即使龙朔三年"移宫"的真实原因或真相是高宗与武则天之间的帝后权利之争，太极宫与大明宫地势差异只是"移宫"的借口，那也是不错的借口，其码这个借口令高宗皇帝深信"移宫"对自己的健康有利，否则，虽懦弱却不昏庸的高宗皇帝哪会欣然而从！张永禄先生指出："李治从贞观二十三年五月即位，先在太极宫听政。龙朔三年（663）四月由太极宫徙居大明宫。除去东都洛阳之外，计在西内共约9年。"[3]他又说："高宗自龙朔三年（663）四月由太极宫徙居大明宫，除去以后五幸东都洛阳之外，凡在长安，都居住于大明宫，计11年左右。"[4]从高宗皇帝居大明宫（11年左右）的时间多于居太极宫（9年）的时间来看，大明宫的环境应略优于太极宫。据著名历史地理学家李健超先生告知，太极宫海拔400米，大明宫海拔410米，两者海拔高度相差10米，也就是说，在海拔高度上大明宫比太极宫高出10米，可见，大明宫相对于太极宫来说，环境确实优越，比较凉爽，既可以听政，又适宜于避暑疗养。

---

①　史念海：《中国古都和文化》，北京：中华书局，1998年，第507页。

②　李文才、王琪：《试论唐高宗龙朔三年"移宫"的原因及影响》，成建正主编：《陕西历史博物馆馆刊》第20辑，西安：三秦出版社，2013年。

③　张永禄：《唐都长安》（增订本），西安：三秦出版社，2010年，第110页。

④　张永禄：《唐都长安》（增订本），第143页。

### （四）温泉疗法

李敬方曾患头风，去黄山汤院洗浴，疗效明显，于是他再次往浴汤，并作《题黄山汤院并序》：

> 楚镇惟黄岫，灵泉浴圣源。煎熬何处所，炉炭孰司存。沙暖泉长拂，霜冷水更温。不疏还自决，虽挠未尝浑。地启岩为洞，天开石作盆。常留今日色，不减故年痕。阴焰潜生海，阳光暗烛坤。定应邻火宅，非独过焦原。龙讶经冬润，莺疑满谷喧。善烹寒食茗，能变早春园。及物功何大，随流道益尊。洁斋齐物主，疗病夺医门。外秘千峰秀，旁通百潦奔。禅家休问疾，骚客罢招魂……痒闷头风切，爬搔臂力烦①。

"疗病夺医门"一句，反映了温泉对于"头风"的独特疗效。既然温泉对头风（即风眩、头眩）有神奇疗效，作为皇帝的高宗李治，自然也不会放过这种疗法。

据《新唐书》卷3《高宗本纪》载，李治采用温泉疗法至少有三次：

第一次：永徽五年（654）三月戊午，如万年宫。乙丑，次凤泉汤。

第二次：龙朔二年（662）十月丁酉，幸温汤，皇太子监国。丁未，至自温汤。

第三次：永隆元年（680）二月癸丑，如汝州温汤。汝州（治梁县，今河南省汝州市）属河南道，当距东都洛阳不远。

### （五）针刺放血疗法

《资治通鉴》卷203"唐高宗弘道元年"载："（秋七月）庚辰，诏以今年十月有事于嵩山；寻以上不豫，改用来年正月。十一月，丙戌，诏罢来年封嵩山，上疾甚故也。上苦头重，不能视，召侍医秦鸣鹤诊之。"胡三省注曰："殿中省尚药局有侍御医四人，从六品上。"鸣鹤说：请刺头出血，可愈。天后在帘中，不欲上疾愈，怒斥道："此可斩也，乃欲于天子头刺血！"鸣鹤叩头请命，高宗说："但刺之，未必不佳。"乃刺百会、脑户二穴，高宗说："吾目似明矣。"天后举手加额曰："天赐也！"自负彩百匹以赐鸣鹤。

《资治通鉴》"上苦头重"，宋人王谠《唐语林》作"脑痈殆甚"。"脑痈"即"脑瘤"，由于不做手术不能根除，所以秦鸣鹤的治疗虽有一定疗效，但因治标不治本，所以只是对高宗脑痈所致风眩（头眩）的缓解。《新唐书》卷221下《西域列传下·拂林》

---

① （清）彭定求等：《全唐诗》，北京：中华书局，1960年，第5775页。

说大秦人"有善医，能开脑出虫，以愈目眚"①。《希波克拉底文集》第九卷中说："当眼睛毫无显著病症便失明时，可以在头顶部切开，把柔软的几部分分开，穿过头骨，使液体全部流出。这是一种疗法，用此法病人便能痊愈。"②国际知名医史学者马伯英先生据此认为："秦鸣鹤所行之术与此相似。刺血治法也属古代欧洲疗治法，由景教徒来华施行，比较接近事实。"③可见，秦鸣鹤的刺血治法虽然没有根治高宗的风疾，但毕竟使高宗的风疾症状缓解了，况且这种治疗方法又可能自外国传入，所以代表了当时最高的医疗水平。

## 三、高宗"风疾"的治疗效果

三国时期，政治家、军事家、文学家曹操曾"苦头风"④，每发作，"心乱目眩"，神医华佗用针灸法治疗，"随手而差"。又有人"苦头眩，头不得举，目不得视，积年"，华佗及其弟子采取了独特的疗法："佗使悉解衣倒悬，令头去地一二寸，濡布拭身体，令周匝，候视诸脉，尽出五色。佗令弟子数人以铍刀决脉，五色血尽，视赤血，乃下，以膏摩被覆，汗自出周匝，饮以亭历犬血散，立愈。"⑤华佗弟子放血疗"头眩"与秦鸣鹤刺血疗"头重"相似，所不同者是放血的部位不同。又《魏书》卷91《术艺列传·周澹》载："周澹，京兆鄠人也，为人多方术，尤善医药，为太医令。太宗尝苦风头眩，澹治得愈。由此见宠，位至特进，赐爵成德侯。"⑥魏太宗拓跋嗣因患风疾而头眩，京兆人周澹治好了魏太宗的风疾而受宠。

唐高宗的"风疾"（中风）与三国时曹操等人的头风或风眩类似，三国时的医家对这种病的治疗效果是"随手而差""立愈"，唐代的医疗水平比三国北朝时期明显有了提高，为什么高宗皇帝采用减负疗法、"饵药"静养、避暑疗养、温泉疗法、针刺放血疗法等诸多方法，有时是两种方法的巧妙结合，而最终不能根治呢？原因有二：一是治疗方法受限制。唐高宗对自己风疾的治疗是重视的，早在显庆三年（658），即"诏征太白山人孙思邈至，居于鄱阳公主废府"；咸亨四年（673）夏四月，思邈被"征诣

---

① 《新唐书》卷221下《西域列传下·拂菻》，第6361页。

② 马伯英：《中国医学文化史》，上海：上海人民出版社，1994年，第393页。

③ 马伯英：《中国医学文化史》，第393页。

④ （晋）陈寿撰，陈乃乾点校：《三国志》卷29《魏书·方技传》，北京：中华书局，1975年，第802页。

⑤ 《三国志》卷29《魏书·方技传》裴松之注引《佗别传》，第803—804页。

⑥ （北齐）魏收：《魏书》，北京：中华书局，1974年，第1965页。

行在",随御高宗,侍疾于九成宫半年,仅实"授承务郎直长尚药局"之职,至上元元年(674)方得辞疾请归。孙思邈对于高宗风疾的治疗无疑是尽了力的,但治疗效果不详。侍医秦鸣鹤的刺血疗法虽有成效,却已接近高宗生命的尽头,即使这样还遭到了皇后武则天的阻挠,其他办法(如开颅术)就没有人敢提及了。二是高宗皇帝身体虚弱。高宗皇帝风流成性,早在做太子时,就敢冒杀头之罪,和庶母武则天(唐太宗才人)私通①。贞观二十二年(648)春,正月,己丑,上作《帝范》十二篇以赐太子。元人胡三省认为唐太宗的本意是好的,但对"太子病于柔弱好内"②没有一句话提及,感慨"人莫知其子之恶"。李治即皇帝位后,在制度上有了多占天下美女的保障,正如《旧唐书·后妃列传》所载:

> 唐因隋制,皇后之下,有贵妃、淑妃、德妃、贤妃各一人,为夫人,正一品;昭仪、昭容、昭媛、修仪、修容、修媛、充仪、充容、充媛各一人,为九嫔,正二品;婕妤九人,正三品;美人九人,正四品;才人九人,正五品;宝林二十七人,正六品;女御二十七人,正七品;采女二十七人,正八品;其余六尚诸司,分典乘舆服御③。

按照制度,除皇后外,皇帝的女人正一品至正八品应有121人。永徽年间,王皇后与萧淑妃争宠,给在感业寺为尼的武则天提供了回宫的机会,而这也是高宗皇帝梦寐以求的。武则天登上皇后宝座后,鉴于高宗皇帝对废后王皇后和萧淑妃旧情未泯,担心她们东山再起于己不利,便果敢地处死了二人。王皇后、萧淑妃虽然离去了,可皇帝身边光只有皇后是不够的,于是皇后的姐姐和侄女就补了上去,正如《资治通鉴》卷201"唐高宗麟德元年"所载:

> 初,武后能屈身忍辱,奉顺上意,故上排群意而立之;及得志,专作威福,上欲有所为,动为后所制,上不胜其忿。有道士郭行真,出入禁中,尝为厌胜之术,宦者王伏胜发之。上大怒,密召西台侍郎、同东西台三品上官仪议之。仪因言,"皇后专恣,海内所不与,请废之。"上意亦以为然,即命仪草诏。左右奔告于后,后遽诣上自诉。诏草犹在上所,上羞缩不忍,复待

---

① 孟宪实:《李治到底是一个什么样的人?》,氏著:《孟宪实读史漫记》,南京:凤凰出版社,2009年,第124页。

② 《资治通鉴》卷198,唐太宗贞观二十二年(648),第6251页。

③ 《旧唐书》卷51《后妃列传上》,第2161—2162页。

之如初；犹恐后怨怒，因绐之曰："我初无此心，皆上官仪教我。"①

赵文润先生据此分析说：

> 结合高、武本人状况和当时宫中的实情便知，高宗既爱武则天，又钟情其他女人，特别是武则天的姐姐"韩国夫人及其女（魏国夫人）以后故出入禁中，皆得幸于上"（《资治通鉴》卷201"唐高宗乾封元年"），这是武则天所不能容忍的。"上欲有所为，动为后所制"，就是指高宗的性放纵受到了武则天的限制……"羞缩"二字道出了高宗自己酿制的醋意。于是帝后联手铲除了上官仪及其同伙②。

身为皇帝，拥有至高无上的地位和权力，而宠幸自己钟爱的一两个女人，动不动就为皇后所制约，难怪高宗皇帝"不胜其忿"，心里窝火。著名中医贾堃说："情志不遂，是疾病发生、发展的重要因素。"③正所谓"百病生于气"啊！"脑烁"是"脑痈"的进一步发展，"脑烁"作为病名是指脑疽之虚症，此症"由阴精枯涸，毒火上炎所致"④。高宗弘道元年（683）十一月，李治"脑痈殆甚"，即将发展为"脑烁"了，因而高宗的病"由阴精枯涸，毒火上炎所致"。高宗之所以"阴精枯涸"，是因为他"柔弱好内"，风流成性，而贵为皇帝又为他提供了多占天下美女的条件；而"毒火上炎"是因为"所欲不遂"造成的，即他的性放纵时不时受到了皇后的制约。

《后汉书》卷82下《方术列传第七十二下·郭玉》载："和帝时，为太医丞，多有效应……帝乃令贵人羸服变处，一针即差。召玉诘问其状，对曰：'……夫贵者处尊高以临臣，臣怀怖慑以承之。其为疗也，有四难焉：自用意而不任臣，一难也；将身不谨，二难也；骨节不强，不能使药，三难也；好逸恶劳，四难也。'"⑤吕思勉先生据此分析说："此对则不尽实，要之贵人身弱，贫贱者身强，其真原因也。"⑥吕思勉先生认为，贵人病难治的真原因是"身弱"，这对于贵无极的高宗皇帝也是适用的。

综上所述，风疾（中风）是高宗疾病的总名，风眩（即"头眩"）、风痹、脑痈是

① 《资治通鉴》卷201，唐高宗麟德元年（664），第6342页。

② 赵文润：《唐高宗再评价》，氏著：《武则天与唐高宗新探》，第285页。

③ 贾堃：《中医癌瘤证治学》，西安：陕西科学技术出版社，1989年，第6页。

④ 《中医大辞典》编辑委员会编：《中医大辞典·基础理论分册》（试用本），第258—259页。

⑤ （南朝宋）范晔：《后汉书》，北京：中华书局，1965年，第2735页。

⑥ 吕思勉：《吕思勉读史札记》上册，上海：上海古籍出版社，1982年，第564页。

高宗疾病的具体名，也就是说，风眩（脑血栓形成）、风痹（脑栓塞）、脑痈（脑瘤）是高宗风疾的不同发展阶段。高宗的风疾虽采用减负疗法、"饵药"静养、避暑疗养、温泉疗法、针刺放血疗法等，有时是两种方法的巧妙结合，但终因贵为皇帝的高宗身体虚弱，且治疗方法受到限制，因而风疾一直在折磨他，使他"头重不可忍"，并最终把他送到了生命的尽头。

原文载《陕西师范大学学报》（哲学社会科学版）2013 年第 6 期

# 也谈秦鸣鹤的医术及其身份

**摘要：**高宗皇帝体质弱，其风眩且有脑痛，所以秦鸣鹤用"刺头微出血"来治疗，这与高宗的脑痛病症是相符的。至于武则天反对秦鸣鹤的疗法，重点是指"出血"，这有其合理的成分：一是儒家认为"身体发肤，受之父母，不敢损伤"，而"出血"有违儒家的孝道观；二是刺头上百会、脑户二穴，有一定风险，轻则致残，重则丧生。基于这两条理由，所以高宗对武则天的答复是"医人议病，理不加罪"。

**关键词：**秦鸣鹤；侍医；内病外治

## 一、秦鸣鹤为高宗疗病的基本材料与高宗疾病的名称

唐高宗是唐代的第三位皇帝。由于高宗不幸患上了"风疾"，为了治疗，他的方法之一是减负疗法，即放权让皇后来部分参政，结果出现了"二圣"的格局，皇后武则天渐渐独揽朝政。永淳二年（683）十一月，侍医秦鸣鹤奉命为皇帝治疗"风眩"，他采用"刺百会、脑户二穴出血"的办法，使高宗的疾患有所减轻。秦鸣鹤为高宗疗疾这件事，其材料主要有六条。

《旧唐书·高宗本纪下》记永淳二年（683）十一月：

> 上苦头重不可忍，侍医秦鸣鹤曰："刺头微出血，可愈。"天后帷中言曰："此可斩，欲刺血于人主首耶？"上曰："吾苦头重，出血未必不佳。"即刺百会，上曰：吾眼明矣！"①

《新唐书·高宗则天顺圣皇后武氏传》载：

> 帝头眩不能视，侍医张文仲、秦鸣鹤曰："风上逆，砭头血可愈。"后内幸帝殆，得自专，怒曰："是可斩，帝体宁刺血处邪？医顿首请命。帝曰：

---

① （后晋）刘昫等：《旧唐书》卷5《高宗本纪下》，北京：中华书局，1975年，第111页。

"医议疾，乌可罪？且吾眩不可堪，听为之！"医一再刺，帝曰："吾目明矣！"言未必，后帘中再拜谢，曰："天赐我师！"身负缯宝以赐①。

《资治通鉴》记此事于高宗弘道元年（683）：

> 上苦头重，不能视，召侍医秦鸣鹤诊之，鸣鹤请刺头出血可愈。天后在帘中，不欲上疾愈，怒曰："此可斩也，乃欲于天子头刺血！"鸣鹤叩头请命。上曰："但刺之，未必不佳。"乃刺百会、脑户二穴。上曰："吾目似明矣。"后举手加额曰："天赐也！"自负彩百匹以赐鸣鹤②。

唐刘肃《大唐新语·谀佞》载：

> 高宗末年，苦风眩头重，目不能视。则天幸灾逞己志，潜遏绝医术，不欲其愈。及疾甚，召侍医张文仲、秦鸣鹤诊之，鸣鹤曰："风毒上攻，若刺头出少血，则愈矣。"则天帘中怒曰："此可斩！天子头上岂是试出血处耶？"鸣鹤叩头请命，高宗曰："医之议病，理不加罪。且我头重闷，殆不能忍，出血未必不佳。朕意决矣。"命刺之。鸣鹤刺百会及胅（笔者按：当作脑）户出血。高宗曰："吾眼明矣。"言未必，则天自帘中顶礼以谢鸣鹤等曰："此天赐我师也。"躬负缯宝以遗之。高宗甚愧焉③。

《太平广记·医》引《谭宾录》说：

> 唐高宗苦风眩，头目不能视。召侍医秦鸣鹤诊之。秦曰："风毒上攻，若刺头出少血，愈矣。"天后自帘中怒曰："此可斩也。天子头上，岂是出血处邪？"鸣鹤叩头请命。上曰："医人议病，理不加罪。且吾头重闷，殆不能忍，出血未必不佳。朕意决矣。"命刺之。鸣鹤刺百会及脑户出血。上曰：

---

① （宋）欧阳修、宋祁：《新唐书》卷76《后妃列传上·高宗则天顺圣皇后武氏传》，北京：中华书局，1975年，第3477页。

② （宋）司马光编著：《资治通鉴》卷203，唐高宗弘道元年（683）十一月，北京：中华书局，1956年，第6415页。

③ （唐）刘肃撰，许德楠、李鼎霞点校：《大唐新语》卷9《谀佞》，北京：中华书局，1984年，第141—142页。

"吾眼明矣。"言未必，后自帘中顶礼以谢之曰："此天赐我师也。"躬负缯宝
以遗之<sup>①</sup>。

宋人王谠的《唐语林》也有详细记载：

> 高宗脑痛殆甚，待诏秦鸣鹤奏曰："须针百会方止。"则天大呼曰："天子
> 头上，可是出血处？"上曰："朕意欲针。"即时眼明，云："诸苦悉去，殊无
> 妨也。"则天走于帘下，自负银锦等赏赐，如向未尝怒也。

上述六条材料，互有出入，《新唐书》文字改写的较多，《旧唐书》《资治通鉴》
《大唐新语》《谭宾录》显然记述较为接近。有以下史事需要注意：（一）在身份方面，
《旧唐书》《新唐书》《资治通鉴》《大唐新语》《谭宾录》的作者均认为秦鸣鹤为侍医，
只有《唐语林》的作者认为秦鸣鹤为待诏。（二）对于被刺的穴位，《旧唐书》《唐语
林》则记为百会穴；《资治通鉴》《谭宾录》《大唐新语》则记为百会、脑户两穴，《新
唐书》虽省去穴位名称，但从"医一再刺"来分析，仍指百会、脑户两穴。（三）关于
武则天对秦鸣鹤为高宗治疗的态度，六条材料一致显示：武则天的本意是"不欲高宗
治愈"，起初以"天子头上，岂是出血处邪？"为由加以反对，待治疗有效果而高宗疾
病减轻时，她当什么事也没有发生而果断赏赐秦鸣鹤，反映了一个政治家的机敏和果
断。（四）《新唐书》《大唐新语》材料显示：秦鸣鹤为高宗治病时有另一侍医张文仲在
旁，且排名在秦鸣鹤之前；在治疗方案遭到皇后反对时，只有秦鸣鹤"顿首请命"（或
"叩头请命"），即冒着杀头的危险而坚持己见，这说明秦鸣鹤对高宗是忠诚的。这件事
秦鸣鹤只是得到皇后的赏赐，而张文仲事后却不断升官，表明他极有可能是皇后的心
腹。（五）对于高宗的病名，《新唐书》记为"头眩"，《大唐新语》《谭宾录》均记为
"风眩"，《唐语林》则记为"脑痛"。笔者曾撰专文，探讨高宗的"风疾"及其治疗，
认为风疾（脑卒中也称中风）是高宗疾病的总名，风眩（即"头眩"）、风痹、脑痛是
高宗疾病的具体名，也就是说，风眩（脑血栓形成）、风痹（脑栓塞）、脑痛（脑瘤）
是高宗风疾的不同发展阶段<sup>②</sup>。

---

①　（宋）李昉等编：《太平广记》卷218《医一·秦鸣鹤》，北京：中华书局，1961年，第
1671页。

②　张维慎：《唐高宗的"风疾"及其治疗》，《陕西师范大学学报》（哲学社会科学版）2013年
第6期。

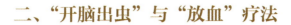

## 二、"开脑出虫"与"放血"疗法

在研究唐代中外医学文化交流时，现代学者桑原骘藏、陈邦贤、范行准、季羡林、马伯英等都注意到秦鸣鹤为高宗治病一事，并引申到域外"开脑出虫"上面。杜环《经行记》载：

> 大秦人善医眼及痢，或未病先见，或开脑出虫①。

《新唐书·拂菻国记》也说：

> 拂菻，古大秦也，居西海上……有善医能开脑出虫以愈目眚②。

"开脑出虫"可以愈疾是大秦国的医术。桑原骘藏认为"开脑出虫"是西亚的穿颅术，而域外穿颅术与秦鸣鹤"刺头出血"医术似有一定关系，又秦姓颇似三国时大秦人秦论之姓，从而将"开脑出虫"与"刺头出血"两事拉在一起。桑原此文原是日文，在20世纪30年代，由何建民译成中文。桑原只是认为两者可能存在关系，并非毫无余地加以肯定。何建民译文则说："其手术似与外国穿颅术有若干关系，殆无疑焉。"③两者实有出入，而后来研究者则根据何建民译文，因而被误导了思考方向④。

陈邦贤根据《资治通鉴》"上苦头重不能视，召侍医秦鸣鹤诊之……乃刺百会脑户二穴"的材料，认为"穿颅术和刺血疗法相关联"，"上指高宗而言，这就是穿颅术；三国时代如华佗用麻沸散行刳割手术，所以有人疑惑华佗是印度人，大概就是受印度外科手术的影响"⑤。

范行准在《古代中西医药之关系》一文中指出：

① （唐）杜佑撰，王文锦等校点：《通典》卷193引杜环《经行记》，北京：中华书局，1988年，第5266页。

② 《新唐书》卷221下《西域列传下·拂菻》，第6260—6261页。

③ 〔日〕桑原骘藏著，何建民译：《隋唐时代西域人华化考》，台北：新文丰出版公司重印，1979年。

④ 范家伟：《秦鸣鹤的医术及其身份》，氏著：《中古时期的医者与病者》，上海：复旦大学出版社，2016年，第139—140页。

⑤ 陈邦贤：《中国医学史》（插图珍藏本），北京：团结出版社，2009年，第89页。

桑原氏之此种推测与假设，固不能谓其全无理由，然秦姓未必皆为大秦人，在未获得确证之前，宁过而存之可也①。

此说有理。

景教在唐代不仅已传入中国，而且比较流行，西安碑林博物馆藏《大秦景教流行中国碑》可证。马伯英在《中国医学文化史》中指出：

> 亨利玉尔著《古代中国闻见录》称："聂派教徒，多精岐黄术。"德国学者夏德（F·Hirth）指出："景教徒多擅医术，在西亚负有盛名。他们译希腊医书为阿拉伯文……"可为旁证。《希波克拉底文集》第九卷中说："当眼睛毫无显著病症便失明时，可以在头顶部切开，把柔软的几部分分开，穿过头骨，使液体全部流出。这是一种疗法，用此法病人便能治愈。"秦鸣鹤所行之术与此相似。刺血治法也属古代欧洲疗治术，由景教徒来华施行，比较接近事实。而"开脑出蛊""刺血疗风眩"，在一般民众视如神术一般，无不称异②。

他在另一书中则说：

> 秦鸣鹤所行之术似有共同之点，而所谓"刺百会"治眼，中医针灸传统所无，或属希氏（指希波克拉底文集）之法。秦鸣鹤之"秦"可能标记为大秦之医。不过，刺百会与穿头骨引流脑液毕竟为两码事③。

从马伯英先生的论述可知，他认为秦鸣鹤可能是景教医生。

季羡林先生说：

> 唐高宗这个故事，讲的是治头疾，而兼及眼睛，所以高宗才说："吾眼明矣。"
> 这同我上面所讲的开脑有什么关系呢？开颅手术在现代是司空见惯，但

---

① 范行准：《古代中西医药之关系》，《中西医药》1936年2卷第10期，第26页。
② 马伯英：《中国医学文化史》，上海：上海人民出版社，1994年，第393页。
③ 马伯英、高晞、洪中立：《中外医学文化交流史》，上海：文汇出版社，1993年，第250—251页。

在古代却是神奇的。然而又确有其事，不能否认。大秦人能"开脑出虫，以愈目眚"。中国《三国志演义》也有华佗"开脑"的故事。至于"出虫"，则恐是幻想。连"开脑"这件事，在某些地方，恐怕有的也是针刺的夸大，不可尽信[①]。

季先生虽指出古代"开脑"确有其事，但他同时又认为"开脑"这件事，"在某些地方，恐怕有的也是针刺的夸大，不可尽信"，态度非常明确。

对于"所谓出虫"，桑原骘藏认为"不外中国人惯用之夸张的形容词耳"[②]。而季羡林先生认为"则恐是幻想"。

黄兰兰的《唐代秦鸣鹤为景医考》一文[③]，认为张文仲治不好高宗的病，而需要找域外医生，而域外医生无心理负担，可持平常心医治，故相信秦鸣鹤为域外医家。范家伟认为从这样的角度去论证秦鸣鹤为大秦人及景医，论据十分薄弱[④]。此说有理。

## 三、唐高宗的"风疾"治疗以"补正"为主

在传统中医理论中，眼疾与风头眩有密切关系。隋巢元方《诸病源候论·风头眩候》载：

> 风头眩者，由血气虚，风邪入脑，而引目系故也。五脏六腑之精气，皆上注于目，血气与脉并于上系，上属于脑，后出于项中。逢身之虚，则为风邪所伤，入脑则脑转而目系急，目系急故成眩也[⑤]。

既然风头眩的病因是"血气虚，风邪入脑"，而唐高宗"柔弱好内"[⑥]，"柔弱"本就是身体单薄，也就是体虚，而"好内"即好色又加重了他的虚弱，那么他得风眩也就不

---

① 季羡林：《印度眼科医术传入中国考》，《国学研究》1994年第2期，第555—560页。

② 范行准：《古代中西医药之关系》，《中西医药》1936年2卷第10期，第26页。

③ 黄兰兰：《唐代秦鸣鹤为景医考》，《中山大学学报》（社会科学版）2002年第5期，第61—67页。

④ 范家伟：《秦鸣鹤的医术及其身份》，氏著：《中古时期的医者与病者》，上海：复旦大学出版社，2016年，第139页。

⑤ （隋）巢元方撰，丁光迪等校注：《诸病源候论校注》卷2《风头眩候》，北京：人民卫生出版社，2013年，第37页。

⑥ 《资治通鉴》卷189，唐太宗贞观二十二年（648）正月，第6251页。

足为怪了，其得病机理是："今人纵情嗜欲，以致肾气虚衰，根先绝矣。一或内伤劳役，或六淫七情，少有所触，皆能卒中，此阴虚阳暴绝也。"[①]

风眩的治疗，中医有多种方法。《千金方·风眩》载：

> 所治风眩汤散丸煎，凡有十方。凡人初发，宜急与续命汤也。困急时但度灸穴，便火针针之，无不差者。初得针竟便灸，最良[②]。

可见，孙思邈论及治风眩，处方和针灸皆可，以灸法最好。

贵为皇帝的唐高宗，掌握的医疗资源最多，因而其风眩的治疗方法，也呈多样化，计有减负疗法、"饵药"静养、避暑疗养、温泉疗法、针刺放血疗法等[③]，有时是两种方法的巧妙结合，针刺放血疗法只是众多方法之一。

明朝名医李中梓说："故富贵之疾，宜于补正；贫贱之疾，利于攻邪。"[④]这是说，富贵人的病宜于"补正"，贫贱人的病宜于"攻邪"，造成这种区别是富贵人的体质弱而贫贱人的体制强的缘故。正是因唐高宗的体质弱，所以对他风疾的治疗，应以"补正"为主，在这方面，孙思邈和"善疗风疾"的侍医张文仲应该都发挥其作用了。

《备急千金要方》卷一《序例·服饵第八》载：

> 凡人忽遇风疾，身心顿恶，或不能言，有如此者当服大小续命汤及西州续命、排风、越婢等汤。于无风处密室之中，日夜四五服，勿计剂数多少，亦勿虑虚，常使头面手足腹背汗出不绝为佳。服汤之时，汤消即食粥，粥消即服汤，亦少与羊肉臛将补。若风大重者，相续五日五夜服汤不绝。即经二日停汤，以羹臛自补将息四体。若小差即当停药，渐渐将息。如其不差，当更服汤攻之，以差为度。

据此可知，得"风疾"的人，须在无风处密室之中服汤药或粥，常使头面手足腹背汗

---

① （明）赵献可：《医贯》卷2《主客辨疑·中风论》，北京：人民卫生出版社，1985年，第21页。

② （唐）孙思邈：《备急千金要方》卷14《小肠府·风眩》，北京：人民卫生出版社，1982年，第253页。

③ 张维慎：《唐高宗的"风疾"及其治疗》，《陕西师范大学学报》（哲学社会科学版）2013年第6期。

④ （明）李中梓撰，徐容斋、范永升点校：《医宗必读》，上海：上海科学技术出版社，1987年，第5页。

出不绝为佳。若有好转，即当停药，慢慢将息；如果没有好转，当更服汤药急攻。他又说："凡患风服汤，非得大汗，其风不去。所以诸风方中，皆有麻黄。至如西州续命即用八两，越婢六两，大小续命或用一两三两四两，故知非汗不差。所以治风非密室不得。"这是说，治疗风疾，需把握两点：一是非处于密室不可；二是须发汗才有望痊愈。

《旧唐书·张文仲传》载：

　　张文仲，洛州洛阳人也。少与乡人李虔纵、京兆人韦慈藏并以医术知名。文仲，则天初为侍御医。时特进苏良嗣于殿庭因拜跪便绝倒，则天令文仲、慈藏随至宅候之……文仲尤善疗风疾。其后则天令文仲集当时名医共撰疗风气诸方，仍令麟台监王方庆监其修撰。文仲奏曰："风有一百二十四种，气有八十种。大抵医药虽同，人性各异，庸医不达药之行使，冬夏失节，因此杀人。唯脚气头风上气，常须服药不绝，自余则随其发动，临时消息之。但有风气之人，春末夏初及秋暮，要得通泄，即不困剧。"于是撰四时常服及轻重大小诸方十八首表上之。文仲久视年终于尚药奉御。撰《随身备急方》三卷，行于代[①]。

张文仲乃唐代名医，两《唐书》皆有传。张文仲最善于治疗风病，在王焘《外台秘要》中就引录了张文仲《疗诸风病方九首》。《外台秘要方·卒中风方七首》引崔氏记说小续命汤云：

　　余昔任户部员外，忽婴风疹，便服此汤，三年之中，凡得四十六剂，风疾讫今不发。余曾任殿中少监，以此状说向名医，咸云此方为诸汤之最要。

崔氏指崔知悌，他遇到治风疾的"小续命汤"药方有奇效，就与其他名医交流；崔知悌在高宗时官户部尚书，并撰有《产图》《崔氏纂要方》《骨蒸病灸方》。既然小续命汤治风疾有奇效，却不曾看到张文仲用于高宗的治疗。

有唐一代，"服饵风气仍然盛行，特别在官僚阶层"[②]。唐高宗是一个有主见的人，他深知自己的体质柔弱，故对其"风疾"的治疗以"补正"为主，对域外的医疗也不

---

① 《旧唐书》卷191《方伎·张文仲传》，第5100页。
② 范家伟：《大医精诚——唐代国家、信仰与医学》，台北：东大图书股份有限公司，2007年，第106页。

排斥。咸亨初，"胡僧卢伽阿逸多奉诏合长年药，高宗将饵之"①，大臣赫处俊以太宗服胡僧药暴薨的事实加以劝阻，高宗才不服其药。

但到后来，在治疗中出于"补正"的需要，他又开始"饵药"了。

乾封二年（667）九月庚申，高宗"以饵药，皇太子监国"②。

开耀元年（681）七月（闰月）庚戌，高宗"以饵药，皇太子监国"③。《资治通鉴》也载，开耀元年"上以饵药，令太子监国"④。

永隆二年（681）闰七月庚申，唐高宗"以服饵，令皇太子监国"⑤。

所谓"饵药"，也就是孙思邈所说的"服饵"。饵"是金石之药，性烈，唐太宗即因饵金石中毒暴亡"⑥。唐高宗这次治疗前，做了两手准备：一是任命裴炎为侍中，负宰相之责；二是为防不测，又令太子监国。可见这时病已不轻，而"服饵"虽能令高宗产生短暂的精神焕发，但却加重了他的病情。而对于年过50岁且大虚的人，孙思邈认为"服三石更生，慎勿用五石也。"开耀元年（681）七月（闰月），年已54岁且身体大虚的唐高宗，他的"服饵"之"饵"应是"五石"（礜石、紫石英、白石英、赤石脂、石钟乳）或"三石"（"五石"中的三种），而"五石"之一的礜石，"就是砷黄铁矿（$FeAsS$），又叫毒砂，是一种含砷的有毒矿物，辛热有毒，有去风痹，除腹中寒癖，治鼠瘘，明目利耳之功"，其功效与高宗身患风疾且大虚的身体状况是对症的。而五石中的石钟乳"味甘温，无毒。主咳逆上气，明目，益精，安五藏，通百节，利九窍，下乳汁，益气，补虚损，疗脚弱疼冷，下焦伤竭，强阴。久服延年益寿，好颜色，不老，令人有子。不炼食之，令人淋"⑦。与高宗的病情也是对症的。唐太宗曾因服金石药而患"痈"⑧，唐高宗"服饵"（饵为"五石"或"三石"）对其"风疾"虽有效果，但也导致了他后来的脑痈，证据见前引《唐语林》的记载。

---

① 《旧唐书》卷84《赫处俊传》，第2799页。

② 《新唐书》卷3《高宗本纪》，第66页。

③ 《新唐书》卷3《高宗本纪》，第76页

④ 《资治通鉴》卷202，唐高宗开耀元年（681）闰七月，第6403页。

⑤ 《旧唐书》卷5《高宗本纪下》，第108页。

⑥ 胡戟：《武则天本传》，北京：北京大学出版社，2011年，第73页。

⑦ 《外台秘要方》引《薛侍郎服钟乳石体性论》，转引自范家伟：《大医精诚——唐代国家、信仰与医学》，第110页。

⑧ 《资治通鉴》卷198，唐太宗贞观十四年（640）十二月，第6232页。

## 四、秦鸣鹤"刺头微出血"为中医内病外治法

针对黄兰兰《唐代秦鸣鹤为景医考》一文，范家伟撰《秦鸣鹤是景教医生吗？》一文①，认为秦鸣鹤的医术为中医传统疗法。王彦、杜文玉《唐高宗刺颅出血与中外医学交流》一文，不仅认为秦鸣鹤的医术为中医传统疗法，而且认为秦鸣鹤是中国医生②。此说有理。

《备急千金要方·风懿》载："论曰：风寒之气客于中，滞而不能发，故喑不能言，及喑哑失声，皆风邪所为也。入脏皆能杀人，故附之于治风方之末。凡尸厥而死，脉动如故，此阳虚下坠，阴脉上争，气闭故也。针百会入三分，补之。"③晋皇甫谧《针灸甲乙经》载："百会，一名三阳五会，在前顶后一寸五分，顶中央旋毛中，陷容指，督脉、足太阳之会，刺入三分，灸三壮。"④《针灸甲乙经》又载："头重项痛，目不明，风则脑中寒，重衣不热，汗出，头中恶风，刺脑户。"⑤《备急千金要方·诸风》载："治风，灸上星二百壮，前顶二百四十壮，百会二百壮，脑户三百壮，风府三百壮。"⑥

中医经络学说是其针灸穴位而治病的理论基础。针灸百会、脑户二穴，对于"风疾"引起的"目不明"均有效，但得病初期，以灸法有效且能除根。三国时期，政治家、军事家、文学家曹操曾"苦头风"，每发作"心乱目眩"，神医华佗用针刺法治疗"随手而差"。华佗治曹操的"头风"是用针刺，虽暂时得到了控制，但却不能除根。

陈明说："高宗的风眩之疾痛苦多年，如果中国针刺百会、脑户二穴就有眼明之效，那么，他何不早日诊治，而要等到生命之火将熄之际才请来秦鸣鹤。"⑦陈明的疑问，我们不能不回答。

《素问·刺禁论篇》载："刺头，中脑户，（入脑）立死。"⑧可见，针刺对"风疾"

①　范家伟：《大医精诚——唐代国家、信仰与医学》，第207—223页。

②　王彦、杜文玉：《唐高宗刺颅出血与中外医学交流》，《江汉论坛》2016年第11期。

③　（唐）孙思邈：《备急千金要方》卷8《诸风》，第169页。

④　（晋）皇甫谧撰，张灿玾、徐国仟校注：《针灸甲乙经校注》（上册）卷3《头直鼻中入发际一寸循督脉却行至风府凡八穴第二》，北京：人民卫生出版社，2014年，第351页。

⑤　（晋）皇甫谧撰，张灿玾、徐国仟校注：《针灸甲乙经校注》（下册）卷10《阳受病发风第二下》，第1197页。

⑥　（唐）孙思邈：《备急千金要方》卷8《诸风》，第161页。

⑦　陈明：《〈海药本草〉的外来药与中外文化背景》，《国学研究》第21卷，北京：北京大学出版社，2008年，第1—17页。

⑧　郭蔼春主编：《黄帝内经素问语译》，北京：人民卫生出版社，1996年，第299页。

引起的"目不明"虽有效，但不能根除，而且还有很大危险（《外台秘要》不收针法即是这个缘故）[①]，故不为皇帝采纳是很正常的。

华佗治"头眩"还有一法，就是"以铍刀决脉"的出血法：

> 又有人苦头眩，头不得举，目不得视，积年。佗使悉解衣倒悬，令头去地一二寸，濡布拭身体，令周帀（匝），候视诸脉，尽出五色。佗令弟子数人以铍刀决脉，五色血尽，视赤血，乃下，以膏摩被覆，汗自出周帀（匝），饮以亭历犬血散，立愈[②]。

这里的"帀"，应是"匝"的残字，这样文义才能讲得通。华佗弟子"以铍刀决脉"出血疗"头眩"与秦鸣鹤"刺头微出血"疗"风眩"相似，所不同者，可能是出血的部位不同。

《灵枢经·寿夭刚柔第六》载：

> 久痹不去其身，视其血络，尽出其血[③]。

据此可知，华佗治疗头眩多年的病人，其依据应该来源于此。

著名中医贾堃说："情志不遂，是疾病发生、发展的重要因素。"[④] 正所谓"百病生于气"啊！"脑烁"是"脑痛"的进一步发展，"脑烁"作为病名是指脑疽之虚症，此症"由阴精枯涸，毒火上炎所致"。高宗弘道元年（683）十一月，李治"脑痛殆甚"，即将发展为"脑烁"了，因而高宗的病"由阴精枯涸，毒火上炎所致"。高宗之所以"阴精枯涸"，是因为他"柔弱好内"，风流成性，而贵为皇帝又为他提供了多占天下美女的条件；而"毒火上炎"是因为"所欲不遂"造成的，即他的性放纵时不时受到了皇后的制约。

《灵枢经·寿夭刚柔第六》载："故曰：病在阳者，命曰风；病在阴者，命曰痹；

---

① （唐）王焘：《外台秘要》卷39载："经云：针能杀人，若欲录之，恐伤性命，今并不录针经，唯取灸法。"

② （晋）陈寿撰，陈乃乾点校：《三国志》卷29《魏书·方技传第二十九·华佗》裴松之注引《佗别传》，北京：中华书局，1982年，第803—804页。

③ 南京中医学院中医系编著：《黄帝内经灵枢译释》，上海：上海科学技术出版社，1986年，第62页。

④ 贾堃：《中医癌瘤证治学》，西安：陕西科学技术出版社，1989年，第6页。

阴阳俱病，命曰风痹。"①到秦鸣鹤为高宗施治时，高宗的"风疾"已发展为阴阳俱病的"风痹"了。

范家伟先生指出："在针灸理论中，这两穴（百会、脑户）主治风眩。所以，病得以治好是因为针刺了百会和脑户，而不是因为放血。"②笔者的观点恰好相反，出血是高宗风眩减轻的前提，这从秦鸣鹤的冒死请求与高宗的赞赏和允诺以及武则天不欲高宗治愈而反对可以想见，同时从华佗的治疗案例也可得到启发。范家伟先生根据费兰波《中国头针疗法》（科学技术文献出版社2000年版）一书的相关记载，也承认中医有针刺出血疗法。

秦鸣鹤对高宗的"刺头微出血"的治疗方案，重点是"出血"，为了与西方的"放血"疗法相区别，我们姑且称之为"针刺出血疗法"，它可能正是受华佗的方案启发而来，而华佗的方案在中医典籍中也有依据。秦鸣鹤与张文仲皆为侍医，但两人各有所长，秦鸣鹤"以善针医为侍医"，他考虑华佗的病人与自己的病人得的虽都是头眩（风眩），但两人的体质强弱不同，华佗的病人体质强，所以才用"以铍刀决脉"出大量血来疗"头眩"，而高宗皇帝体质弱，其风眩且有脑痈，所以秦鸣鹤用"刺头微出血"来治疗，其具体做法是中医的赞刺："赞刺者，直入直出，数发针而浅之出血，是谓治痈肿也。"③这与高宗的脑痈病症是相符的。

至于武则天反对秦鸣鹤的疗法，重点是指"出血"，这有其合理的成分：一是儒家认为"身体发肤，受之父母，不敢损伤"，而"出血"有违儒家的孝道观；二是刺头上百会、脑户二穴，有一定风险，轻则致残，重则丧生，《图经》卷3所谓"脑户禁不可针，亦不可妄灸"④即其证。基于这两条理由，所以高宗对武则天的答复是"医人议病，理不加罪"。

高宗的"风眩（即头眩）头重""苦头重不可忍"是脑痈（即"脑瘤"）造成颅压过高而压迫视神经造成的；秦鸣鹤于高宗头顶的百会等穴针刺出血使颅压降低，视神经受颅压的压迫也随之减轻，高宗头重减轻进而目明就在情理之中了。侍医秦鸣鹤的治疗，虽使高宗头重减轻且目明能视，但因治标不治本，脑痈一直在作祟，痊愈无望，一个月后他想登上则天门楼宣布改元弘道，却因"气逆不能乘马"，当夜召裴炎受遗诏辅政，随后溘然长逝，享年56岁，仅比其父多活了三四年。

综上所述，秦鸣鹤为唐高宗的"刺头微出血"疗法，被研究中外关系史的学者与

---

① 南京中医学院中医系编著：《黄帝内经灵枢译释》，第60页。

② 范家伟：《秦鸣鹤的医术及其身份》，氏著：《中古时期的医者与病者》，第149页。

③ 南京中医学院中医系编著：《黄帝内经灵枢译释》，第71页。

④ 郭蔼春主编：《黄帝内经素问校注》下册，北京：人民卫生出版社，1996年，第643页。

"开脑出虫"联系起来，也有的学者认为是"放血"疗法，从而认为秦鸣鹤是大秦的景教医生。反对派认为，秦鸣鹤为大秦景教医生的说法缺乏直接证据，且推测成分较多，难以服人；同时他们认为，秦鸣鹤的治法是传统的中医疗法。笔者基本同意后一种说法，但同时认为，秦鸣鹤对高宗的"刺头微出血"的治疗方案，重点是"出血"，我们姑且称之为"针刺出血疗法"，其依据是中医的"刺络"。秦鸣鹤与张文仲皆为侍医，但两人各有所长，秦鸣鹤"以善针医为侍医"，他考虑华佗的病人与自己的病人得的虽都是头眩（风眩），但两人的体质强弱不同，华佗的病人体质强，所以才用"以铍刀决脉"出大量血来疗"头眩"，而高宗皇帝体质弱，其风眩且有脑痛，所以秦鸣鹤用"刺头微出血"来治疗，其具体做法应是中医的赞刺："赞刺者，直入直出，数发针而浅之出血，是谓治痈肿也。"这与高宗的脑痛病症是相符的。至于武则天反对秦鸣鹤的疗法，重点是指"出血"，这有其合理的成分：一是儒家认为"身体发肤，受之父母，不敢损伤"，而"出血"有违儒家的孝道观；二是刺头上百会、脑户二穴，有一定风险，轻则致残，重则丧生。基于这两条理由，所以高宗对武则天的答复是"医人议病，理不加罪"。

原文载丁伟主编：《乾陵文化研究》，西安：三秦出版社，2019年

# 唐人"气疾"小考

## ——以出土墓志为主的考察

**摘要：**唐人的"气疾"既可以治愈，又可以夺取人的生命，而在卑湿环境、暑天、登高、心里不安时则会加重病情，由此我们认为，当时的"气疾"是指中医的喘症，也就是现代医学的呼吸困难（不包括肺结核、矽肺）。

**关键词：**唐人；气疾；喘症；呼吸困难

"气疾"一词，权威工具书《辞源》《辞海》及台湾版《大辞典》皆不收。而在唐代的墓志中，有数方墓志的志主，其致死之病均与"气疾"有关。因而，弄清"气疾"为现代哪一类病，对于我们今人的养生保健，无疑具有借鉴作用。

《唐故涪州永安县令轻车都尉乐君（善文）墓志铭并序》载：

> 君讳善文，字善文，南阳人也。曾祖晵，后魏冠军将军、高平郡太守。祖隆，后魏安南将军、东莱郡太守。父贞，齐太子舍人，隋忻州长史。君……起家冯翊郡冯翊县户曹……寻授绛州稷山县丞……以君功名克著，品秩优隆，迁秦州长川县令。氐羌之地，礼仪罕闻。下车未几，顿移风俗……改授荆州石首县令……改授商州上洛县令。东邻武关，西界峣关……改授涪州永安县令。地连庸蜀，俗号蛮夷……操刀未几，充使惟扬。途次江陵，婴缠气疾。正当延斯天禄，振此芳猷。岂谓五福未终，三灵降眚。以贞观廿一年正月廿日，卒于荆州石首县归义里，春秋六十有七。呜呼哀哉！即以其年十月八日，葬于河南县平乐乡安川里[1]。

据此可知，志主乐善文之曾祖、祖、父都曾为官，而他本人官数任县令，最终因"气疾"缠身，贞观二十一年（647）正月二十日卒于荆州石首县归义里，享年67岁。

---

① 吴钢主编：《全唐文补遗》第二辑，西安：三秦出版社，1995年，第92页。

《大唐徐氏刘夫人墓志》载：

> 维大唐贞观廿一年岁次丁未十月甲寅朔廿日癸酉，徐氏妻刘夫人，洛州河南县洛邑乡人。顺天敬寿，春秋八十有二。于其年十月十日，气疾暴增，奄然殡馆。今葬在邙山之阳、洛邑东北郊洛阳县界清风之原、故仓东王村西南一百余步[①]。

据此可知，徐氏妻刘夫人是因"气疾暴增"而于贞观二十一年十月十日奄然殡馆的，享年82岁。

《唐故平凉郡都尉骠骑将军史公（索岩）墓志铭并序》载：

> 以显庆元年五月十三日气疾暴增，薨于原州万福里第，春秋七十有八[②]。

据此可知，志主史索岩是因"气疾暴增"，显庆元年（656）五月十三日薨于原州（治平高县，今宁夏回族自治区固原市原州区）万福里第，享年78岁。

紫薇舍人王丘《冠军大将军行右卫将军上柱国河东郡开国公杨君亡妻新城郡夫人独孤氏志铭并序》载：

> 夫人姓李氏，陇西成纪人也。祖楷，隋开皇中有功，赐姓独孤氏……曾祖屯，周开府仪同三司。祖楷，隋开府仪同三司、骠骑大将军、并益原三州大总管、汝阳郡开国公。父卿云，皇朝右威卫大将军、上柱国、汝阳郡开国公，赠益州大都督……夫人生钟鼎之门，备母师之训。幼则仁孝，长而聪明……我家既彤矢千年，杨氏亦朱轮百代。媾是匹敌，薄言旋归……杨君神龙之初，匡复宗社……为武三思所搆，长任沁州刺史，不许东西。夫人忧愤而作，窒惕攸往。乃乘肩舆，列步障，激扬枉直，词理慷辩，执事者感而贤之，杨君竟以迁职。因染气疾，迄为沉疴……俄封新城郡夫人，从夫贵也……以开元四年三月三十日，终于平康里之私第，春秋四十有八。以其年八月二十九日，卜厝于洪渎原，礼也[③]。

---

①　吴钢主编：《全唐文补遗》第二辑，第93页。

②　罗丰编著：《固原南郊隋唐墓》，北京：文物出版社，1996年，第47页。

③　吴钢主编：《全唐文补遗》第一辑，西安：三秦出版社，1994年，第97页。

据此可知，不论是杨君还是其妻独孤氏，都是官宦世家。杨君妻独孤氏"因染气疾，迄为沉疴"，以开元四年（716）三月三十日终于平康里私第，享年48岁。

伯父大理寺丞新除泾州司马寇洋撰《大唐故孝廉上谷寇君墓志铭并序》载：

> 寇钧，字子平，小字弄璋，上谷昌平人也。姓为著族，世戴清范。隋襄国郡守通城闵公暹之曾孙，曹州长史思远之孙，宋州刺史上谷公沘之元子也……年登弱冠，以明经擢第。勤学损心，便婴气疾。以大唐开元十一年五月三日卒于京兆府延康里之私第，春秋廿三[①]。

据此可知，官宦世家出身的寇钧因"勤学损心，便婴气疾"，在大唐开元十一年（723）五月三日卒于京兆府延康里私第，享年仅23岁。

《唐元功臣故冠军大将军右龙武军大将军张公（登山）墓志铭并序》载：

> 君讳登山，字伯伦，敦煌人也……俄迁左骁卫翊府右郎将，次任左领军卫翊府中郎，赐紫金鱼袋。开廿七载，授云麾将军、右龙武军翊府中郎，次改授左清道率府率，迁冠军将军，封经城县开国侯，食邑七百户，加本军大将军……天宝十四载九月十二日，气疾暴增，奄捐亢舍，春秋九十焉[②]。

据此可知，天宝十四载（755）九月十二日，冠军将军张伯伦因"气疾暴增"奄捐亢舍，享年90岁。

卢士举《唐前杭州余杭县尉卢士举故夫人陇西李氏墓志铭并序》载：

> 夫人字省，第十二，陇西成纪人也。氏族之甲，炳于史牒。祖惟慎，滏阳县丞。父衡，户部侍郎。夫人即侍郎之长女……夫人性本明敏，意克柔顺。年二十归于士举……及丁户部忧，哀毁过礼，貌逾苴枲。夫人先有微气疾，由是寖剧。以贞元十一年岁次乙亥五月廿一日终于越州会稽县玄真坊官舍，享年二十六[③]。

① 周绍良主编：《唐代墓志汇编》下册，上海：上海古籍出版社，1992年，第1329页。

② 吴钢主编：《全唐文补遗》第三辑，西安：三秦出版社，1996年，第103—104页。

③ 毛阳光主编：《洛阳流散唐代墓志汇编续集》中册，北京：国家图书馆出版社，2018年，第509页。

据此可知，作为户部侍郎李衡的长女、卢士举的夫人，李省因其父去世"哀毁过礼"而导致她贞元十一年（795）气疾"寖剧"谢世，享年仅26岁。

乡贡进士李枢撰《唐乡贡进士赵郡李枢妻晋昌夫人（焕）墓志铭》载：

> 维唐元和十四年二月十五日，乡贡进士李枢妻唐氏终，享年二十一。以其年八月二十六日归葬于东都河南县万安乡谢村之原，祔于李氏大父母茔南近百步，东南去先舅姑茔远五里。枢为其志，辞云：夫人讳焕，字文约，晋昌人……夫人素婴气疾……竟以沉痼弥留，而至不寤[①]。

据此可知，唐乡贡进士赵郡李枢妻晋昌夫人唐焕于元和十四年（819）二月十五日因沉痼（气疾）弥留，而至不寤，享年仅21岁。

《唐故右龙武军散将天水赵府君墓志铭并序》载：

> 公讳晋，字晋，其先天水赞皇人也……以元和十四年三月十一日染气疾终于永兴里之私第，春秋六十七[②]。

据此可知，天水赵晋元和十四年（819）三月十一日染气疾终于永兴里之私第，享年67岁。

《唐故扬州大都督府法曹参军京兆韦府君故夫人荥阳郑氏墓记》载：

> 夫人第十五，姓郑氏，其先荥阳人也。大和八年九月十六日，暴染气疾，奄弃背于扬州江都县来凤里之私第，享年五十八……夫人曾祖讳元久，皇朝赠随州刺史；大父讳景之，皇朝赠右赞善大夫；烈考澍，皇朝尚书仓部员外郎。夫人即仓部之次女[③]。

据此可知，茂族出身的荥阳郑十五（女）因"暴染气疾"，大和八年（834）九月十六日卒于扬州江都县来凤里私第，享年58岁。

朝议郎前行亳州鹿邑县尉上柱国杜元茂撰《唐故中散大夫使持节密州诸军事守密州刺史兼御史中丞上柱国赐紫金鱼袋穆府君（诩）夫人河东薛氏墓志铭并序》载：

① 郭茂育、赵水森编著：《洛阳出土鸳鸯志辑录》，北京：国家图书馆出版社，2012年，第206页。
② 胡戟：《珍稀墓志百品》，西安：陕西师范大学出版社，2016年，第187页。
③ 周绍良主编：《唐代墓志汇编》下册，上海：上海古籍出版社，1992年，第2154页。

夫人姓薛，河东人也。其所由来，国史详之……文宗皇帝践祚，其四年，府君被人诬惑，睿旨未谕，窜逐遐荒。夫人领诸童幼，居于伊洛。以冤横未雪，常惨惨内忧，遂栖心释氏，得大乘之旨归，得甘露之上味，果契素愿。岁余，而府君会赦而归。不一年，寝疾弃世。自后夫人尝染气疾，绵联经时，有加无廖。以会昌三年癸亥岁四月廿八日捐馆于东都绥福里之私第，享年卅六①。

据此可知，河东薛夫人自丈夫穆府君（讳）含冤去世后"尝染气疾，绵联经时，有加无廖"，会昌三年（843）四月二十八日捐馆于东都绥福里之私第，享年46岁。

堂犹子、儒林郎、监察御史里行崔元范《唐故汴州雍丘县尉清河崔府君（枞）夫人范阳卢氏合祔墓志铭并序》载：

　　夫人卢氏，范阳涿人也……曾大父□□，皇大理司直。大父宏，绛州曲沃丞……烈考专，□□二州刺史……夫人即夔州之次女。生二十有二年，归于我伯父雍丘府君……伯父讳枞，字茂卿……府君以宝历之始，再从调于天官，得汴之雍丘尉。未及任所，捐馆于东周旧里。夫人衔未亡之感，携挈幼稚，卜居于郑之别邑……逮今大中七年春，次子同靖，始以门荫调尉汝之梁县……三子承颜于膝下，群寮拜庆于门首。士林之内，咸所荣慕。而风婴气疾，至是寖极。名医上药，茫然莫救。以六月廿一日，告终于临汝郡权居之第，享年六十七……问于蓍龟，得其年八月二十六日甲申之吉，遂合祔于洛阳县平阴乡陶村北原、雍丘府君之玄堂，礼也②。

据此可知，崔枞夫人卢氏的曾大父、大父、烈考，都曾为官，可谓官宦世家。卢氏因染气疾，"名医上药，茫然莫救"，于大中七年（853）六月二十一日终于临汝郡，享年67岁。

以上所述12位因"气疾"而死的志主，乐善文、徐氏妻刘氏皆死于贞观二十一年（647），史索岩死于显庆元年（656），杨君妻独孤氏死于开元四年（716），寇钧死于开元十一年（723），张伯伦死于天宝十四载（755），卢士举妻李省死于贞元十一年（795），李枢妻唐焕、天水赵晋均死于元和十四年（819），韦府君妻荥阳郑十五死于大

---

① 郭茂育、赵水森编著：《洛阳出土鸳鸯志辑录》，北京：国家图书馆出版社，2012年10月，第242页。

② 吴钢主编：《全唐文补遗》第一辑，第356—357页。

和八年（834），穆诩妻河东薛夫人死于会昌三年（843），崔枞夫人卢氏死于大中七年（853）。也就是说，他们作为唐人，几乎贯穿整个唐代。

其实，作为一种疾病，"气疾"并不是唐代才有的。《南史》卷62《徐摛传》载：

> 及侯景攻陷台城，时简文居永福省。贼众奔入，侍卫走散，莫有存者。摛独侍立不动，徐谓景曰："侯公当以礼见，何得如此。"凶威遂折，侯景乃拜。由是常惮摛。简文嗣位，进授左卫将军，固辞不拜。简文被闭，摛不获朝谒，因感气疾而卒，年七十八[①]。

这里的"简文"，指梁简文帝萧纲，他在位的年号是大宝（550—551）。对梁简文帝忠心不二的大臣徐摛，因简文被幽闭而不获朝谒，感气疾而卒，享年78岁，可谓忠臣。可见，至迟在南朝梁简文帝（550—551年在位）时就有"气疾"这种病了。

文化是传承的。唐人乐善文、徐氏妻刘氏、史索岩、杨君妻独孤氏、寇钧、张伯伦、卢士举妻李省、李枢妻唐焕、天水赵晋、韦府君妻荥阳郑十五、穆诩妻河东薛夫人、崔枞夫人卢氏12人所患的"气疾"，与南朝梁简文帝时徐摛所患"气疾"应是同一种病。那么，"气疾"究竟是现今哪一种病呢？中医所谓的"气"，是一个宽泛的概念，它既可指精气、津气、水谷之气、呼吸之气，又可指原气、卫气、营气、宗气，还可指正气、邪气等。与"气"有关的疾病，最常见的是"气逆"，即脏腑之气上逆，具体来说，如果胃为气逆，就会打饱嗝。与"气"有关的疾病，还有一种叫"气厥"，出《素问·气厥论》[②]。

在唐代墓志中，我们发现了一例因"气厥"而亡的病人，正如东都畿汝州都防御巡官、朝议郎、试大理评事、上柱国卢方《唐故太常寺太祝范阳卢君（直）墓志铭并序》所载：

> 长庆三年七月癸丑八日庚申，试太常寺太祝范阳卢公卒于东都康俗里。公名直，字本愚，临汝郡长史府君讳寰之曾孙，太子中允、赠汝州刺史府君讳政之孙，潞府右司马府君讳珣之次子……经学精通，乡赋两应。叙录之次，爰授一官……奉上以礼，接下以和。坟籍之外，遵浮图教……焚香宴居，逍遥自得……是以年逾艾服，不□一命，负屈黄壤……元和十四年十二月十六日，丁叔父之忧，泣血毁瘠，行路伤恸……异日，忽谓诸弟曰：吾自知年不

---

① （唐）李延寿：《南史》，北京：中华书局，1975年6月，第1522页。

② 郭霭春主编：《黄帝内经素问语译》，北京：人民卫生出版社，1992年，第227页。

及耳顺，岂非分欤！叹息久之，盖知命者也。朝发其言，及日中，遇<u>气瘵</u>，
不知人。药术祈祷，靡所不为，竟无小瘳，奄然长逝……享年五十三。以其
年十月廿二日，葬于邙山北原，祔先茔，礼也[①]。

据此可知，卢直之曾祖、祖、父都曾为官，他本人也做过一官。他是在元和十四年
十二月二十六日丁叔父之忧后的某日正午"遇气瘵，不知人"，一直到去世。《正字
通》：瘵，通作厥[②]。因而"气瘵"也就是"气厥"。《黄帝内经素问》卷12《厥论篇》
载："阳气衰于下，则为寒厥；阴气衰于下，则为热厥。"[③]注曰："厥者，逆也。下气
逆上，忽眩仆不知人事。轻者渐苏，重则即死。阴阳之气衰于下，故寒热二厥由之而
生也。"[④]据此可知，得厥症的人"轻者渐苏，重则即死"；卢直的"气瘵"是重症，所
以从发病"不知人"很快就去世了。所谓"气厥"，有人认为"犹昏厥"[⑤]。有人认为是
"指因气机逆乱而引起的昏厥"[⑥]。两种说法都对，但后一种说法更为准确。

"气逆"是常见的疾病，"气厥"是少见的疾病，而"气疾"介于二者之间，是相
对较多的一种疾病。

有人认为，"气疾"是指呼吸系统疾病，并举徐摛的例子加以说明[⑦]。说"气疾"为
呼吸系统疾病，本没有错，只是太笼统。

根据已掌握的材料，我们认为"气疾"有如下六个特点：

第一，患"气疾"的人不宜"下湿"环境，原因是通风不良。

《贞观政要》卷6《论俭约》载：

> 贞观二年，公卿奏曰："依《礼》，季夏之月，可以居台榭，今夏暑未退，
> 秋霖方始，宫中卑湿，请营一阁以居之。"太宗曰："朕有<u>气疾</u>，岂宜下湿？
> 若遂来请，糜费良多。昔汉文将起露台，而惜十家之产，朕德不逮于汉文帝，
> 而所费过之，岂为人父母之道也？"固请至于再三，竟不许[⑧]。

---

① 吴钢主编：《全唐文补遗》第一辑，第279页。

② 汉语大词典编纂处：《康熙字典》（标点整理本），上海：上海辞书出版社，2008年，第732页。

③ 郭霭春主编：《黄帝内经素问语译》，北京：人民卫生出版社，1992年，第268页。

④ （明）李念莪辑注：《内经知要》，北京：人民卫生出版社，1963年，第76页。

⑤ 罗竹风主编：《汉语大词典》中卷，上海：汉语大词典出版社，1997年，第3818页。

⑥ 《中医大辞典》编辑委员会编：《中医大辞典·基础理论分册》（试用本），北京：人民卫生出版社，1982年，第60页。

⑦ 罗竹风主编：《汉语大词典》中卷，第3818页。

⑧ （唐）吴兢：《贞观政要》，上海：上海古籍出版社，1982年，第186页。

据此可知，身患"气疾"的太宗李世民，在贞观二年（628）季夏宫中卑湿而不利养病的情况下，也不答应大臣"营一阁以居之"的请求，原因是糜费太多。

第二，患"气疾"的人在暑天病情会加剧。

《资治通鉴》太宗贞观六年（632）载：

> 上将幸九成宫，通直散骑常侍姚思廉谏。上曰："朕有气疾，暑辄顿剧，往避之耳。"赐思廉绢五十匹[①]。

据此可知，太宗李世民之所以想到九成宫（今陕西麟游县）避暑，是因为他的"气疾"在暑天会加剧。可在姚思廉的谏阻下，并未成行。

第三，患"气疾"的人登高会加剧病情。

《资治通鉴》太宗贞观六年（632）载：

> 公卿以下请封禅者前后相属，上谕以"旧有气疾，恐登高增剧，公等勿复言。"[②]

在封建社会，封禅是国家的大事。虽然请求封禅的大臣前后相属，但太宗李世民还是以自己"旧有气疾，恐登高增剧"为由而拒绝了众公卿。

第四，患"气疾"的人心里不安会加重病情。

《资治通鉴》太宗贞观十年（636）载：

> 上得疾，累年不愈，后侍奉，昼夜不离侧。常系毒药于衣带，曰："若有不讳，义不独生。"后素有气疾，前年从上幸九成宫，柴绍等中夕告变，上擐甲出阁问状，后扶疾以从，左右止之，后曰："上既震惊，吾何心自安！"由是疾遂甚[③]。

据此可知，素有气疾的长孙皇后，因太宗的疾病多年不愈，怀揣毒药而不离皇帝左右，准备随时为李世民殉情。前年（贞观八年）长孙皇后随皇帝幸九成宫时，太宗皇帝从

---

① （宋）司马光编著：《资治通鉴》卷194，唐太宗贞观六年（632），北京：中华书局，1956年，第6094页。

② 《资治通鉴》卷194，唐太宗贞观六年（632），第6100页。

③ 《资治通鉴》卷194，唐太宗贞观十年（636），第6120页。

柴绍处得知了皇后的情况，皇帝很震惊，致使皇后心里不安，这样她的"气疾"就加重了。

第五，"气疾"是可以治愈的。

晚唐诗人韩偓《十月七日早起作时气疾初愈》载："疾愈身轻觉数通，山无岚瘴海无风。阳精欲出（一作去）阴精落，天地包含紫气中。"① 据此可知，诗人"气疾"初愈的喜悦跃然纸上。

第六，"气疾"是可以夺取人的生命的。

作为唐人，前述12位志主乐善文、徐氏妻刘氏、史索岩、杨君妻独孤氏、崔枞夫人卢氏、卢士举妻李省等，都是被"气疾"夺取生命的。

从上述"气疾"的六个特点来看，它应是祖国医学的喘症，也就是现代医学的呼吸困难（dyspnea），指肺源性呼吸困难、心源性呼吸困难、中毒性呼吸困难、血源性呼吸困难、神经精神性呼吸困难，以支气管哮喘（bronchial asthma）、哮喘性支气管炎（bronchitis）、肺气肿（pulmonary emphysema）、心脏性哮喘（bronchial asthma），以及肺炎（pneumonia）、肺脓肿（lung abscess）、肺结核（pulmonary tuberculosis）、矽肺（pneumosilicosis）为常见②。需要指出的是，虽然肺结核、矽肺是呼吸困难中的常见病，但唐人的"气疾"并不包括肺结核，因现代医学的肺结核就是祖国医学的痨瘵③，而唐人的痨嗽才是现代医学的肺结核。现代医学的矽肺，也就是祖国医学的石匠劳病、陶瓷匠劳病④，这是特殊职业引起的病，因而唐人的"气疾"不应包括它。

综上所述，唐人的"气疾"既可以治愈，又可以夺取人的生命，而在卑湿环境、暑天、登高、心里不安时则会加重病情，由此我们认为，当时的"气疾"是指中医的喘症，也就是现代医学的呼吸困难（不包括肺结核、矽肺）。

原文载《碑林集刊》第二十二辑，西安：三秦出版社，2016年；收入时资料有增补

---

① （清）彭定求等：《全唐诗》下册，上海：上海古籍出版社，1986年，第1714页。

② 张瑞祥、孙家骥编：《祖国医学与现代医学病症名称对照》，西宁：青海人民出版社，1979年，第6页。

③ 张瑞祥、孙家骥编：《祖国医学与现代医学病症名称对照》，第25页。

④ 张瑞祥、孙家骥编：《祖国医学与现代医学病症名称对照》，第7页。

# 情志与疾病
## ——以出土唐代墓志为主的考察

**摘要：** 在唐代的20余方墓志中，出身官宦之家（以女性为多），因（悲）哀、忧、恨等情志活动不节制而导致死亡的事实值得今人反思。高履行在其父母去世时哀毁过礼，是唐太宗李世民对其女婿的适时劝慰和开导，既成全了高履行的孝行，又使其不致悲哀过度而亡，由此可知李世民不仅是一代明君，而且也是一位懂得中医医术的心理师。

**关键词：** 唐代；情志；疾病；李世民；高履行

祖国医学认为，人有七情六欲。喜、怒、忧、思、悲、恐、惊七种情志活动，简称七情，如果能保持中和，人则不会生病；如果不节制而有所偏颇，人在刺激之下不能控制情绪就可能生病。我们在阅读唐代墓志时，发现有不少墓志记载了当时人情志活动不节制而导致生病乃至死亡的事例，兹分类简述于下：

## 一、悲（哀）

哀不节而导致生病乃至死亡者，我们在唐代墓志中发现有15人。

### 1.（大唐故朝请大夫尚书司勋郎中）吉浑

据康尧臣《大唐故朝请大夫尚书司勋郎中吉公（浑）墓志铭并序》载：吉浑"字玄成，冯翊人也。曾祖谦，骠骑大将军、襄州刺史。祖哲，忠、归、易三州刺史。父项，吏部侍郎、同中书门下平章事，赠御史大夫"①。可见其是官宦子弟。其仕宦经历是"弱冠，以左卫长上□河南府参军。贬蓬州参军、陵州司户。稍迁荆府士曹，京兆府户曹参军，转洛郊、永宁二县令。拜晋州司马，加朝散大夫、司勋员外郎，迁郎中

---

① 吴钢主编：《全唐文补遗》第一辑，西安：三秦出版社，1994年，第118—119页。

□"。他是孝子，中宗神龙之际"丁外艰，至孝苦节，积毁遘疾，执纕而终。时年卅九"。吉浑唐中宗时去世，时年49岁，其死因是"积毁遘疾"。

2. 崔浑

《有唐朝散大夫守汝州长史上柱国安平县开国男赠卫尉少卿崔公（晹）墓志》载：

> 神龙元年，公七十有四。秋七月季旬有八日，终于东都履道里之私第……安平公之元子浑，字若浊，居丧不胜哀，既练而殂[①]。

据此可知，神龙元年安平公崔晹终于东都履道里之私第，其元子崔浑因"居丧不胜哀"而卒，可谓父子情深。

3.（大唐故上柱国司马元礼夫人）田氏

大理寺丞郑苕莱撰《大唐故上柱国司马府君（元礼）墓志铭并序》载：

> 公讳元礼，字元礼，河内人也……祖怀智，隋左骁卫郎将……父玄藏，皇雅州铜山镇将……公即镇将府君之嗣子也……无何，以天宝二年四月廿三日，遘疾终于东京福善里之第，春秋六十有四。呜呼哀哉！以其年五月廿二日，永厝于龙门山天竺寺之东谷。夫人弘农田氏，幽闲立仪，婉娩成则。配我夫子，成彼好仇。忽厌浮生，俄求法乐。冀知泡幻，渐悟色空。奄遭府君之丧，便婴不起之疾。甫大祥日，而仙化焉。时天宝四载四月十六日，春秋五十有八[②]。

据此可知，弘农田氏嫁给了雅州铜山镇将司马玄藏之子司马元礼。田氏因"奄遭府君之丧，便婴不起之疾"，仙化于天宝四载四月十六日，享年58岁。

4.（唐故太子校书郎陇西彭公讳仲甫夫人）太原王氏

《唐故太子校书郎陇西彭公讳仲甫墓志铭并序》载：

> 天宝十二载十一月左春坊校书彭君卒，时年五十三，下寿终也。夫人太原王氏，其载十二月廿四日卒，时年四十三，以哀绝也……夫人早岁归我，有

---

① 吴钢主编：《全唐文补遗》第三辑，西安：三秦出版社，1996年，第116页。
② 吴钢主编：《全唐文补遗》第四辑，西安：三秦出版社，1997年，第38—39页。

辉德门。仁慈以安上下，孝敬以睦中外……文伯云亡，虽合礼而昼哭；共姜有
誓，遽陈诗而之死。痛煞身而莫赎，愿从天以同归。累日号慕，伤神而殂<sup>①</sup>。

据此可知，天宝十二载十二月二十四日，太原王氏因其夫彭仲甫卒，自己"累日号慕，伤神而殂"，也就是说，其死因是"以哀绝也"。

### 5.（大理评事兼郓州东阿令刘擂之妻）源氏

据朝散郎、前左卫率府兵曹参军陶戴《唐故源夫人墓志铭》载："夫人姓源氏，河南洛阳人也。侍中乾曜之曾孙，同州别驾广津之孙，右骁卫胄曹寰之女，大理评事、兼郓州东阿令刘君之妻……刘君名擂，即常州别驾玘之元子也。"<sup>②</sup>源氏"孝悌资天，专贞配地"。因其父"丁骁卫府君之丧，毁瘠过礼，呕血无度"，俄而降祸，"以大唐贞元元年五月十五日，卒于洛阳尊贤里之私第，享年廿三"。源氏唐德宗贞元元年（785）去世，享年23岁，其死因是父死"毁瘠过礼，呕血无度"。

### 6.（唐故左威卫和州香林府折冲都尉朝议大夫兼试大理评事赐紫金鱼袋上柱国陶英夫人）清河张氏

据文林郎、试太常寺协律郎、成公李羽《唐故左威卫和州香林府折冲都尉朝议大夫兼试大理评事赐紫金鱼袋上柱国陶府君（英）夫人清河张氏墓志铭并序》载："公讳英，字君佐，平阳高族……公前后宿卫，十有余年……先哥舒公特奏公授上柱国，寻除左威卫、和州香林府折冲都尉，续转朝议大夫、试大理评事、赐紫金鱼袋、上柱国、兼淮西节度马部都虞候，余官如故。"<sup>③</sup>清河张氏的夫君陶英，不仅是平阳高族，而且受到哥舒公的赏识，被委以重任。陶英于贞元十七年三月十八日去世。夫人清河张氏因孤幼满堂，"痛府君之早逝，处齐斩之中，居哭泣之位，哀以过礼，因而遘疾"。迁延岁月，"以贞元十有九年十月十有七日，终于前里之私第，享龄七十有一"。清河张氏唐德宗贞元十九年（803）去世，享年71岁，死因是丈夫早逝"哀以过礼，因而遘疾"。

### 7.（唐故桂州刺史兼御史中丞孙府君成故夫人）范阳郡君卢氏

据将士郎、守尚书考功员外郎裴垍《唐故桂州刺史兼御史中丞孙府君（成）故夫

---

① 毛阳光主编：《洛阳流散唐代墓志汇编续集》中册，北京：国家图书馆出版社，2018年，第381页。

② 吴钢主编：《全唐文补遗》第一辑，第216页。

③ 吴钢主编：《全唐文补遗》第一辑，第246—247页。

人范阳郡君卢氏墓志铭并序》载：卢氏"年十有八，归于府君……初为昌平县君，后为范阳郡君。噫！其至矣。夫人范阳人也……今之论甲门者，曰兴州刺史守直，曰长乐太守昇明，即夫人之伯祖、叔祖也。曾王父讳处实，为衢州常山令。王父讳旻，为凤州别驾。父讳宗，为邓州南阳令"①。卢氏为范阳著姓，其伯祖、叔祖曾为刺史、太守，曾王父做过县令，王父做过别驾。她本人先被封为县君，后又被封为郡君。因夫君去世，"始于哀恸以生疾，绵以岁月而滋痼"。"以永贞元年九月八日，倾背于洛阳之康俗里，享年五十六。"范阳郡君卢氏唐顺宗永贞元年（805）去世，享年56岁，死因是因夫君去世"始于哀恸以生疾，绵以岁月而滋痼"。

### 8.（唐许州长葛县尉郑鍊亡室）孙氏

据《唐许州长葛县尉郑君（鍊）亡室乐安孙氏墓志铭并序》载："有唐荥阳郑君曰鍊，其室姓孙氏，赠右仆射文公之孙，桂州府君之第二女也……郑君即皇苏州长史讳晖之之孙，深州下博县令讳淑之子。由京兆府参军，以尉于长葛……若人归之五岁，不幸以元和二年六月□□日，夭殂于东都康俗里第，凡春秋卅二。"②因郑君高门良士，孙氏仰而归之。"初属先夫人违悆，不忍离供养。""及□祸酷奄钟，则哀毁生疾"而去世，未暇修庙见来妇之礼，"将祔窆于先姑之兆，惧未合礼，故改卜此原"。孙氏唐宪宗元和二年（807）去世，享年32岁，死因是"哀毁生疾"。

### 9.弘农杨氏

据苗让《亡姊尊夫人（杨氏）》载："夫人姓杨，弘农人也……父千有，左千牛……不得其寿，年廿有一，卒于其任。"③这是杨氏的家庭情况，属官宦无疑。又载："我亡考吏部郎中，迁河南少尹……以贞元廿一年三月十四日，归祔于长安大茔之礼也。"杨氏因夫君去世"率礼过哀，因此遘疾。一日一日，寝膳靡安，体气羸矣"。"以元和二年八月十四日，奄于洛阳县丰财里之私第，尊年五十有二。"杨氏唐宪宗元和二年（807）去世，享年52岁，其死因是：因夫君去世"率礼过哀，因此遘疾"。

### 10.大唐秀士殷存直

《大唐秀士殷存直墓志铭》载：

① 吴钢主编：《全唐文补遗》第一辑，第253—254页。
② 吴钢主编：《全唐文补遗》第一辑，第242页。
③ 吴钢主编：《全唐文补遗》第一辑，第259页。

　　　　大唐秀士殷存直，字元房……曾祖仲容，礼部侍郎。祖穆之，太乐丞。父广惠，汉州司户参军。军全百行，学洞三教。至性根于天生，推古继者一二焉。洎执亲之丧，号哭过节。庐于墓侧，未终礼制，以元和四年十一月廿九日不胜哀赢，病殂于吴兴郡。享年卅二①。

据此可知，官宦出身的大唐秀士殷存直执亲之丧、庐于墓侧，未终礼制而病殂于吴兴郡，享年32岁，其死因是"号哭过节"而"不胜哀赢"。

### 11.（大唐故昭义步射军兵马使银青光禄大夫检校太子詹事兼监察御史开国侯上柱国荣阳潘公式兴夫人）清河郡君张氏

　　据《大唐故昭义步射军兵马使银青光禄大夫检校太子詹事兼监察御史开国侯上柱国荣阳潘公式兴清河郡君夫人张氏墓志铭并序》载："夫人张氏，清河之望族也。以世祖宦达大梁，今为尉氏人矣。钦若远祖，自汉留侯良、晋司空华，皆以业盛光刘，才丕翊晋，德辉垂裕。爰洎夫人之烈祖光、皇考温，以盛德安时，养高不仕。及今陈太君之宜室钟美，夫人蕴盛德之容，有姬姜之行。年甫珈笄，嫔于君子，宜宗翼嗣，岁月居诸。严夫光五可之名，训子叶成人之义。暨乎中岁，属光禄，忧勤奉主，委代而终。"②张氏虽为清河望族，但张氏之烈祖、皇考皆"养高不仕"，家道中落。张氏归潘式兴后，夫唱妇随。只因"恭伯先终，誓期同尽，铅华不御，置食增哀"，因"发幽□之疾"。不幸"以长庆四祀四月十九日大渐而终，享年五十有一"。张氏唐穆宗长庆四年（824）去世，享年51岁，其死因是丈夫先终而置食增哀"发幽□之疾"。

### 12.（唐京兆韦师素故夫人）范阳卢氏

　　据乡贡进士韦同恕撰《唐京兆韦君故夫人范阳卢氏墓志铭并序》载："夫人曾祖濯，皇越州余姚县尉。祖昱，皇检校膳部郎中，兼侍御史。父仑，皇高尚不仕，号曰玉川先生……夫人即先生第四女也……才及笄年，［适］京兆韦君，名曰师素。严父之任，历尉畿赤，入宪府，衣绣衣，霜威届重，早登省阁仙郎，贰迁盐铁、度支，皆三重务。今则副佐元戎，抚绥襄汉。"③可见，范阳卢氏与其夫家京兆韦氏，皆是官宦世家。卢氏归于京兆韦师素后，琴瑟既调，就养有方，承顺颜色。不幸"遭姑之丧，哀

---

①　毛阳光主编：《洛阳流散唐代墓志汇编续集》中册，北京：国家图书馆出版社，2018年，第553页。

②　西安市文物稽查队编：《西安新获墓志集萃》，北京：文物出版社，2016年，第195页。

③　西安市文物稽查队编：《西安新获墓志集萃》，北京：文物出版社，2016年，第197页。

戚之情，愈过乎礼。扶羸尫瘵，泣血无时，恨不复其孝养。"尚未及周，无何，宝历元年正月二十五日，"不胜丧，奄忽而殂"。范阳卢氏唐敬宗宝历元年（825）去世，享年20余岁（推测年龄），死因是婆婆去世"不胜丧，奄忽而殂"。

### 13.（唐乡贡进士陈郡殷恪妻）钟陵熊夫人（休）

据乡贡进士殷恪《唐乡贡进士陈郡殷恪妻钟陵熊夫人（休）墓志铭并序》载："夫人讳休，字居美，姓熊氏……曾祖守直，祖远游，咸缙绅当代，儒学承业，烈考执易，一举秀才上第，两登制策甲乙科……故位未升乎公相，仕止尚书郎……皇朝大理评事河东薛公枝，为夫人外王父。"[1]可见，钟陵熊休是出身于儒学传家的官宦世家。钟陵熊休以大和六年归于乡贡进士陈郡殷恪，琴瑟八年，相期偕老。只因"从夫在疚，哀过成疾"，"以开成四年十二月三日，没于京兆盭屋县阳化乡之别业，享年三十一。"钟陵熊休唐文宗开成四年（839）去世，享年31岁，死因是"从夫在疚，哀过成疾。"

### 14.鲁谦

李恽《鲁氏子谦墓志铭并序》载：

> 谦字益之，鲁氏第二子。祖讳弘，乐道不仕。父讳璠，能医，京中医人中最得其上。谦，天锡其性，不食酒肉。年七岁，好读诗书，旰食忘寝，勤学不辍。师喻以文义，皆记之心腑。未逾十五，孝经、论语、尚书、尔雅、周易皆长，念礼□帖尽通。又为文章，格韵清峻，罕有其俦者。学钟、王、欧、褚之书，并得妙绝。大中十一年四月十日父亡，泣血尽哀，因而有疾。至六月廿一日，终于西市锦行里之私第，寿龄十八矣[2]。

据此可知，作为誉满京城的名医之子，鲁谦多才多艺，不仅善为文，而且书法妙绝。大中十一年（857）四月十日，父亡因"泣血尽哀"而有疾，至六月二十一日，终于西市锦行里之私第，享年仅18岁。

### 15.唐故荥阳郑氏第二女（小字张八）

据乡贡进士郑绶《唐故荥阳郑氏第二女（张八）墓志铭》载："女郎姓郑，小

---

① 吴钢主编：《全唐文补遗》第八辑，西安：三秦出版社，2005年，第161—162页。

② 吴钢主编：《全唐文补遗》第三辑，西安：三秦出版社，1996年，第235页。

字张八，未有名，鄂州中丞府君讳鸾之第二女，余之仲妹也……生四岁而先夫人弃世……而又善读诗书，妙工组绣。"①刚行成年礼（且始初笄），父亲去世（又罹大罚），"实禀纯孝，摧毁过礼"；"有长姊先适高氏，别离数年，未克会面。每至望恋，言与泪俱"。其"抱病也，又遭季兄之祸。积其悲惋，成于膏肓。宜其药石无功，针灸不达"。乾符四年岁在丁酉二月六日，"竟因遘疾，奄终于政俗之里第，年十有七"。郑氏第二女（小字张八）唐僖宗乾符四年（877）去世，享年17岁，死因是"积其悲惋，成于膏肓"。

# 二、忧

忧不节而导致生病乃至死亡者，在唐代墓志中发现了7人。

### 1.（大唐故赠司徒虢王妃）彭城刘氏

据《大唐故赠司徒虢王妃刘氏墓志铭》载："妃讳，字，彭城人也……曾祖轸，齐谏议大夫、高平太守。祖子将，齐散骑常侍、和州刺史，隋毗陵郡通守……考德威，皇朝太仆、大理卿、同晋等六州刺史、左骁卫大将军、刑部尚书、尚平寿县主、彭城县公、上柱国，谥曰襄公。"②可见，彭城刘氏的曾祖、祖、考都做到了大官，难怪她在贞观十三年三月被太常卿韦挺奉诏册拜为虢王妃。只可惜刘氏"积忧成疾，遽收归岱之魂。以上元二年五月十四日，薨于西京之邸第，春秋卅有九"。刘氏唐高宗上元二年（675）去世，享年49岁，其死因是"积忧成疾"。

### 2.（大唐同安郡长史郑济故夫人）崔悦

据前乡贡进士张峰撰《大唐同安郡长史郑君（济）故夫人崔氏（悦）墓志铭并序》载："夫人讳悦，字季姜，清河武城人也。皇宁州长史玄弼之曾孙，婺州司马道郁之孙，亳州司马综之第四女，今同安郡长史荥阳郑君济之妻也……年十有四，归于我郑君。"③可见，崔悦的父辈、祖父辈世代为官，而其夫也做到长史的高官。崔悦嫁到郑家后，与夫君"琴瑟友之"廿四载，"顷罹艰疢，移忧成疾。童稚满室，家道屡空。而郑君辛勤艰阻，僶俛岁调……而我弥留，青春奄落。春秋卅七，以天宝四载四月十七日，移疾终于安国之伽蓝。"崔悦唐玄宗天宝四载（745）去世，享年37岁，其死因是

---

① 吴钢主编：《全唐文补遗》第八辑，第225页。
② 吴钢主编：《全唐文补遗》第二辑，西安：三秦出版社，1995年，第259—260页。
③ 吴钢主编：《全唐文补遗》第八辑，第48—49页。

"顷罹艰疢，移忧成疾"。

### 3.（故济阴郡参军）博陵崔义邕

《故济阴郡参军博陵崔府君（义邕）墓志铭并序》：

> 公讳义邕，字嵒，博陵安平人也。高祖弘昇，隋开府仪同三司，黄台县开国公。懿曾处直，隋汉王府长史。大父玄应，皇高平郡词曹。皇考允嘉，皇历阳郡含山令。或夹辅台省，或列佐郡县。粲焕古今，莫之与京。公即黄台公之曾孙，含山府君之次子也。弱不好弄，以聪颖闻。长亦不移，以孝行著。年十有五，用门荫齿大学，累举孝廉，命或未偶。后乡荐射策，俄而登科……早岁遭先府君之丧，礼童子□杖，而公病逾制。壮年执先夫人之疾，泣血三载，古以为难。服阕数年，然方调选。诸侯待理，冢宰急贤。乃授济阴郡参军。直方见推，不忝所举。俸禄诚薄，散在友于。幼侄数人，开口待哺。公之有男，亦孺稚焉。彼餐而厌，以糊余子。渤海高□，公之□私，以蕲春长史终，公哭之恸。虑姊之孀立，忧甥之多艰。公室素贫，尽禄无匮。庇丧莫给，积忧成疾。以天宝十载九月二日，□终济阴郡之官舍，享年卅有七[①]。

据此可知，博陵安平人崔义邕虽出身官宦世家，但其济阴郡参军却俸禄诚薄，难于满足包括其幼子、幼侄、孀姊、外甥等多人的需要，以致其妻在他去世后因"庇丧莫给，积忧成疾"，以天宝十载（751）九月二日，□终济阴郡之官舍，享年47岁。

### 4.（唐故安西大都护府长史瓜州刺史上柱国钜鹿魏府君夫人）安平郡君李氏

《唐故安西大都护府长史瓜州刺史上柱国钜鹿魏府君墓志铭并序》载：

> 公讳远望，字云期……曾祖利贞，皇昌平县令。祖宝，皇妫州刺史。考操，皇幽州良乡县丞。□生而惠和，幼则齐敏。年才志学，经史尤精。文可以济时，武可以济难。长寿初，有诏旁求，时登科授左执戟，从其志也。累迁营府别驾、檀蓟砂瓜四州刺史。凡历职一十八政，未展其足也。三副节制，再秉戎旃。凡理军使十三政，虽执兵权，耻在攻袭伐谋，以智料敌未尝劳师。芳声益闻，政颂尤著。中年妄遭流谤，谪居陇外。朝廷知其非罪，寻授安西

---

① 吴钢主编：《全唐文补遗》第二辑，第549—550页。

大都护府长史，转沙、瓜二州刺史。公以悬车之岁，屡乞骸骨。有诏许留长安，惜其老也。其年遘疾薨于长安胜业里之私第，春秋七十有一。朝野感叹，羌胡恸哭。夫人安平郡君李氏、广平郡夫人程氏，令淑凤著，德行早闻。自公谪居，忧心成疾。郡君夫人李氏先公云亡，时年五十有二。夫人程氏，后相次亡殂，合葬于定州恒阳县之南原。以大历九年夏五月四日壬寅改葬于洛阳邙山之东原，礼也[①]。

据此可知，宦宦出身的魏远望，文武全才，做官至地方大员的州刺史，以71岁卒于京城长安。"令淑凤著，德行早闻"的夫人安平郡君李氏、广平郡夫人程氏，"自公谪居，忧心成疾"，夫人安平郡君李氏在52岁时先公而亡，夫人程氏也相次亡殂，可谓夫妻感情深厚！

5.（唐故金紫光禄大夫持节蔚州诸军事守蔚州刺史横野军钱监等使上柱国）河东薛坦

据《唐故金紫光禄大夫持节蔚州诸军事守蔚州刺史横野军钱监等使上柱国河东薛公（坦）墓志铭并序》载："公讳坦，字应，河东汾阴人也。其先以国封姓，因而氏焉……曾祖旵，银青光禄大夫、卫尉卿，赠秦州刺史，谥曰献。祖彦举，太子舍人，赠绵州刺史。父庆，朝散大夫、太子家令、汾阴县开国侯。公，汾阴第二子也……早工书剑，愿济艰难。以勋策名，署左卫执戟。至德初，河西节度使周贲辟公以戎掾咨谋军事，累至凉州司马。群胡作难，伐叛有功，诏授左卫中郎将、赤水军副使。陇右军帅高昇以公仁勇必备，文武克全，征荐左金吾卫将军、节度副使知武州刺史事、招讨团练等使。邻邑连陷，我城且貌。拜银青光禄大夫，领卫卿。相国司空凉公更镇河陇，酬公旧勋，加金紫光禄大夫，本官如故。大历中……公之仲兄，领河东道韩公举不避亲，表蔚州刺史、横野军钱监等使。致理和平，塞清军肃。"[②]薛坦曾祖、祖皆历刺史类大官，父甚至封侯，说他为宦宦世家出身一点也不为过。薛坦本人仕途顺达，累官至刺史一类大官。但"属河朔多故，气添于膺，呼吸安危，愤忧成疾"，"以大历十一年岁次丙辰十二月廿三日丙午，终于晋阳私第，享年卅八"。薛坦唐代宗大历十一年（776）去世，享年48岁，其死因是"属河朔多故，气添于膺，呼吸安危，愤忧成疾"。

---

① 毛阳光主编：《洛阳流散唐代墓志汇编续集》中册，北京：国家图书馆出版社，2018年，第429页。

② 吴钢主编：《全唐文补遗》第七辑，第395—396页。

6. （唐故左威卫和州香林府折冲都尉朝议大夫兼试大理评事赐紫金鱼袋上柱国）陶英

据文林郎、试太常寺协律郎、成公李羽《唐故左威卫和州香林府折冲都尉朝议大夫兼试大理评事赐紫金鱼袋上柱国陶府君（英）夫人清河张氏墓志铭并序》载："公讳英，字君佐，平阳高族……公前后宿卫，十有余年……先哥舒公特奏公授上柱国，寻除左威卫、和州香林府折冲都尉，续转朝议大夫、试大理评事、赐紫金鱼袋、上柱国、兼淮西节度马部都虞候，余官如故。公所登位授职，志不愿焉。"①陶英虽居高官，却不是他的志向，便以风疾为名辞官回家。"寂然闲居，于悒成疾，不日不月，代谢期及。""以贞元十七年三月十有八日，终于东都河南县万岁里之私第，春秋六十有五。"陶英唐德宗贞元十七年（801）去世，享年65岁，其死因是"寂然闲居，于悒成疾"。

7. （故义昌军监军使正议大夫行内侍省掖庭局令上柱国赐绯鱼袋）渤海高克从

故吏、文林郎、前守夏州都督府参军陈毅撰《故义昌军监军使正议大夫行内侍省掖庭局令上柱国赐绯鱼袋渤海高公（克从）墓志铭并序》载：

> 公讳克从，字师俭，其先始于太公……公文武双美，忠慎寡徒……会昌元年冬，朝赴京阙。二年正月，拜翰林副使。三年三月，迁染坊使……其年（会昌四年）七月十日，诏公监义昌军。自到河湟，夙夜匪懈，与元戎叶刀，勤恳茸绥。才及数月而元戎改镇，公受诏旨，权军务……公日夜思勤，志在治术。以忧人之忧，因忧成疾。忧因心起，疾以忧生。呜呼！心之疾也，针之所不及，药之所不到。药石无补，其可疗乎！缠疾二年，诚心愿退。响达于上，乃获替焉。时当中春，发自浮阳。景促途遥，涉路登陟。既难保摄，转积弥留。至闰三月八日，达之私第，沉痼转殛。而返魂无及，启手长辞。九日，卒于万年县翊善里之第，春秋六十有三②。

据此可知，"文武双美"的高克从，在河湟本为义昌军监军使，在"元戎改镇，公受诏旨，权军务"后，因"日夜思勤，志在治术"而导致"以忧人之忧，因忧成疾。忧因心起，疾以忧生。"又由于"心之疾也，针之所不及，药之所不到"，所以其"缠疾二年"后皇帝虽批准其致仕，但远路劳顿而回家后不久就谢世了，享年63岁。

---

① 吴钢主编：《全唐文补遗》第一辑，第246页。

② 吴钢主编：《全唐文补遗》第三辑，西安：三秦出版社，1996年，第220—221页。

# 三、恨

恨不节而导致生病乃至死亡者，在唐代墓志中目前发现1人。

## （唐故试左武卫兵曹参军）谢詹

据史馆国史库直儒林郎前守梓州参军裴遂《唐故试左武卫兵曹参军谢府君墓志》载："公姓谢，讳詹，字弘景，其先陈郡人。累代居于蔡州，今为蔡州人也。曾祖詧，右卫翊府中郎将。祖孝忠，光州司户参军。父赍，试太子宫门郎。公即宫门之元子……年七岁，丁内艰，行体栾棘，仅不胜丧。州里奇之，目为至孝。"[1]谢詹不仅官宦出身，而且从小在居地蔡州以孝闻名。大历九年，魏博节度田承嗣叛乱，代宗命河东节度薛公兼训赴邢州宣布恩旨，谢詹以"正直明敏，临事能断"而为随军，授试左武卫兵曹参军。后谢詹奉父母之命，娶南阳张液之女为妻。贞元十四年，其父去世（宫门凶问至），"哀毁过礼，殆灭天性"；杖而后起，远欲奔丧。只因"蔡州戎帅阻兵，招谕未服"，未果。"感恨日久，积以成疾。""以贞元十七年三月廿三日，终于光德里之私第，享年五十一。"谢詹唐德宗贞元十七年（801）去世，享年51岁，死因是其父去世不能奔丧而"感恨日久，积以成疾"。

# 四、几点认识

## （一）中医对于情志的控制与引导

《黄帝内经素问·阴阳应象大论篇第五》载："人有五藏化五气，以生喜怒悲忧恐。故喜怒伤气，寒暑伤形。暴怒伤阴，暴喜伤阳。喜怒不节，寒暑过度，生乃不固。"[2]据此可知，人的情志活动主要有喜、怒、悲、忧、恐，如果"喜怒不节"，人就会生病，甚者"生乃不固"。既然"喜怒不节"人就会生病，那么，怎样做才算喜怒有节制呢？《黄帝内经灵枢·本神第八》指出，智者养生时"必顺四时而适寒暑，和喜怒而安居处"[3]。所谓"和喜怒"即是要求情志平和而不波动。

如果对七情采取放纵态度，人的情绪就会波动，正如《黄帝内经》所表述人的情

---

① 西安市长安博物馆编：《长安新出墓志》，北京：文物出版社，2011年，第215页。

② 郭霭春主编：《黄帝内经素问校注》（上册）卷2《阴阳应象大论篇第五》，第80页。

③ 南京中医学院中医系编著：《黄帝内经灵枢译释》，上海：上海科学技术出版社，1986年，第76页。

绪与气机运作的关系时说："怒则气上，喜则气缓，悲则气消，恐则气下……惊则气乱……思则气结。"①至于"惊则气乱"的机制，不外乎"惊则心无所倚，神无所归，虑无所定"②，故气乱矣。

情志所伤，能够影响五脏的功能而致病，《黄帝内经素问·阴阳应象大论篇第五》所述"怒伤肝""喜伤心""思伤脾""忧伤肺""恐伤肾"就是这种情况的真实反映。如果有人某种情志活动不节制而出现偏颇，怎么治疗呢？由于各种情志活动之间还存在着内在关联，五情迭相胜，故可以情治情，以其胜治之。具体地说，就是《内经》所说的"悲胜怒""恐胜喜""怒胜思""喜胜忧""思胜恐"③。专家指出："《内经》所论，殆亦心理治疗之滥觞。"④颇有道理。三国时的名医华佗，就是一个善于利用人的情志活动而治病的医生。有一个郡守的病需要"盛怒"才能好，华佗收了郡守的钱却不施治，自己逃离并留信把郡守骂了一顿。郡守大怒，派人追杀华佗，却被其明事理的儿子制止了。郡守"嗔恚既甚，吐黑血数升而愈"⑤。华佗治好郡守的病，也是《内经》五情迭相胜理论的验证。

至魏晋时期，医家皇甫谧在其《针灸甲乙经》中对《内经》的情志迭相胜理论又进行了阐发，可见当时医家对于情志疾病治疗的重视。唐王朝时，医家对情志疾病也有充分的认识，如药王孙思邈认为，又有"冷热、劳损、伤饱、房劳、惊悸、恐惧、忧恚、忤惕，又有产乳落胎、堕下瘀血，又有贪饵五石以求房中之乐"，都是"病之根源"⑥。

既然唐代医家已认识到"惊悸、恐惧、忧恚、忤惕"是"病之根源"，那么，如何治疗呢？心病还须心药医。具体地说，还得用《内经》中的"悲胜怒，喜胜悲，恐胜喜，怒胜思，思胜恐"即五情迭相胜原理来治疗。

## （二）官宦子弟因情志活动不节而亡的教训，值得今人反思

著名中医贾堃说："情志不遂，是疾病发生、发展的重要因素。"⑦正所谓"百病生

① 郭霭春主编：《黄帝内经素问校注》（上册）卷11《举痛论篇第三十九》，北京：人民卫生出版社，1992年，第510页。

② 郭霭春主编：《黄帝内经素问校注》（上册）卷11《举痛论篇第三十九》，第511页。

③ 郭霭春主编：《黄帝内经素问校注》（上册）卷2《阴阳应象大论篇第五》，第84、86、88、89、90页。

④ 郭霭春主编：《黄帝内经素问校注》（上册）卷2《阴阳应象大论篇第五》，第91页。

⑤ （晋）陈寿：《三国志》卷29《魏书·方技传·华佗》，北京：中华书局，1982年，第801页。

⑥ （唐）孙思邈：《备急千金要方》卷1《序例·治病略例第三》，北京：人民卫生出版社，1982年，第2页。

⑦ 贾堃：《中医癌瘤证治学》，西安：陕西科学技术出版社，1989年，第6页。

于气"啊！从上面的例子可以看出，唐代二十余方墓志的志主因亲人（父母、兄弟、姐妹、公婆、丈夫等）去世而导致哀、忧、恨几种情志活动不节而死，不论男女，年龄以50岁以下居多，其教训值得今人借鉴！

## 1.以悲（哀）为例

哀不节而致死的例子，文献也不乏记载。陆印，"遭母丧，哀慕毁悴，殆不胜丧，遂至沈笃，顿伏床枕，又成风疾。第五弟抟遇疾，临终，谓其兄弟曰：'大兄恇病如此，性至慈爱，抟之死日，必不得使大兄知之，哭泣声必不可闻彻，致有感动。'家人至于祖载，方始告之。印闻而悲痛，一恸便绝。年四十八。"①陆印得知其弟陆抟的死讯后，"一恸便绝"，可谓是悲哀不节制导致的后果。东海徐氏家族，本身修黄老之行。《南史·张邵传》记：徐文伯子"（雄）事母孝谨，母终，毁瘠几至自灭。俄而兄亡，扶杖临丧，抚膺一恸，遂以哀卒"②。徐之才之父徐雄在其兄亡后，临丧过哀而卒，可谓兄弟情深！初唐官至渝州长史的萧瑾，"母终，以毁卒"③，可谓母子情深！

现把唐代墓志中因亲人去世而悲哀过度致死者列表如下（表一），以便分析。

表一　唐代墓志中因亲人去世而悲哀过度致死者一览表

| 序号 | 志主名 | 卒年 | 享年（岁） | 死因 |
|---|---|---|---|---|
| 1 | 吉浑 | 中宗神龙之际（705—707） | 49 | "丁外艰，至孝苦节，积毁遘疾，执纆而终" |
| 2 | 崔浑 | 中宗神龙元年（705） | 不详 | 其父终，"居丧不胜哀"而卒 |
| 3 | 田氏（女） | 玄宗天宝四载（745） | 58 | "奄遭府君之丧，便婴不起之疾" |
| 4 | 王氏（女） | 玄宗天宝十二载（753） | 43 | 夫亡"累日号慕，伤神而殂" |
| 5 | 源氏（女） | 德宗贞元元年（785） | 23 | "丁骁卫府君之丧，毁瘠过礼，呕血无度" |
| 6 | 清河张氏（女） | 德宗贞元十九年（803） | 71 | 丈夫早逝"哀以过礼，因而遘疾" |
| 7 | 范阳郡君卢氏（女） | 顺宗永贞元年（805） | 56 | 夫君去世"始于哀恸以生疾，绵以岁月而滋痼" |
| 8 | 孙氏（女） | 宪宗元和二年（807） | 32 | "初属先夫人违豫，不忍离供养。及□祸酷奄钟，则哀毁生疾" |
| 9 | 弘农杨氏（女） | 宪宗元和二年（807） | 52 | 夫君去世"率礼过哀，因此遘疾。一日一日，寝膳靡安，体气羸矣" |
| 10 | 殷存直 | 宪宗元和四年（809） | 32 | "执亲之丧，号哭过节" |
| 11 | 清河郡君张氏（女） | 穆宗长庆四年（824） | 51 | 丈夫先终而置食增哀"发幽□之疾" |

①　（唐）李延寿：《北史》卷28《陆俟传》，北京：中华书局，1974年，第1018页。

②　（唐）李延寿：《南史》卷32《张邵传》，北京：中华书局，1975年，第839页。

③　（后晋）刘昫等：《旧唐书》卷63《萧瑀传》，北京：中华书局，1975年，第2405页。

续表

| 序号 | 志主名 | 卒年 | 享年（岁） | 死因 |
|---|---|---|---|---|
| 12 | 范阳卢氏（女） | 敬宗宝历元年（825） | 20 | 婆婆去世"不胜丧，奄忽而殂" |
| 13 | 钟陵熊休（女） | 文宗开成四年（839） | 31 | "从夫在疾，哀过成疾" |
| 14 | 鲁谦 | 宣宗大中十一年（857） | 18 | 父亡"泣血尽哀，因而有疾" |
| 15 | 郑氏第二女（小字张八） | 僖宗乾符四年（877） | 17 | "积其悲愧，成于膏肓" |

从表一可以看出，在15位因悲哀过度而致死的志主中，女性就占了11位，其中一半多（7位）是因丈夫去世而悲哀过度导致死亡，说明他们夫妻情深意重，但同时也为她们的悲哀不节制而感到惋惜；另外几人，或因父女情深而悲哀过度致亡，或因婆媳情深而悲哀过度致亡。在四男中，三男均是因父去世悲哀过度而导致死亡，他们受儒家思想影响而想做孝子的心情是可以理解的，但悲哀过度而"灭身"或"灭性"的行为却是不可取的，这一点，孝子高履行的做法为我们提供了有益借鉴！贞观年间，高履行母亲去世时，他"哀悴逾礼"，太宗遣使以"孝子之道，毁不灭性，汝宜强食，不得过礼"来劝导。他之所以受到太宗的眷顾，是因他尚太宗女东阳公主，拜驸马都尉。其父高士廉去世时，高履行"居丧复以孝闻"，太宗又手诏以"古人立孝，毁不灭身。闻卿绝粒，殊乖大体，幸抑摧裂之情，割伤生之累"来劝慰，俄起为卫尉卿，进加金紫光禄大夫，袭爵申国公①。高履行既成就了孝子之名，又因哀毁节制而不伤身，这中间太宗的及时劝慰起了关键作用，这是应该引起重视的。

### 2.以忧虑为例

中医要求人的情志活动要中和，也就是不要偏激，否则容易导致情绪激动，轻则生病，重则夺取人的生命。现把唐代墓志中因亲人去世而忧虑过度致死者列表如下（表二），以便分析。

表二　唐代墓志中因亲人去世而忧虑过度致死者一览表

| 序号 | 志主名 | 卒年 | 享年（岁） | 死因 |
|---|---|---|---|---|
| 1 | 彭城刘氏（女） | 高宗上元二年（675） | 49 | 其夫虢王李凤去世而"积忧成疾" |
| 2 | 崔悦（女） | 玄宗天宝四载（745） | 37 | "顷罹艰疚，移忧成疾" |
| 3 | 博陵崔义邕 | 玄宗天宝十载（751） | 47 | "庀丧莫给，积忧成疾" |
| 4 | 安平郡君李氏（女） | 代宗大历年间（766—779） | 52 | "自公谪居，忧心成疾" |

---

① （后晋）刘昫等：《旧唐书》卷65《高士廉传》，北京：中华书局，1975年，第2445页。

续表

| 序号 | 志主名 | 卒年 | 享年（岁） | 死因 |
|---|---|---|---|---|
| 5 | 河东薛坦 | 代宗大历十一年（776） | 48 | "属河朔多故，气添于膺，呼吸安危，愤忧成疾" |
| 6 | 陶英 | 德宗贞元十七年（801） | 65 | "寂然闲居，于悒成疾" |
| 7 | 渤海高克从 | 武宗会昌四年（844） | 63 | "以忧人之忧，因忧成疾。忧因心起，疾以忧生" |

　　从表二可以看出，在因忧不节而致死的7位志主中，女性占了3位，居少数。男性四位，引起忧虑的原因不同：高克从之所以"以忧人之忧，因忧成疾。忧因心起，疾以忧生"，目的是"志在治术"；而河东薛坦却是"属河朔多故，气添于膺，呼吸安危，愤忧成疾"。陶英是"寂然闲居，于悒成疾"；崔义邕是"公室素贫"导致"庀丧莫给，积忧成疾"。

　　在唐代，"岭南乃贬官之地，中原人士对南方，尤其是岭南地区，视为瘴疠之地，怀有强烈的恐惧感"[1]。如江夏郡王道宗弟道兴，"贞观九年，为交州都督，以南方瘴疠，恐不得年，颇忽忽忧怅，卒于官"[2]就是很好的例子。要克服"恐不得年"产生的"忽忽忧怅"，需用"思胜恐"来治疗，即思考有哪些药方可以治疗瘴疠后就不会太害怕了。上述唐代墓志的志主河东薛坦，其死因是"属河朔多故，气添于膺，呼吸安危，愤忧成疾"，与江夏郡王道宗弟道兴在交州"恐不得年"产生的"忽忽忧怅"颇为相似。

　　上面二十余方唐代墓志的志主，多是官宦子弟，他们家境较为殷实，也应该有较广的医疗资源，为什么他们的情志疾病就难于治愈呢？以大唐故赠司徒虢王妃彭城刘氏为例，她嫁的是唐高祖李渊的第十五子李凤。李凤，"武德六年，封豳王。贞观七年，授邓州刺史，赐实封六百户。十年，徙封虢王，历虢、豫二州刺史。二十三年，加实封满千户。麟德初，累授青州刺史。上元元年薨，年五十二，赠司徒、扬州大都督，陪葬献陵，谥曰庄"[3]。高宗上元元年（674）虢王李凤去世，第二年其妻彭城刘氏即因"积忧成疾"而去世，刘氏的"积忧成疾"，显然是思念长夫导致的忧疾。其忧疾之所以难以治愈，或许是没有遇到名医而延误所致吧！

　　　　　　原文载《文博》2019年第2期；收录时资料有增补

————————

　　① 范家伟：《大医精诚：唐代国家、信仰与医学》，台北：东大图书股份有限公司，2007年，第152页。

　　② （宋）欧阳修、宋祁：《新唐书》卷78《宗室列传·江夏王道宗》，北京：中华书局，1975年，第3516页。

　　③ （后晋）刘昫等：《旧唐书》卷64《高祖二十二子传》，第2431页。

沙苑子文史论稿

# 历史地理研究

# 三国及其以前"焦侥民"迁徙考*

**摘要：**"焦侥"本尧夷，其始居地当为中原大地的河南省三门峡市陕州区。尧都平阳而为部落联盟酋长时，焦侥民曾来进贡。后帝舜南巡，葬于九嶷（在今湖南宁远县南）。九嶷成为舜部落的活动中心，焦侥民也在帝舜南巡时一同来到了这里。在孔子眼里，焦侥是短人的代表。春秋时期，焦侥民已南迁到了中国西南方的越南、缅甸境内。东汉明帝、安帝时，西南夷焦侥种或来洛阳向东汉皇帝进贡或内属。东汉至三国时期，大秦商人可能通过海上丝绸之路把焦侥民运到了其国南部（非洲境内）并建立了小人国（短人国）。

**关键词：**焦侥；小人；短人；九嶷山；大秦（罗马帝国）南

在《山海经》中，关于小人国的记载，见于多处。对于《大荒东经》所载的"靖人"，法国学者认为："此外中国史册不载此东北极之小人国。此种传说，似应置诸神话之列矣。但据寻究之结果，实有一种小人，于太古时代分布于日本列岛、北海岛、千岛、堪察加等处。"① 其说可供参考。

我们所讨论的重点，是《大荒南经》所载焦侥国的焦侥民。对此，注《山海经》的学者如郭璞、郝懿行②、袁珂③、栾保群④、徐克⑤等多有涉及，但以专文考证焦侥国之

---

\* 本文与梁敏合作。

① 〔法〕希勒格撰，冯承均译：《中国史乘中未详诸国考证》，上海：上海古籍出版社，2014年，第41页。

② （清）郝懿行撰，栾保群点校：《山海经笺疏》，北京：中华书局，2019年。

③ 袁珂：《山海经校注》，上海：上海古籍出版社，1980年。

④ 栾保群：《山海经详注》，北京：中华书局，2019年。

⑤ 徐克编著：《图解山海经》，南昌：江西科学技术出版社，2012年。

焦侥民者，有喻权中①、安京②、何光岳③等，美国学者薛爱华在其专著④中也有论述。本文在前人研究的基础上，对这一问题做进一步的深化研究，不足之处，请方家正之。

# 一、帝 尧 时 期

《山海经·大荒南经》载："有小人，名曰焦侥之国，几姓，嘉谷是食。"郭璞云："皆长三尺。"珂案：焦侥国已见《海外南经》⑤（图一）。

图一　周饶国即焦侥国人

（明·蒋应镐图本，采自：徐克编著：《图解山海经》）

《尔雅·释地》：李巡注六戎，一曰侥夷⑥。何光岳先生据此认为："侥夷意为帝尧部落之裔。"⑦其说有理。

《今本竹书纪年》："（帝尧陶唐氏）二十九年春，僬侥氏来朝，贡没羽。"⑧《艺文类

① 喻权中：《周侥国考》，氏著：《中国上古文化的新大陆——〈山海经·海外经〉考》，哈尔滨：黑龙江人民出版社，1992年，第128—130页。

② 安京：《周侥国考》，氏著：《山海经新考》，北京：中央编译出版社，2010年，第96页。

③ 何光岳：《僬侥考》，氏著：《氐羌源流史》第八章，南昌：江西教育出版社，2000年，第91—97页。

④ 〔美〕薛爱华著，吴玉贵译：《撒马尔罕的金桃：唐代舶来品研究》，北京：社会科学文献出版社，2016年，第143—145页。

⑤ 袁珂：《山海经校注》，第376页。

⑥ （晋）郭璞注，（宋）邢昺疏，王世伟整理：《尔雅注疏》，上海：上海古籍出版社，2010年，第338页。

⑦ 何光岳：《僬侥考》，氏著：《氐羌源流史》，第91页。

⑧ （民国）王国维撰，黄永年点校：《今本竹书纪年疏证》，沈阳：辽宁教育出版社，1997年，第43页。

聚》卷11、《太平御览》卷80引《帝王世纪》也载："尧时僬侥氏来贡没羽。"① 何光岳先生据此认为："这说明当帝尧入都于平阳（山西临汾市）任部落联盟酋长时，他的一支远方亲族部落前来进贡，可见僬侥氏之古老。"② 其说有理。

何光岳先生又说："可见自帝尧以至春秋末年近两千年之久，中原之人都知道西南方有矮人种叫僬侥国。说明华夏人与僬侥人有着往来关系，且其人几姓，亦为炎黄之裔，帝尧的尧部落之一支。据此，僬侥始居地当在河南陕县，南距尧都平阳不远，后为神农之裔居此而建立焦国，之后被迫向西南不断迁徙。"③ 这里的"南距尧都平阳"之"南"当为"北"之误，那么，僬侥氏是如何不断向西南迁徙的呢？

# 二、帝舜时期

## （一）帝舜南巡，焦侥民随行到了九嶷

众所周知，由于舜比较贤明，尧不仅把女儿娥皇、女英嫁给了他，而且也把部落联盟酋长的位置禅让给了他。

《法苑珠林》卷8引《外国图》云："焦侥国人长尺六寸，迎风则偃，背风则伏，眉目具足，但野宿。一曰，焦侥长三尺，其国草木夏死而冬生，去九嶷三万里。"④ 从这条材料可知，"野宿"的焦侥国人，不论迁到哪里，最割舍不掉而难以忘怀的是他们原来的活动中心——九嶷，而九嶷在大史学家司马迁的眼里就是帝舜的葬地。

对于帝舜的葬地，有三种观点：第一种观点以司马迁为代表，他认为帝舜葬于九嶷。《史记·五帝本纪》载：舜"践帝位三十九年，南巡狩，崩于苍梧之野。葬于江南九嶷，是为零陵。"⑤ 王子今先生认可司马迁的说法，同时认为"帝舜巡狩反映了交通实践与执政能力的关系"⑥，不无道理。《山海经·海内南经》云："苍梧之山，帝舜葬于阳，帝丹朱葬于阴。"⑦《海内东经》云："湘水出舜葬东南陬，西环之。入洞庭下。"⑧《大

---

① （民国）王国维撰，黄永年点校：《今本竹书纪年疏证》引，第43页。

② 何光岳：《氐羌源流史》，第91页。

③ 何光岳：《氐羌源流史》，第93页。

④ （唐）释道世撰，周叔迦、苏晋仁校注：《法苑珠林校注》，北京：中华书局，2003年，第163页。

⑤ （汉）司马迁：《史记》卷1《五帝本纪》，北京：中华书局，1982年，第44页。

⑥ 王子今：《论帝舜"巡狩"》，《陕西历史博物馆论丛》第25辑，西安：三秦出版社，2018年。

⑦ 袁珂：《山海经校注》，第273页。

⑧ 袁珂：《山海经校注》，第332页。

荒南经》云："南海之中，有氾天之山，赤水穷焉。赤水之东，有苍梧之野，舜与叔均之所葬也。"①《海内经》云："南方苍梧之丘，苍梧之渊，其中有九嶷山，舜之所葬，在长沙零陵界中。"②

第二种观点，以吕思勉先生为代表，他爬梳相关文献后认为"苍梧、九嶷，盖后来附会之说也"，指出："舜之葬处，自当以《吕览》《尸子》《墨子》《大荒南经》之说为确。其地当名曰己，亦曰南纪；以山言之，则曰岳山，曰狄山，曰蛮山，距鸣条不远也。"③可备一说。

第三种观点，以晋人皇甫谧为代表，他认为帝舜是"殡以瓦棺，葬苍梧九嶷山之阳。是为零陵，谓之纪市。在今营道县，下有群象为之耕。"④这个观点很值得重视。

《吕览·安死》云："舜葬于纪市。"⑤陈奇猷校释引《传》曰："舜葬苍梧九嶷之山"，此云纪市，九嶷山下亦有纪邑⑥。《御览》引《尸子》云："舜西教乎七戎，道死，葬于南己。"《大荒南经》云："帝尧、帝喾、帝舜葬于岳山。"从这些材料可知，《吕览·安死》的"纪市"，也就是《尸子》的"南己"（己即纪）。由于"纪市"就是"南己（纪）"，而南己（纪）似应在江南寻找，岳山也不例外，顺着这样的思路，皇甫谧"殡以瓦棺，葬苍梧九嶷山之阳。是为零陵，谓之纪市"的观点也是讲得通的，这样舜葬九嶷就不是空穴来风了。

通过上面的论述可以推知：帝舜南巡，焦侥民随行。因帝舜南巡后葬于九嶷，这里便成为包括焦侥民在内的舜部落中心。

## （二）九嶷在唐道州境内，道州所产之矮民应是焦侥之遗种

《元和郡县图志》卷29《江南道五》载："道州：秦属长沙郡，汉属长沙国，武帝分长沙置零陵郡，吴分零陵置营阳郡，今州是也，以郡在营水之南，因为名。隋末陷寇贼，武德四年平萧铣，置营州，贞观八年改为道州。"⑦道州（治营道，今湖南省道县）下辖弘道、永明、延唐、大历、江华5县，延唐县即为其一，西至道州一百里。而

① 袁珂：《山海经校注》，第364页。

② 袁珂：《山海经校注》，第459页。

③ 吕思勉：《吕思勉读史札记》上册，上海：上海古籍出版社，1982年，第482—483页。

④ （晋）皇甫谧撰，（清）宋翔凤、钱宝塘辑，刘晓东校点：《帝王世纪》引《御览》卷81，沈阳：辽宁教育出版社，1997年，第15页。

⑤ 陈奇猷：《吕氏春秋校释》卷10，上海：学林出版社，1984年，第536页。

⑥ 陈奇猷：《吕氏春秋校释》卷10，第544页。

⑦ （唐）李吉甫撰，贺次君点校：《元和郡县图志》，北京：中华书局，1982年，第712页。

九嶷山 "在县东南一百里。舜所葬也。九山相似,行者疑惑,故为名。舜庙在山下" ①。看来,舜所葬的九嶷山就在唐道州延唐县东南一百里。

《旧唐书》卷192《阳城传》载:"道州土地产民多矮,每年常配乡户贡其男,号为'矮奴'。城不平其以良为贱,又悯其编甿岁有离异之苦,乃抗疏论而免之,自是乃停其贡,民皆赖之,无不泣荷。" ②州民多矮,且每年要进贡其男,号为 "矮奴"。阳城对道州民 "以良为贱" 愤愤不平,并哀怜其 "岁有离异之苦",乃上疏奏明皇上,罢除了道州矮民的进贡,这对道州民来说无疑是一种福祉。

帝舜南巡,死后葬九嶷。帝舜所葬的九嶷就在唐道州延唐县东南一百里。帝舜南巡时焦侥民随行,九疑也就成为包括焦侥民在内的舜部落中心。所以说,"道州民多矮" 即是说道州矮民是当地所产,他们应是焦侥民的遗种。

## 三、春 秋 时 期

《国语·晋语四》载:"童昏、嚚瘖、僬侥,官师所不材也。" ③何光岳先生据此认为:"则僬侥人曾被用作宫廷戏谑调笑的奴婢,不能作为大用。可见周代也已有僬侥小人。" ④ 其说有理。

又《国语·鲁语》云,客曰:"人长之极几何?" 仲尼曰:"僬侥氏长三尺,短之至也。人长者不过十之,数之极也。" 僬侥,西南蛮之别名也。段玉裁曰:"氏,当作'民'。" 汪远孙曰:"僬,当作'焦'。" ⑤《荀子·富国》载:"譬之是犹乌获与焦侥搏也。" 杨倞注:"焦侥,短人,长三尺者。" ⑥

可见,春秋时期,位于中国西南方的焦侥民,在孔子眼里已成为短人的代表。也就是说,最迟在春秋时期,焦侥民已从九嶷南下迁到了中国西南方的越南、缅甸一带。

在《山海经》的《大荒南经》《海外南经》中,均说到了焦侥国。谭其骧先生在《〈山海经〉简介》一文中指出:"《海外四经》《海内四经》的'海',用的是《尔

① (唐)李吉甫撰,贺次君点校:《元和郡县图志》,第713页。

② (后晋)刘昫等:《旧唐书》卷192《隐逸列传·阳城传》,北京:中华书局,1975年,第5133—5134页。

③ 徐元诰著,王树民、沈长云点校:《国语集解》(修订本),北京:中华书局,2002年,第363页。

④ 何光岳:《氐羌源流史》,第91页。

⑤ 徐元诰著,王树民、沈长云点校:《国语集解》(修订本),第203页。

⑥ (清)王先谦撰,沈啸寰、王星贤点校:《荀子集解》上册,北京:中华书局,1988年,第201页。

雅·释地》'九夷、八狄、七戎、六蛮谓之四海'之义，指不在华夏范围内的地区。较近者为'海内'，较远者为'海外'，'大荒'为极远之地。"[1]可见，焦侥国是在中国以外的地区。

《尔雅·释地》：李巡注八蛮，三曰焦侥[2]。古代中国确定周边民族的方位时，往往用东夷、西戎、南蛮、北狄来表示。焦侥作为八蛮之一，自然是在中国的南方。

《淮南子》卷4《地形训》载："西南方曰焦侥。"高诱注："焦侥，短人之国也。长不满三尺。"[3]《淮南子》由西汉武帝时的淮南王刘安组织人编写，这说明西汉学者也认为焦侥在中国的西南。

许慎《说文》载："南方有焦侥人，长三尺，短之极。"

那么，迁到中国西南越南、缅甸一带的焦侥民情况如何呢？何光岳先生对此有详细的描述，不妨引录如下：

> 真是属于焦侥人种的只能从中国南方、西南方和东南亚一带去找……而东汉永昌郡徼外的焦侥人，自今缅甸北部逐步分两路迁徙，一路沿着萨尔温江与湄公河、湄南河之间的他念他翁山脉逐渐南迁到马来半岛的泰国南部及马来西亚北部山区和西部沼泽地带，多在吉兰丹、彭亨、霹雳、吉打等州境内，与土著原居的矮黑人尼格罗人融合而形成塞茫族，又分为梅尼人、贾海人、卡雷人、门戈斯人、莫尼克人、巴特克人，人数约6000多人。男子平均身高150厘米，女子142厘米。肤色褐黑，毛发略带卷曲，操塞茫语。他们由五六个家庭组成一个小群体，过游动生活。实行一夫一妻制，按父系计算亲属。住所多用树枝搭成简陋窝棚，顶部用树叶覆盖。衣着不多，系用树皮布制成。男子缠腰，妇女围裙。有文（纹）身习俗，头上常戴花朵树叶为饰。有竹制乐器鼻笛和唇笛。男子使用长矛、吹箭筒和毒矢狩猎，用网捕鱼，而妇女用木棒挖掘和采集[4]。
>
> 一支沿着湄公河以东的长山山脉南迁到越南，今聚居于同奈省东南与西南的春乐、朱城等县，人口万余人，旧称"麻人"，又叫"佐罗人"，亦称

① 谭其骧：《〈山海经〉简介》，《中国大百科全书·地理学卷》，北京：中国大百科全书出版社，1990年，第370—371页；收入氏著：《求索时空》，天津：百花文艺出版社，2000年，第169—171页。

② （晋）郭璞注，（宋）邢昺疏，王世伟整理：《尔雅注疏》，上海：上海古籍出版社，2010年，第338页。

③ （汉）高诱：《淮南子注》，上海：上海书店，1986年，第58页。

④ 何光岳：《氐羌源流史》，第95—96页。

"蔗罗人"，实自称"僬侥人"，其语言文化很接近麻人和京人。他们以耕作山坡地农业为主，农作物有稻谷、玉米、木薯等，特产糯米。1945年8月越南革命前，这些人多住高脚屋，今多住平房，有的已建瓦房。以杜、宋、鸟、蓝、张等为大姓。婚姻行"双系制"，婚后夫从妻居，三五年后方另立家庭，或移住夫家。子女有平等继承权。行土葬制，坟墓为半月形。崇信多神，而山神、谷神是神中之神，祭典尤为隆重①。

何光岳先生的生动描述，为我们提供了从九嶷南迁到越南、缅甸一带的僬侥民与当地土著融合发展的情况。

## 四、东汉初年

《后汉书》卷2《显宗孝明帝纪》载："（永平十七年）西南夷哀牢、儋耳、僬侥、槃木、白狼、动黏诸种，前后慕义贡献。"②又《后汉书》卷5《孝安帝纪》载："（永初元年三月）己卯，永昌徼外僬侥种夷贡献内属。"③永初元年为公元107年。何光岳先生据此认为："按哀牢夷在今云南巍山的哀牢山脉，古属永昌郡，即今之保山。而僬侥尚在永昌境外，当在今缅甸北部的恩梅开江和迈立开江的江心坡地区，不久前仍为中国云南西陲之地。"④明帝永平十七年（74）僬侥、儋耳之所以"款塞自至"，用有司的话说，是"孝明皇帝圣德淳茂……泽臻四表"才导致的"远人慕化"⑤。

《通典》卷187《边防三·南蛮上》载："焦侥国，后汉时通焉。明帝永平中，西南夷僬侥贡献。安帝永初中，永昌徼外僬侥种夷陆类等三千余口举种内附，献象牙、水牛、封牛。其人长三尺，穴居，善游，鸟兽惧焉。其地草木冬落夏生。"⑥林惠祥先生据此认为："按永昌，汉时郡名即今云南保山县北五十里。其徼外大约已在缅甸境。"⑦其说有理。

可见，东汉明帝、安帝时期，永昌徼外（大约已在缅甸境）的僬侥人不仅"慕义

---

①　何光岳：《氐羌源流史》，第96页。

②　（南朝宋）范晔：《后汉书》卷2《显宗孝明帝纪》，北京：中华书局，1965年，第121页。

③　《后汉书》卷5《孝安帝纪》，第207页。

④　何光岳：《氐羌源流史》，第93页。

⑤　《后汉书》卷3《肃宗孝章帝纪》（永平十八年）十二月癸巳有司奏言，第130—131页。

⑥　（唐）杜佑撰，王文锦等点校：《通典》，北京：中华书局，1988年，第5064页。

⑦　林惠祥：《中国民族史》，北京：商务印书馆，1939年，第331页。

贡献"，更有甚者，他们还"举种内附"，说明他们与东汉王朝联系密切。

那么，安帝永初元年（107）"举种内附"的焦侥民被东汉政府安置于何地呢？笔者认为，应安置于帝舜的葬地——九嶷山附近。

《山海经·海内经》云："南方苍梧之丘，苍梧之渊，其中有九嶷山，舜之所葬，在长沙零陵界中。"郭璞注云："山今在零陵营道县南，其山九（溪）[峰]皆相似，故云九嶷。古者总名其地为苍梧也。"缪文远先生据此认为："苍梧即九疑，在今湖南宁远县南60里。"①甚确。《中国历史地名大辞典》也载："九疑山：亦作九嶷山。在今湖南宁远县南六十里。"②《中国古今地名大词典》载："九疑山：疑，又作嶷；又称苍梧山。在湖南省宁远县南。"③

据研究，东汉零陵郡（治泉陵县，今湖南永州市零陵区）辖15县，其中营道县（治今湖南宁远县东南）④位于零陵郡东南部。从谭其骧先生的《中国历史地图集·东汉荆州刺史部》⑤也可以看出，营道县在今宁远县正南；而据郭璞注："（九嶷）山今在零陵营道县南。"也就是说，安帝永初元年（107）"举种内附"的焦侥民，应被东汉政府安置在了零陵营道县南——九嶷山（图二），这里曾是焦侥民的聚居地，且当地还留有他们的遗民，所以他们无论迁到哪里，这里都是他们难以忘怀的地方！

# 五、东汉至三国时期

## （一）多种史料表明，焦侥民的最后迁徙地在大秦附近

《史记·大宛列传》正义引《括地志》：

> 小人国在大秦南，人才三尺。其耕稼之时，惧鹤所食，大秦卫助之。即焦侥国，其人穴居也⑥。

---

① 缪文远：《战国制度通考》，成都：巴蜀书社，1998年，第151页。

② 史为乐主编：《中国历史地名大辞典》上册，北京：中国社会科学出版社，2005年，第45页。

③ 戴均良等主编：《中国古今地名大词典》上册，上海：上海辞书出版社，2005年，第51页。

④ 周振鹤、李晓杰、张莉：《中国行政区划通史·秦汉卷》下册，上海：复旦大学出版社，2017年，第968页。

⑤ 谭其骧主编：《中国历史地图集》（精装本）第二册《秦·西汉·东汉时期》，北京：中国地图出版社，1982年，第49—50页。

⑥ 《史记》卷123《大宛列传》正义引《括地志》，第3163页。

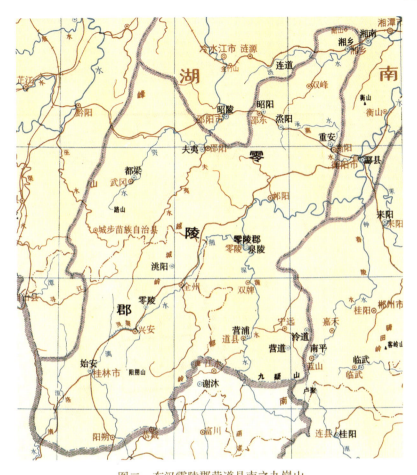

图二　东汉零陵郡营道县南之九嶷山

（采自：谭其骧主编：《中国历史地图集》第二册《秦·西汉·东汉时期》）

余太山先生认为：“小人国，或者便是《魏略·西戎传》所见‘短人’。”①林惠祥据此认为：“此段所述者在外国……然大秦即罗马其南为非洲，非洲亦有黑种矮民，不知是否指其人。”②

英国学者艾约瑟述奥古斯都时罗马境地之广说：“西界大西洋，北界英吉利海峡、来那河、大奴比河、黑海、高加苏山（高加索山），东界亚米尼亚山、底革利河、亚拉伯大沙漠（阿拉伯大沙漠），南界非洲之大沙漠地。”③从《括地志》的材料和专家的论述可知，焦侥民最后的迁徙地是在大秦（罗马）南部，应该已到非洲境内。

---

① 余太山：《古代地中海和中国关系史研究》，北京：商务印书馆，2012年，第122页。

② 林惠祥：《中国民族史》，第330页。

③ 〔英〕艾约瑟编译，陈德正、韩薛兵校注：《罗马志略校注》，北京：商务印书馆，2014年，第280页。

《魏略·西戎传》载：

> 短人国在康居西北，男女皆长三尺，人众甚多，去奄蔡诸国甚远。康居长老传闻常有商度此国，去康居可万余里[①]。

这里阐述了短人国与康居国、奄蔡国的位置关系。康居国、奄蔡国均是两汉至三国时期活动于西域的国家。游牧范围"在锡尔河以北今哈萨克南部草原"[②]的康居国，虽曾一度役属月氏，但后来势力强盛，"不仅役使粟弋、奄蔡、严国，还不断侵暴大宛、乌孙等国"[③]，所以汉廷对"自恃绝远"而采取敌对态度的康居只能是"羁縻而未绝"。由于康居国在西域的影响，康居长老所谓短人国"常有商度此国"以及"去康居可万余里"的话应该是可信的。

《魏略·西戎传》又载："又有奄蔡国一名阿兰，皆与康居同俗。西与大秦东南与康居接。其国多名貂，畜牧逐水草，临大泽。"余太山先生据此认为："所谓大秦应指罗马帝国。当时奄蔡既西与大秦即罗马帝国相接，则所临'大泽'实际上很可能指的是黑海。也就是说，不妨认为，在《魏略·西戎传》所描述的时代，被阿兰征服的奄蔡人的活动中心已自咸海、里海之北迁至黑海之北。"[④]其说有理。

奄蔡"在康居西北可二千里"，短人国也在康居西北且"距康居可万余里"，同时短人国"去奄蔡诸国甚远"。奄蔡国动物是名貂，这显然是寒冷带国家的动物。短人国（即小人国）动物是鹤（大鸟，即鸵鸟），这应是热带的动物，史籍把它定在大秦南（即非洲境内）是正确的，但却与"短人国在康居西北"的记载矛盾，因此笔者怀疑"短人国在康居西北"之"北"可能乃"南"之误。这种方位误记情况在史籍中是不乏例证的。如在《史记·大宛列传》中，张骞说黎轩在安息之"北"，有专家认为："'北'实误，应作'南'或'西南'，因为安息之北到处是属于塞种、伊兰种的游牧民族。"[⑤]再如《魏略·西戎传》载："泽散王属大秦，其治在海中央，北至驴分，水行半

① （晋）陈寿撰，陈乃乾点校：《三国志》卷30《魏书·乌丸鲜卑东夷传第三十》裴注引，北京：中华书局，1982年，第863页。

② 赫树声：《汉简中的大宛和康居——中西交通研究的新资料》，刘再聪主编：《中西交通与华夏文明》，北京：中国社会科学出版社，2019年，第517页。

③ 余太山：《塞种史研究》，北京：商务印书馆，2012年，第166页。

④ 余太山：《塞种史研究》，第182页。

⑤ 孙毓棠：《汉代的中国与埃及》，原载《中国史研究》1979年第2期；又收入氏著：《孙毓棠学术论文集》，北京：中华书局，1995年，第347—367页。

岁，风疾时一月到，最与安息安谷城相近，西南诣大秦都不知里数。"这里的"西南诣大秦都不知里数"句，"'南'系'北'之误，指从埃及亚历山大西北向，渡地中海可至大秦都即罗马城，但里数不明。案：泽散即埃及的亚历山大属大秦始自公元前30年。"① 很有见地。

余太山先生指出："短人国，位置不详。一说短人应即《山海经·海外南经》所见周饶国、《山海经·大荒南经》和《山海经·大荒东经》所见焦侥国（'菌人'）和靖人。'周饶'、'焦侥'，'菌人'、'靖人'和'侏儒'均为同名异译。有关短人的传说亦见诸斯特拉波的《地理志》（Ⅰ，2—35；ⅩⅤ，1—57）和普利尼《博物志》（Ⅶ，26），可能经由欧亚草原传入。"②《神异经·西荒经》载："西海之外有鹄国焉，男女皆长七寸。为人自然有礼，好经论拜跪。其人皆寿三百岁。其行如飞，日行千里。百物不敢犯之，惟畏海鹄，过辄吞之，亦寿三百岁。此人在鹄腹中不死，而鹄一举千里。"③《突厥本末记》云："自突厥北行一月，有短人国。长者不逾三尺，亦有二尺者。头少毛发，若羊胞之状，突厥呼为羊胞头。其傍无它种类相侵。无寇盗，但有大鸟，高七、八尺，恒伺短人，啄而食之，短人皆持弓矢以为之备。按此亦在西北，即《魏略》之短人国也。"④ 余太山先生指出："鹄国的短人可能和《魏略·西戎传》所见同出一源。又，如果结合后来《突厥本末记》的记载……则鹄国所临'西海'更可能是里海。也许由于大秦国亦临'西海'，鹄国被认为在大秦国附近。"⑤ 我们认为："如果结合《突厥本末记》'大鸟'的记载……则鹄国所临'西海'更可能是指地中海。也许由于大秦国亦临'西海'，鹄国被认为在大秦国附近"更为合理。

实际上，《括地志》所载小人国之人"其耕稼之时，惧鹤所食"，与《神异经》所载鹄国之人"惟畏海鹄，遇辄吞之"，这两国人的共同特点是怕被海鹄（鹄、鹤一声之转）吞食。《突厥本末记》所载的短人国"但有大鸟，高七、八尺，恒伺短人，啄而食之"，这里的"大鸟"应指鸵鸟。可见，《括地志》所载的小人国，《突厥本末记》所载的短人国，《神异经》所载的鹄国，应指同一国，即焦侥民的最后迁徙地，就在大秦南部（非州境内），因为他们的国人都害怕被一种大鸟（应指鸵鸟）吞食。

① 余太山：《古代地中海和中国关系史研究》，北京：商务印书馆，2012年，第32页。

② 余太山：《古代地中海和中国关系史研究》，第84页。

③ （晋）张华等撰，王根林等校点：《博物志（外七种）》，上海：上海古籍出版社，2012年，第96页。

④ （宋）李昉等：《太平御览》卷796《四夷部一七》引，北京：中华书局，1960年，第3535—3536页。

⑤ 余太山：《古代地中海和中国关系史研究》，第124—125页。

美国学者薛爱华指出："这些短人显然就是古代希腊人记载的侏儒，只是在这个故事的东方译本中，将短人国的位置说成了东欧或西伯利亚地区，而不是在非洲的腹地。在原始的西方传说中，往往都说侏儒国在非洲，而这一类的传说也流传到了中国人的耳中。"①其说有理。

两汉至三国时期，大秦国附近确实有大鸟（即鸵鸟）生活。如"在安息西数千里，临西海"的条支（塞流古朝叙利亚王国），"有大鸟，卵如甕。"②《后汉书·西域传》称条支国"大雀其卵如瓮。"③大鸟或大雀，学者白鸟库吉、谢弗均认为应即鸵鸟④，余太山先生支持其说⑤，我们亦认可其说。而"北与康居、东与乌弋山离、西与条支接"的安息国（帕提亚朝波斯王国），因汉武帝始遣使至其国，其王"因发使随汉使者来观汉地，以大鸟卵及黎轩眩人献于汉，天子大说"⑥。至东汉和帝永元十三年（101），"安息王满屈复献师子及条支大鸟，时谓之安息雀"⑦。安息王满屈向东汉王朝奉献的贡品是"条支大鸟"，为什么称为"安息雀"呢？余太山认为："时称条支即叙利亚地区为'安息西界'，故'条支大鸟'得称为'安息雀'。大鸟，即鸵鸟。"⑧其分析不无道理。

据《大美百科全书》记载，鸵鸟是"一种大型善跑的鸟（Struthio camelus），是所有现存鸟类中体型最大者。鸵鸟，或叫骆驼鸟，目前只分布在非洲较干又多沙的地方。鸵鸟曾经一度分布远达叙利亚及阿拉伯"⑨；"一般人相信当鸵鸟遇到危险时会把头藏进沙堆里，这并不是真实的，鸵鸟应会飞快地跑开。若被逼入绝境或受伤时，鸵鸟会以其大脚猛烈地战斗。它的尖脚趾会造成严重的伤害，曾有人、马因此致死的报告。"⑩

---

① 〔美〕薛爱华著，吴玉贵译：《撒马尔罕的金桃：唐代舶来品研究》，北京：社会科学文献出版社，2016年，第145页。

② 《史记》卷123《大宛列传》，第3163页。

③ 《后汉书》卷88《西域传》，第2918页。

④ 〔日〕白鸟库吉：《拂菻问题的新解释》，《白鸟库吉全集》卷7，岩波，1971年，第403—596页及439—441页；〔美〕谢弗著，吴玉贵译：《唐代的外来文明》，北京：中国社会科学出版社，1995年，第227—229页。

⑤ 余太山：《两汉魏晋南北朝正史"西域传"所见西域诸国物产》，《揖芬集：张政烺先生九十华诞纪念文集》，北京：社会科学文献出版社，2002年，第437—454页。

⑥ 《汉书》卷96上《西域传第六十六上·安息国》，第3890页。

⑦ 《后汉书》卷88《西域传》，第2918页。

⑧ 余太山：《古代地中海和中国关系史研究》，第57页。

⑨ （外文出版社、光复书局）《大美百科全书》编辑部：《大美百科全书》（21），北京：外文出版社，1994年，第96页。

⑩ （外文出版社、光复书局）《大美百科全书》编辑部：《大美百科全书》（21），第97页。

从工具书对鸵鸟的体型、分布地及可致人、马死亡的描述分析，对焦侥人造成生命威胁的大鸟无疑就是鸵鸟，所以焦侥人不仅自己利用弓箭来防止鸵鸟的伤害，而且通过进贡珠宝的方式寻求大秦的 "助卫"①。

　　西方学者的论述，也证明了矮人国在大秦（即罗马）南的非洲境内。古希腊学者斯特拉博（前64—23）说："然后，麦加斯提尼的叙述进入了纯粹的神话领域，他提到5指距和3指距长的人，他们有些人没有鼻子，仅仅是在嘴的上方有两个呼吸孔；他说3指距高的人曾经与鹤作战（荷马提到过这场战争），也曾经与山鹑作战，这里的山鹑像鹅一样大小；这些人收集和打烂鹤藏在那里的鹤蛋；因为这个缘故，那里的任何地方再也见不到鹤蛋和小鹤了；常常有鹤在战斗中逃脱了青铜箭矢对自己的伤害。"②斯特拉博记载的矮人（3指距长的人）与鹤大战的故事可以与上述《括地志》记载的小人 "惧鹤所食" 相印证，并说明了鹤（鸵鸟）之所以攻击和伤害矮人是因为 "这些人收集和打烂鹤藏在那里的鹤蛋" 的缘故！

　　法国学者伏尔泰（1694—1778）说："在非洲大陆的中央，有一支人数不多的矮小人种，他们的肤色白得像雪，脸形倒像黑人，眼睛同山鹑十分相似，葡萄牙人称他们为阿尔比诺人。他们矮小、虚弱、斜视，绒毛般的卷发和眉毛像洁白纤细的棉花。他们的体力和智力都低于黑人……在法国就有过两个这样的阿尔比诺人，我曾在巴黎的布列塔尼旅馆见过其中之一，那是一个贩卖黑奴的人带来的。"③他又说："阿尔比诺人实际上是一个人数极少的、个子极矮小的民族，居住在非洲中部。他们因为弱小，不大敢离开洞穴，但黑人有时把他们捉到，我们出于好奇而向黑人买来。我见到过两个，许多欧洲人也都见过……阿尔比诺人不同于英国人或西班牙人，也不同于几内亚黑人。他们皮肤也是白色，但和我们白色不同，既不是白里透红，也不是白里泛黑，而是很像白蜡那样苍白。他们的头发和他们的眉毛好似最美丽、最柔软的绸缎，他们的眼睛跟别的人种毫无相似之处，却很像山鹑的眼睛。"④从伏尔泰对阿尔比诺人的描述来看，他们矮小，穴居，皮肤白色，不同于欧洲人，眼睛像山鹑（像鹅一样大小），人数极少，似为焦侥人种。

　　① （唐）杜佑：《通典》卷193《边防九·小人》载："小人，在大秦之南。躯才三尺，其耕稼之时，惧鹤所食，大秦每卫助之，小人竭其珍以酬报。"第5266—5267页。

　　② 〔古希腊〕斯特拉博著，李铁匠译：《地理学》（下），上海：上海三联书店，2014年，第1040—1041页。

　　③ 〔法〕伏尔泰著，谢戊申等译：《风俗论》下册，北京：商务印书馆，1997年，第18页。

　　④ 〔法〕伏尔泰著，梁守锵等译：《风俗论》上册，北京：商务印书馆，1994年，第18—19页。

### （二）汉武帝时海上丝绸之路的开通，使焦侥民以后的西迁成为可能

交趾在今越南，是汉代中国对外交流的一个重要商埠。交趾在中西交通史上的地位相当于中国西部的敦煌。交趾后来易名"安南"，故有人把从长安或洛阳经交趾、扶南（柬埔寨）到西方的交通路线称为"安南道"。我们沿用古名，称其为"交趾道"①。

林梅村先生复原一条从罗马到中国的古代航线，具体路线如下：

> 它从罗马城启航，先到埃及亚历山大港，再溯尼罗河而上，然后经过一段陆路到贝勒尼斯港入红海；其后经印度东海岸的波杜克港、印度支那的奥高古海港、雷州半岛的徐闻港，最后抵达广州②。

他进而指出："这条航线东段的开辟与战国秦汉以来中国方士入海求仙不无联系，并在汉武帝时代得以全线开通。印度、越南古代海港遗址和中国沿海地区出土的罗马金币、陶器、银器和玻璃器表明，罗马商人为打破安息对丝绸贸易的垄断，积极开辟这条航线的西段。在罗马商人的不懈努力下，罗马皇帝安敦尼在位时这条沟通中国与罗马的古代航线达到鼎盛时期。"③其说有理。

从西汉中期至东汉中期这二百多年的时间内，"中亚人已频繁地往来于中国"④。尤其是在东汉中期以后，"特别是在灵帝时期，中亚地区的居民，包括月支人、康居人、安息人以及一部分北天竺人，陆续不断地移居于中国境内，成为一股移民的热潮。他们来华的路线分为海、陆两道。取海道者经印度航海来到交趾，一些人留居交趾，一些人继续北上，到达洛阳"⑤。就是在这样的背景下，焦侥人可能被大秦人从海路运往大秦南（非洲境内）而建立了小人国。

---

① 林梅村：《汉唐西域与中国文明》，北京：文物出版社，1998年，第312、314页。

② 林梅村：《汉唐西域与中国文明》，第318—319页。

③ 林梅村：《汉唐西域与中国文明》，第319页。

④ 马雍：《东汉后期中亚人来华考》，原载《经济理论与经济史论文集》，北京：北京大学出版社，1983年；又载彭卫等主编：《20世纪中华学术经典文库·历史学：中国古代史卷》上册，兰州：兰州大学出版社，2000年，第535—550页。

⑤ 马雍：《东汉后期中亚人来华考》，彭卫等主编：《20世纪中华学术经典文库·历史学：中国古代史卷》上册，第548页。

### （三）焦侥民西迁以海路的可能性最大

#### 1. "从中州以西三十万里得焦侥国"应属陆路里程

魏晋时成书①的《列子·汤问篇》载："从中州以东四十万里得僬侥国，人长一尺五寸。"杨伯峻《集释》说："王重民曰'东'当作'西'，字之误也……《御览》三百七十八又七百九十引'四'并作'三'。疑《列子》此文本作'从中州以西三十万里得僬侥国'，后'西'字误作'四'，因衍入'东'字，削去'三'字耳。"②杨伯峻先生"疑《列子》此文本作'从中州以西三十万里得僬侥国'"的分析是有道理的。《山海经·海外南经》注引《诗纬·含神雾》载："'从中州以西四十万里得焦侥国，人长一尺九寸。'其地太远，殊不足信。"③按照杨伯峻先生对《御览》引《列子》文的分析，这里的"四"也应作"三"。中州应指东汉或曹魏的都城洛阳，这是从陆路到焦侥国的距离，当然路途遥远了。

#### 2. 焦侥国"去九疑三万里"主要应指海路里程

《法苑珠林》卷8引《外国图》载："焦侥国人长尺六寸……去九疑三万里。"《太平御览》引《外国图》曰："僬侥民善没游，善捕鸷鸟。其草木夏死而冬生，去九疑三万里。"④这里的"善捕鸷鸟"似有脱文，应为"善捕鱼，畏鸷鸟"；"其草木夏死而冬生"，据葛洲子博士告知，这种情况乃冬季多雨而夏季干旱地区植被的真实反映。与"从中州以西三十万里得焦侥国"陆路相比，焦侥国"去九疑三万里"的短距离显然主要是海路里程，而且海路比陆路近很多。

#### 3. 焦侥民西迁以海路的可能性最大

《后汉书·西域传》载："至桓帝延熹九年，大秦王安敦遣使自日南徼外献象牙、犀角、玳瑁，始乃一通焉。"⑤日南，即日南郡之省，治西卷（今越南广治附近），辖今越南中部地区⑥。延熹九年为公元166年。张绪山先生认为："被中国史书认为大秦与中国直接交通关系之始的这一次所谓遣使，其实并非罗马皇帝的使节，而是地中海东岸

---

① 方豪：《中西交通史》，杭州：浙江大学出版社，2016年，第106页。

② 杨伯峻：《列子集释》卷5《汤问篇》，北京：中华书局，1979年，第155页。

③ 转引自何光岳：《氐羌源流史》，第91页。

④ （宋）李昉等：《太平御览》卷790《四夷部一一·南蛮六》，第3499页。

⑤ 《后汉书》卷88《西域传·大秦国》，第2920页。

⑥ 周伟洲、王欣主编：《丝绸之路辞典》，西安：陕西人民出版社，2018年，第770页。

的商人……不管如何，罗马人从海陆两道到达中国，对于罗马帝国和中国间的相互了解是大有助益的。"① 林梅村先生认为："安敦即罗马帝国皇帝安东尼（M. A. Antoninus），约公元161—180年在位。"② 王永平认为："这是中国文献中记载最早的两国之间的正式友好往来……具有里程碑式的重要意义。"③ 可见，东汉桓帝时，大秦（罗马）就通过海路与东汉王朝来往（图三）。

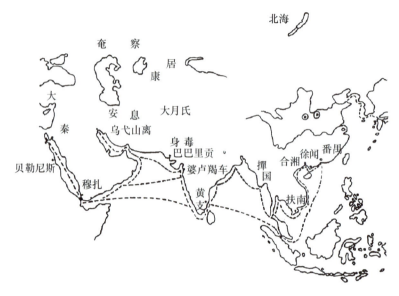

图三　汉代海上丝绸之路

（采自：林梅村《古代埃及与中国之间的海上交通》一文）

三国时期，"交趾特别繁荣，为罗马与东方贸易的终点"④，仍有罗马（大秦）商人经交趾道来华。《梁书》卷54《诸夷列传》载：

孙权黄武五年，有大秦贾人字秦论来到交趾，交趾太守吴邈遣送诣权，权问方土谣俗，论具以事对。时诸葛恪讨丹阳，获黝歙短人，论见之曰："大

---

① 张绪山：《罗马帝国沿海路向东方的探索》，原载《史学月刊》2001年第1期；又收入氏著：《史学管见集》，北京：生活·读书·新知三联书店，2019年，第207—222页。

② 林梅村：《汉唐西域与中国文明》，第314页。

③ 王永平：《从"天下"到"世界"：汉唐时期的中国与世界》，北京：中国社会科学出版社，2015年，第41页。

④ 吴廷璆、郑彭年：《佛教海上传入中国之研究》，原文载《历史研究》1995年第2期；又收入氏著：《吴廷璆史学论集》，北京：人民出版社，1997年，第87—132页。

秦希见此人。"权以男女各十人，差吏会稽刘咸送论，咸于道物故，论乃径还本国①。

黄武五年为公元226年。诸葛恪从丹阳郡俘获的"黝歙短人"，极有可能来自吴国境内零陵郡九嶷山的焦侥民。这一年，大秦贾人秦论由海路来到东吴的交趾郡，交趾太守吴邈派人护送秦论去见吴主孙权。当秦论见到"黝歙短人"时，说"大秦希见此人"，孙权就赏赐"黝歙短人"男女各十人给秦论，并派会稽刘咸办理交接手续，只因刘咸在路上去世（"于道物故"），这件事不了了之，秦论也就直接从海路回国了。虽然黝歙短人"大秦希见"，但孙权给大秦商人秦论赐黝歙短人时，或赐10名男子，或赐10名女子，均可，为什么男、女各赐10名呢？显然，孙权不仅要让黝歙短人供大秦统治者观赏，而且还要让黝歙短人的10名男子与10名女子配对，以便在大秦繁衍生息，所以吴主孙权的这个赏赐，只因交接吏会稽刘咸的去世而不了了之，有点说不过去，孙权难道不会再派人交接吗？所以，这件事未必如史书记载不了了之，秦论就直接回国了。秦论来时途经交趾，说明他是经绕印支半岛而来；而他归途"径还本国"，似乎意味着由交广陆路经"缅甸路"返回罗马帝国②。所谓中印交往的"缅甸路"，是指"经恒河到利穆里的水路"（利穆里位于印度西海岸）的前半程。"缅甸路"包括两个主要分支：一是自四川经中国云南、阿萨姆地区，沿布拉马普特拉河（R. Brahmaptra）到达恒河和帕特纳（Patna）；二是由云南沿伊洛瓦底江到达商埠塔科拉（在仰光附近）河萨尔温江口的毛淡棉，然后转运恒河口市场③。

自汉武帝时张骞通西域后，"黎轩善眩人"（黎轩即托勒密朝埃及王国首都亚历山大城，后为大秦的属地）就通过丝绸之路传入中国，满足了汉朝统治者娱乐的需要。同样，孙权赏赐"黝歙短人"男女各十人给秦论，也是满足大秦统治者娱乐的需要。

《魏略·西戎传》载：

> 大秦道既从海北陆通，又循海而南，与交趾七郡外夷比，又有水道通益州、永昌，故永昌出异物。前世但论有水道，不知有陆道，今其略如此。

① （唐）姚思廉：《梁书》卷54《诸夷列传·海南诸国·中天竺国》，北京：中华书局，1973年，第798页。

② 科尔道西：《阿萨姆——出入中国的门户》，转引自张绪山：《史学管见集》，北京：生活·读书·新知三联书店，2019年，第217页。

③ 张绪山：《罗马帝国沿海路向东方的探索》，氏著：《史学管见集》，北京：生活·读书·新知三联书店，2019年，第213页。

余太山注曰："交趾七郡，即交州七郡：南海（治今广东广州）、苍梧（治今广西梧州）、郁林（治今广西桂平市西）、合浦（治今广西浦北西南）、交趾（治今越南河内西北）、九真（治今越南清化西北）、日南（治今越南平治天省广治河与甘露河河流处）。益州，郡名，治今云南晋宁东。永昌，郡名，治今云南保山东北。"① 据此可知，东汉至三国时期，从"大秦道"至中国有陆路与海路之别。陆路"既从海北陆通"；海路"又循海而南，与交趾七郡外夷比，又有水道通益州、永昌"，也就是说，"所谓前人但知有水道，就是因为汉与罗马之间的交通最早是由罗马人经过海道走通的"②。

《后汉书·西域传》载："大秦国一名犛鞬，以在海西，亦云海西国。"余太山据此认为："'犛鞬'［lyei-lian］，与《史记·大宛列传》所见'黎轩'为同名异译。《史记·大宛列传》的'黎轩'指托勒密朝埃及王国。本传之'犛鞬'［lyei-lian］客观上已经成了大秦的同义词。盖黎轩即托勒密埃及王国距汉遥远，直至公元前30年（成帝建始三年）沦为罗马行省时，还没有来得及为汉人了解，仅知其大致位置而已，而当汉人有可能进一步了解西方世界时，黎轩已经不复存在，而大秦之名如雷贯耳；原黎轩国既成了大秦国的一部分，来华的原黎轩国人又可能自称大秦人，于是很自然地把黎轩和大秦这两个表示不同概念的名词合而为一了，终于有了本传'大秦国一名犛鞬'的说法。"③其分析不无道理。而埃及亚历山大城，就是《魏略·西戎传》"大秦国一号犁靬"之"犁靬"④，亦即《史记·大宛列传》之"黎轩"和《后汉书·西域传》之"犛鞬"。

公元前30年，埃及并入罗马帝国版图，于是尼罗河出海口亚历山大城成了罗马帝国通往东方的门户⑤。孙毓棠先生指出："公元一、二世纪，中国的丝绸日益增多地运到罗马帝国，亚历山大城是最重要的集散地。"⑥林梅村先生也说："古罗马时代，亚历山大城逐渐发展成为东方重要的商业中心，充满异国风情的埃及奢侈品行销罗马帝国。"⑦中国的丝绸从陆路固然可以运往罗马帝国，但路途遥远，历尽艰辛，且要通过转手贸易。而走海路则便捷多了，"海路以南印度、斯里兰卡为主要的中介或转运站，最终亦

---

① 余太山：《两汉魏晋南北朝正史西域传要注》，北京：中华书局，2005年，第354页。

② 王永平：《从"天下"到"世界"：汉唐时期的中国与世界》，第49页。

③ 余太山：《古代地中海和中国关系史研究》，第58页。

④ 林梅村：《古代埃及与中国之间的海上交通》，上海博物馆编：《文明对比手册》，上海：上海古籍出版社，2017年，第15—27页。

⑤ 林梅村：《古代埃及与中国之间的海上交通》，上海博物馆编：《文明对比手册》，第17页。

⑥ 孙毓棠：《汉代的中国与埃及》，原载《中国史研究》1979年第2期；又收入氏著：《孙毓棠学术论文集》，北京：中华书局，1995年，第347—367页。

⑦ 林梅村：《古代埃及与中国之间的海上交通》，上海博物馆编：《文明对比手册》，第18页。

达埃及亚历山大城"①，在斯特拉伯（Strabo，前64—23，希腊地理学家）生活的时代，"每年到达印度的商船多达120艘"②，而印度（天竺）"国人行贾往往至扶南、日南、交趾，其南徼诸国人少有到大秦者"③。这说明，大秦与东方的贸易多以南印度为中介，大秦商人频繁至南印度交易，而印度商人"往往至扶南、日南、交趾"贸易，而印度"南徼诸国人"，却"少有到大秦者"。当然，大秦人直接到中国者，就是上述桓帝延熹九年（166）从海路向东汉皇帝贡献的大秦王安敦的使者，以及黄武五年（226）从海路来华而见吴主孙权的大秦贾人秦论。这样说来，大秦使者或商人在把丝绸从交趾或南印度运往罗马的过程中，顺便带上中国君王赏赐或通过贸易、掠夺等手段得到的焦侥人，是完全可能且不难理解的。

概括来说，《列子·汤问篇》《神异经》《诗纬·含神雾》所谓"从中州以西三十万里得焦侥国"是指陆路，是从东汉或曹魏都城洛阳到达大秦南部（非洲境内）的小人国（短人国）。而《外国图》所谓"焦侥国……去九疑三万里"主要是指海路。焦侥民南迁后的聚居地在帝舜的葬地——九疑山，即东汉零陵郡营道县南，这是零陵郡的东南部，与苍梧郡毗邻。苍梧郡为"交趾七郡"之一，而大秦道"又循海而南，与交趾七郡外夷比"。也就是说，大秦商人很容易通过贸易、掠夺等手段从九疑得到焦侥人，然后南下穿过苍梧郡，从合浦郡的徐闻港登船，即可把焦侥人运往大秦；或者说，大秦商人直接从交趾郡的港口或南印度的港口把焦侥人装船而运往大秦。这与"短人，魏时闻焉"④的记载是一致的。

综上所述，"焦侥"本尧夷，其始居地当为中原大地的河南省三门峡市陕州区。尧都平阳而为部落联盟酋长时，焦侥民曾来进贡。后帝舜南巡，葬于九嶷（在今湖南宁远县南）。九嶷成为舜部落的活动中心，焦侥民也在帝舜南巡时一同来到了这里。在孔子眼里，焦侥是短人的代表。春秋时期，焦侥民已南迁到了中国西南方的越南、缅甸境内。东汉明帝、安帝时，西南夷焦侥种或来洛阳向东汉皇帝进贡或内属。东汉至三国时期，大秦商人可能通过海上丝绸之路把焦侥民运到了其国南部（非洲境内）并建立了小人国（短人国）。

原文载沙武田主编：《丝绸之路研究集刊》第八辑，北京：社会科学文献出版社，2022年

---

① 孙毓棠：《汉代的中国与埃及》，氏著：《孙毓棠学术论文集》，第354页。

② 吴廷璆：《汉代西域的商业贸易关系》，氏著：《吴廷璆史学论集》，北京：人民出版社，1997年，第19—78页。

③ （唐）姚思廉：《梁书》卷54《诸夷列传·海南诸国·中天竺国》，第798页。

④ （元）马端临：《文献通考》卷339《四夷十六·短人》，北京：中华书局，1986年，考二六六○。

# 关于四枚秦封泥涉及的历史地理问题

**摘要：** 秦封泥中的"怀德丞"乃"怀德县丞"之省，"宁秦丞"乃"宁秦县丞"之省，"彭阳丞"乃"彭阳县丞"之省。秦怀德县治今陕西大荔县东南朝邑镇，而非渭南富平县南；宁秦县原名阴晋，高帝八年（前199）更名华阴县，治所在今陕西华阴市东南；昫衍道因境内有昫衍戎而得名，其治所在今宁夏花马池镇张家场自然村之张家场古城。"彭阳丞印"封泥的出土，说明秦代就已设置了彭阳县，纠正了文献关于彭阳县设置始于西汉的不足；西汉彭阳县治今甘肃镇原县东80里，有遗址，秦彭阳县治所亦应在此。

**关键词：** 秦封泥；历史地理问题

## （一）"怀德丞印"

"怀德丞印"（图一），一品，今藏西安中国书法艺术博物馆。

"怀德丞"乃"怀德县丞"之省。

怀德，《一统志》说在今富平县南十里；徐松、胡渭据《水经注》谓在今大荔县旧朝邑县地。傅嘉仪先生认为前说可信[1]。有学者同意傅嘉仪先生的观点，认为："怀德县，今陕西渭南富平县南10里。"[2]笔者认为恐不妥，应在今陕西大荔县东南朝邑镇。

《中国历史地名大辞典》载："怀德县，秦置，属内史。治所在今陕西大荔县东南。西汉属左冯翊。东汉废。《汉书·地理志》左冯翊作裹德县。"[3]《中国古今地名大词典》载："怀德县。古县名，秦置，治今陕西省大荔县东

图一　怀德丞印
（庞任隆提供）

---

① 傅嘉仪：《秦封泥汇考》，上海：上海书店出版社，2007年，第190页。

② 庞任隆：《秦郡县封泥的历史地理学意义》，《文博》2009年第3期，第43—52页。

③ 史为乐主编：《中国历史地名大辞典》上册，北京：中国社会科学出版社，2005年，第1314页。

南沙苑南、渭河北岸。属内史。《史记·绛侯周勃世家》：'还定三秦，至秦，赐食邑怀德。'即此。西汉作襄德县，属左冯翊。东汉废。"[1]上述两种专业辞典对秦怀德县治所的判定是完全正确的，只是还不具体，今再简论于下。

　　只有我们把西汉怀德县的地望搞清楚了，秦怀德县的地望也就明白了。

　　《汉书》卷28上《地理志第八上·左冯翊》载："襄德，《禹贡》北条荆山在南，下有强梁原。洛水东南入渭，雍州寖。莽曰德驩。"[2]

　　著名历史地理学家谭其骧先生在其主编的《中国历史地图集》第二册[3]之《西汉·司隶部》地图中，标绘强梁原在临晋县（今陕西省大荔县朝邑镇）南，怀德县在临晋县西南，与之为邻。贺次君先生于《元和郡县图志》卷一《关内道一·京兆府·富平县》"荆岐既旅是也"注云："今按：《汉志》'左冯翊怀德，《禹贡》北条荆山在南，下有强梁原'。《太平寰宇记》引《水经注》'洛水东南历强梁原，俗谓之朝坂'。西汉怀德与朝坂，俱在唐同州朝邑县，为洛水流域，则《禹贡》荆山不得在雍州富平。《隋志》《括地志》及此志著荆山于富平，盖因三国时富平曾置怀德县，后遂误以为西汉怀德，并移荆山于此。"[4]

　　顾祖禹《读史方舆纪要》卷54《陕西三·朝邑县》载："强梁原，在县治南。俗谓之朝坂，西魏以此名县。《郡国志》：'长春宫在强梁原上。'盖原本广衍，县治与古宫皆据其上。《汉志》：'怀德县南有荆山，山下有强梁原，原即荆山北麓矣。'"[5]顾祖禹认为，强梁原是荆山的北麓，也就是说，强梁原与荆山本为一体，而荆山就在西汉的怀德县南。

　　《三秦记》载："强梁原：洛水出强梁原，在富平县西南荆渠之侧。"刘庆柱先生辑注引《同州志》云："华原在朝邑县西，绕北而东，以绝于河，古河壖也；一名朝坂，亦谓之华原山，盖华原即朝坂，朝坂即强梁原。荆山之麓直抵河壖，禹治水以此渡河，故《禹贡》曰：'至于荆山，逾于河。'朝邑即汉之襄德，荆山当在其境，唐人误以荆山在富平。"[6]刘庆柱先生认为"朝邑即汉之襄德"，是完全正确的。

①　戴均良等主编：《中国古今地名大词典》中册，上海：上海辞书出版社，2005年，第1582页。

②　（汉）班固：《汉书》卷28上《地理志第八上》，北京：中华书局，1975年，第1514页。

③　谭其骧主编：《中国历史地图集》第二册，北京：中国地图出版社，1982年，第15—16页。

④　（唐）李吉甫撰，贺次君点校：《元和郡县图志》卷1《关内道一·京兆府》，北京：中华书局，1983年，第20页。

⑤　（清）顾祖禹撰，贺次君、施和金点校：《读史方舆纪要》，北京：中华书局，2005年，第2606页。

⑥　刘庆柱：《三秦记辑注》（长安史迹丛刊），西安：三秦出版社，2006年，第115—116页。

图二　宁秦丞印

（庞任隆提供）

## （二）"宁秦丞印"

"宁秦丞印"（图二），一品，今藏西安中国书法艺术博物馆。

"宁秦丞"乃"宁秦县丞"之省。

《汉书》卷28上《地理志第八上》"华阴"李贤注曰："故阴晋，秦惠文王五年更名宁秦，高帝八年更名华阴。"①

《中华人民共和国地名大辞典》第三卷载："华阴市，渭南地区辖市……在省境东部，南依华山，东滨渭河……市人民政府驻华阴。《尧典》以名山为四岳，华山为西岳。春秋晋于今西岳庙东置阴晋邑（今古城遗址尚存）。秦惠文王六年（前332）于此置宁秦县，属内史。西汉高祖八年（前199）以地处华山之北更名华阴县，属京兆尹。王莽始建国改名华坛县，东汉复名华阴县，属弘农郡。"②

《中国历史地名大辞典》载："宁秦县，秦置，属内史。治所在今陕西华阴市东南五里。西汉高帝八年（前199）改为华阴县。"③

《中国古今地名大词典》载："宁秦，古邑名。战国魏邑，名阴晋。在今陕西华阴市东。《史记·六国年表》：秦惠文王六年（前332），'魏以阴晋为和，命曰宁秦'。秦始皇时改为宁秦县。"④

有专家认为，秦的宁秦县属内史管辖，治今渭南华阴市东南⑤，无疑是正确的。

## （三）"昫衍道丞"

"昫衍道丞"（图三），三品，今藏西安中国书法艺术博物馆。

傅嘉仪先生指出："据此封泥可知秦时已置昫衍道。其官同于置县，有令、丞、尉。今在宁夏盐池县境。"⑥

①　《汉书》卷28上《地理志第八上》，第1543页。

②　崔乃夫主编：《中华人民共和国地名大辞典》第三卷，北京：商务印书馆，2000年，第5290—5291页。

③　史为乐主编：《中国历史地名大辞典》上册，第845页。

④　戴均良等主编：《中国古今地名大词典》中册，第971页。

⑤　庞任隆：《秦郡县封泥的历史地理学意义》，《文博》2009年第3期，第49页。

⑥　傅嘉仪：《秦封泥汇考》，第228页。

谭其骧先生在其主编的《中国历史地图集》第二册①之《西汉·并州、朔方刺史部》地图中，把呴衍标在盐池。

庞任隆先生认为，呴衍道"今在宁夏盐池县境"②，是完全正确的。

《汉书·百官公卿表》载："县有蛮夷曰道。"呴衍道的设置，当是因其境内有"呴衍戎"的缘故。《史记》卷110《匈奴列传》载："秦穆公得由余，西戎八国服于秦，故……岐、梁山、泾、漆以北有义渠、大荔、乌氏、呴衍之戎。"《说文·日部》载："北地有呴衍县。"段玉裁注云："俗讹作呴衍，非。""呴衍道丞"

图三　呴衍道丞

（采自：傅嘉仪：《秦封泥汇考》，第228页）

封泥的出土，说明司马迁的记载不准确，而许慎和段玉裁的说法是正确的。是知在春秋时期，呴衍就是西北地区有名的戎族之一。

关于呴衍戎的居地，《史记》卷110《匈奴列传》裴骃《集解》引徐广曰："在北地。"司马贞《索隐》引《汉书·地理志》云："县名，北地。"张守节《正义》引《括地志》云："盐州，古戎狄居之，即呴衍戎之地，秦北地郡也。"《元和郡县图志·关内道·盐州》亦记载说：《禹贡》雍州之域，春秋为戎狄所居也。《史记》'梁山、泾、漆之北，有义渠、呴衍'，谓此也。"鲁人勇等指出："呴衍，在今盐池县柳杨堡乡张家场古城。疑在秦惠文王时置县，隶北地郡，辖今盐池及陕西定边两县之大部。春秋战国时为呴衍戎居地，故名。秦惠文王游此，有献五足牛者。"③鲁人勇认为呴衍"在今盐池县柳杨堡乡张家场古城"是完全正确的，笔者曾两次前往该古城考察，加深了对这一问题的认识。据张家场古城简介可知（图四），张家场古城位于宁夏回族自治区盐池县花马池镇张家场自然村，平面呈长方形，外城东西长1200、南北宽800米；内城南北长338、东西宽320米。根据文物调查推断（图五），古城为秦代后期至东汉初年的呴衍县城，曾是一座少数民族聚居、畜牧业发达、商品交易频繁的中心城市，为研究秦汉时期北方城市布局、边疆游牧文化与中原农耕文化的交流与融合以及少数民族历史文化提供了珍贵的实物资料。

---

① 谭其骧主编：《中国历史地图集》第二册，北京：中国地图出版社，1982年，第17—18页。

② 庞任隆：《秦郡县封泥的历史地理学意义》，《文博》2009年第3期，第50页。

③ 鲁人勇、吴忠礼、徐庄编著：《宁夏历史地理考》，银川：宁夏人民出版社，1993年，第6页。

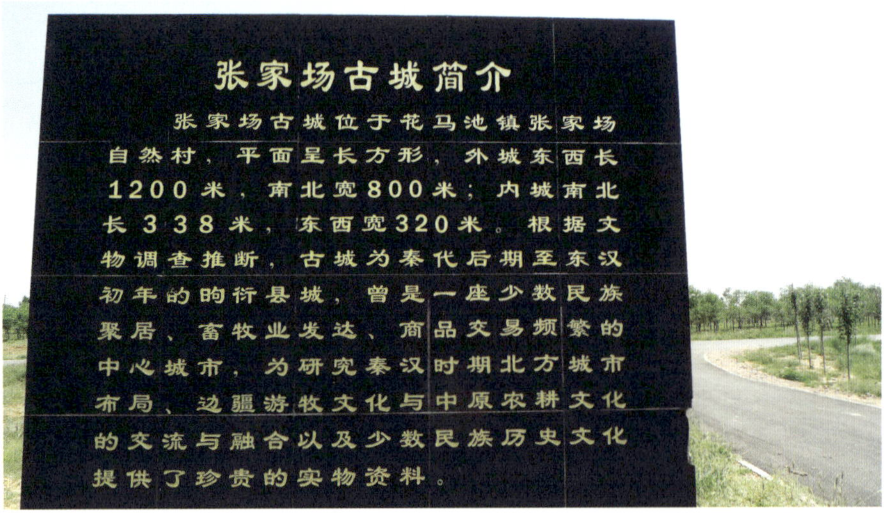

图四　张家场古城简介

（摄于2010年8月）

图五　张家场古城遗址

（摄于2010年8月）

## （四）"彭阳丞印"

"彭阳丞印"（图六），一品，今藏西安中国书法艺术博物馆。

傅嘉仪先生指出："由此封泥看，彭阳应为秦县。"[1]其说有理。

---

[1]　傅嘉仪：《秦封泥汇考》，第235页。

"彭阳丞"乃"彭阳县丞"之省。

谭其骧先生在其主编的《中国历史地图集》第二册①之《西汉·并州、朔方刺史部》地图中，把彭阳县标在今甘肃省镇原县东南。

有学者认为，秦的彭阳县在"今甘肃省镇原东南"②，大致是正确的。

据史籍载，汉武帝元鼎三年设置安定郡，安定郡下辖21县，彭阳县即为其一③。

东汉时期，安定郡辖8城，彭阳即为其一④。

"彭阳丞印"封泥的出土，说明秦代就已设置了彭阳县，纠正了彭阳县设置始于西汉的不足。

图六　彭阳丞印

（傅嘉仪：《秦封泥汇考》，第235页）

《中国历史地名大辞典》载："彭阳县，西汉置，属安定郡。治所在今甘肃镇原县东八十里。遗址尚存。《后汉书·段颎传》：建宁元年（168）春，'颎将兵万余人，齎十五日粮，从彭阳直指高平，与先零诸种战于逢义山'。晋废。"⑤《中国古今地名大词典》载："彭阳县，古县名。西汉置，治今甘肃省镇原县东南景陈家。属安定郡。晋废。"⑥《中华人民共和国地名大辞典》第三卷载："镇原县，庆阳地区辖县……西汉置彭阳、安武、临泾、抚夷4县，属安定郡；彭阳县治今彭阳乡，安武县治今县西南，临泾县治今县东南，抚夷县治今县北。东汉省安武、抚夷2县；安定郡移治临泾县。西晋省彭阳县。"⑦以上三种辞典均认为西汉的彭阳县在今甘肃镇原县是没有疑问的，只是具体位置略有差异：一说在镇原县东八十里，遗址尚存；一说在镇原县东南景陈家；一说在镇原县彭阳乡。既然《中国历史地名大辞典》谈到"遗址尚存"，就应以其所载"治所在今甘肃镇原县东八十里"为准。

位于今宁夏回族自治区东南部而属固原市管辖的彭阳县，是1983年徙固原县东部置彭阳县⑧；而春秋战国时期在此地设置的是朝那县（今彭阳古城镇），隶北地郡；西汉

① 谭其骧主编：《中国历史地图集》第二册，北京：中国地图出版社，1982年，第17—18页。

② 庞任隆：《秦郡县封泥的历史地理学意义》，《文博》2009年第3期，第50页。

③ 《汉书》卷28下《地理志第八下》，第1615页。

④ （南朝宋）范晔：《后汉书》志第23《郡国五·安定郡》，北京：中华书局，1975年，第3519页。

⑤ 史为乐主编：《中国历史地名大辞典》下册，第2500页。

⑥ 戴均良等主编：《中国古今地名大词典》下册，第2834页。

⑦ 崔乃夫主编：《中华人民共和国地名大辞典》第三卷，北京：商务印书馆，2000年，第5476页。

⑧ 崔乃夫主编：《中华人民共和国地名大辞典》第三卷，第5772页。

时在此地设置的也是朝那县（古城镇出土带铭文"朝那"鼎可证），属安定郡[①]。这是应该注意的。

县治的位置是有承袭的。既然西汉彭阳县的治所在甘肃镇原东 80 里，秦彭阳县的治所也应该在此位置。

综上所述，秦封泥中的"怀德丞"乃"怀德县丞"之省，"宁秦丞"乃"宁秦县丞"之省，"彭阳丞"乃"彭阳县丞"之省。秦怀德县治今陕西大荔县东南朝邑镇，而非渭南富平县南；宁秦县原名阴晋，高帝八年（前 199）更名华阴县，治所在今陕西华阴市东南；昫衍道因境内有昫衍戎而得名，其治所在今宁夏花马池镇张家场自然村之张家场古城。"彭阳丞印"封泥的出土，说明秦代就已设置了彭阳县，纠正了文献关于彭阳县设置始于西汉的不足；西汉彭阳县治今甘肃镇原县东 80 里，有遗址，秦彭阳县治所亦应在此。

原文载《陕西历史博物馆论丛》第 26 辑，西安：三秦出版社，2019 年

---

① 杨宁国主编：《彭阳县文物志》，银川：宁夏人民出版社，2003 年，第 11 页。

# 试论三国时期"火攻"在战争中的应用

**摘要：**三国时期，"火攻"在战争中的应用相当普遍，这包括焚敌有生力量、焚敌粮草以及城市攻坚战中的焚敌攻具等，由于用火攻既不费力，又能收到"攻倍之"的效果，所以不论是官渡之战（焚敌粮草），还是赤壁—乌林之战（烧敌有生力量）或夷陵之战（烧敌有生力量），"火攻"对于战争的胜负直接产生了决定性的影响，即导致战争一方的失败，这对后人总结教训而避免重蹈覆辙是有益的启示。

**关键词：**三国时期；火攻

曹丕、刘备、孙权先后于公元220年、221年、222年称帝，按理说三国史应从这时起到三家归晋止，但实际上，三国史通常是指从汉献帝初平元年（190）到晋武帝太康元年（280）共90年间的历史。之所以如此，用厦门大学易中天教授的话来说，是因为"曹、刘、孙这三大势力或三大集团，是在东汉末年的军阀混战中发展壮大起来的；魏、蜀、吴三足鼎立的局面，也早在他们建国之前就已基本形成"[①]。三国时期，魏、蜀、吴各国谋士将领，斗智斗勇，"火攻"亦是他们在战争攻防时常用的手段之一。

常言道"水火无情"，这是就水或火带给人们的灾难来说的。

何良臣说："唯善用水火者有震天之威，故力不费而功倍之。"[②]由于火有"震天之威"，用火攻既不费力，又能收到"功倍之"的效果，所以"古今水陆之战，以火成功最多"[③]。何谓"火攻"？军事专家认为："火攻，在古代是一种特殊而有效的进攻手段。"[④]袁庭栋、刘泽模认为："火攻，就是用燃烧的办法消灭敌人，这是从古至今在各

---

① 易中天：《品三国》上册，上海：上海文艺出版社，2006年，第1页。

② （明）何良臣：《陈纪》卷4《火战》，《四库兵家类丛书》（二），上海：上海古籍出版社，1990年，第722页。

③ （明）戚继光：《练兵杂纪》卷2《储练通论》，《四库兵家类丛书》（三），上海：上海古籍出版社，1990年，第813页。

④ 《中国军事史》编写组：《中国军事史》第四卷《兵法》，北京：解放军出版社，1988年，第47页。

种战争中都较为常见的进攻方式。"①

火攻的目标有哪些？《孙子》卷下《地形·火攻》载："孙子曰：凡火攻有五：一曰火人，二曰火积，三曰火辎，四曰火库，五曰火队。"②这段话译成白话文就是："孙子说：火攻有五种目标：一是烧敌人员，二是烧敌储备，三是烧敌辎重，四是烧敌仓库，五是烧敌运输设施"。③袁庭栋、刘泽模先生认为："孙子关于火攻的分类，今天看来可以合并成为三项，即焚烧敌人的营寨、物资、运输线（"火队"的"队"，通"隧"，指粮道、运输线）。"④对于"火对"一词，李零先生有新说，他认为"对"读为"隧"，是指地道⑤。

下面，我们就参照孙子和现代人对于火攻的分类，对火攻在战争中的应用加以阐述：

# 一、烧 敌 粮 草

## （一）曹操接连焚毁袁军粮草，终于取得"官渡之战"的胜利

东汉末年，政治黑暗，宦官专权，军阀割据。由于连年战争，老百姓苦不堪言。在北方黄河流域，形成了多股军人武装割据政权，其中两股势力最大，一方以袁绍为代表，一方以曹操为代表，尤以袁绍的势力最大。

袁绍是曹操的大敌。建安四年（199）春，河内太守张扬为其部将张丑所杀，而张丑又被眭固所杀；眭固归附袁绍，曹操就出兵把他打败，于八月进兵黎阳（今河南省浚县东北），旋又回兵，而分兵把守官渡（今河南省中牟县东北）。此时曹操的兵力，业已到达河北了。

建安五年（200），袁绍与曹操的决战爆发，这就是历史上有名的官渡之战。这一年二月，袁绍派大将颜良等进攻驻扎在白马（今河南省滑县东）的东郡太守刘延，而自己则带兵进至黎阳。四月，曹操率兵救援刘延。鉴于袁绍兵多，曹操接受军师荀攸"声东击西"的策略，率兵西趋延津（今河南省延津县北），大有袭击袁绍后方之势，袁绍果然分兵而西，曹操则急速东返，让张辽、关羽击斩颜良，救出了刘延。接着，袁绍渡河，整兵进攻曹操，大将文丑又被斩。袁绍虽失去颜良、文丑两员大将，但主力未损，元气未伤。

①　袁庭栋、刘泽模：《中国古代战争》，成都：四川省社会科学院出版社，1988年，第234页。

②　《中国军事史》编写组编：《五经七书注译》，北京：解放军出版社，1986年，第57页。

③　《中国军事史》编写组编：《五经七书注译》，第58页。

④　袁庭栋、刘泽模：《中国古代战争》，第235页。

⑤　李零：《兵以诈立——我读〈孙子〉》（增订典藏本），北京：中华书局，2012年，第340页。

曹操击斩颜良、文丑后，回兵官渡，而袁绍则进兵阳武（今属河南省原阳县）。双方相持至八月，袁绍才慢慢进兵，靠着沙堆扎营，东西绵亘几十里，曹操也分兵与之相持。两军对垒，曹军不利，于是袁绍就进攻官渡。袁绍的军队在地面上筑起土山，在地下挖掘隧道，打算攻破曹操的大营。而曹军一方，不仅兵少，而粮食也快用完了，情况万分危急。于是，曹操向后方的谋士荀彧去信，商议退兵回许。荀彧回信说："此用奇之时，不可失也。"曹操心领神会，这是让他在敌人军粮上做文章。恰巧袁绍几千辆运粮车到了故市（在今河南省郑州市西北），曹操在谋士荀攸的建议下，就派大将徐晃、史涣①等率精兵袭击，烧掉了敌军辎重。然而还不能动摇袁军，这大约因为袁军粮多，不止这一批之故。十月，袁绍又派车辆出去运粮，这一次他小心谨慎了，竟派淳于琼等五人率一万兵士护送。不幸的是，袁绍的谋士许攸因贪欲不能满足而投靠了曹操，曹操见到许攸跣出而迎，许攸就把 "袁氏辎重有万余乘，在故市、乌巢，屯军无严备"②的实情告知曹操，建议曹操袭击淳于琼等。曹操起初还在犹豫，可在谋士荀攸、贾诩的力劝下，他亲率马、步兵五千，星夜前往。袁绍的粮草屯于乌巢（在今河南省封丘县西北），曹操抵达时已天亮，淳于琼等见曹兵少，直出营门排成阵势。曹操率兵急攻，淳于琼等退入营内。容貌短小而胆烈过人的大将乐进，直前攻营，奋勇杀敌，斩淳于琼等③，焚烧了袁军的万余车粮草。

　　对于曹操的攻淳于琼，吕思勉先生评论说："这一次，曹操大概是舍死忘生，拼个孤注一掷的。"④他又说："曹操攻淳于琼，是疾雷不及掩耳的。他所以只带马、步兵五千，正因兵多容易被人觉察之故。然则当时淳于琼等被攻的消息传到袁绍大营时，怕早已来不及救援。"⑤吕先生的话，有三点意思：第一，乐进是曹操五大名将之一，本来派他去进攻淳于琼等就行了，可曹操却亲自带着乐进一起去，看来在此生死关头，他确实是要和袁绍 "拼个孤注一掷的"；第二，曹操夜袭乌巢，"所以只带马、步兵五千，正因兵多容易被人觉察之故"，当时曹军 "皆用袁军旗帜，衔枚缚马口，夜从间道出，人抱束薪"⑥也说明了这一点；第三，曹操的夜袭 "是疾雷不及掩耳的"，所以吕先生认为 "当时淳于琼等被攻的消息传到袁绍大营时，怕早已来不及救援"，此说有待

---

　　① （晋）陈寿撰，陈乃乾点校：《三国志》卷10《魏书·荀攸传》，北京：中华书局，1982年，第323页；《三国志》卷17《魏书·徐晃传》，第528页。

　　② 《三国志》卷1《魏书·武帝纪》注引《曹瞒传》，第21页。

　　③ 《三国志》卷17《魏书·乐进传》，第521页。

　　④ 吕思勉：《吕著三国史话》，北京：中华书局，2006年，第67页。

　　⑤ 吕思勉：《吕著三国史话》，第68页。

　　⑥ 《三国志》卷1《魏书·武帝纪》注引《曹瞒传》，第21页。

商榷。当时的实情是：因袁绍大营距乌巢仅40里，救援淳于琼的骑兵很快就到了乌巢，曹操左右或言"贼骑稍近，请分兵拒之"，曹操怒斥道："贼在背后，乃白！"[①]由于曹操把生死置之度外和士卒殊死拼杀，淳于琼等被斩杀，乌巢屯粮化为乌有。看来，袁绍虽派骑兵救援乌巢，却没有派出精骑良将，致使粮草被曹操焚毁，军心涣散，败局已无可挽回了，因此，张俟生发出了"绍之庸劣，真出人意表，而操以孤注一掷，卒获胜利，亦云幸矣"[②]的慨叹！

淳于琼等既破，张郃又因进攻曹军大营失利而降，于是袁军大溃，袁绍、袁谭父子弃军而逃，曹操大获全胜，取得了官渡之战的胜利。对于官渡之战，吕思勉先生评论说："曹操的攻淳于琼，固然有胆气，也只是孤注一掷之举，其能耐，倒还是在历久坚守、能挫袁军的锐气上见得。"[③]王仲荦先生也对曹操"历久坚守、能挫袁军的锐气"作了肯定，他说："利用袁绍轻敌的弱点，诱袁军深入，到了袁军主力进逼官渡，曹操始终坚守阵地，避免作战，几达半年之久。"[④]吕思勉、王仲荦等先生的话，确是真知灼见。其实，历久坚守而挫袁军锐气与攻淳于琼是前后相连的组成部分，对于曹操的胜利缺一不可，正如张部才先生所说：

> 袁绍兵败官渡，教训当然是多方面的，但他一而再，再而三拒绝沮授、许攸、张郃等人的正确建议，是失败的主要原因。特别是乌巢的万余车军粮，已是当时唯（维）系全军生命的关键。军粮或失或存关乎战役的胜败。沮授提出派兵驻守在乌巢外侧，随时准备接应，确保军粮安全，袁绍不纳。乌巢遭袭张郃建议救援，袁绍不纳。这样袁绍就把自己推向了绝境，以致将领离心，士卒疲惫，粮道断绝，优势化为乌有，最后彻底失败[⑤]。

烧敌人的粮草是仅次于烧敌有生力量的举措，因为"千军万马，没吃没喝，打击最大"[⑥]。乌巢屯粮是袁军的命脉所在，尽管袁绍派驻乌巢护粮的士兵有一万余人，却因"将骄卒惰"[⑦]遭到曹军袭击，当袁绍得知乌巢遭袭的消息后，虽救援却没有遣精骑良将

---

① 《三国志》卷1《魏书·武帝纪》，第21页。
② 张俟生：《魏晋南北朝政治史》上册，台北：中国文化大学出版部，1982年，第34—35页。
③ 吕思勉：《吕著三国史话》，第69页。
④ 王仲荦：《魏晋南北朝史》上册，上海：上海人民出版社，1979年，第52页。
⑤ 张部才：《败战启示录》，北京：军事科学出版社，1990年，第94页。
⑥ 李零：《兵以诈立——我读〈孙子〉》（增订典藏本），第340页。
⑦ 《三国志》卷10《魏书·荀攸传》，第323页。

前往，致使淳于琼等被杀，粮草被焚，军心动摇，败局已定。

官渡之战后，袁绍从此一蹶不振，直至病逝，这就奠定了曹操统一北方的基础。

### （二）魏将对吴军粮草的焚毁

高贵乡公甘露二年（257）秋七月，吴大将军孙綝大发兵出屯镬里（在今安徽省巢湖市西南），复遣朱异率将军丁奉、黎斐等五人前去解寿春（在今安徽省寿县）之围。朱异留辎重于都陆（故址在今安徽省六安市西），进屯黎浆（在今安徽省寿县东南），石苞、州泰又击破之。太山太守胡烈以奇兵五千袭都陆，尽焚朱异的资粮，朱异将余兵食葛叶，逃归孙綝。孙綝使朱异再死战，朱异以士卒乏食为借口，不服从孙綝之命，孙綝一怒之下，于九月己巳斩朱异于镬里[①]。作为东吴名将，朱异对其都陆的辎重疏于防范，致使粮草被胡烈奇袭而焚毁，这是其失败的主要原因；而以乏食为借口，拒不执行大将军孙綝"更死战"的命令，则导致了自己被杀的悲剧。

武帝咸宁四年（278），吴人大佃皖城（在今湖北省荆门市南），图谋入寇。都督扬州诸军事王浑"遣扬州刺史应绰攻破之，斩首五千级，焚其积谷百八十余万斛，践稻田四千余顷，毁船六百余艘"[②]。这一次皖城之战，吴军不仅五千将士被杀，而且百八十余万斛积谷被焚，四千余顷稻田被践，六百余艘船只被毁，可谓损失惨重。

## 二、烧敌有生力量

### （一）公孙瓒用火攻击溃刘虞十万之众

献帝初平四年（193），作为刘虞部下的公孙瓒，多次与袁绍相攻，刘虞制止他，不听，刘虞便减少对公孙瓒的廪食供给。公孙瓒气愤之下，多次违犯节度，又复侵犯百姓。刘虞制止不了，便遣驿使奉奏章述说公孙瓒暴劣之罪，公孙瓒也上奏述说刘虞廪粮供给不周。二奏交驰，双方互相诋毁，朝廷依违而已。公孙瓒乃筑小城于蓟城（在今北京城西南隅）东南而居之，刘虞多次请他赴会，公孙瓒辄称病不往。刘虞害怕公孙瓒最终作乱，乃率所部兵合十万人以讨伐公孙瓒。当时公孙瓒部曲放散在外，仓促间掘东城欲逃走。刘虞的士兵无部伍，不习战，又爱民庐舍，敕不听焚烧，戒军士曰："无伤余人，杀一伯珪而已。"攻围不下。公孙瓒乃选募锐士数百人，因风纵火，

---

① （宋）司马光编著：《资治通鉴》卷77，魏高贵乡公甘露二年（257），北京：中华书局，1956年，第2438—2439页。

② 《资治通鉴》卷80，晋武帝咸宁四年（278），第2552页。

直冲突入，虞众大溃[1]。刘虞的十万之众在公孙瓒数百人的火攻之下大溃，一方面是火攻起了作用，另一方面"士兵无部伍，不习战，又爱民庐舍"也是其失败的主要原因。

### （二）赤壁、乌林之战中的"火攻"

建安十三年（208）七月，曹操亲率大军十五六万自邺城（今河北省临漳县）南下进攻荆州（治襄阳，今湖北省襄阳市汉水南岸襄阳城）。大军经叶县（今河南省叶县）、宛城（今河南省南阳市），间行轻进，直趋樊城（在今湖北省襄阳市）、襄阳，意图是掩敌不备[2]，力求"一举击溃荆州军的主力，或用强大兵势逼使敌人投降"[3]。曹军出发后不久，刘表病死，被拥立为荆州牧的刘表次子刘琮，在其谋臣将领蒯越、傅巽、王璨等劝说下，投降了曹操。这样，曹操就兵不血刃地占领了荆州，达到了预期目的。作为曹操死敌的刘备，在曹军至宛时才听到刘琮投降的消息，没有后路，只好向江陵撤退。曹操知"江陵地处冲要，且有粮储、兵械之类，恐为刘备据有"[4]，于是放弃辎重，轻军追击刘备，及至襄阳，听说刘备已南去，便督将曹纯和刚刚投降过来的刘表大将文聘率领精骑五千追击，一日一夜行三百里，终于在当阳县之长阪追上了刘备。刘备惨败，丢妻弃子，仅与诸葛亮、张飞、赵云等数十骑逃走，其人众辎重被曹操所得。

刘备虽惨败于当阳长阪，但在这里却遇到了救星鲁肃，因为鲁肃是力主孙刘联合抗曹的[5]，而"孙刘必然联合的趋势，没有引起曹操的重视。他自以为势大，所以再也没有想到运用故伎，离间孙刘，以利各个击破。他把刘备视作屡败之将，觉得只要沿江而下即可彻底击败；孙权小儿更非对手，只要大兵压境，再恫吓一下，就会俯首听命"[6]。然而这一次曹操却失算了，他的恫吓信只对东吴的文臣张昭、秦松等起了作用，而武将周瑜和有识之士鲁肃及刘备谋臣诸葛亮等却不买他的账。曹军虽号称八十万，其实只有二十余万，且有诸多不易克服的弱点，如师老兵疲、北方之人不习水战、荆州之兵人心未服、冬季马无蒿草等。

十一月，周瑜、程普奉吴主孙权之命，率军数万，与刘备"并力"，逆水而上，与

---

① 《资治通鉴》卷60，汉献帝初平四年（193），第1946页。

② 《三国志》卷10《魏书·荀彧传》，第317页。

③ 马植杰：《三国史》，北京：人民出版社，1993年，第70页。

④ 张作耀：《孙权传》，北京：人民出版社，2007年，第131页。

⑤ 《三国志》卷54《吴书·鲁肃传》臣松之案："刘备与权并力，共拒中国，皆肃之本谋。"第1269页。

⑥ 张作耀：《孙权传》，第133页。

曹军相遇于赤壁（今湖北省嘉鱼县东北长江南岸①）。由于曹军不习水战且军中疾疫流行，初一交战，曹军就失利了，曹操只好把军队"引次江北"，全部战船沿北岸乌林（今湖北省洪湖市东北长江北岸邬林矶）一线展开，隔江与孙刘联军对峙。

时值寒冬，强劲的北风导致战船颠簸不已，不习舟楫的曹军将士眩晕难耐，加之军中疾疫流行，曹军战斗力大大下降。曹操为了解决战船颠簸、将士晕船之苦，竟命令将士们用铁链把战船连锁在一起。东吴战将黄盖闻听曹操连锁战船的事，便向都督周瑜献计说："今寇众我寡，难与持久。然观操军船舰首尾相接，可烧而走也。"②周瑜采纳了部将黄盖的建议，命其修降书一封给曹操，由于黄盖降书中的措词情真意切，曹操竟然误信黄盖的诈降为真降。周瑜得知曹操允降，命将士积极做好战斗准备，"乃取蒙冲斗舰数十艘，实以薪草，膏油灌其中，裹以帷幕，上建牙旗"，"又豫备走舸，各系大船后"③。万事俱备，只欠东南之风。也就是说，东南风是"决定这场战役胜负的关键"。④

据研究，周瑜决策火攻乌林时，"作为总攻决策依靠因素的，最大可能是湖泊地区长年流行、经常会出现的地域性湖陆风"⑤，事实正是如此："冬天时的东南风，即东南暖湿气流，往往出现在一次寒潮从盛到衰之后，正是在以寒冷为表征的大的天气系统出现衰减时，地域性的湖陆风开始出现，并逐渐增强，直到暖湿为标征的大天气系统出现前夕达到极盛。'火攻乌林'，盖发生在这样的天气背景之下。"⑥

十一月十二日甲子日（阳历12月7日），白天晴空风暖，傍晚南风起⑦，至午夜风急，黄盖即率事先准备好的船舰出发，让十艘并列居前，余船以次俱进。船到江心举帆，东吴兵士奉黄盖之令，高喊"我们是来投降的"，曹军将士毫无戒备。距曹军二里许，黄盖命各船同时发火，"火烈风猛，往船如箭，飞埃绝烂，烧尽北船，延及岸边营

① 王仲荦、张作耀、马植杰等先生认为，赤壁在湖北蒲圻（今湖北省赤壁市）西北长江南岸；田昌五、安作璋、韩国磐、张傧生等认为，赤壁在湖北省嘉鱼县东北长江南岸；石泉先生认为，赤壁在今湖北省钟祥市北，见石泉：《"赤壁之战"地理新探》，氏著：《古代荆楚地理新探·续集》，武汉：武汉大学出版社，2013年，第103—137页。

② 《三国志》卷54《吴书·周瑜传》，第1262页。

③ 《三国志》卷54《吴书·周瑜传》，第1262—1263页。

④ 〔日〕金文京著，何晓毅、梁蕾译：《三国志的世界：后汉三国时代》，桂林：广西师范大学出版社，2014年，第87页。

⑤ 张靖龙：《赤壁之战研究》，郑州：中州古籍出版社，2004年，第373页。

⑥ 张靖龙：《赤壁之战研究》，第374页。

⑦ 《三国志》卷10《魏书·贾诩传》裴松之注："（曹操）至于赤壁之败，盖有运数。实有疾疫大兴，以损凌厉之锋，凯风自南，用成焚如之势。天实为之，岂人事哉？"第330页。

柴"①，顷刻之间，"烟炎张天，人马烧溺死者甚众"②。周瑜率轻锐战船，擂鼓大进，曹军大溃。曹操知道不可久留，下令自焚余船，引军西去；刘备、周瑜水陆并进，一直追到南郡（治江陵）。这样，孙刘联军用火攻的方式就取得了乌林之战的胜利。

对于赤壁之战，吕思勉先生评论说："赤壁之战，曹操固然犯着兵家之忌，有其致败之道，然而孙、刘方面，也未见得有何必胜的理由。"③正如吕思勉先生所说，孙、刘联军虽无必胜的把握，却能抓住对手的弱点（船舰相连），利用自己熟知的气象知识，实施火攻，一举击溃对手。

《太平御览》卷868引《英雄记》曰："周瑜镇江夏，曹操欲从赤壁渡江南，无船，乘箄沿汉水下至浦口。未即渡，瑜夜密使轻船、走舸百艘，艘有五十人拖棹，人持炬火。持火者数千人，立于船上，以萃于箄。至乃放火，火燃即回船走去。须臾，烧数千箄。火起，光上照天，操乃夜去。"方诗铭先生据此分析说："《英雄记》具有较高的史料价值，需要注意的有两点：第一点是，曹操渡江'无船'，所乘的仅是竹筏——'箄'，所谓'刘表治水军，蒙冲斗舰，乃以千数，操悉浮以沿江'，属于对曹操水军力量的夸饰之辞，实际是刘表原有的船舰不为所用；第二点是，火烧曹军的'箄'，由周瑜亲自主持，并无黄盖诈降之类的故事。"④方诗铭先生的观点，可备一说。

赤壁之战对三国鼎立的局面之形成，是带有决定性的一场战争⑤，它"奠定了三国分立局面的基础"⑥，也就是说，"赤壁战后，三方鼎足的形式已成，所少者帝王名号而已"⑦。

## （三）夷陵之战中的"火攻"

赤壁之战，奠定了南北对立的局面。战后，刘备利用周瑜、曹仁相持之际，率军南征，袭占武陵、长沙、桂阳、零陵四郡，实现了《隆中对》中"跨有荆益"的第一步。

建安二十四年（219），刘备称汉中王后，拜关羽为前将军，假节钺。七月，关羽

---

① 《三国志》卷54《吴书·周瑜传》注引《江表传》，第1263页。

② 《资治通鉴》卷65，汉献帝建安十三年（208），第2093页。

③ 吕思勉：《吕著三国史话》，第81—82页。

④ 方诗铭：《三国人物散论》，上海：上海古籍出版社，2000年，第190页。

⑤ 翦伯赞：《应该替曹操翻案》，《光明日报》1959年2月19日，《史学》第一五二号；又收入翦伯赞著，张传玺整理：《秦汉史十五讲》，北京：中华书局，2012年，第189—198页。

⑥ 田昌五、安作璋主编：《秦汉史》（修订本），北京：人民出版社，2008年，第519页。

⑦ 韩国磐：《魏晋南北朝史纲》，北京：人民出版社，1983年，第30页。

使南郡太守糜芳守江陵，将军仕仁守公安（今湖北省公安县），自己则率军进攻樊城（在今湖北省襄阳市）的曹仁。曹操派左将军于禁率七军三万人救曹仁，曹仁使左将军于禁、立义将军庞德等屯于樊城北。八月，因连降大雨而汉水暴涨，于禁等七军被水所淹，魏荆州刺史胡修、南乡太守傅方投降，"自许以南，百姓扰扰"，"群盗"遥应羽，关羽威震华夏，以致曹操与群臣商议欲迁都以避关羽兵锋。可就在关羽北进伐曹一帆风顺之际，"外亲内疏"的孙刘联盟出问题了，孙权为了实现"竟长江所极，据而有之，然后建号帝王以图天下"①的战略目标，给曹操去信，向其提出了"讨羽自效"②的建议，曹操当然是求之不得，慨然应允。吕蒙遂奉孙权之令，把水军装扮成商贾的船队，奇袭了江陵、公安，关羽后路被抄，被吴军所俘，不屈而死。刘备虽如愿取得了益州，并进而夺得了汉中，却不意荆州被盟友孙权袭夺，这样，《隆中对》两路北伐的计划也就夭折了。

章武元年（魏黄初二年，221）七月，刘备以为关羽复仇为名，率四万大军东伐孙权。宿将赵云及从事祭酒秦宓谏阻，不听；孙权让诸葛瑾求和，不许。孙权任命年轻的陆逊为都督，假节，率领朱然、潘璋、宋谦、韩当、徐盛、鲜于丹、孙桓等五万人马抗击蜀军。陆逊主动后撤，诱敌深入。章武二年（222）正月，刘备进驻秭归，继而大进。同年二月，刘备自秭归"率诸将进军，缘山截岭，于夷道猇亭驻营"，令"镇北将军黄权督江北诸军，与吴军相拒于夷陵道"③；夏五月，刘备从巫峡、建平（吴分宜都郡置建平郡，治今重庆市巫山县）连营至夷陵（在今湖北省宜昌市东南长江北岸）界，立数十屯，绵延七百里。这样，陆逊指挥的吴兵与蜀军主力相拒于夷陵猇亭（在今湖北省宜昌市东南长江北岸猇亭镇④）间。

从重要性来说，夷陵要害是东吴的"国之关限"⑤，容易得到，也容易丢失。一旦夷陵丢失了，不仅仅是丢一郡之地那么简单，整个荆州也危险了。从地形来说，"夷陵东西皆险狭，竹木丛蔚"⑥，可以实施火攻，陆逊在此与蜀军相持，对东吴是有利的。

闰六月，陆逊决定反攻。他令士兵"各持一把茅，以火攻拔之"，"一尔势成，通

① 《三国志》卷54《吴书·鲁肃传》，第1268页。

② 《三国志》卷47《吴书·吴主传》，第1120页。

③ 《三国志》卷32《蜀书·先主传》，第890页。

④ 马植杰先生认为，猇亭在今湖北省宜都市西北长江北岸；日本学者金文京认为，因为长江多次改道，夷陵以及猇亭等遗址难定，当在现湖北省宜昌市、枝江市一带；石泉先生认为，猇亭在今湖北省南漳县境蛮河（古沮水，亦称"江"）南岸，见石泉：《吴蜀"夷陵之战"地理考辨》，载氏著：《古代荆楚地理新探·续集》，武汉：武汉大学出版社，2013年，第253—262页。

⑤ 《三国志》卷58《吴书·陆逊传》，第1346页。

⑥ 《资治通鉴》卷77，魏元帝景元二年（261）引魏将王基语，第2457页。

率诸军同时俱攻，斩张南、冯习及胡王沙摩柯等首，破其四十余营……死者万数……其舟船器械，水步军资，一时略尽，尸骸漂流，塞江而下"①。这是东吴方面继乌林之战后使用火攻而成功的又一范例。

刘备败得如此之惨，其原因虽是多方面的，但主要原因却是"怒而兴师"，正如张部才先生所说：

> 怒而兴师。刘备征战一生，积累了丰富的作战经验，但猇亭之战却未能理智地分析形势，凭一时愤怒，挥兵东进，酿成猇亭大败。蜀国在魏、蜀、吴三国中本不算强大，加上关羽新败，损兵折将，丢失要地，国内震动，形势很不利。在这种形势下，既已树敌于曹魏，再要打东吴，两面作战，力不能支，确实是错误的。但刘备出于一时的震怒，置蜀国前途不顾，执意攻吴，群臣劝谏不听，东吴割地求和不允，曹魏虎视眈眈不顾，全然像一个输红了眼的赌徒。战役开始后，刘备对吴军主力后撤不做冷静分析，对长江三峡的复杂地形不加考虑，一味急躁冒进，结果把蜀军一字长蛇地摆在沿江七百余里的地段上，攻不能集中兵力，防无法照顾首尾，难怪魏文帝曹丕说："备不晓兵，岂有七百里营可以拒敌乎！"这一连串错误，根子在哪里？根子就在于刘备盛怒之下，感情用事，这是后人值得记取的教训②。

其实，刘备的"怒而兴师"只是表面现象，其症结在于"骄"，正如马植杰先生所说："刘备之所以这样做，主要原因不是'忿'，而是'骄'。他一贯对吴估计不足，所以当他令关羽进攻襄、樊时，对吴戒备不周。根据避强攻弱的道理，他要攻吴而不听群臣劝阻……只因一个'骄'字占领了刘备的脑海，他认为自己伐魏，虽不能克，但对付吴还是蛮可以的。"③陈迩冬先生也说："揣刘备之用心，未必像演义所渲染的为关羽报仇，只是想争荆州。自计北伐力量不足，且运兵困难；东征则有余，顺流而下，拣较弱、较易的打。"④刘备东征虽是"谋求对于诸葛亮隆中决策目标的实现"⑤，但由于他骄傲轻敌，对东吴力量估计不足⑥，这才导致夷陵之战惨败的后果，而诸葛亮对于刘备东

---

① 《三国志》卷58《吴书·陆逊传》，第1347页。

② 张部才：《败战启示录》，北京：军事科学出版社，1990年，第103—104页。

③ 马植杰：《三国史》，北京：人民出版社，1993年，第114—115页。

④ 陈迩冬：《闲话三分》，上海：上海书店出版社，2007年，第95页。

⑤ 张作耀：《刘备传》，北京：人民出版社，2004年，第256页。

⑥ 《三国志》卷58《吴书·陆逊传》引刘备语曰："吾乃为逊所折辱，岂非天耶！"第1347页。

征的暧昧态度①，在某种程度上助长了刘备的"骄"，即对吴的轻视，因而，夷陵之战惨败的后果，诸葛亮亦负有不可推卸的责任。

## 三、城市攻防战中的"火攻"

三国时期，在魏吴或魏蜀的城市攻防战中，火攻亦常常被使用，而火攻的工具一般是火箭。最古老的火箭，"即是一种纵火的箭，是用弓弩发射的箭，箭上缚有草艾和油脂等易燃物质，燃着后把箭射出，藉以引燃对方的营栅和攻城器械"②。

魏明帝太和二年（228）秋，曹魏大将曹休率领的魏军在石亭（今安徽省潜山县东北）被孙吴陆逊率领的军队打败，西线魏军被吸引东下，关中地区兵力不多③。于是，诸葛亮遂于十二月引兵出散关（今陕西省宝鸡市西南），围陈仓（今陕西省宝鸡市东北）。

陈仓城"位于汉中通向渭河平原的交通要道上，是越过大散关后魏国的第一道门户，为魏蜀必争之地"④。由于镇守陈仓的郝昭早有准备，诸葛亮不能攻拔陈仓城。于是，诸葛亮便派郝昭的同乡靳详去城外劝降，郝昭在城楼上说："魏家科法，卿所练也；我之为人，卿所知也。我受国恩多而门户重，卿无可言者，但有必死耳。卿还谢诸葛，便可攻也。"⑤这里说的"魏家科法"是什么呢？那就是边镇守将如果叛国投敌的话，那么他在京城被作为任子的家眷就要被处死，这就是郝昭不投降诸葛亮的原因，况且郝昭"受国恩多而门户重"，如果真的投降，他的一大家族人都要被处死，所以郝昭坚决不投降。诸葛亮鉴于郝昭防守陈仓城的士卒只有一千余人，而己方进攻的士卒达数万人，又寻思曹魏的援兵短时间赶不到，便下令攻城。诸葛亮起云梯冲车以临城，郝昭令士兵以火箭逆射其梯，梯燃，梯上人皆烧死。郝昭又令士兵以绳连石磨压蜀军冲车，以致冲车被压折。诸葛亮又随机应变，令士兵为井阑百尺以射城中，用土丸填堑，欲直攀城，郝昭则于城内筑重墙。诸葛亮又令士兵挖地突（地道），想踊出于城里，郝昭则于城内穿地横加以拦截⑥。诸葛亮以数万之众进攻一千余人镇守的陈仓城，他用"云梯、冲车、地

---

①《三国志》卷37《蜀书·法正传》引诸葛亮语曰："法孝直（法正，字孝直）若在，则能制主上，令不东行；就复东行，必不倾危矣。"第962页。

② 康宁：《古代战争中的攻防艺术》，北京：人民出版社，1992年，第85页。

③ 刘春藩：《诸葛亮评传》，北京：中国青年出版社，1997年，第251页。

④ 康宁：《古代战争中的攻防艺术》，第10页。

⑤《资治通鉴》卷71，魏明帝太和二年（228），第2249页。

⑥《三国志》卷3《魏书·明帝纪》引《魏略》，第95页。

道"等方式昼夜相攻二十余日，只因陈仓城守将郝昭所用的"火射、连石"①等办法合理得当，陈仓城最终也没有被攻克，因魏援军到，蜀撤兵而退。

魏明帝青龙二年（234），吴主孙权率十万大军进攻魏的合肥新城。魏派大将满宠赴救，满宠"募壮士数十人，折松为炬，灌以麻油，从上风放火，烧贼攻具，射杀权弟子孙泰"②。由于攻具被焚，加之"吴吏士多疾病"③，孙权于是引退。

高贵乡公甘露三年（258）春正月，叛魏降吴的诸葛诞被司马昭率领的魏兵围困在寿春城里。文钦对诸葛诞说："蒋班、焦彝谓我不能出而走，全端、全怿又率众逆降，此敌无备之时也，可以战矣。"④诸葛诞及唐咨等都认为有道理。于是"大为攻具，昼夜五六日攻南围，欲决围而出。围上诸军临高发石车火箭，逆烧破其攻具，矢石雨下，死伤蔽地，血流盈堑，复还城。城内食转竭，出降者数万口"⑤。由于城上诸军用石车火箭焚毁了叛军的攻具，叛军欲突城而出的想法破灭。又由于寿春城内粮食告竭，叛军出降者达数万口。这样，诸葛诞的破灭也就指日可待了。

综上所述，三国时期，"火攻"在战争中的应用相当普遍，这包括焚敌有生力量、焚敌粮草以及城市攻坚战中的焚敌攻具等，由于用火攻既不费力，又能收到"攻倍之"的效果，所以不论是官渡之战（焚敌粮草），还是赤壁—乌林之战（烧敌有生力量）或夷陵之战（烧敌有生力量），"火攻"对于战争的胜负直接产生了决定性的影响，即导致战争一方的失败，这对后人总结教训而避免重蹈覆辙是有益的启示。

# 参考书目

［1］史为乐主编：《中国历史地名大辞典》（上下），北京：中国社会科学出版社，2005年3月第1版。

［2］戴均良主编：《中国古今地名大辞典》（上中下），上海：上海辞书出版社，2005年7月第1版。

原文载《陕西历史博物馆馆刊》第21辑，三秦出版社，2014年

---

① （北魏）郦道元：《水经注》卷17《渭水》"又东过陈仓县西"注，陈桥驿：《水经注校证》，北京：中华书局，2007年，第432页。

② 《三国志》卷26《魏书·满宠传》，第725页。

③ 《资治通鉴》卷72，魏明帝青龙二年（234），第2294页。

④ 《资治通鉴》卷77，魏高贵乡公甘露三年（258），第2241—2242页。

⑤ 《资治通鉴》卷77，魏高贵乡公甘露三年（258），第2242页。

# 试论三国时期曹操对于邺城的攻取与经营

**摘要：** 三国时期，邺城作为曹操劲敌袁绍的大本营，耗曹操四年时间才得以攻取。本文分析了邺城在军事、地理条件、经济发展方面的诸多优势，军事上有攻守兼备而控制全局的作用，水陆交通四通八达，周围具有发展经济的优越条件，认为曹操占领邺城后，便把它作为其武装割据政权的都城来经营，不仅使它成为其政权的政治中心，而且也成为宗庙和陵寝的所在地。

**关键词：** 曹操；邺城；都城

曹丕、刘备、孙权先后于公元220年、221年、222年称帝，按理说三国史应从这时起到三家归晋止，但实际上，三国史通常是指从汉献帝初平元年（190）到晋武帝太康元年（280）共90年间的历史。之所以这样，用厦门大学易中天教授的话来说，是因为"曹、刘、孙这三大势力或三大集团，是在东汉末年的军阀混战中发展壮大起来的；魏、蜀、吴三足鼎立的局面，也早在他们建国之前就已基本形成"①。

东汉末年，政治黑暗，宦官专权，军阀割据。由于连年战争，老百姓苦不堪言。在北方黄河流域，形成了多股军人武装割据政权，其中两股势力最大，一方以袁绍为代表，一方以曹操为代表，尤以袁绍的势力最大。

曹操像

---

① 易中天：《品三国》上册，上海：上海文艺出版社，2006年，第1页。

袁绍是曹操的大敌。建安四年（199）春，河内太守张扬为其部将张丑所杀，而张丑又被眭固所杀；眭固归附袁绍，曹操就出兵把他打败，于八月进兵黎阳（今河南浚县东北），旋又回兵，而分兵把守官渡（今河南中牟县东北）。此时曹操的兵力，业已到达河北了。

建安五年（200），袁绍与曹操的决战爆发，这就是历史上有名的官渡之战。这一年二月，袁绍派大将颜良等进攻驻扎在白马（今河南滑县东）的东郡太守刘延，而自己则带兵进至黎阳。四月，曹操率兵救援刘延。鉴于袁绍兵多，曹操接受军师荀攸"声东击西"的策略，率兵西趋延津（今河南延津县北），大有袭击袁绍后方之势，袁绍果然分兵而西，曹操则急速东返，让张辽、关羽击斩颜良，救出了刘延。接着，袁绍渡河，整兵进攻曹操，大将文丑又被斩。袁绍虽失去颜良、文丑两员大将，但主力未损，元气未伤。

曹操击斩颜良、文丑后，回兵官渡，而袁绍则进兵阳武（今属河南原阳县）。双方相持至八月，袁绍才慢慢进兵，靠着沙堆扎营，东西绵亘几十里，曹操也分兵与之相持。两军对垒，曹军不利，于是袁绍就进攻官渡。袁绍的军队在地面上筑起土山，在地下挖掘隧道，打算攻破曹操的大营。而曹军一方，不仅兵少，而粮食也快用完了，情况万分危急。于是，曹操向后方的谋士荀彧去信，商议退兵回许。荀彧回信说："此用奇之时，不可失也。"曹操心领神会，这是让他在敌人军粮上做文章。恰巧袁绍几千辆运粮车到了故市，曹操就派大将徐晃、史涣[1]等率精兵袭击，烧掉了敌粮。然而还不能动摇袁军，这大约因为袁军粮多，不止这一批之故。十月，袁绍又派车辆出去运粮，这一次他小心谨慎了，竟派淳于琼等五人率一万兵士护送。不幸的是，袁绍的谋士许攸因贪欲不能满足而投靠了曹操，建议曹操袭击淳于琼等。曹操起初还在犹豫，可在谋士荀攸、贾诩的力劝下，他亲率马、步兵五千，星夜前往。袁绍的粮草屯于乌巢，曹操抵达时已天亮，淳于琼等见曹兵少，直出营门排成阵势。曹操率兵急攻，淳于琼等退入营内。容貌短小而胆烈过人的大将乐进，直前攻营，奋勇杀敌，斩淳于琼等[2]，焚烧了袁军的粮草。对于曹操的攻淳于琼，吕思勉先生评论说："这一次，曹操大概是舍死忘生，拼个孤注一掷的。"[3]他又说："曹操的攻淳于琼，是疾雷不及掩耳的。他所以只带马、步兵五千，正因兵多容易被人觉察之故。然则当时淳于琼等被攻的消息传到袁绍大营时，怕早已来不及救援。"[4]吕先生的话，有三点意思：第一，乐进是曹操五

---

[1] （晋）陈寿撰，陈乃乾点校：《三国志》卷17《魏书·徐晃传》，北京：中华书局，1982年，第528页。

[2] 《三国志》卷17《魏书·乐进传》，第521页。

[3] 吕思勉：《吕著三国史话》，北京：中华书局，2006年，第67页。

[4] 吕思勉：《吕著三国史话》，第68页。

大名将之一，本来派他去进攻淳于琼等就行了，可曹操却亲自带着乐进一起去，看来在此生死关头，他确实是要和袁绍"拼个孤注一掷的"；第二，曹操夜袭乌巢，"所以只带马、步兵五千，正因兵多容易被人觉察之故"，当时曹军打着袁绍的旗帜也说明了这一点；第三，曹操的夜袭，"是疾雷不及掩耳的"，所以当淳于琼等被攻的消息传到袁绍大营时，早已来不及救援了，因为水火无情啊！

淳于琼等既破，张郃又因进攻曹军大营失利而投降，于是袁军大溃，袁绍、袁谭父子弃军而逃，曹操大获全胜，取得了官渡之战的胜利。对于官渡之战，吕思勉先生评论说："曹操的攻淳于琼，固然有胆气，也只是孤注一掷之举，其能耐，倒还是在历久坚守、能挫袁军的锐气上见得。"[1] 吕思勉先生的话，确是真知灼见。其实，历久坚守而挫袁军锐气与攻淳于琼是前后相连的组成部分，对于曹操的胜利缺一不可，只不过前者做起来更难而已，所以吕思勉先生才这样说。

# 一、曹操对于邺城的攻取

官渡之战，因袁绍战败，南弱北强之势遂变为南强北弱。虽然形势变为南强北弱，但"说曹操的兵力就可以一举而扫荡袁绍，那还是不够的"[2]。当时曹操乘胜追击，冀州郡县多有降曹者，可袁绍回去之后，收合散兵，一下子就把降曹的郡县收复了，这就是明证。

既然袁绍的兵力足以自守，河北一时难以扫荡，曹操就回兵许都。

建安六年（201）冬，曹操出兵南征，刘备逃跑，投靠刘表。

建安七年（202）春，曹操又进兵官渡；五月，袁绍病死，部下谋士立了他的小儿子袁尚，因而与袁谭兄弟失和，即就是在这样有利的形势下，曹操也没能荡平残袁势力。

建安八年（203）春三月，曹操进攻邺城（今河北临漳县）外郭，袁军大败，袁谭、袁尚连夜遁逃。夏四月，进军邺。五月，回兵许都，留贾信屯黎阳。八月，南下进攻刘表，军西平。袁谭、袁尚兄弟因曹兵退去，自相攻击。结果袁谭被袁尚打败，袁谭逃到平原，派辛毗求救于曹操。曹操征求部下的意见，多数人主张先平刘表，而谋士荀攸认为，刘表无四方之志，不足为虑，倒是袁谭、袁尚兄弟是大患，正可借其兄弟不和之机，一举而灭之[3]。曹操采纳了荀攸的计谋，答应了袁谭和亲的请求，于冬十月抵达黎阳。袁尚听闻曹操北上，便放弃平原，还军自己的根据地——邺城。

① 吕思勉：《吕著三国史话》，第69页。

② 吕思勉：《吕著三国史话》，第70页。

③ 《三国志》卷10《魏书·荀攸传》，第324页。

建安九年（204）春三月，曹操"济河，遏淇水入白沟以通粮道"[1]。袁尚再次进攻袁谭，留苏由、申配守邺。曹操进军至洹水，苏由投降，曹操为土山、地道以攻邺城。由于武安长尹楷屯毛城，通上党粮道，曹操便留下曹洪进攻邺城，他自将兵击尹楷，破之而还；袁尚的将军沮鹄守邯郸，他又击拔之。五月，毁土山、地道，作围堑，决漳水灌城，城中饿死者过半。秋七月，袁尚率兵万人从西山还救邺城，临滏水为营。袁尚夜袭曹军，不利，遂保祁山，其将马延、张凯等临阵投降，众大溃，袁尚逃至中山（今河北定州市）。曹操尽获袁军辎重，并得袁尚印绶节钺，使袁尚降人示其家，城中崩沮。八月，申配的侄子申荣，夜开邺城东门迎曹兵入城，申配迎战曹兵，兵败被擒，不屈而死，邺城落入了曹操之手。

建安十年（205）春正月，曹操进军南皮（今河北南皮县），攻袁谭，破之，斩袁谭，并诛其妻子，冀州平定。袁熙、袁尚兄弟逃入乌丸。

乌丸，也就是乌桓。为了彻底消灭残袁势力，曹操不得不讨伐支持残袁势力的乌丸。为了解决军粮的运输问题，在董昭的建议下，他于建安十一年（206）"凿平虏、泉州二渠入海通运"[2]。平虏、泉州这两条渠，大致在今河北省的东北。

建安十二年（207）七月，曹操以田畴为向导，从旧北平郡北久已废弃的一条路出发，出卢龙塞到柳城（今辽宁兴城县西南），三郡乌丸没有想到曹兵突然兵临城下，仓促应战，结果两个酋长被杀，剩下一个酋长，与袁熙、袁尚兄弟一起逃到了辽东太守公孙康那里。曹操料定公孙康不能容袁熙、袁尚兄弟，径从柳城撤兵。果不出曹操所料，公孙康很快就把袁熙、袁尚兄弟的首级送来了。至此，残袁势力被荡除。

吕思勉先生说："从建安四年袁曹交兵至此，前后共历九年，和曹操的破陶谦、吕布、袁术等，前后不过两三年的，大不相同。所以袁绍是曹操的一个劲敌。"[3]由于袁绍是曹操的一个劲敌，所以完全打败他用了大约九年的时间。同样，曹操攻取邺城也用了四年时间，是一个艰难而曲折的过程。

## 二、曹操对于邺城的经营

建安九年（204）八月，曹操夺取了袁氏的根据地邺城后，便于九月下令曰："河北罹袁氏之难，其令无出今年租赋！"百姓喜悦。周一良先生说："袁绍拥有冀幽青并四州，而中心据点在邺。曹操拥立汉帝于许，而自己留驻邺城，作为魏都，从那里发号施

---

① 《三国志》卷1《魏书·武帝纪第一》，第25页。

② 《三国志》卷14《魏书·董昭传》，第439页。

③ 吕思勉：《吕著三国史话》，北京：中华书局，2006年，第71页。

令，东征西讨。"①周一良先生的话表明，曹操占有邺城后，其武装割据政权的政治中心发生了变化，即名义上的政治中心在许，而实际上的政治中心已转到了曹操长驻的邺城。

曹操不仅把邺城变为自己武装割据政权的政治中心，而且把它作为自己武装割据政权的都城来经营。

### （一）邺城在军事上有攻守兼备而控制全局的作用

史念海先生指出："都城在军事上能够发挥它的全面指挥的作用，是要内外兼顾的，不仅要顾到国内各处，而且还要顾及域外，也就是说要抵御周边各族的侵扰。"②史先生的话是说，作为都城，攻、守的功能都应具备，这样才能发挥它全面指挥的作用，控制全局。

首先，谈谈邺城的防守功能。

邺城，始筑于春秋时期，正如《水经注》所载："本齐桓公所置也，故《管子》曰：筑五鹿、中牟、邺，以卫诸夏也。"③看来，齐桓公当初筑邺城的目的，是为了抵御外族的入侵而保卫华夏族的。

邺城北临漳河，南有淇水，中有洹水，"左孟门而右漳滏，前带河而后被山"④，有山河之险。

史念海先生指出："还有一些都城，建于平原广阔之地，其附近只有一道高山可以作为屏障，都城就建于近山之处……邺为都城，它的故址就在今河北临漳县。这里固然也是一片平原，其西的太行山却巍峨耸峙，相映成趣。邺城西北就是战国时赵国的邯郸城，相距临迩，格局也相仿佛。"⑤从史先生的论述可知，处于平原广阔之地的邺虽不利于防守，但其附近却有一道高山——太行山，这无疑成为邺城的天然屏障。

邺城附近不仅有山，而且有水。具体地说，这就是漳水和洹水。曹操充分利用都城附近的水资源，建起了护城河，具体地说，邺"以漳水和洹水支流为护城河，西、北两边是漳水，东、南两边是洹水"⑥。护城河的修建，弥补了邺城在防守上的不足。

① 周一良：《读〈邺中记〉》，氏著：《魏晋南北朝史论集》，北京：北京大学出版社，2010年，第412页。

② 史念海：《中国古都和文化》，北京：中华书局，1998年，第201页。

③ 陈桥驿：《水经注校释》，杭州：杭州大学出版社，1999年，第179页。

④ （汉）高诱注：《战国策·魏一》，上海：上海书店，1987年，第92页。

⑤ 史念海：《中国古都和文化》，第183页。

⑥ 郭黎安：《魏晋南北朝都城形制试探》，中国古都学会编：《中国古都研究》（第二辑），杭州：浙江人民出版社，1986年，第46页。

曹操除利用山川形胜外，又在邺城西北修筑了高大而坚固的三台，以加强邺城的防守功能。

《水经注》载："……城之西北有三台，皆因城为之基，巍然崇举，其高若山，建安十五年魏武所起，平坦略尽……中曰铜雀台，高十丈，有屋百一间……南则金虎台，高八丈，有屋百九间。北曰冰井台，亦高八丈，有屋百四十五间，上有冰室，室有数井，井深十五丈，藏冰及石墨焉。石墨可书，又燃之难尽，亦谓之石炭。又有粟窖及盐窖，以备不虞。今窖上犹有石铭存焉。左思《魏都赋》曰：三台列峙而峥嵘者也……其城东西七里，南北五里，饰表以砖。百步一楼，凡诸宫殿，门台、隅雉，皆加观榭。"[①]又陆翙《邺中记》载："三台皆砖甃，相去各六十步，上作阁道如浮桥，连以金屈戍……施，则三台相通；废，则中央悬绝也。"[②]

从以上记载可知，邺城"饰表以砖"，也就是在城墙外体砌石砖一层，这是前所未有的。这样，城墙"既壮观，又坚固，更便于军事防御"[③]。尤其需要强调的是，邺城西北的三台（冰井台、铜雀台、金虎台），对于邺城的防守具有举足轻重的作用，这是因为三台集堡垒、仓库、台榭于一身[④]，也就是说，由于三台"皆砖甃"，使邺城外围形成坚固的堡垒；又由于三台建有足够数量储存粟、盐、冰的仓库，使防守者饮食无忧；而阁道对于三台之间的连接，使得防守者信息灵通，便于统一指挥，增加了防守的成算。

有人认为："三台营建之初是为了游乐……三台中至少二台最初主要是点缀风景，以供游乐的建筑群。"[⑤]笔者对此是不敢苟同的。三台中的冰井台，具有明显的军事功能，这一点大家并无异议。而三台中的铜雀台，是当时文人雅士吟咏最多的，其中以曹植的《登台赋》最为出名，这就使人对三台的功能产生了错觉：误以为是点缀风景，以供游乐。铜雀台建成后不久，邺城发生了严才的叛乱，他"与其徒属十余人攻掖门"，而身为大司农郎中令的王修（字叔治）闻变，在召车马未至的情况下，便率官属步行至宫门，曹操在铜爵台上望见说："彼来者必王叔治也。"相国钟繇对王修说："旧，京城有变，九卿各居其府。"王修回答说："食其禄，焉避其难？"[⑥]从这次突发事

① 陈桥驿：《水经注校释》，杭州：杭州大学出版社，1999年，第180—181页。

② 许作民：《邺都佚志辑校注》，郑州：中州古籍出版社，1996年，第94页。

③ 焦从贤、许作民：《邺城规制及其在都城建造史上的地位》，中国古都学会编：《中国古都研究》（十一），太原：山西人民出版社，1994年，第288页。

④ 郭黎安：《魏晋南北朝都城形制试探》，中国古都学会编：《中国古都研究》（第二辑），第44页。

⑤ 周一良：《读〈邺中记〉》，氏著：《魏晋南北朝史论集》，第420—421页。

⑥ 《三国志》卷11《魏书·王修传》，第347页。

件来看，铜雀（爵）台在军事上无疑具有瞭望敌情的作用。况且，花巨资建成的三台仅仅只是为了点缀风景以供游乐，这与曹操素来提倡的节俭之风也不符。因而，大军事家曹操建设三台的初衷，无非是为了加强邺城的防御功能而已。

其次，说说邺城的进攻功能。

邺城的进攻功能，是谁占有邺城，谁就有"制天下"的潜力。顾祖禹指出："以河南之全势较之，则宛不如洛，洛不如邺也明矣……夫邺倚太行，阻漳、滏，夏、商时固有都其地者。战国之世，赵用此以拒秦，秦亦由此以并赵。汉之末，袁绍不能有其险也，入于曹操，遂能雄长中原……夫自古用兵，以邺而制洛也常易，以洛而制邺也常难，此亦形格势禁之理矣。"[①] 既然"自古用兵，以邺而制洛也常易"，那么，谁占领了河北平原的重镇——邺城，谁就控制了河北平原，而控制了河北平原，也就控制了河南的重镇洛阳乃至整个河南，因而占有邺城就有"制天下"的潜力。

周一良先生说："曹操放弃洛阳，而奉汉献帝都许，首先当然是因为洛阳经董卓之乱残破衰败，但也可能由于当时关中尚有马腾、韩遂等异己势力的威胁，所以避开洛阳。他让汉帝居许，自己却远处于邺，政治上遥控朝廷，军事上无论对东方或西方都可攻可守。"[②] 周一良先生的话表明，在东汉末年的情势下，邺城比起洛阳来，确实具有可攻可守而控制全局的作用。

## （二）邺城具有四通八达的水陆交通

据《汉书》卷28上《地理志第八上》所载，魏郡辖18县，即邺、馆陶、斥丘、沙、内黄、清渊、魏、繁阳、元城、梁期、黎阳、即裴、武始、邯会、阴安、平恩、邯沟、武安。又据《后汉书·郡国志二》记载，魏郡辖15城，即邺、繁阳、内黄、魏、元城、黎阳、阴安邑、馆陶、清渊、平恩、沙侯国、斥丘、武安、曲梁侯国、梁期。

可见，处于平原广阔之地而作为魏郡治所的邺城，它既与其所属的十多座县城有交通往来，也应与魏郡以外的城池有交通往来。

前已述及，为了适应军事斗争的需要，曹操于建安九年春三月，济河，遏淇水入白沟以通粮道。为了打击乌丸的势力，建安十一年（206），曹操又主持开挖了平虏渠、泉州渠。

《水经注》载："汉献帝建安十八年，魏太祖凿渠，引漳水东入清洹以通河漕，名

① （清）顾祖禹撰，贺次君、施和金点校：《读史方舆纪要》卷46《河南方舆纪要》，北京：中华书局，2005年，第2085页。

② 周一良：《读〈邺中记〉》，氏著：《魏晋南北朝史论集》，第414页。

曰利漕渠。"① 建安十八年为公元213年。此后，"邺都水运可由漳水、利漕渠、白沟、平虏渠、泉州渠、新河，向北直抵河北平原北段的滦河水域，向南可由黄河抵达江淮。邺都成为黄河下游大平原上的南北水运交通的枢纽"②。

史念海先生指出："更由于白沟和利漕渠的开凿，漳水就可以与这些渠道相沟通，太行山东各处的船只，能够驶抵邺城之下，邺也就可以得到繁荣和发展。"③

四通八达的水陆交通，不仅使邺城繁荣和发展，而且可以快速运粮运兵，有效控制河北平原。

### （三）邺城周围具有发展经济的优越条件

《水经注》载："昔魏文侯以西门豹为邺令也，引漳以溉邺，民赖其用。其后至魏襄王，以史起为邺令，又堰漳水以灌邺田，咸成沃壤，百姓歌之。"④《邺中记》也载："当魏文侯时，西门豹为邺令，堰引漳水溉邺，以富魏之河内；后史起为邺令，引漳水十二渠，灌溉魏田数百顷，魏益丰实。"⑤据此可知，早在战国时期，邺城周围的平原依赖于漳水的灌溉就已成为沃壤了。

史念海先生指出："太行山东的邺仅濒于漳水。就是这条漳水，由于能够灌溉，改造了当地的舄卤地，使之转成沃壤，农业也因之而有起色。"⑥正是由于邺城周围的平原靠着漳水的灌溉而使当地成为沃壤，农业大有起色。

三国时期，定都邺城的曹操武装割据政权，继续利用漳水来灌溉当地的农田，正如《水经注》所载："魏武王又堨漳水，回流东注，号天井堰。二十里中，作十二墱，墱相去三百步，令互相灌注，一源分为十二流，皆悬水门。陆翙《邺中记》云：水所溉之处，名曰堰陵泽。故左思之赋魏都，谓墱流十二，同源异口者也。"⑦《邺中记》也载："后废堰田荒，更修天井堰，引邺城西面漳水十八里中细流，东注邺城南，二十里中作二十堰。"⑧正是由于曹操武装割据政权新修了"天井堰"，使得邺城以南的土地成为沃壤。

---

① 陈桥驿：《水经注校释》，杭州：杭州大学出版社，1999年，第182页。

② 邹逸麟：《试论邺城兴起的历史地理背景及其在古都史上的地位》，《中国历史地理论丛》1995年第1辑。

③ 史念海：《中国古都和文化》，北京：中华书局，1998年，第184页。

④ 陈桥驿：《水经注校释》，第179页。

⑤ 陆翙：《邺中记》，上海：商务印书馆，1937年，第10页。

⑥ 史念海：《中国古都和文化》，第184页。

⑦ 陈桥驿：《水经注校释》，第179页。

⑧ 陆翙：《邺中记》，上海：商务印书馆，1937年，第10页。

焦从贤、许作民二位先生指出："曹魏时期的邺城不仅是北中国的政治文化中心，而且也是手工业和商业的中心，纺织、雕刻、日用工业品等已具有可观的规模和水平，从而使邺城成为全国最繁荣的大都市之一。"① 三国时期的邺城之所以能成为当时中国北部的政治文化中心和手工业、商业的中心，这在它被作为曹操武装割据政权的都城之前已打好了根基。我们知道，邺自春秋齐桓公始筑城，至战国魏文侯和魏襄王又重点经营。秦时置县，两汉为魏郡治所，东汉末年后又先后为冀州、相州的治所。建安十八年（213）曹操称魏王，定都于此，无非看重邺自秦汉以来就是中国北部的政治中心之一，同时又有发展经济的优越条件。

## （四）迁部将家属或宗族于邺为人质，主观上使部将忠诚于己，客观上却充实了邺城的人口

兴平二年（195）春正月，张绣于宛投降曹操，既而又后悔了，再次反叛；曹操与张绣战，反而被打败，不仅自己为流矢所中，连长子曹昂和弟子安民也遇害了。曹操对诸将总结教训说："吾降张绣等，失不便取其质，以至于此。吾知所以败。诸卿观之，自今已后不复败矣。"② 看来，让降将忠诚的最好办法就是接受他们的人质，这种想法已植根于曹操的内心深处，所以张燕"率众诣邺"后，曹操就封他"安国亭侯，邑五百户"③。

既然让降将忠诚的最好办法是接受他们的人质，那么，让非嫡系将领忠诚的最好办法还是接受他们的人质，为此，他提倡将领遣送人质。如曹操占领邺城后，身为并州刺史的梁习，为了表示对曹操的忠心，把吏兵的家属"前后送邺，凡数万口"，而对于不从命者，"兴兵致讨，斩首千数"④。将军李典"宗族部曲三千余家，居乘氏"，他请求迁到魏郡（治邺城）来，曹操笑着说："卿欲慕耿纯邪？"李典回答说："典驽怯功微，而爵宠过厚，诚宜举宗陈力；加以征伐未息，宜实郊遂之内，以制四方，非慕纯也。"于是"徙部曲宗族万三千余口居邺"⑤，受到曹操嘉奖，迁破虏将军。建安十年（205），曹操破袁谭于南皮，臧霸祝贺，因"求遣子弟及诸将父兄家属诣邺"，曹操先以"诸君忠孝，岂复在是！"谦让，但最终还是以"昔萧何遣子弟入侍，而高祖不拒，

① 焦从贤、许作民：《邺城规制及其在都城建造史上的地位》，中国古都学会编：《中国古都研究》（十一），第287页。

② 《三国志》卷1《魏书·武帝纪第一》，第14—15页。

③ 《三国志》卷8《魏书·张燕传》，第261页。

④ 《三国志》卷15《魏书·梁习传》，第469页。

⑤ 《三国志》卷18《魏书·李典传》，第534页。

耿纯焚室舆榇以从，而光武不逆"①为据，爽快地答应了臧霸的请求。

曹操迁部将家属或宗族于邺为人质，主观上使部将忠诚于己，客观上却充实了邺城的人口。当然，身为驸马都尉的杜袭，在他的"绥怀开导"下，汉中"百姓自乐出徙洛、邺者，八万余口"②，无疑也充实了邺城的人口。

### （五）邺城不仅是曹操割据政权的政治中心，而且也是其宗庙和陵寝的所在地

曹操拥有邺城后，即长驻于此，在政治上遥控在许都的汉献帝，使邺城真正变为实际上的政治中心。

建安十七年（212），天子允许曹操"赞拜不名，入朝不趋，剑履上殿，如萧何故事"，同时"割河内之荡阴、朝歌、林虑，东郡之卫国、顿丘、东武阳、发干，钜鹿之廮陶、曲周、南和，广平之任城，赵之襄国、邯郸、易阳以益魏郡"③。这也就是说，魏郡的地盘扩大了。沈长云等先生指出："河北平原……整个平原地势不高，海拔多在百米以下，低于50米的占绝大部分。河北平原由黄河、海河、滦河三大水系冲积而成，根据其形态和成因的不同，大致可分为山前冲积平原、中部冲积平原和滨海冲积平原。赵国主要的政治中心就位于河北平原的山前冲积平原地带，即太行山东麓的冲积平原上。"④与赵国主要的政治中心一样，邺城也处在"河北平原的山前冲积平原地带，即太行山东麓的冲积平原上"。由于河北平原"整个平原地势不高，海拔多在百米以下，低于50米的占绝大部分"，因而邺城虽有太行山可作为屏障，但在防御上还是具有局限性，而魏郡（治邺城）地盘的扩大，不仅保障了邺城的粮食供给，同时也加强了邺城的纵深防御。

建安十八年（213）五月丙申，天子派御史大夫郗虑持节策命曹操为魏公，加九锡，封地为冀州之河东、河内、魏郡、赵国、中山、常山、钜鹿、安平、甘陵、平原共十郡，曹操以丞相领冀州牧如故，魏国置丞相以下群卿百僚，皆如汉初诸侯王之制。秋七月，始建魏社稷宗庙。冬十月，分魏郡为东西部，置都尉。十一月，初置尚书、侍中、六卿。

建安二十一年（216）夏五月，天子封曹操为魏王……命王女为公主，食汤沐邑。

① 《三国志》卷18《魏书·臧霸传》，第537页。

② 《三国志》卷23《魏书·杜袭传》，第666页。

③ 《三国志》卷1《魏书·武帝纪第一》，第36页。

④ 沈长云、魏建震、白国红、张怀通、石延博：《赵国史稿》，北京：中华书局，2000年，第14—15页。

建安二十二年（217）夏四月，天子命魏王设天子旌旗，出入称警跸。五月，作泮宫。六月，以军师华歆为御史大夫。冬十月，天子命魏王之冕十有二旒，乘金根车，驾六马，设五时副车，以五官中郎将曹丕为魏太子。

建安二十三年（218）六月，曹操令曰："古之葬者，必居瘠薄之地。其规西门豹祠西原上为寿陵，因高为基，不封不树。《周礼》冢人掌公墓之地，凡诸侯居左右以前，卿大夫居后，汉制亦谓之陪陵。其公卿大臣列将有功者，宜陪寿陵，其广为兆域，使足相容。"① 可见，曹操生前已把西门豹祠西原定为自己的葬地，并允许有功的大臣列将陪葬于此。

建安二十五年（220）春正月庚子，魏王曹操崩于洛阳，时年六十六岁。二月丁卯，葬高陵。一代伟大的政治家、军事家就这样走了，给后人留下了无限遐思。

综上所述，由于袁绍是曹操的一个劲敌，所以他攻取袁绍的邺城历时4年（建安六年至建安九年），而彻底荡平袁绍的军事势力则费时9年（建安四年至建安十二年）。又由于邺城在军事上有攻守兼备而控制全局的作用，水陆交通四通八达，周围具有发展经济的优越条件等因素，曹操便把它作为其武装割据政权的都城来经营，不仅使其成为其政权的政治中心，而且也成为宗庙和陵寝的所在地。

附记：曹操像采自苏州大学图书馆编著的《中国历代名人图鉴》（上海：上海书画出版社，1989年）。

原文载《中国古都研究》总第二十四辑，西安：陕西师范大学出版总社有限公司，
2013年；收录时增补了曹操的图像

---

① 《三国志》卷1《魏书·武帝纪第一》，第51页。

# 论三国时期诸葛亮北伐的目的、行走道路及粮草供给

**摘要**：诸葛亮的北伐，其目的并不局限于以攻为守，而是广拓境土，蚕食雍凉，徐图中原。在弱蜀对强魏的战争中，蜀的瓶颈是粮草的供给。在诸葛亮的六次北伐中，除第二次走陈仓道和最后一次走斜谷道外，其他四次走的都是祁山一线，之所以多走祁山一线，就是绕开秦岭的险阻，虽没有大功，但却有小胜，那就是攻取武都、阴平二郡，从而延长了蜀汉政权的生命，尤其是他为兴复汉室而不改初衷的执着精神，是应该发扬光大的，因为这体现的是一种进取的姿态。

**关键词**：三国时期；诸葛亮；北伐

诸葛亮（图一）是妇孺皆知的历史人物，也是智慧的化身，"三个臭皮匠，能顶一个诸葛亮"即是明证。人们把诸葛亮作为智慧的化身，是受《三国演义》宣传的影响。其实，在三国时代，诸葛亮的智慧主要是"长于巧思，损益连弩，木牛流马，皆出其意；推演兵法，作八阵图，咸得其要云"①，并对后世产生了深远影响。

三国时期，诸葛亮的志向是辅佐刘备统一全国，兴复汉室。而要统一全国，蜀汉的主要对手是曹魏，盟友是孙吴。在对曹魏的战争中，蜀汉最大的瓶颈是粮草的供给，这是诸葛亮始终难以释怀的问题。蜀汉偏安一隅，其地盘、物产、人才既不能与孙吴相比，更不能与地大物博的曹魏相比，因而在对曹魏的屡次北伐中，诸葛亮遭逢了曹叡、曹真、司马懿（图二）、张郃、郝昭、郭淮、费曜、辛毗等一大批一流人才，他们始终坚持"固守要害，不与争锋"而等敌方粮尽退兵的策略，纵使诸葛亮频频用计，对方基本上不为所动，因而诸葛亮只得无功而返，并留下了"出师未捷身先死，长使英雄泪沾巾"的慨叹！

---

① （晋）陈寿撰，陈乃乾点校：《三国志》卷35《蜀书·诸葛亮传》，北京：中华书局，1982年，第927页。

图一　诸葛亮像　　　　　　　　图二　司马懿像

# 一、诸葛亮北伐的目的及史迹钩沉

## （一）诸葛亮北伐的目的

在魏、蜀、吴三国中，魏最强大，吴次之，蜀最弱。蜀要攻魏，必须联合盟友吴国，东、西两线同时进攻，方有成功的希望。作为三国中最弱小者蜀的执政者，诸葛亮多次北伐曹魏的目的是什么？对此，学术界主要有两种观点。

### 1."以攻为守"说

"以攻为守"说的代表人物是明代的历史学家王夫之，他说："夫公固有全局于胸中，知魏之不可旦夕亡，而后主之不可起一隅以光复也。其出师以北伐，攻也，特以为守焉耳。以攻为守，而不可示其意于人，故无以服魏延之心而贻之怨怒。"[1]他又说："以是知祁山之师，非公初意，主闇而敌强，改图以为保蜀之计耳。公盖有不得已焉者，特未可一一与魏延辈语也。"[2]王夫之所谓诸葛亮的"保蜀之计"，其具体情况是：

---

① （明）王夫之撰，舒士彦点校：《读通鉴论》，北京：中华书局，1975年，第271页。

② （明）王夫之撰，舒士彦点校：《读通鉴论》，第271页。

"秦陇者，非长安之要地，乃西蜀之门户也。天水、南安、安定，地险而民强，诚收之以为外蔽，则武都、阴平在怀抱之中，魏不能越剑阁以收蜀之北，复不能绕阶、文以捣蜀之西，则蜀可巩固以存，而待时以进，公之定算在此矣。公没蜀衰，魏果由阴平以袭汉，夫乃知公之定算，名为攻而实为守计也。"①

清代学者刘献廷，也认为诸葛亮的北伐是"以攻为守"，他说："孔明之出祁（案：原文作岐）山，以攻为守者也。隆中已知天下大势终于三分矣，而出师不已者，不如此，欲求三分，不可得也。譬之弈棋，能侵入，始能自治；否则，坐而待之耳。彼谯周辈何足知之。"②

今人陈迩冬先生，对王夫之"以攻为守"说大加赞赏，他说：

> 现荆州已失，"出宛洛"一路已绝，只有出"秦川"一路了。环境变了，攻守战略也因之而变。出秦川则子午谷为奇中之正，出祁山为奇中之奇。奇中之奇是"舍正道而弗由"，明是出兵北伐，实是避开正面决战，把魏大军吸引向西，是"以攻为守"的战略部署。后姜伯约又继之，亦步亦趋，成为长期国策。还是王船山说得好："以是知祁山之师，非公（诸葛）初意，主（刘禅）闇而敌强，改图以为保蜀之计耳！公盖有不得已焉者，特未可一一与魏延辈语也。"③

陈迩冬先生不仅支持王夫之"以攻为守"说，而且认为诸葛亮的后继者姜维，其北伐的目的也是"以攻为守"。

易中天先生对诸葛亮的北伐，亦持"以攻为守"说④。

### 2."广拓境土，徐图中原"说

"广拓境土，徐图中原"说的代表人物是张大可、吴景山先生，他们说：

> 以诸葛亮之智，明知伐魏不胜，又为什么要劳民伤财呢？一般的看法认为是诸葛亮"以攻为守"。这既不符合客观实际，更不符合诸葛亮的本志。因为"以攻为守"，只可能在两军决战中作为战术运用，而决不可用为以弱抗强

---

① （明）王夫之撰，舒士彦点校：《读通鉴论》，第271页。

② （清）刘献廷撰，汪北平、夏志和点校：《广阳杂记》，北京：中华书局，1957年，第32页。

③ 陈迩冬：《由魏延说到子午谷》，氏著：《闲话三分》，上海：上海书店出版社，2007年，第136页。

④ 易中天：《三国纪》，杭州：浙江文艺出版社，2014年，第136页。

的基本国策……他驻屯汉中，采取的是进攻的策略，其战略是蚕食魏凉州、雍州，广拓境土，徐图中原。具体实施，先取陇右①。

这二位先生的观点，可谓真知灼见，那它们又是怎么来的呢？

蜀汉的谋士法正，在劝刘备攻取益州的门户汉中时说，若据有汉中，"广农积谷，观衅伺隙，上可以倾覆寇敌，尊奖王室，中可以蚕食雍、凉，广拓境土，下可以固守要害，为持久之计"②。据此可知，张大可、吴景山先生"蚕食魏凉州、雍州，广拓境土，徐图中原"说是对法正"中、上"二计综合后得出的。

以上两种观点，笔者认为第二种观点更符合当时实际情况。

## （二）诸葛亮北伐史迹钩沉

根据《三国志》卷33《蜀书·后主传》、《三国志》卷35《蜀书·诸葛亮传》等史料记载，诸葛亮的北伐共有以下六次：

第一次：蜀汉建兴六年（228）春，诸葛亮扬言由斜谷道取郿，派赵云、邓芝为疑军，据箕谷，吸引了魏大将军曹真的主力。诸葛亮则亲率大军攻祁山（在今甘肃礼县东），戎阵整齐，赏罚肃而号令明，南安、天水、安定三郡叛魏应亮，关中响震。但在这样大好形势下，诸葛亮却一反常态，对于宿将魏延、吴懿等不用，而是忘记刘备生前的嘱托，违众用毫无实战经验的参军马谡去守街亭（今甘肃天水市东南）③，马谡"举动失宜"，结果被魏名将张郃击败，诸葛亮进无所据，只好"拔西县千余家，还于汉中"，挥泪斩马谡。

第二次：建兴六年（228）冬，诸葛亮复出散关，围陈仓，粮尽退。魏将王双率骑兵追赶诸葛亮，亮与战，破之，斩双，还汉中。

第三次：建兴七年（229）春，诸葛亮派遣陈式攻打武都（治所在今甘肃成县西北）、阴平（治所在今甘肃文县西北），魏雍州刺史郭淮率众欲击式，诸葛亮自出至建威（今甘肃西和县北），郭淮退还，遂平二郡。

第四次：建兴八年（230），诸葛亮"使（魏）延西入羌中，魏后将军费瑶、雍州刺史郭淮与延战于阳谿，延大破淮等"④。这里的"费瑶"，也就是"费曜"。由于此功，

---

① 张大可、吴景山：《诸葛亮传》，谭良啸、张大可主编：《三国人物评传》，西安：三秦出版社，1987年，第170页。

② 《三国志》卷37《蜀书·法正传》，第961页。

③ 《三国志》卷39《蜀书·马良》，第984页。

④ 《三国志》卷40《蜀书·魏延传》，第1002页。

魏延升迁为前军师、征西大将军、假节，进封南郑侯。阳谿，在今甘肃渭源县东北，一说在武山县西南①。当以后者为是。

第五次：建兴九年（231）春二月，诸葛亮复出军围祁山，始以木牛运。魏司马懿、张郃救祁山。夏六月，诸葛亮粮尽退军，张郃追至青封，与亮交战，被射杀。

第六次：建兴十二年（234）春正月，诸葛亮由斜谷出兵，始以流马运。秋八月，病逝于渭滨。

有学者认为："在诸葛亮与魏的六次战争中，从严格意义上说，称得上北伐的只有第一、第二、第五和第六这四次。其中出兵祁山的只有第一和第五这两次。"②其说似可商榷。史念海先生说："诸葛亮由祁山迂回，前后两次。在进攻武都郡（治所在今甘肃成县西北）和阴平郡（治所在今甘肃文县西北）那一次，魏军想乘间邀击，诸葛亮还曾亲自进至建威城（今甘肃西和县北）。建威城就离祁山不远，应该属于一个地区。这样说来，诸葛亮六次向关中进攻，其中三次都在祁山。"③史先生的话，无疑是有道理的。又西汉陇西郡的11县中有羌道（师古曰："《水经》云羌水出羌中参谷。"）④，东汉时羌道归入武都郡7城之一⑤。由此看来，诸葛亮第四次北伐，派魏延西入"羌中"，应是东汉武都郡的"羌道"，属羌人聚居区。刘琳先生指出："阳溪必在南安郡境。南安郡辖今陇西、武山等县地，阳溪当在武山西南一带。"⑥甚确。这样说来，在诸葛亮与魏的六次战争中，出兵祁山者应有四次，除第一、第五两次外，第三、第四两次也算。

## 二、诸葛亮北伐可供选择的几条道路

《隶释》卷4《司隶校尉杨君孟文石门颂》载：

> 高祖受命，兴于汉中，道由子午，出散入秦，建定帝位，以汉诋焉。后

① 史为乐主编：《中国历史大辞典》上册，北京：中国社会科学出版社，2005年，第1147页。

② 〔日〕金文京著，何晓毅、梁蕾译：《三国志的时代：后汉三国历史》，桂林：广西师范大学出版社，2014年，第161页。

③ 史念海：《河山集》四集，西安：陕西师范大学出版社，1991年，第315—316页。

④ 《汉书》卷28下《地理志第八下》，第1610页。

⑤ 《后汉书》志第23《郡国五·武都郡》，第3518页。

⑥ （晋）常璩撰，刘琳校注：《华阳国志校注》卷2《刘后主志》，成都：巴蜀书社，1984年，第559页。

以子午，途路涩难，更随围谷，复通堂光。凡此四道，垓鬲尤艰。

秦汉时期，越秦岭南下入蜀汉至少有四条道路相继开通，有的历经修治使通行能力得以加强，然而与其他各地区之间的交通联系相比，依然"途路涩难""垓鬲尤艰"[①]。可见，秦汉时期，子午道、傥骆道、褒斜道、陈仓道（故道）虽已开通使用，但"途路涩难""垓鬲尤艰"。

清代学者顾祖禹指出："所谓入关中之道三者，一曰褒斜道，二曰傥骆道，三曰子午道也。"[②]从陈仓道也可入关中，顾祖禹之所以没有提它，可能是因为"故道"（陈仓道）"多阪，回远"[③]的缘故。至于子午道、傥骆道、褒斜道的军事和交通价值，顾祖禹也做了阐发，他指出："《华阳记》：'子午、骆谷、褒谷并为汉中北道之险，而骆谷尤近。'……《洋州志》：'州之要地有三……要地者，褒谷、骆谷、子午谷也。'"[④]可见，子午道、傥骆道、褒斜道为汉中进入关中的三条主要通道，尤以傥骆道近捷。

三国时期，秦岭山脉成为魏蜀两国的疆界。秦岭上的陈仓、褒斜、傥骆和子午四条谷道（图三），都曾经被魏国用作南攻的道路。同样，这四条谷道，蜀汉也可用作北攻曹魏关中的道路。不过，由于"蜀的汉中到魏的关中、陇右间的各条路线以汉中为中心呈放射线状穿过秦岭山脉，蜀如果伐魏，则各路大军被远隔分散，无法呼应，很容易被魏各个击破，而魏如果攻蜀，则各路大军会师汉中非常有利"[⑤]。有鉴于此，诸葛亮北伐时往往出兵一路。即使出兵两路，也有所侧重，如第一次北伐斜谷一路为疑兵，而祁山一线才是主力。下面，就对诸葛亮北伐时有可能选择的几条谷道加以阐述：

## （一）祁山一线（平坦大道）

在北伐中，诸葛亮认为魏延出兵子午谷是冒险，不如"安从坦道，可以平取陇右，十全必克而无虞"[⑥]。这里的"坦道"，就是祁山（今甘肃西和县北）一线。祁山在秦岭的西侧，距关中较远。

诸葛亮之所以要这样迂回进攻，主要有这几个原因：一是避开秦岭的险阻；二

① 王子今：《秦汉交通史稿》（增订版），北京：中国人民大学出版社，2013年，第293页。

② （清）顾祖禹撰，贺次君、施和金点校：《读史方舆纪要》卷56《陕西五》，北京：中华书局，2005年，第2663页。

③ （汉）班固：《汉书》卷29《沟洫志》，北京：中华书局，1962年，第1681页。

④ 《读史方舆纪要》卷56《陕西五》，第2670页。

⑤ 〔日〕金文京著，何晓毅、梁蕾译：《三国志的时代：后汉三国历史》，第157—158页。

⑥ 《三国志》卷40《蜀书·魏延传》，第1003页。

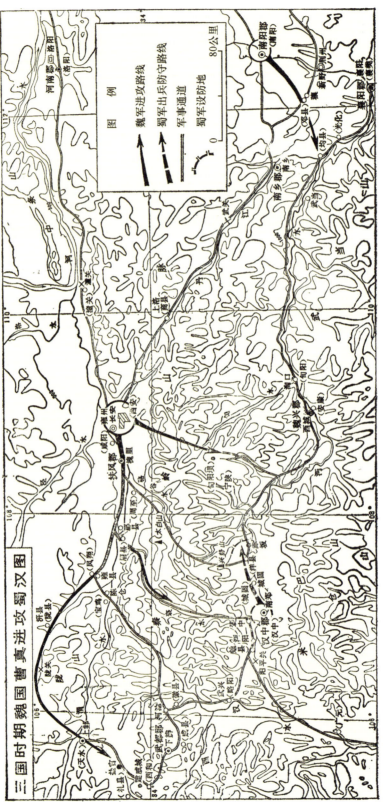

图三　三国时期魏国曹真进攻蜀汉图

（采自：史念海：《河山集》等四集）

是祁山这条道路易于进军；三是祁山周围各处产麦，就地取食，可以解决部分军粮问题①。对于北伐中诸葛亮多走祁山一线的原因，侯甫坚先生也做了分析，他说："从汉江上游进入西汉水（今嘉陵江源头）谷地，可转向渭河上游和洮水流域的天水、南安、陇西诸郡，其道路近捷可行，祁山正为西汉水北岸之山，山上有城，能窥视归于黄河、长江两大水系的各条支流，是为地理上的南北方在西部地区的一个分岔点。出于避开秦岭山险和关中魏军主力，夺取陇右的粮食、土地和人民，便于从渭河上游自上而下俯攻关中的战略思考，以及陇右民心倾向于蜀等原因，诸葛亮及其后继者一直将祁山一线当作出兵捷径，北伐曹魏的主攻方向。"②

综合史念海与侯甫坚两位先生的观点，诸葛亮北伐多走祁山一线的原因有：第一，避开秦岭的险阻和魏军主力；第二，祁山这条道路易于进军；第三，夺取陇右的粮食、土地和人民，补给军队；第四，陇右民心倾向于蜀；第五，便于从渭河上游自上而下俯攻关中。

由于走祁山一线有诸多的有利条件，所以在诸葛亮的六次北伐中，其中四次走的就是祁山一线。

## （二）陈仓道（故道）

陈仓道，"由宝鸡南行，过秦岭，经凤县、甘肃徽县，沿嘉陵江而下，由略阳东南行，通到汉中。这条通道的北端是宝鸡，宝鸡在古代称为陈仓，故叫作陈仓道"③。

陈仓道也就是"故道"。西汉初年，刘邦"从杜南入蚀中"时用张良之计，"烧绝栈道，以备诸侯盗兵，亦示项羽无东意"④，但他后来却潜"引兵从故道出袭雍，雍王（章）邯迎击汉陈仓，雍兵败，还走"⑤。刘邦潜引兵所走的"故道"，也就是"陈仓道"。

散关为陈仓道上著名关隘。唐李贤注说："散关，故城在陈仓县南十里。"晚唐人杜佑说："散关旧关城在宝鸡县南。"

侯甫坚先生说："散关位于陈仓西南，地当秦岭咽喉，据守散关对保证陈仓安全有

①　史念海：《河山集》四集，第316页。

②　侯甫坚：《区域历史地理的空间发展过程》，西安：陕西人民教育出版社，1995年，第151—152页。

③　《陕西军事地理概述》编写组编：《陕西军事地理概述》，西安：陕西人民出版社，1985年，第120页。

④　《汉书》卷1上《高帝纪第一上》，第29页。

⑤　《汉书》卷1上《高帝纪第一上》，第31页。

利，且可驰援其他地区。"①此说有理。

陈仓道，也是诸葛亮的主攻方向之一。

魏明帝泰和二年（即蜀后主建兴六年，228），魏大将曹真"以亮惩于祁山，后出必从陈仓"，乃"使将军郝昭、王生守陈仓，治其城"②。这一年，因魏将曹休被东吴陆逊打败，关中魏军部分东下，诸葛亮认为有可乘之机，便于冬季出散关而围陈仓。及至，"怪其整顿，闻知昭在其中，大惊愕"③。孔明素闻"昭在西有威明"，想着攻城不容易，就派郝昭的同乡而现为蜀监军的靳详去劝降郝昭，郝昭因其家族在洛阳为人质，绝不投降，无奈，诸葛亮就以数万人进攻只有一千余人固守的陈仓城，云梯冲车，昼夜进攻，二十余日，孔明无利，会费曜等救兵至，孔明乃引去④。

诸葛亮出散关而围陈仓之所以失利，是因为魏事先有了防备，这是诸葛亮六次北伐中走陈仓道仅有的一次。

### （三）褒斜道

褒斜道，"由眉县溯斜水（斜谷河）而上，越秦岭，沿褒水而下，通到汉中。因其连接褒、斜二谷，故称褒斜道。"⑤

汉武帝时，皇帝拜御史大夫张汤之子张卬为汉中守，"发数万人作褒斜道五百余里"⑥。

据《金石萃编》卷5《开通褒斜道石刻》载，"永平六年，汉中郡以诏书受广汉、蜀郡、巴郡徒二千六百九十人，开通褒斜道"。汉安帝延光四年（125）乙亥，"诏益州刺史罢子午道，通褒斜路"⑦。唐李贤注曰："褒斜，汉中谷名。南谷名褒，北谷名斜。首尾七百里。"

褒斜道，也可简称"斜谷道"。顾祖禹说："今南褒北斜，两谷高峻，中间褒水所经，曹操所言'五百里石穴耳'。"⑧曹操数言"南郑直为天狱中，斜谷道为五百里石穴

---

① 侯甬坚：《区域历史地理的空间发展过程》，第151页。

② 《三国志》卷9《魏书·曹真传》，第281页。

③ （宋）乐史撰，王文楚等点校：《太平寰宇记》卷30《关西道六·凤翔府·宝鸡县》，北京：中华书局，2007年，第641页。

④ （宋）乐史撰，王文楚等点校：《太平寰宇记》卷30《关西道六·凤翔府·宝鸡县》，第642页。

⑤ 《陕西军事地理概述》编写组编：《陕西军事地理概述》，第120页。

⑥ 《汉书》卷29《沟洫志》，第1681页。

⑦ （南朝宋）范晔：《后汉书》卷6《孝顺孝冲孝质帝纪》，北京：中华书局，1965年，第251页。

⑧ 《读史方舆纪要》卷56《陕西五》，第2666页。

耳"①，指的就是斜谷道的"深险"。

魏明帝太和四年（230），魏大司马曹真表欲数道伐蜀，从斜谷入。陈群以为：

> 太祖昔到阳平攻张鲁，多收麦豆以益军粮，鲁未下而食犹乏。今既无所
> 因，且斜谷阻险，难以进退，转运必见钞截，多留兵守要，则损战士，不可
> 不熟虑也②。

陈群认为"斜谷阻险，难以进退"，而且"转运必见钞截"，于是皇帝同意陈群的建议，不同意曹真出兵斜谷道；这也说明，斜谷主要控制在蜀军手中。

在诸葛亮的六次北伐中，第一次兵分两路：赵云、邓芝一路虽出斜谷，却是疑兵，用以吸引曹真的魏军主力；而诸葛亮所率蜀军出祁山者，才是主力。

最后一次从斜谷出兵北伐，诸葛亮在粮草储备上做了充分准备。蜀后主建兴十年，诸葛亮在黄沙休士劝农，作流马木牛毕，教兵讲武。建兴十一年（魏明帝青龙元年，233）冬，诸葛亮使诸军运米，集于斜谷口，治斜谷邸阁③。蜀后主建兴十二年（魏明帝青龙二年，234）春，诸葛亮率大军10万从斜谷出兵伐魏，同时遣使约吴同时大举④。诸葛亮至郿，大军在渭水南岸扎营，司马懿也引军渡过渭水，背水为营抗拒诸葛亮，并对诸将说："亮若出武功，依山而东转，诚为可忧；若西上五丈原，诸君无事矣。"⑤亮果屯五丈原。雍州刺史郭淮对司马懿说："亮必争北原，宜先据之。"司马懿便使郭淮屯兵北原，堑垒未成，汉兵大至，郭淮击退了蜀兵。有学者指出："从当时形势分析，诸葛亮北出斜谷后，西据五丈原，既能保障后路安全，又可作为东进北上的前进基地，这无疑是正确的、必要的。"⑥诸葛亮屯兵五丈原，其东进的可能性被司马懿估计到了；而其渡渭水争北原的目的是"跨渭登原，连兵北山，隔绝陇道，摇荡民夷"⑦，司马懿虽未料到，却被雍州刺史郭淮识破，足见曹魏人才济济。

诸葛亮鉴于"前者数出，皆以运粮不继，使己志不伸"，乃"分兵屯田为久驻之

①　《三国志》卷14《刘放传》裴松之注引《资别传》，第458页。

②　《三国志》卷22《魏书·陈群传》，第635页。

③　《三国志》卷33《蜀书·后主传》，第896页。

④　（北宋）司马光编著：《资治通鉴》卷72，魏明帝青龙二年（234），北京：中华书局，1956年，第2291页。

⑤　《资治通鉴》卷72，明帝青龙二年（234），第2292页。

⑥　《陕西军事地理概述》编写组：《陕西军事地理概述》，第178页。

⑦　《三国志》卷26《郭淮传》，第734页。

基，耕者杂于渭滨居民之间，而百姓安堵，军无私焉"①。司马懿与诸葛亮相守百余日，诸葛亮数挑战，司马懿就是坚守不出。诸葛亮无奈，又使出了激将法，派人给司马懿送去了"巾帼妇人之服"②，司马懿本身就不愿战，但为了掩饰自己的怯战，便克制自己的愤怒，上表请战，明帝派卫尉辛毗杖节为军师来制止司马懿，这样魏军上下便无人敢言战了。这年八月，诸葛亮因积劳成疾卒于军中，时年54岁。司马懿"生平除掉和诸葛亮对垒之外，也总是胜利的。独至对于诸葛亮，则仅仅乎足以自守"③。所以蜀军退后他案行诸葛亮的营垒处所而叹服诸葛亮为"天下奇才"也就不足为怪了。

### （四）傥骆道

傥骆道，"由周至县南行，过秦岭到洋县，再西到汉中。因通道的南口叫傥谷，北口叫骆谷，故称傥骆道"④。

傥骆道，"南口曰傥，在洋县北三十里，北口曰骆，在西安府盩厔县西南百二十里。谷长四百二十里，其中路屈曲八十里，凡八十四盘"⑤。

傥骆道，也可简称"骆谷道"。正始五年（244），魏大将军曹爽西至长安，大发卒六七万人，从骆谷入。这时，"关中及氐、羌转运不能供，牛马驴骡多死，民夷号泣道路"，曹爽"入谷行数百里，贼因山为固，兵不得进"⑥，只好退兵。其先锋夏侯霸（夏侯渊之子）过山岭，进至蜀方要地兴势（今陕西洋县北），安营在曲谷之中，被蜀军击溃，幸救得免⑦。此仗即为临近汉中的"兴势之役"。裴注引《汉晋春秋》曰："费祎进兵据三岭以截爽，爽争崄苦战，仅乃得过。所发牛马运粮者，死失略尽，而关右悉虚耗矣。"⑧蜀后主延熙二十年（257），姜维"率数万人出骆谷，径至沈岭……维前住芒水，皆依山为营"，魏将司马望、邓艾在长城戍（今陕西周至县境）"傍渭坚围"⑨，姜维数挑战不奏效，便于次年退军。

诸葛亮北伐，之所以不走傥骆道，主要原因由二：一是在四百里的谷道中，有八十里的路崎岖难走；二是在子午道、傥骆道、褒斜道三条谷道中，傥骆道距长安最

---

① 《资治通鉴》卷72，魏明帝青龙二年（234），第2292页。

② 《资治通鉴》卷72，魏明帝青龙二年（234），第2295页。

③ 吕思勉：《吕著三国史话》，北京：中华书局，2006年，第118页。

④ 《陕西军事地理概述》编写组编：《陕西军事地理概述》，第120页。

⑤ 《读史方舆纪要》卷56《陕西五》，第2664页。

⑥ 《三国志》卷9《魏书·曹真传附子爽》，第283页。

⑦ 《三国志》卷9《魏书·夏侯渊传》裴注引《魏略》，第272页。

⑧ 《三国志》卷9《魏书·曹真传附子爽》引《汉晋春秋》，第284页。

⑨ 《三国志》卷44《蜀书·姜维传》，帝1065页。

近，必是魏军防御的重点。

### （五）子午道

子午道，"由长安南行，越秦岭，经洋县到汉中。古时以北方为子，南方为午，这条通道贯通南北两方，故叫子午道"①。

子午道，"南口曰午，在洋县东北六十里；北口曰子，在西安府南百里。谷长六百六十里，或曰即古蚀中也"②。

汉元年（前206）四月，刘邦率众从"杜南入蚀中，去辄烧绝栈道，以备诸侯盗兵袭之，亦示项羽无东意"③。

汉平帝元始五年（5），王莽"以皇后有子孙瑞，通子午道。子午道从杜陵直绝南山，迳汉中"④。

汉安帝延光四年（125），"诏益州刺史罢子午道"，唐李贤注曰："子午道，平帝时王莽通之。《三秦记》曰，子午，长安正南。山名秦领谷，一名樊川。"

韩遂、马超之乱，"关西民从子午谷奔之者数万家"⑤。

蜀汉建兴六年（228），诸葛亮第一次北伐，魏延主动请缨，愿领"精兵五千，负粮五千，直从褒中出，循秦岭而东，当子午而北"，与诸葛亮异道会于长安。诸葛亮认为魏延的计划"县危"，没有采纳。按照当时魏蜀两国形势和秦岭的地理条件，从子午道出兵是有相当困难的，理由如下：

> 第一，由汉中通往长安的四条重要谷道中，子午道虽较陈仓道为短促，却也并非最为捷近，尤其是出赤坂（今陕西省洋县东龙亭铺）和黄金谷（今龙亭铺东金水镇）后，就是魏境，路途遥远，中途多阻，行军转输易为魏国知晓。蜀军出谷后已非突袭性质，魏国当早已有所准备，那时不仅长安城难于攻下，就是立足点也将不易获得。第二，魏延的建议是由褒谷转入子午道，由褒谷进入秦岭后，距离子午道还相当遥远，而且又无道路可通，实际是无从前去的⑥。

① 《陕西军事地理概述》编写组编：《陕西军事地理概述》，第120页。

② 《读史方舆纪要》卷56《陕西五》，第2669页。

③ （汉）司马迁：《史记》卷8《高祖本纪》，北京：中华书局，1982年，第367页。

④ 《汉书》卷99上《王莽传第六十九上》，第4076页。

⑤ 《三国志》卷8《魏书·张鲁传》，第264页。

⑥ 史念海：《河山集》第四集，第319页。

史念海先生的分析，确有见地。

的确，诸葛亮并不是胆小慎微，其忧虑是有道理的：第一，"子午道谷口地近长安，向南所通安阳、西城之地，皆为魏军集结地，只要安康盆地归魏军所有，蜀军就不可能出兵子午谷，否则会遭到魏军前后夹击"①。第二，魏延认为魏兵"比东方相合聚，尚二十许日"的时间估计也不准确。我们知道，魏新城太守孟达叛乱时，估计魏军到达的时间需一个月，可千里的路程司马懿仅用八天就兵临城下了。所以魏延与诸葛亮相约10日内在长安会兵的计划太过乐观，如果诸葛亮的大军不能按时到达，魏延偷袭子午谷的奇兵就有全军覆没的危险。

## 三、诸葛亮北伐中的粮草供给

秦岭山脉不仅是中国气候的分界线，也是南北来往的大阻。早在西汉时期，人们就称其为"天下之大阻"。对于蜀魏两国来说，秦岭无疑成为其界碑。曹操善于用兵，"察蜀贼栖于山谷，视吴虏窜于江湖，皆挠而避之"，被时人誉为"知难而退"②。明帝曹叡曾说："（蜀）贼凭恃山川，二祖劳于前世，犹不克平"③，他虽应曹真之请而伐蜀，却没有必胜的把握，司空陈群、散骑常侍王肃、少府杨阜的谏阻就是明证。

秦岭山脉山高林深，峰峦重叠，谷道险阻。魏军一旦进兵，"秦岭山道高低不平，峰回路转，颇费时日、军饷，数千万囊的粮食转输尤其艰难，对方或据险扼守，或出奇兵抄截，足令押粮官防不胜防"；在蜀汉一方也是一样，"由于进军路线绵长，军粮难以为继，也多次导致北伐之师匮食而返"④。这就是在六次北伐中，诸葛亮多走祁山一线而少走秦岭谷道的原因。

诸葛亮第五次北伐是建兴九年（231）春二月，走的是祁山一线，始以木牛运粮。夏六月，诸葛亮因粮尽退军。这次北伐负责运粮的是重臣李平（即李严），他固然有督办不力之失，但主要原因乃是"秋夏之际，值天霖雨，运粮不继"⑤，就像魏明帝太和四年大霖雨山坂峻滑曹真走子午谷一月才走半谷一样⑥，那是情有可原的。可在蜀汉缺乏人才的情况下，诸葛亮对先主刘备的托孤重臣李平乃废为民，"徙梓潼郡"，这样的处

---

① 侯甬坚：《区域历史地理的空间发展过程》，第149页。

② 《三国志》卷14《魏书·刘放传》裴松之注引《资别传》，第458页。

③ 《三国志》卷13《魏书·华歆传》，第405页。

④ 侯甬坚：《区域历史地理的空间发展过程》，第155页。

⑤ 《三国志》卷40《蜀书·李严传》，第999页。

⑥ 《资治通鉴》卷71，魏明帝太和四年（230），第2263页。

罚虽是诸葛亮"依法治蜀"[①]的体现，但不免失之过重。

总之，诸葛亮北伐的失利固然有这样那样的原因，但其最大的瓶颈乃是因"道险运艰"[②]而出现的粮草供给问题，而曹魏一方从皇帝到统帅正是抓住了诸葛亮北伐的软肋，固守要害，坚守不出，等敌粮尽，诸葛亮虽频使计谋，对方不为所动，北伐大业也就无功而返。下面，我们就对诸葛亮北伐中粮草的来源、储藏、运输等加以阐述：

## （一）蜀军的粮草来源

### 1. 成都平原

早在"隆中对"中，诸葛亮就说"益州沃野，天府之国"，建议刘备把它作为立国的根基。史载："诸葛亮北征，以此堰农本，国之所资，以征丁千百二人主护之，有堰官。"[③]这里的"此堰"就是都江堰。可见，成都平原是蜀军粮草的主要来源。

王仲荦先生指出："蜀汉十万大军，一切给养和粮米都得从剑南运到前线，千里馈粮，士有饥色，诸葛亮也每每因为粮尽不得已而退兵。"[④]可见，蜀军粮草主要来自成都平原。

### 2. 汉中盆地

为了北伐，诸葛亮于建兴五年屯驻汉中，让蒋琬与长史张裔管理丞相府事。

在"丞相诸葛亮连年出军，调发诸郡，多不相救"的情况下，巴西太守吕乂募取士兵五千人到诸葛亮那儿报到，被诸葛亮赏识，升为汉中太守，"兼领督农，供继军粮"[⑤]。既然身为巴西太守的吕乂"兼领督农"，那就说明汉中也是蜀军粮草的主要来源地之一。

建兴八年，蒋琬代张裔为长史，加抚军将军。诸葛亮多次外出北伐，蒋琬"常足食足兵以相供给"，可谓是北伐的功臣[⑥]。

① 田余庆：《李严兴废与诸葛用人》，原载《中华学术论文集》，北京：中华书局，1981年；又收入氏著《秦汉魏晋史探微》（修订本），北京：中华书局，2011年，第190—207页。

② 《三国志》卷44《蜀书·蒋琬传》，第1058页。

③ （北魏）郦道元著，陈桥驿校证：《水经注校证》卷27《沔水注》，北京：中华书局，2007年，第766页。

④ 王仲荦：《魏晋南北朝史》上册，上海：上海人民出版社，1980年，第94页。

⑤ 《三国志》卷38《蜀书·吕乂传》，第988页。

⑥ 《三国志》卷44《蜀书·蒋琬传》，第1057页。

## （二）在北伐基地汉中建造军用储粮仓库等

### 1. 赤岸府库

《三国志》卷36《蜀书·赵云传》裴注引《云别传》曰：

> 亮曰："街亭军退，兵将不复相录，箕谷军退，兵将初不相失，何故？"
> 芝答曰："云身自断后，军资什物，略无所弃，兵将无缘相失。"云有军资余
> 绢，亮使分赐将士，云曰："军事无利，何为有赐？其物请悉入赤岸府库，须
> 十月为冬赐。"亮大善之[①]。

这里的"赤岸府库"，《资治通鉴》作"赤岸库"[②]。魏明帝青龙二年（234），诸葛
亮卒于渭滨军营，长史杨仪整军而退，百姓奔告司马懿，司马懿"追至赤岸，不及而
还"[③]。卢弼认为，"赤崖即赤岸，蜀置库于此以储军实"[④]，甚确。顾祖禹也认为："赤
崖，在府城西北。亦曰赤岸。武侯屯汉中，置赤岸库以储军资。"[⑤]有学者认为："诸葛
亮《与兄瑾言赵云烧赤崖阁道书》明言赵云与邓芝一戍赤崖屯田，一戍赤崖口，缘阁
相闻，可证斜谷道主要控制在蜀军手中。后来蜀军主动修治邸阁，运米于斜谷口（今
陕西眉县西南），占据斜谷口外五丈原，更说明了这一点。斜谷道上赤崖为蜀军据点，
道外五丈原并不能固有，因而以斜谷口为两国分界处比较合适。"[⑥]史念海先生在《三国
时期秦岭南北魏蜀对峙军事形势图》中，把蜀重镇赤崖标在褒斜道的中段。赤岸（又
称赤崖），在今陕西省留坝县东北[⑦]。

### 2. 斜谷邸阁

蜀后主建兴十一年（魏明帝青龙元年）冬，"诸葛亮劝农讲武，作木牛流马，运米

---

①　《三国志》卷36《蜀书·赵云传》裴注引《云别传》，第950页。

②　《资治通鉴》卷71，魏明帝太和二年（228），第2243页。

③　《资治通鉴》卷72，魏明帝青龙二年（234），第2296页。

④　（清）卢弼：《三国志集解》卷36《蜀书·赵云传》裴注引《云别传》，北京：中华书局，
1982年，第785页。

⑤　《读史方舆纪要》卷56《陕西五》，第2674页。

⑥　侯甬坚：《区域历史地理的空间发展过程》，第151页。

⑦　戴均良等主编：《中国古今地名大词典》中册，上海：上海辞书出版社，2005年，第1414页。

集斜谷口，治斜谷邸阁。"①那么，邸阁的用途如何呢？

《三国志》卷46《吴书·孙破虏讨逆传》裴注引《江表传》载："策渡江攻繇牛渚营，尽得邸阁粮谷战具。"②由此可知，邸阁不仅是粮仓，并且也是军火库③。由此推知，斜谷邸阁既是蜀军的粮仓，也是其军火库。

斜谷邸阁与赤岸库虽都是储藏军用物资的，但赤岸库距汉中更近，而斜谷邸阁已逼近曹魏关中。

林成西先生指出："赤岸在褒斜道中，距关中还有相当距离，诸葛亮为缩短出兵秦川后的运输路线，将粮站往前推移到斜谷口。预先集粮于斜谷口邸阁。斜谷口已临近关中，因此以部队武装运送。"④此说有理。

### （三）以人力担负转运粮草

人力担负转运粮草，是最落后的运输形式。"计一岁运，用蓬旅簟十万具"⑤一语，既说明了一年运粮工具之多与任务之重，又说明了运输手段的原始。

《三国志》卷40《魏延传》裴注引《魏略》曰：

> 夏侯楙为安西将军，镇长安。亮于南郑与群下计议，延曰："闻夏侯楙少，主婿也，怯而无谋。今假延精兵五千，负粮五千，直从褒中出，循秦岭而东，当子午而北，不过十日可到长安。楙闻延奄至，必乘船逃走。长安中惟有御史、京兆太守耳，横门邸阁与散民之谷足周食也。比东方相合聚，尚二十许日，而公从斜谷来，必足以达。如此，则一举而咸阳以西可定矣。"亮以为此县危，不如安从坦道，可以平取陇右，十全必克而无虞，故不用延计⑥。

据此可知，诸葛亮第一次北伐时，魏延出奇计，想领精兵五千、负粮五千"直从褒中出，循秦岭而东，当子午而北"，与诸葛亮10日异道会于长安。魏延的精兵是五千人，负粮五千人，也就是说，一个民夫供应一个士兵的粮草。

---

① 《资治通鉴》卷72，魏明帝青龙元年（233），第2291页。

② 《三国志》卷46《吴书·孙破虏讨逆传》裴注引《江表传》，第1103页。

③ 陈桥驿：《郦学札记》，上海：上海书店出版社，2000年，第325页。

④ 林成西：《论诸葛亮在北伐过程中的屯田》，成都市诸葛亮研究会编：《诸葛亮研究》，成都：巴蜀书社，1985年，第79页。

⑤ （宋）李昉等：《太平御览》卷708《服用部十·簟》引诸葛亮《转教》，北京：中华书局，1960年，第3154页。

⑥ 《三国志》卷40《蜀书·魏延传》裴注引《魏略》，第1003页。

葛剑雄先生指出：生活在现代交通运输条件下的人们也许无法理解远距离粮食运输的困难，北宋科学家沈括的计算是很能说明问题的。在《梦溪笔谈》卷11中有如下的设计（今译）：

> 每个民夫可以背六斗米，士兵自己可以带五天的干粮，一个民夫供应一个士兵，一次可以维持十八天（六斗米，每人每天吃二升，二人吃十八天）。如果要计回程的话，只能前进九天的路程[①]。

沈括的计算虽是宋代的情况，但我们也可以借鉴。从粮草的消费来说，魏延的士兵和负粮各五千人，一到长安就必须返回，这样粮草刚好够用。所以，魏延设想要用"横门邸阁与散民之谷"来补充自己的军需，同时还要尽快与诸葛亮大军会合，否则就危险了。

## （四）人力转运粮草的改进形式——以"木牛流马运"

与背负肩挑相比，推挽车辆可以使运输效能提高数倍，所以曾为秦汉时期大规模运输的主要方式[②]。

在汉代以前，我国劳动人民就已经发明了木制独轮小车。由于"独轮车具有灵活、轻便、机动性强、适应范围广等优点，一经问世，流传极广"[③]。

汉代把独轮车称为鹿车，又叫辘车。东汉末至三国鼎立时期，四川也有鹿车。当时许靖丧子，董允与费祎想一起在葬所相会，董允就向其父董和请车，董和"遣开后鹿车给之"[④]，董允有难载之色，费祎便从前先上。诸葛亮的木牛流马，就是在当时鹿车的基础上改进制造的。

诸葛亮"性长于巧思，损益连弩，木牛流马，皆出其意"[⑤]。那么，"木牛流马"到底怎么回事呢？柳春藩先生指出：

> 由于蜀国畜力不足，山地运输又不方便，诸葛亮运用巧思，在能工巧匠蒲元等人的协助下，改进制定了人力运输工具木牛、流马，只用人力推拉，

---

① 葛剑雄：《统一与分裂——中国历史的启示》，北京：中华书局，2008年，第84页。

② 席龙飞、杨熺、唐锡仁主编：《中国科学技术史：交通卷》，北京：科学出版社，2004年，第594页。

③ 陆敬严：《中国古代机械文明史》，上海：同济大学出版社，2012年，第149—150页。

④ 《三国志》卷44《蜀书·费祎传》，第1060页。

⑤ 《三国志》卷35《蜀书·诸葛亮传》，第927页。

不用铡草喂牲口，对蜀国解决向前线运输军粮的困难，起了一定作用①。

柳先生的话有二层意思：一是指出诸葛亮改进制造木牛流马的原因是蜀国畜力不足、山地运输又不方便；二是认为木牛、流马只用人力推拉而不用铡草喂牲口。

与柳春藩先生观点不同的是，孙机先生认为"木牛、流马"除用人力外，还可以套牲畜拉②。

对于木牛流马的结构，陆敬严等专家指出：

> 研读有关史料可以看出木牛流马实为经过改装、具有特殊性能和外形的独轮车。这些特点包括：木牛外形如牛，比一般独轮车稍大；流马外形像马，略狭长。木牛与流马前后各有两个支柱，很像四条腿，使其在山路上行走时，可以随处停放。车辆两边各有一个箱形容器，用以盛粮。尤其值得提及的是，木牛流马有一套用绳索控制的刹车系统，保证了停车中的安全。为适应战争中粮食供给的需要，木牛流马的数量很大，结队行进，非常壮观，加以文辞的渲染，因而于后世影响很大。总的来说，木牛流马结构新颖，构思巧妙，尤其解决了山路运粮的困难，是因地制宜解决技术问题之一典范，堪称机械史上的一件大事③。

此说有理。

在宋代，对木牛流马的看法是比较一致的，认为就是独轮车。例如宋真宗时杨允恭建议依照"诸葛亮木牛之制"，用"小车"运军粮。高承所著《事物纪原》"小车"条解释得更为详细：

> 蜀相诸葛亮之出征，始造木牛流马以运粮，盖巴蜀道艰，便于登陟耳。木牛即今之小车有前辕者，流马即今独推者是，而民间谓之江州车子。按《后汉郡国志》，巴蜀有江州县。是时刘备全有巴蜀之地，疑之创始，作之于江州县，当时云然，故后人以为名也。

---

① 柳春藩：《诸葛亮评传》，北京：中国青年出版社，1997年，第282页。

② 孙机：《"木牛流马"对汉代鹿车的改进》，原刊《农业考古》1986年第1期；又收入氏著：《中国古舆服论丛》（增订本），上海：上海古籍出版社，2013年，第89—93页。

③ 陆敬严、华觉明主编：《中国科学技术史：机械卷》，上海：同济大学出版社，2012年，第11页。

因为道路险阻难用大车运粮，故特制小车，此说有理；又就民间称谓溯源，也可说通。故此说一直为后人沿袭，著名的机械工程学专家刘仙洲先生也认为"极为合理"①。

诸葛亮的"木牛流马"，因地制宜，适合崎岖的山路运输，对蜀军的粮草供给确实发挥了很大作用，也对后世产生了深远影响。元胡三省曰："诸葛孔明治蜀，作木牛、连弩之法，自晋以下，仿而为之。宋自女真侵噬，吴阶兄弟划境而守蜀，东南以西路兵（指蜀兵）为天下最。"朱翌也说："诸葛木牛之制，见于注。刘晏之孙濛，宣慰灵夏，始议造木牛运。"②可见其影响之大。

### （五）就敌于粮

前已述及，诸葛亮北伐之所以多走祁山一线，是因为当地产麦，可以缓解蜀军粮草的不足，清人张澍引《方舆纪要》所谓"武侯出祁山，祁山万户，出租五百石供军"③就是明证。

蜀后主建兴九年，诸葛亮复出兵祁山，以木牛运粮。诸葛亮恐"运粮不继"，设三策告诉都护李平说："上计断其后道，中计与之持久，下计还住黄土。"④裴注引《汉晋春秋》曰：

> 亮围祁山，招鲜卑轲比能，比能等至故北地石城以应亮。于是魏大司马曹真有疾，司马宣王自荆州入朝，魏明帝曰："西方事重，非君莫可付者。"乃使西屯长安，督张郃、费曜、戴陵、郭淮等。宣王使曜、陵留精兵四千守上邽，余众悉出，西救祁山……亮分兵留攻，自逆宣王于上邽。郭淮、费曜等徼亮，亮破之，因大芟刈其麦，与宣王遇于上邽之东，敛兵依险，军不得交，亮引而还。宣王寻亮至于卤城⑤。

卤城，即甘肃礼县盐关镇，在祁山东北。可见，在这次北伐中，诸葛亮曾大量割取上

---

① 闻合竹：《诸葛亮与木牛流马》，文史知识编辑部编：《中国古代科技漫话》，北京：中华书局，1992年，第185页。

② 朱翌：《猗觉寮杂记》卷下，北京：中华书局，1985年，第65页。

③ （三国）诸葛亮：《诸葛亮集·遗迹篇》，北京：中华书局，1960年，第218页。

④ （晋）常璩撰，刘琳校注：《华阳国志校注》卷2《刘后主志》，成都：巴蜀书社，1984年，第559页。

⑤ 《三国志》卷35《蜀书·诸葛亮传》引《汉晋春秋》，第925页。

邽（今甘肃天水市）周围的麦子来补充军粮，这是"就敌于粮"的表现，但最终还是因军粮不继而被迫撤军。

## （六）屯田

魏、蜀、吴三国都曾屯田，以解决军粮的不足。历史学家尚钺说："总起来看，屯田的推行，蜀不如吴，吴不如魏。"①

诸葛亮的屯田，主要包括两种情况：

### 1. 在北伐基地汉中屯田

汉中"东接南郡，南接广汉，西接陇西、阴平，北接秦川。厥壤沃美，赋贡所出，略侔三蜀"②。看来，由于汉中"厥壤沃美"，老百姓所交的赋贡，比蜀稍微逊色。当然，汉中的闲田或无主荒地，无疑是可以用来屯田的。

诸葛亮《与兄瑾书》载：

> 顷大水暴出，赤崖以南桥阁悉坏，时赵子龙与邓伯苗，一戍赤崖屯田，一戍赤崖口，但得缘崖与伯苗相闻而已③。

因赤崖是汉中蜀军控制的重镇，所以赵子龙或邓伯苗在赤崖屯田，显然是奉诸葛亮之教，在蜀军控制区屯田的。那么，赵子龙或邓伯苗在赤崖屯田，是什么时间？马植杰先生认为："赤崖屯田系于诸葛亮出屯汉中后不久，即已兴办。"④其说有理。丞相诸葛亮率诸军北驻汉中，《三国志·诸葛亮传》只笼统地说是在建兴五年，而《三国志·后主传》则具体到这年春天。诸葛亮率领军队北驻汉中是为北伐作准备的，自然包括军资器械和粮草，因而这年春天后赵子龙或邓伯苗奉丞相之令在赤崖屯田就顺理成章了。

蜀后主建兴十年，诸葛亮在黄沙（今陕西勉县境内）休士劝农。也就是说，诸葛亮从建兴十年起在汉中的黄沙实行了大规模的军屯，并且卓有成效，至此，"诸葛亮的北伐军粮基地已移到汉中，运粮路线大大缩短，并缓和了粮食紧张状况"⑤。

---

① 尚钺主编：《中国历史纲要》，北京：人民出版社，1980年，第88页。

② （晋）常璩撰，刘琳校注：《华阳国志校注》卷2《汉中志·总序》，第103页。

③ （北魏）郦道元著，陈桥驿校证：《水经注校证》卷27《沔水注》，第644页。

④ 马植杰：《三国史》，北京：人民出版社，1993年，第276页。

⑤ 林成西：《论诸葛亮在北伐过程中的屯田》，成都市诸葛亮研究会编：《诸葛亮研究》，第79页。

诸葛亮不仅在汉中屯田，而且设督农之官[①]加强管理。诸葛亮拜吕乂为汉中太守并兼领督农，无疑"与汉中军屯有关，意在加强对军屯的管理，以确保北伐军粮的供应"[②]。

### 2. 在敌占区屯田

建兴十二年春，诸葛亮率大众由斜谷出，以流马运粮，据武功五丈原（在陕西武功县西）[③]，与司马懿在渭水南岸对峙。亮"每患粮不继，使己志不申"，因此"分兵屯田，为久驻之基"，耕者"杂于渭滨居民之间，而百姓安堵，军无私焉"[④]，取得了一定效果。只可惜"相持百余日"，这年八月，诸葛亮因积劳成疾就在军中病逝了。

诸葛亮的渭南屯田，是汉中屯田的继续和发展。这"实际上是在粮站前移的基础上，依靠斜谷邸阁的短途接济，又将在汉中的屯田向前推移到了渭南……诸葛亮改变了前阶段主要靠益州内地长途接济，想一举夺取陇右粮食基地的做法，开始采取这种'步步为营'的屯田办法，来蚕食关陇、广拓境土，与曹魏实行战略相持"[⑤]。渭南屯田历经百余日，随着诸葛亮的病逝和蜀军的撤退，只好有种无收了。诸葛亮最后一次北伐历时最长，达百余日，并未像前几次发生粮尽退军之事，说明到建兴十二年北伐时，在充分准备的前提下，诸葛亮已能比较成功地解决北伐的军粮问题了。

对诸葛亮的北伐，有学者评价说："总体上可谓略有小胜，得不偿失，劳而无功。"[⑥]诸葛亮北伐的"略有小胜"，就是攻取了武都、阴平二郡，它的重要意义是加强了蜀汉的西部防守[⑦]，延长了蜀汉政权的生命。后来，由于蜀汉国力的衰微和后主刘禅的昏庸，魏将邓艾从偏僻的阴平郡景谷道偷袭成功，蜀汉才灭亡的。可见，"险不可恃"，在于"有德"，意思是：只有政治清明，贤能尽其才，国家才能强盛。

综上所述，诸葛亮的北伐，其目的并不局限于以攻为守，而是广拓境土，蚕食雍凉，徐图中原。在弱蜀对强魏的战争中，蜀的瓶颈是粮草的供给。在诸葛亮的六次北

---

① （清）杨晨《三国会要》卷19《食货·蜀屯田》按："蜀有督农之官，主屯田供给军粮。"北京：中华书局，1956年，第351页。

② 林成西：《论诸葛亮在北伐过程中的屯田》，成都市诸葛亮研究会编：《诸葛亮研究》，第79页。

③ （北魏）郦道元著，陈桥驿校证：《水经注校证》卷18《渭水》："又东过武功县北。"第439页。

④ 《三国志》卷35《蜀书·诸葛亮传》，第925页。

⑤ 林成西：《论诸葛亮在北伐过程中的屯田》，成都市诸葛亮研究会编：《诸葛亮研究》，第79—80页。

⑥ 易中天：《三国纪》，杭州：浙江文艺出版社，2014年，第136页。

⑦ 《读史方舆纪要》卷59《陕西八》载："阴平道，入蜀之间道矣……即今之文县矣。诸葛武侯于建兴七年平定阴平，北至武都，谓'全蜀之防，当在阴平'。"第2848页。

伐中，除第二次走陈仓道和最后一次走斜谷道外，其他四次走的都是祁山一线，之所以多走祁山一线，就是绕开秦岭的险阻，虽没有大功，但却有小胜，那就是攻取武都、阴平二郡，从而延长了蜀汉政权的生命，尤其是他为兴复汉室而不改初衷的执着精神，是应该发扬光大的，因为这体现的是一种进取的姿态。

附记：诸葛亮像、司马懿像，均采自苏州大学图书馆编著的《中国历代名人图鉴》（上海：上海书画出版社，1989年）。

原文载《地域文化研究》2020年第2期；收录时增补了诸葛亮与司马懿的图像

# 十六国时期赫连大夏政权速亡原因试探

**摘要**：五胡十六国时期，赫连大夏政权与北魏拓跋氏政权相较虽经济相对落后，但其创建者赫连勃勃贪残的性格决定了其军事上必然穷兵黩武，致使其外交上"结怨四邻"，加之政刑残虐、兄弟内讧，为其世仇北魏拓跋氏政权提供了可乘之机。由于夏主赫连昌有勇无谋，致使坚固的都城统万城在长安失守后又不攻自破，这样，失去根据地的大夏将士就成了流寇，其速亡的命运也就不可避免了。

**关键词**：十六国时期；赫连大夏；速亡原因

周伟洲先生指出："西秦自乞伏国仁于公元三八五年建国，至公元四三一年亡于夏国，共历四主，四十七年……从时间上看，西秦在十六国时河西、陇右所建的六个政权（前凉、后凉、北凉、西凉、南凉、后秦）中，建国时间之长，仅次于前凉和北凉。"[1]虽然西秦被赫连大夏灭亡，但西秦却经历了四主，立国时间达47年（仅次于前凉和北凉），而大夏仅仅经历了三主，立国时间仅有25年，因而，探讨赫连大夏政权速亡的原因是有意义的。

关于夏国灭亡的原因，吴洪琳博士在《铁弗匈奴与夏国史研究》一书第三章第一节中从经济、军事、政治、内讧与内部叛乱、奢侈等方面做了深入研究，笔者不揣浅陋，拟从经济、政治、外交、军事、内讧诸方面再做一探讨，不足之处，恳请方家赐教。

## 一、经济相对落后

众所周知，赫连大夏最终是被吐谷浑灭亡的。但实际促使大夏灭亡者，乃是北魏拓跋氏。因而，对两国的经济政策加以比较，对于理解夏国的速亡是有很大帮助的。

大夏政权的创建者赫连勃勃，其发迹是从反叛后秦开始的。在同后秦的战争中，他为了防止被后秦集中优势兵力击灭的危险，不"专固一城"，而是采用飘忽不定的游

---

① 周伟洲：《南凉与西秦》，桂林：广西师范大学出版社，2006年，第152页。

击战术，伴随着他们的经济方式只能是游牧活动了；正是使后秦疲于应付的游击战术的成功运用，赫连勃勃只用了近十年时间就蚕食了后秦的大部分疆土，使其势力从偏居一隅的朔方地区发展到了关中，控制了"南阻秦岭，东成蒲津，西收秦陇，北薄于河"的地区。

吴洪琳博士认为："在经济上，仍以游牧和掠夺为主，不重视农业生产，这是夏政权统治政策的最大失误之处，从而使其在经济上存在比较大的困难。"[1]而且这种经济政策"一直延续到其灭亡之际，都没有大的改变"[2]。以游牧经济为主的生产方式，在大夏早期的发展中是有利的，但随着其势力的南移（即占领长安），这种生产方式的弊端就显现出来了，如前秦在苻坚统治前期，以"偃甲息兵，与境内休息"为基本国策，在王猛的辅佐下，"劝课农桑，卑宫薄赋，厉禁奢侈，积极引导抗震救灾，兴修水利，推广先进的区种法，起用汉族人才，一度实现了国富兵强"[3]；后秦经姚苌、姚兴治理后，直到灭亡时仍然"关中丰全，仓库殷积"[4]。而赫连勃勃占领长安后，对关中的农耕优势并没有引起足够的重视，这"不仅影响了铁弗本族的发展，而且这种策略促使铁弗匈奴走向倚仗武力来维持其统治的局面，因此是不可能长治久安的"[5]。一旦军事失利，便会丢掉稳固的后方，其速亡也就不可避免了。

与大夏以游牧和掠夺为主而不重视农业生产相比，北魏拓跋氏政权是十六国时期为数不多的最为重视农业生产的少数民族政权之一。苻坚建立的前秦，强盛时曾统一了北方，这时拓跋氏尚"避于阴山之北"。淝水之战后，前秦的北方大联盟瓦解，他们才重新露面。公元386年，拓跋珪自称代王，始建国家。当时他们的政策"是先在长城内外建造一个农业的基础，其农民由被征服的民族强迫编成"[6]，如公元391年之破铁弗（即匈奴与鲜卑之混合种）刘卫辰部"收卫辰子弟宗党无少长五千余人，尽杀之"，对其他人"则各给耕牛，计口授田"。《魏书·食货志》称，其有畿内之田，并于"其外四方四维置八部帅以监之，劝课农耕，量较收入，以为殿最"。用农业收成的多少来衡量官吏政绩的大小，可见拓跋氏对农业生产是多么的重视。公元396年，拓跋氏迁都平城（今山西大同）。又据《魏书·食货志》，既定中山，以征服者的姿态"分徙吏民及徙何种人、工伎巧十万余家以充京都，各给耕牛，计口授田"。公元413年，拓跋氏破

① 吴洪琳：《铁弗匈奴与夏国史研究》，北京：中国社会科学出版社，2011年，第91页。

② 吴洪琳：《铁弗匈奴与夏国史研究》，第92页。

③ 蒋福亚：《魏晋南北朝社会经济史》，天津：天津古籍出版社，2005年，第14页。

④ （南朝梁）沈约：《宋书》卷35《王镇恶传》，北京：中华书局，1974年，第1370页。

⑤ 吴洪琳：《铁弗匈奴与夏国史研究》，第92页。

⑥ 黄仁宇：《赫逊河畔谈中国历史》，北京：生活·读书·新知三联书店，1997年，第70页。

"越勤培泥部落"后，"给农器，计口授田"，持续推行重农政策。其他叙及"来降"及"内附"的前后不绝，《魏书》太祖纪及太宗纪提及这样的事例31起，内中有户口数的13起，共为户11万。可见得拓跋氏创立了一个新生的农业基地，以之为根柢。时间不成熟不问鼎中原，才能用这经济力量做本钱，先巩固北方"①。

同样面积的土地，农耕经济的收获比游牧经济的收获养活的人口多。而在魏晋时期，由于精耕细作是农业生产的主流，因而农业生产单位面积的产量比前有了一定提高②，这样，从生产方式说，农耕经济比游牧经济先进就可以理解了。

大夏以游牧和掠夺为主而不重视农业生产，其经济类型显然落后于北魏拓跋氏政权以新生的农业基地为根柢的农耕生产方式，况且大夏的国土面积比北魏要小得多，所以国力远不如北魏，其速亡于北魏也就不难理解了。

# 二、政刑残虐，人神所弃

宋文帝元嘉三年（426），魏主诏问公卿："今当用兵，赫连、蠕蠕，二国何先？"长孙嵩、奚斤主张先伐蠕蠕，而太常崔浩则主张先伐赫连氏，崔浩的理由是"赫连氏土地不过千里，政刑残虐，人神所弃"③。那么，大夏的政刑残虐，都有哪些方面呢？主要包括3个方面：

## （一）徭役沉重，损耗了国力

大夏的徭役沉重，主要表现在修筑城池、修建陵墓等方面。

### 1. 役使10万人修筑都城费时6年之久

夏龙升七年（晋安帝义熙九年，413），夏王勃勃大赦，改元凤翔；以叱干阿利领将作大匠，发岭北夷、夏十万人筑都城于朔方水北、黑水之南，名曰统万城（图一）。阿利性巧而残忍，蒸土筑城，如果锥入一寸，即杀作者，令重新再筑。勃勃认为阿利对工程的严格要求是对自己的忠诚，因而全权委任他负责此事④。由于阿利对工程质量的苛刻要求，统万城的城墙非常坚固，"时隔1500多年，夯土建筑的城堡遗址仍存，而且是我国现

---

① 黄仁宇：《赫逊河畔谈中国历史》，第71页。

② 蒋福亚：《魏晋南北朝社会经济史》，第217页。

③ （宋）司马光编著：《资治通鉴》卷120，宋文帝元嘉三年（426），北京：中华书局，1956年，第3786—3787页。

④ 《资治通鉴》卷116，晋安帝义熙九年（413），第3658—3659页。

图一 统万城马面遗址

存最完整的古代城堡"①。统万城的修筑动用人力达10万人，历时6年（413—418）②之久才竣工，这对大夏的生产活动是有很大影响的，大大损耗了大夏的国力。

除都城统万城外，大夏建国后为了安排掠夺来的人口和其他目的，还筑有果城（今宁夏吴忠西）、吴儿城（今陕西绥德西北）、太后城（今陕西富县西）、饮汉城（今宁夏银川一带）、契吴城（今陕西靖边白城子北）、三交城（今陕西靖边东杨桥畔镇）、黑城（今陕西延安南之临镇）、甘泉城（今陕西渭南下邽镇东南）、赫连城（今陕西延安东北丰林镇）等③。修筑这些城池，不仅消耗财力，而且费时也费力。

① 王大华、秦晖：《陕西通史·魏晋南北朝卷》（4），西安：陕西师范大学出版社，1997年，第121页。

② 薛正昌先生在《赫连勃勃与统万城——兼论〈统万城铭〉所反映的宫室建筑》（《陕西历史博物馆馆刊》第20辑，西安：三秦出版社，2013年）一文中认为，统万城"城墙修好并命名朝宋门，应该是公元420年以后的事"，可备一说。

③ 周伟洲：《十六国夏国新建城邑考》，陕西师范大学西北环发中心编：《统万城遗址综合研究》，西安：三秦出版社，2004年，第93—97页。

### 2. 凿嘉平陵役使25000人

夏承光元年（宋文帝元嘉二年，425）八月，大夏开国皇帝赫连勃勃去世，三子赫连昌即位。对于其父的丧事，赫连昌非常重视，"发二百里内民二万五千人凿嘉平陵，七千人缮清庙于契吴"①。嘉平陵，即赫连勃勃墓（图二），位于陕西省延川县。

图二　赫连勃勃墓

## （二）夏主性残忍好杀，"夷夏嚣然，人无生赖"

赫连勃勃的残忍在十六国时期是有名的。当勃勃之父刘卫辰及其宗党5000余口被拓跋魏诛杀后，勃勃走投无路而投奔后秦主姚兴时，姚兴弟姚邕（字黄儿）强谏后秦主姚兴，认为勃勃"奉上慢，御众残，贪暴无亲，轻为去就"②，不可大用；姚兴不纳，

①　（清）汤球：《十六国春秋辑补》（丛书集成初编）卷66《夏录三·赫连昌》，北京：中华书局，1985年，第477页。

②　（唐）房玄龄等：《晋书》卷130《赫连勃勃载记》，北京：中华书局，1974年，第3202页。

反重用勃勃，结果勃勃成了后秦的边害，使"岭北诸城门不昼启"，姚兴不禁发出了"吾不用黄儿之言，以至于此！"的慨叹！

夏主的残忍，可从两个方面来说：

### 1. 在对外战争中，大量屠杀俘虏

在对南凉秃发傉檀的战争中，勃勃以二万骑兵大败南凉军队，杀伤二万余人，斩其大将十余人，把杀死的人积尸而封之，以为京观，号"骷髅台"①。

夏凤翔三年（晋安帝义熙十一年，415），勃勃攻姚兴将姚逵（《晋书》卷130《赫连勃勃载记》作"姚达"）于杏城（今陕西黄陵西南），只用了20天的时间，就攻破了城，执逵及其将姚大用、姚安和、姚利仆、尹敌等，坑将士二万人②。

夏凤翔四年（晋安帝义熙十二年，416），勃勃进攻后秦上邽（今甘肃天水），只用了20天的时间，就攻破了城，秦州刺史姚军都不屈而死，"坑将士五千余人"③并毁其城；接着进攻阴密（今甘肃灵台西），又杀秦将姚良子及将士万余人④。

勃勃兄子左将军罗提率步骑一万攻兴将姚广都于定阳（今陕西延安东南），破城后"坑将士四千余人，以女弱为军赏"⑤。

夏凤翔六年（晋安帝义熙十四年，418），占领长安的东晋军队被夏兵打败，傅弘之等将领不屈而死，勃勃又"积人头为京观，号曰骷髅台"⑥。

夏承光二年（宋文帝元嘉三年，426），大夏呼卢古、韦伐率军攻打西秦的西平（今青海西宁），"执安西将军库洛干，阬战士五千余人"⑦。

以上引文中多次出现的"坑"，是什么意思呢？王凤阳先生认为，做名词用时，"坑"表示的是地表下陷的空虚部分，在古代不指小坑而指大而深的洼地；做动词用时，"坑"在古代则指大规模地活埋人⑧。笔者认为，王凤阳先生对于"坑"用作名词时的解释是正确的，而对于"坑"用作动词时的解释是不准确的。"坑"用作动词时，先把众人赶往大而深的洼地（即"坑"），使众人难有反抗的机会，然后用或焚烧或射杀

---

① 《晋书》卷130《赫连勃勃载记》，第3204页。

② （清）汤球：《十六国春秋辑补》（丛书集成初编）卷65《夏录二·赫连勃勃》，第469页。

③ （清）汤球：《十六国春秋辑补》（丛书集成初编）卷65《夏录二·赫连勃勃》，第469页。

④ 《资治通鉴》卷117，晋安帝义熙十二年（416），第3687页。

⑤ 《晋书》卷130《赫连勃勃载记》，第3204页。

⑥ 《资治通鉴》卷118，晋安帝义熙十四年（418），第3721页。

⑦ 《资治通鉴》卷120，宋文帝元嘉三年（426），第3789页。

⑧ 王凤阳：《古辞辨》（增订本），北京：中华书局，2011年，第36页。

或活埋的办法大规模地屠杀，不见得屠杀的办法只是活埋一种。

每次战争，夏主赫连勃勃和他的将领屠杀战俘少则四五千人，多则一二万人，其残忍性是有目共睹的，因而引起周边政权统治者的无比愤恨。

**2.在对内统治方面，夏主随意杀戮臣民，使得"夷夏嚣然，人无生赖"**

夏主勃勃天生不仁，"视民如草芥"[①]。史载："勃勃性凶暴好杀，无顺守之规。常居城上，置弓剑于侧，有所嫌忿，便手自杀之，群臣忤视者毁其目，笑者决其唇，谏者谓之诽谤，先截其舌而后斩之。"[②]勃勃有所嫌忿即随意杀戮大臣，连隐士京兆韦祖思也不放过[③]，弄得"夷夏嚣然，人无生赖"[④]。统治阶级内部已人心惶惶，不可终日了。作为赫连勃勃之子，夏主赫连定就是因为"少凶暴无赖"[⑤]而不为其父所知，因而也失去了被立为夏主的机会。

夏主的凶暴好杀，还体现在对工程质量和兵器质量的苛刻验收上。在统万城工程质量验收上，受赫连勃勃信任而全权负责此事的叱干阿利，阿利性巧而残忍，蒸土筑城，如果锥入一寸，即杀作者，令重新再筑，因而统万城非常坚固，"其坚可以砺刀斧"。兵器造好后要上呈验收，验收时对质量要求达到了无以复加的地步："射甲不入则斩弓人，入则斩甲匠"，必须有死者，"凡杀工匠数千，以是器物莫不精利"[⑥]。

对于赫连大夏政权的残忍，后人评价说："仁义不施，贪残自负，欲长其命脉，以齐驱代魏，乌可得哉！"[⑦]这段评论中的"仁义不施，贪残自负"，正中夏政权的要害。

**（三）夏主"性奢"，浪费巨大**

史载：勃勃"性奢，好治宫室"。统万城建成后，"城高十仞，基厚三十步，上广十步，宫墙五仞"，不仅雄壮高大，而且"其坚可以砺刀斧"，坚固无比（图三）。宫殿建筑"台榭高大，飞阁相连，皆雕镂图画，被以绮绣，饰以丹青，穷极文彩"；同时，

---

① 《资治通鉴》卷118，晋恭帝元熙元年（419），第3726页。
② 《晋书》卷130《赫连勃勃载记》，第3213页。
③ 《资治通鉴》卷118，晋恭帝元熙元年（419）载："夏主勃勃征隐士京兆韦祖思。祖思既至，恭惧过甚，勃勃怒曰：'我以国士征汝，汝乃以非类遇我！汝昔不拜姚兴，今何独拜我？我在，汝犹不以我为帝王；我死，汝曹弄笔，当置我于何地邪！'遂杀之。"第3725页。
④ 《晋书》卷130《赫连勃勃载记》，第3213页。
⑤ 《资治通鉴》卷121，宋文帝元嘉六年（429），第3813页。
⑥ 《晋书》卷130《赫连勃勃载记》，第3206页。
⑦ （明）胡汝砺：《嘉靖宁夏新志》，银川：宁夏人民出版社，1982年，第281页。

图三　统万城西门瓮城遗址

用铜铸成大鼓、飞廉、翁仲、铜驼、龙兽之属，"皆以黄金饰之，列于宫殿之前"①。可谓是极尽奢侈之能事，以至于魏世祖攻破统万城后，不无感慨地对左右说："蕞尔小国，而用民如此，虽欲不亡，其可得乎？"②吕思勉先生据此分析说："魏之用民力，不为不甚，而其惊心怵目于夏如此，夏之虐用其民可知，尚安有长久之理哉？"③吕思勉先生的分析，不无道理。

## 三、外交上"结怨四邻"

大夏的外交政策，从大夏国的创建者赫连勃勃对其都城统万城四门的命名上就可以看出端倪。统万城的东门名为"招魏"，南门名为"朝宋"，西门名为"服凉"，北门

---

①　（北齐）魏收：《魏书》卷95《铁弗刘虎传》，北京：中华书局，1974年，第2059页。

②　《魏书》卷95《铁弗刘虎传》，第2059页。

③　吕思勉：《两晋南北朝史》上册，上海：上海古籍出版社，2005年，第244页。

名为"平朔"。薛正昌先生解释道："南门——朝宋，实际上是宋朝门，要南朝宋向北方大夏国称臣；东门——招魏，即招黄河以东的北魏；北门——平朔，俨然以中原正统王朝的口气指颐北方的少数民族；西门——服凉，要让陇右河西臣服。这里表现的是王者的霸气。"① 薛正昌先生所谓统万城四门的名称"表现的是王者的霸气"固然有一定道理，但笔者认为，这正是赫连勃勃不谙"韬光养晦"策略而要与四邻为敌之外交政策的体现，是"好自矜大"② 情感的流露，是不足取的。

北魏崔鸿《十六国春秋》卷66《夏录一·赫连勃勃》载："（凤翔三年）夏五月，勃勃遣御史中丞乌洛孤与河西王沮渠蒙逊结盟……蒙逊遣弟湟河太守沮渠汉平来盟。"③ 据此可知，凤翔三年（415）大夏就与北凉结盟。据史载，西秦也曾是大夏的盟国。

前已述及，赫连勃勃的发迹是从反叛位于关中的后秦政权开始的。勃勃采取"远交近攻"的策略，在与西边的后凉、西秦结盟的同时，本应联合对自己有恩的后秦姚兴来打击与自己有世仇的北魏政权，但他贪恋关中富厚，竟置东边的北魏政权于不顾，即起初没有把北魏政权放在眼里④，而是错误地选择后秦为打击对象，不断蚕食后秦疆土，致使后秦因衰弱而被东晋刘裕灭亡。虽然赫连勃勃最终从刘裕之子刘义真手中夺得了长安，但他统治下的关中极不稳定，在他死后不到二年，长安就被日益强大的北魏拓跋氏攻占，关中统治也迅速瓦解。

勃勃虽然在其西境与北凉、西秦结盟，但夏龙升六年（412）西秦主乞伏乾归去世时，勃勃却要乘人之危攻打盟国，只是在军师中郎将王买德的劝阻下才没有实施⑤。这样，勃勃在其西境虽与北凉结盟，却又与西秦结了仇。西秦主乞伏炽磐与其父乞伏乾归一样，都是英主。史载：炽磐"性勇果英毅，临机能断，权略过人"⑥。为了对付大夏与北凉的夹击，他采取灵活多变的外交政策，在420年与刘宋联系来对付夏国⑦；又于大夏承光二年（426）向北魏遣使纳贡，请讨赫连昌⑧。在后秦灭亡以后，大夏对付世仇北魏既不与南方的刘宋政权联合，向西又要与北凉联合对付西秦，使自己内讧后有限的兵力两面作战而穷于应付，虽然在西线与北凉联合给西秦以沉重打击，但在东线

① 薛正昌：《赫连勃勃与统万城——兼论〈统万城铭〉所反映的宫室建筑》，《陕西历史博物馆馆刊》第20辑，西安：三秦出版社，2013年，第113—121页。

② 《资治通鉴》卷120，宋文帝元嘉元年（424），第3775页。

③ 文渊阁《四库全书》第463册，上海：上海古籍出版社，1987年，第868页。

④ 胡阿祥等：《魏晋南北朝史十五讲》，南京：凤凰出版社，2010年，第73页。

⑤ 《资治通鉴》卷116，晋安帝义熙八年（412），第3650页。

⑥ 《晋书》卷125《乞伏炽磐载记》，第3123页。

⑦ 周伟洲：《南凉与西秦》，第140页。

⑧ 《魏书》卷4《世祖纪上》，第71页。

抵御北魏进攻中受挫，可谓得不偿失。

在长安、统万城相继失守而夏主赫连昌又被北魏俘获的情况下，逃到平凉而被立为夏主的赫连定，才想起了联合刘宋对付北魏并瓜分其领土的策略，但为时已晚，因为这时的大夏因失去作为根据地的都城——统万城，将士已成流寇，灭亡是在所难免了。

北魏太常崔浩对其主拓跋嗣说："屈丐（勃勃）国破家覆，孤子一身，寄食姚氏，受其封殖。不思酬恩报义，而乘时邀利，盗有一方，结怨四邻；掘竖小人，虽能纵暴一时，终当为人所吞食耳。"① 这里的"结怨四邻"，指的是"与魏、秦、凉构怨也"②，其中的魏指北魏，秦指后秦、西秦，凉指南凉。吕思勉先生指出："案勃勃之世仇为魏；是时形势与之相逼者，亦莫如魏。勃勃欲雪仇耻而求自安，惟有东向以与拓跋氏争一日之命。姚兴有德，可以为援，勃勃顾乘其衰敝而剽掠之，而于拓跋氏则视若无睹。此无他，觊关中之富厚，志在剽掠，而于仇耻则非所知耳。"③ 崔浩把赫连勃勃的外交政策概括为"结怨四邻"，可谓名副其实；而吕先生对勃勃外交政策的分析，可谓鞭辟入里，一语中的，是值得我们深思和借鉴的。

## 四、兄弟内讧，大大削弱了国力

兄弟内讧似乎在十六国时期多数割据政权中都发生过，如西秦主乞伏炽磐之父乞伏乾归，就是在内讧中被乞伏国仁之子乞伏公府杀死的。后秦在姚泓统治时遭到东晋太尉刘裕的进攻，夏王勃勃认为姚泓不是刘裕的对手，原因是姚泓"兄弟内叛，安能拒人"④。

夏凤翔二年（晋安帝义熙十年，414）十二月，夏王勃勃立夫人梁氏为王后，子璝为太子；同时，封子延为阳平公，昌为太原公，伦为酒泉公，定为平原公，满为河南公，安为中山公⑤。夏真兴六年（宋文帝元嘉元年，424），也就是赫连璝被立为太子后的11年，赫连勃勃做出了"将废太子璝而立少子酒泉公伦"的决定，闻听消息，坐镇长安而录南台尚书事的赫连璝，将兵七万，从长安出发，北伐赫连伦，伦将骑三万拒之，双方大战于高平（今宁夏固原市原州区），赫连伦战败而死。赫连伦的兄长太原公

① 《资治通鉴》卷118，晋安帝义熙十三年（417），第3706页。

② 《资治通鉴》卷118，晋安帝义熙十三年（417），第3706页。

③ 吕思勉：《两晋南北朝史》上册，第243—244页。

④ 《资治通鉴》卷118，晋安帝义熙十三年（417），第3711页。

⑤ 《资治通鉴》卷116，晋安帝义熙九年（413），第3672页。

赫连昌，又将骑一万袭杀赫连璝，并其众八万五千，归于统万[①]。夏主勃勃大悦，立赫连昌为太子。在这场内讧中，勃勃失去了两个儿子，损失了二万五千精兵，大大削弱了国力，给世仇北魏的讨伐提供了可乘之机，因而是大夏由盛而衰的转折点，而这种结果的产生，竟是夏主赫连勃勃一味崇尚武力而草率废立太子造成的。

## 五、军事上穷兵黩武

大夏"结怨四邻"的外交政策，使其多方开战，走上了穷兵黩武的道路，大大削弱了自身的力量。如勃勃建大夏后曾向南凉求婚，只因南凉主秃发傉檀没有答应，勃勃就发兵攻打南凉，杀伤二万余人，致使南凉"名臣勇将死者十六七"，南凉从此一蹶不振。在勃勃叛秦而不断蚕食后秦疆土的过程中，双方的战争虽夏国胜率高于后秦，但夏国也付出了不小的代价，所谓"杀敌一千，自损八百"。晋安帝义熙十四年（418），东晋"傅弘之大破赫连璝于池阳，又破之于寡妇渡，斩获其众，夏兵乃退"[②]。可见，在同东晋争夺关中的战斗中，虽然勃勃后来杀了傅弘之等东晋将领，取得了最终胜利，但也付出了一定代价。

吴洪琳博士指出："在勃勃背叛后秦之后，姚兴君臣曾咒骂他是贪暴而没有信义之徒；由于他的不断骚扰，北魏明元帝怒改其名为屈孑；西秦王乞伏炽磐以国依附于魏，多次进献攻夏方略，要求攻灭暴夏。"[③]据此可知，大夏的穷兵黩武，已引起了周边政权的共愤，他们巴不得灭之而后快。因而，军事上穷兵黩武，自然成为大夏速亡的原因之一。

## 六、夏主赫连昌有勇无谋，致使统万城失守

作为大夏的国都，统万城存在时间是"晋安帝义熙九年（413）至宋文帝元嘉四年（427），共15年"[④]。

夏承光二年（宋文帝元嘉三年，426），即赫连勃勃死后第二年，魏主拓跋焘第一次进攻大夏统万城：

---

①　《资治通鉴》卷120，宋文帝元嘉元年（424），第3774页。

②　《资治通鉴》卷118，晋安帝义熙十四年（418），第3716页。

③　吴洪琳：《铁弗匈奴与夏国史研究》，第93页。

④　史念海：《中国古都和文化》，北京：中华书局，1998年，第76页。

魏主行至君子津，会天暴寒，冰合，戊寅，帅轻骑二万济河袭统万。壬午，冬至，夏主方燕群臣，魏师奄至，上下警扰。魏主军于黑水，去城三十余里。夏主出战而败，退走入城。门未及闭，内三郎豆代田帅众乘胜入西宫，焚其西门；宫门闭，代田逾宫垣而出。魏主拜代田勇武将军。魏军夜宿城北，癸未，分兵四掠，杀获数万，得牛马十余万。魏主谓诸将曰："统万未可得也，他年当与卿等取之。"乃徙其民万余家而还①。

魏主于寒冬率轻骑二万奇袭统万，虽未攻破统万城，却取得了"杀获数万，得牛马十余万"并"徙其民万余家而还"的战绩，为第二次攻破统万城扫清了外围障碍。这次战绩的取得，与大夏内讧后兵力捉襟见肘不无关系。因为在这一年，大夏几乎一半的精兵（约四五万）被其主赫连昌派往西线与北凉夹攻西秦，虽然给西秦以沉重打击，并迁其二万余户而还，但在东线却付出了惨重代价，不仅将士死亡数万，牛马损失十余万，人民损失万余家，而且还丢失了长安，正如《资治通鉴》卷120《宋纪二·文帝元嘉三年》所载：

夏弘农太守曹达闻周几将至，不战而走；魏师乘胜长驱，遂入三辅。会几卒于军中，蒲阪守将东平公乙斗闻奚斤将至，遣使诣统万告急。使者至统万，魏军已围其城；还，告乙斗曰："统万已败矣。"乙斗惧，弃城西奔长安，斤遂克蒲阪。夏主之弟助兴先守长安，乙斗至，与助兴弃长安，西奔安定。《考异》曰：《奚斤传》作"乙升"，今从《帝纪》。十二月，斤入长安，秦、雍氐羌皆诣斤降②。

闻魏军来，夏鸿农太守曹达不战而逃，魏军乘胜长驱而入三辅；蒲阪守将东平公乙斗弃城西奔长安，并与长安守将夏主之弟赫连助兴弃长安而奔安定。大夏的将领，像是得了传染病似的，皆弃城而逃，事后也不见夏主对这些逃亡将领的处罚，说明大夏的统治已摇摇欲坠。

夏承光三年（宋文帝元嘉四年，427）正月己亥，夏主赫连昌遣平原公赫连定帅众二万向长安。魏主拓跋焘听说后，"伐木阴山，大造攻具，再谋伐夏"③。由于夏平原公赫连定与魏奚斤相持于长安，统万城空虚，夏四月，魏主拓跋焘治兵讲武，分派诸军，司徒长孙翰、廷尉长孙道生、宗正娥清三万骑为前驱，常山王素、太仆丘堆、将军元

---

① 《资治通鉴》卷120，宋文帝元嘉三年（426），第3789页。
② 《资治通鉴》卷120，宋文帝元嘉三年（426），第3789—3790页。
③ 《资治通鉴》卷120，宋文帝元嘉四年（427），第3791页。

太毗步兵三万为后继，南阳王伏真、执金吾桓贷、将军姚黄眉步兵三万部攻城器械，将军贺多罗精骑三千为前候[①]。五月，魏主发平城，命龙骧将军代人陆俟督诸军镇大碛以备柔然。辛巳，济君子津[②]。魏主至拔邻山，筑城，舍辎重，计划率轻骑三万倍道先行。群臣谏阻道："统万城坚，非朝夕可拔。今轻军讨之，进不可克，退无所资，不若与步兵、攻具一时俱往。"魏主以理服人回答说：

　　用兵之术，攻城最下；必不得已，然后用之。今以步兵、攻具皆进，彼必惧而坚守。若攻不时拔，食尽兵疲，外无所掠，进退无地。不如以轻骑直抵其城，彼见步兵未至，意必宽驰；吾羸形以诱之，彼或出战，则成擒矣。所以然者，吾之军士去家二千余里，又隔大河，所谓"置之死地而后生"者也。故以之攻城则不足，决战则有余矣[③]。

据此可知，拓跋焘率领的魏军虽有近10万之众，且备有攻城之具，但"以之攻城则不足，决战则有余矣"，所以他之所以弃步兵与攻具而率轻骑先行，就是要诱敌出战，达到《孙子兵法》所谓"善于用兵打仗的人……夺取敌人的城邑而不靠硬攻"[④]的境界。魏主至统万，分军伏于深谷，以少众至城下，目的是诱敌出战。夏将狄子玉降魏，对魏主言道："夏主闻有魏师，遣使召平原公定，定曰：'统万坚峻，未易攻拔。待我擒奚斤，然后徐往，内外击之，蔑不济矣。'故夏主坚守以待之。"[⑤]魏主为了破坏夏主"坚守待援"的策略，乃退军以示弱，遣娥清及永昌王健帅骑五千西掠居民。魏军士有得罪亡奔夏者，言魏军粮尽，士卒食菜，辎重在后，步兵未至，宜急击之。夏主从之，甲辰，将步骑三万出城。长孙翰等皆言："夏兵步阵难陷，宜避其锋。"魏主曰："吾远来求贼，惟恐不出。今既出矣，乃避而不击，彼奋我弱，非计也。"[⑥]遂收众伪遁，引而疲之。夏兵为两翼，鼓噪追击，行五六里，会有风雨从东南来，扬沙晦冥，颇晓方术的宦者赵倪以"今风雨从贼上来，我向之，彼背之，天不助人；且将士饥渴"为由，劝魏主"摄骑避之，更待后日"，崔浩斥责道："是何言也！吾千里制胜，一日之中，岂

---

① 《魏书》卷4上《世祖纪第四上》，第72页。

② 《资治通鉴》卷120，宋文帝元嘉四年（427），第3792页。

③ 《资治通鉴》卷120，宋文帝元嘉四年（427），第3793页。

④ 中国人民解放军军事科学院战争理论研究部《孙子》注释小组：《孙子兵法新注》，北京：中华书局，1977年，第24页。

⑤ 《资治通鉴》卷120，宋文帝元嘉四年（427），第3793页。

⑥ 《资治通鉴》卷120，宋文帝元嘉四年（427），第3793—3794页。

得变易!贼贪进不止,后军已绝,宜隐军分出,掩击不意。风道在人,岂有常也!"魏主称"善!"乃分骑为左右队以掎之。魏主马蹶而堕,几为夏兵所获;拓跋齐以身捍蔽,决死力战,夏兵乃退。魏主腾马得上,刺夏尚书斛黎文,杀之,又杀骑兵十余人,身中流矢,奋击不辍,夏众大溃①。魏人乘胜逐夏主至城北,杀夏主之弟河南公满及兄子蒙逊,死者万余人。夏主来不及入城,遂奔上邦。会日暮,夏尚书仆射问至奉夏主之母出走,长孙翰将八千骑追夏主至高平,不及而还②。

乙巳,魏主入统万城,"获夏王、公、卿、将、校及诸母、后妃、姐妹、宫人以万数,马三十余万匹,牛羊数千万头,府库珍宝、车旗、器物不可胜计"③,颁赐将士有差。

从以上叙述可以看出,由于夏主赫连昌有勇无谋,置其与赫连定"坚守待援"的正确策略于不顾,轻信投降大夏的魏兵士之言,率主力出城与魏军决战,因主力被歼而统万城不攻自破。去年丢了南疆重镇长安,今年又丢了都城统万城。这样,失去根据地的赫连昌,虽逃到了安定,但大夏将士已是流寇,其灭亡的命运已无可挽回了。

综上所述,五胡十六国时期,赫连大夏政权与北魏拓跋氏政权相较虽经济相对落后,但其创建者赫连勃勃贪残的性格决定了其军事上必然穷兵黩武,致使其外交上"结怨四邻",加之政刑残虐、兄弟内讧,为其世仇北魏拓跋氏政权提供了可乘之机。由于夏主赫连昌有勇无谋,致使坚固的都城统万城在长安失守后又不攻自破,这样,失去根据地的大夏将士就成了流寇,其速亡的命运也就不可避免了。

原文载《中国古都研究》总第二十七辑,西安:三秦出版社,2014年;
收录时增补了有关统万城的三张遗址照片

---

① 《资治通鉴》卷120,宋文帝元嘉四年(427),第3794页。

② 《资治通鉴》卷120,宋文帝元嘉四年(427),第3794—3795页。

③ 《资治通鉴》卷120,宋文帝元嘉四年(427),第3795页。

# 西晋十六国时期氐族杨氏割据政权定都仇池山原因试探

**摘要：** 西晋十六国时期，氐族杨氏割据政权定都仇池山的原因有四：一、自古以来仇池山是氐人的聚居区，杨氏割据政权定都仇池山可以得到氐人的大力支持；二、山川险阻，攻守兼备，是杨氏割据政权定都仇池山的军事因素；三、仇池山及周围地区气候适中，水源丰富，宜农宜牧，经济上基本可以自给自足，这是杨氏割据政权定都仇池山的经济因素；四、居交通要道而成为南北政权拉拢争取的对象，是杨氏割据政权定都仇池山的外交因素。

**关键词：** 西晋十六国时期；氐族杨氏割据政权；仇池山；都城

西晋十六国时期，氐族人建立的割据政权，大的有前秦、后凉，小的有前仇池国、后仇池国、武都国、武兴国及阴平国，而定都仇池山的为氐族杨氏，共有三人：一为百顷氐王杨千万。《宋书》卷98《氐胡传》："汉献帝建安中……（杨驹）始徙仇池……驹后有名千万者，魏拜为百顷氐王。"《三国志》卷一《魏书·武帝纪》："建安十八年，马超在汉阳，复因羌胡为害。氐王千万叛应之。"这是氐王千万见于《三国志》之始。史念海先生认为："是时曹操已建魏社稷，故《宋书》因谓魏拜千万为百顷氐王。千万为百顷氐王当在建安十八年以前，因别无其他记载，故以建安十八年为千万称王之年。"① 又《宋书》卷98《氐胡传》载："千万子孙名飞龙，渐强盛，晋武假征西将军，还居略阳。"史念海先生认为："此事，史无具体年代。泰始元年，晋武帝初受魏禅，大封臣下。故以之列于这一年中。"② 由建安十八年（213）至泰始元年（265），共53年。二为氐王杨茂搜。晋惠帝元康六年（296），氐酋杨茂搜建立前仇池国，据有武都、阴平二郡，至东晋简文帝咸安元年（371）为苻坚所灭，历时76年。三为氐王杨定。自晋孝武帝太元十九年（394）至宋文帝元嘉二十年，即北魏太武帝太平真君四年（443），

---

① 史念海：《中国古都和文化》，北京：中华书局，1998年，第76页。

② 史念海：《中国古都和文化》，第76页。

历时50年。前后三次共179年①。

通过对文献资料的梳理和现代人研究成果的借鉴，我们认为，氐族杨氏割据政权定都仇池山的原因大致有四。

# 一、自古以来仇池山是氐人的聚居区，杨氏割据政权定都仇池山可以得到氐人的大力支持

仇池山，又名仇夷山、百顷山，位于今甘肃陇南的西和县。它的出名，始于五千年前的上古时代。据宋人罗泌《路史》的记载，人文始祖伏羲"生于仇夷（仇池），长于成起（纪）"，汉《遁甲开山图》也载："仇池山，四绝孤立，太昊之治，伏羲生处。"

在西和县的群众中，盛传所谓"立眼人"的故事。西和口音，眼与年同音，因而"离年"就是天年已尽的意思。他们还说，在仇池山附近出土的寺洼文化器物，就是立眼人用过的东西。根据这个口碑材料，杨铭先生认为，"所谓立眼人就是寺洼文化的居民"②，而氐人就是由寺洼文化居民演变而来的，导致寺洼文化居民演变为氐人的历史原因却是西周中后期气候的变化③。

作为一个民族，氐族的初步形成，大约在春秋战国时期④。

秦末，天下大乱，氐族趁乱侵占了仇池山，正如《元和郡县图志》卷22《成州》所载："《禹贡》梁州之域。古西戎地也，后为白马氐国……有山曰仇池，地方百顷，其地险固，白马氐据焉。秦逐西戎，置陇西郡。秦末，氐、羌又侵据之。"⑤

两汉时期，氐族主要分布于武都郡，他们被称为白马氐。武都郡设置于汉武帝元鼎六年（前111），包括九个县，即武都（治今甘肃西和南）、上禄（治今甘肃成县西）、故道（治今陕西宝鸡西南）、河池（治今甘肃徽县北）、平乐道（治今甘肃武都东北）、沮（治今陕西略阳东）、嘉陵道（治今陕西略阳东北）、修成道（治今甘肃成县东南）、下辨道（治今甘肃成县西北）⑥，九县中称道的有五个，《汉书·百官公卿表》"有蛮夷曰道"，可知此五道当为氐、羌所居 。武都、沮、河池之所以没有称道，用《汉书补注》引齐召南的话来说，是阙文的缘故。其实，武都、沮均可称

---

① 史念海：《中国古都和文化》，第77页。

② 杨铭：《氐族史》，长春：吉林教育出版社，1991年，第7页。

③ 杨铭：《氐族史》，第8页。

④ 杨铭：《氐族史》，第9页。

⑤ （唐）李吉甫撰，贺次君点校：《元和郡县图志》，北京：中华书局，1983年，第571页。

⑥ 杨铭：《氐族史》，第28页。

道，《后汉书》志第23《郡国五·武都郡》有武都道，《三国志·魏书·杨阜传》有沮道，可证。河池虽无氐道之名，但氐人"居于河池，一名仇池"[1]，可知河池与武都、沮一样，都是氐人的聚居区。杨铭先生以《北史·氐传》有"故氐"之称，认为"故道"实为"故氐道"的简文[2]，非常正确。西汉时，武都郡九县共有"户五万一千三百七十六，口二十三万五千五百六十"[3]。到东汉时，武都郡户口大大减少，竟比西汉少了近2/3，七城（下辨、武都道、上禄、故道、河池、沮、羌道）共有"户二万一百二，口八万一千七百二十八"[4]。应劭在《汉书》卷28下《地理志第八下·武都郡》下注曰："故白马氐羌。"但从东汉时武都郡只有一个"羌道"来看，两汉时期，白马氐主要活动于武都郡，其核心活动区就是仇池山周围，而羌人只是氐羌中的少数。

杨铭先生指出："今甘肃陇南的西和县，是历史上氐人分布的中心之一，县境内的仇池山，在魏晋南北朝时期，曾经是氐族仇池政权的重要据点。"[5]由于包括仇池山在内的西和县在历史上是氐人分布的中心之一，因而氐族杨氏割据政权定都仇池山，无疑会得到氐人的大力支持。而定都关中的王朝或政权，为了防止少数民族的割据，往往把他们迁离民族聚居区，如元封三年（前108），氐人反叛，汉王朝遣兵破之，分徙酒泉郡[6]。再如前仇池国亡后，前秦把仇池附近的氐、汉百姓迁到关中，"空百顷之地"[7]，正是这个道理。

## 二、山川险阻，攻守兼备，是杨氏割据政权定都仇池山的军事因素

仇池山，位于今甘肃西和县城南50千米的大桥乡南部，海拔1793米，相对高度791米，面积16平方千米，西汉水由西北绕山脚南下，洛峪河从东南沿山麓西来汇入西汉水，形成三面环山、一面临水的天险胜地。这里不仅有良田，而且有奇花异草、

---

① （南朝宋）范晔：《后汉书》卷86《南蛮西南夷列传第七十六·白马氐》，北京：中华书局，1965年，第2859页。

② 杨铭：《氐族史》，第28页。

③ （汉）班固：《汉书》卷28下《地理志第八下》，北京：中华书局，1962年，第1609页。

④ （晋）司马彪：《后汉书》志第23《郡国五·武都氐》，北京：中华书局，1965年，第3518页。

⑤ 杨铭：《氐族史》，第7页。

⑥ 《后汉书》卷86《南蛮西南夷列传第七十六·白马氐》，第2859页。

⑦ （南朝梁）沈约：《宋书》卷98《氐胡传》，北京：中华书局，1974年，第2404页；（北齐）魏收：《魏书》卷101《氐传》，北京：中华书局，1974年，第2228页。

丰泉茂林，因而清顾炎武称其为"天下之名阻，陇右之胜境也"①。

史念海先生指出："都城在军事上能够发挥它的全面指挥的作用，是要内外兼顾的，不仅要顾到国内各处，而且还要顾及域外，也就是说要抵御周边各族的侵扰。"②史先生的话表明，在军事上易于防守是形成都城的一个重要因素。作为氐族杨氏割据政权的根据地，仇池山具备都城的军事要素。仇池山"绝壁峭峙，孤险云高，望之形若覆唾壶。高二十余里，羊肠蟠道三十六回"③，如此险峻，真有"一人守道，万夫莫向"④之势。在两汉时期，氐人就数为边寇，郡县讨之，则"依固自守"⑤。东晋义熙八年（412），杨盛反叛后秦，攻拔祁山。后秦主姚兴亲率大军与诸将会于陇口，分遣诸将出鸷峡（今洛峪黑虎峡）、羊头峡（今青羊峡），分道攻伐蟠踞于仇池山的杨氏割据政权。后秦天水太守王松忽对秦州刺史姚嵩说："先帝神略无方，徐洛生以英武佐命，再入仇池，无功而还；非杨氏智勇能全也，直地势险固耳。"⑥意在劝姚嵩表闻姚兴，以仇池山地势险恶知难而退，取消进攻。但姚嵩刚愎自用，率师直入，结果被杨氏割据政权的军队打败。姚兴一怒之下，斩杀立节将军姚伯寿，扫兴而归。仇池山地势的险峻，于此可见一斑。

杨氏割据政权的巢穴仇池山，不仅险峻易于防守，而且因四周有道路可通还可以向外扩张，正如近人张维《仇池国志·疆域》所载："杨氏据地多在西汉水、白水上游。自仇池循西汉而东，为下辨、武兴。南出关城，则至汉中。自武都波白水而南，为葭芦、阴平。又南则至景谷、白水。若自仇池溯西汉北出塞峡，则可撼动天水、略阳。"⑦（图一）张维的分析，不无道理。杨难敌时，前仇池国已具有一定规模，其"兵力所及，东至汉中安康，西南抵阴平，北至秦州天水"⑧。所以，宋人追述这一段历史时称赞杨难敌"抗衡前越（赵），控制后蜀，鼎峙三国，雄霸一隅，一时英杰也"⑨。因字

---

① （清）顾炎武：《肇域志·陕西·巩昌府》，上海：上海古籍出版社，2004年，第1494页。

② 史念海：《中国古都和文化》，第201页。

③ 《水经注》卷20《漾水注》；陈桥驿：《水经注校证》，北京：中华书局，2007年，第481页。

④ 《元和郡县图志》卷22《成州·上禄县》，第572页。

⑤ 《后汉书》卷86《南蛮西南夷列传第七十六·白马氏》，第2859页。

⑥ （宋）司马光：《资治通鉴》卷116，晋安帝义熙八年（412），北京：中华书局，1956年，第3654页。

⑦ 张维：《仇池国志》，1949年，铅印本。

⑧ 杨铭：《氐族史》，第110页。

⑨ （宋）佚名：《仇池碑记》（绍兴甲寅上巳日曹居贤立石），载《略阳县志》（中国方志丛书·华北地方·第三二一号）卷4《艺文部》，据（清）谭瑀等纂修，清光绪三十年重刊本，台北：成文出版社有限公司，1970年，第343页。

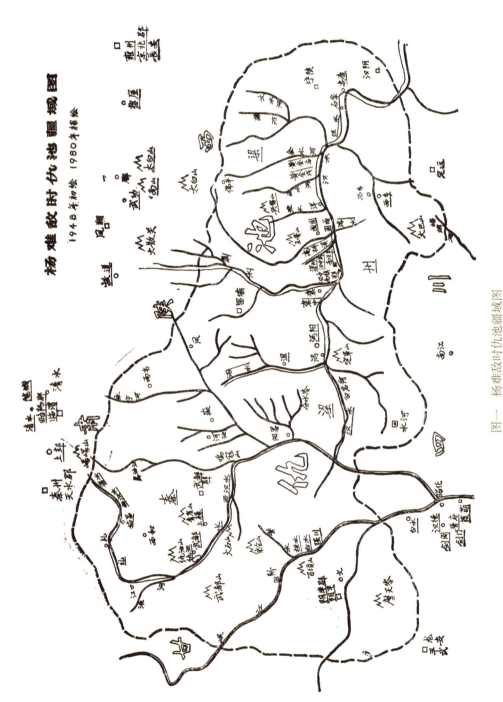

图一　杨难敌时仇池疆域图

（采自：李祖桓：《仇池国志》，北京：书目文献出版社，1986年）

形相近的缘故，这里的"越"乃"赵"之讹。

## 三、仇池山及周围地区气候适中，水源丰富，宜农宜牧，经济上基本可以自给自足，这是杨氏割据政权定都仇池山的经济因素

史念海先生指出："建立都城，经济的因素是不能稍有短缺的。"① 氐族杨氏政权割据的仇池山及周围地区，有山有水，水草丰茂，宜农宜牧，经济上基本可以自给自足，这是杨氏割据政权定都仇池山的经济因素。

作为氐族先民的寺洼文化居民，其社会发展阶段已是原始社会末期。而从考古学遗存所反映的经济文化形态来看，寺洼文化居民的聚落已具有相当的规模，农业已有一定程度的发展，但畜牧业仍是生活中的重要来源②。

杨铭先生指出："汉魏时期，氐族主要分布在甘肃东南部、四川西北部和陕西西部。这里是渭河与嘉陵江上源流经之地，气候适中，水源丰富，有丘陵、低山、中山等地区，既适合于农耕，又宜于畜牧。"③ 所以，汉魏之际，氐人已从游牧民族转变为定居的农耕民族，正如《三国志·魏书·乌丸鲜卑东夷传》裴松之注引《魏略·西戎传》所载："俗能织布，善田种，畜养豕牛马驴骡。"正是由于氐人"善田种，畜养豕牛马驴骡"，当地不仅"出名马、牛、羊、漆、蜜"④，而且盛产稻谷⑤，表明氐族是以农耕为主并兼营畜牧业的。

据《水经注》卷20《漾水注》载，仇池山"上有平田百顷，煮土成盐"。《元和郡县图志》卷22《成州·上禄县》也载："仇池山其地良沃，有土可以煮盐，杨氏故累世居焉。"我们知道，自汉武帝以来，国家对盐铁实行专卖政策，而仇池山出产食盐，这在一定程度上完善了杨氏割据政权自给自足的经济。

翁独健先生指出："西晋十六国时期，仇池政权所辖地区比较安定而富庶，对仇池地区生产和经济的稳定和发展，起过一定作用。"⑥ 正是由于仇池山及周围地区气候适

---

① 史念海：《中国古都和文化》，第211页。

② 胡谦盈：《寺洼文化》，《中国大百科全书·考古学》，北京：中国大百科全书出版社，1986年，第485—486页。

③ 杨铭：《氐族史》，第50页。

④ 《后汉书》卷86《南蛮西南夷列传第七十六·白马氐》，第2859页。

⑤ （晋）陈寿《三国志》卷9《夏侯渊传》载：建安二十一年（216），夏侯渊击武都氐羌下辨，"收氐谷十余万斛"。北京：中华书局，1982年，第272页。

⑥ 翁独健主编：《中国民族关系史纲要》，北京：中国社会科学出版社，1990年，第257页。

中，水源丰富，水草丰茂，宜农宜牧，才使"仇池政权所辖地区比较安定而富庶"，经济上基本可以自给自足，而这正是杨氏割据政权定都仇池山的经济因素。

## 四、居交通要道而成为南北政权拉拢争取的对象，是杨氏割据政权定都仇池山的外交因素

翁独健先生指出，前仇池国、后仇池国这些氐族的政治中心和所谓国家，正好处于南朝与北朝的中间地带，也就成了双方争夺的地区，因而"往往两事之，并在它们的矛盾斗争中求得自己的生存"①。处于南朝与北朝中间地带的杨氏割据政权之所以成为南朝政权与北朝政权拉拢的对象②，是由于仇池山及周围地区易于防守而又便于四面出击，而杨氏割据政权则采用灵活多变的外交政策，或向南朝政权称臣纳贡，或向北朝政权称臣纳贡，在南朝政权与北朝政权的矛盾斗争中求得自己的生存，这不失为一种明智的外交政策，也是杨氏割据政权定都仇池山的外交因素。

《华阳国志·汉中志》载："自茂搜父子之结据也，通晋家及李雄、刘曜、石勒、石虎、张俊，皆称臣奉贡，受其官号，所向用其官及其年号。"③由此可以看出，从茂搜到难敌，通过向晋及李雄、刘曜、石勒、石虎、张俊等称臣奉贡，杨茂搜父子以仇池氐人及关陇流民为核心，并网络今陇南地区的氐、羌、汉及其他各族人民，建立和发展了仇池政权。

后仇池国的创建者杨定死后，镇守仇池的从弟杨盛即位，自称仇池公，遣使称藩于晋。当时，仇池处于后秦和西秦的东西夹击之中，杨盛"分诸四山氐、羌为二十部护军，各为镇戍，不置郡县"④，以对付当时紧张的战争局面。稍后，杨盛视后秦姚兴强盛，又遣使向后秦称臣，姚兴封盛为镇南将军、仇池公。北魏天兴元年（398），北魏拓跋珪称帝，迁都平城，杨盛遣使朝魏，被封为征南大将军、仇池王。东晋隆安三年（399），杨盛又遣使朝晋，安帝封他为仇池公。杨铭先生认为，"在南北东西几大政权

---

①　翁独健主编：《中国民族关系史纲要》，第256页。

②　李祖桓：《仇池国志》载：元嘉十九年（442）秋七月，丙寅，魏王朝认为刘宋侵犯了忠于魏王朝的藩属仇池国，申言为杨难当报仇，兴兵十道伐宋。宋王朝回答说：仇池是我朝多年的藩属，我朝有征伐不服的权力，请你们不要把话说过头了。北京：书目文献出版社，1986年，第79页。

③　（晋）常璩撰，刘琳校注：《华阳国志校注》卷2《汉中志·武都郡》，成都：巴蜀书社，1984年，第159页。

④　（南朝梁）沈约：《宋书》卷98《氐胡传》，北京：中华书局，1974年，第2405页。

的夹缝中生存，杨盛只能采取这种多处称藩、以求自固的做法"①。在南北东西几大政权的夹缝中生存，杨氏割据政权采取多处称藩、以求自固的做法不失为明智之举，但国家的内讧，却成了杨氏割据政权灭亡的因素之一，如前仇池国的灭亡，就是因内讧为前秦提供了可乘之机。

原文载《陕西历史博物馆馆刊》第 19 辑，西安：三秦出版社，2012 年

---

① 杨铭：《氐族史》，第 113 页。

# 《新唐书》"青他鹿角"新解
## ——兼谈"青虫"之名实

　　**摘要**：由于古籍中的"它"与"他"可以通假，"它"又是"蛇"的象形和本字（初文），那么，把"青他"理解为"青它"即一种有毒的青蛇也就没有疑问了。因而，《新唐书》胜州榆林郡、麟州新秦郡的土贡"青他鹿角"应理解为"青他、鹿角"（两种药材）才是正确的。又由于"虫"亦为"蛇"的象形，北方俗称蛇为长虫，而关中谓蛇为毒虫，所以灵州的土贡"青虫"（又作"青虫子"），与"青他"一样，也是有毒的青蛇。

　　**关键词**：《新唐书》；青他鹿角；青它；青虫；青蛇

　　据《新唐书》卷37《地理志·关内道》载："麟州新秦郡，下都督府。土贡：青他鹿角。"[①]又载："胜州榆林郡，下都督府。土贡：胡布、青他鹿角、芍药、徐长卿。"[②]麟州新秦郡，治所均在新秦县，今陕西神木杨家城古城；胜州榆林郡，治所均在今内蒙古准葛尔旗十二连城古城。麟州与胜州的间距为390—400里（唐里）[③]（图一）。那么，麟州新秦郡、胜州榆林郡的土贡"青他鹿角"，到底是什么呢？顾名思义，"青他鹿角"应是"青他鹿"的角，但据《大美百科全书》，鹿属偶蹄目鹿科，现存种类共有16属32种，分属四亚科：麝鹿亚科（Moschinae）、麂亚科（Muntiacinae）、鹿亚科（Cervinae）及美洲鹿亚科（Odocoileinae），具体名称有麝鹿、麋鹿、印度麂（M. muntjak）、安南麂（M. rooseveltorum）、华南麂（M. reevesi）、黑麂（M. crinifrons）、菲氏麂（M. feae）、毛冠鹿（Elaphodus cephalophus）、红鹿（C. elaphus）、加拿大红鹿（C. canadensis）、白唇鹿（C. albirostris）、印度沼鹿（C. duvanceli）、暹罗沼鹿（C. eldi）、泰国沼鹿（C. schomburgki）、梅花鹿（C. nippon）、水鹿（C. unicolor）、

---

　　① （宋）欧阳修、宋祁：《新唐书》卷37《地理志一·关内道》，北京：中华书局，1975年，第975页。

　　② 《新唐书》卷37《地理志一·关内道》，第975页。

　　③ 艾冲：《公元7—9世纪鄂尔多斯高原人类经济活动与自然环境演变研究》，北京：中国社会科学出版社，2012年，第78页。

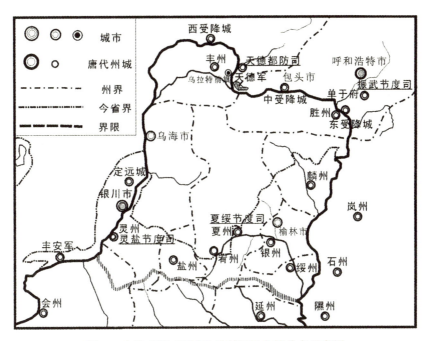

图一　唐代后期"河曲"地域四个方镇分布示意图

（采自：艾冲：《公元7—9世纪鄂尔多斯高原人类经济活动与自然环境演变研究》）

四不象鹿（E. davidianus，又称驼鹿）、驯鹿（Rangifer tarandus）、麏鹿（Capreolus capreolus）、獐鹿（Hydropotes inermis）、骡鹿（Odocoileus hemionus，或称黑尾鹿）、白尾鹿（O. virginiana）、美洲小红鹿（Mazama americana）、南美沼鹿（Odocoileus dichotomus）、南美草原鹿（Odocoileus bezoartcus）、秘鲁山鹿（Hippocamelus antisensis）、普度鹿（Pudu pudu）等①，其中生长于中国境内的有麝鹿、华南鹿、黑鹿、毛冠鹿、白唇鹿、梅花鹿、四不象鹿（又称驼鹿）、麋鹿、驯鹿等，并不见"青他鹿"之名。

　　《新唐书》说到与鹿有关的土贡包括鹿革②、鹿舌、鹿尾③、鹿茸④、鹿脯⑤等，"鹿"前没有修饰语，因此，我们不妨把"青他鹿角"理解为"青他、鹿角"，这样"鹿角"与《新唐书》说到的鹿革、鹿舌、鹿尾、鹿茸、鹿脯等土贡的命名方式便一致了，只

---

　　① （外文出版社、光复书局）《大美百科全书》编辑部：《大美百科全书》（8），北京：外文出版社，1994年，第320—321页。

　　② 《新唐书》卷37《地理志一·关内道·灵州灵武郡》，第972页。

　　③ 《新唐书》卷37《地理志一·关内道·会州会宁郡》，第973页。

　　④ 《新唐书》卷40《地理志四·山南道·成州同谷郡》，第1035—1036页。

　　⑤ 《新唐书》卷41《地理志五·淮南道·庐州庐江郡》，第1053页。

要我们能证明"青他"为另一种土贡，一切问题就迎刃而解了。

容庚编著《金文编》卷13《它》："与也为一字，形状相似，误析为二。"①高明《古文字类编》："古它、也同字。"②陈炜湛在《可怕的"它"》一文中说："甲骨文、金文等古文字材料还告诉我们：在古代，'它'和'也'本是一个字。秦汉以后才误析为两个字，区别为两个音……此外，蛇与虵、佗与陁、佗与他、驼与馳，都是曾经通用的异体字，都是'它''也'同字的证明。可见几千年来用途很广的'也'字是从'它'字分化出来的，追究来源，同样是可怕的毒蛇。"③张再兴说："字素'它'，西周金文……象蛇形。金文'它''也'一字，后世两字分化，读音也随之区别。"④由于"它""也"古同字，所以"它"与"他"可以通假。

据高亨先生研究⑤，"它与他"为通假字，他举了大量的例子来证明，如《易·比》："终来有它吉。"《释文》："它本亦作他。"《书·泰誓》："无他技。"《释文》："他本亦作它。"《汉书·谢弼传》颜注引他作它。《诗·小雅·鹤鸣》："它山之石。"《释文》："它，古他字。"《诗·小雅·小旻》："莫如其他。"《荀子·臣道》引他作它。《仪礼·士虞礼》："他用刚日。"郑注："今文他为它。"《礼记·大学》："无他技。"《释文》他作它。《礼记·少仪》："君将适他。"《释文》他作它。《左传·襄公三十一年》："将有他志。"《汉书·五行志》引他作它。《左传·昭公二十六年》："鑿而乘于他车以归。"《说文·金部》引他作它。《战国策·秦策三》："秦卒有他事。"汉帛书本他作它。《史记·吕后本纪》："爱他姬。"《汉书·赵幽王传》他作它。《史记·封禅书》："天子以他县偿之。"《汉书·郊祀志》他作它。《史记·留侯世家》："所以距关者，备他盗也。"《汉书·张良传》他作它。《史记·张释之冯唐列传》："令他马，固不败伤我乎？"《汉书·张释之传》他作它。《史记·万石张叔列传》："不与他将争。"《汉书·卫绾传》他作它。《史记·魏其武安侯列传》："不足引他过以诛也。"《汉书·窦婴田蚡灌夫传》他作它。《史记·淮南衡山列传》："他赎死金二斤八两。"《汉书·淮南王传》他作它。《汉书·高帝纪》："'步卒将谁也'。曰：'项它。'"颜注："它字与他同。"《汉书·西域传》："多橐它。"颜注："它，古他字也。"《论语·子张》："他人之贤者，丘陵也。"《后汉书·列女传》李注引他作它。《孟子·梁惠王下》："他日君出。"

①　容庚编著：《金文编》，北京：中华书局，1985年，第876页。

②　高明编：《古文字类编》，北京：中华书局，1980年，第213页。

③　陈炜湛：《汉字古今谈》，北京：语文出版社，1988年，第4页。

④　张再兴：《西周金文文字系统论》，上海：华东师范大学出版社，2004年，第169页。

⑤　高亨纂著：《古字通假会典》，济南：齐鲁书社，1989年，第676—677页。

《后汉书·冯衍传》李注引他作它。《庄子·让王》："又况他物乎。"《吕氏春秋·贵生》他作它。

由上面的例子可以看出，汉人郑玄、唐人陆德明、颜师古、李贤等人都认为古籍中的"它"与"他"可以通用，而且颜师古认为："它，古他字也。"这样说来，《新唐书》中的"青他"也就是"青它"，"青"是表颜色的，"它"才是土贡的实质。那么，"它"是什么呢？

《说文解字注》十三篇下《它部》："它，虫也。从虫而长，象冤曲垂尾形。上古艸居患它，故相问：'无它乎？'。凡它之属皆从它。蛇，它或从虫。"段玉裁注曰："冤曲者，其体。垂尾者，其末……诎尾谓之虫，垂尾谓之它……上古者，谓神农以前也。相问无它，犹后人之不恙无恙也……而其字或叚佗为之，又俗作他，经典多作它，犹言彼也。许言此以说叚借之例……它篆本以虫篆引长之而已，乃又加虫左旁，是俗字也。"①东汉许慎不仅认为它为虫，而且指出上古之时因草居患它，人们问安时常说："无它乎？"清人段玉裁进而指出，"它"与"佗"、"它"与"他"通假，"蛇"是"它"之俗字。李时珍《本草纲目》卷43《鳞部》曰："蛇字古作它，俗作虵，有佘移佗三音。"②王筠《说文释例》卷2曰："大蛇盘曲昂头居中以向物，而尾垂于下，它字象之。"③这是说，"它"是大蛇的象形。约斋也持此观点，他说："它是蛇的象形，特色在于一个头。"④而在《文字蒙求》一书中，王筠更具体指出"它"是"古蛇字"⑤。《康熙字典·宀部》："它，《玉篇》：古文佗字。佗，蛇也。《说文》：虫也。本作它，从虫而长，上古艸居虑它，故相问无它乎……《正字通》与佗、他同。《易·比卦》：终来有它，吉……又《正讹》：它，虫之大者，象冤曲垂尾形，今文加虫作蛇，食遮切与托何切二音通用。"⑥徐中舒主编《远东·汉语大辞典》（2）《宀部》载："按：'它'是'蛇'的本字，后假借为其它的'它'，另加虫旁作'蛇'。"⑦罗竹风主编《汉语大辞典》上卷《宀部》："它［shé］：'蛇'的古字。《说文·它部》：'它，虫也。从虫而

①　（汉）许慎撰，（清）段玉裁注：《说文解字注》，上海：上海古籍出版社，1988年，第678页。

②　（明）李时珍：《本草纲目》四，北京：中国书店，1988年，第82页。

③　（清）王筠：《说文释例》，北京：中华书局，1987年，第37页。

④　约斋编著：《字源》，上海：上海书店，1986年，第102页。

⑤　（清）王筠：《文字蒙求》，北京：中华书局，1962年，第19页。

⑥　汉语大辞典编纂处整理：《康熙字典》（标点整理本），上海：上海辞书出版社，2008年，第219页。

⑦　徐中舒主编：《远东·汉语大辞典》（2），纽约：美国国际出版公司，1991年，第910页。

长，象冤曲垂尾形。'徐灏笺：'它，蛇，古今字。'"①《大辞典》上《它部》②也认为"它"是"蛇"的古字。王凤阳指出："蛇，古作'它'，象蛇之形，《说文》：'它，虫也，从虫而长，象冤（蜿）曲垂尾形'。'蛇'是'它'借为代词后的分化字。"③王祥之说："它，即蛇的本字。甲骨文（一）它（ ），像蛇的单线刻划法，甲骨文（二）它（ ）是蛇的双线刻划法，至金文它（ ）简化并变异，小篆它（ ），仍保持了蛇头的基本特征，至隶书，蛇头与蛇身分离，已丧失蛇形。"④（图二）王宏源说："它，甲骨文像有花纹的毒蛇之形，张政烺释'它'，为'蛇'字初文。金文字形中间有一竖画，或为蛇身花纹之省。"⑤文献资料也证明，"它"就是"蛇"，如《读史方舆纪要》卷91《折江三·湖州府·石城山》载："杼山，在府西南三十里……亦名稽留山，上有避它城。《说文》：'它，蛇也。'盖古昏垫时民避蛇于此。"⑥

图二　它

（采自：王祥之：《图解汉字起源》，第449页）

从甲骨文、金文等古文字的材料可知，"它"是"蛇"的象形；而据古文字学家的研究，"它"又是"蛇"的初文或本字。

既然古籍中的"它"与"他"可以通假，而据古文字学家对甲骨文、金文等古文字材料的研究，可知"它"是"蛇"的象形和本字（初文），那么，把"青他"理解为"青它"即一种有毒的青蛇也就没有疑问了。因而，《新唐书》胜州榆林郡、麟州新秦郡的土贡"青他鹿角"应理解为"青他、鹿角"（两种药材）才是正确的。

————————

① 罗竹风主编：《汉语大辞典》（缩印本）上卷，北京：汉语大辞典出版社，1997年，第1989页。

② 本局《大辞典》编纂委员会：《大辞典》上册，台北：三民书局股份有限公司，1985年，第1161页。

③ 王凤阳：《古辞辨》，长春：吉林文史出版社，1993年，第107页。

④ 王祥之：《图解汉字起源》，北京：北京大学出版社，2009年，第449页。

⑤ 王宏源：《字里乾坤——汉字行体源流》，北京：华语教学出版社，2000年，第64页。

⑥ （清）顾祖禹撰，贺次君、施和金点校：《读史方舆纪要》，北京：中华书局，2005年，第4186页。

又《新唐书》卷37《地理志·关内道》载："灵州灵武郡，大都督府。土贡：红蓝、甘草、花苁蓉、代赭、白胶、青虫、鵰、鶺、白羽、麝、野马、鹿革、野猪黄、吉莫鞾、鞹、毡、库利、赤柽、马策、印盐、黄牛臆。"[①]灵州、灵武郡，治所均在回乐县，今宁夏吴忠市西。灵州灵武郡的"青虫"，是什么呢？王宏源说："甲骨文虫、它一字，为'它'字省形，是古虺音毁字，像虫蛇之形。"[②]王祥之说："蟲（虫）：本为蛇的象形字，甲骨文蟲（虫）（ ）即蛇，单线刻划的蛇头、身，后演化作蟲（虫）字。金文蛇（ ），则演化作'它'，遂另用形声法造蛇字。蛇本也是蟲（虫）的一种，北方俗称为长蟲（虫）。在古文字中蛇、蟲（虫）实为同源字。大量的昆蟲（虫），形象虽异，但不能用象形来表示，所以多发展为以蟲（虫）为形符的形声字。作为偏旁，写作'虫'。"[③]（图三）桂馥《说文解字义证》卷43引《集韵》曰："关中谓毒虫曰蛇。"[④]按照王祥之先生的观点，《新唐书》所载黄州齐安郡（州治、郡治均在黄冈县，今湖北省武汉市新洲区）的土贡虴虫[⑤]和申州义阳郡（州治、郡治均在义阳县，今河南信阳市）的土贡虴虫[⑥]，都是指具体的昆虫名；而据上引资料可知，虫与它一样，本为蛇的象形，北方俗称蛇为长虫，关中谓蛇为毒虫，所以灵州的土贡"青虫"，"青"是表颜色的，"虫"是表象形的，即蛇，青虫也就是有毒的青蛇。

图三　虫

（采自：王祥之：《图解汉字起源》，第322页）

综上所述，由于古籍中的"它"与"他"可以通假，"它"又是"蛇"的象形和本字（初文），那么，把"青他"理解为"青它"即一种有毒的青蛇也就没有疑问了。因而，《新唐书》胜州榆林郡、麟州新秦郡的土贡"青他鹿角"应理解为"青他、鹿角"（两种药材）才是正确的。又由于"虫"亦为"蛇"的象形，北方俗称蛇为长虫，而关

---

① 《新唐书》卷37《地理志·关内道·灵州灵武郡》，第972页。
② 王宏源：《字里乾坤——汉字行体源流》，第65页。
③ 王祥之：《图解汉字起源》，第322页。
④ （清）桂馥：《说文解字义证》，济南：齐鲁书社，1987年，第1183页。
⑤ 《新唐书》卷41《地理志五·淮南道》，第1055页。
⑥ 《新唐书》卷41《地理志五·淮南道》，第1056页。

中谓蛇为毒虫，所以灵州的土贡"青虫"，与"青他"一样，也是有毒的青蛇。唐王朝时，气候温暖，包括灵州、胜州、麟州等在内的鄂尔多斯高原，动物不仅有野猪、野马、麝、鹿、黄牛，而且有飞禽类的雕、鹘和爬虫类的毒蛇（青他、青虫），反映了生物的多样性。

原文载《中国历史地理论丛》2016年第3辑

# 龙朔元年苏定方东征高句丽失利原因再探

**摘要：** 在取得百济作为南线军事基地后，苏定方于龙朔元年（661）奉高宗之命率三十五军与新罗联合南北夹攻高句丽，虽围其都城平壤达半年之久，但最终还是无功而返，究其原因，主要有四点：第一，唐百济留守军陷入困境，与苏定方之大唐远征军难以形成有效配合；第二，高句丽王廷无内讧，苏定方无隙可乘；第三，国内铁勒叛乱的突发事件，阻挠了高宗南北夹去高句丽战略的顺利实施；第四，进入夏历十二月后，大唐远征军因饥寒交迫而导致最终失利。

**关键词：** 东征高句丽；苏定方；唐高宗；唐罗联军

在朝鲜半岛三国中，只有高句丽对隋、唐大一统王朝敢于挑战，于是，从隋文帝开皇十八年（598）杨谅征讨高句丽至唐高宗总章元年（668）高句丽覆灭的70年间，隋文帝、隋炀帝父子与唐太宗、唐高宗父子，都不惜耗费巨大国力对高句丽持打击态度。从唐太宗东征高句丽以至唐高宗达成目的23年间（645—668），平均大约每两年便举兵1次，而东征期间为唐史上的顶峰时代，所以东征与天下秩序的实现有密切关联[①]。此说有理。

唐高宗十分羡慕和敬佩其父唐太宗的文治武功。"废王立武"皇后争夺战的成功，使他慢慢摆脱了长孙无忌等权臣的控制，便继承其父的遗志继续对高句丽实行打击策略，还对自己提出了更高的要求：不能老躺在父亲的光环下，而是要在吸收父亲优点的基础上，在某些方面争取比父亲做得更好，于是将唐太宗提出的跨海平百济的作战策略付诸实践[②]。

龙朔元年（661）夏四月庚辰，唐高宗以苏定方为平壤道行军总管，任雅相为浿江道（今朝鲜义州）行军总管，契苾何力为辽东道行军总管，右骁卫将军程名振为镂方

---

① 金善昱：《隋唐时代中韩关系研究——以政治、军事诸问题为中心》，"国立"台湾大学历史研究所博士学位论文，1983年，第141页。

② 张晓东：《唐太宗与高句丽之战跨海战略——兼论海上力量与高句丽之战成败》，《史林》2011年第4期。

道（今辽宁辽阳县东）行军总管，白州（治今广西博白县）刺史庞孝泰为沃沮道（今辽宁新宾县）行军总管，萧嗣业为扶余道行军总管，与诸胡兵凡三十五军，水陆分道并进，东征高句丽，持续时间长达半年之久，是唐朝历次对高句丽用兵中耗时较长、用兵最多的一次，可以说是70年间（598—668）罕见的大战役，因此，唐高宗尤为重视，甚至欲效仿其父御驾亲征，后在皇后武则天的谏阻下方才作罢。然而，这次东征却以失利而告终。

以往对于唐高宗龙朔元年苏定方征高句丽失利原因的研究，多是侧重于单一因素或一两种因素的探讨，如陈寅恪在《唐代政治史述论稿》一书中论述了中原王朝经营辽东在气候上的局限性[①]；唐长孺在《唐代军事制度之演变》一文中涉及了国内铁勒叛乱对苏定方南北夹攻高句丽战局的影响[②]；黄约瑟的《薛仁贵》[③]、金荣官的《百济复兴军的战略和战术》[④]、拜根兴的《七世纪中叶唐与新罗关系研究》[⑤]、童岭的《炎凤朔龙记——大唐帝国与东亚的中世》[⑥]等论著，以及金善昱的博士学位论文《隋唐时代中韩关系研究——以政治、军事诸问题为中心》[⑦]和韩昇的《唐平百济前后的东亚国际形势》一文[⑧]，分别对南方百济基地在唐高宗南北夹攻高句丽的战略中的作用有过详简不一的论述。本文拟在前贤研究的基础上，同时依据《三国史记》和新见《唐任雅相墓志》等材料，对唐高宗龙朔元年苏定方征高句丽失利的原因做全面研究，以提供新的研究视角。

## 一、唐百济留守军陷于困境而无法与苏定方大唐远征军<br>进行有效配合

跨海平百济的作战行动，虽然是由唐太宗最早提出[⑨]，然而唐高宗的朝鲜半岛政策

---

① 陈寅恪：《唐代政治史述论稿》，上海：上海古籍出版社，1997年。

② 唐长孺：《唐代军事制度之演变》，氏著《山居存稿续编》，北京：中华书局，2011年。

③ 黄约瑟：《薛仁贵》，西安：西北大学出版社，1995年。

④ 〔韩〕金荣官：《百济复兴军的战略和战术》，《震檀学报》2006年总第102辑。

⑤ 拜根兴：《七世纪中叶唐与新罗关系研究》，北京：中国社会科学出版社，2003年。

⑥ 童岭：《炎凤朔龙记——大唐帝国与东亚的中世》，北京：商务印书馆，2014年。

⑦ 金善昱：《隋唐时代中韩关系研究——以政治、军事诸问题为中心》，"国立"台湾大学历史研究所博士学位论文，1983年5月。

⑧ 韩昇：《唐平百济前后的东亚国际形势》，荣新江主编：《唐研究》第一卷，北京：北京大学出版社，1995年，第227—244页。

⑨ 张晓东：《唐太宗与高句丽之战跨海战略——兼论海上力量与高句丽之战成败》，《史林》2011年第4期，第38—46页。

与其父并不完全相同，正如韩昇教授所说："终太宗之世，唐朝未以百济为敌。可以说，唐朝的打击对象始终是高句丽。直到高宗时代，百济完全倒向高句丽，有恃无恐地猛攻新罗，而唐朝从北方屡攻高句丽不下，才决定采取战略大迂回，征服百济，开辟南线战场。"① 唐高宗在作战方略上作了改变，吸取了隋炀帝、唐太宗亲自出征失败的教训，认识到即便军队众多，但如若悬军深入，也会由于饷运匮乏而终究不能成功。因此，必须在朝鲜半岛上找到据点作为根据地②。而唐军渡海易于直达朝鲜半岛西南的百济，且因百济常和高丽进攻新罗，唐朝在援救新罗而攻占百济出师时也有冠冕堂皇的理由③，于是唐高宗欲灭高句丽而先剪除其羽翼百济并开辟南线战场的迂回战略呼之欲出，时人刘仁轨所谓"主上欲吞灭高丽，先诛百济，留兵镇守，制其心腹"④正是这种战略的真实反映。

显庆五年（660）三月辛亥，"发神丘道军伐百济"⑤。经过几个月的战斗，至八月庚辰，"苏定方等讨平百济，面缚其王扶余义慈。国分为五部，郡三十七，城二百，户七十六万，以其地分置熊津等五都督府。曲赦神丘、嵎（嵎）夷道总管已下，赐天下大酺三日"⑥。九月三日，苏定方带着百济王及王族、臣僚九十三人、百姓一万二千人自泗沘乘船回唐⑦。经过长途的爬山涉水，至十一月戊戌朔，"邢国公苏定方献百济王扶余义慈、太子隆等五十八人俘于则天门，责而宥之"⑧。可见，显庆五年八月，苏定方等已讨平百济。

九月，苏定方率唐军从百济胜利回国前，留郎将刘仁愿率一万名唐军驻守百济都城泗沘，新罗王子金仁泰与沙餐日原、级餐吉那领新罗兵七千协助防守⑨。九月二十三日，百济余贼入泗沘，谋掠生降人，被刘仁愿等击退。百济余贼上泗沘南岭，竖四五栅屯聚，并伺隙抄掠城邑，百济人叛而应者二十余城⑩。在这种情况下，高宗"遣左卫中郎将王文度为熊津都督"，不幸的是，二十八日文度渡海至三年山城传诏时疾发猝

① 韩昇：《唐平百济前后的东亚国际形势》，荣新江主编：《唐研究》第一卷，第238页。

② 韩国磐：《隋唐五代史纲》（修订本），北京：人民出版社，1979年，第241页。

③ 韩国磐：《隋唐五代史纲》（修订本），第241页。

④ （后晋）刘昫等：《旧唐书》卷84《刘仁轨传》，北京：中华书局，1975年，第2791页。

⑤ 《旧唐书》卷4《高宗本纪上》，第80页。

⑥ 《旧唐书》卷4《高宗本纪上》，第81页。

⑦ 〔高丽〕金富轼著，孙文范等校勘：《三国史记》卷5《新罗本纪·太宗武烈王》，长春：吉林文史出版社，2003年，第76页。

⑧ 《旧唐书》卷4《高宗本纪上》，第81页。

⑨ 《三国史记》卷5《新罗本纪·太宗武烈王》，第76页。

⑩ 《三国史记》卷5《新罗本纪·太宗武烈王》，第76页。

死①。唐使刘仁轨代之。十月九日，新罗王金春秋率太子及诸军攻尔礼城，至十八日城破；百济二十余城望风而降。三十日新罗军攻泗沘南岭军栅，斩首一千五百人②。

龙朔元年（661）年初，百济境内形势急转直下，唐罗留守军受到来自百济复兴军的轮番进攻，境况危急。即百济武王从子福信与僧道琛纠集余众，起兵反抗，占据重镇周留城（今韩国忠清南道西北部瑞山北三十里地谷古邑③）。同时有百济西部人黑齿常之，"身长七尺余，骁勇有谋略。初在本蕃，仕为达率兼郡将，犹中国之刺史也。显庆五年，苏定方讨平百济，常之帅所部随例送降款。时定方絷左王及太子隆等，仍纵兵劫掠，丁壮者多被戮。常之恐惧，遂与左右十余人遁归本部，鸠集亡逸，共保任存山，筑栅以自固，旬日而归附者三万余人。定方遣兵攻之，常之领敢死之士拒战，官军败绩，遂复本国二百余城"④。与其首领沙吒相如各据险以应福信⑤。高宗复诏使新罗出兵，新罗王金春秋奉诏。春二月，新罗王派品日、文王、良图、忠常、文忠、真王、义服、武㦡、旭川、文品、义广11位将军率新罗兵救援；因新罗兵军阵不整，百济人于三月五日在豆良尹城南"猝出急击不意"，新罗军惊骇溃北。在败退过程中，新罗失亡兵械辎重甚多⑥。幸运的是，戴罪立功的刘仁轨于三月到达百济后，与刘仁愿协同作战，"大破百济余众于熊津之北"⑦，道琛遂释泗沘之围，退保任存城（今韩国忠清南道大兴⑧）。不久，"福信杀道琛，并其兵马，招诱亡叛，其势益张"，仁轨乃与仁愿合兵休息⑨。刘仁愿具有武将的敦厚和勇敢，为唐朝建立并巩固南线据点屡立功勋。然而，面对百济灭亡后新罗对唐消极应对事态，武将出身的刘仁愿束手无策，南线牵制高句丽收效甚微，直接导致此后自身被流贬的悲惨命运⑩。九月，福信遣使日本，请求日本出兵支援并遣还质子扶余丰。日本齐明天皇派阿昙比罗夫率兵护送故王子扶余丰回国，被立为王。龙朔二年（662），苏定方从平壤撤军，高宗诏命刘仁轨曰："平壤军回，一城不可独固，宜拔就新罗。金法敏借卿留镇，宜且停彼。若其不须，即泛

① 拜根兴：《唐朝与新罗关系史论》，北京：中国社会科学出版社，2009年，第107页。

② 《三国史记》卷5《新罗本纪·太宗武烈王》，第77页。

③ 赵智滨：《唐朝在百济故地初设行政建置考略》，《中国历史地理论丛》2012年第1辑。

④ 《旧唐书》卷109《黑齿常之传》，第3294页。

⑤ 《旧唐书》卷84《刘仁轨传》，第2792页。

⑥ 《三国史记》卷5《新罗本纪·太宗武烈王》，第77页。

⑦ （宋）王钦若等撰，周勋初等校订：《册府元龟》卷986《外臣部·征讨》，南京：凤凰出版社，2006年，第拾壹册第11411页。

⑧ 赵智滨：《唐朝在百济故地初设行政建置考略》，《中国历史地理论丛》2012年第1辑。

⑨ 《旧唐书》卷84《刘仁轨传》，第2790页。

⑩ 拜根兴：《唐朝与新罗关系史论》，第125页。

海还。"①众将士咸欲泛海西归，可见当时形势对唐百济留守军极为不利。而刘仁愿、刘仁轨等率唐军之所以留守百济故地，"完全是应新罗之请"②。

苏定方平定百济后，"只要唐朝能够安定百济，建立起巩固的南线阵地，彻底征服高句丽便指日可待"，因而"肃清日本所支持的百济余众的反抗，便是最为突出的问题"③。于是，在平定百济的当年十二月，高宗就迫不及待地以左骁卫大将军契苾何力为浿江道（今朝鲜义州）行军大总管，左武卫大将军苏定方为辽东道行军大总管，左骁卫将军刘伯英为平壤道行军大总管，蒲州刺史程名振为镂方道（今辽宁辽阳县东）总管，命令他们分道进击高句丽，旨在防止百济与高句丽联合，给占领百济的唐罗联军以声援。

韩昇教授指出，除对百济复兴军给予大力支持外，日军还出兵增援高句丽。661年，"日本救高丽军将等，泊于百济加巴利滨"，从百济增援高句丽，给唐朝南线作战构成重大威胁。662年，唐朝南北夹攻高句丽，苏定方兵围平壤。三月，"高丽乞救国家，仍遣军将据疏留城。由是唐人不得略其南界，新罗不获输其西垒"，日本在南线助高句丽坚守，瓦解了唐军的攻势④。

对于受日本支持的百济余众（也有学者称为百济复兴军⑤），想要肃清它，可谓任重道远，直到龙朔三年（663）九月白江口（今韩国锦江口）之战后才达到目的。白江口之战唐罗联军之所以取胜，与日本从高句丽获得唐军战斗力差的错误信息而轻敌有很大关系。由于唐百济留守军陷于困境，对苏定方的大唐远征军难于形成有效配合，这是龙朔元年苏定方征高句丽失利的原因之一。

## 二、高句丽王廷上下团结而致使苏定方无机可乘

对于胆敢挑战隋唐大一统王朝的高句丽，隋唐两代都奉行征讨的策略。在龙朔元年大规模出兵征讨高句丽前，唐高宗已对高句丽进行了几次尝试性的进攻，但收效不大。

龙朔元年（661）三月丙申朔，高宗欲伐辽，"诏李勣、李义府、任雅相、许敬宗、许圉师、张延师、苏定方、阿史那忠、于阗王伏阇（信）、上官仪等，谦于洛城门，观

① 《旧唐书》卷84《刘仁轨传》，第2790页。

② 王小甫：《隋唐五代史：世界帝国·开明开放》，台北：三民书局股份有限公司，2008年，第364页。

③ 韩昇：《唐平百济前后的东亚国际形势》，荣新江主编：《唐研究》第一卷，第238页。

④ 韩昇：《唐平百济前后的东亚国际形势》，荣新江主编：《唐研究》第一卷，第239页。

⑤ 〔韩〕金荣官：《百济复兴军的战略和战术》，《震檀学报》2006年总第102辑。

屯营新教之舞，名之曰《一戎大定乐》，时欲亲征辽，以象用武之势"①。高宗在洛城门宴请众将相并观看屯营新教之舞《一戎大定乐》，目的是要表示他亲身征辽的决心。

对于苏定方的出兵月份，有两种说法：

## （一）四月说

《新唐书》卷3《高宗本纪》载："四月庚辰，任雅相为浿江道行军总管，契苾何力为辽东道行军总管，苏定方为平壤道行军总管，萧嗣业为扶余道行军总管，右骁卫将军程名振为镂方道行军总管，左骁卫将军庞孝泰为沃沮道行军总管，率三十五军以伐高丽。"②

《资治通鉴》高宗龙朔元年（661）载："（夏，四月）庚辰，以任雅相为浿江道行军总管，契苾何力为辽东道行军总管，苏定方为平壤道行军总管，与萧嗣业及诸胡兵凡三十五军，水陆分道并进。上欲自将大军继之；癸巳，皇后抗表谏亲征高丽；诏从之。"③

《唐会要》卷95《高句丽》载："龙朔元年四月十六日，兵部尚书任雅相为浿江道行军大总管，三十五军水陆分途，先观高丽之衅。上将亲率六军以继之。"④

《册府元龟》卷986《外臣部·征讨》载："（龙朔元年）四月，诏兼兵部尚书任雅相为浿江道行军总管，左卫大将军契苾何力为辽东道行军总管，左武卫大将军苏定方为平壤道行军总管，鸿胪卿兼（萧）嗣业为扶余道行军总管，并率诸蕃军将，总三十五军，川陆分途，先观高丽之衅，帝将亲率六军以继之。"⑤

从以上记载来看，龙朔元年苏定方等征高句丽的月份，《新唐书》和《资治通鉴》认为是"夏四月庚辰"，《唐会要》认为是"四月十六日"，《册府元龟》认为是"四月"，这是"四月说"的来历。

## （二）五月说

《旧唐书》卷4《高宗本纪上》载："（龙朔元年）夏五月丙申，命左骁卫大将军、凉国公契苾何力为辽东道大总管，左武卫大将军、邢国公苏定方为平壤道大总管，兵

---

① （宋）王钦若等撰，周勋初等校订：《册府元龟》卷569《掌礼部·作乐》，第柒册第6540页。

② （宋）欧阳修、宋祁：《新唐书》卷3《高宗本纪》，北京：中华书局，1975年，第61页。

③ （宋）司马光编著：《资治通鉴》卷200，唐高宗龙朔元年（661），北京：中华书局，1956年，第6324页。

④ （宋）王溥：《唐会要》卷95《高句丽》，北京：中华书局，1955年，第1708页。

⑤ 《册府元龟》卷986《外臣部·征讨》，第拾壹册第11411页。

部尚书、同中书门下三品、乐安县公任雅相为浿江道大总管，以伐高丽。"①这是"五月说"的来历。

对于以上两种说法，笔者认为第一种说法似较合理，原因有三：第一，高宗在洛城门宴请众将相观看屯营新教之舞《一戎大定乐》以表明自己的伐辽决心是在三月，没有必要等一个月后的五月份才出兵，这不符合常情。第二，唐兵跨海异国作战利于速战，其最佳时间是四至九月半年，这样就可避免多雨和寒冷的季节所导致的粮草运输困难。第三，据《三国史记》卷42《金庾信传》记载，"六月，唐高宗皇帝遣将军苏定方等征高句丽，入唐宿卫金仁问受命来告兵期，兼谕出兵会伐"②。新罗王大监文泉从苏将军处来，遂传定方之言曰："我受命万里涉沧海而讨贼，舣舟海岸，既逾月矣。大王军士不至，粮道不继，其危殆甚矣！王其图之。"③这说明，苏定方是四月出兵，五月战船已到朝鲜半岛海岸，至六月刚好至朝鲜半岛"逾月矣"。因此，四月出兵的说法是合理的。

666—668年，唐罗联军之所以能够打败高句丽军而占领平壤城，其中一个重要的原因就是泉盖苏文死后，其国内讧，即泉男生、泉男建、泉男产兄弟不和，给唐罗联军提供了可乘之机。

但龙朔元年（661）高宗命苏定方率三十五军南北夹攻高句丽（图一），遂也希望高句丽发生内讧（"先观高丽之衅"），但自四月出兵至次年二月撤兵，在近一年的时间里，高句丽都没有发生内讧，反而其军民团结一致，顽强抵抗大唐远征军的进攻，使苏定方无隙可乘，终于化险为夷，这是苏定方征高句丽失利的又一原因。

## 三、突发铁勒叛乱导致唐高宗南北夹击高句丽的战略无法顺利实施

龙朔元年（661）夏四月庚辰，唐高宗以任雅相为浿江道（今朝鲜义州）行军总管，契苾何力为辽东道行军总管，苏定方为平壤道行军总管，右骁卫将军程名振为镂方道（今辽宁辽阳县东）行军总管，白州（治今广西博白县）刺史庞孝泰为沃沮道（今辽宁新宾县）行军总管，萧嗣业为扶余道行军总管，刘德敏为含资道④行军总管，张脡

---

① 《旧唐书》卷4《高宗本纪上》，第81—82页。

② 《三国史记》卷42《金庾信传》，第495页。

③ 《三国史记》卷42《金庾信传》，第496页。

④ 拜根兴在《韩国新发现的〈含资道总管柴将军精舍草堂之铭〉考释》（荣新江主编：《唐研究》第八卷，北京：北京大学出版社，2002年）引《三国史记》道：龙朔元年，"含资道总管刘德敏至，传敕旨，输平壤军粮"，他由此认为，"刘德敏是柴哲威或其前任统辖下的军将之一当是无疑，其充当敕使传达敕令也是符合其身份的"，其论说合情合理。

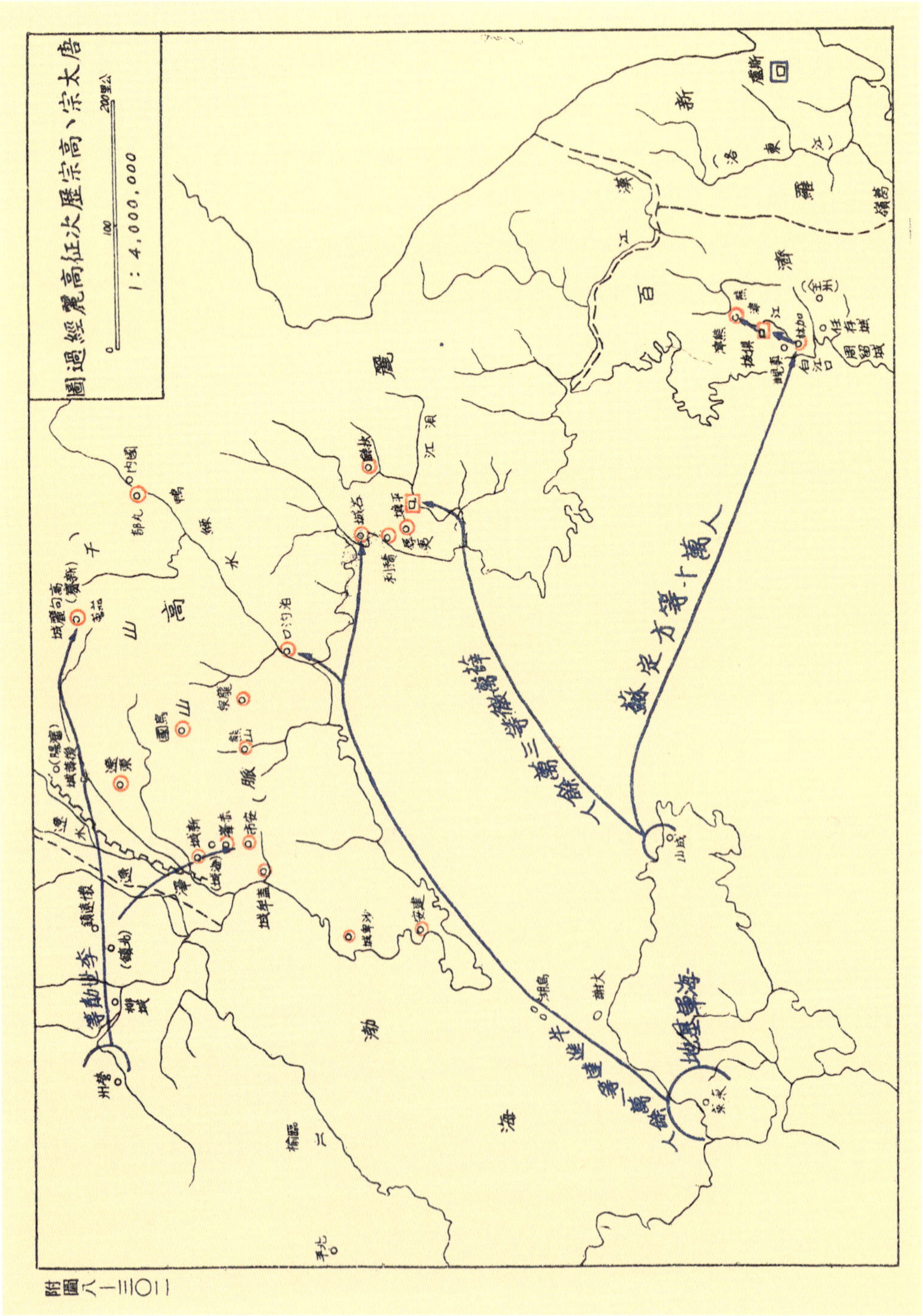

图一 唐太宗、唐高宗征高句丽师经过图

（采自：台湾三军大学编著：《中国历代战争史》第八册，附图八一三○二）

为鸭渌道①总管，与诸胡兵凡三十五军，水陆分道并进，征伐高句丽。高宗欲效其父，御驾亲征，可在皇后的谏阻下，打消了亲征的念头。

这次征伐高句丽，"其攻战时间长达半年之久，这是唐朝历次征伐高句丽动用兵力最多，费时较长的一次"②。那么，这次的三十五军，有多少人呢？唐太宗时，一军约有5000人③。唐高宗时，一军的人数应该和太宗时差不多。因此，三十五军应为175000人。但实际上，"高宗曾于河南、河北、淮南等67州募了44600多人到带方道行营，亦即加入苏定方所领一军，可见这场战事动员数目众多"④。如此说来，这次征讨高句丽，唐军人数超过20万人，但由于新罗配合不积极，唐罗联军的数量与高句丽强盛时的30万军队数相比并不占优势。

这次征伐高句丽，因为苏定方灭了百济，唐朝在朝鲜半岛南部有了根据地，自然高宗南北夹攻高句丽的战略就形成了。新见《唐任雅相墓志》也证明，这次征伐高句丽，唐朝采取的是南北夹击战略："丸都之野，爰兴问罪之师；浿水之滨，式寄总戎之重。"⑤丸都即丸都城，为高句丽迁都平壤前的都城，直接取名于"丸都山"；今吉林集安市西北鸭绿江右岸之老岭支脉的小板石岭一带，即古"丸都山"。正如吴承志《唐贾耽记边州四夷道里考实》卷2所言："丸都城在辽东之东千里，在西安平东北五百里，城濒鸭绿江，西有丸都山为之障"，即以"丸都山"名之⑥。地位非同一般。"丸都之野，爰兴问罪之师"，与史载辽东道行军总管契苾何力在鸭绿江畔击溃高句丽数万大军的事实相符；而"浿水之滨，式寄总戎之重"，也与高宗拜任雅相为浿江道行军总管的事实相符。

唐朝军队"占领了可从海上得到供应的百济作为基地，便能迅速打击高丽的心脏地带，开辟第二条战线。唐朝军队不必再依靠穿过辽东的漫长的陆路，这条路夏天遇雨非常泥泞，又为过早来临的严寒所苦"⑦。具体地说，"物资可以从山东半岛由海路补给，不必非要通过寒冷的辽东了"⑧。也就是说，"由百济基地与辽东两方面配合，使高

①　《唐故右监门中郎将张府君（胫）墓志铭并序》，吴纲主编：《全唐文补遗》第八辑，西安：三秦出版社，2005年，第282页。

②　拜根兴：《七世纪中叶唐与新罗关系研究》，北京：中国社会科学出版社，2003年，第68页。

③　黄约瑟：《薛仁贵》，西安：西北大学出版社，1995年，第45页。

④　黄约瑟：《薛仁贵》，第97页。

⑤　张维慎、郭宝书：《唐任雅相墓志考释》，侯宁彬主编：《陕西历史博物馆论丛》第28辑，西安：三秦出版社，2021年。

⑥　王绵厚：《高句丽古城研究》，北京：文物出版社，2002年，第194页。

⑦　〔英〕崔瑞德编，中国社会科学院历史研究所、西方汉学研究课题组译：《剑桥中国隋唐史（589—906年）》，北京：中国社会科学出版社，1990年，第254页。

⑧　童岭：《炎凤朔龙记——大唐帝国与东亚的中世》，第91页。

句丽陷于背腹受敌的局面"[1]，此说很有见地。

龙朔元年（661），"秋，七月，甲戌，苏定方破高丽于浿江，屡战皆捷，遂围平壤城"[2]。《中国军事史》编写组编的《中国军事史：附卷 历代战争年表（上）》，认可苏定方破高丽于浿江是"七月"的说法[3]。浿江，即今朝鲜大同江。有专家认为："七月无甲戌，应为八月甲戌——十一日"[4]，其说有理。

龙朔元年（661）八月[5]，大唐远征军击破高句丽浿江防线后，"苏定方率领水军沿大同江逆流而上，直攻平壤"[6]。这里忽略了一个问题，即苏定方围攻平壤城，还有一个得力的帮手，那就是浿江道行军总管任雅相。此前在征讨西突厥沙钵罗可汗阿史那贺鲁时，任雅相曾以副职身份与元帅苏定方一起冒雪击败西突厥军队；这次征讨高句丽，作为平壤道行军总管的苏定方仍是元帅，而作为浿江道行军总管的任雅相却挂兵部尚书衔，两人都是对高句丽的主战派，合作基础良好。鉴于"海军虽然在战略上和供应军需上担任重要角色，但要彻底击败敌人，还得靠马步兵合成的陆军"[7]，因而，龙朔元年（661）八月"苏定方破高丽于浿江，屡战皆捷，遂围平壤城"，应有两方面的意思：其一，在浿江（今朝鲜大同江口）击败高句丽军后，苏定方让任雅相率唐军沿浿江（今朝鲜大同江）逆流而上，进攻平壤城；其二，擅长攻战的苏定方自己，则弃船登岸，率军沿浿江北岸逆流而上进攻，先夺马邑山，因山为营，遂围平壤城[8]。据新见《唐任雅相墓志》记载，在唐军的进攻下，平壤城"城危偃月"，即城墙已残缺不全，说明平壤攻坚战是何等的惨烈！这是南路的进攻。

北路的进攻，也在九月得手。北路，主要是指辽东半岛地区。所谓辽东半岛地区，就是中国东北大陆最南端伸入黄海与渤海之间的岬角地域。在东北亚地域内，山东半岛、辽东半岛、朝鲜半岛共同构筑了一个特殊的山海半岛圈，辽东半岛居其中央部位，

---

① 金善昱：《隋唐时代中韩关系研究——以政治、军事诸问题为中心》，"国立"台湾大学历史研究所博士论文，1983年，第143页。

② 《资治通鉴》卷200，唐高宗龙朔元年（661），第6325页。

③ 《中国军事史》编写组编：《中国军事史：附卷 历代战争年表（上）》，北京：解放军出版社，1985年，第593页。

④ 台湾三军大学编著：《中国历代战争史》第八册，北京：军事译文出版社，1983年，第312页。

⑤ 吕思勉：《隋唐五代史》上册，上海：上海古籍出版社，1984年，第105页。

⑥ 简江作：《韩国历史》，台北：五南图书出版有限公司，1998年，第94—95页。

⑦ 黄约瑟：《薛仁贵》，第44页。

⑧ 《新唐书》卷220《东夷列传·高丽》，第6196页；《册府元龟》卷986《外臣部·征讨》，第拾壹册第11411页。

属于最为敏感的中枢区域，其战略地位十分显赫。高句丽依托辽东半岛这一战略要地，构筑了针对辽西及中原方向的军事防御体系[①]。这一防御体系的突出特点就是密集的山城，丸都城即为其一。前引《唐任雅相墓志》有"丸都之野，爰兴问罪之师"之语，说明大唐远征军曾对这些山城进行攻坚，以辽东道行军总管契苾何力率领的大唐远征军进展较为顺利。

《资治通鉴》唐高宗龙朔元年（661）载：

> （九月）高丽盖苏文遣其子男生以精兵数万守鸭绿水，诸军不得渡。契苾何力至，值冰大合，何力引众乘冰渡水，鼓噪而进，高丽大溃，追奔数十里，斩首三万级，余众悉降，男生仅以身免。会有诏班师，乃还[②]。

契苾何力率领的大唐远征军九月在鸭绿水击溃高丽军时，右北平阳玄基因"随契苾何力破鸭渌，授游击将军、左骁卫善信府果毅"[③]。苏定方率领的南路唐军八月就包围了平壤城，北路契苾何力率领的大唐远征军九月乘冰渡过鸭绿水而击溃高丽军，"斩首三万级"，本可长驱直入，配合南路大唐远征军一举攻克平壤城，可在这样的大好形势下，高宗却令契苾何力率领的大唐远征军班师，究竟是什么原因呢？

对此，唐史专家唐长孺先生分析道：

> 高宗初年方经营西突厥，高丽之事不能不姑且置之。及龙朔元年征高丽既围平壤而旋即班师者亦因西边之警报也。考围平壤在八月而十月即有铁勒之叛。征高丽之将领有萧嗣业、契苾何力，而征铁勒之仙萼道总管为嗣业，次年又命何力为铁勒道安抚使，则其撤兵与铁勒之叛有关[④]。

也就是说，龙朔元年征高丽既围平壤而旋即班师"与铁勒之叛有关"的结论是完全正确的。

---

① 王禹浪、王文轶：《高句丽在辽东半岛地区的防御战略——以辽东半岛地区的高句丽山城为中心》，《大连大学学报》2012年第4期，第17—22页。

② 《资治通鉴》卷200，唐高宗龙朔元年（661），第6325—6326页。

③ 《大周故左羽林卫将军上柱国定阳郡开国公右北平阳君（玄基）墓志铭并序》，吴钢主编：《全唐文补遗》第八辑，西安：三秦出版社，2005年，第330页。

④ 唐长孺：《唐代军事制度之演变》，氏著：《山居存稿续编》，北京：中华书局，2011年，第331页。

《中国历代战争史》作者分析云：

> 时会铁勒九姓叛唐寇边，唐除命左武卫大将军郑仁泰为铁勒道行军大总
> 管，率燕然都护刘审礼、左武卫将军薛仁贵等进讨外，并即召契苾何力为铁
> 勒道安抚大使，萧嗣业为仙萼道行军总管，何力与嗣业因此奉诏班师[①]。

可见，奉诏班师者除契苾何力率领的大唐远征军外，还有从扶余道所抽调的萧嗣业率
领的大唐远征军[②]。

契苾何力、萧嗣业等率领的大唐远征军奉诏班师，除与西北边疆铁勒之叛相关外，
还应该因"辽东道远"而在九月以后进入"冻期"导致的"粮运艰阻"有关[③]。

唐高宗因铁勒叛乱而诏契苾何力、萧嗣业等率领的北路大唐远征军精锐班师，也
就大大降低了南北夹攻高句丽战略的实施力度。换句话说，"唐王朝陷入两面作战，原
先的南北夹击态势未能最终实现"[④]，此亦是最终失利原因之一。

# 四、大唐远征军的饥寒交迫

## （一）气候上的不利因素是长达半年的"冻期"

陈寅恪先生说，中原王朝要"制服高丽攻取辽东之地"，最佳时间是冻期（旧历
八九月至二三月）已过雨季（旧历六七月间）未临之短时间，否则，"雨潦泥泞冰雪
寒冻皆于军队士马之进攻糇粮之输运已甚感困难，苟遇一坚持久守之劲敌，必致无
功或覆败之祸"；若从海上进攻高丽，中原王朝"非先得百济，以为根据，难以经略
高丽"[⑤]。其结论是完全正确的。

陈先生的结论，正好应验在苏定方身上。

龙朔元年九月，高宗诏夹攻高句丽的北路唐军契苾何力等班师时，"自恃着刚建立
的百济基地的支援，曾经冒着大雪击贺鲁的苏定方并没有同时收军"[⑥]。

有学者认为，苏定方围攻平壤期间，"在百济的中国军队被一次叛乱牵制住，不能

① 台湾三军大学编著：《中国历代战争史》第八册，第312—313页。
② 黄约瑟：《薛仁贵》，第101页。
③ 岑仲勉：《隋唐史》上册，北京：中华书局，1982年，第131页。
④ 拜根兴：《七世纪中叶唐与新罗关系研究》，第68页。
⑤ 陈寅恪：《唐代政治史述论稿》，第137页。
⑥ 黄约瑟：《薛仁贵》，第96—97页。

参加进攻"①。此说并不完全正确。

《三国史记》卷6《新罗本纪·文武王上》载：六月，入唐宿卫金仁问、儒敦等至。告王："皇帝已遣苏定方领水陆三十五道兵伐高句丽，遂命王举兵相应。虽在服，重违皇帝敕命。"秋七月十七日，新罗王金法敏以金庾信为大将军，（金）仁问、真珠、钦突为大幢将军，天存、竹旨、天品为贵幢总管，品日、忠常、义服为上州总管，真钦、众臣、自简为下州总管，军官、薮世、高纯为南川州总管，述实、达官、文颖为首若州总管，文训、真纯为河西州总管，真福为誓幢总管，义光为郎幢总管，慰知为罽衿大监②。于是金法敏率金庾信、金仁问、文训等发大兵向高句丽。"行次南传州，镇守刘仁愿以所领兵自泗沘泛船至鞋浦下陆，亦营于南传州。"③八月，新罗王金法敏率领诸将至始饴谷停留，闻知："百济残贼据瓮山城，遮路不可前。"九月十九日，新罗王金法敏进次熊岘，为进攻瓮山城与诸总管大监开誓师大会。二十五日，金庾信进军围瓮山城。至二十七日，先烧大栅，斩杀数千人，敌人投降④。新罗人只捉百济贼将而杀戮，而对其百姓则放还。"论功赏赍将士，刘仁愿亦分绢有差。"⑤于是飨士秣马，欲往会唐兵。由于唐使（十月）的到来，新罗王金法敏与唐将刘仁愿也就分别撤兵了。

苏定方围平壤城的八月至次年二月，正是陈寅恪先生所说的"冻期"。在这期间，高宗命新罗"举兵相应"，无非就是苏定方希望的"打通粮道"，以备不时之需。但新罗王金法敏与刘仁愿合兵对苏定方远征军的配合是有限的，随着他们的撤兵，新罗至平壤前线的粮道还是没有打通。在长达半年的"冻期"中，大唐远征军的粮草得不到及时供给，因而在饥寒交迫中士无战心，加之"高丽人善于利用坚守城池来抗拒外敌"⑥，苏定方无功而返也就不难理解了。

另一路唐军，也是因饥寒交迫而致败。史载：龙朔二年二月"戊寅，左骁卫将军白州刺史沃沮道总管庞孝泰与高丽战于蛇水之上，军败，与其子十三人皆战死"⑦。蛇

① 〔英〕崔瑞德编，中国社会科学院历史研究所、西方汉学研究课题组译：《剑桥中国隋唐史（589—906年）》，第253页。

② 《三国史记》卷6《新罗本纪·文武王上》，第80页。

③ 《三国史记》卷42《金庾信传》，第495页。

④ 《三国史记》卷6《新罗本纪·文武王上》，第80页。

⑤ 《三国史记》卷42《金庾信传》，第496页。

⑥ 刘健明：《一场求不战而胜的攻战——隋炀帝征高丽试析》，荣新江主编：《唐研究》第一卷，北京：北京大学出版社，1995年，第215页。

⑦ 《资治通鉴》卷200，唐高宗龙朔二年（662），第6327页。

水，一说在今安东之浑江[①]；一说在今朝鲜平壤市东的合掌江一带[②]。当以后者为是。据此资料，似乎是庞孝泰主动寻求战机与高句丽在蛇水上大战的。事实果真如此吗？史载：明年（龙朔二年），"庞孝泰以岭南兵壁蛇水，盖苏文攻之，举军没"[③]。元帅苏定方所率领的大唐远征军尚粮草不继，沃沮道总管庞孝泰所率领的岭南兵缺粮也是可以理解的，加之岭南兵不习北方严寒气候，在饥寒交迫下，缺乏战心的唐军在盖苏文所率高丽兵的主动进攻下全军覆没，自然不难理解。

## （二）大唐远征军"饥"的问题因新罗供应粮草不及时所致

《旧唐书》卷4《高宗本纪上》载："是岁（龙朔元年），新罗王金春秋卒，其子法敏嗣立。"[④]那么，金春秋是几月去世的呢？《三国史记》卷7《新罗本纪·文武王下》载："至六月，先王薨，送葬才讫，丧服未除，不能应赴，敕旨发兵北归。"[⑤]六月金春秋去世唐高宗并不知情，因而才有令新罗出兵配合苏定方征高句丽的敕书。

丧服未除，龙朔元年七月，新罗王金法敏就与大将军金庾信等率新罗士卒出兵，至九月始攻陷百济残贼据守的瓮山城。

冬十月二十九日，新罗王金法敏"闻唐皇帝使者至，遂还京。唐使吊慰，兼敕祭前王，赠杂綵五百段。庾信等休兵待后命，含资道总管刘德敏至，传敕旨：输平壤军粮。"[⑥]新罗王金法敏率军还京是需要时间的。按照其七月十七日出兵至九月二十三日攻陷瓮山城需两个多月的时间推测，其还京虽快，最少也需要一个多月的时间，因而其到新罗京城的时间应在十二月。也就是说，"唐使吊慰，兼敕祭前王，赠杂綵五百段"是十二月在新罗京城发生的。这样，至次年（龙朔二年）春正月，唐使臣代表唐高宗册命金法敏为"开府仪同三司上柱国乐浪郡王新罗王"[⑦]在时间上就条理清晰了。大将军庾信是随金法敏一起回京的。既然含资道总管刘德敏"传敕旨：输平壤军粮"是金法敏回京后"庾信等休兵待后命"发生的事，那么含资道总管刘德敏至新罗京城的时间应在十二月较为合理。因而，拜根兴教授认为"《东史纲目》作者将刘德敏到新罗督输军粮时间系于十二月（〔朝鲜〕安鼎福《东史纲目》卷第四上），尽管和《三国史记》

---

① 台湾三军大学编著：《中国历代战争史》第八册，第313页。
② 拜根兴：《七世纪中叶唐与新罗关系研究》，第70页。
③ 《新唐书》卷220《东夷列传·高丽》，第6196页。
④ 《旧唐书》卷4《高宗本纪上》，第82页。
⑤ 《三国史记》卷7《新罗本纪·文武王下》，第94页。
⑥ 《三国史记》卷6《新罗本纪·文武王上》，第81页。
⑦ 《三国史记》卷6《新罗本纪·文武王上》，第81页。

卷6稍有差异，但还是合乎情理的"①的见解是正确的。

至十二月，熊津粮尽。若"先运熊津，恐违敕旨，若送平壤，即恐熊津绝粮"，金法敏与众臣僚商议后，"差遣老弱，运送熊津，强健精兵，拟向平壤"②。十二月十日，新罗王金法敏命刘总管与金庾信、金仁问、金良图等九将军，以车二千余辆，载米四千石、租二万二千石赴平壤。天大寒，风雪封道，路滑难行，又虑丽人于大路拦截，新罗军将多走险道，舟车与驴马轮换运输，历尽磨难，终于次年（龙朔二年）二月六日将军粮运到平壤城附近的杨隅，金庾信遣懂汉语的金仁问、金良图及其子军胜等赴唐营馈送军粮。唐军"在平壤外围旷日持久，寒冬考验着参战的唐军将士；新罗的粮草支持因各种原因不能如期到达，唐军陷入相当困难的境地"③。曾指挥平壤攻坚战的浿江道行军总管任雅相"以其年（龙朔元年）十二月廿九日，薨于军所"④，这对苏定方和大唐远征军来说，无异于雪上加霜，为防打击唐军的士气，苏定方秘不发丧，对盟友新罗也守口如瓶。时天寒大雪不止，"唐军乏食窘迫"，苏定方于龙朔二年二月初得粮后，以"食尽兵疲，不能力战"⑤为由，即刻部署回唐之事。

黄约瑟先生对这场战事曾有一段分析，他说：

> 在长期战斗之后，唐军曾有大量牺牲，国家元气亦因此大损。加上唐军出师无名，成为高宗朝对外关系的一个大黑点。现存记录所见不多，很可能是日后武后掌权时刻意替丈夫修饰的结果⑥。

黄先生的分析，不是没有可能。黄先生所说"在长期战斗之后，唐军曾有大量牺牲"的观点是正确的，《三国史记·金仁问传》所谓大唐远征军围攻平壤期间"丽人固守，故不能克。士马多死伤，粮道不继"⑦即为明证。

另有学者认为，"这次出征，由于老将李勣并未出马，各道总管即便英勇过人，但

① 拜根兴：《七世纪中叶唐与新罗关系研究》，第79页。

② 《三国史记》卷7《新罗本纪·文武王下》，第94页。

③ 拜根兴：《七世纪中叶唐与新罗关系研究》，第55页。

④ 张维慎、郭宝书：《唐任雅相墓志考释》，侯宁彬主编：《陕西历史博物馆论丛》第28辑，西安：三秦出版社，2021年。司马光《资治通鉴》认为，龙朔二年二月甲戌"浿江道大总管任雅相薨于军"；卒年不确，当以墓志为准。

⑤ 《三国史记》卷42《金庾信传》，第497页。

⑥ 黄约瑟：《薛仁贵》，第97页。

⑦ 《三国史记》卷44《金仁问传》，第509页。

缺乏统一部署,虽将平壤围城,最终未能攻拔之"①。这是说,英勇的各道总管虽围平壤城而不能攻克的原因是"缺乏统一部署"。前文所引《三国史记》明言,入唐宿卫仁问、儒敦等至,告新罗王曰:"皇帝已遣苏定方领水陆三十五道兵伐高句丽,遂命王举兵相应。"说明这次唐朝领兵的统帅是苏定方,因而"缺乏统一部署"之说难以成立。

综上所述,在取得百济作为南线军事基地后,苏定方于龙朔元年奉唐高宗之命率三十五军与新罗联合南北夹攻高句丽,虽围其都城平壤达半年之久,但最终还是无功而返,究其失利的原因,主要有四点:第一,在日本支持下的百济复兴军围困下,唐百济留守军处境艰难,对苏定方之大唐远征军配合不力;第二,高句丽王廷上下一心,其军民依托坚城全力抵抗大唐远征军,苏定方无机可乘;第三,大唐远征军南北夹攻高句丽本来较顺利,但国内铁勒叛乱的突发事件,促使唐高宗撤回北路大唐远征军精锐,阻挠了其南北夹击高句丽战略的顺利实施;第四,由于新罗配合不积极,粮草不能及时运达,进入夏历十二月后,非常寒冷的气候和缺衣少粮的恶劣处境,导致大唐远征军最终失利。

附记:本文在撰写过程中,拜根兴教授提供了重要资料且提出了宝贵意见,特致谢意!

原文载《陕西师范大学学报》(哲学社会科学版)2022年第5期

---

① 童岭:《炎凤朔龙记——大唐帝国与东亚的中世》,第94页。

沙苑子文史论稿

# 中国古代史研究

# 说蚕神"嫘祖"

**摘要：**本文从神话传说出发，使用二重证据法，论述了5000年前中国就有蚕桑丝绸的生产。中国的蚕神，史籍多认为是黄帝的元妃嫘祖。各朝代祭祀的蚕神，虽有不同。但北周、隋、唐等朝，祭祀的蚕神却是相同的，那就是嫘祖。

**关键词：**蚕神；嫘祖

丝绸之路，贯穿了东方与西方，加强了彼此的文化交流与商贸往来，使西方人了解了中国丝织品这种神奇的衣料，同时也改善了西方人的生活。丝织品的加工，其材料与养蚕密切相关，因而探讨养蚕的发明无疑是有意义的。

## 一、神 话 传 说

中国是世界上最早养蚕和生产丝绸的国家，并且在一个长时期中是唯一的养蚕和生产丝绸的国家[①]。

关于蚕桑丝绸起源的神话和传说很多，主要有三种：

一是"蚕神献丝"。说是黄帝部族打败九黎蚩尤后，正在庆功，突然一位身披马皮的姑娘从天而降，手捧两束丝献给黄帝，这个献丝姑娘就是"蚕神"。黄帝让人把丝织成绢帛后，看见绢美似云彩、柔似流水，就由元妃嫘祖亲自养蚕，并把养蚕方法教给人民，这样，养蚕业也就慢慢推广了开来。

二是"天神化蚕"。说是天神"元始天尊"看见凡人无衣被御寒而十分可怜，便化为"马鸣王菩萨"，外形为蚕，让其女儿托生人间而成为黄帝元妃，教民养蚕。

三是"公主结茧"。说是古代有一位公主爱上了一位富家公子，后来公子突然失踪，痴情的公主四处寻觅也没有找见公子，她很伤心而不想回去，就在桑树上栖息，时间长了竟结一大茧，于是有了蚕。这个神话，广泛流传于浙江嵊县等地。

---

① 周海若、张炘：《甲骨文中的蚕桑丝绸》，朱新予主编：《中国丝绸史：专论》，北京：中国纺织出版社，1997年，第1页。

在上述神话中，不论是"蚕神献丝"，还是"天神化蚕"，都把养蚕的创始人说成是黄帝或他的元妃，反映了人们对于华夏始祖的敬仰和崇拜。

## 二、考古资料佐证：5000年前中国有蚕桑丝绸的生产

不论是由桑蚕而来的丝绸，还是由葛麻而来的布，都是中国古代先民衣着服饰的主要原材料。

将丝或麻纤维纺织成线，是古代先民认识自然和改造自然的艰辛过程。《易·系辞》载："上古结绳而治，后世圣人易之以书契，百官以治，万民以察。"结绳的时代当在祖融、伏羲、神农之时，反映那时人们已基本掌握了植物纤维加工成绳索的技术[①]。

从考古发现来看，早在裴李岗、磁山文化时期便发现有用陶片制成的纺轮，其穿孔不在圆心，周边加工粗糙。到了仰韶、龙山文化时期，考古发掘所见的纺轮分陶、石质，不仅数量增多，而且形制分算珠形、扁圆形、截头圆锥形等，并有大、中、小之分，富于变化。纺轮搓捻技术可分为吊锭与转锭两种方法，其结构虽然简单，但已具有现代纺机上纺锭的部分功能，既能加捻，又能起牵申作用，并可利用麻、丝、毛等各种原料，纺粗细程度不等的纱[②]。

1926年，李济先生在山西夏县西阴村一处距今五六千年前的仰韶文化遗址中，发掘出一枚被刀子切割过的蚕茧，伴出物还有纺轮[③]。有人认为这是一枚家蚕茧，推断当时已经开始养蚕抽丝织绸。但也有持反对意见者。

1958年，在浙江吴兴钱山漾一处新石器时代遗址中，发掘出一堆织物[④]。这堆织物后经整理和鉴定，有麻布、丝线、丝带和一小块绢片。苎麻织成的布片密度为每时40—78根，蚕丝织成的绢片密度为每时120根，均系平纹组织，相当精致[⑤]。丝带是用30根单纱分3股编织而成的圆形带子，可能是妇女的腰带。这处遗址距今4650—5850年左右。这就是说，在距今大约5000年前，太湖流域地区不仅出现了蚕桑丝绸生产，而且达到了相当高的工艺水平。经纬线均匀而平直，单位面积经纬纱数量相等，结构

---

①　王星光、张新斌：《黄河与科技文明》，武汉：黄河水利出版社，2000年，第152页。

②　王星光、张新斌：《黄河与科技文明》，第153页。

③　李济：《西阴村史前的遗址》，《清华学校研究院丛书》第3种，1927年。

④　浙江省文物管理委员会：《吴兴钱山漾遗址第一、二期发掘报告》，《考古学报》1960年第2期。

⑤　汪济英、牟永抗：《关于吴兴钱山漾遗址的发掘》，《考古》1980年第4期。

相当紧密，表明当时已经掌握了缫丝技术，并有较好的织绸工具①。显然，蚕桑丝绸生产已经存在了相当长的时间，蚕桑丝绸的起源时间比这要早得多。

1981—1987年，郑州市文物考古研究所对荥阳青台村仰韶文化遗址连续进行了发掘，出土了一批重要文物。其中，在4座瓮棺内出土有炭化纺织物，在窖穴内出现了麻绳等。经上海纺织科学研究院专家鉴定，这批炭化纺织物中，不仅有麻布和麻绳，而且有丝帛和绸罗。在出土纺织品遗物与麻绳残段的同时，发掘中还出土有百余件陶纺轮和石纺轮，以及数百件陶刀、石刀、蚌刀、骨锥、骨匕、骨针、陶坠、石坠等，结合民俗学与民族志材料，这些工具大部分应与纺织有关。发掘者从而认为，当时（距今5000年前）的纺织技术已进入成熟阶段，纺织物已被氏族成员普遍使用，并且还被埋入瓮棺内②。荥阳青台村仰韶文化遗址出土的丝织品，为研究黄河流域我国纺织的起源提供了宝贵资料。

在河南巩义双槐树仰韶文化晚期遗址中，出土了牙雕蚕（HGSIT3544F14①：20），顾万发先生认为它是桑蚕中的家蚕造型③。

除丝织品实物和纺织工具外，在我国南北距今5000年前新石器时代文化遗址中，还发现了若干蚕形、蛹形饰物。如1921年，在辽宁砂锅屯的史前洞穴遗址中，有一件大理石蚕形饰物出土，石蚕长达数厘米。1960年，在山西芮城西王村的仰韶文化晚期遗址中，发现了一件陶制的蚕蛹形装饰；陶蚕蛹长1.8厘米，由6个节体组成④。1963年，在江苏吴江梅堰良渚文化遗址出土的黑陶上绘有蚕纹图饰⑤。1980年，在河北正定南阳庄仰韶文化遗址（距今约5400年）出土了两件陶蚕蛹，均长2厘米，腹径0.8厘米；经中国科学院动物研究所昆虫室鉴定，这是对照实物仿制的家蚕蛹⑥，其形制与芮城西王村的陶蚕蛹十分相似；遗址中还发现了既可用于理丝又可打纬的骨匕70件。

上述考古资料表明，在距今5000多年前，黄河中游和长江下游流域地区，都出现了蚕桑丝绸生产，并有了相当程度的发展。

① 刘克祥：《蚕桑丝绸史话》，北京：社会科学文献出版社，2011年，第8页。

② 郑州市文物考古研究所：《荥阳青台遗址出土纺织物的报告》，《中原文物》1999年第3期。

③ 顾万发：《河南巩义双槐树遗址仰韶文化牙雕蚕（HGSIT3544F14①：20）赏析》，《华夏文明》2017第1期。

④ 中国科学院考古研究所山西工作队：《山西芮城东王村和西王村遗址的发掘》，《考古学报》1973年第1期。

⑤ 江苏省文物工作队：《江苏吴江梅堰新石器时代遗址》，《考古》1963年第6期。

⑥ 唐云明：《浅述河北纺织业上的几项考古发现》，《中国纺织科技史资料》，北京：北京纺织科学研究所，1981年。

# 三、官方对蚕神的祭祀

关于蚕桑丝绸起源的传说较多，主要有三种：有的说是起源于太昊伏羲氏，如《通鉴外史》载："太昊伏羲氏化蚕桑为繐帛，绲桑为三十六弦，又以蚕丝为二十七弦。"有的说起源于炎帝神农氏，如《孝经援神契》载："神农耕桑得利，究年受福。"更多地说起源于黄帝及其妻子[1]。那么，黄帝的妻子姓名如何呢？《史记》载："黄帝居轩辕之丘，而娶于西陵氏之女，是为嫘祖。嫘祖为黄帝正妃，生二子，其后皆有天下。"[2]可见，黄帝的妻子（正妃或元妃）名叫嫘祖。嫘祖，既有写作"累祖"[3]的，也有写作"雷祖"[4]的，被誉为"人文女祖"。她随黄帝南征北战，把养蚕之法传遍各地，所以很多地方都有嫘祖的传说流传，纪念嫘祖的祠庙也遍布各地，随之演绎出许多嫘祖出生的地望。至于嫘祖的故里，学术界约有13种说法。其中河南有三说：一说在西平，一说在开封，一说在荥阳；湖北有四说：一说在宜昌市西陵区，一说在远安，一说在黄冈，一说在涢水；四川有三说：一说在盐亭县，一说在茂县叠溪镇，一说在乐山。其他还有山西夏县说、山东费县说、浙江杭州说。这些说法，以河南西平说、湖北宜昌说、四川盐亭说影响较大[5]。经过多数学者的缜密考证，大家意见渐趋一致，基本同意河南西平为嫘祖的故里。

《周易·系辞下》载："黄帝垂衣裳而治。"既然黄帝时代已有"衣裳"可穿，那么，种桑养蚕乃至织绸也就可以理解了。

《皇图要览》载："西陵氏始蚕。"

北宋·刘恕《资治通鉴外纪》载："西陵氏之女嫘祖，为黄帝正妃，始教民养蚕，治丝茧以供衣服，后世祀为先蚕。"

南宋·朱熹《资治通鉴纲目》载："西陵氏之女嫘祖，为（黄）帝元妃，始教民育蚕，治丝茧以供衣服，而天下无皱疼之患，后世祀为先蚕。"《史记》载：黄帝时"播

---

① 刘克祥：《蚕桑丝绸史话》，北京：社会科学文献出版社，2011年，第5页。

② （汉）司马迁：《史记》卷1《五帝本纪》，北京：中华书局，1982年，第10页。

③ 《通志·氏族略》载："西陵氏，古侯国也。黄帝娶西陵氏女为妃，名累祖。"（宋）郑樵撰，王树民点校：《通志二十略》上册，北京：中华书局，1995年，第71页。

④ （清）李元度：《南岳志》引《湘衡稽古》载："累祖从帝南游，死于衡山，遂葬之。今岣嵝有雷（嫘）祖峰，上有雷祖之墓，谓之先蚕冢。其峰下曰西陵路，盖西陵氏始蚕，后人祀之为先蚕也。"

⑤ 陈建魁：《西陵氏与西平》，高沛主编：《嫘祖文化研究》，北京：文物出版社，2007年，第129—130页。

百谷草木，淳化鸟兽虫蛾。"①可见，司马迁把蚕桑丝绸的发明权归功于黄帝。

由于养蚕是妇女的事，多数史书还是把其发明权归于黄帝的元妃。如西汉淮南王刘安《蚕经》所谓"黄帝元妃西陵氏始蚕"②的记载正是这种思想的反映。自后，多数学者都把蚕桑丝绸的发明权归功于黄帝的元妃。

《隋书》卷7《礼仪志二》载："后周制，皇后乘翠辂，率三妃、三妖、御媛、御婉、三公夫人、三孤内子至蚕所，以一太牢亲祭，进奠先蚕西陵氏神。"

南宋·罗泌《路史》卷14《后纪五》载："命西陵氏劝蚕稼，月大火而浴种。夫人副袆而躬桑，乃献蚕丝，遂称织维之功，因之广织，以给郊庙之服。"

元·金履祥《资治通鉴前编》载：黄帝"命元妃西陵氏教民蚕。"

明·罗欣《物原》载："轩辕妃嫘祖，始育蚕绩麻，以兴机杼。"

据以上文献所载，蒋猷龙等认为："自伏羲至夏代，有关驯化桑蚕的史料中，著作除《史记》为汉代的司马迁外，其他则为更迟的宋、元时代人，他们的集录可能来自传说，并补充一些个人的想像，虽然不等于历史，但也可能是历史的影子，是历史上突出的片段的记录。"③此说有理。在唐宋元人的著作中，把蚕桑丝绸的发明权归于黄帝的元妃，显然是"历史上突出的片段的记录"。

由于种桑养蚕与国计民生息息相关，引起了统治者的高度重视，这就是皇后"亲蚕"礼，它与皇帝"籍田"礼同样重要，是国家对农本的重视，这种思想，在商代就产生了。据甲骨文记载，早在殷商时代，就有隆重的祭祀蚕神的仪式：当时祭一次蚕神用太牢，要杀三头牛或是三头羊作为供品④。

皇后"亲蚕"礼也就是祭先蚕（蚕神），这在唐人杜佑《通典》中有集大成的反映，即对周、汉、后汉、魏、晋、宋、北齐、后周、隋、唐祭先蚕的礼仪做了总结⑤，正如《通典》卷46《礼六·沿革六·吉礼五·先蚕》所载：

> 周制，仲春，天官内宰诏后帅外内命妇，始蚕于北郊，以为祭服。蚕于北郊，妇人以纯阴也。天子、诸侯必有公桑蚕室，近川而为之。筑宫仞有三尺，棘墙而外闭之。后妃斋戒，享先蚕而躬桑，以劝蚕事。季春吉巳，王后享先蚕。先蚕，天驷

① （汉）司马迁：《史记》卷1《五帝本纪》，第6页。

② （明）徐光启：《农政全书》卷3引王祯《蚕缫编》。

③ 蒋猷龙、〔日〕吉武成美：《家蚕的起源和分化研究》，朱新予主编：《中国丝绸史：专论》，北京：中国纺织出版社，1997年，第15—16页。

④ 于省吾：《甲骨文字诂林》，北京：中华书局，1996年。

⑤ （唐）杜佑撰，王文锦等点校：《通典》，北京：中华书局，1988年，第1288—1290页。

也。享先蚕而后躬桑，示率先天下也。及大昕之朝，君皮弁素积，卜三公之夫人、世妇之吉者。使入蚕于蚕室，奉种浴于川。桑于公桑，风戾以食之。是月也，命有司无伐桑柘，爱蚕食也。有司，主山林之官也。乃修蚕器，薄槌钩筐之类。禁原蚕。原，再也。天文，辰为马。蚕与马同气，物莫能两大，禁原蚕，为伤马。

汉皇后蚕于东郊。其仪：春桑生，而皇后亲桑于苑中。蚕室养蚕千薄以上，祀以中牢羊豕。祭蚕神曰苑窳妇人、寓氏公主，凡二神。群臣妾从桑还，献于茧馆，皆赐从桑者丝。皇后自行。

这里的"千薄"之"薄"，依本校法应作"簿"，证据见后引文。

后汉皇后四月，帅公卿列侯夫人蚕……桑于蚕宫，手三盆于茧馆，毕，还宫。祀先蚕，礼以少牢。凡蚕丝絮，织室以作祭服。祭服者，冕服也。天地宗庙群神五时之服。其皇帝得以作缕缝衣，皇后得以作巾絮而已。置蚕宫令、丞，诸天下官下法皆诣蚕室，与妇人从事，故旧有东西织室作治。

魏文帝黄初七年，皇后蚕于北郊，依周典也。

晋武帝太康六年，蚕于西郊。盖与籍田对其方也。先蚕坛高一丈，方二丈，四出陛，陛广五尺，在皇后采桑坛东南帷宫外门之外，而东南去帷宫十丈，在蚕室西南，桑林在其东。取列侯妻六人为蚕母。蚕将生，择吉日，皇后著十二笄步摇，依汉魏故事……先桑二日，蚕宫生蚕著簿上。躬桑日，皇后未到，太祝令质明以太牢告祠，谒者一人监祠。祠毕，彻馔，颁余胙于从桑及奉祠者。皇后至西郊升坛，公主以下陪列坛东。皇后东面躬桑，采三条，诸妃公主各采五条，县乡以下各采九条，悉以桑授蚕母，还蚕室。事讫，皇后还便座，公主以下乃就位，设飨宴，赐绢各有差。

宋孝武大明四年，始于台城西白石里为蚕所，设兆域，置大殿，又立蚕观。其礼皆循晋氏。

北齐为蚕坊于京城北之西，去皇宫十八里外。有蚕宫，方九十步，墙高一丈五尺。其中起蚕室二十七，别殿一区。置蚕宫令、丞，宦者为之。路西置皇后蚕坛，高四尺，方二丈，四陛，陛各广八尺。置先蚕坛于桑坛东南，大路东，横路南。坛高五尺，方二丈，四陛，陛各五尺。外兆方四十步，面开一门……每岁季春，谷雨后吉日，使公卿以一太牢祠先蚕黄帝轩辕氏于坛上，无配，如祀先农。礼讫，皇后因亲桑于坛……

后周制，皇后乘翠辂，率六宫三妃、三弋、御媛、御婉、三公夫人、三孤内子至蚕所，以一少牢亲进，祭奠先蚕西陵氏神。礼毕，降坛，令二嫔为亚献终献，因以躬桑。

隋制，先蚕坛，于宫北三里为坛，高四尺。季春上巳，皇后服鞠衣，以一太牢、制币，祭先蚕于坛上，用一献之礼。祭讫，就桑位于坛南，东面。尚功进金钩，典制奉筐。皇后采三条，反钩。命妇各依班采五条九条止。世妇于蚕母受切桑，洒讫，皇后乃退。自齐及周隋，其典法多依晋仪，亦时有损益。

从以上记载来看，在祭祀蚕神（先蚕）的仪式中，参加者有皇后、妃嫔、公主、内外命妇等，祭品有太牢、中牢、少牢之别，但多为太牢，不谓不隆重，只是各代所祀的蚕神并不完全相同：汉代的先蚕是苑窳妇人、寓氏公主，北齐的先蚕是黄帝，北周的先蚕是黄帝的元妃西陵氏（嫘祖），隋、唐的先蚕应与北周同。可见，我国官方把嫘祖作为"先蚕"而祭，是从北周开始的，隋、唐等王朝也是因循而行。

综上所述，本文从神话传说出发，使用二重证据法，论述了5000年前中国就有蚕桑丝绸的生产。中国的蚕神，史籍多认为是黄帝的元妃嫘祖。各朝代祭祀的蚕神，虽有不同。但北周、隋、唐等朝，祭祀的蚕神却是相同的，那就是嫘祖。

原文载《陕西历史博物馆馆刊》第24辑，西安：三秦出版社，2017年

# 秦末谋士范增事迹钩沉<sup>*</sup>

**摘要：** 秦末谋士范增的事迹，主要包括四个方面：一、劝项梁立楚怀王孙心为楚王，是对当时英雄达成的立六国后之共识的发扬和光大；二、鸿门宴上谋刺刘邦未遂，使项羽失去了一次得天下的机会；三、使汉王刘邦王巴、蜀、汉中而偏于一隅，暂时延缓了刘邦据关中而争天下的速度；四、劝项羽急围汉王于荥阳，因项羽猜疑、缓攻城而功败垂成。

**关键词：** 项梁；项羽；刘邦；范增

宋代学者洪迈在其《范增非人杰》一文中指出："世谓范增为人杰，予以为不然。夷考平生，盖出战国从横之余，见利而不知义者也。始劝项氏立怀王，及羽夺王之地，迁王于郴，已而弑之，增不能引君臣大谊，争之以死。怀王与诸将约，先入关中者王之，沛公既先定关中，则当入约，增乃劝羽杀之，又徙之蜀汉。羽之伐赵，杀上将宋义，增为末将，坐而视之。坑秦降卒，杀秦降王，烧秦宫室，增皆亲见之，未尝闻一言也。至于荥阳之役，身遭反间，然后发怒而去。呜乎，疏矣哉！东坡公论此事伟甚，犹未尽也。"<sup>①</sup>洪迈所谓"范增非人杰"的观点，显然是以成败论英雄，并不足取；今以历史事实为根据，对范增的主要事迹考述如下。

## 一、劝项梁立楚怀王孙心为楚王是对当时英雄达成的立六国后之共识的发扬和光大

秦二世元年（前209）七月，陈胜、吴广率领戍卒九百人在蕲县大泽乡举起了反秦大旗，由于天下苦秦久矣，各地纷纷响应，至陈县，起义军已有兵车六七百乘、骑千余、卒数万人；攻下陈县后，陈胜自立为王，号"张楚"。

秦二世二年（前208）六月，身为张楚政权上柱国的项梁，为了改变陈胜死后起

---

\* 本文与田小娟合作。

① （宋）洪迈：《容斋随笔》卷9《范增非人杰》，长春：吉林文史出版社，1994年，第94页。

义军人心涣散的状况，增强起义军自身的内聚力，乃"召诸别将会薛计事"①，共谋反秦大略；沛公刘邦也专门从沛赶来参加了会议。在这次会议上，年已七十而"好奇计"的居鄛人范增说："陈胜败固当。夫秦灭六国，楚最无罪。自怀王入秦不反，楚人怜之至今，故楚南公曰：'楚虽三户，亡秦必楚'也。今陈胜首事，不立楚后而自立，其势不长。今君起江东，楚蜂起之将皆争附君者，以君世世楚将，为能复立楚之后也。"②项梁认为范增的话很有道理，便派人找到已流落民间的牧羊人——楚怀王孙心，立以为楚王。

对于范增劝项梁立楚怀王孙名心者为楚王，古今学者多持否定态度。北宋神宗时的政治改革家王安石在其《范增》一诗中说："中原秦鹿待新羁，力战纷纷此一时。有道吊民天即助，不知何用牧羊儿？"显然，王安石对于范增劝项梁立楚怀王孙心为楚王的策略不以为然。现代的历史学家们在评价薛城之会时也说："主张'复立楚后'，固然是当时以项梁为代表的农民起义领袖们政治上的不成熟与失误；但作为封建社会早期的一次农民起义，在那戎马倥偬的动荡之中，能召集这样的会议，它本身就是农民起义军的自我组织能力与斗争水准进一步提高的重要表现。它增强了'亡秦必楚'的信念，协调了各路起义军的行动，提高了反秦战斗力，成为秦末农民战争开始走向第二阶段的标志。"③

对于现代历史学家们"主张'复立楚后'，固然是当时以项梁为代表的农民起义领袖们政治上的不成熟与失误"的观点，笔者以为值得商榷。让我们还是从范增对项梁的劝谏之语开始分析吧！

在上引文献中，楚南公所谓"楚虽三户，亡秦必楚"的预言是正确的。张建寅先生著《"楚虽三户，亡秦必楚"辨释》④一文，从政治、经济等方面对"亡秦必楚"进行了分析，他得出结论说："如果说楚国的丰富的物资是楚灭秦的直接的物资基础，而楚国的'不待贾而足'又'无饥馑之患'的自给自足的封建经济，则直接构成为'楚人怨秦'的政治思想基础。有了物资基础和政治思想，'亡秦必楚'才终于成为现实。"张先生的分析不无道理。而范增劝项梁立楚怀王孙名心者为楚王，正是受楚南公"楚虽三户，亡秦必楚"预言的启发而顺应当时"楚人怨秦"的心理提出来的，因而是正

① （汉）司马迁：《史记》卷7《项羽本纪》，北京：中华书局，1982年，第300页。

② 《史记》卷7《项羽本纪》，第300页。

③ 白寿彝、高敏、安作璋主编：《中国通史》第四卷《中古时代·秦汉时期》（上册），上海：上海人民出版社，1995年，第261页。

④ 中国历史文献研究会编：《中国历史文献集刊》第五集，长沙：岳麓书社，1985年，第194—200页。

确的。事实也正是如此。当陈胜在蕲县大泽乡举起反秦旗帜后，"楚之地，方二千里，莫不响应，家自为怒，人自为斗，各报其怨而攻其仇，县杀其令丞，郡杀其守尉"①。"当此时，楚兵数千人为聚者，不可胜数。"②"陵人秦嘉、铚人董緤、符离人朱鸡石、取虑人郑布、徐人丁疾等皆特起。"③还有项梁、项羽叔侄起兵于吴，沛公刘邦起兵于沛。整个楚国很快就形成了强大的反秦洪流。在楚国的反秦洪流中，项羽领导的军队最终消灭了秦军主力，而沛公刘邦领导的军队最终灭亡了残暴的秦王朝。历史证明，楚南公的预言是正确的。

在上引文献中，范增所谓"陈胜败固当……今陈胜首事，不立楚后而自立，其势不长"之语也是对的，这可由当时的英雄豪杰张耳、陈余之语加以说明。当陈胜攻下陈县后，张耳、陈余便来拜见，陈胜"素闻其贤，大喜"；当陈县豪杰父老请立陈胜为楚王时，陈胜征求张耳、陈余的意见，他们说："秦为无道，灭人社稷，暴虐百姓；将军出万死之计，为天下除残也。今始至陈而王之，示天下私。愿将军毋王，急引兵而西；遣人立六国后，自为树党，为秦益敌；敌多则力分，与众则兵强。如此，则野无交兵，县无守城，诛暴秦，据咸阳，以令诸侯；诸侯亡而得立，以德服之，则帝业成矣！今独王陈，恐天下懈也。"④在陈胜反秦旗帜的号召下，旧六国境内广泛地发生了两种反秦武装：一是类似陈胜领导的农民起义军，二是旧六国贵族领导的割据武装，这两种武装力量"对秦统治者来说，都同样是背叛和反抗。陈胜起义后，之所以能很快出现'山东尽叛'，使秦朝统治阶级陷入孤立的地位，和六国贵族纷纷起来进行复国活动也有密切的关系"⑤。由此可见，在反秦的武装力量中，六国贵族的武装力量是不容忽视的。从"自为树党"的角度出发，张耳、陈余劝陈胜"遣人立六国后"无疑是正确的，可惜陈胜听不进去，因而成为其失败的原因之一，正如范文澜先生所说："陈胜自首事到败死，只有六个月。兴起那样勃然，因为他的行动切合当时社会的需要；败死又那样骤然，因为他有不可避免的两个弱点和一个可避免而不避免的弱点。"陈胜不可避免的两个弱点之一就是"领主残余分子如武臣之类，借陈胜名义纷纷割据，不肯援助"⑥。武臣之类的领主残余分子，既是借陈胜的名义而割据，为什么不肯援助陈胜的

---

①《史记》卷89《张耳陈余列传》，第2573页。

②《史记》卷48《陈涉世家》，第1953页。

③《史记》卷48《陈涉世家》，第1957页。

④（宋）司马光编著：《资治通鉴》卷7，秦二世皇帝元年（前209），北京：中华书局，1956年，第255—256页。

⑤李桂海：《论秦末六国贵族反秦斗争的性质》，《求是学刊》1985年第4期。

⑥范文澜：《中国通史》第二册，北京：人民出版社，1964年，第28页。

农民起义军呢？当时辅佐武臣的张耳、陈余为我们提供了明确的答案。前已述及，张耳、陈余曾劝陈胜"遣人立六国后，自为树党"，陈胜不纳，但他称王后却纳张耳、陈余"请奇兵北略赵地"之策，以故所善陈人武臣为将军，邵骚为护军，以张耳、陈余为左、右校尉，予卒三千人，徇赵。张耳、陈余至邯郸，听说周章退却，又听说为陈胜徇地之诸将返还者多因谗毁得罪而被杀，便劝武臣自立为王；八月，武臣遂自立为赵王，以陈余为大将军，张耳为右丞相，邵骚为左丞相，使人报知陈胜。陈胜闻讯大怒，欲尽族武臣等家而发兵击赵。柱国房君谏阻说："秦未亡而诛武信君等家，此生一秦也；不如因而贺之，使急引兵西击秦。"陈胜以为然，从其计，徙系武臣等家于宫中，封张耳之子张敖为成都君，派使者前往赵国祝贺，并令赵急发兵西入关；可张耳、陈余却对赵王武臣说："王王赵，非楚意，特以计贺王。楚已灭秦，必加兵于赵。愿王毋西兵，北徇燕、代，南收河内以自广。赵南据大河，北有燕、代，楚虽胜秦，必不敢制赵；不胜秦，必重赵。赵乘秦、楚之敝，可以得志于天下。"[1]赵王武臣认为张耳、陈余之计可行，遂不派兵西击秦，反而"使韩广略燕，李良略常山，张黡略上党"，致使陈胜领导的农民起义军失去有力援助而失败。

武臣于秦二世元年（前209）八月自立为赵王后，又有齐、魏、燕等国的贵族或自立为王，或被他人立为王。作为"故齐王族"的田儋，与"从弟荣，荣弟横，皆豪健，宗强，能得人"，因而在陈胜的将军周市徇地至狄时，田儋击杀狄令，召豪吏子弟说："诸侯皆反秦自立。齐，古之建国也；儋，田氏，当王！"[2]乃自立为齐王，并发兵而击周市，周市军退去。周市自狄还，至魏地，想要立故魏公子宁陵君魏咎为王，只因魏咎在陈，不得到魏，未果。魏地已定之后，诸侯皆欲立周市为魏王，周市推辞说："天下昏乱，忠臣乃见。今天下共畔秦，其义必立魏王后乃可。"[3]诸侯固请立周市，周市终辞不受；迎魏咎于陈，五反，陈王乃遣之，立魏咎为魏王，周市为魏相。同年，奉赵王武臣之命而北徇燕地的韩广，到达燕地后，燕地豪杰欲共立韩广为燕王，韩广以"广母在赵"为由加以拒绝，可燕人说："赵方西忧秦，南忧楚，其力不能禁我。且以楚之强，不敢害赵王将相之家，赵独安敢害将军家乎！"韩广乃自立为燕王。秦二世二年（前208），秦将章邯连败楚军，周文走死，陈胜、吴广皆为部下所杀，在这种情况下，赵将李良杀武臣以降秦，而张耳、陈余收赵王武臣之散兵，得数万人，反击李良，李良战败而归章邯；客有说张耳、陈余曰："两君羁旅，而欲附赵，难可独立；立赵后，辅以谊，

① 《资治通鉴》卷7，秦二世皇帝元年（前209），第259页。
② 《资治通鉴》卷7，秦二世皇帝元年（前209），第262页。
③ 《资治通鉴》卷7，秦二世皇帝元年（前209），第263页。

可就功。"① 乃求得赵歇。春正月，张耳、陈余立赵歇为赵王，居信都。

从上引事实可以看出，范增于秦二世二年（前208）六月在薛城之会上劝项梁立楚怀王孙心为楚王，只不过是借鉴了此前赵、齐、魏、燕等国贵族或自立为王或被他人立为王的经验而加以仿效罢了，并没有什么不妥。也就是在项梁纳范增之策而立楚怀王孙心为楚王后，张良又说项梁曰："君已立楚后，而韩诸公子横阳君成最贤，可立为王，益树党。"② 项梁乃使张良求韩成，立以为韩王。不论是张耳、陈余，还是张良，都认识到立六国后是"树党"，正所谓英雄所见略同耳！项羽在灭秦后而分封天下时也说："天下初发难时，假立诸侯后以伐秦。"③ 这里的"诸侯后"，无疑指的就是六国贵族之后。由此可见，立六国后是当时英雄豪杰的共识，因而范增劝项梁立楚怀王孙心为楚王，只不过是对当时英雄豪杰达成的立六国后之共识的发扬和光大，其正确性是不容怀疑的。由于薛城之会的主要成果是项梁纳范增之策而立楚怀王孙心为楚王，所以上引历史学家们评价薛城之会所谓"它增强了'亡秦必楚'的信念，协调了各路起义军的行动，提高了反秦战斗力"的话，完全可以作为楚怀王孙心被立为楚王这件事的作用。事实也正是如此，在项梁因骄傲轻敌而被章邯击杀后，各路诸侯在楚怀王孙心的统一号令下，兵分两路而协调行动：由宋义、项羽、范增率领的楚军主力，在援赵而发起的钜鹿之战中全歼秦军主力；因秦军主力被歼，沛公刘邦率领的一路军队没遇多大抵抗就顺利突入关中而消灭了残暴的秦王朝。

清代学者王鸣盛说："项氏谬计凡四：方项梁起江东，渡江而西，并诸军连战胜，及陈涉死，召诸别将会薛计事，此时天下之望已系于项梁，若不立楚怀王孙心，即其后破死于章邯之手，而项羽收其余烬，大可以制天下，范增首唱议立怀王，其后步步为其掣肘，使沛公入关，羽得负约名，杀之江中，得弑主名。增计最拙，大误项氏，谬一……六国亡久矣，起兵诛暴秦，不患无名，何必立楚后，制人者变为制于人。"④ 王鸣盛所谓"及陈涉死，召诸别将会薛计事，此时天下之望已系于项梁"确是实情，但同时又说"若不立楚怀王孙心"，即其后破死于章邯之手，而项羽收其余烬，大可以制天下，则未必正确。在项梁因骄傲轻敌而被章邯击杀后，楚怀王与诸将约："先入定关中者王之。"怀王诸老将皆曰："项羽为人，慓悍猾贼，尝攻襄城，襄城无遗类，皆坑之；诸所过无不残灭。且楚数进取，前陈王、项梁皆败，不如更遣长者，扶义而西，告谕秦父兄。秦父兄苦其主久矣，今诚得长者往，无侵暴，宜可下。项羽不可遣，独

① 《资治通鉴》卷8，秦二世皇帝二年（前208），第270页。

② 《资治通鉴》卷8，秦二世皇帝二年（前208），第274页。

③ 《史记》卷7《项羽本纪》，第316页。

④ （清）王鸣盛：《十七史商榷》卷2《项氏谬计四》，北京：中国书店，1987年。

沛公素宽大长者，可遣。"怀王乃不许项羽，而遣沛公西掠地，收陈王、项梁散卒以伐秦。正是由于楚怀王采纳了诸老将的正确建议，让"素宽大长者"的沛公刘邦西入关击秦，而让"慓悍猾贼"的项羽援赵，才使得反秦大业顺利进行并最终消灭了残暴的秦王朝；如果在薛城之会上项梁不纳范增之策而立楚怀王孙心为楚王，那么在项梁战死以后，撇开盟友赵国迫切盼望援助不谈，急于为叔父项梁报仇的项羽必然会与刘邦在由谁西入关问题上争执不下，尽管诸老将都反对项羽而支持刘邦，但"慓悍猾贼"的项羽未必肯听，这样不仅局面将陷入混乱，而且还有可能贻误战机使赵国灭亡，起义军前途难以预料。因此，我们认为，在薛城之会上项梁纳范增之策而立楚怀王孙心为楚王是正确的。

王鸣盛又说："郦生劝立六国后，张良借前箸筹不可，在刘如此，在项何独不然！"[1]这需要具体分析。北宋学者司马光说："初，张耳、陈余说陈涉以复六国，自为树党；郦生亦说汉王。所以说者同而得失异者，陈涉之起，天下皆欲亡秦；而楚、汉之分未有所定，今天下未必欲亡项也。故立六国，于陈涉，所谓多己之党而益秦之敌也；且陈涉未能专天下之地也，所谓取非其有以与于人，行虚惠而获实福也。立六国，于汉王，所谓割己之有而以资敌，设虚名而受实祸也。此同事而异形者也。"[2]司马光的分析表明，在秦王朝未灭亡以前，张耳、陈余从"树党"的角度劝陈胜立六国后，其好处是"行虚惠而获实福也"；同是立六国后，但在秦王朝灭亡后，郦生劝刘邦立六国后则是"设虚名而受实祸也"，故张良以为不可。范增劝项梁立楚怀王孙心为楚王，与张耳、陈余劝陈胜立六国后都在秦王朝未灭亡以前，都是从"自为树党，为秦益敌"的角度考虑的，因而都是正确的；况且在项梁纳范增之策而立楚怀王孙心为楚王后，张良又劝项梁立韩公子成为韩王，项梁也采纳了，这也可佐证范增劝项梁立楚怀王孙心为楚王是正确的。

## 二、鸿门宴上谋刺刘邦未遂，使项羽失去了一次得天下的机会

项羽在钜鹿之战中消灭秦军主力而定河北后，率诸侯军西入关。听说沛公刘邦已定关中，大怒，使黥布等攻破函谷关。高帝元年（前206）十二月，项羽进至戏。沛公左司马曹无伤派人对项羽说："沛公欲王关中，使子婴为相，珍宝尽有之。"项羽闻讯大怒，说："旦日飨士卒，为击破沛公军。"当是时，项羽兵四十万，在新丰鸿门；沛公兵十万，在霸上。双方力量对比，沛公刘邦处于劣势，而项羽占绝对优势。作为项

---

① （清）王鸣盛：《十七史商榷》卷2《项氏谬计四》。

② 《资治通鉴》卷10，汉高帝三年（前204），第333页。

羽谋士的范增，深知沛公刘邦乃项羽争天下之劲敌，便对项羽说："沛公居山东时，贪于财货，好美姬。今入关，财物无所取，妇女无所幸，此其志不在小。吾令人望其气，皆为龙虎，成五采，此天子气也。"①劝项羽"急击勿失"。身为项羽季父的项伯，在楚担任令尹一职；项伯在秦时因杀人而被张良救过命，所以连夜至霸上，把项羽第二天要进攻沛公的消息告诉张良，张良遂与项伯一起见沛公刘邦，沛公刘邦对项伯兄事之，约为儿女亲家，并答应第二天早晨来鸿门向项羽谢罪。第二天早晨，沛公刘邦率百余骑来鸿门向项羽谢罪，项羽因留沛公刘邦一同饮酒。在宴会上，范增数目项羽，举所佩玉玦再三示意，项羽就是默然不应，范增无奈，出召项庄说："君王为人不忍。若入前为寿，寿毕，请以剑舞，因击沛公于坐，杀之。不者，若属皆且为所虏！"②项庄按范增所教，到宴会上舞剑助兴，不料，与沛公刘邦约为儿女亲家的项伯，亦拔剑起舞，并时常用自己的身体翼蔽沛公刘邦，使项庄难以下手。看到沛公刘邦有危险，张良急忙找来樊哙加以缓解，而沛公刘邦趁上厕所之机，与樊哙、夏侯婴、靳强、纪信等四人一起逃回霸上大营，而只留张良一人向项羽加以解释。当张良代沛公刘邦把一双白璧献给项羽时，项羽受璧而置之座上；当张良把一双玉斗献给亚父范增时，他受玉斗而置之地，拔剑撞而破之，生气地说："唉，竖子不足与谋！夺将军天下者，必沛公也，吾属今为之虏矣！"沛公刘邦至霸上军中，立刻诛杀了叛徒曹无伤。

钱舜臣咏范增诗云："暴羽天资本不仁，岂堪亚父作谋臣。尊前若遂鸿门计，又一商君又一秦。"③陈中孚咏范增诗也云："七十衰翁两鬓霜，西来一笑火咸阳。生平奇计无他事，只劝鸿门杀汉王。"④二诗人对范增及其鸿门计的评价，纯属感情用事，并不足取。

## 三、使汉王刘邦王巴、蜀、汉中而偏于一隅，暂时延缓了刘邦据关中而争天下的速度

鸿门宴后，项羽引兵西屠咸阳，杀秦降王子婴，烧秦宫室，火三月不灭，秦人大为失望。高帝元年（前206）二月，项羽分封天下，立诸将为侯王。项羽自立为西楚霸王，王梁、楚地九郡，都彭城。项羽、范增虽怀疑沛公刘邦将要争天下，但"业已

---

① 《史记》卷7《项羽本纪》，第311页。

② 《资治通鉴》卷9，汉高帝元年（前206），第302页。

③ （清）梁绍壬：《两般秋雨盦随笔》卷4"范增诗"，石家庄：河北教育出版社，1994年，第211页。

④ （清）梁绍壬：《两般秋雨盦随笔》卷4"范增诗"，第211页。

讲解，又恶负约，恐诸侯叛之"，便私下商量说："巴、蜀道险，秦之迁人皆居蜀。"且"巴、蜀亦关中地"①，遂立沛公为汉王，王巴、蜀、汉中，都南郑。项羽虽使沛公刘邦王巴、蜀、汉中，但汉中地并不全归刘邦所有；刘邦"因令良厚遗项伯，使尽请汉中地，项王许之"②。为了拒塞汉路，项羽三分关中，王秦降将：封章邯为雍王，王咸阳以西，都废丘；长史司马欣在为栎阳狱掾时曾对项梁有恩德，因而被封为塞王，王咸阳以东至河，都栎阳；都尉董翳因为曾劝章邯降楚，因而被封为翟王，王上郡，都高奴。项羽、范增处心积虑地使沛公刘邦王巴、蜀、汉中而偏于一隅，只是暂时延缓了刘邦据关中而争天下的速度。

## 四、劝项羽急围汉王于荥阳，因项羽猜疑、缓攻城而功败垂成

项羽分封天下，由于"尽王诸将善地，徙故主于丑地"③，因而不仅田荣在齐地反叛，陈余亦在赵地反叛。高帝元年（前206）八月，汉王刘邦引兵从故道出，定三秦。张良遗项羽书曰："汉王失职，欲得关中，如约即止，不敢东。"又以齐、梁反书遗项羽曰："齐欲与赵并灭楚。"项羽以此故无西意，而北击齐。高帝二年（前205）冬十月，项羽密使九江、衡山、临江王击义帝，杀之江中。项羽谋杀义帝（即楚怀王孙心），给政敌刘邦提供了理想的借口，刘邦以讨伐弑君者为借口，"立刻向其他王发出共襄义举的呼吁"④，并抓住这一有利时机直捣项羽的老巢——彭城，正当刘邦庆祝胜利而"置酒高会"之际，却不料项羽一反击就打败诸侯兵，而且"围汉王三匝"，在危急关头，"折木发屋，扬沙石"的大风逢迎楚军，趁楚军大乱之际，汉王刘邦与数十骑才侥幸得以逃脱。

项羽之救彭城，追汉王刘邦至荥阳。荥阳"是一座重要的战略城市，它位于黄河这条大河向东北分流入海的地方。著名的敖仓就在附近，里面装满了来自黄淮这片沃野上生产的粮食；荥阳城的西面是通往关中的道路"⑤。荥阳城里的汉军，通过"筑甬道属之河"的途径来取得敖仓之粟。由于汉王刘邦在彭城被项羽打败，诸侯皆复与楚而

① 《史记》卷7《项羽本纪》，第316页。

② 《资治通鉴》卷9，汉高帝元年（前206），第308页。

③ 《资治通鉴》卷9，汉高帝元年（前206），第309页。

④ 〔英〕崔瑞德、鲁惟一编，杨品泉等译：《剑桥中国秦汉史：公元前221至公元220年》，北京：中国社会科学出版社，1992年，第136页。

⑤ 〔英〕崔瑞德、鲁惟一编，杨品泉等译：《剑桥中国秦汉史：公元前221至公元220年》，第137页。

背汉，这对项羽很有利。高帝三年（前204）夏四月，项羽数侵夺汉甬道，汉王食乏，恐，请和，割荥阳以西者为汉；项羽欲听之。历阳侯范增曰："汉易与耳，今释弗取，后必悔之。"①项羽乃与范增急围荥阳。汉王患之，乃用陈平计，离间项羽君臣。项羽派使臣至汉，陈平使人为太牢具；举进，见楚使，佯惊曰："吾以为亚父使，乃项王使。"复持去，以恶食宽待楚使者。楚使归报项羽，项羽果然疑亚父。亚父者，范增也。亚父欲急攻下荥阳城，项羽不信，不肯听。亚父闻知项羽怀疑自己，乃怒曰："天下事大定矣，君王自为之，愿赐骸骨！"②项羽许之。亚父怀着满腹的委屈而负气出走，归未至彭城，疽发背而死，实是可怜，值得同情。亚父临行前所谓"天下事大定矣"是不无道理的，因为汉王刘邦还被围困在荥阳城里，只要项羽"自为之"而一举攻下荥阳城，活捉或杀死刘邦即可以实现。遗憾的是，项羽连上汉王君臣的当还不觉醒。五月，汉将纪信对汉王刘邦说："事急矣！臣请诳楚，王可以间出。"于是陈平在夜间使二千余名女子从东门出，楚因四面击之。汉将纪信乃乘王车，黄屋，左纛，说："食尽汉王降。"楚皆呼万岁，之东城观，沉浸在即将到来的胜利之中。由于楚的注意力都被吸引到了城东的缘故，汉王刘邦与数十骑才侥幸得以从西门逃脱。

陈平分析自己离开楚的原因时说："项王不能信人，其所任爱，非诸项即妻之昆弟，虽有奇士不能用。"③高祖刘邦分析项羽失败之原因时也说："项羽有一范增而不能用，此其所以为我擒也。"④项羽之所以"虽有奇士不能用""有一范增而不能用"，主要是他"不能信人"的猜忌心理在作祟。所以清代学者王鸣盛说："项王之失，不在粗疏无谋，乃在苛细多猜疑不任人。"⑤陈平正是利用了项羽"不能信人""苛细多猜疑不任人"的弱点，巧施反间计，才使其君臣从重重围困的荥阳城中逃脱而转危为安的。

评价历史人物，不能以成败论英雄。在楚汉战争期间，范增尽心竭力地为项羽出谋划策，但出于各种原因，没能最终使项羽战胜刘邦，可毕竟"增，高帝之所畏也，增不去，项羽不亡"⑥，况且范增劝项梁立楚怀王孙心为楚王，保证了反秦大业的顺利进行并取得了成功，其功不可没，所以范增不失为英雄豪杰！

原文载《秦文化论丛》第12辑，西安：三秦出版社，2005年

① 《史记》卷7《项羽本纪》，第325页。

② 《资治通鉴》卷10，汉高帝三年（前204），第325页。

③ 《史记》卷56《陈丞相世家》，第2054页。

④ 《史记》卷8《高祖本纪》，第381页。

⑤ （清）王鸣盛：《十七史商榷》卷2《项氏谬计四》。

⑥ （宋）苏轼：《东坡志林》卷5《论范增》，北京：中华书局，1981年，第110页。

# 谈"竖子"称谓在战国至汉初政治生活中的应用

## ——兼谈阮籍"时无英雄，使竖子成名"中"竖子"之意指

**摘要：**战国至汉初，当"竖子"鄙称含"小子"意出现时，广泛应用于当时的政治生活当中，主要包括两种情况：一是在敌对两大阵营之间，一方的主将（或谋士）可以称对方的主将（或谋士）为"竖子"；二是在己方阵营内，谋士可以称主将或君王可以称自己的太子、下属为"竖子"。而阮籍登广武慨叹时所说的"时无英雄，使竖子成名"之"竖子"，是指楚汉战争的胜利者，非汉王刘邦莫属。

**关键词：**战国；汉初；竖子

"竖子"一词，其出现时间不晚于春秋，《左传·成公十年》载："公疾病，求医于秦。秦伯使医缓为之。未至，公梦疾为二竖子，曰：'彼良医也。惧伤我，焉逃之。'"可证。"竖子"的含意，有两层：一是指童仆，《庄子·山水》："故人喜，命竖子杀雁而烹之。"郭庆藩集释："竖子，童仆也。"清周中孚《郑堂札记》卷3载："《荀子·仲尼篇》云：仲尼之门人，五尺之竖子。"亦指小孩。二是古人对人轻视的指称，相当于今俗语说的小子[①]；对人"卑贱的称谓，犹小子"[②]；对人的鄙称，犹今言"小子"[③]。当"竖子"鄙称意含"小子"意出现时，广泛应用于当时的政治生活当中。

---

① 三民书局《大辞典》编纂委员会：《大辞典》下册，台北：三民书局股份有限公司，1985年，第4518页。

② 《辞海》编辑委员会：《辞海》（缩印本·1989年版），上海：上海辞书出版社，1990年，第2012页。

③ 罗竹风主编：《汉语大辞典》下卷，上海：汉语大辞典出版社，1997年，第5873页。

# 一、战国政治生活中的"竖子"称谓

战国时期，齐有孟尝君，魏有信陵君，赵有平原君，楚有春申君，合称战国四公子。战国四公子，皆以养士著称。据史载，平原君家楼临民家，民家有躄者，槃散行汲，平原君美人居楼上，临见，大笑之。明日，躄者至平原君门，请求说："臣闻君之喜士，士不远千里而至者，以君能贵士而贱妾也。臣不幸有罢癃之病，而君之后宫临而笑臣，臣愿得笑臣者头。"平原君笑着答应说"诺"。躄者去，平原君笑着说："观此竖子，乃欲以一笑之故杀吾美人，不亦甚乎！"[1]终不杀。这里的"竖子"称谓，就是平原君赵胜对躄者的鄙称。居岁余，宾客门下舍人稍稍引去者过半，平原君感到很奇怪，门下一人上前对话说："以君之不杀笑躄者，以君为爱色而贱士，士即去耳。"于是平原君乃斩笑躄者美人头，自造门进躄者，因谢焉。其后，门下乃复稍稍来。

周显王二十八年（前341），魏庞涓进攻韩国，韩向齐告急求救，齐威王以田忌为主将，孙膑为军师，率军直扑魏都大梁。魏将庞涓听说后，当即弃韩而回救。孙膑认为三晋之兵素以"悍勇"著称，善战者可"因其势而利导之"，建议田忌入魏境后采取"减灶不减兵"的办法迷惑敌人，庞涓果然上当，误以为齐军逃亡过半，遂弃其步兵，与其轻锐倍日并行追赶齐军，孙膑计算着魏军的行程，傍晚当至马陵。马陵道狭且旁多阻隘，可以伏兵，乃令人斫大树白而书之曰："庞涓死于此树之下"。同时令齐军善射者万弩，夹道而伏，期曰"暮见火举而俱发"。庞涓果夜至斫木下，见白书，乃钻火烛之，读其书未毕，齐军万弩俱发，魏军大乱相失。庞涓自知智穷兵败，乃自刭，说："遂成竖子之名！"[2]齐因乘胜尽破魏军，虏魏太子申以归。庞涓与孙膑本是同学，曾因妒忌孙膑的才能而陷害孙膑成了残废，而庞涓临死时所说的"遂成竖子之名！"之"竖子"，显然指的就是其同学孙膑，这是庞涓对其同学的鄙称；果不出庞涓所料，马陵之战后孙膑名显天下，而且世传其兵法。

周赧王五十七年（前258），秦围邯郸，赵使平原君向楚求救，合纵抗秦，平原君约与门下食客有勇力文武备具者二十人偕往，毛遂就在其中。毛遂比至楚，与十九人议论，十九人皆服。平原君为了与楚合纵，为楚王言其利害，可日出而言之，至日中不决，十九人便对毛遂说："先生上。"毛遂按剑历阶而上，置楚王的叱责于不顾，对楚王说："今楚地方五千里，持戟百万，此霸王之资也。以楚之强，天下弗能当。白

---

① （汉）司马迁：《史记》卷76《平原君虞卿列传》，北京：中华书局，1982年，第2365页。
② 《史记》卷65《孙子吴起列传》，第2164—2165页；（宋）司马光编著：《资治通鉴》卷2，周显王二十八年（前341），北京：中华书局，1956年，第59页。

起，小竖子耳，率数万之众，兴师以与楚战，一战而举鄢郢，再战而烧夷陵，三战而辱王之先人。此百世之怨而赵之所羞，而王弗知恶焉。合从者为楚，非为赵也。吾君在前，叱者何也？"①楚王说："唯唯，诚若先生之言，谨奉社稷而以从。" 毛遂之所以鄙称白起为 "小竖子"，目的是激发楚王报仇雪耻的决心，毛遂通过自己的努力争取，使楚赵合纵抗秦的大计以盟誓的方式最终确定下来，可谓功不可没。

战国后期，秦国兼并战争的步伐进一步加快，弱小的燕国感到灭亡的命运即将到来。为了挽救燕国灭亡的命运，燕太子丹花重金收买义士荆轲，令燕勇士秦舞阳为副，准备前往秦国刺杀秦王嬴政。由于秦舞阳住得远还没来，荆轲要与秦舞阳一起去只得等他，而太子丹看荆轲迟迟不出发，怀疑荆轲是后悔了，就激怒荆轲说："日已尽矣，荆卿岂有意哉？丹请得先遣秦舞阳。" 荆轲听闻太子要先遣秦舞阳，大怒，斥责太子说："何太子之遣？往而不返者，竖子也！且提一匕首入不测之强秦，仆所以留者，待吾客与俱。今太子迟之，请辞决矣！"②便出发了。在这里，荆轲向燕太子丹发誓，如果前往秦国而不返回，就是 "竖子"，反映了他一诺千金的信用。

## 二、秦末汉初政治生活中的 "竖子" 称谓

秦朝灭亡后，历史进入楚汉战争时期。高帝元年（前206），西楚霸王项羽在新丰鸿门设宴招待沛公刘邦，在宴会上，霸王谋士范增举玉玦示意项羽杀掉刘邦，可具有妇人之仁的项羽就是不答应，不得已，范增召来项庄，让他借舞剑助兴之名于宴会上刺杀沛公刘邦，这就有了 "项庄舞剑，意在沛公" 的故事，因此，这次宴会又称鸿门宴。鸿门宴即将结束时，张良代沛公分别向项羽、亚父献了玉璧和玉斗，项羽把玉璧放在座位上，而亚父范增则把玉斗放在地上，并拔出宝剑撞破了玉斗，说："唉！竖子不足与谋。夺项王天下者，必沛公也，吾属今为之虏矣。"③范增所说的 "竖子"，有人认为是项伯，有人认为是项庄，有人认为是项羽。其实，范增所说的 "竖子" 指项羽④才是正确的。

<hr />

① 《史记》卷76《平原君虞卿列传》，第2367页；《资治通鉴》卷5，周赧王五十七年（前258），第176—177页。

② 《史记》卷86《刺客列传·荆轲》，第2533页。

③ 《史记》卷7《项羽本纪》，第314—315页；《资治通鉴》卷9，汉高帝元年（前206）作 "哎，竖子不足与谋！夺将军天下者，必沛公也；吾属今为之虏矣！" 第304页。

④ 李鼎芳：《读史戈札（续）》，《河北大学学报》1985年第1期；曲云静：《鸿门宴中 "竖子" 究竟指谁？》，《镇江师专学报》（社会科学版）1991年第3期。

　　高帝二年（前205），魏王豹叛汉，汉王使郦食其往说魏王豹，豹不答应，抱怨说："汉王慢而侮人，骂詈诸侯、群臣如骂奴耳，吾不忍复见也！"于是汉王以韩信为左丞相，与灌婴、曹参俱击魏。为了知己知彼，在出兵前，汉王问食其："魏大将是谁？"回答说："柏直。"汉王品评说："是口尚乳臭，安能当韩信！"汉王问："骑将是谁？"郦食其回答说："冯敬。"汉王品评说："是秦将冯无择子也，虽贤，不能当灌婴。"汉王问："步卒将是谁？"郦食其回答说："项它。"汉王品评说："不能当曹参。吾无患矣！"韩信也问郦生："魏得无用周叔为大将乎？"郦生回答说："是柏直。"韩信说："竖子耳！"[1]遂进兵。韩信在汉王向郦食其询问了魏的大将、骑将、步将的人选后，还不放心，又亲自询问了郦生，当他得知魏的大将并非周叔而是柏直时，便蔑称他为"竖子"，放心大胆地进兵。

　　高帝六年（前201）冬十月，有人上书告楚王韩信谋反，高帝刘邦问诸将的意见，都说："亟发兵，坑竖子耳。"[2]高帝默然。高帝诸将虽鄙称韩信为"竖子"，并扬言"坑竖子耳"，但刘邦深知自己身边诸将根本不是韩信的对手，因而默然不语。

　　高帝十年（前197）九月，代相国陈豨反叛，自立为代王，劫掠赵、代，常山二十五城亡其二十城。高帝亲自带兵平叛。高帝令周昌选赵壮士可为将者，得四人，高帝嫚骂道："竖子能为将乎？"[3]四人惭，皆伏地；上封各千户，以为将。

　　高帝十一年（前196），高帝刘邦返还洛阳，听说淮阴侯已死，且喜且怜，问吕后道："韩信死时说了什么？"吕后说："信言狠不用蒯彻计。"刘邦说："是齐辩士蒯彻也。"乃诏齐捕蒯彻。蒯彻至，刘邦说："若教淮阴侯反乎？"回答说："然，臣固教之。竖子不用臣之策，故令自夷于此；如用臣之计，陛下安得而夷之乎！"[4]刘邦大怒道："烹之！"蒯彻说："嗟乎！冤哉烹也！"在蒯彻（《史记》作"蒯通"）的有力辩解下，刘邦赦免了他的死罪。韩信的谋士蒯彻鄙称韩信为"竖子"，就像项羽的谋士范增鄙称项羽为"竖子"一样，都是一时的激愤之语。

　　当初淮阴侯死时，黥布已内心惶恐。及彭越被杀，以其肉为醢而赐诸侯，使者至淮南，淮南王正在打猎，看见醢，大恐，私下令人部聚兵，候伺旁郡警急。高帝十一

---

① 《资治通鉴》卷9，汉高帝二年（前205），第323页。

② 《资治通鉴》卷11，汉高帝六年（前201），第364页。

③ （汉）班固：《汉书》卷1下《高帝纪第一下》，北京：中华书局，1962年，第68页；《资治通鉴》卷12，汉高帝十年（前197），第389页。

④ 《资治通鉴》卷12，汉高帝十一年（前196），第391页；《史记》卷92《淮阴侯列传》作"然，臣固教之。竖子不用臣之策，故令自夷于此。如彼竖子用臣之计，陛下安得而夷之乎！"第2629页。

年（前196），反书闻，刘邦乃赦免举报黥布的贲赫，以为将军。刘邦召诸将问计，都说："发兵击之，坑竖子耳，何能为乎！"①是时，高帝有疾，想派太子往击黥布。可是，太子的支持者商山四皓认为，太子难以驾驭其父的宿将，要吕释之与吕后斡旋，打消太子挂帅的想法，于是吕释之立即夜见吕后说明来意，吕后乘间为高帝泣啼而言，如商山四皓意。高帝感慨道："吾惟竖子固不足遣，而公自行耳。"② 黥布反时，刘邦诸将虽鄙称黥布为 "竖子"，但他们难以胜任平叛的大任，因为他们根本不是黥布的对手；不得已，刘邦又想让太子去平叛，可太子因驾驭不了其父的宿将也难当大任，刘邦在 "竖子固不足遣" 的慨叹下，只好自己带病去平叛了。

通过以上的叙述与分析，我们可以得出如下结论：

战国至汉初，当 "竖子" 鄙称含 "小子" 意出现时，广泛应用于当时的政治生活当中，主要包括两种情况：一是在敌对两大阵营之间，一方的主将（或谋士）可以称对方的主将（或谋士）为 "竖子"，如魏主将庞涓称齐军师孙膑为 "竖子"，赵平原君门客毛遂称秦大将白起为 "小竖子"，汉左丞相韩信称反叛的魏王豹之将军柏直为 "竖子"，高帝刘邦身边诸将称反王韩信、黥布为 "竖子" 等，都属于这种情况；二是在己方阵营内，谋士可以称主将或君王可以称自己的太子、下属为 "竖子"，如项羽的谋士范增称项羽为 "竖子"，韩信的谋士蒯彻称韩信为 "竖子" 以及汉王刘邦称自己的太子和赵壮士为 "竖子"，都属于这种情况。

## 三、阮籍 "时无英雄，使竖子成名" 中 "竖子" 之意指

《晋书》卷49《阮籍传》载：

> 尝登广武，观楚汉战处，叹曰："时无英雄，使竖子成名！"③

阮籍所登的 "广武"，显然是指广武城。其故址在今河南荥阳东北广武山上，有东西二城，相距约二百步，中隔广武涧；楚汉相争时，刘邦屯西城，项羽屯东城，互相对峙。④对于阮籍 "时无英雄，使竖子成名" 中的 "竖子"，究竟指的是谁？主要有两

---

① 《史记》卷91《黥布列传》，第2604页；《汉书》卷34《英布传》作 "发兵坑竖子耳，何能为！" 第1888页；《资治通鉴》卷12，汉高帝十一年（前196），第397页。

② 《资治通鉴》卷12，汉高帝十一年（前196），第400页。

③ （唐）房玄龄等：《晋书》卷49《阮籍传》，北京：中华书局，1974年，第1361页。

④ 《辞海·地理分册：历史地理》，上海：上海辞书出版社，1982年，第22页。

种观点：一种观点以唐代诗人李白为代表，他认为"竖子"是指沛公刘邦；另一种观点以宋人洪迈、苏轼及清人杭世骏为代表，他们认为"竖子"不指沛公，而是指汉魏间人。洪迈在《容斋三笔》卷4《三竖子》中指出："阮籍登广武，叹曰：'时无英雄，使竖子成名。'盖叹是时无英雄如昔人。俗士不达，以为籍（藉）讥汉祖，虽李太白亦有是言，失之矣。"① 苏轼《怀古·广武叹》载：昔先友史经臣彦辅谓余："阮籍登广武而叹曰：'时无英雄，使竖子成其名！'岂谓沛公竖子乎？"余曰："非也，伤时无刘、项也，竖子指魏、晋间人耳。"② 清人杭世骏支持苏轼的观点，他在《竖子不指沛公》③ 一文中引杨升菴的话说："阮籍登广武而叹曰：'时无英雄，使竖子成名。'竖子指魏晋间人，不指沛公，正伤时无英雄如沛公其人也。"认为太白诗"沈湎呼竖子，狂言非至公"亦误会嗣宗语意。他总结说："愚案：此本东坡说也。《东坡志林》谓：伤时无刘、项。又云：嗣宗本有意于世，以魏晋多故，故一放于酒耳，何至以沛公为竖子乎！"

以上两种观点，笔者同意唐代诗人李白的观点，试考证于下：

首先，阮籍虽为晋人，但他所登的广武城却是楚汉相争时沛公刘邦与西楚霸王项羽两大武装集团的对峙之处，因而，阮籍所说的"竖子"，应是指两大武装集团首领中的成功者，非沛公刘邦莫属，所以李白的观点是正确的。

其次，文化是传承的。战国至汉初，敌对两大阵营之间一方的主将（或谋士）可以称对方的主将（或谋士）为"竖子"，到魏晋间还在延续，如前秦国主苻登称后秦国主姚苌为"竖子"④，北魏太武帝拓跋焘称宋文帝刘义隆为"龟鳖小竖"⑤ 即是。这样说来，"竖子"的称谓在使用过程中必须有叫者和被叫者，而且姓名都能确指。阮籍登广武慨叹时所说的"时无英雄，使竖子成名"之"竖子"，宋人洪迈、苏轼及清人杭世骏等人出于为尊者讳的目的认为不指沛公刘邦而是指汉魏间人，因汉魏间人不能确指，所以难以成立。

---

① （宋）洪迈：《容斋随笔》，长春：吉林文史出版社，1994年，第364页。

② （宋）苏轼：《东坡志林》卷1，北京：中华书局，1981年，第7页。

③ （清）杭世骏：《订讹类编》，北京：中华书局，1997年，第127—128页。

④ （清）汤球：《十六国春秋辑补》（丛书集成初编）卷40《前秦录十·苻登》载："雷恶地驰谓登曰：姚苌多计略，善御人，必为奸变，愿深宜详思。登乃止。苌闻恶地之诣登也，谓诸将曰：此羌多奸智，今其诣登，事必无成。登闻苌悬门待之，大惊，谓左右曰：雷征东其殆圣乎！微此公，几为竖子所误。"北京：中华书局，1985年，第319页。

⑤ 《资治通鉴》卷121，宋文帝元嘉六年（429）载："先是，帝因魏使者还，告魏主曰：'汝趣归我河南地！不然，将尽我将士之力。'魏主方议伐柔然，闻之，大笑，谓公卿曰：'龟鳖小竖，东南，泽国也，故诋之曰龟鳖小竖。自救不暇，夫何能为！就使能来，若不先灭蠕蠕，乃是坐待寇至，腹背受敌，非良策也。吾行决矣。'"第3809页。

再次，阮籍称沛公为"竖子"有充足的理由。众所周知，在楚汉战争时期，沛公刘邦的父亲太公被项羽扣为人质，当项羽威胁刘邦并扬言要烹太公时，刘邦说出的话令人震惊，他说："吾翁即若翁，必欲烹而翁，则幸分我一杯羹。"①刘邦全然不顾其父的死活，而且用其父的肉煮的羹他还要喝，这简直是大不孝！刘邦取得江山后，因未央宫成，大朝诸侯群臣，他奉玉卮起为太上皇寿，说："始大人常以臣无赖，不能治产业，不如仲力。今某之业所就孰与仲多？"②殿上群臣皆呼万岁，大笑为乐，弄得太公下不来台，这是刘邦对其父不孝的又一例证。《朝鲜国策》问云："汉祖忍于分羹，而为义帝发丧，岂移孝作忠之道？"清人龚炜据此分析说："要之分羹发丧，好歹俱无是心，只把此心都倾在项王身上耳，讲不到忠孝。"③刘邦不仅对其父不孝，而对文武大臣的无礼也是有名的。以文臣来说，尤其厌烦儒生，不仅常常把尿撒在儒生的帽子里，而且动不动就骂儒生郦食其、随何等为"竖儒"；以武将来说，不仅常常骂他们为"竖子"，而且行为上也不礼貌，如黥布在随何游说下叛楚归汉，可刘邦召布入见时却"方踞床洗"，很不礼貌，气得黥布暴跳如雷（即"大怒"），"悔来，欲自杀"④。魏王豹之所以反叛，就是因为"汉王慢而侮人，骂詈诸侯、群臣如骂奴耳"。作为刘邦的女婿，贵为赵王的张敖，在汉七年刘邦从平城路过赵地时，"旦暮自上食，体甚卑，有子婿礼"，可刘邦对张敖却"箕踞骂詈，甚慢之"⑤，这才有了赵相贯高欲于柏人谋刺刘邦的举措。刘邦不仅对大臣无礼，而且不守信用，取得江山后诛杀韩信、彭越、黥布等有功之臣，难怪韩信临死前发出了"狠不用蒯彻计"的哀叹！战国至汉初的英雄如孙膑、白起、项羽、韩信、黥布等都可以被称为"竖子"，而对父不孝且对大臣常常无礼又不守信用的汉王刘邦，被阮籍称为"竖子"也就不难理解了。

综上所述，战国至汉初，当"竖子"鄙称含"小子"意出现时，广泛应用于当时的政治生活当中，主要包括两种情况：一是在敌对两大阵营之间，一方的主将（或谋士）可以称对方的主将（或谋士）为"竖子"；二是在己方阵营内，谋士可以称主将或君王可以称自己的太子、下属为"竖子"。而阮籍登广武慨叹时所说的"时无英雄，使竖子成名"之"竖子"，是指楚汉战争的胜利者，非汉王刘邦莫属。

原文载《秦始皇帝陵博物院》总肆辑，西安：陕西人民出版社，2014年

---

① 《史记》卷7《项羽本纪》，第328页。
② 《史记》卷8《高祖本纪》，第386—387页。
③ （清）龚炜：《巢林笔谈》，北京：中华书局，1981年，第44页。
④ 《史记》卷91《黥布列传》，第2602页。
⑤ 《汉书》卷32《张耳陈余传》，第1839页。

# 汉元年刘邦"从故道出，袭雍"月份考

**摘要**：汉元年，刘邦采纳韩信策略"从故道出，袭雍"，其月份有两种观点：司马迁、司马光和多数学者主"八月说"，而班固和少数学者主"五月说"。刘邦从汉元年四月就国到南郑，如果在五月就"从故道出，袭雍"，一个月时间太仓促，准备工作难以完成。在反楚这件事上，齐地田荣反楚五月发生，汉王"从故道出，袭雍"八月发生，《史记》月份记载有条不紊，可《汉书·高帝纪》为了突出汉王反楚的领袖作用，把汉王"从故道出，袭雍"的事实提前到齐地田荣反楚前叙述，这就是"五月"说致误之由。

**关键词**：汉元年；刘邦；定三秦；八月；五月

## 一、问题的提出

汉元年，刘邦（图一）采纳韩信（图二）策略"从故道出，袭雍"而定三秦是历史上的一件大事，然而其"从故道出，袭雍"的月份却有分歧，主要有两种观点：

### （一）"八月"说

《史记》卷8《高祖本纪》载：汉元年八月，汉王"用韩信之计，从故道还，袭雍王章邯。邯迎击汉陈仓，雍兵败，还走；止战好畤，又复败，走废丘。汉王遂定雍地。"[①]同书《淮阴侯列传》亦持八月说："八月，汉王举兵东出陈仓，定三秦。"[②]司马光《资治通鉴》承袭了《史记》的说法："八月，汉王引兵从故道出，袭雍；雍王章邯迎击汉陈仓。雍兵败，还走。"[③]

对于《史记》《资治通鉴》的八月说，大多数学者都是赞同的，今列其观点如下：

---

① （汉）司马迁：《史记》卷8《高祖本纪》，北京：中华书局，1982年，第368页。

② 《史记》卷92《淮阴侯列传》，第2613页。

③ （宋）司马光编著：《资治通鉴》卷9，汉高帝元年（前206），北京：中华书局，1956年，第312页。

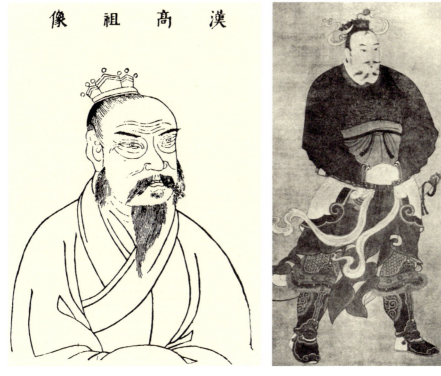

图一　刘邦像　　　　　　　　　图二　韩信像

翦伯赞先生说："前206年：四月，罢征秦之兵，诸王各就国。五月，田荣拒齐王田都，杀胶东王田市，自立为齐王；七月，又击杀济北王田安，并其地。项籍废韩王韩成，又杀之；以郑昌为韩王。八月，汉王刘邦袭定雍、塞、翟等地，遣兵出武关，东略地。"[1]

陈致平说："时当楚汉元年八月，留萧何汉中，收取巴蜀租税，供给军粮。汉王与韩信统领大军，出陈仓，直袭关中。遇雍王章邯于陈仓，秦兵连战连败，围雍王于废丘。塞王司马欣、翟王董翳相继投降，果然三秦之地，传檄而定。"[2]

韩养民说："刘邦赴汉中后不久，闻项羽与田荣鏖战正急，无暇顾及西方，于是率兵从陈仓杀出，风扫残云，迅速平定三秦。从刘邦赴汉中就国到定三秦，前后仅半年，他争夺天下的第一步方案这样轻而易举地实现了。"[3]

---

①　翦伯赞主编：《中外历史年表（公元前4500—公元1918年）》，北京：中华书局，1961年，第100页。

②　陈致平：《秦汉史话》，台北：三民书局股份有限公司，1972年，第48页。

③　韩养民：《略论项羽的分封》，中国秦汉史研究会编：《秦汉史论丛》第一辑，西安：陕西人民出版社，1981年，第105页。

高宏亮说："公元前206年（汉元年）八月，汉王刘邦明修栈道，暗度陈仓（在今陕西宝鸡市东），一举打败了雍王章邯，又挥师东进，塞王欣、翟王翳也先后投降，'三秦'地区很快平定。"①

台湾三军大学编《中国历代战争史》载："刘邦进袭三秦，始于楚汉元年（前206）八月。一举袭雍，围攻雍王章邯。塞王司马欣、翟王董翳，旋即降服，于是三秦遂定。"②

徐立亭、赵锡元等《中华五千年》（增订本）说："公元前二〇六年八月，项羽前去攻打田荣。刘邦趁机出兵，一月内占领全部关中。"③

罗世烈说："汉元年八月，汉军大举北上，从故道（今陕西宝鸡南）出陈仓（今宝鸡东），接连打败章邯的军队，向东进占咸阳，章邯只得困守废丘孤城（于次年城破自杀）。汉兵分头进攻，司马欣和董翳无力对抗，相继投降，三秦果然迅速平定。"④

《中国军事史·附卷：历代战争年表（上）》载："汉王刘邦乘田荣忙于在齐地（山东省）反楚，派韩信为大将，于八月从南郑潜出故道（又名陈仓道）进攻关中，在陈仓（今陕西宝鸡东）、好畤（陕西乾县东）两次击败雍王章邯。章邯退守废丘（陕西兴平东南）。刘邦以一部包围废丘，主力继续进军咸阳，并派兵略取陇西（郡治在狄道，甘肃临洮）、北地（郡治在义渠，甘肃庆阳西南）、上郡（郡治在肤施，陕西榆林东南）。迫降塞王司马欣、翟王董翳，遂定三秦。"⑤

张习孔、田珏主编《中国历史大事编年》载：汉王元年八月，"刘邦采纳韩信划策，遣军偷越陈仓（今陕西宝鸡东），袭击章邯，连败章军；至咸阳，司马欣、董翳皆降"⑥。

安作璋、孟祥才说："公元前206年8月，刘邦用韩信'明修栈道，暗渡陈仓'的计策，一面派樊哙、周勃等率兵修复烧毁的栈道，以麻痹章邯；一面刘邦与韩信亲率大军悄悄从南郑出发北进，渡过褒水，穿过东狼谷，从故道突然出现在陈仓（今陕西

① 高宏亮：《韩信》，《古代名将传》（合订本），北京：中华书局，1983年，第137、139页。

② 台湾三军大学编：《中国历代战争史》第三册，北京：军事译文出版社，1983年，第21页。

③ 徐立亭、赵锡元、温希凡编：《中华五千年》（增订本），长春：吉林文史出版社，1985年，第94—95页。

④ 罗世烈：《秦汉史话》，北京：中国青年出版社，1985年，第78—79页。

⑤ 《中国军事史》编写组编：《中国军事史·附卷：历代战争年表（上）》，北京：解放军出版社，1985年，第200页。

⑥ 张习孔、田珏主编：《中国历史大事编年》第一卷《远古至东汉》，北京：北京出版社，1986年，第444页。

宝鸡市东），以迅雷不及掩耳之势攻击陈仓的雍王章邯的军队，轻而易举地取得了第一个胜利。"①

林剑鸣说："公元前206年7月，东方的田荣已并三齐之地，彭越又率兵击楚。刘邦见时机已到，就留萧何收巴、蜀粮食以给军饷。八月，他一面派人大张旗鼓地修理栈道，吸引三秦军队注意；暗地则组织大军从陈仓道出兵。这'明修栈道，暗渡陈仓'的计策果然有效，汉军顺利地进击关中，猝不及防的章邯军一触即溃，刘邦一举占领雍地，兵至咸阳。又趁势向东、北进击，塞王欣、翟王翳望风而降。项羽所封秦地三王遂被汉军消灭，关中之地全部为刘邦占有。"②

章关友说："公元前206年8月，汉军从汉中潜出故道，打败项羽所分封的秦地三王，迅速东进，直抵阳夏（今河南太康）。"③

吴宏岐说："汉高祖元年（前206）四月，刘邦就封南郑（今陕西汉中）时是从杜县南入蚀中（即后来的子午道），而同年八月则是取道陈仓（今陕西宝鸡）北出散关还定三秦。"④

张传玺说："楚汉战争开始于刘邦在公元前206年（汉元年）8月自汉中出兵，灭掉项羽所封立的雍、塞、翟三国，史称'还定三秦'。"⑤

白寿彝等主编《中国通史·秦汉时期》载："刘邦采用张良计策，烧绝所过栈道，向项羽表示无意东归。八月，刘邦采纳韩信建议，部署还兵关中。他引兵从故道出，连续击破章邯、司马欣、董翳军，夺取了函谷关及其以西地区。"⑥

夏曾佑说："八月，汉王引兵袭雍，再败章邯，围之废丘。而遣诸将略地，塞王欣、翟王翳皆降。"⑦

张大可、徐日辉说："八月，汉王与韩信整军出陈仓，塞王司马欣、翟王董翳降

① 安作璋、孟祥才：《刘邦评传》，济南：齐鲁书社，1988年，第72页。

② 林剑鸣：《秦汉史》上册，上海：上海人民出版社，1989年，第241页。

③ 章关友：《如何评价"西楚霸王"项羽的一生及其军事上的成败？》，空军政治学院《中国古代军事三百题》编委会编：《中国古代军事三百题》，上海：上海古籍出版社，1989年，第25—28页。

④ 吴宏岐：《〈史记〉所见刘邦的军事地理思想——兼论楚汉战争刘邦战胜项羽的原因》，徐兴海等主编：《司马迁与史记论集》，西安：陕西人民出版社，1995年，第444—453页。

⑤ 张传玺：《汉高祖刘邦新评》，氏著：《秦汉问题研究》（增订本），北京：北京大学出版社，1995年，第375—388页。

⑥ 白寿彝、高敏、安作璋主编：《中国通史》第四卷《中古时代·秦汉时期（上册）》5，上海：上海人民出版社，1995年，第280页。

⑦ 夏曾佑：《中国古代史》，石家庄：河北教育出版社，2000年，第263页。

汉，唯有雍王章邯顽抗，孤军困守废丘。"①

田昌五、安作璋主编《秦汉史》载："公元前206年8月，汉王刘邦用韩信之计，从故道北进，暗度陈仓（今陕西宝鸡东），突袭雍王章邯，章邯败走，汉王围之于废丘。"②

韩兆琦、赵国华说："正是趁着这个有利的时机，在这年的8月，刘邦按着韩信为他设计的蓝图，一举杀回并迅速、全部地收复了关中。"③

张荫麟说："刘季乘齐变于元年八月突入关中。章邯兵败，被困于废丘（二年六月废丘始陷，章邯自杀）。塞王、翟王皆降汉。"④

日本学者鹤间和幸说："汉王居汉中仅仅四个月，就翻越秦岭控制了当时已被三分而称为'三秦'的关中。"⑤

李开元说："八月。汉王刘邦……反攻进入关中，战陈仓、好畤，围废丘，灭塞、翟。"⑥

王子今说："刘邦采用张良制定的战略，在汉王元年（前206）八月起兵，暗自从故道北上，袭击雍王章邯。首战陈仓（今陕西宝鸡东），再战废丘，一举平定雍地，随后继续东进，塞王司马欣、翟王董翳、河南王申阳相继投降。"⑦

纪连海说："刘邦乘项羽无暇西顾之际，于八月出故道，迅速还定三秦。"⑧

王立群说："同年（汉元年）八月，汉王刘邦倚重大将军韩信，杀了个回马枪，再次夺取关中。"⑨

## （二）"五月"说

东汉史学家班固说，汉元年"五月，汉王引兵从故道出袭雍。"⑩

对于班固的"五月"说，只有少数学者是赞同的，今列其观点如下：

---

① 张大可、徐日辉：《张良萧何韩信评传》，南京：南京大学出版社，2002年，第330页。

② 田昌五、安作璋主编：《秦汉史》（修订本），北京：人民出版社，2008年，第86页。

③ 韩兆琦、赵国华：《秦汉史十五讲》，南京：凤凰出版社，2010年，第38页。

④ 张荫麟：《中国史纲》，北京：中华书局，2012年，第171页。

⑤ 〔日〕鹤间和幸著，马彪译：《始皇帝的遗产：秦汉帝国》，桂林：广西师范大学出版社，2014年，第129页。

⑥ 李开元：《楚亡：从项羽到韩信》，北京：生活·读书·新知三联书店，2015年，第288页。

⑦ 王子今：《秦汉史：帝国的成立》，北京：中信出版集团股份有限公司，2017年，第92页。

⑧ 纪连海：《纪连海评点〈史记〉》，北京：现代出版社，2018年，第117页。

⑨ 王立群：《大风起兮云飞扬：汉高祖刘邦》，郑州：大象出版社，2019年，第82页。

⑩ 〔汉〕班固：《汉书》卷1上《高帝纪第一上》，北京：中华书局，1962年，第31页。

《剑桥中国秦汉史：公元前221至公元220年》载："刘邦在公元前206年阴历五月发动战役，他很快又成功地进入关中，项羽在那里所立的三个王战败或投降。"①

著名历史学家吕思勉先生说："五月，汉王出袭雍，定雍地。八月，塞王欣、翟王翳皆降。"②

谢祥皓说："是年五月，刘邦即走故道（今陕西凤县，亦称陈仓道）击雍，雍王章邯迎兵于陈仓（今陕西宝鸡市南）。雍兵败，还走，复战于好畤（今陕西乾县东）。又败，终围于废丘。复遣诸将略地，章邯兵败自杀，司马欣、董翳顺势而降，遂定三秦。此役实以韩信为主谋、主帅，汉将曹参、周勃、樊哙、灌婴等，皆有功焉。"③需要指出的是，章邯"兵败自杀"在司马欣、董翳投降之后，且已到了汉二年，这是作者失察。

## 二、汉元年刘邦"从故道出，袭雍"月份考

汉元年刘邦"从故道出，袭雍"究竟是五月，还是八月？

王云度在《秦汉史编年》一书中说："编者按：汉王袭章邯，《月表》列于八月；《高帝纪》则载于五月，田荣叛楚之前。"④可见，王先生也无定论。

清人梁玉绳指出："附案：汉王定三秦，当依此《纪》在八月为是，《月表》《淮阴传》皆云八月，《将相名臣表》亦云秋也。《汉书》袭雍围废邱，于《纪》在五月，于《表》在七月，自相牴牾而均非事实。盖四月罢兵就国，未必逾月即出兵袭雍。《汉书·萧何传》言何谏汉王'愿王汉中养其民以致贤人，收用巴、蜀，还定三秦。汉王善之'。则是时汉方暂务休息，宁有坐不暖席，便尔东伐乎？况自戏下罢兵至南郑，自南郑至雍，往返辽远，非旬日可遍者哉，当是七月起兵，至八月而袭雍也。"⑤其说有理。

郗积意认为："'五月'，误。《异姓王表》系于'七月'，《史记·高祖本纪》《月表》《淮阴侯传》《名臣表》或作'八月'，或作'秋'。考《高帝纪》《项籍传》俱云：'及闻汉王并关中，而齐、梁畔之。羽大怒，乃以故吴令郑昌为韩王，距汉。'项羽立郑昌为

①〔英〕崔瑞德、鲁惟一编，杨品泉等译：《剑桥中国秦汉史：公元前221至公元220年》，北京：中国社会科学出版社，1992年，第112页。

② 吕思勉：《秦汉史》，北京：商务印书馆，2010年，第48页。

③ 谢祥皓：《中国兵学》（汉唐卷），济南：山东人民出版社，1998年，第86页。

④ 王云度：《秦汉史编年》，南京：凤凰出版社，2011年，第226页。

⑤（清）梁玉绳：《史记志疑》卷6《高祖本纪第八》，北京：中华书局，1981年，第223页。

韩王，亦在八月，则《史记》是也。此'五月'，宜作'八月'。"① 其说不无道理。

以上梁玉绳和郜积意的"八月"说是有道理的，但论说并不充分，今补证如下。

刘邦从汉元年四月就国到南郑，如果在五月就"从故道出，袭雍"，一个月时间太仓促，准备工作难以完成。

### （一）刘邦就国从长安至南郑约需十日

《三国志》卷40《魏延传》裴注引《魏略》曰：

> 夏侯楙为安西将军，镇长安。亮于南郑与群下计议，延曰："闻夏侯楙少，主婿也，怯而无谋。今假延精兵五千，负粮五千，直从褒中出，循秦岭而东，当子午而北，不过十日可到长安。楙闻延奄至，必乘船逃走。长安中惟有御史、京兆太守耳，横门邸阁与散民之谷足周食也。比东方相合聚，尚二十许日，而公从斜谷来，必足以达。如此，则一举而咸阳以西可定矣。"亮以为此县危，不如安从坦道，可以平取陇右，十全必克而无虞，故不用延计②。

据此可知，诸葛亮第一次北伐时，魏延出奇计，想领精兵五千、负粮五千"直从褒中出，循秦岭而东，当子午而北"，与诸葛亮十日异道会于长安。诸葛亮认为魏延的计划过于冒险，没有采纳。魏延的行军路线，与刘邦就国从长安到南郑的行军路线完全一致，因而我们据此可以推断，刘邦就国从长安到南郑约需十日。

### （二）汉王拜韩信为大将最少需五日

汉王刘邦回到封地南郑后，韩信逃跑，萧何追韩信就花了两日时间。在萧何的建议下，汉王同意拜韩信为大将："于是汉王斋戒设坛场，拜信为大将军。"③ 这里的"坛场"，现还存其遗址，叫拜将坛遗址。

拜将坛遗址，西汉刘邦拜韩信为大将的古坛场遗址。位于汉中市汉台区风景路中段……拜将坛由南、北两座夯土台组成，北台为长方形，南台为覆斗形。2007年扩建中，为防止夯土台垮塌，南台四周用灰色花岗岩和青砖包砌，底部东西长24米，南北

---

① 郜积意：《〈史记〉〈汉书〉年月考异》，上海：上海古籍出版社，2015年，第117页。
② （晋）陈寿撰，陈乃乾点校：《三国志》卷40《魏延传》裴注引《魏略》，北京：中华书局，1982年，第1003页。
③ 《汉书》卷1上《高帝纪第一上》，第30页。

宽20米，坛体高4.5米，坛顶向内斜收2米……北台东西长22米，南北宽16米，坛体高2米[①]。

拜韩信为大将是一件大事，来不得半点马虎，于是汉王"择良日斋戒，设坛场具礼"[②]。可见，从刘邦择日斋戒，到拜将坛的修筑和主持仪式的完成，没有五日是完不成的。

### （三）为汉王建宫殿最快也需十日或半个月

项羽更立沛公为汉王，王巴蜀汉中四十一县，都南郑。

汉台遗址，汉代宫殿遗址。位于汉中市旧城区东大街中段南侧。相传为汉王刘邦在汉中时的宫殿基址。现存夯土台基以砖石包砌，自南向北呈三阶台逐步升高，南北长156米，东西宽72米，最高处高约6米，总面积万余平方米[③]。

李开元说："汉台遗址，传说刘邦为汉王时所修筑的宫殿就在这里，如今是汉中博物馆所在地。"[④]

陈直说："直按：高祖在南郑建筑宫殿，现遗址中出土有'佳汉三年，大并天下'。及'当王天下'两种瓦当文字（见拙著《关中秦汉陶录》卷2上）。"[⑤]据此可知，汉王在南郑建有宫殿是了无疑问的。

作为汉王都城的南郑，其宫殿即今汉台遗址，其面积有万余平方米。那么万余平方米有多大呢？万余平方米，相当于边长100米的正方形的面积。

楚汉相争时期，天下未定，萧何在关中为刘邦兴建的未央宫就以"壮甚""壮丽"[⑥]著称。刘邦在南郑的宫殿有万余平方米，如果像未央宫一样"壮丽"，恐怕需一个月时间才能完工；退一步讲，即使刘邦在南郑的宫殿不像未央宫一样"壮丽"，没有十日或半个月恐怕也是难以完工的。

### （四）从巴蜀征运粮草最少需要半个月

《史记》卷8《高祖本纪》："（汉元年）四月，兵罢戏下，诸侯各就国。汉王之国，

① 陕西省地方志编纂委员会编：《陕西省志》第十三卷《文物志》（上），西安：陕西人民出版社，2016年，第114—115页。

② 《汉书》卷34《韩信传》，第1863页。

③ 陕西省地方志编纂委员会编：《陕西省志》第十三卷《文物志》（上），第115页。

④ 李开元：《楚亡：从项羽到韩信》，北京：生活·读书·新知三联书店，2015年，第30页。

⑤ 陈直：《汉书新证》，天津：天津人民出版社，1959年，第6页。

⑥ 《史记》卷8《高祖本纪》，第385—386页。

项王使卒三万人从，楚与诸侯之慕从者数万人，从杜南入蚀中。"① 可见，汉王到南郑就国，汉王自己的三万人士兵加上"楚与诸侯之慕从者"数万人，共有六七万人。

六七万人的军队，粮草怎么解决呢？

《汉书》卷1上《高帝纪第一上》载："汉王大说，遂听信策，部署诸将。留萧何收巴、蜀租，给军〔粮〕食。"② 可见，六七万人的军队，其粮草虽然汉中能解决一部分，但主要来自巴、蜀的田租。

图三　萧何像

对于巴、蜀的田租，负责征收者是萧何（图三），负责运送者也是萧何。李白《蜀道难》说："蜀道难，难于上青天。"秦汉时期，人力"担负"虽然落后且效率低，但它仍是陆路运输的基本形式之一③。三国时期，诸葛亮虽发明了木牛流马（独轮小车），但人力"担负"仍不可缺，"计一岁运，用蓬旅簟十万具"④ 就是当时情况的真实反映，说明运粮任务之重和运输手段的原始。秦汉之际，鹿车（独轮小车）尚未发明⑤，从蜀道运粮到汉中，人力"担负"无疑是主要的形式，牲畜驮运恐怕只是辅助形式，足见运粮任务的艰巨。

因而，对于供六七万人食用的巴蜀田租，不论走水路还是陆路运输，没有半个月的时间，恐怕是难以运至汉中的。

### （五）从楚强汉弱的实力对比看，汉王就国仅一个月就北进关中太过仓促

《资治通鉴》高帝元年记载汉王对项王分封不公的态度云：

> 汉王怒，欲攻项羽；周勃、灌婴、樊哙皆劝之。萧何谏曰："虽王汉中

----

① 《史记》卷8《高祖本纪》，第367页。
② 《汉书》卷1上《高帝纪第一上》，第30页。
③ 王子今：《四川汉代画像中的"担负"画面》，《四川文物》2002年第1期。
④ （宋）李昉等：《太平御览》卷708《服用部十·簟》引诸葛亮《转教》，北京：中华书局，1960年，第3154页。
⑤ 刘仙洲：《我国独轮车的创始时期应上推到西汉晚年》，《文物》1964年第6期，第1—5页。

之恶，不犹愈于死乎？"汉王曰："何为乃死也？"何曰："今众弗如，百战百败，不死何为！夫能诎于一人之下而信于万乘之上者，汤、武是也。臣愿大王王汉中，养其民以致贤人，收用巴、蜀，还定三秦，天下可图也。"汉王曰："善！"①

汉王刘邦因其封地巴、蜀是秦迁徙罪犯的地方②，都城南郑所在的汉中为恶地，对项羽大为不满，在愤怒的情绪支配下"欲攻项羽"，实在因汉、楚力量对比太过悬殊，在周勃、灌婴、樊哙和萧何的劝说下，不得不忍气吞声地到汉中就国。楚强汉弱的形势到刘邦还定三秦时也没有改变，这从张良（图四）给项羽（图五）的信即可得到说明：

图四　张良像

图五　项羽像

及闻汉王并关中，而齐、梁畔之，羽大怒，乃以故吴令郑昌为韩王，距汉。令萧公角击彭越，越败角兵。时张良徇韩地，遗羽书曰："汉欲得关中，

---

① 《资治通鉴》卷9，汉高帝元年（前206），第307页。

② 《汉书》卷1上《高帝纪第一上》引如淳曰："秦法，有罪迁徙之于蜀汉。"第31页。

如约即止，不敢复东。"羽以故无西意，而北击齐①。

据此可知，汉王在韩信策划下虽偷袭关中成功，但楚强汉弱的总形势并没有改变，况且久经战阵的骁将章邯还占据着废丘，此时正是项羽决策先攻齐还是攻汉的关键时刻，而张良给项羽"汉欲得关中，如约即止，不敢复东"的书信以及齐、梁反书，避免了强楚对立足关中未稳之弱汉的攻击，而把项羽打击的对象从汉转向了齐、梁，这是非常高明的谋略！

既然刘邦还定三秦时楚强汉弱的总形势没有改变，那么此前他到封国仅一个月时的实力与项羽分封时没有多大差别，因而用一个月的时间做各种准备而出兵奇袭关中太过仓促，难以完成，因而梁玉绳所谓"盖四月罢兵就国，未必逾月即出兵袭雍……则是时汉方暂务休息，宁有坐不暖席，便尔东伐乎？"是颇有道理的，故"八月"说是合乎情理的。

## 三、《汉书》"五月说"致误之由

清人梁玉绳指出："《汉书》袭雍围废邱，于《纪》在五月，于《表》在七月，自相牴牾而均非事实。"②其说有理。这是用本校法说明"五月"说的错误。

汉元年刘邦"从故道出，袭雍"这件事的正确月份是《史记》和《资治通鉴》的"八月"说，至于《汉书·高帝纪》的"五月"说是错误的，其致误之由如下：

清人赵翼指出："项羽分王诸将，史记先叙诸将分王毕，方叙徙楚怀王于长沙；汉书则先叙徙怀王，然后分王诸将。"③对于项羽分封这件事来说，司马迁先述诸将分封而后述楚怀王分封，到班固则变为：先述楚怀王分封而后述诸将分封，这种态度的转变，与班固《汉书》尊崇长者而为胜利者歌功颂德的断代性质是一致的。也就是说，作为通史的《史记》，尊重客观史实而立有《项羽本纪》《高祖本纪》，在《项羽本纪》中叙述四月分封、五月齐地田荣反叛、八月汉王"从故道出，袭雍"本是很流畅的，那么在《高祖本纪》中就没必要详述；但《汉书》则保留《史记》的《高祖本纪》(改名《高帝纪》)，把《史记》的《项羽本纪》降为《项籍传》。这样，《史记·项羽本纪》要说清楚的事件，在《汉书》中就落到《高帝纪》上。在反楚这件事上，齐地田荣反楚五月发生，汉王"从故道出，袭雍"八月发生，《史记》月份记载有条不紊，可《汉

---

① 《汉书》卷1上《高帝纪第一上》，第32页。
② (清)梁玉绳：《史记志疑》卷6《高祖本纪第八》，第223页。
③ (清)赵翼：《廿二史劄记》，北京：中国书店，1987年，第11页。

书·高帝纪》为了突出汉王反楚的领袖作用，把汉王"从故道出，袭雍"的事实提前到齐地田荣反楚前叙述，这就是"五月"说致误之由。

附记：刘邦像、韩信像、萧何像、张良像、项羽像均采自苏州大学图书馆编著的《中国历代名人图鉴》（上海：上海书店出版社，1989年）。

原文载黄留珠、贾二强主编：《长安学研究》第六辑，北京：科学出版社，2021年；
收录时增补了相关人物的五幅图像

# 浅谈三国时期曹魏的"质任"制度

　　**摘要**：三国时期，魏、蜀、吴三国都实行"质任"制度。曹魏的"质任"制度创建于武帝曹操，完善于明帝曹叡，其具体内容包括两个方面：对外而言，一是承袭了汉朝的做法，通过取得人质来控制夷狄小国；二是吴、蜀等国的将领向魏投降时要送人质以表心诚。对内而言，一是经常带兵打仗的将领或谋士，其家属要在京城作人质；二是边地郡县的郡守，其子女要在京城作人质。"质任"制度的实施和完善，保证了曹魏军国大计的顺利实现。

　　**关键词**：三国时期；曹魏；质任

　　曹丕、刘备、孙权先后于公元220年、221年、222年称帝，按理说三国史应从这时起到三家归晋止，但实际上，三国史通常是指从汉献帝初平元年（190）到晋武帝太康元年（280）共90年间的历史。之所以如此，用厦门大学易中天教授的话来说，是因为"曹、刘、孙这三大势力或三大集团，是在东汉末年的军阀混战中发展壮大起来的；魏、蜀、吴三足鼎立的局面，也早在他们建国之前就已基本形成"[1]。

　　"质""任子""质任"在《三国志》中已出现，尤以"质""任子"出现次数为多；而"质任"一词，实际上是对"质"和"任子"的综合。

　　人质的使用，早在三国之前就有了。最早见于史书的例子是周郑交质：郑庄公做周平王的卿士，平王和虢公要好，郑庄公不高兴，平王再三解释还不行，只好交换儿子作抵押，周王子狐到郑国为人质，郑公子忽到周为人质[2]。这一时期，人质的使用范围，大概不出"敌国之间、小国大国之间、弱国强国之间或者是臣对君等等"[3]。自春秋战国至两汉时期，人质的使用仍在继续。如汉朝的标准策略是以取得人质来控制夷狄小国，而其"对外国人质的使用，为中国后世的各朝代所遵循"[4]。

---

　　① 易中天：《品三国》上册，上海：上海文艺出版社，2006年，第1页。

　　② （周）左丘明传，（晋）杜预注，（唐）孔颖达正义，浦卫忠等整理：《春秋左传正义》卷3《鲁隐公三年》，北京：北京大学出版社，2000年，第85页。

　　③ 吴晗：《诈降和质子》，氏著：《史镜管窥》，杭州：浙江人民出版社，1998年，第210—211页。

　　④ 杨联陞：《国史探微》，北京：新星出版社，2005年，第78—79页。

至三国时期，人质的使用更加频繁，而且已经制度化。杨联陞先生在《国史上的人质》①一文中指出，中国历史上的人质，约略可分为四类：一是互换人质——以保证两国或其他两个团体之间的友好关系；二是单方人质——以保证臣服与效忠；三是"外国人质"，系两个交战国之一在为停战或投降时的交涉中从另一国取得；四是"国内人质"，可能是统治者自其军事将领或文官方面取得，特别是从那些沿边驻扎或派遣出去的远征军的将领中取得。这一时期人质的使用，多属于杨联陞先生分类中的后三种情况。

三国时期，各诸侯之间结盟时，强势一方为了防止弱势一方的背叛，总是会向弱势一方索要"质"或"任子"。如献帝兴平元年（194），在曹操新失兖州且军食尽的情况下，袁绍为了控制曹操，建议曹操把自己的家眷迁居邺城，由于谋士程昱的及时提醒②，曹操才没有犯"见制于人"的错误。

两武将争斗时，公卿成了其中一方的人质。如献帝兴平二年（195），董卓死后，李傕、郭汜在长安互相攻伐，献帝派侍中、尚书从中和解，二人不从。三月丙寅，李傕抢先一步，派兄子李暹将数千兵围宫，在群臣步从乘辇而出后，李暹即纵兵入殿中，掠宫人、御物。献帝至李傕兵营，李傕又徙御府金帛置其营，遂放火烧宫殿、官府、民居悉尽。献帝再派公卿让李傕、郭汜和解，郭汜便留杨彪及司空张喜、尚书王隆、光禄勋刘渊、卫尉士孙瑞、太仆韩融、廷尉宣璠、大鸿胪荣郃、大司农朱俊、将作大匠梁邵、屯骑校尉姜宣等于其营作为人质，以至于朱俊愤懑发病而死③。

李傕、郭汜相攻连月，死者以万数。六月，李傕的部将杨奉反叛，傕众稍衰。庚午，镇东将军张济自陕至，欲让李傕、郭汜和解，迁乘舆权幸弘农。献帝也思念旧京，遣使宣谕，多次往返，郭汜、李傕才答应讲和，互相以爱子为人质。只因李傕的妻子爱其男，和计没有定下来，而羌胡却蠢蠢欲动。宣义将军贾诩奉献帝旨意，设计使羌胡皆引去，李傕由此单弱。在这种情况下，又有人提出和解之计，李傕便答应了，双方各以女为人质④。

有时，某诸侯欲以其好友为人臣，不惜劫其好友之子为人质。如袁术称帝于寿春，自称仲家，以九江太守为淮南尹，置公卿百官，郊祀天地。沛相陈珪，球弟子也，少与术游。袁术"以书召珪，又劫质其子，期必致珪"⑤。即使在爱子被其好友劫为人质的

① 杨联陞：《国史探微》，第76—88页。

② （宋）司马光编著：《资治通鉴》卷61，汉献帝兴平元年（194），北京：中华书局，1956年，第1955—1956页。

③ 《资治通鉴》卷61，汉献帝兴平二年（195），第1960页。

④ 《资治通鉴》卷61，汉献帝兴平二年（195），第1964—1965页。

⑤ 《资治通鉴》卷62，汉献帝建安二年（197），第1996页。

情况下，陈珪刚正不阿，就是不买袁术的账。

建安四年（199），袁绍派人向刘表求助，刘表许之却不派兵，亦不援曹操，保持中立，坐观成败。从事中郎南阳韩嵩、别驾零陵刘先以及蒯越，皆劝刘表当机立断：如欲有为，起乘其敝可也；如其不然，固将择所宜从，即归顺曹操，会长享福祚，垂之后嗣，乃万全之策。而保持中立，会遭到两方的怨恨。刘表狐疑不断，派韩嵩观衅许都。至许，诏拜韩嵩侍中、零陵太守。及还，"盛称朝廷、曹公之德，劝表遣子入侍"①。刘表大怒，认为韩嵩怀有二心，大会僚属，将斩之，在其妻蔡氏劝谏下，考杀从行者，知无他意，便不杀韩嵩而把他囚禁了起来。

在各诸侯内部，主要谋士和将军的家眷也是主人的"质"或"任子"。如献帝建安五年（200）官渡之战，袁绍的谋士沮授被曹操所俘，他不敢投降，主要原因就是其"叔父、母弟，县命袁氏"②，由于曹操与沮授有旧交，所以不但不杀他，反而厚待他；后来沮授谋归袁氏，曹操就把他杀了。

两诸侯之间，强势一方总是向弱势一方索要人质。如献帝建安七年（202），曹操下书向孙权索要任子，孙权招群僚商议，张昭、秦松等犹豫不决，孙权引周瑜到吴夫人前定议，遂决定不送"任子"③，避免了"见制于人"后果的发生。

两诸侯结盟后，如果弱势一方背叛的话，那么，强势一方就会把弱势一方的"质"或"任子"杀掉。如献帝建安十六年（211），马超反叛，曹操就于建安十七年夏五月癸未，"诛卫尉马腾，夷三族"④。具体地说，除从弟马岱外，包括马腾在内的马氏门宗二百余口"为孟德所诛略尽"⑤。

对于魏、蜀、吴三国来说，各国都实行"质任"制度。

《江表传》⑥载孙权的诏书曰："督将亡叛而杀其妻子，是使妻去夫，子弃父，甚伤义教，自今毋杀也。"这份诏书是赤乌七年（244）颁布的，说明在此以前，如果督将亡叛，那么他的作为"质"或"任子"的妻子就要被杀掉，这是吴国实行"质任"制度的明确记载。如果别国将领向吴投降或求救，同样要送人质。如高贵乡公甘露二年（257），诸葛诞叛魏，为了求得吴国的救援，遣其少子诸葛靓随长史吴纲至吴，不仅向

---

① 《资治通鉴》卷63，汉献帝建安四年（199），第2018—2019页。

② 《资治通鉴》卷63，汉献帝建安五年（200），第2035页。

③ 《资治通鉴》卷64，汉献帝建安七年（202），第2047页。

④ 《资治通鉴》卷66，汉献帝建安十七年（212），第2113页。

⑤ （晋）陈寿撰，陈乃乾点校：《三国志》卷36《蜀书·马超传》，北京：中华书局，1982年，第947页。

⑥ 《三国志》卷47《吴书·吴主传第二》裴注引《江表传》，第1146页。

吴称臣，同时"请以牙门子弟为质"①，胡三省注曰："牙门，诸将之子弟也。"

作为三国中势力最弱的蜀国，同样实行"质任"制度。如糜竺的弟弟糜芳在任南郡太守时因叛迎孙权而导致关羽覆败，荆州丢失，糜竺就赶快面缚向刘备请罪，刘备以"兄弟罪不相及"②加以安抚，崇待如初，但糜竺却"惭恚发病"，岁余卒。又如，夷陵之战刘备失败后，因道路不通，黄权不得已投降了魏军，有司执法，报告刘备要抓黄权的妻子，刘备心里明白是错在自己而不在黄权："孤负黄权，权不负孤也。"③所以对黄权的妻子待之如初。

作为三国中势力最强的魏国，"质任"制度的实行情况最为详细明了，我们暂且分五个阶段加以阐述：

## 一、曹魏的"质任"制度创始于武帝曹操

魏国的"质任"制度，创始于武帝曹操。建安二年（197）春正月，曹操讨伐张绣（张济从子），军于淯水，张绣举众投降。由于曹操"纳张济之妻"使张绣怀恨在心，又"以金与绣骁骑将胡克儿"更使张绣闻而疑惧④，于是张绣后悔了，复反，袭击曹军，曹操军败，为流矢所中，长子昂、弟子安民遇害，校尉典韦力战而死。这次惨败的教训令曹操终生难忘，正如他对诸将所说："吾降张绣等，失不便取其质，亦至此。吾知所以败。诸卿观之，自今以后不复败矣。"⑤张绣的反叛使曹操痛失长子昂、弟子安民和大将典韦，而过失是张绣投降时"不便取其质"造成的，所以曹操所谓"诸卿观之，自今以后不复败矣"的做法就是一定要取降将的人质。

建安二年（197），关中诸将马腾、韩遂等，各拥强兵相与争。曹操便向汉献帝上表，让钟繇以侍中守司吏校尉，持节督关中诸军，特使不拘科制。钟繇至长安，给马腾、韩遂等去书信，为陈祸福，马腾、韩遂"各遣子入侍"⑥。马腾、韩遂"各遣子入侍"，也就是把自己的子女放在曹操那里做人质。

———————

① 《资治通鉴》卷77，魏高贵乡公甘露二年（257），第2437页。

② 《三国志》卷38《蜀书·糜竺传》，第970页。

③ 《三国志》卷43《蜀书·黄权传》，第1044页；《资治通鉴》卷69，魏文帝黄初三年（222），第2205页。

④ 《资治通鉴》卷62，汉献帝建安二年（197），第1994页。

⑤ 《三国志》卷1《魏书·武帝纪第一》，第14—15页。

⑥ 《资治通鉴》卷62，汉献帝建安二年（197），第1996页；《三国志》卷13《魏书·钟繇传》，第392—393页。

## 二、曹操居邺后至称魏王期间"质任"制度的实施

建安九年（204）八月，曹操夺取了袁氏的根据地邺城后，便于九月下令曰："河北罹袁氏之难，其令无出今年租赋！"百姓喜悦。周一良先生说："袁绍拥有冀幽青并四州，而中心据点在邺。曹操拥立汉帝于许，而自己留驻邺城，作为魏都，从那里发号施令，东征西讨。"[①]周一良先生的话表明，曹操占有邺城后，其武装割据政权的政治中心发生了变化，即名义上的政治中心在许，而实际上的政治中心已转到了曹操长驻的邺城。

让降将忠诚的最好办法就是接受他们的人质，这种想法已植根于曹操的内心深处，所以张燕"率众诣邺"后，曹操就封他"安国亭侯，邑五百户"[②]。

既然让降将忠诚的最好办法是接受他们的人质，那么，让非嫡系将领忠诚的最好办法还是接受他们的人质，为此，他提倡将领遣送人质。如曹操占领邺城后，身为并州刺使的梁习，为了表示对曹操的忠心，把吏兵的家属"前后送邺，凡数万口"，而对于不从命者，"兴兵致讨，斩首千数"[③]。将军李典"宗族部曲三千余家，居乘氏"，他请求迁到魏郡（治邺城）来，曹操笑着说："卿欲慕耿纯邪？"李典回答说："典驽怯功微，而爵宠过厚，诚宜举宗陈力；加以征伐未息，宜实郊遂之内，以制四方，非慕纯也。"于是"徙部曲宗族万三千余口居邺"[④]，受到曹操嘉奖，迁破虏将军。建安十年（205），曹操破袁谭于南皮，臧霸祝贺，因"求遣子弟及诸将父兄家属诣邺"，曹操先以"诸君忠孝，岂复在是！"谦让，但最终还是以"昔萧何遣子弟入侍，而高祖不拒，耿纯焚舆櫬以从，而光武不逆"[⑤]为据，爽快地答应了臧霸的请求。袁尚死后，田畴"尽将其家属及宗人三百余家居邺"[⑥]，受到曹操赏赐，而田畴把赏赐的车马谷帛，全部散发给宗族知旧。曹操迁部将家属或宗族于邺为人质，主观上使部将忠诚于己，客观上却充实了邺城的人口。

建安十三年（208），曹操将征荆州，派张既说马腾，令释部曲还朝，马腾许之，曹操"表腾为卫尉，以其子马超为偏将军，统其众，悉徙其家属诣邺"[⑦]。曹操让马腾及

---

① 周一良：读《邺中记》，氏著：《魏晋南北朝史论集》，北京：北京大学出版社，2010年，第412页。

② 《三国志》卷8《魏书·张燕传》，第261页。

③ 《三国志》卷15《魏书·梁习传》，第469页。

④ 《三国志》卷18《魏书·李典传》，第534页。

⑤ 《三国志》卷18《魏书·臧霸传》，第537页。

⑥ 《三国志》卷11《魏书·田畴传》，第343页。

⑦ 《资治通鉴》卷65，汉献帝建安十三年（208），第2080页。

其家属诣邺，实际上是做自己的人质，目的是控制马腾的儿子偏将军马超。

建安十六年（211），关中马超、韩遂、侯选、程银、杨秋、李堪、张横、梁兴、成宜、马玩等十部皆反，其众十万，屯据潼关；曹操遣安西将军曹仁督诸将拒之，敕令坚壁勿与战。秋七月，曹操亲自将兵攻击马超等。在不利的形势下，马超"固请割地，求送任子"①，曹操采纳了贾诩的计策，假装答应，而暗中用离间计击败了马超等。

建安十八年（213）五月丙申，天子派御史大夫郗虑持节册命曹操为魏公，加九锡，封地为冀州之河东、河内、魏郡、赵国、中山、常山、钜鹿、安平、甘陵、平原共十郡，曹操以丞相领冀州牧如故，魏国置丞相以下群卿百僚，皆如汉初诸侯王之制。秋七月，始建魏社稷宗庙。冬十月，分魏郡为东西部，置都尉。十一月，初置尚书、侍中、六卿。

建安十九年（214），曹操以尚书郎高柔为理曹掾。旧法："军征士亡，考竟其妻子。"②

曹操想加重其刑，"并及父母、兄弟"，高柔指出，这样做只会使兵士"绝其意望"，一人逃而众人逃，此"重刑非所以止亡，乃所以益走耳！"所以曹操也就放弃了加重刑法的念头了。

建安二十年（215），张鲁听说阳平关已经失陷，打算投降，阎圃说："今以迫往，功必轻；不如依杜濩赴朴胡，与相拒，然后委质，功必多。"③乃奔南山入巴中，其左右想全部烧掉宝货仓库，张鲁以"宝货仓库，国家之有"为念而封藏。曹操进入南郑，对张鲁的做法很满意。

建安二十一年（216）夏五月，天子封曹操为魏王……命王女为公主，食汤沐邑。

建安二十四年（219），武威颜俊、张掖和鸾、酒泉黄华、西平麹演等，各据其郡，自号将军，更相攻击。颜俊"遣使送母子诣魏王操为质以求助"④曹操采纳了张既"坐收其敝"的策略：岁余，和鸾遂杀颜俊，武威王祕又杀和鸾。

## 三、魏文帝曹丕时"质任"制度的实行

延康元年（220），蜀汉将军孟达率部曲四千余家归魏。时文帝初即王位，给孟达书信说："保官空虚，初无〔质〕任。卿来相就，当明孤意，慎毋令家人缤纷道路，以

①《三国志》卷1《魏书·武帝纪第一》，第34页；《资治通鉴》卷66，汉献帝建安十六年（211），第2107页。

②《资治通鉴》卷67，汉献帝建安十九年（214），第2134页。

③《资治通鉴》卷67，汉献帝建安二十年（215），第2135页。

④《资治通鉴》卷68，汉献帝建安二十四年（219），第2158页。

亲骇疏也。若卿欲来相见，且当先安部曲，有所保固，然后徐徐轻骑来东。"①孟达归降时带部曲四千余家（可作为人质），是真降而非诈降，这正是魏文帝所希望的，所以加拜孟达散骑常侍，领新城太守，委以西南之任。

孙权袭取荆州后，害怕蜀汉攻伐时曹魏趁火打劫，便向魏称臣，接受了"吴王"的封号。孙权虽向魏称臣，却不派侍子，只是多设虚辞，这使文帝曹丕甚为恼火。黄初三年（222），文帝"欲遣侍中辛毗、尚书桓阶往与盟誓，并征任子"②，孙权辞让不接受。曹丕一怒之下，派兵伐之。吴王以扬越蛮夷多未平集，乃卑辞上书，求自改励。文帝给吴王书信说："朕之与君，大义已定。岂乐劳师远临江、汉。若登身朝到，夕召兵还耳。"③吴王从内心深处就没打算派其子（孙登）到魏都洛阳为人质，于是改元黄武，临江拒守。

## 四、魏明帝曹叡时"质任"制度的完善

魏明帝时，下诏书把郡县分为剧、中、平三等。中、平二等为内地郡县，剧为边地郡县；作为边地郡县的郡守，是要有任子在邺城的，"质任"制度更加完善。当时王观为涿郡太守，而涿郡北接鲜卑，数有寇盗，按理应报为外剧，这样王观就得送任子到邺城；鉴于王观只有一子且又幼弱，主事者为了避免王观的幼子去邺城，打算把涿郡报为中平。由于内地郡县的劳役明显高于边地郡县的劳役，王观出于公心而从老百姓的利益出发，便如实把涿郡报为外剧郡，并随后把自己唯一且幼小的儿子送往邺城为任子④，其公心确实令人敬佩！

魏明帝太和二年（228）十二月，蜀汉丞相诸葛亮引兵出散关（今陕西宝鸡西南），围陈仓（今陕西宝鸡东北），由于镇守陈仓的郝昭早有准备，诸葛亮不能攻拔陈仓城。于是，诸葛亮便派郝昭的同乡靳详去城外劝降，郝昭在城楼上说："魏家科法，卿所练也；我之为人，卿所知也。我受国恩多而门户重，卿无可言者，但有必死耳。卿还谢诸葛，便可攻也。"⑤这里说的"魏家科法"是什么呢？那就是边镇守将如果叛国投敌的话，那么他在京城作为任子的家眷就要被处死，这就是郝昭不投降诸葛亮的原因，况

---

① 《三国志》卷3《魏书·明帝纪第三》裴注引《魏略》，第93页。

② 《三国志》卷47《吴书·吴主传第二》，第1125页。

③ 《资治通鉴》卷69，魏文帝黄初三年（222），第2208页。

④ 《三国志》卷24《魏书·王观传》，第693页。

⑤ 《三国志》卷3《魏书·明帝纪》裴注引《魏略》，第95页；《资治通鉴》卷71，魏明帝太和二年（228），第2249页。

且郝昭"受国恩多而门户重",如果真的投降,他的一大家族人都要被处死,所以郝昭坚决不投降。尽管郝昭防守陈仓城的士卒只有一千余人,而诸葛亮进攻陈仓城的士卒达数万人,但郝昭还是顶住了诸葛亮二十余日不分昼夜地各种进攻,这无疑是"魏家科法"即魏国实行的"质任"制度在起作用。

起初,辽东公孙渊的兄长公孙晃在洛阳为其叔父公孙恭任子,听说其弟公孙渊劫夺了叔父公孙恭的位置,公孙晃认为公孙渊终不可保,数次上表,欲令国家讨伐公孙渊。明帝因公孙渊已掌权,加以安抚。及公孙渊反叛朝廷,便按国法逮捕了其兄公孙晃①。由于公孙渊未反时,公孙晃数陈其变,明帝不忍心市斩公孙晃,便"遣使赍金屑饮晃及其妻子,赐以棺衣,殡敛于宅。"②

## 五、魏明帝曹叡以后"质任"制度的实施

为了控制北方的少数民族,魏想方设法纳人质。如景元二年(261),鲜卑索头部大人拓跋力微始遣其子沙漠汗入贡,因留为质③。

别国的将领向魏投降,无疑是要送人质的。景元二年(261)春三月,襄阳太守胡烈表言:"吴将邓由、李光等十八屯同谋归化,遣使送质任,欲令郡兵临江迎拔。"④诏王基部分诸军径造沮水以迎之。王基通过驿站给司马昭书信,陈述了邓由等可疑之状,既而邓由等果不降。但也有真降者,如泰始六年(270),吴夏口督孙秀(孙权弟孙匡之孙)"夜将妻子亲兵数百人来奔"⑤,十二月,拜孙秀骠骑将军、开府仪同三司,封会稽公。孙秀投降时带了"妻子亲兵数百人"(可为人质),是真降,而非诈降。

钟会虽有才能,但"见利忘义,好为事端",司马昭的夫人王氏认为"不可大任";钟会的兄长钟毓也私下对司马昭说:"会挟术难保,不可专任。"魏元帝咸熙元年(264),将派钟会伐蜀,西曹属邵悌对晋公司马昭说:"今遣钟会率十余万众伐蜀,愚谓会单身无任,不若使余人行也。"⑥注曰:"魏制,凡遣将帅,皆留其家以为质任。会单身无子弟,故曰单身无任。"由于钟会"单身无任",按照"凡遣将帅,皆留其家以为质任"的魏制,钟会是不宜统兵伐蜀的,更何况司马昭的夫人王氏认为钟会"不可

① 《三国志》卷8《魏书·公孙度传》裴注引《魏略》,第261页。
② 《资治通鉴》卷74,魏明帝景初二年(238),第2338页。
③ 《资治通鉴》卷77,魏元帝景元二年(261),第2459页。
④ 《资治通鉴》卷77,魏元帝景元二年(261),第2457页。
⑤ 《资治通鉴》卷79,晋武帝泰始六年(270),第2514页。
⑥ 《资治通鉴》卷78,魏元帝咸熙元年(264),第2479页。

大任"，钟会的兄长钟毓也认为其弟"不可专任"，因而西曹属邵悌劝晋公司马昭改派别人，不是没有道理，只因司马昭惜才且有办法制约钟会，便坚持己见，派钟会伐蜀并灭其国，成就了伟业。不出所料，灭蜀后钟会果然反叛，而此时钟毓已卒，晋公司马昭思念钟繇之勋与钟毓之贤，便原谅了钟毓的儿子钟峻、钟迪，使其官爵如故。

《资治通鉴》晋武帝泰始元年（265）载："诏除魏宗室禁锢，罢部曲将及长吏纳质任。"注曰："魏防禁宗室甚峻，又锢不得仕进，今除之。又诸将征戍及长吏仕州郡者，皆留质任于京师，今亦罢之。"《资治通鉴》晋武帝咸宁五年（279）又载："除部曲督以下质任。"注曰："帝受禅之初，除部曲将质任，今又除部曲督质任。"晋武帝泰始元年（265）与咸宁五年（279）分别所下诏书，其内容都是废除魏的质任制度的，这说明魏的质任知度确实存在：诸将征戍及长吏仕州郡者，皆留质任于京师。

综上所述，三国时期，魏、蜀、吴三国都实行"质任"制度。曹魏的"质任"制度创建于武帝曹操，完善于明帝曹叡，其具体内容包括两个方面：对外而言，一是承袭了汉朝的做法，通过取得人质来控制夷狄小国；二是吴、蜀等国的将领向魏投降时要送人质以表心诚。对内而言，一是经常带兵打仗的将领或谋士，其家属要在京城作人质；二是边地郡县的郡守，其子女要在京城作人质。"质任"制度的实施和完善，保证了曹魏军国大计的顺利实现。

原文载《碑林集刊》总第19辑，西安：三秦出版社，2013年

# 试论唐太宗公主的婚姻

**摘要**：在唐初，虽然"王妃、主婿皆取当世勋贵名家"，但对于太宗来说，主婿首选外戚或皇室贵戚，次选"当世勋贵名家"即功臣子弟或名臣子弟，三是选少数民族首领或贵族子弟。驸马死亡或谋逆被诛、因罪被徙是公主改嫁的前提条件。皇帝的公主是有限的，所以鼓励公主再嫁自然成了有政治眼光的太宗皇帝的正确选择，这是太宗公主再嫁的外部原因；至于公主再嫁的内部原因，与她们不甘寂寞而追求幸福的愿望有关。

**关键词**：唐太宗；公主

关于唐太宗公主的婚姻，属唐代公主婚姻的研究范畴。

本文在前人研究成果的基础上，对与唐太宗公主婚姻相关的问题进行阐释。

据《新唐书》卷83《诸帝公主传》所载，唐太宗李世民共有21位公主，她们的封号分别为襄城公主、汝南公主、南平公主、遂安公主、长乐公主、豫章公主、比景公主（即巴陵公主）、普安公主、东阳公主、临川公主、清河公主、兰陵公主、晋安公主、安康公主、新兴公主、城阳公主、合浦公主（即高阳公主）、金山公主、晋阳公主、常山公主、新城公主，其中汝南公主、金山公主、晋阳公主、常山公主4位早薨。所以，我们在这里就只讨论17位公主的婚姻了。

我们知道，李唐王朝的根据地在河东的晋阳（今山西太原）。在李渊父子从晋阳进攻长安而夺取天下的过程中，关陇集团的成员立下了汗马功劳。在唐初山东士族不愿与王室合作的情况下，李渊父子便采取了打压山东士族而扶持关陇集团的政策，其与关陇集团成员的普遍联姻就是具体措施之一，因为婚姻正是其巩固关中政权之政治意图的体现。公主府地在长安城的分布，也与唐初的关中本位政策有关，正如蒙曼所说："唐高祖和唐太宗两代公主的住宅大多位于长安城西的中北部与城南的中部，靠近作为政治中心的太极宫与皇城。这种居住格局与同时期执行的关中本位政策有关。"[1]可见，

---

① 蒙曼：《唐代长安的公主宅第》，荣新江主编：《唐研究》第九卷，北京：北京大学出版社，2003年，第217页。

皇帝以公主婚姻为纽带在加强关陇集团凝聚力方面所起的作用是不可忽视的。

在唐朝前期，"王妃、主婿皆取当世勋贵名家，未尝尚山东旧族"①。既然"王妃、主婿皆取当世勋贵名家"，那么，对于皇帝而言，主婿首选是当世勋贵还是当世名家呢？

# 一、主婿首选外戚或皇室贵戚（9人）

高世瑜先生认为，公主们首选是嫁皇室贵戚或外戚，"以嫁皇帝外甥即长公主之子者为最多，时人以帝甥尚主为'国家故事'，可见极为普遍"。以太宗女巴陵公主嫁姑母平阳公主之子、高宗女太平公主嫁姑母城阳公主之子为例加以说明；至于嫁外戚者，则以太宗女长乐公主嫁母亲长孙皇后外甥、兰陵公主嫁祖母窦太后族子为例加以说明。二是嫁勋贵名臣子弟，她以太宗女清河公主嫁勋臣程知节之子、临川公主嫁勋臣周范之子、襄城公主嫁宰相萧瑀之子、高阳公主嫁宰相房玄龄之子、城阳公主嫁宰相杜如晦之子、南平公主嫁宰相王珪之子等加以说明②。郭海文认为，公主婚配的第一对象是功臣勋贵的子弟，第二对象是关陇旧族的后代③。两人的观点正好相反。笔者认为，高世瑜先生观点比较符合实情，只是外戚应放在皇室贵戚的前面。

## （一）嫁外戚（不计两位再嫁公主，共有8人）

### 1. 窦氏（2人）

毛汉光先生指出："窦氏在周唐之际兴盛，与其婚姻关系有密切关联。"④此言不虚。窦威，高祖李渊太穆皇后从父兄，扶风平陵人，家世勋贵。其父窦炽在北周为上柱国，入隋为太傅。太穆皇后之父名毅，在周为上柱国，尚武帝姐襄阳长公主，入隋为定州总管、神武公。威兄子轨，周雍州牧、酂国公恭之子；轨子奉节尚高祖女永嘉公主，历左卫将军、秦州都督。威从兄子抗，太穆皇后之从兄，隋洛州总管、陈国公荣之子，母为隋文帝万安公主。贵为驸马的窦抗，与高祖少相亲狎，关系非同一般。虽然窦抗在武德四年因侍宴暴卒，但高祖还是毫不犹豫地与其子孙联姻，让窦抗第三子窦诞尚其女襄阳公主。高祖曾对窦威说："关东人与崔、卢婚者，犹自矜大，公世为帝戚，不

① （宋）欧阳修、宋祁：《新唐书》卷95《高俭传》，北京：中华书居，1975年，第3842页。

② 高世瑜：《唐代妇女》，西安：三秦出版社，2011年，第33页。

③ 郭海文：《唐代公主的择偶标准》，《河南师范大学学报》（哲学社会科学版）2010年第2期。

④ 毛汉光：《关陇集团婚姻圈之研究——以王室婚姻关系为中心》，《"中研院"历史语言研究所集刊》第61本第1分，台北，1990年，第119—192页。

亦贵乎。"①窦氏北周、隋、唐三代都有人做驸马，可见"世为帝戚"名副其实。太宗李世民亲政后，继续与母族窦氏联姻：一是让窦抗孙窦逵（窦抗第二子窦静之子）尚其女遂安公主，袭爵信都男；二是让太穆皇后族子窦怀悊尚其女兰陵公主李淑（字丽贞），官兖州都督。由于高祖、太宗的眷顾有加，外戚窦氏"时抗群从内三品七人，四品、五品十余人，尚主三人，妃数人，冠冕之盛，当朝无比。"②换句话说，窦氏"自武德至今，再为外戚，一品三人，三品以上三十余人，尚主者八人，女为王妃六人，唐世贵盛，莫与为比"③。

### 2. 长孙氏（3人）、高氏（1人）

毛汉光先生指出："窦氏与长孙氏因为是高祖、太宗之后，在武德贞观时期，是非常盛贵的。"④长孙氏以长孙无忌为代表人物，他是凌烟阁二十四功臣之一。长孙无忌之所以受唐太宗重用而为宰相，固然与其才华横溢有关，但更与其妹为太宗皇后有关。身为外戚的长孙无忌，是唐太宗极力拉拢的对象，为此，他不惜以三位公主与长孙氏联姻。一是贞观五年（631）让其钟爱之女长乐公主李丽质（其母长孙皇后）下嫁长孙无忌之子长孙冲，长孙冲官秘书监、驸马都尉，"长孙冲既为太宗皇帝内侄，又为其女婿。丽质与长孙冲，乃同祖姑表亲近结婚"⑤。二是贞观二十三年（649）让其女新城公主下嫁长孙无忌族弟⑥银青光禄大夫行扬州都督府长史长孙操子长孙诠⑦，官尚衣奉御、驸马都尉；"长孙诠是皇后长孙氏的堂弟，公主之夫是他自己的表叔"⑧，这属于皇族内部的异辈婚。三是让其女新兴公主下嫁长孙曦。从《新唐书·宰相世系表》来看，长孙氏的名多为单字，故疑长孙曦为外戚长孙无忌一族。

吕思勉先生认为高俭与长孙无忌都是外戚，其理由是："俭字士廉，以字显。其妹适长孙晟，生子无忌，女即太宗文德皇后也。"⑨其说有理。唐太宗把其女东阳公主下

① 《新唐书》卷95《窦威传》，第3844—3845页。

② （后晋）刘昫等：《旧唐书》卷81《窦威传》，北京：中华书局，1975年，第2369页。

③ 《旧唐书》卷81《窦威传》，第2371页。

④ 毛汉光：《关陇集团婚姻圈之研究——以王室婚姻关系为中心》，《"中研院"历史语言研究所集刊》第61本第1分，台北，1990年，第119—192页。

⑤ 郭海文：《论唐代公主的婚姻形态》，《西北师大学报》（社会科学版）2012年第2期。

⑥ （宋）司马光编著：《资治通鉴》卷200，唐高宗显庆四年（659），第6315页。

⑦ 《大唐故新城长公主墓志铭并序》，陕西省考古研究所、陕西历史博物馆、礼泉县昭陵博物馆编著：《唐新成长公主墓发掘报告》，北京：科学出版社，2004年，第135—136页。

⑧ 郭海文：《论唐代公主的婚姻形态》，《西北师大学报》（社会科学版）2012年第2期。

⑨ 吕思勉：《隋唐五代史》上册，上海：上海古籍出版社，1984年，第80页。

嫁高俭之子高履行，历官秦府军直千牛滑州刺史将作大匠金紫光禄大夫太常卿洪州都督上柱国申国公[1]。履行与其父士廉一样，都是以字显。履行，名慗[2]，又名文敏，户部尚书、驸马都尉[3]。由于长孙无忌为东阳公主的舅族，故"武后恶之，垂拱中，并二子徙置巫州"[4]。因高履行的父亲"竟是东阳公主之母的舅舅，东阳公主显然比丈夫低一辈"[5]。东阳公主与高履行的结合，亦属皇族内部的异辈婚。在不计行辈的婚姻中，"皇族多以下辈娶嫁上辈，而与皇族联姻的家族多降辈为婚，应当说，这是一种封闭性极强的亲上做亲型婚姻"[6]。异辈婚发生在公主身上，有两方面的原因：一是李唐皇室并不重视婚姻的辈分关系[7]；二是政治的需要，即异辈婚"是一种奖赏和荣耀，皇室亲娅互相聘娶，姻戚稠叠，往往亲上加亲，乱了行辈"[8]。

### 3. 韦氏（2人）、杨氏（1人）

陈寅恪先生在《记唐代之李武韦杨婚姻集团》一文中指出，唐前期之最高统治集团可视为一牢固之复合团体，"李、武为其核心，韦、杨助之黏合，宰制百年之世局，几占唐史前期最大半时间，其政治社会变迁得失莫不与此集团有重要关系"[9]。韦氏和杨氏在唐前期之最高统治集团之所以起"黏合"的作用，与其和皇室的联姻不无关系。

唐代初年，韦氏"作为对关中地区有巨大影响的三辅世家，得到急于稳固关中的李渊父子的重用"[10]。武德初，时议伐王世充，因关中群盗出没和梁师都窥伺，云起谏阻，高祖从之[11]。在秦王与太子的明争暗斗中，"云起弟应俭、堂弟应嗣及亲族并事东宫"[12]。韦挺"少与隐太子相善……武德中，累迁太子左卫骁骑、检校左率，太子遇之甚

① （唐）陈子昂：《唐故循州司马申国公高君墓志》，（清）董诰等编：《全唐文》卷215，北京：中华书局，1983年，第2178—2179页。

② （唐）陈子昂：《唐故循州司马申国公高君墓志》。

③ 《新唐书》卷71下《宰相世系表一下·高氏》，第2391页。

④ 郭海文：《论唐代公主的婚姻形态》，《西北师大学报》（社会科学版）2012年第2期。

⑤ 郭海文：《论唐代公主的婚姻形态》，《西北师大学报》（社会科学版）2012年第2期。

⑥ 李向群：《唐代皇室婚媾中的不计行辈婚》，《陕西师大学报》（哲学社会科学版）1989年第3期。

⑦ 向淑云：《唐代婚姻法与婚姻实态》，台北：台湾商务印书馆，1991年，第25页。

⑧ 宋英：《从出土墓志看唐代婚姻习俗》，西安碑林博物馆编：《碑林集刊》（七），西安：陕西人民美术出版社，2001年，第161页。

⑨ 陈寅恪：《记唐代之李武韦杨婚姻集团》，《历史研究》1954年第1期。

⑩ 黄利平：《长安韦氏宗族述论》，《陕西历史博物馆馆刊》第一辑，西安：三秦出版社，1994年，第67—72页。

⑪ 《新唐书》卷103《韦云起传》，第3994页。

⑫ 《旧唐书》卷75《韦云起传》，第2633页。

厚，宫臣罕与为比"①。玄武门之变后，太宗仅诛杀了韦云起的几个兄弟，而对韦氏家族仍然以礼相待，授韦挺"吏部侍郎，转黄门侍郎，进拜御史大夫，封扶阳县男……常与房玄龄、王珪、魏徵、戴胄等俱承顾问，议以政事。又与高士廉、令狐德棻等同修《氏族志》，累承赏赉"②。唐太宗不仅为韦挺加官晋爵，而且纳韦挺女为其子齐王祐王妃③。

据《新唐书》卷74上《宰相世系表四上·韦氏》载，京兆韦氏定著九房，即西眷、东眷、逍遥公房、郧公房、南皮公房、驸马房、龙门公房、小逍遥公房、京兆韦氏。

唐太宗不仅自己娶郧公房的韦珪和韦尼子，而且分别册为贵妃④和昭容⑤。太宗贵妃韦珪既是定襄县主、纪王李慎、临川郡长公主李孟姜之母，也是太宗昭容一品韦尼子同祖堂姊妹。在自己与韦氏家族联姻的同时，唐太宗还让其两个女儿与韦氏家族联姻：一是"晋安公主，下嫁韦思安"⑥；《新唐书》卷74上《宰相世系表四上·韦氏》郧公房载："思言。逞，光禄卿。思齐，尚书右丞、司稼正卿。思仁，尚衣奉御。"⑦据此推测，韦思安与韦思言、韦思齐、韦思仁一样，属韦氏郧公房"思"字辈。二是"新城公主，晋阳母弟也。下嫁长孙诠，诠以罪徙巂州。更嫁韦正矩，为奉冕大夫"⑧。《新唐书》卷74上《宰相世系表四上·韦氏》彭城公房载："正矩，殿中监、驸马都尉。"⑨可见，韦正矩属于京兆韦氏彭城公房。

《唐会要》卷6《公主·太宗二十一女》载："晋安，降韦思安，后降杨仁辂。"据此可知，晋安公主第二次嫁给了杨仁辂。由于史料缺乏，对杨仁辂的情况只能做些推测。

《旧唐书》卷62《杨恭仁传》载："恭仁弟师道尚桂阳公主，从侄女为巢剌王妃，弟子思敬尚安平公主，联姻帝室，益见尊崇。"⑩由于恭仁弟师道尚高祖女桂阳公主，弟

① 《旧唐书》卷77《韦挺传》，第2669页。

② 《旧唐书》卷77《韦挺传》，第2669—2770页。

③ 太宗皇帝：《册韦挺长女为齐王妃文》，（清）董诰等编：《全唐文》卷9，第110—111页。

④ （唐）令狐德棻：《唐太宗文皇帝故贵妃纪国太妃韦氏（珪）铭》，中国文物研究所、陕西省古籍整理办公室编：《新中国出土墓志·陕西（壹）》下册，北京：文物出版社，2000年，第65页。

⑤ 《大唐故文帝昭容一品韦氏（尼子）墓志之铭》，中国文物研究所、陕西省古籍整理办公室编：《新中国出土墓志·陕西（壹）》下册，第39—40页。

⑥ 《新唐书》卷83《诸帝公主列传·太宗二十一女》，第3647页。

⑦ 《新唐书》卷74上《宰相世系表四上·韦氏》，第3087页。

⑧ 《新唐书》卷83《诸帝公主列传·太宗二十一女》，第3649页。

⑨ 《新唐书》卷74上《宰相世系表四上·韦氏》，第3059页。

⑩ 《旧唐书》卷62《杨恭仁传》，第2382页。

子思敬尚高祖女安平公主，从侄女为巢刺王妃，所以在高祖朝恭仁兄弟就受重用。同书又载："始恭仁父雄在隋，以同姓宠贵；自武德后，恭仁兄弟名位尤盛；则天时，又以外戚崇宠。一家之内，驸马三人，王妃五人，赠皇后一人，三品已上官二十余人，遂为盛族。"①杨恭仁兄弟在唐虽为盛族，但因其父杨雄在隋是因同姓宠贵，所以杨恭仁兄弟并非杨隋皇室的嫡传。

《新唐书》卷71下《宰相世系表一下·杨氏》载："倓，字仁安，隋燕王。侗，字仁谨，隋恭皇帝。"②隋燕王杨倓字仁安，恭皇帝杨侗（原为越王）字仁谨，他们为杨隋皇室"仁"字辈；而杨仁辂，也应为杨隋皇室"仁"字辈。太宗李世民既然娶隋炀帝女并生子李恪③，那么，让其女晋安公主下嫁杨隋皇室也就不足为奇了。杨氏与韦氏一样，在唐前期之最高统治集团之所以起"黏合"的作用，与其和皇室的联姻不无关系，晋安公主下嫁杨仁辂正说明了这个问题。

### 4. 独孤氏（1人）

《新唐书》卷83《诸帝公主列传·太宗二十一女》载："安康公主，下嫁独孤谌。"独孤谌，《唐会要》卷6《公主·太宗二十一女》作"独孤谋"，牛继清考证说："《册府元龟》卷300同。《新唐书·诸帝公主列传》作'独孤谌'。《唐会要》卷21载昭陵陪葬名氏又有'安康公主驸马独孤彦云'，而独孤彦云乃玄武门功臣，至幽州都督、历阳郡公。"④"谌"与"谋"字形相近，因而独孤谌与独孤谋，必有一名是错误的。

我们知道，独孤信是西魏北周时执掌兵权的著名将领之一，而杨坚的父亲杨忠就是他的爱将。宇文泰组建的北府兵以武川镇军官为骨干，独孤信以军功成为北府兵统帅部八柱国之一，杨忠以军功成为北府兵统帅部十二大将军之一。北周初，杨忠位至柱国大将军，封随国公。杨忠死后，以长子身份袭爵随国公的杨坚，娶独孤信第七女为妻；独孤信之长女，为北周明帝宇文毓的皇后；独孤信第四女，为八柱国之一李虎之子李昞的妻子，即唐高祖李渊的母亲。成为亲戚的北周、隋、唐三朝皇帝，他们"都是以北府兵为依托，在反抗北魏朝廷的歧视政策中，形成的一个新的封建军事贵族官僚集团。而且，自西魏开始到北周、隋和唐前期，在中央掌握政权的，就是这个政治集团"⑤。作为在反抗北魏朝廷的歧视政策中形成的一个新的封

---

① 《旧唐书》卷62《杨恭仁传》，第2384页。
② 《新唐书》卷71下《宰相世系表一下·杨氏》，第2348—2349页。
③ 《旧唐书》卷76《太宗诸子传》，第2650页。
④ 牛继清：《唐会要校证》上册，西安：三秦出版社，2014年，第55页。
⑤ 李金河：《魏晋隋唐婚姻形态研究》，济南：齐鲁书社，2005年，第210页。

建军事贵族官僚集团，北周、隋、唐三朝皇帝"都是以北府兵为依托"，这有两层含义：一是皇室以北府兵为中坚力量；二是皇室主动与北府兵将领联姻，而宇文氏、杨氏、李氏都娶独孤信女就是最好的说明。安康公主女婿，应是其祖父李渊的母亲一族，即独孤信的后裔。

### （二）嫁皇室贵戚（1人）

《新唐书》卷83《诸帝公主列传·太宗二十一女》载："比景公主，始封巴陵。下嫁柴令武，坐与房遗爱谋反，同主赐死。"《唐会要》卷6《公主·太宗二十一女》载："巴陵，降柴令武。"因比景公主始封巴陵，所以又叫"巴陵公主"，其婿为柴绍次子柴令武，正如史籍所载："二子：哲威、令武……令武尚巴陵公主，迁太仆少卿、卫州刺史、襄阳郡公。"①

《新唐书》卷83《诸帝公主列传》又载："平阳昭公主，太穆皇后所生，下嫁柴绍。"②太穆皇后窦氏与高祖李渊所生的平阳公主嫁给了柴绍，而李渊次子李世民的女儿巴陵公主又嫁给了李渊女儿平阳公主的儿子柴令武，这样，柴令武与巴陵公主的结合无疑就是姑表近亲结婚。

表亲婚是人类婚姻史上一个较为普遍的现象。唐代表亲婚的一个倾向是母方交表婚（姑之子娶舅之女）要比父方交表婚（姑之女嫁舅之子）比率高，其原因正如张蒙所说："姑之子娶舅之女所以受欢迎是因为新娘的婆婆是自己的姑姑，这样就大大地减少了婆媳不和的可能性。"③

在唐代，虽然帝甥尚主为"国家故事"，但尚太宗皇帝公主的帝甥（即长公主之子）却只有柴令武一人。

## 二、嫁"当世勋贵名家"即功臣子弟或名臣子弟（7人）

### （一）嫁"当世勋贵"即功臣子弟（不计一位再嫁公主，共有6人）

房玄龄、杜如晦、萧瑀、程知节、刘政会、唐俭与高士廉、长孙无忌、柴绍一样，都是太宗凌烟阁二十四功臣，因而与他们联姻，对于巩固唐王朝的统治是至关重要的。

合浦公主，因始封高阳，又叫高阳公主，下嫁宰相房玄龄次子散骑常侍遗爱，正

① 《新唐书》卷90《柴绍传》，第3774页。

② 《新唐书》卷83《诸帝公主列传·太宗二十一女》，第3642页。

③ 张蒙：《浙江农村及〈红楼梦〉中的表亲婚形态》，《亚洲研究》1993年第1期，第94页；转引自姚平《唐代妇女的生命历程》，上海：上海古籍出版社，2004年，第86页。

如史书所载：“次子遗爱，诞率无学，有武力。尚高阳公主，为右卫将军。”①公主负帝所爱而骄。

城阳公主，下嫁宰相杜如晦次子荷，正如史书所载：“次子荷，性暴诡不循法，尚城阳公主，官至尚乘奉御，封襄阳郡公。”②《旧唐书》亦载：“初，荷以功臣子尚城阳公主，赐爵襄阳郡公，授尚乘奉御。”③《新唐书》卷72上《宰相世系表二上·杜氏》载：“如晦字克明，相太宗。构，慈州刺史。荷，驸马都尉、襄阳公。”④

襄城公主，太宗长女。下嫁宰相萧瑀之子锐，正如史书所载：“子锐嗣，尚太宗女襄城公主，历太常卿、汾州刺史。公主雅有礼度，太宗每令诸公主，凡厥所为，皆视其楷则。”⑤《新唐书》卷101《萧瑀传》载：“子锐，尚襄城公主，为太常少卿。”⑥《新唐书》卷71下《宰相世系表一下·萧氏》载：“瑀，字时文，相高祖。锐，驸马都尉、太常卿。”⑦萧瑀既为兰陵大姓，又为南朝萧梁皇姓，李唐皇室与其联姻，对于巩固南方的统治，无疑起到了积极的作用。

清河公主，名敬，字德贤。下嫁功臣程知节子处亮，正如《旧唐书》卷68《程知节传》所载：“程知节本名咬金，济州东阿人也……子处默，袭爵卢国公。处亮，以功臣子尚太宗女清河长公主，授驸马都尉、左卫中郎将。”⑧《新唐书》卷90《程知节传》亦载：“子处亮，尚清河公主。”⑨据此可知，程知节子“处亮”，新、旧《唐书》程知节本传均作“处亮”，而《新唐书》卷83《诸帝公主·太宗二十一女》、《唐会要》卷6《公主·太宗二十一女》均作“怀亮”，哪一种说法可靠呢？《新唐书》《唐会要》均是宋人编纂的著作，而在宋人编的类书《册府元龟》中，程知节子却作“处亮”⑩，看来，在宋代，程知节子的名就存在“处亮”与“怀亮”之异了。《大唐骠骑大将军益州大都督上柱国卢国公程使君（知节）墓志铭并序》载：“公讳知节，字义贞，东平人也……追范前烈，封第二子处亮东阿县公，食邑一千户，寻授驸马都尉，降以清河

---

① 《新唐书》卷96《房玄龄传》，第3858页。

② 《新唐书》卷96《杜如晦传》，第3860页。

③ 《旧唐书》卷66《杜如晦传》，第2469页。

④ 《新唐书》卷72上《宰相世系表二上·杜氏》，第2419页。

⑤ 《旧唐书》卷63《萧瑀传》，第2404页。

⑥ 《新唐书》卷101《萧瑀传》，第3952页。

⑦ 《新唐书》卷71下《宰相世系表一下·萧氏》，第2286页。

⑧ 《旧唐书》卷68《程知节传》，第2503—2504页。

⑨ 《新唐书》卷90《程知节传》，第3773页。

⑩ （宋）王钦若等编纂，周勋初等校订：《册府元龟》卷300《外戚部（一）·选尚》，南京：凤凰出版社，2006年，第3391页。

公主。"①据此可知，前一种说法较为可靠。

南平公主，《新唐书》卷83《诸帝公主列传·太宗二十一女》载："南平公主，下嫁王敬直，以累斥岭南，更嫁刘敬玄。"《唐会要》卷6《公主·太宗二十一女》亦载："南平，降王敬直，后降刘元意。"据此可知，南平公主是第二次出嫁时奉父命选的功臣刘正会子元意（一作"刘敬玄"）。元意，其他史书均作"玄意"，如《册府元龟》卷300《外戚部（一）·选尚》即是。再如《旧唐书》卷58《刘正会传》载："子玄意袭爵，改封谕国公，尚南平公主，授驸马都尉。"②《新唐书》卷90《刘正会传》载："子玄意袭爵，尚南平公主。高宗时为汝州刺史。"③《新唐书》卷71上《宰相世系表一上·刘氏》载："河南刘氏本出匈奴之族……其后又居辽东襄平，徙河南……政会，邢襄公。玄意字深之，汝州刺史、驸马都尉。"④看来，玄意（避康熙帝讳改作"元意"）或敬玄是深之的名。

豫章公主，下嫁功臣唐俭子义识，正如《新唐书》卷83《诸帝公主列传·太宗二十一女》所载："豫章公主，下嫁唐义识。"《唐会要》卷6《公主·太宗二十一女》亦载："豫江，降唐义识。"这里的"豫江"之"江"，应是"章"之讹。牛继清考证说："'唐义识'，两《唐书·唐俭传》《新唐书·宰相世系表》《册府元龟》卷300、《唐会要》卷21均作'唐善识'，吴缜《新唐书纠谬》卷十一辨证云：案《唐俭传》及《宰相世系表》皆作善识，然则'义'字误矣。"⑤吴缜的分析是对的，义字繁体"義"与"善"字形相近，"善"误为"義"不是没有可能，因而豫章公主的女婿应为唐善识。

临川公主，字孟姜⑥，韦贵妃韦珪所生。"工籀隶，能属文"的李孟姜，奉父命下嫁功臣殿中大监、谯郡公范之子道务，正如《唐会要》卷6《公主·太宗二十一女》所载："临川，降周道务。"周氏乃汝南大姓。周道务"历营州都督，检校右骁卫将军"⑦。《新唐书》卷74下《宰相世系表四下·周氏》亦载："道务，左骁卫将军、驸马都尉、谯襄公。"⑧

① 中国文物研究所、陕西省古籍整理办公室编：《新中国出土墓志·陕西（壹）》下册，第57—58页。

② 《旧唐书》卷58《刘正会传》，第2313页。

③ 《新唐书》卷90《刘正会传》，第3768页。

④ 《新唐书》卷71上《宰相世系表一上·刘氏》，第2273页。

⑤ 牛继清：《唐会要校证》卷6《公主》，西安：三秦出版社，2014年，第55页。

⑥ （唐）郭正一：《大唐故临川郡长公主墓志铭》，中国文物研究所、陕西省古籍整理办公室编：《新中国出土墓志·陕西（壹）》下册，第89页。

⑦ 《新唐书》卷83《诸帝公主列传·太宗二十一女》，第3646页。

⑧ 《新唐书》卷74下《宰相世系表四下·周氏》，第3183页。

## （二）嫁名臣子弟（不计三位再嫁公主，共有1人）

南平公主，下嫁宰相王珪少子敬直，正如《新唐书》卷83《诸帝公主列传·太宗二十一女》所载："南平公主，下嫁王敬直。"《旧唐书》卷70《王珪传》又载："少子敬直，以尚主拜驸马都尉。"[①]《新唐书》卷98《王珪传》亦载："子敬直，尚南平公主。"[②]《新唐书》卷72中《宰相世系表二中·王氏》载："珪字叔玠，相太宗。崇基，主爵员外郎……敬直，南城县男。"[③]太宗不仅让其女南平公主下嫁王珪少子敬直，而且让王珪做其子魏王泰的师傅[④]，足见皇帝对王珪的重用。

王氏定著三房：一曰琅邪王氏，二曰太原王氏，三曰京兆王氏。宰相王珪为太原王氏，属河东大姓之一。

王珪与魏徵原来都是侍奉东宫建成的，在皇室与魏徵联姻未果[⑤]的情况下，皇室与王珪的联姻就有着多重的意义：一是化解了东宫残余势力的潜在威胁，彰显了太宗作为君王的宽广胸怀；二是巩固了李唐王朝在河东的统治。

遂安公主，太宗第四女。《新唐书》卷83《诸帝公主列传·太宗二十一女》载："遂安公主，下嫁窦逵。逵死，又嫁王大礼。"《唐会要》卷6《公主·太宗二十一女》亦载："遂安，降窦逵，后降王大礼。"可见，遂安公主是在前夫窦逵死后又嫁给了王大礼。

《大唐故使持节歙州诸军事歙州刺史驸马都尉王君（大礼）墓志铭并序》[⑥]载："君讳大礼，字仪，河南洛阳人……曾祖德，魏驸马都尉、侍中、骠骑大将军、开府仪同三司、秦州总管、东雍等十二州总管、西南道大行台、司空、河间献公……祖端，周上开府、大内史，隋开府仪同三司、商延亳三州刺史、谏议大夫、光禄卿、兼检校吏部尚书、修武荣公……父朗，隋陇西郡掾、著作郎。"据此可知，王大礼为河南洛阳人，虽然不属于王氏定著三房，但其曾祖王德、祖王端在魏、周时却是朝廷实权派人物，其父在隋时仍在陇西为官，故太宗与其联姻自有他的道理，而且对王驸马予以重用。

---

① 《旧唐书》卷70《王珪传》，第2531页。

② 《新唐书》卷98《王珪传》，第3889页。

③ 《新唐书》卷72中《宰相世系表二中·王氏》，第2644—2645页。

④ 《资治通鉴》卷194，唐太宗贞观十一年（637），第6127—6128页。

⑤ 《旧唐书》卷71《魏徵传》，第2562页。

⑥ （唐）崔行功：《大唐故使持节歙州诸军事歙州刺史驸马都尉王君（大礼）墓志铭并序》，吴刚主编：《全唐文补遗》第一辑，西安：三秦出版社，1994年，第48—49页。

城阳公主,《新唐书》卷83《诸帝公主列传·太宗二十一女》载:"城阳公主,下嫁杜荷,坐太子承乾事诛,又嫁薛瓘。"据此可知,城阳公主是在前夫杜荷被杀后才嫁给了薛瓘。《新唐书》卷73下《宰相世系表三下·河东薛氏西祖》载:"瓘,光禄卿、驸马都尉。"①麟德初,薛瓘历左奉宸卫将军。因城阳公主受巫蛊事牵连,薛瓘被贬房州刺史,公主从之官。咸亨中,主薨而瓘卒,双枢还京师。

毛汉光先生指出:"薛氏是一个强大的血缘团体。晋隋之际,薛氏的大本营在汾河以南,黄河以东之地,亦可能有一部分发展至涑水下游,或中条山脉西部一带。"②作为地方豪强的薛氏在晋隋之际既有强大的势力,那么,在唐初自然成为高祖李渊争取的对象,高祖娶薛元超姑姑河东夫人并封为婕妤③就是很好的证明;以没有任薛收为中书令是太宗的憾事,太宗对"好学善属文"的薛收子元超很看重,让他尚巢刺王女和静县主④,累授太子舍人,预撰《晋书》。太宗觉得让和静县主下嫁薛元超还分量不够,又让其女城阳公主下嫁薛瓘,加大对河东薛氏的安抚力度,以便巩固其在河东的统治。

襄城公主,《新唐书》卷83《诸帝公主列传·太宗二十一女》:"襄城公主,下嫁萧锐……锐卒,更嫁姜简。"据此可知,襄城公主是在前夫萧锐死后又嫁给了姜謩的孙子姜简。姜謩为秦州上邽人。从李渊平霍邑,拔绛郡,因监督大军成功济河而受高祖叹赏;平京城后,除相国兵曹参军,封长道县公。薛举寇秦陇,以謩"西州之望",诏于陇右安抚,承制以便宜从事。及平薛仁杲,拜謩秦州刺史,寻转陇州刺史。姜謩的儿子行本贞观中为将作大匠,受到太宗重用。太宗修九成、洛阳二宫,行本总领其事,以勤济称旨,赏赐甚厚。有所游幸,未尝不从。又转左屯卫将军。行本统领的直屯营以充仗内宿卫,衣五色衣袍,乘六闲马,名为"飞骑",每游幸,即骑以从。高昌之役,行本以行军副总管身份依山造攻具,遂与侯君集进平高昌,及还,进封金城郡公;太宗征高丽,行本从至盖牟城,中流矢卒,赠左卫大将军、郕国公,谥曰襄,陪葬昭陵⑤。姜謩的儿子行本既为太宗禁军统领而受重用,那么,让行本的儿子姜简(即姜謩的孙子)尚襄城公主也就顺理成章了。永徽中,姜简官至安北都护。

---

① 《新唐书》卷73下《宰相世系表三下·薛氏》,第3030页。

② 毛汉光:《晋隋之际河东地区与河东大族》,原刊《"中央"研究院第二届国际汉学会议论文集:历史与考古组》,台北:"中研院"史语所,1989年,第579—612页。

③ (唐)崔融:《大唐故中书令赠光禄大夫秦州都督薛公(元超)墓志铭》,中国文物研究所、陕西省古籍整理办公室编《新中国出土墓志·陕西(壹)》下册,第93页。

④ 《旧唐书》卷73《薛收传》,第2590页。

⑤ 《旧唐书》卷59《姜謩传》,第2332—2334页。

# 三、嫁少数民族首领或贵族子弟（1人）

《新唐书》卷83《诸帝公主列传·太宗二十一女》载："普安公主，下嫁史仁表。"《唐会要》卷6《公主·太宗二十一女》亦载："普安，降史仁表。"那么，普安公主下嫁的史仁表是何许人也。

《新唐书》卷83《诸帝公主列传·高祖十九女》载："衡阳公主，下嫁阿史那社尔。"据此可知，高祖李渊之所以把衡阳公主下嫁阿史那社尔，无非是为了安抚突厥。陈寅恪先生指出："突厥阿史那氏、阿史德氏皆省作史氏，中亚昭武九姓中有史氏。"[1]普安公主下嫁的史仁表，应为突厥贵族阿史那氏或阿史德氏。据《元和姓纂》卷6《史》载，史姓从地望上可分为建康、宣城、高密、京兆、陈留考城、河南6地[2]，突厥阿史那氏的地望就是河南，正如《元和姓纂》卷6《史》所载："河南　本姓阿史那，突厥科罗次汗子，生苏尼失。入隋，封康国公。怀德郡王。生大奈，子仁表，驸马。"[3]据此可知，作为驸马的史仁表，是突厥特勤史大奈的儿子。那么，太宗为何会与史大奈联姻呢？这应与史大奈在唐初立的汗马功劳有关。正如《旧唐书》卷194下《突厥列传下》所载：

> 特勤大奈，隋大业中与曷萨那可汗同归中国。及从炀帝讨辽东，以功授金紫光禄大夫。后分其部落于楼烦。会高祖举兵，大奈率其众以从。隋将桑显和袭义军于饮马泉，诸军多已奔退，大奈将数百骑出显和后，掩其不备，击，大破之，诸军复振。拜光禄大夫。及平京城，以力战功，赏物五千段，赐姓史氏。武德初，从太宗破薛举。又从平王世充，破窦建德、刘黑闼，并有殊功。赐宫女三人，杂绫万余段。贞观三年，累迁右武卫大将军、检校丰州都督，封窦国公，实封三百户。十二年卒，赠镇国大将军[4]。

《新唐书》卷110《诸夷蕃将·史大奈传》所载史大奈史迹与《旧唐书》略同。正是由

①　陈寅恪：《唐代政治史述论稿》，上海：上海古籍出版社，1997年，第39页。

②　（唐）林宝撰，岑仲勉校记，郁贤皓、陶敏整理：《元和姓纂》卷6《史》，北京：中华书局，1994年，第822—825页。

③　（唐）林宝撰，岑仲勉校记，郁贤皓、陶敏整理：《元和姓纂》卷6《史》，第825页。本条史料，承台湾学者朱振宏副教授告知，谨识。

④　《旧唐书》卷194下《突厥列传下》，第5180页。

于史大奈在李唐王朝创立过程中立下了赫赫战功，所以才封侯赐姓，同时太宗又把公主下嫁史大奈子史仁表，具有继续安抚西突厥的作用。

# 四、公主再嫁原因探讨

牛志平先生指出："唐代公主再嫁、三嫁者甚多。仅以肃宗以前公主计，凡九十八人。其中嫁过二次的二十七人，嫁过三次的三人，共三十人，占总数的1/3。也就是说，肃宗以前的公主，1/3曾经二嫁或三嫁。"[1] 在肃宗以前嫁过二次的二十七位公主中，太宗的公主就占了六位，她们是襄城公主、南平公主、遂安公主、城阳公主、晋安公主、新城公主。

在肃宗以前，1/3的公主曾经二嫁或三嫁，这是一个不小的比例。那么，公主改嫁的原因如何呢？主要有两种观点：一种观点认为，公主的改嫁是因为离婚而改嫁，如陈鹏先生指出："唐代离婚法虽比前代严密，离婚率却不比前代低，唐代公主离婚再嫁者，尤例不胜举，且有再离再三嫁的。"[2] 另一种观点认为是出于政治的原因，如李娜指出："唐代公主再嫁的主要原因是由帝王家室的特殊政治性造成的，而非唐代公主主观上的对待婚姻的自由开放态度。"[3] 郭海文肯定了李娜的观点，即政治原因，并从驸马死亡、驸马以罪徙、驸马与公主"和离"、原因不详四个方面进行了阐释[4]。

对于太宗六位公主的改嫁原因，我们主要从外因、内因两方面来考察。

从外因来说，驸马死亡或谋逆被诛、因罪被徙是公主改嫁的前提条件。正常死亡的驸马有两个：一是襄城公主的驸马萧锐，另一是遂安公主的驸马窦逵。谋逆被诛的是城阳公主的驸马杜荷，正如史书所载："坐太子承乾事诛。"[5] 因罪被徙的驸马有两个：一是南平公主的驸马王敬直，正如史籍所载："坐与太子承乾交结，徙于岭外"[6]；二是新城公主的驸马长孙诠，正如史书所载："长孙敞，文德顺圣皇后之叔父也……敞从父弟操……二十三年，以子诠尚太宗女新城公主，拜岐州刺史。永徽初，加金紫光禄大夫。赐爵乐寿男……诠官至尚衣奉御。诠即侍中韩瑗妻弟也，及瑗得罪，事连于诠，

① 牛志平：《唐代婚丧》，西安：三秦出版社，2011年，第81页。
② 陈鹏：《中国婚姻史稿》，北京：中华书局，2006年，第595页。
③ 李娜：《唐代公主再嫁现象考释》，《中华文化论坛》2009年第2期。
④ 郭海文：《试论唐代公主改嫁的原因》，《河南师范大学学报》（哲学社会科学版）2011年第1期。
⑤ 《新唐书》卷83《诸帝公主列传·太宗二十一女》，第3647页。
⑥ 《旧唐书》卷70《王珪传》，第2531页。

减死配流巂州。诠之流所，县令希旨杖杀之。"① 至于晋安公主，改嫁原因不详。

驸马谋逆被诛或因罪被徙后，公主们去寺院或道观修行也是一个去处，并非一定要改嫁。实际上，公主是否改嫁取决于她们的父母。因联姻是巩固唐王朝统治的有效手段，而皇帝的公主又是有限的，所以鼓励公主再嫁自然成了有政治眼光的太宗皇帝的正确选择，也是合乎礼仪的，这是太宗公主再嫁的外部原因。而公主再嫁的内部原因，应如牛志平先生所说："与饱思淫欲的公主们不甘寂寞，不愿独守空房有关。"②

综上所述，在唐初，虽然"王妃、主婿皆取当世勋贵名家"，但对于太宗来说，主婿首选外戚或皇室贵戚，次选"当世勋贵名家"即功臣子弟或名臣子弟，三是选少数民族首领或贵族子弟。驸马死亡或谋逆被诛、因罪被徙是公主改嫁的前提条件。皇帝的公主是有限的，所以鼓励公主再嫁自然成了有政治眼光的太宗皇帝的正确选择，这是太宗公主再嫁的外部原因；至于公主再嫁的内部原因，与她们不甘寂寞而追求幸福的愿望有关。

附记：本文在写作过程中，朱振宏副教授、杨效俊博士、景亚鹏研究员、梁桂林研究员为我提供了陈寅恪、毛汉光、李金河的研究成果，特致谢意！2015年7月28日至29日，在陕西师范大学召开的"求实与会通——2015中古史前沿论坛"上又进行了交流，天津师范大学历史文化学院的张葳讲师对论文进行了评议，薛平拴教授、刘思怡博士、樊波研究员均提出了具体意见，本人作了适当修改。

原文载《乾陵文化研究》第十辑，西安：三秦出版社，2016年

---

① 《旧唐书》卷183《外戚传·长孙敞》，第4726—4727页。
② 牛志平：《唐代婚丧》，第82页。

# 疾病与政治
## ——高宗"风疾"与"二圣"政治格局的形成

**摘要**：风疾（中风）是高宗疾病的总名，风眩（脑血栓形成）、风痹（脑栓塞）、脑痛（脑瘤）是高宗风疾的不同发展阶段。高宗风疾的治疗，采用了减负疗法、"饵药"静养、避暑疗养、温泉疗法、针刺放血疗法等，其中减负疗法包括两种情况：一是对皇后放权，让她参与部分国政；二是对太子放权，让他监国，处理部分朝政。虽然皇后参政与太子监国都是高宗因身体不佳所做出的选择，但从高宗的内心深处来看，他是希望太子从监国开始熟悉政务并进而继承大统的，而这是武则天不愿看到的，因为"二圣"政治格局将会被打破。武则天为人是"贪于权势而不知止"，这从她为了维持和高宗的"二圣"政治格局而不断与高宗支持的皇太子李弘、李贤、李显的明争暗斗中即可以看出端倪。

**关键词**：高宗；武则天；李弘；李贤；李显；"二圣"政治格局

高宗李治是唐代的第三位皇帝，他性格懦弱只是假象，他是一个极有主见且敢作敢为的人，"他在父亲健在的时候就敢于跟庶母私通"[①]即是明证。其父太宗李世民开创了"贞观之治"，他继其父后又创"永徽之治"。显庆以后，"他看重武则天的才能，更出于自己健康不佳需要帮手而信用武则天，让她参决大政"[②]，二人"在政治上是伙伴……在生活上是情侣"[③]，互相依靠，在高宗执政的34年里创下了不菲的业绩，仅征服高句丽在其地设安东都护府一事足见其一斑。唐高宗之所以让武则天参决大政，主要原因是健康不佳，那么，唐高宗患上了什么病呢？

## 一、唐高宗的"风疾"考辨

贞观二十三年（649），开创"贞观之治"的大唐皇帝李世民驾崩，享年53岁。当

---

① 孟宪实：《李治到底是一个什么样的人？》，氏著：《孟宪实读史漫记》，南京：凤凰出版社，2009年，第124页。

② 胡戟：《武则天本传》，北京：北京大学出版社，2011年，第74页。

③ 赵文润：《武则天与唐高宗新探》，西安：三秦出版社，2008年，第286页。

年，太子李治在长孙无忌、褚遂良等大臣的拥戴下即皇帝位，是为高宗，年号永徽。史载，太子李治在太宗皇帝驾崩时便"哀毁染疾"，这里的"疾"是指什么病呢？雷家骥先生认为是"因哀伤而感染风瘵"[①]。所谓"风瘵"，也就是"风疾"，是因身体虚弱和劳累造成的。高宗的"风瘵"，在他执政的永徽六年间（650—655）尚不见发病记录，但到他执政的显庆五年（660）冬十月，却发病了。

高宗的风眩，也叫头眩，它相当于西医卒中的脑血栓形成。

《旧唐书》卷6《则天皇后本纪》载："帝自显庆已后，多苦风疾，百司奏表，多委天后详决。"

高宗的"风痹"，相当于西医卒中的脑栓塞。可见，高宗的病在不断加重，显庆五年（660）初发时主要为阳性的"风眩"，才过了一年半载，至龙朔二年（662）已发展成阴阳俱病的"风痹"了。

## 二、唐高宗"风疾"的治疗与"二圣"政治格局的形成

有学者认为："武后能获取实权乃因高宗李治御宇三十四年，史籍中称他'苦风疾'，看来是高血压妨碍了他的视力。"[②]高血压令高宗头晕而妨碍他的视力固然是不能排除的，但笔者窃以为，高宗的"风眩（即头眩）头重""苦头重不可忍"是脑痈（即"脑瘤"）造成颅压过高而压迫视神经造成的；秦鸣鹤于高宗头顶的百会穴针刺出血使颅压降低，视神经受颅压的压迫也随之减轻，高宗头重减轻进而目明就在情理之中了。

风疾（卒中，也称中风）是高宗疾病的总名，风眩（即"头眩"）、风痹、脑痈是高宗疾病的具体名，也就是说，风眩（脑血栓形成）、风痹（脑栓塞）、脑痈（脑瘤）是高宗风疾的不同发展阶段。高宗风疾的治疗，采用了减负疗法、"饵药"静养、避暑疗养、温泉疗法、针刺放血疗法等[③]，其中减负疗法包括两种情况：一是对皇后武则天放权，让她参与部分国政；二是对太子放权，让他监国，处理部分朝政。虽然皇后参政与太子监国都是高宗因身体不佳所做出的选择，但从高宗的内心深处来看，他是希望太子从监国开始熟悉政务并进而继承大统的，而这是武则天不愿看到的，因为"二圣"政治格局将会被打破。

---

① 雷家骥：《武则天传》，北京：中华书局，2001年，第187页。

② 黄仁宇：《中国大历史》，北京：生活·读书·新知三联书店，2007年，第174页。

③ 张维慎：《唐高宗的"风疾"及其治疗》，《陕西师范大学学报》（哲学社会科学版）2013年第6期。

### （一）"二圣"政治格局形成的时间及其标志

#### 1."显庆以后"说

显庆五年（660）高宗皇帝"初苦风眩头重，目不能视"，百司奏事，高宗"或使皇后决之"。皇后天性明敏，涉猎文史，处事"皆称旨"，由是处理部分政务。由于高宗"自显庆已后，多苦风疾，百司奏表，皆委天后详决"，便形成了武则天"自此内辅国政数十年，威势与帝无异，当时称'二圣'"[①]的局面。

#### 2."麟德元年（664）"说

史载："自诛上官仪后，上每视朝，天后垂帘于御座后，政事大小皆预闻之，内外称为'二圣'。"[②]上官仪被杀是麟德元年（664）十二月丙戌。从形式或实际作用来说，麟德元年（664）十二月丙戌后，"二圣"政治格局已形成。

#### 3."上元元年（674）"说

《新唐书》卷4《则天皇后本纪》载："上元元年，高宗号天皇，皇后亦号天后，天下之人谓之'二圣'。"[③]有了天皇、天后的称号，从法理上来说，"二圣"政治格局形成。淮南长公主李澄霞，深得高宗皇帝与武则天礼遇，"以上元二年，爰发广府，赴洛三年"，在太平公主出嫁时曾充当庄母；侍宴奉上寿，作诗唱歌，"二圣欢娱"[④]。

### （二）武则天为维护"二圣"政治格局与高宗支持的皇太子的明争暗斗

下面，我们就以太子监国为线索，来看看武则天为维护"二圣"的政治格局而与高宗皇帝支持的皇太子的明争暗斗。

#### 1.皇太子弘监国及病死

据《新唐书》卷3《高宗本纪》载，唐高宗因"风疾"的缘故，身体每况愈下，为了健康，采取减负疗法，除了让皇后参政外，又让皇太子监国，来处理国事。

永徽六年正月庚寅，封子弘为代王。

显庆元年（656）正月辛未，废皇太子为梁王，立代王弘为皇太子。

---

① 《旧唐书》卷6《则天皇后本纪》，第115页。

② 《旧唐书》卷5《高宗本纪下》，第100页。

③ 《新唐书》卷4《则天皇后本纪》，第81—82页。

④ （唐）封言道：《淮南大长公主李澄霞墓志铭》，何炳武主编：《富平碑石》，西安：三秦出版社，2013年，第130—131页。

显庆四年（659）十月丙午，皇太子加元服，大赦，赐五品以上子孙为父祖后者勋一转，民酺三日。

显庆四年（659）十月（闰月）戊寅，如东都，皇太子监国。

龙朔二年（662）十月丁酉，幸温汤，皇太子监国。丁未，至自温汤。

龙朔三年（663）十月辛巳，诏皇太子五日一至光顺门，监诸司奏事，小事决之。

乾封二年（667）九月庚申，以饵药，皇太子监国（乾封二年九月庚申，高宗"以久疾，命太子弘监国"）。

总章元年（669）二月丁巳，皇太子释奠于国学。

咸亨二年（671）正月乙巳，如东都，皇太子监国。

十月己未，皇太子监国。

咸亨四年（673）八月辛丑，以不豫诏皇太子听诸司启事①。

十月乙未，以皇太子纳妃，赦岐州，赐酺三日。

上元元年（674）八月壬辰，皇帝称天皇，皇后称天后。

上元二年（675）四月己亥，天后杀皇太子。

五月戊申，追号皇太子为孝敬皇帝。

从上面的记载来看，高宗皇帝让太子弘监国有两种情况：一是"幸温汤"或"饵药"，这是"风疾"治疗的需要；二是前往东都洛阳。武则天在治疗高宗"风疾"时虽不时为高宗着想，但在处理朝政时有越权行为，从而引起高宗不满，而麟德元年（664）高宗废武后不成，上官仪成了替罪羊被杀，这也为武则天敲响了警钟，必须与高宗和睦相处，因而在"二圣"政治格局中，高宗皇帝是起主导作用的。

高宗皇帝对太子弘寄予厚望。显庆元年（656）李弘被立为皇太子，中间多次监国，龙朔三年（663）诏皇太子五日一至光顺门，监诸司奏事，"小事决之"；咸亨四年（673）八月辛丑，"以不豫诏皇太子听诸司启事"。要不是太子弘多病，高宗为了减负疗病而迫切传位于太子弘就可能成功了。

《新唐书》说太子弘是其母亲武则天杀害的。我们知道，李弘从显庆元年（656）被立为太子，到上元二年（675）去世，历时20年，是高宗皇帝诸子中做太子时间最长的。之所以如此，恐怕与李弘的多病而不会改变"二圣"政治格局有关。如咸亨二年高宗驾幸东都而留太子弘于京师监国，"是时戴至德、张文瓘兼左庶子，与右庶子萧德昭同为辅弼"，因"太子多病"，"庶政皆决于至德等"②。太子虽然多病，但高宗皇帝还是"庶其痊复，以禅鸿名，及膝理微和，将逊于位"。由于李弘的身体不争气，高宗传位于他的想法难以实

① 《资治通鉴》咸亨四年（673）八月辛丑条作："上以疟疾，令太子于延福殿受诸司启事。"第6371页。

② 《旧唐书》卷86《高宗中宗诸子传·孝敬皇帝弘》，第2830页。

现，而高宗与武则天"二圣"政治格局也就不能打破，这正是武则天所希望的，所以武则天杀太子弘的理由不充足。吕思勉先生也说："案：请降二公主，何至一怒而欲杀？武后是时欲图临朝，岂复弘所能沮？则谓后杀弘殆不足信也。"① 既然李弘非其母武则天所杀，那么他是如何死的呢？高宗诏曰："太子婴沈瘵，朕须其痊复，将逊于位。弘性仁厚，既承命，因感结，疾日以加。宜申往命，谥为孝敬皇帝。"② 可见，李弘是"沈瘵"加剧而亡。王灵善说："武则天没有必要让病秧子李弘死，李弘是死于肺结核。"③ 其说有理。

### 2. 皇太子贤监国及被废、被杀

据《新唐书》卷3《高宗本纪》载，太子弘去世后，高宗皇帝就把注意力转到了李贤身上，并尽力加以培养。

上元二年（675）六月戊寅，立雍王贤为皇太子，大赦。

调露元年（679）五月丙戌，皇太子监国。

永隆元年（680）八月甲子，废皇太子为庶人。

《旧唐书》卷5《高宗本纪下》载：调露二年（680）八月甲子，"废皇太子贤为庶人，幽于别所"。

从上面的记载来看，从上元二年（675）李贤被立为皇太子，到永隆元年（680）被废为庶人，历时6年。与李弘的20年太子生涯相比，李贤的太子生涯还不到李弘的三分之一。李贤的皇太子生涯之所以短暂，与其自身密切相关。

李贤"荣止端重，少为帝爱"，"读书一览辄不忘"，被高宗赞誉为"夙敏"。

龙朔元年（661）九月壬子，徙封潞王贤为沛王。"是日，以雍州牧、幽州都督、沛王贤为扬州都督、左武候大将军。牧如故……是日，敕中书门下五品已上诸司长官、尚书省侍郎并诸亲三等已上，并诣沛王宅设宴礼，奏九部乐。礼毕，赐帛杂綵等各有差。"④李贤在封为沛王时，高宗就在其宅设宴，让五品以上高官及亲贵与李贤认识，可见高宗早就对李贤加以培养和扶持。

上元二年（675）六月被立为皇太子，俄诏监国，而李贤对于"处决尤明审"，因而"朝廷称焉，帝手书褒赐"⑤，获得了广泛的人缘。李贤又召集左庶子张大安、冼马刘讷言、洛州司户参军事格希玄、学士许叔牙、成玄一、史藏诸、周宝宁等儒生，共

① 吕思勉：《隋唐五代史》上册，上海：上海古籍出版社，1984年，第137页。

② 《新唐书》卷81《三宗诸子列传·李弘》，第3590页。

③ 王灵善：《"二圣"共治时代武则天的政治作用》，赵文润、辛玉龙主编：《武则天与咸阳》，西安：三秦出版社，2001年，第107页。

④ 《旧唐书》卷4《高宗本纪上》，第82页。

⑤ 《新唐书》卷81《三宗诸子列传·李贤》，第3590页。

注范晔《后汉书》。上元三年（676）十二月丙申，"皇太子贤上所注《后汉书》，赐物三万段"①。为自己捞取了一笔不小的政治资本。

由于李贤小时候深为高宗所爱，长大被立为皇太子后，监国期间在张大安等人辅佐下"处决尤明审"，博得了皇帝和朝廷的赞誉，更重要的是，李贤不像太子弘一样多病，而是身体健康，这样发展下去，高宗势必将皇位传给李贤，这样"二圣"执政的政治格局就要被打破，这是武则天不愿看到也不能接受的，因此，在仪凤四年五月，武则天策划了"明崇俨"事件，目的是废"李贤"皇太子位。

据《新唐书》卷81《三宗诸子列传·李贤》可知，正谏大夫明崇俨以"左道"为武后所信，他说"英王类太宗，而相王贵"显然是受武后指使，意在挑拨李贤、李显、李旦兄弟的关系，直接激怒李贤。果然，涉世未深的李贤上当了，对明崇俨怀恨在心（"恶之"）。

仪凤四年（679）五月壬午，"盗杀正谏大夫明崇俨"②。武则天怀疑是李贤谋划，遣人发太子阴事，诏薛元超、裴炎、高智周杂治之。虽然从东宫获甲数百领，但高宗"素爱贤"，薄其罪，皇后说："贤怀逆，大义灭亲，不可赦。"③乃废贤为庶人，焚甲天津桥，贬大安普州刺史，流讷言于振州，坐徙者十余人。具体说来，除太子左庶子、同中书门下三品张大安左迁与刘讷言被判流刑外，苏州刺史曹王明封零陵郡王而被安置于黔州，高宗把太子典膳丞高政（高士廉孙子）交由其父管教，却惨遭家人杀害。太子党受到毁灭性打击，高宗即将传位太子贤的计划流产，武则天与高宗共同执政的"二圣"政治格局保住了，这是武则天努力维护的结果，也是她与高宗皇帝暗斗的结果。

永隆元年（680）八月甲子皇太子李贤被废为庶人后，暂幽禁于都城"别所"。开耀元年（681）十一月癸卯，"徙庶人贤于巴州"。弘道元年十二月丁巳，高宗皇帝驾崩，李贤失去了保护。文明元年庚申，武后"杀庶人贤于巴州"④。具体是几月份呢？《旧唐书》记为三月份⑤。死的经过如何？武后得政，"诏左金吾将军丘神勣检卫贤第，迫令自杀，年三十四。后举哀显福门，贬神勣叠州刺史，追复旧王。神龙初，赠司徒，遣使迎丧，陪葬乾陵。睿宗立，追赠皇太子及谥"⑥。

有学者认为李显与其二哥李贤关系不睦，推测李贤之死乃李显与韦后合谋而为⑦。我

①　《旧唐书》卷5《高宗本纪下》，第102页。

②　《旧唐书》卷5《高宗本纪下》，第104页。

③　《新唐书》卷81《三宗诸子列传·李贤》，第3591页。

④　《新唐书》卷4《则天皇后本纪》，第82页。

⑤　《旧唐书》卷6《则天皇后本纪》载："文明元年三月，庶人贤死于巴州。"第116页。

⑥　《新唐书》卷81《三宗诸子列传·李贤》，第3591页。

⑦　梁子、张鑫、程云霞：《唐章怀太子李贤真相》，樊英峰主编：《乾陵文化研究》（九），西安：三秦出版社，2015年，第130—149页。

们不排除这种可能性，因为武后的亲信明崇俨说"英王类太宗，而相王贵"的话，就是要挑拨李贤、李显、李旦兄弟的关系，引起他们内斗。如果李贤之死果真是李显与韦后合谋而为，那是帮了武则天的大忙，同时也为李显自己被立为太子铺平了道路。但问题是，酷吏丘神勣虽逼死了李贤，但因是奉武则天旨意，所以只受到了被贬的惩罚。如果李贤之死果真是李显与韦后合谋而为，那么武则天"诏左金吾将军丘神勣检卫贤第，迫令自杀"记载如何解释？是武则天替其爱子李显背上杀另一子的黑锅吗？以武则天的性格来看，显然不可能。那么，只有一种可能，就是武则天杀了李贤。那么，武则天为什么要杀李贤呢？关键是，李贤非武后亲生。吕思勉先生说："然则谓贤为韩国所生，其事或不诬也。"①胡明曌等先生不仅认为李贤乃韩国夫人所生，而且提出了三个理由：一是李贤出生仅仅一个月，高宗便匆匆下诏为这个未满月的孩子封王；二是韩国夫人死时，"帝为恸"，其伤感程度也非同一般；三是唐高宗与韩国夫人女儿的关系：韩国夫人死后，唐高宗把对她的一往情深转移在其女贺兰氏身上②。既然李贤非自己亲生，又是自己与高宗"二圣"政治格局潜在的威胁，那么武则天废除李贤的皇太子是丝毫不会迟疑的。至于武则天杀李贤，目的是防患于未然，即在自己临朝称制时防止异己分子利用李贤的特殊身份来反对自己。果不出武则天所料，徐敬业在扬州反叛时，因李贤已死，只好找一个相貌与李贤相似的人来号令天下，足见武则天有先见之明。

### 3. 皇太子显监国及被废

据《新唐书》卷3《高宗本纪》载，李贤于永隆元年八月甲子被废为庶人，当月乙丑，英王哲（李显）就被立为皇太子。

永隆元年（680）八月乙丑，立英王哲为皇太子，大赦，改元，赐酺三日。

开耀元年（681）二月丙午，皇太子释奠于国学。

（七月）闰月庚戌，以饵药，皇太子监国。

永淳元年（682）四月丙寅，如东都，皇太子监国。

弘道元年（683）八月乙丑，皇太子朝于东都，皇太孙留守京师。

十一月辛丑，皇太子监国。

十二月丁巳，改元，大赦。是夕，皇帝崩于贞观殿，年五十六。

据上面的记载，从英王李哲（显）永隆元年（680）被立为皇太子，到弘道元年（683）高宗去世，历时4年，这期间因高宗"饵药"或前往东都，皇太子李显多次监国。

李显在被立为皇太子至其父高宗去世期间，并不像其二位兄长那样编书而为自己捞取政治资本，这样其母后武则天才少找其麻烦而平安度过了四年。

---

① 吕思勉：《隋唐五代史》上册，第137页。

② 胡明曌、尹君、胡戟：《武则天的世界》，北京：中华书局，2012年，第55页。

弘道元年（683）十二月丁巳，大帝崩，"皇太子显即位，尊天后为皇太后。既将篡夺，是日自临朝称制"①。李显即皇帝位后，武则天临朝称制，掌握实权，因为高宗遗诏"军国大事有不决者，取天后处分"②。可皇帝李显不识时务，一上台就急于给其岳父韦玄贞加官晋爵，不仅与裴炎发生冲突，也引起了武则天的警觉。

嗣圣元年（684）二月戊午，皇太后"废皇帝为庐陵王，幽于别所，仍改赐名哲。己未，立豫王轮为皇帝，令居于别殿。大赦天下，改元文明。皇太后临朝称制"③。豫王轮也就是李旦。他很聪明，颇懂韬光养晦之术，"自则天初临朝及革命之际，王室屡有变故，帝每恭俭退让，竟免于祸"④即是明证。垂拱二年（686）春正月，皇太后下诏，"复政于皇帝"。李旦"以皇太后既非实意"，乃固让。皇太后"仍依旧临朝称制，大赦天下"⑤。可见，李旦对其母亲的贪权是有清醒认识的。

嗣圣元年（684）二月，李显被废为庐陵王，幽禁于都城的别所。夏四月丁丑，迁庐陵王哲于均州。垂拱元年（685）三月，迁庐陵王哲于房州。

葛洲子指出："高宗、武后时期，武则天为了自己能够临朝称制，处心积虑削弱李唐王室的力量，将皇子们流放到山南加以管制。高宗8位皇子中，除了原王孝、代王弘早薨，豫王旦被立为皇太子留在武则天身边外，其余5人均有流放山南的经历。"⑥

直到圣历二年（699），李显才又被立为太子，可以返回神都。可见庐陵王李显在外达14年之久，说明其母武则天是多么的贪权。

吕思勉先生指出："武后之废中宗，非遂有意于变革也，然其为人也，贪于权势而不知止，而导谀贡媚之徒，复不惜为矫诬以逢迎之，则推波助澜，不知所止矣。"⑦吕先生说"武后之废中宗，非遂有意于变革也"并不一定准确，但他说武后为人是"贪于权势而不知止"却是精辟之见。这从武则天为了维持她和高宗的"二圣"政治格局而不断与高宗支持的皇太子李弘、李贤、李显的明争暗斗中可以看出端倪。

原文载黄留珠、贾二强主编：《长安学研究》第四辑，北京：科学出版社，2019年

① 《旧唐书》卷6《则天皇后本纪》，第116页。

② 《旧唐书》卷5《高宗本纪下》，第112页。

③ 《旧唐书》卷6《则天皇后本纪》，第116页。

④ 《旧唐书》卷7《睿宗本纪》，第152页。

⑤ 《旧唐书》卷6《则天皇后本纪》，第118页。

⑥ 葛洲子：《山南：中古时期王朝版图的重要拼图——以唐代安业县两度改属雍州（京兆府）的考察为线索》，中国唐史学会、浙江大学中国古代史研究所：《中国唐史学会第十三届年会暨"唐代中国与世界"国际学术研讨会会议论文集》中册，2018年11月16—18日，第597—598页。

⑦ 吕思勉：《隋唐五代史》上册，第139页。

# 唐鸿胪卿萧嗣业事迹钩沉

**摘要：** 在与皇家有"雅旧"的萧氏家族中，官至鸿胪卿的唐将萧嗣业，在初唐近50年（唐太宗至唐高宗朝）中对北疆的安定做出了较大贡献，然其事迹在新、旧《唐书》中却只有百字左右。本文利用《旧唐书》《新唐书》《资治通鉴》《册府元龟》《三国史记》等文献资料，与相关碑石墓志资料相结合，使用二重证据法，对萧嗣业一生的事迹进行了钩沉，使得历史人物血肉丰满，弥补了两《唐书》本传记载的简略。

**关键词：** 萧嗣业；唐将；北疆

薛宗正先生指出：

> 唐高宗在世时期总的来说仍然保持强大的国势，而唐朝委以分管大漠南北重责的萧嗣业、比粟二人也对唐输诚效忠，密切合作，唐朝北疆总算基本安宁。自630年（贞观四年）东突厥汗国灭亡算起，至679年（调露元年）单于大都护府暴动，唐朝统治漠南近五十年；自646年（贞观二十年）薛延陀汗国灭亡算起，至692年（长寿元年）安北都护府解体，唐朝统治漠北也达四十六年之久①。

据此可知，作为文武全才的萧嗣业，与比粟密切合作，对唐朝北疆的安定做出了重要贡献。对于这样重要的历史人物，两《唐书》虽为萧嗣业立传，《旧唐书》的字数不足百字，《新唐书》的字数也仅超过百字，一些重要史实为本传所失载，②这与历史人物的贡献极不相称，因而，作为历史工作者，我们有必要对唐将萧嗣业的史迹进行搜集并略作评述。

---

① 薛宗正：《突厥史》，北京：中国社会科学出版社，1992年，第429页。
② （清）钱大昕撰，方诗铭、周殿杰校点：《二十二史考异》卷52《唐书十二·萧嗣业传》载："擢累鸿胪卿，兼单于都护府长史。龙朔元年，嗣业为扶余道行军总管，伐高丽；又为仙萼道行军大总管，伐铁勒，《传》皆失书。"上海：上海古籍出版社，2014年，第769页。

# 一、因"深识蕃情"而"充（宁朔大）使统领突厥之众"

《旧唐书》卷63《萧瑀传附嗣业》载："瑀兄子钧……钧兄子嗣业，少随祖姑隋炀帝后入于突厥。贞观九年归朝，以深识蕃情，充使统领突厥之众。"①《新唐书》卷101《萧瑀传附嗣业》也载："钧，瑀从子……钧兄子嗣业，少从炀帝后入突厥，贞观九年归，以其知房曲折，诏领突厥众。"②那么，"瑀兄子钧"与"钧，瑀从子"究竟哪一种说法可信呢？据《新唐书·宰相世系表》载，珣（南海王）生钜、钧（太子率更令），钜生嗣德（银州刺史）、嗣业（鸿胪少卿、琅邪郡公），钧生灌（渝州长史）③。同书同卷又载，瑀（字时文，相高祖）生锐（驸马都尉、太常卿），锐生守业（卫州刺史）、守道、守规④。又《周书·萧詧传》载："詧子巋，追谥孝惠太子；岩，封安平王；炭，东平王；岑，河间王，后改封吴郡王。岿子瓛，义兴王；瓛，晋陵王；璟，临海王；珣，南海王；崵，义安王；瑀，新安王。"⑤可见，萧珣、萧瑀的父亲同是萧岿，萧珣与萧瑀是亲兄弟关系。再把《新唐书·宰相世系表》与《旧唐书》卷63《萧瑀传附嗣业》加以对照可知，萧瑀兄为萧珣，钧为萧瑀兄萧珣的小儿子，而钜为萧瑀兄萧珣的长子且生有嗣德、嗣业，所以"瑀兄子钧……钧兄子嗣业"的说法是正确的。早在开皇二年（582），隋文帝杨坚就"备礼纳岿女为晋王妃"⑥，而晋王妃就是隋炀帝的萧后。可见，萧后与上述的萧珣、萧瑀的父亲同是萧岿，所以他们是兄妹关系，所以萧珣的孙子萧嗣业（其父为萧钜），既是萧瑀的侄孙子，又是萧后（隋炀帝后）的侄孙子。

兰陵萧氏，既是名族，又曾是梁国的皇族。幸运的是，在考古发掘中出土了两方萧瑀之孙的墓志，一方为《唐故朝请郎行岐州参军事萧君（愻）墓志铭并序》（图一）。据墓志载，墓主萧愻（其弟萧恕），梁孝明皇帝之曾孙；祖瑀，梁新安王，隋内史侍郎，皇朝中书令、尚书左右仆射、太子太保、上柱国、宋国公，赠司空；父锐，给事

---

① （后晋）刘昫等：《旧唐书》卷63《萧瑀传附嗣业》，北京：中华书局，1975年，第2405—2406页。
② （宋）欧阳修、宋祁：《新唐书》卷101《萧瑀传附嗣业》，北京：中华书局，1975年，第3952页。
③ （宋）欧阳修、宋祁：《新唐书》卷71下《宰相世系表一下·萧氏》，第2282页。
④ （宋）欧阳修、宋祁：《新唐书》卷71下《宰相世系表一下·萧氏》，第2286—2287页。
⑤ （唐）令狐德棻等：《周书》卷48《萧詧传》，北京：中华书局，1971年，第866页。
⑥ （唐）令狐德棻等：《周书》卷48《萧詧传》，第865页。

图一　唐故朝请郎行岐州参军事萧君（愻）墓志铭并序

（采自：吴敏霞主编：《长安碑刻》，第89页）

中、利渝二州刺史①。另一方墓志的志主萧守规，系萧锐与襄城公主所生，容后详述。这两方墓志，可补两《唐书·萧瑀传》所述萧瑀子孙的不足。

据史载，大家族出身的萧嗣业，小的时候曾跟随祖姑隋炀帝后在突厥待了许多年，在贞观九年返回大唐。由于他"知虏曲折"而"深识蕃情"，被唐太宗委以重任，即"诏领突厥众"，具体官职是"充使统领突厥之众"的"使"。那么，这里"充使统领突厥之众"的"使"是何官职呢？据艾冲教授研究，这里的"使"就是"宁朔大使"之省。他说："'宁朔大使'创建于贞观四年（630），受唐中央政府委托而管理北疆突厥事务。'宁朔大使'的办公机构驻在夏州城（今陕西靖边白城子古城），就近管理迁入河南之地（即今内蒙古伊克昭盟）的东突厥部众，包括颉利旧部、阿史那苏尼失旧部、阿史那泥熟旧部等牧民，以及颉利旧地即河北碛南地区……窦静于贞观九年去世后，萧嗣业继任宁朔大使之职。据其本传：'贞观九年归朝，以深识蕃情，充（宁朔大）使，统领突厥之众。'萧嗣业在高宗朝又曾担任单于都护府长史，显然是继窦静之后管理东突厥事务的重要军政长官。"②此说合情合理。

## 二、在任"鸿胪卿"前曾任"通事舍人"

《旧唐书》卷63《萧瑀传附嗣业》载："累转鸿胪卿，兼单于都护府长史。"③《新唐书》卷101《萧瑀传附嗣业》也载："擢累鸿胪卿，兼单于都护府长史。"④据史载，萧嗣业的最高官职是鸿胪卿。那么，鸿胪卿管理哪些事务呢？笼统地说，"掌宾客、凶仪之事及册诸蕃"⑤。

《唐六典》卷18《鸿胪寺》载：

> 鸿胪寺：卿一人，从三品；少卿二人，从四品上。鸿胪卿之职，掌宾客及凶仪之事，领典客、司仪二署，以率其官属，而供其职务；少卿为之贰。凡四方夷狄君长朝见者，辨其等位，以宾待之。凡二王之后及夷狄君长之子

---

① 吴敏霞主编：《长安碑刻》下册，西安：三秦出版社，2014年，第440页。

② 艾冲：《唐代都督府研究——兼论总管府、都督府、节度司之关系》，西安：西安地图出版社，2005年，第350页。

③ 《旧唐书》卷63《萧瑀传附嗣业》，第2406页。

④ 《新唐书》卷101《萧瑀传附嗣业》，第3952页。

⑤ （唐）杜佑撰，王文锦等点校：《通典》卷26《职官八·鸿胪卿》，北京：中华书局，1988年，第725页。

袭官爵者，皆辨其嫡庶，详其可否，以上尚书。若诸蕃大酋渠有封建礼命，则受册而往其国。凡天下寺观三纲及京都大德，皆取其道德高妙为众所推者补充，上尚书祠部。凡皇帝、皇太子为五服之亲及大臣发哀临吊，则赞相焉。凡诏葬大臣，一品则卿护其丧事；二品则少卿；三品，丞一人往，皆命司仪，以示礼制也①。

据此可知，鸿胪卿为从三品之官，主要负责接待宾客、册诸蕃和皇室、大臣凶仪之事，但凡四方夷狄君长的朝见、夷狄君长之子的承袭官爵、对诸蕃大酋渠的册封，以及皇帝、皇太子五服之亲及大臣的发哀临吊，都在其业务范围之内，可谓关系重大。

在任从三品的鸿胪卿前，萧嗣业还曾担任过通事舍人。

《资治通鉴》贞观二十年载：

> （六月）李世勣至郁督军山，其酋长梯真达官帅众来降。薛延陀咄摩支南奔荒谷，世勣遣通事舍人萧嗣业往招慰，咄摩支诣嗣业降。其部落犹持两端，世勣纵兵追击，前后斩五千余级，虏男女三万余人。秋，七月，咄摩支至京师，拜右武卫大将军②。

据此可知，贞观二十年（646）萧嗣业受李勣派遣而招慰薛延陀咄摩支，获得了成功，其时萧嗣业即为通事舍人。

《大唐故司空公太子太师赠太尉扬州大都督上柱国英国公李公（勣）墓志铭并序》（图二、图三）也载："扬旌紫塞，非劳结燧之谋……残云断盖，碎几阵于龙廷。"胡元超注曰："扬旌紫塞：扬旌，旌旗飘扬，指作战胜利。紫塞，指长城……碎几阵于龙廷：碎，指攻克。几阵，数阵。龙廷，即龙城。汉时匈奴地名。匈奴岁五月于此大会各部酋长，祭其祖先、天地、鬼神。汉武帝元光六年，卫青至龙城，斩首级七百。唐高宗以之比喻北方少数民族地区。意指李勣曾多次带兵打败过唐北部的突厥、薛延陀汗国。"③萧嗣业之所以能招降薛延陀咄摩支，与李勣的指挥有方不无关系。

① （唐）李林甫等撰，陈仲夫点校：《唐六典》卷18《鸿胪寺》，北京：中华书局，1992年，第504—505页。

② （宋）司马光编著：《资治通鉴》卷198，唐太宗贞观二十年（646），北京：中华书局，1956年，第6238页。

③ 胡元超：《昭陵墓志通释》，西安：三秦出版社，2010年，第418—419页。

图二　大唐故司空公太子太师赠太尉扬州大都督上柱国英国公李公（勣）墓志之铭（志盖）

（采自：胡元超：《昭陵墓志通释》，第400页）

图三　大唐故司空公太子太师赠太尉扬州大都督上柱国英国公李公（勣）墓志铭并序（志石）

（采自：胡元超：《昭陵墓志通释》，第401页）

## 三、高宗显庆二年以伊丽道行军副总管参与平定西突厥贺鲁之乱

高宗时，西突厥贺鲁多次犯边。

永徽二年（651），贺鲁破北庭，高宗"诏将军梁建方、契苾何力领兵二万，取回纥五万骑，大破贺鲁，收复北庭"①。

永徽六年（655）五月，（左）屯卫大将军程知节将兵讨沙钵罗，不克②。

显庆二年（657），贺鲁又犯边。高宗"遣右屯卫将军苏定方，燕然都护任雅相，副都护萧嗣业，左骁卫大将军、瀚海都督回纥婆闰等率师讨击，仍使右武卫大将军阿史那弥射、左屯卫大将军阿史那步真为安抚大使"③。实际上，这次讨击贺鲁，高宗采取的是"南北并进，剿抚兼施的方针"④。北道的主将是充伊丽道行军总管的右屯卫将军苏定方，也是元帅；南道的主将是右武卫大将军阿史那弥射、左屯卫大将军阿史那步真。关于这次战役的经过，两《唐书·突厥传》、两《唐书·回纥传》、两《唐书·苏定方传》《资治通鉴》《唐会要》《册府元龟》等文献皆有记载，为避免重复，今以《资治通鉴》和《旧唐书》的相关记载为主，辅以其他文献，叙述如下。

### （一）高宗接受薛仁贵的建议，分化瓦解贺鲁的部落

苏定方击西突厥沙钵罗可汗，至金山北，先击处木昆部，大破之，其俟斤嬾独禄等率万余帐来投降，定方加以安抚，"发其千骑与俱"⑤。

右领军郎将薛仁贵上言："泥熟部素不伏贺鲁，为贺鲁所破，虏其妻子。今唐兵有破贺鲁诸部得泥熟妻子者，宜归之，仍加赐赉，使彼明知贺鲁为贼而大唐为之父母，则人致其死，不遗力矣。"上从之。泥熟喜，请从军共击贺鲁⑥。高宗接受右领军郎将薛仁贵的正确建议，使泥熟部转而支持唐军，这就分化瓦解了贺鲁的部落，削弱了贺鲁的势力，使得胜利的天平在向唐军倾斜。

---

① 《旧唐书》卷195《回纥列传》，第5197页。

② （宋）王溥撰，牛继清校证：《唐会要校证》卷94《西突厥》，西安：三秦出版社，2012年，第1449页。

③ 《旧唐书》卷194下《突厥列传下》，第5187页。

④ 吴玉贵：《突厥汗国与隋唐关系史研究》，北京：中国社会科学出版社，1998年，第392页。

⑤ 《资治通鉴》卷200，唐高宗显庆二年（657），第6305页。

⑥ 《资治通鉴》卷200，唐高宗显庆二年（657），第6305—6306页。

## （二）曳咥河之战，苏定方指挥有方，以少胜多

史载：

> 定方至曳咥河西，沙钵罗帅十姓兵且十万，来拒战。定方将唐兵及回纥万余人击之。沙钵罗轻定方兵少，直进围之。定方令步兵据南原，攒稍外向，自将骑兵陈于北原。沙钵罗先攻步军，三冲不动，定方引骑兵击之，沙钵罗大败，追奔三十里，斩获数万人[①]。

曳咥河，即今新疆额尔齐斯河上游[②]。据此可知，此战在沙钵罗轻敌的情况下，苏定方使步兵阵与骑兵阵密切配合，大败沙钵罗可汗贺鲁，创造了以少胜多的战例。

## （三）双河之战，苏定方与弥射、步真合兵，彻底击败沙钵罗

永徽年间（650—655），沙钵罗可汗阿史那贺鲁曾在千泉和双河建牙帐。关于双河的地点，丁谦推定为伊犁河西南所会支流撒勒克河；沙畹将其对应为Borotala；松田寿男缜密考证该地为伊丽水（伊犁河）以东的博罗塔拉。当以松田之说为是[③]。

史又载：

> 明日，勒兵复进。于是胡禄屋等五弩十毕悉众来降，沙钵罗独与处木昆屈律啜数百骑西走。时阿史那步真出南道，五咄陆部落闻沙钵罗败，皆诣步真降。定方乃命萧嗣业、回纥婆闰将胡兵趋邪罗斯川，追沙钵罗，定方与任雅相将新附之众继之。会大雪，平地二尺，军中咸请俟晴而行，定方曰："虏恃雪深，谓我不能进，必休息士马，亟追之可及，若缓之，彼遁逃浸远，不可复追，省日兼功，在此时矣！"乃踏雪昼夜兼行。所过收其部众，至双河，与弥射、步真合，去沙钵罗所居二百里，布阵长驱，径至其牙帐。沙钵罗与

---

① 《资治通鉴》卷200，唐高宗显庆二年（657），第6306页。

② 周伟洲、王欣主编：《丝绸之路辞典》，西安：陕西人民出版社，2018年，第44页。

③ 参见丁谦：《新唐书突厥传地理考证》，《浙江图书馆丛书》第1集第6册，1915年，第17页；〔法〕沙畹著，冯承均译：《西突厥史料》，北京：中华书局，1958年，第293页；〔日〕松田寿男著，陈俊谋译：《古代天山历史地理学研究》，北京：中央民族学院出版社，1985年，第409—420页。转引自许序雅：《唐代丝绸之路与中亚史地丛考——以唐代文献为研究中心》，北京：商务印书馆，2015年，第94页。

其徒将猎，定方掩其不备，纵兵击之，斩获数万人，得其鼓纛，沙钵罗与其
子咥运、婿阎啜等脱走，趣石国①。

据此可知，在沙钵罗败逃和其部落投降的有利形势下，却遇到了风雪气候的严峻挑战，
众兵士要求等天晴再行军，苏定方力排众议，一面"命萧嗣业、回纥婆闰将胡兵趋邪
罗斯川，追沙钵罗"，同时与任雅相率新附之众"踏雪昼夜兼行"，终于在距沙钵罗200
里的双河与弥射、步真合兵，向毫无防备的沙钵罗牙帐扑去，彻底击败了沙钵罗的军
队，沙钵罗带着少量残兵败将，向石国方向逃去。

### （四）萧嗣业至石国擒贺鲁并送还京师

石国位于锡尔河支流齐尔齐克河冲积形成的绿洲上。605—750年，石国宫廷所在
地为今塔什干市中心东南方15千米处的阿克·特帕遗址②。

史载：

> 定方于是息兵，诸部各归所居，通道路，置邮驿，掩骸骨，问疾苦，画
> 疆场，复生业，凡为沙钵罗所掠者，悉括还之，十姓安堵如故。乃命萧嗣业
> 将兵追沙钵罗，定方引军还③。
>
> 沙钵罗至石国西北苏咄城，人马饥乏，遣人赍珍宝入城市马，城主伊沮
> 达官诈以酒食出迎，诱之入，闭门执之，送于石国。萧嗣业至石国，石国人
> 以沙钵罗授之。乙丑，分西突厥地置濛池、昆陵二都护府④。

据此可知，苏定方在取得对突厥的大胜后，采取安民措施，使"十姓安堵如故"，稳定
了边疆，同时派副将萧嗣业将兵去追沙钵罗⑤。苏咄城城主伊沮达官⑥抓住沙钵罗并送至

---

① 《资治通鉴》卷200，唐高宗显庆二年（657），第6306—6307页。

② 〔苏〕别连尼茨基等主编：《中亚中世纪城市》（俄文本），列宁格勒，1973年，第195—
198页；刘迎胜：《"草原丝绸之路"考察简记》，《中国边疆史地研究》1992年第3期。转引自许序
雅：《唐代丝绸之路与中亚史地丛考——以唐代文献为研究中心》，北京：商务印书馆，2015年，
第88页。

③ 《资治通鉴》卷200，唐高宗显庆二年（657），第6307页。

④ 《资治通鉴》卷200，唐高宗显庆二年（657），第6307页。

⑤ 《旧唐书》卷83《苏定方传》，第2778页；（宋）王钦若等撰，周勋初等校订：《册府元龟》
卷366《将帅部（二十七）·机略第六》，南京：凤凰出版社，2006年，第伍册第4143页。

⑥ 苏咄城城主"伊沮达官"，《旧唐书》卷194下《突厥列传下》作"伊涅达干"，第5187页。

石国，萧嗣业至石国，石国人把沙钵罗转给了他。唐王朝分西突厥地"置昆陵、濛池二都护府，以弥射为兴昔亡可汗，押五咄陆部落；步真为继往绝可汗，押五弩失毕部落"①。濛池都护府居碎叶川西，昆陵都护府居碎叶川东。碎叶川也就是碎叶水，即今中亚楚河，在今哈萨克斯坦及吉尔吉斯斯坦境内②。

### （五）贺鲁的结局

史载：

> 显庆三年十一月，伊丽道行军副总管萧嗣业擒阿史那贺鲁至京师。甲午，献于昭陵。丙申，告于太社。初，贺鲁等俘虏将至，帝谓侍臣曰："贺鲁蒙先朝恩礼，割二千余帐令其统摄。背恩忘义，自取灭亡。今欲先献俘于昭陵，可乎？"许敬宗对曰："古者出师凯旋，则饮至策勋于庙，若诸侯以王命讨不庭，亦献俘馘于天子。近代军将征伐克捷，亦用斯礼，未闻献于陵所也。伏以园寝严敬，义同清庙，陛下孝思所发，在礼无违，亦可行也。"③

据此可知，高宗曾与大臣讨论过献俘场所的问题。许敬宗认为皇帝先献俘于陵所（昭陵），过去虽未闻，但从尽孝的角度考虑，"在礼无违，亦可行也"。

《旧唐书》载，贺鲁对嗣业说：

> "我破亡虏耳！先帝厚我，而我背之，今日之败，天怒我也。旧闻汉法，杀人皆于都市，至京杀我，请向昭陵，使得谢罪于先帝，是本愿也。"高宗闻而愍之。及俘贺鲁至京师，令献于昭陵及太庙，诏特免死。分其种落置昆陵、濛池二都护府，其所役属诸国，皆分置州府，西尽于波斯，并隶安西都护府④。

据此可知，由于贺鲁对萧嗣业说了后悔背叛先帝的话，才博得了高宗皇帝的怜悯，没有处死他。

同样的记载，亦见于《资治通鉴》：

---

① 《唐会要校证》卷94《西突厥》，第1449页。
② 周伟洲、王欣主编：《丝绸之路辞典》，第45页。
③ 《册府元龟》卷12《帝王部（十二）·告功》，第壹册第123页。
④ 《旧唐书》卷194下《突厥列传下》，第5187页。

阿史那贺鲁既被擒，谓萧嗣业曰："我本亡虏，为先帝所存，先帝遇我厚而我负之，今日之败，天所怒也。吾闻中国刑人必于市，愿刑我于昭陵之前以谢先帝。"上闻而怜之。贺鲁至京师，甲午，献于昭陵。赦免其死，分其种落为六都督府，其所役属诸国皆置州府，西尽波斯，并隶安西都护府。贺鲁寻死，葬于颉利墓侧①。

贺鲁虽被俘，但他还是明智的。他通过与萧嗣业的对话，表达了对太宗背叛的悔悟，结果得到了高宗的怜悯而赦免其死刑。贺鲁死后，就葬在颉利的墓侧。

## 四、龙朔元年以扶余道行军总管征伐高句丽

关于萧嗣业龙朔元年以扶余道行军总管征伐高句丽之事，《新唐书·高宗纪》《资治通鉴》《册府元龟》《三国史记》皆有记载。

《新唐书》载："龙朔元年正月戊午，鸿胪卿萧嗣业为扶余道行军总管，以伐高丽。"②《册府元龟》载："龙朔元年正月，以鸿胪卿萧嗣业为扶余道行军总管，率回纥等蕃兵赴平壤，以讨高丽。"③《资治通鉴》唐高宗龙朔元年（661）载："春，正月，乙卯，募河南北、淮南六十七州兵，得四万四千余人，诣平壤、镂方行营。戊午，以鸿胪卿萧嗣业为扶余道行军总管，帅回纥等诸部兵诣平壤。"④据此可知，作为鸿胪卿的萧嗣业，他以扶余道行军总管"帅回纥等诸部兵诣平壤"，是从东北辽东半岛进兵的，应是配合前此四万四千余人的河南北、淮南六十七州兵"诣平壤、镂方行营"的，这是高宗为大规模征高句丽作准备。

《资治通鉴》唐高宗龙朔元年（661）又载："三月，丙申朔，上与群臣及外夷谯于洛城门，观屯营新教之舞，谓之《一戎大定乐》。时上欲亲征高丽，以象用武之势也。"⑤高宗皇帝与群臣、外夷在洛城门观看《一戎大定乐》之舞，是想表达皇帝御驾亲征的气势。

龙朔元年，唐军征伐高句丽是一次大规模的军事行动。

《新唐书·高宗纪》载：

---

① 《资治通鉴》卷200，唐高宗显庆三年（658），第6310—6311页。

② 《新唐书》卷3《高宗本纪》，第61页。

③ 《册府元龟》卷986《外臣部（三十一）·征讨第五》，第拾壹册第11411页。

④ 《资治通鉴》卷200，唐高宗龙朔元年（661），第6323页。

⑤ 《资治通鉴》卷200，唐高宗龙朔元年（661），第6323页。

（龙朔元年）四月庚辰，任雅相为浿江道行军总管，契苾何力为辽东道行军总管，苏定方为平壤道行军总管，萧嗣业为扶余道行军总管，右骁卫将军程名振为镂方道行军总管，左骁卫将军庞孝泰为沃沮道行军总管，率三十五军以伐高丽①。

类似的记载，亦见于《资治通鉴》唐高宗龙朔元年：

（夏，四月）庚辰，以任雅相为浿江道行军总管，契苾何力为辽东道行军总管，苏定方为平壤道行军总管，与萧嗣业及诸胡兵凡三十五军，水陆分道并进。上欲自将大军继之；癸巳，皇后抗表谏亲征高丽；诏从之②。

《册府元龟》也载：

（龙朔元年）四月，诏兼兵部尚书任雅相为浿江道行军总管，左卫大将军契苾何力为辽东道行军总管，左武卫大将军苏定方为平壤道行军总管，鸿胪卿兼（萧）嗣业为扶余道行军总管，并率诸蕃军将，总三十五军，川陆分途，先观高丽之衅，帝将亲率六军以继之③。

类似的内容，在《三国史记》高句丽宝臧王二十年（661）夏四月亦有记载④，此不赘。从以上记载来看，龙朔元年唐军征伐高句丽，是一次南、北夹击的大规模军事行动，南路的唐军精锐有平壤道行军总管左武卫大将军苏定方、浿江道行军总管任雅相等，北路的唐军精锐有辽东道行军总管契苾何力、扶余道行军总管萧嗣业等，而三十五军的元帅则是苏定方。

秋七月甲戌，"苏定方破高丽于浿江，屡战屡捷，遂围平壤城"⑤。浿江，即今朝鲜大同江。有专家认为："七月无甲戌，应为八月甲戌——十一日"⑥，其说有理。

① 《新唐书》卷3《高宗本纪》，第61页。
② 《资治通鉴》卷200，唐高宗龙朔元年（661），第6324页。
③ 《册府元龟》卷986《外臣部（三十一）·征讨第五》，第拾壹册第11411页。
④ 〔高丽〕金富轼著，孙文范等校勘：《三国史记》卷22《高句丽本纪·宝臧王下》，长春：吉林文史出版社，2003年，第268页。
⑤ 《资治通鉴》卷200，唐高宗龙朔元年（661），第6325页。
⑥ 台湾三军大学编：《中国历代战争史》第八册，北京：军事译文出版社，1983年，第312页。

　　八月，南路的苏定方在屡战屡捷而围平壤城的有利态势下，北路的契苾何力在九月份也乘冰渡过鸭绿水，"鼓噪而进，高丽大溃，追奔数十里，斩首三万级，余众悉降，男生仅以身免"[1]。然而就在南、北两路唐军都有进展的大好形势下，因国内西北边防铁勒叛乱[2]，高宗便下令北路的契苾何力班师，扶余道萧嗣业一路唐军也一同回撤，这样，南、北两路夹攻高丽的战略也就夭折了。更不幸的是，六月，新罗王春秋薨[3]。新继位的新罗王金法敏，忙于为其父王办丧事，对苏定方的大唐远征军虽做了一定的配合，但对苏定方的粮草供给并不及时，致使唐军饥寒交迫，虽围平壤达半年之久，但士无战心，等到新罗王金法敏派大将军金庾信等冒着风雪于十二月初送粮草至次年二月初才到平壤城下的唐军大营，苏定方随即就撤军了。

## 五、龙朔元年十月，以仙萼道行军总管参与平定铁勒九姓叛乱

　　龙朔元年（661）冬十月，回纥酋长婆闰卒，侄比粟毒代领其众，与同罗、仆固犯边。高宗"诏左武卫大将军郑仁泰为铁勒道行军大总管，燕然都护刘审礼、左武卫将军薛仁贵为副，鸿胪卿萧嗣业为仙萼道行军总管，右屯卫将军孙仁师为副，将兵讨之。"[4]这次平定铁勒九姓叛乱，唐军分为两路：铁勒道行军大总管左武卫大将军郑仁泰为一路，燕然都护刘审礼、左武卫将军薛仁贵为副；仙萼道行军总管鸿胪卿萧嗣业为一路，右屯卫将军孙仁师为副。而唐军这次讨铁勒，对高句丽的战斗仍未结束，因此，"萧嗣业所率军队相信是由扶余道所抽调"，薛仁贵"也有可能是从高句丽远征军中调派往西疆的"[5]。

　　《大唐故右武卫大将军使持节都督凉甘肃伊瓜沙等六州诸军事凉州刺史上柱国同安郡开国公郑府君（仁泰）墓志铭并序》（图四、图五）载："寻以龚奴怙乱，命公为卢山、降水、铁勤三大总管，甘山、葛水隶焉。飞旌榆塞，誓军麦壤。承庙略于玉堂，翦獯酋于银峤。"胡元超注曰："龚奴怙乱：龚奴，贺鲁的另一译音。为铁勒诸部之一……怙乱，谓乘乱取胜……铁勤：即铁勒……榆塞：古时于边塞前种榆，称为榆塞……麦壤：种麦之地。南方种稻，北方种麦。故以指北方。志文指唐的西北部……翦獯酋于银峤：翦，翦除。獯酋，指铁勒的首领。獯，獯鬻的简写，即匈奴。夏曰獯

①　《资治通鉴》卷200，唐高宗龙朔元年（661），第6325—6326页。

②　唐长孺：《唐代军事制度之演变》，氏著：《山居存稿续编》，北京：中华书局，2011年，第331页。

③　《三国史记》卷22《新罗本纪·文武王下》，第94页。

④　《资治通鉴》卷200，唐高宗龙朔元年（661），第6326页。

⑤　黄约瑟：《薛仁贵》，西安：西北大学出版社，1995年，第101页。

图四　郑仁泰墓志盖（原石残损）

（采自：胡元超：《昭陵墓志通释》，第310页）

图五　大唐故右武卫大将军使持节都督凉甘肃伊瓜沙等六州诸军事凉州刺史上柱国同安郡开国公郑府

君（仁泰）墓志铭并序（志石）

（采自：胡元超：《昭陵墓志通释》，第311页）

鬻，周曰猃狁，汉曰匈奴。唐时，一般也把铁勒等匈奴苗裔或居住于原匈奴地盘上的少数民族在文学语言中称匈奴，故言铁勒首领为獯酋。银峤，指天山。银，银白。峤，尖峭的高山。天山多积雪，故称之为银峤。铁勒处天山北麓，故有此谓。"①这段话的中心思想是：身为铁勒道行军大总管的大将军郑仁泰，"翦獯酋于银峤"，即在天山打败了铁勒九姓的叛军，这与史书记载是一致的。

龙朔二年（662）三月，郑仁泰等败铁勒于天山。具体情况是：

> 铁勒九姓闻唐兵将至，合众十余万以拒之，选骁健者十余人挑战，薛仁贵发三矢，杀三人，余皆下马请降。仁贵悉阬之，度碛北，击其余众，获叶护兄弟三人而还。军中歌之曰："将军三箭定天山，壮士长歌入汉关。"②

薛仁贵"三箭定天山"，铁勒九姓纷纷投降，但他却"悉阬之"，大量杀俘。思结、多滥葛等部落先保天山，闻仁泰等将至，皆迎降。仁泰等"纵兵击之，掠其家以赏军"，其错误做法致使"虏相帅远遁"，将军杨志追之，为虏所败。这时，候骑告仁泰说："虏辎重在近，往可取也。"仁泰"将轻骑万四千，倍道赴之，遂逾大碛，至仙萼河，不见虏，粮尽而还。值大雪，士卒饥冻，弃捐甲兵，杀马食之，马尽，人自相食，比入塞，余兵才八百人"③。

由于郑仁泰的轻易追击，使士兵到仙萼河时粮尽而处于饿冻交迫的窘境，既没有看见敌虏，又没有遇到仙萼道行军总管鸿胪卿萧嗣业的另一路唐军，因而14000人的军队，等入塞时已损失殆尽，仅剩800人了。

郑仁泰等班师回朝后，司宪大夫杨德裔劾奏：

> "仁泰等诛杀已降，使虏逃散，不抚士卒，不计资粮，遂使骸骨蔽野，弃甲资寇。自圣朝开创以来，未有如今日之丧败者。仁贵于所监临，贪淫自恣，虽矜所得，不补所丧。并请付法司推科。"诏以功赎罪，皆释之④。

郑仁泰等虽"丧败"，但高宗皇帝让他们以功赎罪，赦免了他们。直到铁勒道安抚使右骁卫大将军契苾何力在左卫将军姜恪辅佐下，才把铁勒九姓的叛乱平定下去。

---

① 胡元超：《昭陵墓志通释》，西安：三秦出版社，2010年，第325页。

② 《资治通鉴》卷200，唐高宗龙朔二年（662），第6327—6328页。

③ 《资治通鉴》卷200，唐高宗龙朔二年（662），第6328页。

④ 《资治通鉴》卷200，唐高宗龙朔二年（662），第6328页。

## 六、咸亨四年平定矶西弓月、疏勒之乱

《资治通鉴》咸亨四年（673）载：

> 弓月南结吐蕃，北招咽面，共攻疏勒，降之。上遣鸿胪卿萧嗣业发兵讨之。嗣业兵未至，弓月惧，与疏勒皆入朝；上赦其罪，遣归国[①]。

这是咸亨四年（673）单于都护府长史萧嗣业复统回纥出讨弓月、疏勒，挽回了一度对唐朝不利的西域形势。以其精于蕃务，尤其在回纥部享有极高威信，故留以主持北方边务[②]。弓月，据岑仲勉先生研究，在伊犁河之东[③]。

## 七、调露初年平叛突厥，战败后流放岭南而死

《旧唐书》卷63《萧瑀传附嗣业》载："调露中，单于突厥反叛，嗣业率兵战败，配流岭南而死。"[④]《新唐书》卷101《萧瑀传附嗣业》也载："调露中，突厥叛，嗣业与战，败绩。高宗责曰：'我不杀薛仁贵、郭待封，故使尔至此。然尔门与我家有雅旧，故贷死。'乃流桂州。"[⑤]两《唐书》叙述突厥的反叛以及萧嗣业的平叛过于简单，我们还得以其他资料来补充完善。

高宗调露元年（679）十月，单于大都护府辖内突厥阿史德温傅和奉职二部反叛，册立阿史那泥熟匐为可汗，单于府下二十四州酋长与其同叛。阿史德温傅和奉职二部原本隶属于单于大都护府，而都护府有讨伐叛乱势力的职责，因而身为单于大都护府长史的萧嗣业，奉朝廷之命平定叛乱，但萧嗣业却吃了败仗。史籍记载其失败的原因是萧嗣业取胜后不设防备，被突厥偷袭[⑥]。

《旧唐书·地理志一》所记玄宗天宝（742—756）初年安北都护府治兵仅6000人，马2000匹；单于都护府内的振武军有9000人，马1600匹[⑦]。李鸿宾先生据此认为，"萧

---

① 《资治通鉴》卷202，唐高宗咸亨四年（673），第6372页。

② 薛宗正：《突厥史》，北京：中国社会科学出版社，1992年，第438页。

③ 岑仲勉：《弓月之今地及其语源》，氏著：《西突厥史料补阙及考证》，北京：中华书局，1958年，第186—193页。

④ 《旧唐书》卷63《萧瑀传附嗣业》，第2406页。

⑤ 《新唐书》卷101《萧瑀传附嗣业》，第3952页。

⑥ 《资治通鉴》卷202，唐高宗调露元年（679），第6392页。

⑦ 《旧唐书》卷38《地理志一》，第1386页。

军兵额不多更应该是其致败的主因"①，其说似可商榷。

《资治通鉴》高宗调露元年（679）载：

> 冬，十月，单于大都护府突厥阿史德温傅、奉职二部俱反，立阿史那泥
> 熟匐为可汗，二十四州酋长皆叛应之，众数十万，遣鸿胪卿单于大都护府长
> 史萧嗣业、右领军卫将军花大智、右千牛卫将军李景嘉等将兵讨之。嗣业等
> 先战屡捷，因不设备；会大雪，突厥夜袭其营，嗣业狼狈拔营走，众遂大乱，
> 为虏所败，死者不可胜数。大智、景嘉引步兵且行且战，得入单于都护府。
> 嗣业减死，流桂州，大智、景嘉并免官②。

据此可知，萧嗣业与右领军卫将军花大智、右千牛卫将军李景嘉是奉旨讨叛。嗣业等
先战屡捷，说明他们统领的是精兵，而且人数也不会少。但在先战屡捷的大好形势下，
嗣业"因不设备"，其营在大雪天被突厥偷袭，"众遂大乱，为虏所败，死者不可胜
数"。那么，"死者不可胜数"是多少人呢？据《旧唐书》卷194上《突厥列传上》载，
萧嗣业"兵士死者万余人"③，其手下将领花大智、李景嘉"引步兵且行且战，得入单于
都护府"④。从"兵士死者万余人"可以推测，萧嗣业统领的精锐步骑应有数万人，所以
说"萧军兵额不多"不是其失败的主因，况且兵在精不在多。

那么，萧嗣业失败的主因是什么呢？后代萧嗣业平叛的定襄道行军大总管裴行俭
为我们作了明确的回答，他说：

> 初，行俭行至朔川，谓其下曰："用兵之道，抚士贵诚，制敌贵诈。前
> 日萧嗣业粮运为突厥所掠，士卒冻馁，故败。今突厥必复为此谋，宜有以诈
> 之。"乃诈为粮车三百乘，每车伏壮士五人，各持陌刀、劲弩，以羸兵数百为
> 之援，且伏精兵于险要以待之。虏果至，羸兵弃车散走。虏驱车就水草，解
> 鞍牧马，欲取粮，壮士自车中跃出，击之，虏惊走，复为伏兵所邀，杀获殆
> 尽，自是粮运行者，虏莫敢近⑤。

---

① 李鸿宾：《唐朝朔方军研究——兼论唐廷与西北诸族的关系及其演变》，长春：吉林人民出版
社，2000年，第43页。

② 《资治通鉴》卷202，唐高宗调露元年（679），第6392页。

③ 《旧唐书》卷194上《突厥列传上》，第5166页。

④ 《资治通鉴》卷202，唐高宗调露元年（679），第6392页。

⑤ 《资治通鉴》卷202，唐高宗永隆元年（680），第6394页。

据此可知，老成持重的裴行俭，认为萧嗣业"粮运为突厥所掠，士卒冻馁"是失败的主要原因无疑是精辟的，为此，身率30万大军平叛的裴行俭，为防突厥再在唐军的粮运上打主意，预先采取了防范措施，以免重蹈萧嗣业的覆辙，这是裴行俭的过人之处，也是一个武将应备的军事素质。

薛宗正先生指出："但长史位卑，上有殷王轮遥领，下有突厥降部诸都督（其中大部分皆为叛首）掣肘，指挥未尽如意。且此时年事已高，如以擒伊特勿失可汗之646年为二十岁计，至679年（调露元年）已为五十三岁。孤身率领有限汉军官兵统领此语言全不相通之漠南突厥、薛延陀降部，失于防范似不应全归咎于他。"[①]薛先生认为，单于大都护府辖内突厥的反叛，"失于防范"的责任似不应全归咎于萧嗣业，是有一定道理的。但萧嗣业在平叛过程中被胜利冲昏了头脑，在"先战屡捷"的大好形势下"因不设备"，结果粮运被袭，"士卒冻馁"而败。高宗念在皇家与萧家有"雅旧"[②]（图六）的

图六　唐故简州司马兰陵萧君（守规）墓志铭并序
（2019年11月12日作者摄于洛阳师范学院石刻艺术馆）

---

① 薛宗正：《突厥史》，第438页。

② 高宗所说的"雅旧"，是指萧嗣业叔父萧锐尚高宗姐襄城长公主之事，正如《新唐书》卷101《萧瑀传》所载："子锐，尚襄城公主，为太常少卿。"第3952页。2003年洛阳出土单有邻撰《唐故简州司马兰陵萧君（守规）墓志铭并序》（杨作龙、赵水森等编著：《洛阳新出土墓志释录》，北京：北京图书馆出版社，2004年，第231—233页），据此可知，萧守规（与萧嗣业为同辈人）为南朝梁孝明皇帝萧岿四代孙，新安王萧瑀之孙。祖瑀，梁新安王、隋内史、皇朝尚书左右仆射、太子太保、宋国公，食亳州封六百户，赠司空，两《唐书》有传。父锐，驸马都尉、太常卿、益州长史、岐州刺史，袭宋国公，尚文武圣皇帝女襄城长公主，两《唐书》有载。墓志对了解驸马都尉萧锐的家世、婚姻、子女及仕宦均有帮助。

情分上，从轻处理了萧嗣业，把他流放桂州（治临桂县，今广西桂林市）[①]而已，但不幸的是，萧嗣业最后竟死在了流放地。

综上所述，在与皇家有"雅旧"的萧氏家族中，官至鸿胪卿的唐将萧嗣业，在初唐近50年（唐太宗至唐高宗朝）中对北疆的安定做出了较大贡献，然其事迹在两《唐书》中却只有百字左右。本文利用《旧唐书》《新唐书》《资治通鉴》《册府元龟》《三国史记》等文献资料，与相关碑石墓志资料相结合，使用二重证据法，对萧嗣业一生的事迹进行了钩沉，使得历史人物血肉丰满，弥补了两《唐书》本传记载的简略。

原文载沙武田主编：《丝绸之路研究集刊》第六辑，北京：商务印书馆，2020年

---

① 戴均良等主编：《中国古今地名大辞典》下册，上海：上海辞书出版社，2005年，第2343页。

# 谈武则天对政敌、情敌的改名改姓

**摘要**：武则天愤怒于政敌的反叛，改契丹"李尽忠"为"李尽灭"，"孙万荣"为"孙万斩"；改突厥"骨咄禄"为"不卒禄"，"默啜"为"斩啜"。她杀死情敌王皇后、萧良娣后"追改后姓为蟒氏，萧良娣为枭氏"。她不仅改唐皇室李姓为虺氏，而且把其侄子武惟良、武怀运改姓"蝮氏"。武则天对政敌、情敌的改名改姓，固然是一种陋习，难怪中宗即位后为王皇后、萧良娣恢复了原来姓氏。

**关键词**：武则天；政敌；情敌；改名；改姓；陋习

洛阳是武周政权的都城。作为中国历史上唯一的女皇帝，她从登上皇帝宝座前到登基后的所作所为，有些是可取的，有些是可商榷的。

## 一、武则天对政敌、情敌的改姓

### （一）武则天对情敌的改姓

《旧唐书》卷51《后妃列传上·高宗废后王氏》载："俄又纳李义府之策，永徽六年十月，废后及萧良娣皆为庶人，囚之别院。武昭仪令人皆缢杀之。后母柳氏、兄尚衣奉御全信及萧氏兄弟，并配流岭外。遂立昭仪为皇后。寻又追改后姓为蟒氏，萧良娣为枭氏。"[1]据此可知，武昭仪对王皇后、萧良娣的斗争取得了胜利，不仅在废王皇后、萧良娣皆为庶人的情况下并进一步杀死她们，同时把"后母柳氏、兄尚衣奉御全信及萧氏兄弟"配流岭外，她则成功晋升为皇后，并"追改后姓为蟒氏，萧良娣为枭氏"。

王皇后、萧良娣刚被囚禁时，高宗皇帝还曾去看望过她们，史载：

> 庶人良娣初囚，大骂曰："愿阿武为老鼠，吾作猫儿，生生扼其喉！"
> 武后怒，自是宫中不畜猫。初囚，高宗念之，间行至其所，见其室封闭极

---

① （后晋）刘昫等：《旧唐书》卷51《后妃列传上·高宗废后王氏》，北京：中华书局，1975年，第2170页。

密，惟开一窍通食器出入。高宗恻然，呼曰："皇后、淑妃安在？"庶人泣而对曰："妾等得罪，废弃为宫婢，何得更有尊称，名为皇后？"言讫悲咽，又曰："今至尊思及畴夕，使妾等再见日月，出入院中，望改此院名为'回心院'，妾等再生之幸。"高宗曰："朕即有处置。"武后知之，令人杖庶人及萧氏各一百，截取手足，投于酒瓮中，曰："令此二妪骨醉！"数日而卒。后则天频见王、萧二庶人披发沥血，如死时状。武后恶之，祷以巫祝，又移居蓬莱宫，复见，故多在东都。中宗即位，复后姓为王氏，枭氏还为萧氏①。

据此可知，高宗皇帝之所以去看望王皇后、萧良娣，说明高宗对她们旧情未泯。在武则天看来，高宗对王皇后、萧良娣的旧情未泯可不是好事，一旦王皇后、萧良娣重见天日，不仅有可能又成为她的情敌，而且支持王皇后的长孙无忌等政敌也可能会卷土重来，这样自己的胜利果实将会不保。睿智的武后不会给情敌、政敌任何机会，便果断地派人杀死了王皇后、萧良娣。武后不仅杀死了自己的情敌王皇后、萧良娣，而且借鉴前人的做法，改了她们的姓。

### （二）武则天对政敌的改姓

#### 1. 李氏家族

据《旧唐书》卷6《则天皇后本纪》载：

（垂拱四年）八月壬寅，博州刺史、琅邪王冲据博州起兵，命左金吾大将军丘神勣为行军总管讨之。庚戌，冲父豫州刺史、越王贞又举兵于豫州，与冲相应。

九月，命内史岑长倩、凤阁侍郎张光辅、左监门大将军魏崇裕率兵讨之。丙寅，斩贞及冲等，传首神都，改姓为虺氏。曲赦博州。韩王元嘉、鲁王灵夔、元嘉子黄国公譔、灵夔子左散骑常侍范阳王蔼、霍王元轨及子江都王绪、故虢王元凤子东莞公融坐与贞通谋，元嘉、灵夔自杀，元轨配流黔州，譔等伏诛，改姓虺氏。自是宗室诸王相继诛死者，殆将尽矣。其子孙年幼者咸配流岭外，诛其亲党数百余家②。

---

① 《旧唐书》卷51《后妃列传上·高宗废后王氏》，第2170页。
② 《旧唐书》卷6《则天皇后本纪》，第119页。

（永昌元年）秋七月，纪王慎被诬告谋反，载以槛车，流于巴州，改姓
虺氏①。

据此可知，垂拱四年（688）八月壬寅，因不满武则天篡唐建周，博州（治所在聊城县，今山东聊城市东北）刺史、琅邪王李冲在博州起兵反周；庚戌，李冲的父亲豫州（治所在汝阳县，今河南省汝南县）②刺史、越王李贞在豫州举兵响应。武则天先派左金吾大将军丘神勣为行军总管前去讨伐，接着又派内史岑长倩、凤阁侍郎张光辅、左监门大将军麹崇裕率兵讨伐，直到九月丙寅，才把李贞、李冲父子的叛乱平定。叛乱平定后，不仅主谋李贞、李冲父子被杀且改姓虺氏，而且被牵连的李姓诸王多被杀并改姓虺氏，李唐皇室的力量受到沉重打击。永昌元年（689）秋七月，武则天对李唐宗室继续进行打击，纪王慎被诬告谋反而流放巴州（治今四川省巴中市），并改姓虺氏。

### 2. 武氏家族

《旧唐书》卷5《高宗本纪下》载："（乾封元年八月）丁未，杀司卫少卿武惟良、淄州刺史武怀运，仍改姓蝮氏。"③对于武则天杀武惟良、武怀运的经过，《新唐书》有着更详细的记载：

乾封时，惟良及弟淄州刺史怀运与岳牧集泰山下，于是韩国有女在宫中，帝尤爱幸。后欲并杀之，即导帝幸其母所，惟良等上食，后寘堇焉，贺兰食之，暴死。后归罪惟良等，诛之，讽有司改姓"蝮氏"，绝属籍④。

据此可知，武则天通过"嫁祸于人"的办法，不仅除掉了自己的情敌贺兰氏，而且把嫁祸的对象武惟良等也杀掉，让有司把惟良等改姓"蝮氏"，并绝属籍。惟良等虽是武则天的侄子，但他们不仅对武则天母子不好，还对武则天的母亲杨氏无礼，所以武则天对他们痛下杀手也就不难理解了。

------

① 《旧唐书》卷6《则天皇后本纪》，第120页。

② 史为乐主编：《中国历史地名大辞典》下册，北京：中国社会科学出版社，2005年，第2896页。

③ 《旧唐书》卷5《高宗本纪下》，第90页。

④ （宋）欧阳修、宋祁：《新唐书》卷206《外戚列传·武士彟》，北京：中华书局，1975年，第5836页。

### 3. 徐氏家族

唐高祖李渊说："徐世勣感德推功，实纯臣也。"诏授黎阳总管、上柱国、莱国公。"寻加右武候大将军，改封曹国公，赐姓李氏，赐良田五十顷，甲第一区。"[1]可见，徐世勣因功被李渊赐姓李氏。永徽中，李世勣"以犯太宗讳，单名勣焉"[2]。高宗皇帝驾崩后，则天太后临朝，既而废皇帝李显为庐陵王，立相王李旦为皇帝，而"政由太后，诸武皆当权任"，人情愤怨。在这种情况下，李勣的孙子敬业让骆宾王作《讨武曌檄》，树起反周大旗，各地响应。武则天认为敬业的反叛是心腹之患，"命左玉钤卫大将军李孝逸将兵三十万讨之，追削敬业祖、父官爵，剖坟斫棺，复本姓徐氏"[3]。

## 二、武则天对政敌的改名

### （一）改契丹"李尽忠"为"李尽灭"，"孙万荣"为"孙万斩"

万岁登封元年（696）五月，营州（治今辽宁朝阳市）城傍契丹首领松漠都督李尽忠与其妻兄归诚州刺史孙万荣杀都督赵文翙，举兵反叛，攻陷营州。尽忠自号可汗。乙丑，武则天命鹰扬将军曹仁师、右金吾大将军张玄遇、右武威大将军李多祚、司农少卿麻仁节等二十八将讨伐李尽忠等。

秋七月，武则天命春官尚书、梁王三思为按抚大使，纳言姚璹为之副。"制改李尽忠为尽灭，孙万荣为万斩。"[4]

秋八月，张玄遇、曹仁师、麻仁节与李尽灭大战于西硖石黄麞谷，官军败绩，玄遇、仁节被贼所俘。

九月，武则天命右武卫大将军、建安王攸宜为大总管以讨契丹……李尽灭死，其党孙万斩代领其众。

冬十月，孙万斩攻陷冀州（治今河北冀州市），刺史陆宝积被杀。

万岁登封二年（697）春二月，王孝杰、苏宏晖等率兵十八万与孙万斩战于硖石谷，王师败绩，孝杰没于阵，宏晖弃甲而逃[5]。

五月，武则天又命右金吾大将军、河内王懿宗为大总管，右肃政御史大夫娄师德

---

① 《旧唐书》卷67《李勣传》，第2484页。

② 《旧唐书》卷67《李勣传》，第2483页。

③ 《旧唐书》卷67《李勣传》，第2491页。

④ 《旧唐书》卷6《则天皇后本纪》，第125页。

⑤ 《旧唐书》卷6《则天皇后本纪》，第126页。

为副大总管，右武威卫大将军沙吒忠义为前军总管，率兵二十万讨伐孙万斩。

六月，孙万斩被其家奴所杀，余党大溃。

九月，因契丹李尽灭等被平定，武则天大赦天下，改元神功，大酺七日。

### （二）改突厥"骨咄禄"为"不卒禄"，"默啜"为"斩啜"

武则天时，突厥骨咄禄及其弟默啜相继反叛。

《旧唐书》卷194上《突厥列传上》载：

> （垂拱三年）右监门卫中郎将爨宝璧又率精兵一万三千人出塞穷追，反为骨咄禄所败，全军尽没，宝璧轻骑遁归。初，宝璧见（黑齿）常之破贼，遂表请穷其余党，则天诏常之与宝璧计议，遥为声援。宝璧以为破贼在朝夕，贪功先行，又令人出塞二千余里觇候，见元珍等部落皆不设备，遂率众掩袭之。既至，又遣人报贼，令得设备出战，遂为贼所覆，宝璧坐此伏诛。则天大怒，因改骨咄禄为不卒禄①。

据此可知，垂拱三年（687）右监门卫中郎将爨宝璧贪功冒进，率精兵出塞穷追突厥，指挥失当，为骨咄禄所败，全军尽没，武则天一怒之下杀了宝璧，并"改骨咄禄为不卒禄"。

《旧唐书》卷194上《突厥列传上》又载：

> 默啜者，骨咄禄之弟也②。
> 默啜又出自恒岳道，寇蔚州，陷飞狐县。俄进攻定州，杀刺史孙彦高，焚烧百姓庐舍，虏掠男女，无少长皆杀之。则天大怒，购斩默啜者封王，改默啜号为斩啜③。

据此可知，继突厥骨咄禄叛周后，其弟默啜又反叛武周。默啜从恒岳道寇蔚州（治今山西灵丘县），攻陷飞狐县（治今河北涞源县）。不久，默啜进攻定州（治今河北定州市），杀刺史孙彦高，"焚烧百姓庐舍，虏掠男女，无少长皆杀之"。武则天大怒，悬赏"斩默啜者封王，改默啜号为斩啜"。

---

① 《旧唐书》卷194上《突厥列传上》，第5167—5168页。

② 《旧唐书》卷194上《突厥列传上》，第5168页。

③ 《旧唐书》卷194上《突厥列传上》，第5169页。

## 三、学者关于武则天对政敌、情敌改名改姓的评论

清代学者赵翼在《改恶人姓名》一文中指出：

> 恶其人而改其姓名，盖本于左传所云梼杌、饕餮、浑沌、穷奇之类。然此但加以恶称，非易其氏名，且非朝制也。其改为恶姓恶名者，王莽以单于囊知牙斯不顺，命改匈奴单于为降奴单于，此已开其端。后汉桓帝诛梁冀，恶梁姓，时邓后犹冒姓梁，乃改后姓为薄，此改姓也。吴孙皓杀何定，以其恶似张布，乃改定名为布，此改名也。（孙峻、孙琳，专权肆恶伏诛，吴主孙休削其宗室属籍，但称故峻故琳，此另是一法）晋成帝时，南顿王司马宗有罪，诛贬其族为马氏。宋竟陵王刘诞反伏诛，孝武帝改其姓为留氏（留与刘同音也），又改晋熙王母谢氏为射氏。齐明帝杀鱼腹侯子響，改其姓为蛸氏（蛸与萧同音也）。梁武帝弟子正德奔魏，寻又亡归，帝改其姓为背氏。豫章王综奔魏，帝恶其悖逆，改其子直为悖氏。武陵王纪起兵被诛，元帝改其姓为饕餮氏。隋杨元感反伏诛，炀帝改其姓为枭氏。唐高宗王皇后萧良娣为武后所杀，武后改王皇后姓为蟒氏，萧良娣姓为枭氏。武后又杀其侄武惟良、武怀运，皆改姓蝮氏。革命后，琅琊王冲、越王贞起兵复唐，事败被杀，皆改姓虺氏；连坐之韩王元嘉、鲁王灵夔、范阳王霭、黄公譔、东莞公融、常乐公主，亦改为虺氏。契丹首领李尽忠及孙万荣反，后遣兵讨之，改李尽忠为李尽灭，孙万荣为孙万斩。突厥默啜入寇，改其名曰斩啜。又骨咄禄入寇，改其名曰不卒禄。中宗时，成王千里欲诛武三思党宗楚客等，不克被诛，改姓蝮氏。玄宗初，太平公主谋逆，窦怀贞惧罪投水死，追戮其尸，改姓毒氏；宗室李晋，亦与太平之谋被诛，改姓厉氏。皆乱世不经之陋例也[①]。

据此可知，被赵翼讥为"陋例"的"改恶人姓名"在先秦时期就有，并不是武则天的发明，但她能够传承旧有的做法而达到自己打击政敌、情敌的目的，分明是聪睿的，尽管这种做法我们并不赞同。

尽管李勣在武则天被立为皇后的过程中立下了汗马功劳，但因其孙李敬业的叛周，武则天对李勣不仅"毁废坟茔"，而且剥夺了其孙李敬业姓李的权力，让他恢复自己的原姓徐。武则天之所以对徐敬业没有赐予带"虫"字旁的具有贬义的姓，在内心深处

---

① （清）赵翼：《廿二史劄记》卷19，北京：中国书店，1987年，第260—261页。

对李勣的功劳还有一点感念。由于李勣对大唐还是立有大功，所以中宗返政后，"宜特垂恩礼，令所司速为起坟，所有官爵，并宜追复"①。

对于情敌王皇后、萧良娣，武则天对她们痛下杀手是可以理解的，但这二人被杀后，武则天把她们的姓改为带贬义的"蟒氏""枭氏"是不妥当的。常言道："士可杀而不可辱"，更何况这二人是大家族出身，所以中宗即位后，立即"复后姓为王氏，枭氏还为萧氏"②，纠正了武则天的错误。

《资治通鉴》唐高宗乾封元年（666）载：

> 初，武士彟娶相里氏，生男元庆、元爽；又娶杨氏，生三女，长适越王府法曹贺兰越石，次皇后，次适郭孝慎。士彟卒，元庆、元爽及士彟兄子惟良、怀运皆不礼于杨氏，杨氏深衔之。越石、孝慎及孝慎妻并早卒，越石妻生敏之及一女而寡。后既立，杨氏号荣国夫人，越石妻号韩国夫人，惟良自始州长史超迁司卫少卿，怀运自瀍州长史迁淄州刺史，元庆自右卫郎将为宗正少卿，元爽自安州户曹累迁少府少监。荣国夫人尝置酒，谓惟良等曰："颇忆畴昔之事乎？今日之荣贵复何如？"对曰："惟良等幸以功臣子弟，早登宦籍，揣分量才，不求贵达，岂意以皇后之故，曲荷朝恩，夙夜忧惧，不为荣也。"荣国不悦。皇后乃上疏，请出惟良等为远州刺史，外示谦抑，实恶之也③。

据此可知，作为自己的本族，因侄子武惟良、武怀运本来对自己母子不好，还对自己的母亲杨氏无礼，更可气的是对皇后争取来的加官晋爵一点没有感恩的意思，因而武则天借故把他们杀了并"绝属籍"也就完事了，但她仍把武惟良、武怀运改姓"蝮氏"则做得过分，从某种程度上来说，这样做也使自己难脱身背"蝮氏"的嫌疑，因为武则天与武惟良、武怀运来自同样的祖先。

武则天对自己本族的人下手如此之狠，对与自己有千丝万缕联系的李唐皇室的反对者，当然不会心慈手软。李贞、李冲父子反周被杀并改姓"虺氏"，受连坐的韩王元嘉、鲁王灵夔、范阳王霭、黄公譔、东莞公融、常乐公主，亦改为虺氏。骆宾王在《讨武曌檄》中指责武则天恶毒时说："加以虺蜴为心，豺狼成性"④，可知被改姓"虺

① 《旧唐书》卷67《李勣传》，第2492页。

② 《旧唐书》卷51《后妃列传上·高宗废后王氏》，第2170页。

③ （宋）司马光编著：《资治通鉴》卷201，北京：中华书局，1956年，第6349页。

④ 《旧唐书》卷67《李勣传》，第2491页。

氏"是有贬义的。唐太宗做梦也没想到，他的才人武媚娘会剥夺李唐皇室部分成员的姓氏权利；唐高宗李治也不会想到，他的皇后武则天会剥夺李唐皇室部分成员的姓氏权利。

仅从改姓来说，武则天对李唐皇室是做得过分了。

万岁通天元年（696）夏五月壬子，营州契丹松漠都督李尽忠、归诚州刺史孙万荣举兵反叛，攻陷营州，杀都督赵文翙。契丹孙万荣和其妹夫李尽忠之所以叛周并杀都督赵文翙，是因为赵文翙刚愎自用，"契丹饥不加赈给，视酋长如奴仆"，结果导致"二人怨而反"[1]。武则天不分青红皂白，派将征讨，同时"改李尽忠为李尽灭，孙万荣为孙万斩"[2]。遗憾的是，官军初战失利，损失惨重。虽然最后终于把叛乱平定，但还是叛军内部的不和为官军提供了机会。对于武则天"改突厥骨咄禄为不卒禄，又改李尽忠为李尽灭，孙万荣为孙万斩"，胡三省的评价是"此事何异王莽所为，顾有成败之异耳"[3]。也就是说，是武则天的"怒而兴师"导致了官军初战的连连失利，难怪有学者认为"武曌时期四处树敌，蔑视北族"是不明智的行为[4]，此话不无道理。

*原文载黄留珠、贾二强主编：《长安学研究》第五辑，北京：科学出版社，2020年*

---

① 《资治通鉴》卷205，则天后万岁通天元年（696），第6505页。

② 《资治通鉴》卷205，则天后万岁通天元年（696），第6506页。

③ 《资治通鉴》卷205，则天后万岁通天元年（696），第6506页。

④ 冯立君：《唐朝与东亚》，北京：社会科学文献出版社，2019年，第151页。

# 浅谈中医对"桑蚕"的利用

摘要：中医对"桑蚕"的利用很充分。以桑来说，不仅桑叶、桑枝、桑柴灰、桑白皮、桑树白汁、桑椹皆可入药，而且就连寄生在桑树上的桑寄生、桑耳、桑螵蛸、桑花也可入药。以蚕来说，不仅僵蚕、雄蚕蛾、蚕沙可入药，而且蚕茧也可入药。

关键词：中医；桑；蚕

在中国古代，种桑养蚕与力田一起成为本业，这是政府大力提倡的，因而"劝课农桑"就成为地方官吏业绩的表现形式之一。

本文的重点，是谈中医对桑、蚕的利用，旨在彰显中华传统文化的魅力。

## 一、中医对"桑"的利用

"四大发明"（造纸术、印刷术、火药和指南针）是中国对世界的贡献，而"中医"对世界的贡献并不低于"四大发明"，只是人们重视不够而已。

桑分多种，正如李时珍《本草纲目》卷36《木部三·桑》所载：

> 【集解】〔颂曰〕方书称桑之功最神，在人资用尤多。尔雅云：桑辨有葚者栀。又云：女桑，桋桑。檿桑，山桑。郭璞云：辨，半也。葚与椹同。一半有椹，一半无椹，名栀。俗间呼桑之小而条长者，皆为女桑。其山桑似桑，材中弓弩；檿桑丝中琴瑟，皆材之美者也，他木鲜及之。〔时珍曰〕桑有数种：有白桑，叶大如掌而厚；鸡桑，叶花而薄；子桑，先椹而后叶；山桑，叶尖而长。以子种者，不若压条而分者。桑生黄衣，谓之金桑，其木必将槁矣。种树书云：桑以构接则桑大。桑根下埋龟甲，则茂盛不蛀①。

从上引文可知，李时珍把桑分为四种，即白桑、鸡桑、子桑、山桑；同时，他认为

---

① （明）李时珍：《本草纲目》（点校本第三册），北京：人民卫生出版社，1979年，第2063页。

"葚与椹同",也就是说,"桑椹"就是"桑葚"。

那么,什么是"鸡桑"呢?夏纬英教授认为:"植物有名为鸡桑(Morus australis Poir.)者,是一种野生的桑树。桑,而以'鸡'为名,似非鸡鸭之鸡,当是别有取义。"[①]他进而指出:《列子·说符》云:'楚人鬼而越人禨。''禨'即'鬼',因方俗而不同。'鸡'与'禨'一音之字,自可借'鸡'为'禨'。与家桑相似之一种而名曰'鸡桑'者,当即'禨桑',犹言'鬼桑',示其与家桑有别耳。"[②]夏纬英所谓"与家桑相似之一种而名曰'鸡桑'者,当即'禨桑'"的说法是正确的。

桑树全身是宝,均可入药,造福于人类。

## (一)桑叶

桑叶(图一),其主要用途是供蚕食用。除此之外,亦可泡水当作饮料。还可入药,用以治病。

图一　桑叶

《辞海·医药卫生分册》载:

【桑叶】中药名。桑科植物桑(Morus alba)的叶。性寒,味甘苦。功能散风清热。主治外感风热、头痛、目赤等症。叶含有芸香甙、槲皮甙、绿原

①　夏纬英:《植物名释札记》,北京:农业出版社,1990年,第306页。

②　夏纬英:《植物名释札记》,第307页。

酸、谷甾醇等多种成分①。

这里说清了桑叶的性、味、成分、功能、主治。

《食疗本草》卷上《桑》："桑叶：炙，煎饮之止渴，一如茶法。〔嘉〕"② 这是说，桑叶"煎饮"能止渴，可以当茶喝。

唐孙思邈《备急千金要方》卷13《心脏》载："鬓发堕落令生长方……又方：麻叶、桑叶。上二味以泔煮，去滓，沐发七遍，长六尺。"③ 这是说，桑叶与麻叶一起煮后沐发，可治"鬓发堕落"。

李时珍《本草纲目》卷36《木部三·桑》载：

> 叶 〔气味〕苦、甘，寒，有小毒。大明曰 家桑叶：暖，无毒。〔**主治**〕除寒热，出汗。本经汁：解蜈蚣毒。别录 煎浓汁服，能除脚气水肿，利大小肠。苏恭 炙熟煎饮，代茶止渴。孟诜 煎饮，利五脏，通关节，下气。嫩叶煎酒服，治一切风。蒸熟（捣），罨风痛出汗，并扑损瘀血。挼烂，涂蛇、虫伤。大明 研汁，治金疮及小儿吻疮。煎汁服，止霍乱腹痛吐下，亦可以干叶煮之。鸡桑叶：煮汁熬膏服，去老风及宿血。藏器 治痨热咳嗽，明目长发。时珍 〔**发明**〕〔颂曰〕桑叶可常服。神仙服食方：以四月桑茂盛时采叶。又十月霜后三分，二分已落时，一分在者，名神仙叶，即采取，与前叶同阴干捣末，丸、散任服，或煎水代茶饮之。又霜后叶煮汤，淋渫手足，去风痹殊胜。又微炙和桑衣煎服，治痈及金疮诸损伤，止血。〔震亨曰〕经霜桑叶研末，米饮服，止盗汗。〔时珍曰〕桑叶乃手、足阳明之药，汁煎代茗，能止消渴④。

李时珍不仅叙述了桑叶的气味，而且指出了桑叶的多种功效：汁煎代茗，能止"消渴"；汁"解蜈蚣毒"；煎浓汁服"能除脚气水肿"；嫩叶煎酒服"治一切风"等。同时，他又特别指出："霜后（桑）叶"饮服可止盗汗；"霜后叶"煮汤，淋手足，去"风痹"有较佳效果。

---

① 《辞海·医药卫生分册》，上海：上海辞书出版社，1981年，第105页。

② （唐）孟诜、张鼎撰，谢海洲等辑：《食疗本草》卷上《桑》，北京：人民卫生出版社，1984年，第19页。

③ （唐）孙思邈著，李景荣等校释：《备急千金要方校释》，北京：人民卫生出版社，2014年，第487页。

④ （明）李时珍：《本草纲目》（校点本第三册），第2067页。

## （二）桑枝

《辞海·医药卫生分册》载：

> 【桑枝】中药名。主要采用桑属（Morus）植物的嫩枝。性平，味苦。功能祛风湿。主治风湿疼痛、四肢拘挛等症[①]。

该文献说清了桑枝的性、味、功能及主治。

晋葛洪《葛洪肘后备急方》卷3《治中风诸急方》载：

> 又治偏风及一切风：桑枝剉一大升，用今年新嫩枝。以水一大斗，煎取二大升。夏用井中沉，恐酢坏。每日服一盏，空心服尽。又煎服，终身不患偏风。若预防风，能服一大升，佳[②]。

这是讲，拿当年新嫩桑枝煎服，可以"治偏风"。

李时珍《本草纲目》卷36《木部三·桑》载：

> 枝〔**气味**〕苦，平。〔**主治**〕遍体风痒干燥，水气脚气风气，四肢拘挛，上气眼运，肺气咳嗽，消食利小便。久服轻身，聪明耳目，令人光泽。疗口干及痈疽后渴，用嫩条细切一升，熬香煎饮，亦无禁忌。久服，终身不患偏风。〔**发明**〕〔颂曰〕桑枝不冷不热，可以常服。抱扑子言：仙经云，一切仙药，不得桑煎不服。〔时珍曰〕煎药用桑者，取其能利关节，除风寒湿痹诸痛也[③]。

苏颂认为"桑枝不冷不热，可以常服"，葛洪引仙经认为"一切仙药，不得桑煎不服"，李时珍对两位医家的理念进行了发挥，进一步指出："煎药用桑者，取其能利关节，除风寒湿痹诸痛也"，最后结论是"久服，终身不患偏风"，也就是说，长久服用"桑枝"煎水可以预防"偏风"。

## （三）桑柴灰

桑柴灰，简称"桑灰"。

---

① 《辞海·医药卫生分册》，第155页。

② （晋）葛洪：《葛洪肘后备急方》卷3《治中风诸急方》，北京：人民卫生出版社，1963年，第71页。

③ （明）李时珍：《本草纲目》（校点本第三册），第2069页。

利用"桑柴灰"治病，晋代医学家葛洪为我们提供了好的方子。对于"狐尿棘刺刺人，肿痛欲死"，其治法是："又方：以热桑灰汁渍，冷复易，取愈。"①

唐孙思邈《备急千金要方》卷25《备急》载：

> 凡因疮而肿痛者，皆中水及中风寒所作。其肿入腹则杀人。治之方：温桑灰汁渍，冷复温之，常令热。神秘②。

这是说，对于"因疮而肿痛者"，其治疗方法是"温桑灰汁渍"，即用温的"桑灰汁"浸泡患处，冷了再温，时常要保持一定热度。同时，他又提供了"治赤秃"的方子："又方：桑灰汁洗头，捣椹封之，日中曝头睡。"③

《本草纲目》卷36《木部三·桑》载：

> 桑柴灰 〔气味〕辛，寒，有小毒。〔主治〕蒸淋取汁为煎，与冬灰等分，同灭痣疵黑子，蚀恶肉。煮小豆食，大下水胀。傅金疮，止血生肌。苏恭桑霜：治噎食积块。时珍〔附方〕目赤肿痛桑灰一两。黄连半两，为末。每以一钱泡汤，澄清洗之。圣济总录。洗青盲眼……④

李时珍在介绍"桑柴灰"性、味、毒性的基础上，确定其主治有四：一是可以"灭痣疵黑子"；二是煮小豆食，"大下水胀"；三是敷金疮，"止血生肌"；四是桑灰一两、黄连半两为末，每以一钱泡汤，澄清洗眼，可治"目赤肿痛"。

### （四）桑白皮

桑白皮（图二），"桑树白皮"的简称，入药者多用桑根白皮。

晋代医学家葛洪，在其医方中多用到桑白皮。

对于死后可传染别人的"尸注、鬼注病"，其治法是："取桑树白皮，曝干，烧为灰，得二斗许，著甑中蒸，令气浃便下，以釜中汤三四斗，淋之又淋，凡三度，极浓止。澄清取二斗，以渍赤小豆二斗，一宿。曝干，干复渍灰，汁尽止。乃湿蒸令熟，以羊肉若鹿肉作羹，进此豆饭。初食一升至二升取饱，满微者三四斗，愈；极者七八

---

① （晋）葛洪：《葛洪肘后备急方》卷7《治卒毒及狐溺棘所毒痛方》，第215页。
② （唐）孙思邈著，李景荣等校释：《备急千金要方校释》，第885页。
③ （唐）孙思邈著，李景荣等校释：《备急千金要方校释》，第492页。
④ （明）李时珍：《本草纲目》（校点本第三册），第2070页。

图二　桑白皮

斗。病去时体中自觉，疼痒淫淫，或若根本不拔，重为之。神验也。"①

而对于"瘴气疫疠温毒"，葛洪的治法有三：一是"冬至日，取雄赤鸡作腊，至立春煮食尽，毋分他人"；二是"二月一日，取东行桑根，大如指，悬门户上"；三是"又人人带之（桑根）"②。

对于"卒上气咳嗽"，葛洪提供了两个宝贵的方子。一是"千金不传"的方子："细切桑根白皮三升，生薑三两，吴茱萸半升，水七升，酒五升，煮三沸，去滓，尽服之。一升，入口则气下。"③二是经验方："治咳嗽甚者，或有吐血殷鲜：桑根白皮一斤，米泔浸三宿。净刮上黄皮，锉细，入糯米四两，焙干，一处捣为末。每服米饮调下一两钱。"④

对于"须鬓堕落，不生长"，葛洪的治法是："又方：桑白皮剉三二升，以水淹煮五六沸，去滓，以洗须鬓，数数为之，即自不落。"⑤

《食疗本草》卷上《桑》："桑根白皮：煮汁饮，利五藏。又入散用，下一切风气水气。〔嘉〕"⑥可见，桑根白皮既可"煮汁饮"，又可"散用"。

①（晋）葛洪：《葛洪肘后备急方》卷1《治尸注鬼注方》，第14页。

②（晋）葛洪：《葛洪肘后备急方》卷2《治瘴气疫疠温毒诸方》，第55页。

③（晋）葛洪：《葛洪肘后备急方》卷3《治卒上气咳嗽方》，第84页。

④（晋）葛洪：《葛洪肘后备急方》卷3《治卒上气咳嗽方》，第93页。

⑤（晋）葛洪：《葛洪肘后备急方》卷6《治面疱发秃身臭心惛鄙丑方》，第200页。

⑥（唐）孟诜、张鼎：《食疗本草》卷上《桑》，人民卫生出版社，1984年，第19页。

孙思邈在《备急千金要方》中指出，桑根白皮以"续断、桂心、麻子为使"[1]，也就是说，"续断、桂心、麻子"是配合"桑根白皮"治病的。

对于"金疮血出不止"，孙思邈的"治金疮血出不止方"是，煮桑根十沸，服一升，即止[2]。对于便秘，他有"治大便难方"，用法是：桑根白皮、榆根白皮各一把。右二味㕮咀。以水三升煮取一升半，分三服[3]。对于"脉极虚寒，鬓发堕落"的症候，其"令发润泽沐头方"是：桑根白皮切三升，以水五升淹渍，煮五六沸，去滓，洗沐发。数数为之，自不复落[4]。

李时珍引"大明"指出，桑白皮研汁"治小儿天吊惊痫客忤，及傅鹅口疮，大验"[5]。

李中梓《医宗必读》载：

桑根白皮味甘寒，无毒，入肺经。续断、桂心、麻子为使。刮去粗皮，密水炙，有涎出勿去。泄肺金之有余，止喘定嗽；疏小肠之闭滞，逐水宽膨。降气散瘀血，止渴消燥痰[6]。

明代医家李中梓不仅指出了桑根白皮的性、味及其佐使，而且阐述了其主要功能是"止喘定嗽""逐水宽膨""止渴消燥痰"。

### （五）桑树白汁

桑树白汁，简称"桑白汁"，即"皮中白汁"。

晋代医家葛洪，为我们提供了不少于四种的解毒方：第一种，"治卒蜈蚣蜘蛛所蛰方"之一，"或桑树白汁，涂之"[7]；第二种，"治卒蜂所蛰方"之一，"榖树桑树白汁，涂之，并佳"[8]。第三种，"治中蛊毒方"，其法是"桑白汁一合，服之，须臾吐利，虫

---

① （唐）孙思邈著，李景荣等校释：《备急千金要方校释》卷1《序例·用药第六》，第19页。

② （唐）孙思邈著，李景荣等校释：《备急千金要方校释》卷25《备急·火疮第四》，第889页。

③ （唐）孙思邈著，李景荣等校释：《备急千金要方校释》卷15上《脾脏上·秘涩第六》，第539页。

④ （唐）孙思邈著，李景荣等校释：《备急千金要方校释》卷13《心脏·头面风第八》，第487页。

⑤ （明）李时珍：《本草纲目》（校点本第三册）卷36《木部三·桑》，第2064页。

⑥ （明）李中梓著，徐荣斋、范永升点校：《医宗必读》卷4《本草征要下·木部》，上海：上海科学技术出版社，1987年，第100页。

⑦ （晋）葛洪：《葛洪肘后备急方》卷7《治卒蜈蚣蜘蛛所蛰方》，第222页。

⑧ （晋）葛洪：《葛洪肘后备急方》卷7《治卒蜂所蛰方》，第226页。

出"①。第四种，"治卒中诸药毒救解方"，具体是"中蜀椒毒，中蜈蚣毒"，其治法是"二毒：桑汁煮桑根汁，并解之"②。

唐代医家孙思邈关于小儿的四个方子：第一，"治小儿脐中生疮方"，其治法是"桑汁敷乳上，使儿饮之"③；第二，"治口疮白漫漫方"，其治法是"取桑汁，先以父发拭口，以桑汁涂之"④；第三，"治小儿口中涎出方"之一，其治法是"桑白汁涂之瘥"⑤；第四，"治金疮方"之一，"又方：桑白汁涂，桑白皮裹，或石灰封之，妙"⑥。

李时珍为我们提供了前贤及自己用"皮中白汁"治"小儿口疮白漫漫""金刃所伤燥痛""蛇、蜈蚣、蜘蛛伤"的验方，即"皮中白汁 〔主治〕小儿口疮白漫漫，拭净涂之便愈。又涂金刃所伤燥痛，须臾血止，仍以白皮裹之，甚良。苏颂涂蛇、蜈蚣、蜘蛛伤，有验……时珍"⑦这些验方是非常宝贵的，可解人之痛苦。

## （六）桑椹

《三国志》载："自遭丧乱，率乏粮谷……袁绍之在河北，军人仰食桑椹。"⑧《本草纲目》卷36《木部三·桑椹》载："……金末大荒，民皆食椹，获活者不可胜计。则椹之干湿皆可救荒，平时不可不收采也。"⑨鲜桑椹固然可食，把它晒成桑椹干，亦可食用。平时留意收采，在战乱或饥馑年还可救荒，挽救时人的性命。

桑椹除平常食用及馑荒救命外，亦可入药。《辞海·医药卫生分册》载：

> 【桑椹】中药名。为桑属（Morus）的多种植物近成熟干燥的聚花果。性寒，味甘。功能补肝益肾、滋阴养血。主治阴虚、头晕目眩、失眠等症。桑

① （晋）葛洪：《葛洪肘后备急方》卷7《治中蛊毒方》，第231页。

② （晋）葛洪：《葛洪肘后备急方》卷7《治卒中诸药毒救解方》，第239页。

③ （唐）孙思邈著，李景荣等校释：《备急千金要方校释》卷5下《少小婴孺方下·小儿杂病第九》，第186页。

④ （唐）孙思邈著，李景荣等校释：《备急千金要方校释》卷5下《少小婴孺方下·小儿杂病第九》，第187页。

⑤ （唐）孙思邈著，李景荣等校释：《备急千金要方校释》卷5下《少小婴孺方下·小儿杂病第九》，第188页。

⑥ （唐）孙思邈著，李景荣等校释：《备急千金要方校释》卷25《备急·火疮第四》，第888页。

⑦ （明）李时珍：《本草纲目》（校点本第三册）卷36《木部三·桑根白皮》，第2065—2066页。

⑧ （晋）陈寿撰，陈乃乾点校：《三国志》卷1《魏书·武帝纪第一》裴松之注引《魏书》曰，北京：中华书局，1982年，第14页。

⑨ （明）李时珍：《本草纲目》（校点本第三册）卷36《木部三·桑椹》，第2066页。

椹含有芸香甙、花色素、胡萝卜素、维生素 $B_1$、$B_2$、C 和烟酸等成分。[1]

这为我们阐述了桑椹的性、味、功能、主治、成分。

唐人孟诜认为，桑椹性微寒，食之"补五藏，耳目聪明，利关节，和经脉，通血气，益精神。〔心〕"[2]。

孙思邈指出，"染须发方"不止一方，其中之一是："又方：黑椹水渍之，涂发令黑。"[3]同时，他又提供了两个用黑椹治秃的方子：其一是秃无发者方，"黑熟椹二升纳罂中，日中曝三七日，化为水，洗疮上，三七日发生，神效"。其二是治赤秃方，"捣黑椹，取三升服之，日三"[4]。

桑椹一名"文武实"，桑之精英尽在其果（乌椹）。单食，"止消渴"（苏恭说）；"利五脏关节，通气血""久服不饥，安魂镇神，令人聪明，变白不老""多收暴干为末，蜜丸日服"（藏器说）；捣汁饮，"解中酒毒"，酿酒服，"利水气消肿"（时珍说）[5]。

对于"瘰疬结核"，其治法用"文武膏"，正如李时珍引《保命集》所说："文武膏：用文武实（即桑椹子）二斗（黑熟者），以布取汁，银、石器熬成薄膏。每白汤调服一匙，日三服。"[6]

李时珍说，桑椹酒"补五脏，明耳目。治水肿，不下则满，下之则虚，入腹则十无一活。用桑椹捣汁煎过，同麹、米如常酿酒饮"[7]。

## （七）桑上寄生

桑上寄生，简称"桑寄生"，是寄生在桑枝上的一种灌木，故名。

桑寄生（Loranthus parasiticus），桑寄生科。常绿小灌木，寄生于槲树、桑树和山毛榉科植物的树上[8]。桑寄生又名"寄屑""寓木""宛童"，味苦平，生川谷。"治腰痛、小儿背强、痈肿。安胎，充肌肤，坚发齿，长须眉。其实明目，轻身通神。"[9]

---

① 《辞海·医药卫生分册》，第136页。

② （唐）孟诜、张鼎：《食疗本草》卷上《桑》，第18—19页。

③ （唐）孙思邈著，李景荣等校释：《备急千金要方校释》卷13《心脏·头面风第八》，第490页。

④ （唐）孙思邈著，李景荣等校释：《备急千金要方校释》卷13《心脏·头面风第八》，第491页。

⑤ （明）李时珍：《本草纲目》（校点本第三册）卷36《木部三·桑椹》，第2066页。

⑥ （明）李时珍：《本草纲目》（校点本第三册）卷36《木部三·桑椹》，第2066页。

⑦ （明）李时珍：《本草纲目》（校点本第三册）卷25《谷部·附诸药酒方》，第1563页。

⑧ 《辞海·医药卫生分册》，第156页。

⑨ 〔日〕森立之重辑：《神农本草经（附：考异）》卷上，上海：上海科学技术出版社，1959年，第43页。

明李中梓《医宗必读》卷4《本草征要下·木部》载:

> 桑寄生<sub>味甘平, 无毒, 入肝经。忌火。</sub>和血脉, 充肌肤, 而齿发坚长; 舒筋络, 利关节, 而痹痛捐除。安胎简用, 崩漏微医①。

李中梓不仅说明了桑寄生的性味、归经、禁忌, 而且指出了其有"齿发坚长""痹痛捐除"等功效。

《神农本草经百种录·上品》载:

> 桑上寄生: 寄生乃桑之精气所结, 复生小树于枝间, 有子之象焉, 故能安胎。其性与桑相近, 故亦能驱风养血。其生不着土, 资天气而不资地气, 故能滋养血脉于空虚之地, 而取效更神也②。

徐大椿分别阐述了桑上寄生"安胎""驱风养血""滋养血脉"的原因。

### （八）桑耳

桑耳, 又名桑檽、桑蛾、桑鸡、桑黄、桑臣等, 为寄生在桑树上的菌类, 主治是: "黑者, 主女人漏下赤白汁, 血病癥瘕积聚, 阴痛, 阴阳寒热, 无子。<sub>本经</sub>疗月水不调。其黄熟陈白者, 止久泄, 益气不饥。其金色者, 治癖饮积聚, 腹痛金疮。<sub>别录</sub>治女子崩中带下, 月闭血凝, 产后血凝, 男子疝癖。<sub>甄权</sub>止血衄, 肠风泻血, 妇人心腹痛。<sub>大明</sub>利五脏, 宣肠胃气, 排毒气。压丹石人热发, 和葱、豉作羹食。<sub>孟诜</sub>"③

### （九）桑螵蛸

桑螵蛸, 一名"蚀胧"。味咸平, 生桑枝上。"治伤中、疝瘕阴痿, 益精生子, 女子血闭腰痛。通五淋, 利小便水道。采蒸之。"④又疗"男子虚损, 五脏气微, 梦寐失精遗溺, 久服益气养神"⑤。

---

① （明）李中梓著, 徐荣斋、范永升点校:《医宗必读》, 第99—100页。

② （清）徐大椿撰, 伍悦点校:《神农本草经百种录·上品》, 北京: 学苑出版社, 2011年, 第36页。

③ （明）李时珍:《本草纲目》（校点本第三册）卷28《菜部·木耳》, 第1714页。

④ 〔日〕森立之重辑:《神农本草经（附考异）》卷中, 第76页。

⑤ （唐）孙思邈著, 李景荣等校释:《千金翼方校释》卷4《本草下·虫鱼部》, 北京: 人民卫生出版社, 2019年, 第100页。

桑螵蛸，中药名。螳螂科动物大刀螂（Paratenodera sinensis）及薄翅螳螂（Mantis religiosa）等的卵鞘。性平，味甘咸。功能补肾、固精。主治遗精早泄、遗尿、小便频数等症①。

在治耳聋的方子中，葛洪提供了一个"经验方"，即"经验方：治底耳方。用桑螵蛸一个，慢火灸，及八分熟，存性，细研；入麝香一个为末，掺在耳内；每用半个，如神效。如有脓，先用绵包子捻去，次后掺药末入耳内"②。

徐大椿《神农本草经百种录·上品》载：

> 桑螵蛸，桑上螳螂所生之子也。螳螂于诸虫中最有力，而其子最繁，则其肾之强可知。人之有子，皆本于肾，以子补肾，气相从也。桑性最能续伤和血，螵蛸在桑者，亦得桑之性，故有养血逐瘀之功③。

徐大椿具体阐述了桑螵蛸之所以有"养血逐淤之功"的道理，可供参考。

### （十）桑花

李时珍《本草纲目》桑花【集解】引〔大明曰〕："生桑树上白藓，如地钱花样。刀刮取炒用。不是桑椹花也。"④可见，桑花是指生长在桑树上的白藓，而非桑椹花；又名"桑鲜""桑钱"。其主治是："健脾涩肠，止鼻洪吐血，肠风，崩中带下。大明治热咳。时珍"同时，还治大便后血："桑树上白藓花，水煎服，或末服。亦止吐血。圣惠方。"⑤

## 二、中医对蚕的利用

蚕对人类最大的贡献是吐丝结茧，解决了人类的衣料问题。除此之外，蚕也可入药，为人类治疗某些疾病。

### （一）僵蚕

僵蚕（图三），亦称"白僵蚕"或"天虫"，中药名。发生白僵病而僵死的干燥蚕体。性平，味咸。功能祛风定惊、化痰散结。主治头风头痛，喉痹咽肿、丹毒瘾疹、

---

① 《辞海·医药卫生分册》，第144页。
② （晋）葛洪：《葛洪肘后备急方》卷6《治卒耳聋诸病方》，第186页。
③ （清）徐大椿撰，伍悦点校：《神农本草经百种录（附：药性切用）》，第43页。
④ （明）李时珍：《本草纲目》（校点本第二册），北京：人民卫生出版社，1979年，第1414页。
⑤ （明）李时珍：《本草纲目》（校点本第二册），第1414页。

图三 僵蚕

风热、惊厥、瘰疬结核等症。另有僵死的蚕蛹称"僵蛹",其效用与僵蚕相似①。

晋代医家葛洪,既为我们提供了"治卒头痛"的斗门方:"白江蚕碾为末,去丝以熟水二钱匕,立差。"②又为我们提供了"治风痰"的胜金方:"白僵蚕七个直者,细研。以薑汁一茶脚,温水调灌之。"③难能可贵。

唐代孙思邈认为,白僵蚕"主小儿惊痫夜啼,去三虫,灭黑黚,令人面色好,男子阴疡病,女子崩中赤白,产后余病,灭诸疮瘢痕"④。并为我们提供了"治瘰疬"的方子:"治瘰疬方:白殭蚕治下筛,水服五分匕。日三服,十日瘥。"⑤值得珍视。

白僵蚕"治中风失音,去皮肤风痒,化风痰,消瘰疬,拔疔毒,灭瘢痕。男子阴痒,女子崩淋"。白僵蚕之所以能治中风,用李中梓的话说是"蚕之病风者,用以治风,殆取其气相感欤!"⑥

## (二)蚕沙

蚕沙(图四),俗称蚕屎,即蚕的干燥粪便,墨绿色,米粒般大。蚕屎除用于庄稼的肥料外,亦可入药。把蚕沙当作填充物的枕头,是"为了清肝明目"⑦,有利于人们睡眠。

---

① 《辞海·医药卫生分册》,第147页。

② (晋)葛洪:《葛洪肘后备急方》卷3《治中风诸急方》,第75页。

③ (晋)葛洪:《葛洪肘后备急方》卷4《治胸膈上痰癖诸方》,第112页。

④ (唐)孙思邈著,李景荣等校释:《千金翼方校释》卷4《本草下·虫鱼部》,第103页。

⑤ (唐)孙思邈著,李景荣等校释:《备急千金要方校释》卷23《痓漏·九漏第一》,第811页。

⑥ (明)李中梓:《医宗必读》卷4《本草征要下·虫鱼部》,第132页。

⑦ 张晓失:《诗经动物笔记》,北京:化学工业出版社,2019年,第242页。

图四 蚕沙

晋葛洪为我们提供了"治风瘙瘾疹，遍身痒成疮"的圣惠方："用蚕沙一升，水二斗，煮取一斗二升，去滓。温热得所，以洗之。宜避风。"[1]应该重视。

李时珍认为，蚕沙酒"治风缓顽痹，诸节不随，腹内宿痛。用原蚕沙炒黄，袋盛浸酒服"[2]。

清代医家徐大椿认为，晚蚕沙"辛甘性温，祛风胜湿，理痹治痿。微炒用"[3]。

图五 蚕茧

## （三）蚕茧

徐大椿认为，蚕茧（图五）味甘性温，有"泻火止渴"[4]之效。

## （四）雄蚕蛾

原蚕雄蛾，味咸，性温，有小毒，炒去足翅用。孙思邈认为其"主益精气，强男子阳道，交接不倦，甚治泄精。不

---

① （晋）葛洪：《葛洪肘后备急方》卷5《治瘑癣疥漆疮诸恶疮方》，第163页。

② （明）李时珍：《本草纲目》（校点本第三册）卷25《谷部·附诸药酒方》，第1565页。

③ （清）徐大椿撰，伍悦点校：《神农本草经百种录（附：药性切用）》，第218页。

④ （清）徐大椿撰，伍悦点校：《药性切用》卷6《虫部》，氏撰：《神农本草经百种录（附：药性切用）》，第218页。

用相连者"①。

李中梓认为，雄蚕蛾"止血收遗泄，强阳益精气"；"健于媾精，敏于生育，祈嗣者宜之"②。

综上所述，中医对"桑蚕"的利用很充分。以桑来说，不仅桑叶、桑枝、桑柴灰、桑白皮、桑树白汁、桑椹皆可入药，而且就连寄生在桑树上的桑寄生、桑耳、桑螵蛸、桑花也可入药。以蚕来说，不仅僵蚕、雄蚕蛾、蚕沙可入药，而且蚕茧也可入药。

附记：本文图二、图三、图四均采自阎文玫等编的《实用中药彩色图谱》（北京：人民卫生出版社，1992年）。

原文载侯宁彬主编：《陕西历史博物馆论丛》第29辑，西安：三秦出版社，2022年

---

① （唐）孙思邈著，李景荣等校释：《备急千金要方校释》卷26《食治·鸟兽第五》，第922页。

② （明）李中梓：《医宗必读》卷4《本草征要下·虫鱼部》，第132页。

沙苑子文史论稿

# 读书札记

# 读书札记二则

摘要：《史记》中的"阬杀""击阬"并不只是"消灭"或"处死"的意思，它的确切含义应为诱敌于似阬的洼地或谷地而屠杀。《淮南子》"渭水多力宜黍"之"多力"，不大可能是"强调其宜于航运的特点"，而是因渭水富含有机质泥沙而指"多（肥）力"，这样"宜黍"也就落到实处了。

关键词：《史记》；阬杀；击阬；《淮南子》；多力

## （一）《史记》"阬杀""击阬"解读

《史记》卷73《白起王翦列传》载：

> 括军败，卒四十万人降武安君。武安君计曰："前秦已拔上党，上党民不乐为秦而归赵。赵卒反覆，非尽杀之，恐为乱。"乃挟诈而尽阬杀之，遗其小者二百四十人归赵①。

对于上文中的"阬"字，沙畹等学者认为"实际上只是'消灭'或'处死'的意思"②。如果按沙畹等学者所理解，那么上文"阬杀"的"阬"就是多余的了；实际上，"阬杀"的"阬"并不多余，它是用作状语，指以何种方式杀人，如"射杀""毒杀"等。"阬杀"也可简称"阬"（又作"坑"）。"阬"有狭义与广义之别。狭义的"阬"，确为"活埋"的意思，它只适用于处死极少数人或个别人。而广义的"阬"，其定义如王凤阳先生所说，做名词用时，"坑"表示的是地表下陷的空虚部分，在古代不指小坑而指大而深的洼地；做动词用时，"坑"在古代则指大规模地活埋人③。笔者认为，王凤阳先生对于"坑"用作名词时的解释是正确的，而对于"坑"用作动词时的解释是不准确

---

① （汉）司马迁：《史记》卷73《白起王翦列传》，北京：中华书局，1982年，第2335页。

② 〔英〕崔瑞德、鲁惟一编，杨品泉等译：《剑桥中国秦汉史：公元前221至公元220年》，北京：中国社会科学出版社，1992年，第67页。

③ 王凤阳：《古辞辨》（增订本），北京：中华书局，2011年，第36页。

的。"坑"用作动词时，先把众人诱至或赶往大而深的洼地或山谷（即"坑"），使众人难有反抗的机会，然后用或焚烧或射杀或刺杀或活埋的办法大规模地屠杀，这就是"阬杀"。赵卒有40多万人，怎么一下子就能"尽阬杀之"，原来是秦军"挟诈"把如此众多的士卒诱到谷地或洼地杀死的。于是，"阬"就有了欺骗的意思。

又《史记》卷7《项羽本纪》载：

> 项羽乃召黥布、蒲将军计曰："秦吏卒尚众，其心不服，至关中不听，事必危，不如击杀之，而独与章邯、长史欣、都尉翳入秦。"于是楚军夜击阬秦卒二十余万人新安城南[1]。

【正义】《括地志》云："新安故城在洛州渑池县东一十三里，汉新安县城也。即阬秦卒处。"清顾祖禹《读史方舆纪要》卷48《河南三》载："新安城，在县西。《括地志》：秦新安故城在今渑池县东二十五里。项羽夜击坑秦卒二十余万人于新安城南，盖在其地。是后东徙。"[2]虽然唐张守节、清顾祖禹对新安故城与其时渑池县的距离有差异，但对新安故城在渑池县东的方位认识，二人则是一致的。从《中国历史地图集·西汉司隶部》[3]可以看出，汉渑池县与新安县均在谷水之阳（北），且新安县距谷水更近。据《太平寰宇记》卷5《河南道五·渑池县》载，"谷水，在（渑池）县南二百步。"[4]因新安比渑池县距谷水更近，所以新安与谷水的距离当在二百步以内甚至更短。也就是说，与渑池县同在谷水之阳（北）的新安，向南紧靠谷水。这样说来，新安南为谷水谷地，地势低洼，秦卒处于这样的地形，被楚军"夜击阬"也就不难理解了。事实正是如此，20万秦卒本来就是章邯骗降的，项羽对秦降卒不放心，在夜色掩护下，让楚军对处在新安城南（洼地或谷地）的秦降卒进行了突然袭击。所以"夜击阬"与"夜阬击"意思基本相同，"夜"是表时间的，"夜击阬"的"阬"是状语在后，而"夜阬击"的"阬"是状语提前，它们的意思同是：楚军在夜色的掩护下对处在新安南（似阬的洼地或谷地）的秦卒进行了袭杀。

---

① 《史记》卷7《项羽本纪》，第310页。

② （清）顾祖禹撰，贺次君、施和金点校：《读史方舆纪要》，北京：中华书局，2005年，第2259页。

③ 谭其骧主编：《中国历史地图集》第二册《秦西汉东汉时期》，北京：中国地图出版社，1982年，第15—16页。

④ （宋）乐史撰，王文楚点校：《太平寰宇记》，北京：中华书局，2007年，第71页。

## （二）《淮南子》"渭水多力宜黍"之"多力"解读

研究秦汉交通时，有些专家从《太平御览》转引了《淮南子》的一段话："渭水多力宜黍。"并解释说："所谓'多力'，可能即强调其宜于航运的特点。"①对于以上解释，笔者认为可以商榷。窃以为，"渭水多力宜黍"之"多力"，是指"多（肥）力"而言，而不是说航运的。正是因为渭水泥沙大而"多（肥）力"，才适宜于种黍。

《淮南子》卷4《地形训》载：

> 汾水濛浊而宜麻，济水通和而宜麦，河水中浊而宜黍，雒水轻利而宜禾，渭水多力而宜黍，汉水重安而宜竹，江水肥仁而宜稻，平土之人慧而宜五谷②。

从上面的引文来看，《淮南子》在说"渭水多力而宜黍"时，同时还说了"汾水……宜麻""济水……宜麦""河水……宜黍""雒水……宜禾""汉水……宜竹""江水……宜稻"的话，这说明作者是在阐述各水的特点以及适宜浇灌的农作物，并不是说航运的。

史念海先生指出：西汉"当时农田灌溉收效最好的应是引渭水和泾水所开凿的诸渠"③。在这里，我们先以战国秦就修建的引泾水的郑国渠来说明问题。

秦王嬴政之所以能扫灭群雄而统一全国，固然与商鞅变法的成功有关，同时也与他不杀韩国水工郑国，并支持他在关中完成大型水利工程郑国渠的修建有关。郑国渠修成后，它的流经地域"大体包括今泾阳、三原、临潼、富平、蒲城、渭南、白水等县"，涉及的范围相当广阔。此地干旱少雨，地下水埋藏又浅，农田因缺乏浇灌而盐碱化，严重地影响了农业生产。凿渠引水，便是化恶土为良田的一项重要措施④。泾水泥沙含量大，用它灌溉，"既供给作物所需水分，淤泥又可供给作物所需肥分，可以改良盐碱地"⑤。史念海先生指出：郑国渠"所经过的地区本是一片盐碱地，是不适宜于种植农作物的。由于郑国渠的开凿成功，盐碱土地得到渠水的冲洗，过去荒芜的原野变成

---

① 林甘泉主编：《中国经济通史·秦汉（下）》，北京：经济日报出版社，2007年，第605页；王子今：《秦汉交通史稿》（增订版），北京：中国人民大学出版社，2013年，第162页。

② 张双棣：《淮南子校释》（增订本），北京：北京大学出版社，2013年，第482页。

③ 史念海：《中国的运河》，西安：陕西人民出版社，1988年，第76—77页。

④ 郭松义：《水利史话》，北京：社会科学文献出版社，2011年，第16—17页。

⑤ 姚汉源：《中国水利史》，上海：上海人民出版社，2005年，第52页。

稼禾茂盛的沃土"①。李令福博士也进一步指出："郑国渠不是浇灌农田，而主要在于引浑改良低洼盐碱，扩大耕地面积，使关中东部低洼平原得到基本开发。"②朱伯康、施正康先生认为："泾水从陇东高原带下含有大量有机质的泥沙，淤灌农田，既可改变盐碱地，又提高了土壤肥力。这大概就是郑国渠使关中变沃野的奥秘。"③由于大量的"泽卤之地"被改造成了可以灌溉而高产的良田，于是关中平原成为"沃野"而无"凶年"，"秦以富强，卒并诸侯"④。白渠是赵中大夫白公于太始二年（前95）建议修建的。与郑国渠一样，白渠从郑国渠渠口南侧之谷口（即瓠口）引泾水，向东南斜行，流经今泾阳、三原、高陵，至栎阳（今陕西临潼东北）入渭水，渠长200里，溉田4500余顷⑤。由于坡降较大，白渠不像郑国渠容易淤塞，渠下农田深得其利⑥。为了纪念赵中大夫白公，遂把此渠命名为"白渠"或"白公渠"。因白渠与郑国渠比邻又地位仅次于后者，因而后人常常把它们合称为"郑白渠"，是"关中农业区的命脉"⑦，当地百姓还作歌歌颂两渠道："田于河所？池阳谷口。郑国在前，白渠起后。举臿为云，决渠为雨。泾水一石，其泥数斗。且溉且粪，长我禾黍。衣食京师，亿万之口。"⑧这里"且溉且粪，长我禾黍"一句，把泾水的肥田作用描写得淋漓尽致。东汉史学家班固也在《两都赋》中盛赞道："郑白之沃，衣食之源，提封五万，疆场绮分。沟塍刻镂，原隰龙鳞。决渠降雨，荷臿成云。五谷垂颖，桑麻敷棻。"⑨可见，郑国渠与白渠所带泾河的肥沃泥沙，已成为当地百姓的肥田之源。姚汉源先生指出："西汉灌溉事业，关中地区最为发达……西汉引北方多泥沙河流灌溉时水沙并用：引水侵润，引泥沙肥田，所谓'且溉且粪'已为民间所熟悉。有的地区引山洪淤灌，更着重利用泥沙。"⑩可见，用泥沙肥田是郑白渠的共同特点。

　　郑白渠的水源来自泾水。既然用泥沙肥田是郑白渠的共同特点，也是关中变沃野的奥妙所在，追根溯源，这是因为"泾水一石，其泥数斗"而富含有机质泥沙的缘

---

① 史念海：《古代的关中》，氏著《河山集》，北京：生活·读书·新知三联书店，1963年，第52—54页。

② 李令福：《论淤灌是中国农田水利发展史上的第一个重要阶段》，《中国农史》2006年第2期。

③ 朱伯康、施正康：《中国经济史》（上卷），上海：复旦大学出版社，2005年，第192页。

④ 《史记》卷29《河渠书》，第1408页。

⑤ （汉）班固：《汉书》卷29《沟洫志》，北京：中华书局，1962年，第1685页。

⑥ 林甘泉主编：《中国经济通史·秦汉（上）》，第113页。

⑦ 朱伯康、施正康：《中国经济史》（上卷），第192页。

⑧ （汉）班固：《汉书》卷29《沟洫志》，第1685页。

⑨ （南朝宋）范晔：《后汉书》卷40上《班彪列传附子固》，北京：中华书局，1965年，第1338页。

⑩ 姚汉源：《中国水利史》，上海：上海人民出版社，2005年，第72页。

故。同为黄河支流的渭水，其情况又如何呢？我们不妨以渭水为水源的漕渠来说明问题吧！

西汉时，关中大型水利工程的修建，肇始于漕渠，正如史籍所载：

> 是时郑当时为大农，言曰："异时关东漕粟从渭中上，度六月而罢，而漕水道九百余里，时有难处。因渭穿渠起长安，并南山下，至河三百余里，径，易漕，度可令三月罢；而渠下民田万余顷，又可得以溉田：此损漕省卒，而益肥关中之地，得谷。"天子以为然，令齐人水工徐伯表，悉发卒数万人穿漕渠，三岁而通。通，以漕，大便利。其后漕稍多，而渠下之民颇得以溉田矣①。

据此可知，由于当时关东漕运自黄河西至长安要经渭水，但渭水多沙且河流弯曲浅狭，而且航道长达900余里，不便航行。汉武帝元光六年（前129），大司农郑当时建议修建漕渠，从长安城的西北开凿一条与渭水并行的航运渠道，向东通到黄河，路程仅300余里，可节省一半运输时间。武帝采纳了他的建议，令齐人水工徐伯负责技术勘测，征发数万士卒挖漕渠，历时三年建成。修建漕渠的目的固然是为了漕运，但漕渠修成后，"渠下之民颇得以溉矣"，灌溉的农田达万余顷，"比白渠多一倍以上，约与当时的成国渠相当"②，而且"益肥关中之地"（郑当时语）。

漕渠修成后之所以"益肥关中之地"，这与其水源渭水富含有机质泥沙可以淤灌而改良盐碱地不无关系。因而，《淮南子》"渭水多力宜黍"之"多力"，应理解为"多（肥）力"较为妥当，这样，"宜黍"也就落到实处了。

综上所述，《史记》中的"阬杀""击阬"并不只是"消灭"或"处死"的意思，它的确切含义应为诱敌于似阬的洼地或谷地而屠杀。《淮南子》"渭水多力宜黍"之"多力"，不大可能是"强调其宜于航运的特点"，而是因渭水富含有机质泥沙而指"多（肥）力"，这样"宜黍"也就落到实处了。

原文载《秦始皇帝陵博物院》总陆辑，西安：三秦出版社，2016年

---

① 《史记》卷29《河渠书》，第1409—1410页。

② 朱学西：《中国古代著名水利工程》，北京：商务印书馆，1997年，第19页。

# 读史札记五则

摘要：本文是在读史过程中，对一些历史事实的考辨，主要内容为：（一）"市租"非"市籍租"之简称；（二）《史记》"渭漕渠回远"之"渠"应系衍文；（三）汉代漕渠入河之处系在陕西华阴三河口附近；（四）刘邦之父"太上皇"卒月被司马光误为"太上皇后"卒月；（五）萧何由丞相迁相国在高帝十一年（前196）而非高帝九年（前198）。

关键词：市租；市籍租；太上皇；太上皇后；丞相；相国

## （一）"市租"非"市籍租"之简称

日本学者加藤繁在《汉代国家财政和帝室财政的区别以及帝室财政的一斑》一文中引《汉书》卷86《何武传》的资料说：

> 武兄弟五人，皆为郡吏，郡县敬惮之。武弟显，家有市籍租，常不入，县数负其课。

这里看到了市籍租。《史记》卷52《齐悼惠王世家》中有主父偃对景帝说的话：

> 齐临淄十万户，市租千金，人众殷富，巨于长安。此非天子亲弟爱子，不得王此。

这里用着市租一语。这大约是市籍租的简称。我想，所谓市籍，大约就是在市区内设置店铺营业的商人的名籍。商人中间，既有搬运货物、巡游各个城邑的所谓客商，也有在城邑内选择繁华的地方串卖的小商人；除了这些商人以外，把市里有店铺的商人登记起来的，就是市籍。而从市内有商店的人征收的税，大约就是市籍租。一般国土的市籍租，归入天子的府库，诸侯王国内的市籍租归于诸侯王，因此如上面所说的临淄的市籍租，应该看成是齐王的收入①。

---

① 〔日〕加藤繁撰，吴杰译：《中国经济史考证》上册，北京：中华书局，2012年，第44页。

对于加藤繁先生的论述，有两点值得商榷：

一是《汉书》卷86《何武传》的标点问题。中华书局版《汉书》卷86《何武传》的标点如下：

> 武兄弟五人，皆为郡吏，郡县敬惮之。武弟显家有市籍，租常不入，县数负其课①。

大陆学者李剑农②、台湾学者侯家驹③均采用了中华书局版的标点。中华书局版《汉书》卷86《何武传》出现了"市籍"的概念，这是治两汉史常遇到的概念。由于标点的不同，加藤繁先生在《汉书》卷86《何武传》中竟出现了"市籍租"的概念，使我们感到新奇，但也感到不妥。

二是"市租"非"市籍租"之简称。《史记》卷52《齐悼惠王世家》说临淄时涉及了"市租"的概念，可加藤繁先生竟认为"这大约是市籍租的简称"，显然不妥。正如加藤繁先生所说，"把市里有店铺的商人登记起来的，就是市籍。而从市内有商店的人征收的税，大约就是市籍租"。须指出的是，加藤繁先生所谓"从市内有商店的人征收的税，大约就是市籍租"的说法并不准确，准确地说，从市内有商店的人征收的税，应该称为"市租"。有"市籍"的大商人固然要交"市租"，像加藤繁先生上面提到的搬运货物、巡游各个城邑的所谓客商，以及在城邑内选择繁华的地方串卖的小商人，同样要交"市租"。

和帝永元六年（94）三月庚寅，"诏流民所过郡国皆实禀之，其有贩卖者勿出租税"④。李贤注曰："汉循周法，商贾有税，流人贩卖，故矜免之。"和帝哀怜百姓疾苦，诏百姓沦为流民"其有贩卖者，勿出租税"，说明在一般情况下，百姓商品交易是要纳税的，小商贩当然也不例外。

如果把"市租"理解为"市籍租"之简称，那么只是有"市籍"的大商人才交纳"市租"，而那些搬运货物、巡游各个城邑的所谓客商，以及在城邑内选择繁华的地方串卖的小商人就不需要交纳"市租"了，显然不是，因而市租"大约是市籍租的简称"的说法恐怕难以成立。

---

① （汉）班固：《汉书》卷86《何武传》，北京：中华书局，1962年，第3482页。

② 李剑农：《中国古代经济史稿》，武汉：武汉大学出版社，2006年，第195页。

③ 侯家驹：《中国经济史》，北京：新星出版社，2008年，第168页。

④ （南朝宋）范晔：《后汉书》卷4《孝和帝纪》，北京：中华书局，1965年，第178页。

## （二）《史记》"渭漕渠回远"之"渠"应系衍文

《史记》卷30《平准书》载："郑当时为渭漕渠回远，凿直渠自长安至华阴，作者数万人。"[①]对于上文"渭漕渠回远"中的"渠"字，笔者认为是"衍文"。

《汉书》卷24下《食货志第四下》："郑当时为渭漕回远，凿漕直渠自长安至华阴。"[②]《汉书》把《史记》"渭漕渠回远"的"渠"字去掉而改为"渭漕回远"是完全正确的。因渭河漕运关东的粮食到长安有900里之遥，确实"回远"，所以才开凿了自长安至华阴的漕直渠，仅有300里路程。

## （三）汉代漕渠入河之处系在陕西华阴三河口附近

明确提出漕渠东口位置的代表性观点有两种。因为渠尾涉及入河还是入渭的问题，不妨略加辨析。马正林先生认为："从汉代华仓遗址和华阴县东北一带的地形来看，汉代的漕渠在今三河口以西入渭，并未伸延到潼关附近入河。汉代的船司空县在今华阴县东北十五里，也就是当时黄渭交会的地方。华阴县东北的三河口与仁义堡和东平洛之间的三角地带，是一块330米等高线以上的阶地，而漕渠尾闾在华阴县西北已进入330米高程以下，已无必要，也不可能穿越三河口以南的高地，所以，只能顺应地形，在三河口以西入渭。"[③]这就是说，马先生认为漕渠东口在华阴市东北三河口以西，尾入渭水。对此，史念海先生持反对意见，他认为漕渠"东入于黄河。其入河处，当在今陕西潼关老城吊桥附近。或谓漕渠应在今华阴县东入于渭水。这种说法与当地地形不合。今华阴县西北地形隆起，并由西向东，逐渐倾斜，直至吊桥附近，始行降低。这不仅可以目验，就在最近新测定的五万分之一的地图上，也已明确标出。当地已未见有漕渠旧迹，是漕渠不能由此高地入渭。此高地在吊桥附近降低，漕渠也只能由此北流，与黄河相会合"[④]这就是说，史先生认为漕渠尾入黄河，地点在今陕西潼关老城西吊桥附近。

李令福先生在肯定以上两种观点各有合理成分的基础上提出了自己的观点："当时黄河河道处于向西偏移时期，漕渠尾端不一定要到今潼关老城西吊桥附近即可入河；当然，其尾端也不仅止于三河口之西，应该越过三河口，在其东今潼关县西境某处，注入黄河。"[⑤]这样，《史记》所谓漕渠"并南山下，至河三百里"也就容易理解了。

① （汉）司马迁：《史记》卷30《平准书》，北京：中华书局，1982年，第1424页。

② 《汉书》卷24下《食货志第四下》，第1161页。

③ 马正林：《渭河水运和关中漕渠》，《陕西师范大学学报》（哲学社会科学版）1983年第4期。

④ 史念海：《中国的运河》，西安：陕西人民出版社，1988年，第79页。

⑤ 李令福：《论西汉关中平原的水运交通》，《唐都学刊》2012年第2期。

辛德勇先生指出："在西汉初期漕渠开凿前后，恰恰是黄河西徙夺洛汇渭的时期；也就是说，当时黄河已经西徙到了今三河口村一带……1921—1927年间，黄河河道向西摆动，就曾流经朝邑、新市镇、赵渡镇、望仙观一线，移徙到过今三河口村以西……所以，即使漕渠东段，只能终止于三河口以西，也并非不能注入黄河，还是应当尊重《史记》《汉书》等文献的记载，确定西汉漕渠乃是东入黄河，而不是渭河。"①辛先生认为漕渠在华阴三河口村以西入河是完全可能的，此观点既与《史记》漕渠"并南山下，至河三百里"的记载一致，又与前引《汉书》"郑当时为渭漕回远，凿漕直渠自长安至华阴"记载相吻合。

### （四）刘邦之父"太上皇"卒月被司马光误为"太上皇后"卒月

对于汉高祖刘邦的父亲太上皇的卒月，史籍有两种说法：

西汉史学家司马迁和东汉史学家班固，均认为是在高帝十年（前197）秋七月。《史记》卷8《高祖本纪》："（十年）七月，太上皇崩栎阳宫。楚王、梁王皆来送葬。"②《汉书》卷1下《高帝纪第一下》也载："（十年）秋七月癸卯，太上皇崩，葬万年。"③这是第一种观点。

北宋史学家司马光认为，是在高帝十年（前197）夏五月，正如史籍所载："（高帝十年）夏，五月，太上皇崩于栎阳宫。"④这是第二种观点。

对于以上两种观点，笔者认为第一种观点是正确的。《汉书》卷1下《高帝纪第一下》："（十年）夏五月，太上皇后崩。秋七月癸卯，太上皇崩，葬万年。"⑤据此可知，"太上皇后"是在高帝十年夏五月去世的，而"太上皇"是在当年秋七月去世的，原来是司马光把"太上皇后"（刘邦母亲）的卒月误成了"太上皇"（刘邦父亲）的卒月。

### （五）萧何由丞相迁相国在高帝十一年（前196）而非高帝九年（前198）

萧何由丞相迁相国究竟在哪一年，史学家有以下两种说法：

西汉史学家司马迁认为，是在高帝十一年（前196），正如《史记》卷53《萧相国世家》所载：

---

① 辛德勇：《西汉时期陕西航运之历史地理研究》，原载《历史地理》第21辑，上海：上海人民出版社，2006年；又收入氏著：《旧史舆地文录》，北京：中华书局，2013年，第211页。

② 《史记》卷8《高祖本纪》，第387页。

③ 《汉书》卷1下《高帝纪第一下》，第67页。

④ （宋）司马光编著：《资治通鉴》卷12，汉高帝十年（前197），北京：中华书局，1956年，第386页。

⑤ 《汉书》卷1下《高帝纪第一下》，第67页。

汉十一年，陈豨反。高祖自将，至邯郸。未罢，淮阴侯谋反关中，吕后用萧何计，诛淮阴侯，语在淮阴事中。上已闻淮阴侯诛，使使拜丞相何为相国，益封五千户，令卒五百人一都尉为相国卫[①]。

这是第一种观点。

东汉史学家班固与北宋史学家司马光均认为，是在高帝九年（前198），正如《汉书》卷19下《百官公卿表第七下》所载："（高帝）九年，丞相何迁为相国。"[②]《资治通鉴》汉高帝九年（前198）也载："更以丞相何为相国。"[③]注曰："自丞相进相国，则相国之位尊于丞相矣。"这是第二种观点。

对于以上两种观点，究竟哪一种观点正确呢？笔者以为，第一种观点无疑是正确的。因为持第二种观点的班固与司马光，不仅距事件发生的高帝朝时间久远，而且也无事件发生的背景介绍，难以令人信服。而持第一种观点的司马迁，为西汉武帝时人，距高帝时不远，且对事件发生的背景有详细介绍，因而其观点颇能服人。

下面，我们就具体分析司马迁的观点。据司马迁介绍，刘邦之所以"使使拜丞相何为相国"，是因为吕后在平叛淮阴侯韩信谋反的过程中，由于丞相萧何的出谋划策得以成功。

韩信的谋反与陈豨是有关联的。汉十年八月，赵相国陈豨在代地反叛。九月，皇帝刘邦自东往西去平叛[④]。临行前，刘邦要求韩信与自己一同前往，韩信托病不从。刘邦西去平叛后，韩信暗地里派人与陈豨联络，图谋不轨。在关中的吕后，想把韩信骗到关中来，担忧他不来，就与丞相萧何谋划，说是"人从上所来，言豨已得死，列侯群臣皆贺"[⑤]，韩信被骗，信了萧何的话，到关中就被吕后杀了。

那么，韩信谋反并被夷三族发生在哪一年呢？《史记》卷8《高祖本纪》载："（十一年）春，淮阴侯韩信谋反关中，夷三族。"[⑥]《资治通鉴》汉高帝十一年（前196）也载："春正月，舍人弟上变，告信欲反状于吕后。吕后欲召，恐其傥不就，乃与萧相国谋，诈令人从上所来，言豨已得，死，列侯、群臣皆贺。"[⑦]可见，淮阴侯韩信谋反并被夷三

① 《史记》卷53《萧相国世家》，第2017页。

② 《汉书》卷19下《百官公卿表第七下》，第748页。

③ 《资治通鉴》卷12，汉高帝九年（前198），第386页。

④ 《史记》卷8《高祖本纪》，第387—388页。

⑤ 《史记》卷92《淮阴侯列传》，第2628页。

⑥ 《史记》卷8《高祖本纪》，第389页。

⑦ 《资治通鉴》卷12，汉高帝十一年（前196），第390页。

族发生在汉十一年（前196）春。

既然高帝刘邦是听说淮阴侯被诛后"使使拜丞相何为相国"，而淮阴侯韩信被诛是在汉十一年春，那么，高帝刘邦"使使拜丞相何为相国"就确凿无疑是在汉十一年了。

在《史记》卷53《萧相国世家》中，司马迁说"吕后用萧何计，诛淮阴侯"，无涉萧何的官职。可在《淮阴侯列传》中，在谈及吕后与萧何谋诛淮阴侯时，司马迁称萧何的官职为相国，这是司马迁的疏漏，北宋司马光也承袭了这一疏漏。显然，在谋诛淮阴侯前，萧何的官职还是丞相；只是到高帝十一年春，刘邦听说淮阴侯被诛后才"使使拜丞相何为相国"，同时"益封五千户，令卒五百人一都尉为相国卫"。可见"使使拜丞相何为相国"是一件大事，司马迁记载这件事及关联的事是不惜笔墨的。

原文载《秦汉研究》第十一辑，西安：陕西人民出版社，2017年

# 读史札记十则

摘要：本文的内容，主要有十点：一，《三国志·王凌传》两处讹误；二，《三国志·魏延传》"费瑶"即"费曜"小考；三，《三国志》"赤岸府库"之"岸"疑"崖"之残字；四，《汉晋春秋》引诸葛亮语"大军在祁山、箕谷，皆多于贼"不实；五，《资治通鉴》误蜀将"陈式"为"陈戒"；六，《三秦记》"疆梁原"乃"强梁原"之讹；七，《北齐书·许惇传》标点一则；八，《元和郡县图志》误隋雷泽县置于开皇六年；九，《新唐书·艺文志》误《西域图志》为《西域国志》；十，《李勣墓志》"沉沙之术"释读。

关键词：费曜；赤岸府库；陈式；强梁原；雷泽县；《西域图志》；沉沙之术

吕思勉先生说："古人叙事，多不甚密，欲求一事之真，非互相校勘不可也。"① 下面，我们就做一些这方面的工作。

## （一）《三国志·王凌传》两处讹误

《三国志》卷28《魏书·王凌传》载：

> 文帝践阼，拜散骑常侍，出为兖州刺史，与张辽等至广陵讨孙权。临江，夜大风，吴将吕范等船漂至北岸。浚与诸将逆击，捕斩首虏，获舟船，有功，封宜城亭侯，加建武将军，转在青州②。

这是"王凌"的传，因而"浚与诸将逆击"之"浚"应是"凌"之讹，指王凌，此乃字形相近致误耳。

同传又载："（嘉平）二年春，吴贼塞涂水。浚欲因此发，大严诸军，表求讨贼，

---

① 吕思勉：《吕著三国史话》，北京：中华书局，2006年，第165页。

② （晋）陈寿撰，陈乃乾点校：《三国志》卷28《魏书·王凌传》，北京：中华书局，1982年，第757页。

诏报不听。凌阴谋滋甚……"①这里的"浚欲因此发"之"浚"亦为"凌"之讹，指王凌。

### （二）《三国志·魏延传》"费瑶"即"费曜"小考

《三国志》卷40《蜀书·魏延传》载，建兴八年（230），诸葛亮"使（魏）延西入羌中，魏后将军费瑶、雍州刺史郭淮与延战于阳谿，延大破淮等"②。这里的后将军"费瑶"，疑为"费曜"。他是与郭淮一起搭档，而被魏延打败的。

《三国志》卷33《蜀书·后主传》：建兴八年，"魏延破魏雍州刺史郭淮于阳谿"。这里没有提及"费曜"。

其实，早在文帝时，费曜就是镇西将军曹真（假节都督雍、凉州诸军事）的部将。张进等反于酒泉，曹真遣费曜讨破之，斩进等③。

蜀汉建兴六年（228）春，诸葛亮第一次北伐，采取"声东击西"的策略，主力出祁山一线，却扬言由斜谷道取郿，派赵云、邓芝为疑军，据箕谷，果然吸引了魏大将军曹真的主力；而作为曹真部将的费曜，完全可能随曹真出征。

作为曹魏的将军，费曜与诸葛亮的第二次北伐也有关联。建兴六年（228）冬，诸葛亮复出散关，围陈仓。镇守陈仓的魏将郝昭虽只有一千余名士兵，但诸葛亮率数万之众用云梯、冲车等手段昼夜进攻二十余日，却不能克④，会"曹真遣将军费曜等拒之"⑤，《资治通鉴》作"曹真遣将军费耀等救之"⑥，诸葛亮才退兵。费耀即费曜。

建兴九年（231），诸葛亮率大军出兵祁山，费曜随司马懿大军西救祁山。这一年，诸葛亮出兵祁山时以木牛运粮。裴注引《汉晋春秋》曰：

> 亮围祁山，招鲜卑轲比能，比能等至故北地石城以应亮。于是魏大司马曹真有疾，司马宣王自荆州入朝，魏明帝曰："西方事重，非君莫可付者。"乃使西屯长安，督张郃、费曜、戴陵、郭淮等。宣王使曜、陵留精兵四千守上邽，余众悉出，西救祁山……亮分兵留攻，自逆宣王于上邽。郭淮、费曜

---

① 《三国志》卷28《魏书·王凌传》，第758页。

② 《三国志》卷40《蜀书·魏延传》，第1002页。

③ 《三国志》卷9《魏书·曹真传》，第279页。

④ 《三国志》卷3《魏书·明帝纪》引《魏略》，第95页。

⑤ 《三国志》卷3《魏书·明帝纪》，第94页。

⑥ （宋）司马光编著：《资治通鉴》卷71，魏明帝太和二年（228），北京：中华书局，1956年，第2250页。

等徼亮，亮破之，因大芟刈其麦，与宣王遇于上邽之东，敛兵依险，军不得
交，亮引而还。宣王寻亮至于卤城①。

据此可知，张郃、费曜、戴陵、郭淮等都是司马懿的部将。在上邽附近，"郭淮、费曜
等徼亮"，结果被诸葛亮打败。这次费曜，又是与郭淮搭档。

"费曜"之所以被写作"费瑶"或"费耀"，这是声同致误的缘故！

## （三）《三国志》"赤岸府库"之"岸"疑"崖"之残字

《三国志》卷36《蜀书·赵云传》裴注引《云别传》曰：

> 亮曰："街亭军退，兵将不复相录，箕谷军退，兵将初不相失，何故？"
> 芝答曰："云身自断后，军资什物，略无所弃，兵将无缘相失。"云有军资余
> 绢，亮使分赐将士，云曰："军事无利，何为有赐？其物请悉入赤岸府库，须
> 十月为冬赐。"亮大善之②。

这里的"赤岸府库"，司马光《资治通鉴》作"赤岸库"③。

笔者认为，"赤岸库"之"岸"，疑"崖"之残字。诸葛亮《与兄瑾书》载：

> 顷大水暴出，赤崖以南桥阁悉坏，时赵子龙与邓伯苗，一戍赤崖屯田，
> 一戍赤崖口，但得缘崖与伯苗相闻而已④。

因赤崖是汉中蜀军控制的重镇，所以赵子龙与邓伯苗在赤崖屯田显然是奉诸葛亮之教，
在蜀军控制区屯田的。

史念海先生在《三国时期秦岭南北魏蜀对峙军事形势图》中，把蜀重镇赤崖标在
褒斜道的中段。侯甬坚先生也认为，"斜谷道上赤崖为蜀军据点"⑤。

---

① 《三国志》卷35《蜀书·诸葛亮传》引《汉晋春秋》，第925页。

② 《三国志》卷36《蜀书·赵云传》裴注引《云别传》，第950页。

③ 《资治通鉴》卷71，魏明帝太和二年（228），第2243页。

④ （北魏）郦道元著，陈桥驿校证：《水经注校证》卷27《沔水注》，北京：中华书局，2007年，
第644页。

⑤ 侯甬坚：《区域历史地理的空间发展过程》，西安：陕西人民教育出版社，1995年，第151页。

顾祖禹《读史方舆纪要》卷56《陕西五》有"赤崖"条，其文载：

> 赤崖在府城西北。亦曰赤岸。武侯屯汉中，置赤岸库以储军资。又与兄瑾书曰"前赵子龙退军烧坏赤崖以北阁道"，又云"顷大水暴出，赤崖以南桥阁悉坏，时赵子龙与邓伯苗一戍赤崖屯田，一戍赤崖口，但得缘崖与伯苗相闻而已"，即此也。建兴十二年武侯卒于五丈原，杨仪等整军入谷，司马懿追至赤岸，不及而还①。

清人顾祖禹认为赤崖"亦曰赤岸"，但却没有说明原因。卢弼也认为"赤崖即赤岸，蜀置库于此以储军实"②。笔者认为，第一次北伐后赵子龙与邓伯苗在赤崖屯田显然是奉诸葛亮之教，这件事又被诸葛亮向其兄诸葛瑾在书信中提及，因而作"赤崖"应该是正确的，故"赤岸库"之"岸"疑"崖"之残字。

### （四）《汉晋春秋》引诸葛亮语"大军在祁山、箕谷，皆多于贼"不实

《三国志》卷35《蜀书·诸葛亮传》引《汉晋春秋》曰：

> 或劝亮更发兵者，亮曰："大军在祁山、箕谷，皆多于贼，而不能破贼为贼所破者，则此病不在兵少也，在一人耳。"③

这是诸葛亮第一次北伐失利后总结教训时说的话。前已述及，诸葛亮第一次北伐采取"声东击西"的策略，主力出祁山一线，却"扬言由斜谷道取郿，派赵云、邓芝为疑军，据箕谷"，果然吸引了"魏大将军曹真举众拒之"④。从魏、蜀双方兵力对比来看，在斜谷方向，赵云、邓芝率领的蜀军是疑军，不是主力；而魏军的统帅是魏大将军曹真，且是"举众拒之"，显然是魏军主力，因而在斜谷中据箕谷的蜀军（赵云、邓芝率领）吃败仗也就不难理解了。因此，诸葛亮所谓"大军在祁山、箕谷，皆多于贼"一语不实，只有前半部分是正确的。

---

① （清）顾祖禹撰，贺次君、施和金点校：《读史方舆纪要》卷56《陕西五》，北京：中华书局，2005年，第2674页。

② （清）卢弼：《三国志集解》卷36《蜀书·赵云传》裴注引《云别传》，北京：中华书局影印本，1982年，第785页。

③ 《三国志》卷35《蜀书·诸葛亮传》引《汉晋春秋》，第923页。

④ 《三国志》卷35《蜀书·诸葛亮传》，第922页。

### （五）《资治通鉴》误蜀将"陈式"为"陈戒"

《资治通鉴》魏明帝太和二年（228）载：

> 春，诸葛亮遣其将陈戒攻武都、阴平二郡，雍州刺史郭淮引兵救之。亮自出至建威，淮退，亮遂拔二郡以归[1]。

这里的蜀将"陈戒"，应为"陈式"，正如《三国志》卷35《蜀书·诸葛亮传》所载："建兴七年春，诸葛亮派遣陈式攻打武都、阴平，魏雍州刺史郭淮率众欲击式，亮自出至建威，淮退还，遂平二郡。"[2]"陈式"之"式"之所以讹作"戒"，乃字形相近的缘故！

### （六）《三秦记》"疆梁原"乃"强梁原"之讹

《三秦记》载：

> 疆梁原：洛水出疆梁原，在〔富平〕县西南，荆渠之侧。

刘庆柱先生辑注引《汉书》卷28上《地理志第八上》云："褱德，《禹贡》北条荆山在南，下有疆梁原。洛水东南入渭。"[3]刘庆柱先生辑注再引《水经注·渭水》云："洛水东南历疆梁原，俗谓之朝坂。"[4]刘庆柱先生辑注又引《同州志》云："华原在朝邑县西，绕北而东，以绝于河，古河壖也；一名朝坂，亦谓之华原山，盖华原即朝坂，朝坂即疆梁原。"[5]

《三秦记》为辛氏所著，其所谓"疆梁原"乃"强梁原"之讹。其位置并不在富平，而在大荔县朝邑镇。刘先生引《汉书·地理志》《水经注·渭水》《同州志》把"强梁原"俱作"疆梁原"，似不确。

《汉书》卷28上《地理志第八上·左冯翊》载："褱德，《禹贡》北条荆山在南，下有强梁原。洛水东南入渭，雍州浸。莽曰德骥。"[6]

---

① 《资治通鉴》卷71，魏明帝太和二年（228），第2251—2252页。
② 《三国志》卷35《蜀书·诸葛亮传》，第924页。
③ 刘庆柱：《三秦记辑注》（长安史迹丛刊），西安：三秦出版社，2006年，第115页。
④ 刘庆柱：《三秦记辑注》（长安史迹丛刊），第115页。
⑤ 刘庆柱：《三秦记辑注》（长安史迹丛刊），第115页。
⑥ （汉）班固：《汉书》卷28上《地理志第八上》，北京：中华书局，1962年，第1514页。

贺次君先生于《元和郡县图志》卷1《关内道一·京兆府·富平县》"荆岐既旅是也"注云："今按：《汉志》'左冯翊怀德，《禹贡》北条荆山在南，下有强梁原'。《太平寰宇记》引《水经注》：'洛水东南历强梁原，俗谓之朝坂。'"①

顾祖禹《读史方舆纪要》卷54《陕西三·朝邑县》载："强梁原，在县治南。俗谓之朝坂，西魏以此名县。《郡国志》：'长春宫在强梁原上。'盖原本广衍，县治与古宫皆据其上。《汉志》：'怀德县南有荆山，山下有强梁原，原即荆山北麓矣。'"②

《嘉庆重修一统志》卷244《同州府一》载："朝坂在朝邑县南。"《隋书·地理志·朝邑县》有朝坂。《元和志》：朝邑县，以北据朝坂为名。《寰宇记》：《水经注》云"洛水东南历强梁原，俗谓之朝坂"③。

《朝邑县乡土志·山水》载："过县城西转正南六十里，曰朝坂，曰强梁原，曰华原山。"④

从《汉书·地理志》、《太平寰宇记》引《水经注》、《读史方舆纪要》、《嘉庆重修一统志》、《朝邑县乡土志》的记载或引文来看，"彊梁原"俱作"强梁原"。辛氏《三秦记》之所以误"强梁原"为"彊梁原"，是因"强"的繁体"彊"与"彊"字形相近而误抄的缘故。

## （七）《北齐书·许惇传》标点一则

《北齐书》卷43《许惇传》载：

> 许惇，字季良，高阳新城人也……惇清识敏速，达于从政，任司徒主簿，以能判断，见知时人，号为入铁主簿⑤。

这里称赞司徒主簿许惇"以能判断，见知时人，号为入铁主簿"，标点不妥，应以"以能判断见知，时人号为入铁主簿"断句为允当，《北史》卷26《许彦传》中的断句"位

① （唐）李吉甫撰，贺次君点校：《元和郡县图志》卷1《关内道一·京兆府》，北京：中华书局，1983年，第20页。

② （清）顾祖禹撰，贺次君、施和金点校：《读史方舆纪要》，第2606页。

③ 清仁宗敕撰：《嘉庆重修一统志》（四部丛刊续编，上海涵芬楼景印清史馆藏进呈写本）第十五册，据商务印书馆1934年版重印，上海：上海书店，1984年。

④ 无名氏：《朝邑县乡土志》（中国方志丛书·华北地方·第二四二号），民国燕京大学图书馆铅印本，台北：成文出版社有限公司，1969年，第74—75页。

⑤ （唐）李百药：《北齐书》，北京：中华书局，1972年，第574页。

司徒主簿，以明断见知，时人号为'入铁主簿'"①可供参考。

### （八）《元和郡县图志》误隋雷泽县置于开皇六年

《元和郡县图志》卷11《河南道七·濮州》载：

> 雷泽县，本汉成阳县……隋开皇六年，于此置雷泽县，因县北雷夏泽为
> 名也，属濮州②。

《元和郡县图志》把雷泽县的设置时间定为开皇六年（586），但现代的工具书却说法不同。

《辞源》载："隋开皇十六年置雷泽县，以县北雷夏泽而名。"③

《辞海》也载："雷泽：古县名。治所在今山东菏泽东北。因雷夏泽得名。隋开皇十六年（596）置。"④

《中国历史地名大辞典》载："雷泽县，开皇十六年（596）置，属郓州。治所在今山东菏泽市东北五十二里胡集乡。因县北雷泽而得名。"⑤

《中国古今地名大词典》载："雷泽县，古县名。隋开皇十六年（596）置，治今山东省菏泽市东北。因县北有雷泽而得名。"⑥

《辞源》《辞海》《中国历史地名大辞典》《中国古今地名大词典》等工具书把隋雷泽县的设置时间均定为开皇十六年（596），与《元和郡县图志》的说法不同。那么，哪种说法正确呢？

《隋书》载："雷泽：旧曰城阳，后齐废。开皇十六年置，曰雷泽，又分置临濮县。"⑦据此可知，隋雷泽县设置于开皇十六年。

《隋书》由唐初的魏徵等人撰写，而《元和郡县图志》则由晚唐的李吉甫撰写，显然，是《元和郡县图志》把《隋书·地理志》的"开皇十六年"不慎误抄成了"开皇六年"。

---

① （唐）李延寿：《北史》，北京：中华书局，1974年，第946页。

② （唐）李吉甫撰，贺次君点校：《元和郡县图志》，第296页。

③ 广东、广西、湖南、河南《辞源》修订组，商务印书馆编辑部编：《辞源》第四册，北京：商务印书馆，1983年，第3334页。

④ 《辞海·地理分册·历史地理》，北京：中华书局，1982年，第272页。

⑤ 史为乐主编：《中国历史地名大辞典》下册，北京：中国社会科学出版社，2005年，第2682页。

⑥ 戴均良等主编：《中国古今地名大词典》下册，上海：上海辞书出版社，2005年，第3011页。

⑦ （唐）魏徵等：《隋书》卷30《地理志中》，北京：中华书局，1973年，第844页。

### （九）《新唐书·艺文志》误《西域图志》为《西域国志》

《新唐书·艺文志·地理类》列有"《西域国志》六十卷"，注曰："高宗遣使分往康国、吐火罗，访其风俗、物产，画图以闻。诏史馆撰次，许敬宗领之，显庆三年上。"①据此可知，《西域国志》是许敬宗奉唐高宗之命，依据使者的所见所闻撰成的。那么，《西域国志》的书名准确吗？让我们去查看一下新、旧《唐书·许敬宗传》是怎样记载的。

《新唐书·许敬宗传》载："然自贞观后，论次诸书，自晋尽隋，及《东殿新书》《西域图志》《姓氏录》《新礼》等数十种皆敬宗总知之，赏赍不可胜纪。"②

《旧唐书·许敬宗传》载："然自贞观以来，朝廷所修《五代史》及《晋书》《东殿新书》《西域图志》《文思博要》《文馆词林》《累璧》《瑶山玉采》《姓氏录》《新礼》，皆总知其事，前后赏赉，不可胜纪。"③

前已述及，高宗"遣使分往康国、吐火罗，访其风俗、物产"，要求使者是"画图以闻"，而新、旧《唐书·许敬宗传》中均载许敬宗奉诏总撰过《西域图志》一书，这个书名与《西域国志》相较更符合历史实际。《新唐书·艺文志·地理类》之所以把"《西域图志》"误为"《西域国志》"，是因为"圖"与"國"字形相近，可能是史官抄书不慎造成的。

### （十）《李勣墓志》"沉沙之术"释读

《大唐故司空太子太师赠太尉扬州大都督上柱国英国公李公（勣）墓志铭并序》载：

扬旌紫塞，非劳结燧之谋；振旅朱鸢，何假沉沙之术④。

胡元超注曰："扬旌紫塞：扬旌，旌旗飘扬，指作战胜利。紫塞，指长城。《古今注》：'秦筑长城，土色皆紫。'意指李勣曾在唐北部边疆战胜过与唐为敌的突厥、薛延陀汗国。"⑤又曰："何假沉沙之术：何假，哪里用得着凭借，即绝不凭借。沉沙之术，

① （唐）欧阳修、宋祁：《新唐书》卷58《文艺志二·地理类》，北京：中华书局，1975年，第1506页。
② 《新唐书》卷223上《奸臣列传上·许敬宗》，第6338页。
③ （后晋）刘昫等：《旧唐书》卷82《奸臣列传上·许敬宗》，北京：中华书局，1975年，第2764页。
④ 胡元超：《昭陵墓志通释》，西安：三秦出版社，2010年，第416页。
⑤ 胡元超：《昭陵墓志通释》，第418页。

打败敌人，敌人的兵器落在水底沙里，成了废铁。后引申为制胜之术。"①

　　胡元超释"沉沙之术"为"打败敌人，敌人的兵器落在水底沙里，成了废铁"并不正确，但他说"后引申为制胜之术"却是正确的。其实，作为"制胜之术"的"沉沙之术"，最初是在北方长城沿线使用的战术。

　　1999年，内蒙古额济纳旗甲渠候官第十七隧遗址出土了一枚木简，简文云："……葆塞天田延袤三里七十〔步〕，用枔柱五百一十枚，用绞千七百五十二丈。""天田""枔柱"与"县索"是紧密相关的边塞设施，《居延新简》EPT59·23："第三隧长见，卒一人见，候史见。天田皆画、县索完、枔柱完。""天田"是长城沿铺设的沙土带，宽约五至七米，凡人马越过，皆能留下足迹，《汉书·晁错传》："为中周虎落。"苏林注："作虎落于要塞下，以沙布其表，旦视其迹，已知匈奴来入，一名天田。"虎落与天田不尽相同，但苏林所云"以沙布其表，旦视其迹"恰为天田之制，唐代称之为"土河"②，《通典·守拒法》："土河，于山口贼路，横断道，凿阔二丈，深二尺，以细沙散土填平，每日检行，扫令净平，人马入境，即知足迹多少。"③可见，"沉沙之术"是从汉代的"天田"发展而来，到唐代叫"土河"，是侦察敌情的一种战术。

　　原文载侯宁彬主编：《陕西历史博物馆论丛》第27辑，西安：三秦出版社，2020年

---

① 胡元超：《昭陵墓志通释》，第419页。

② 李均明：《汉边郡"县索"考》，原载《中国文物报》2005年5月6日；又收入氏著：《耕耘录——简牍研究丛稿》，北京：人民美术出版社，2015年，第128—129页。

③ （唐）杜佑撰，王文锦等点校：《通典》卷152《兵五》，北京：中华书局，1988年，第3901页。

# 浅谈古都西安文化资源的利用与弘扬
## ——以陕西历史博物馆为主<sup>*</sup>

**摘要：** 作为八大古都之一的西安，曾有13个王朝在此建都，地上地下文物资源十分丰富。而地处西安南郊的陕西历史博物馆，馆藏文物数量丰富，类别多样，在古都西安文化资源的利用与弘扬方面也可发挥其重要作用，主要有四点需要关注：一，西周的"礼乐"文化，影响中国数千年。二，西汉的大一统，促进了中西方贸易和文化的广泛交流。三，唐代统治者海纳百川的胸襟，造就了大唐王朝的繁盛。四，充分发挥陕西历史博物馆作为"爱国主义教育基地"的作用。

**关键词：** 古都西安；陕西历史博物馆

西安作为八大古都之一，曾有13个王朝在此建都。陕西历史博物馆位于古城西安的南郊，是一座现代化的国家级博物馆，文物收藏丰富，类别多样，计有商周青铜器、历代陶俑、唐代金银器、唐墓壁画等，成为人类宝贵的文化遗产。下面，本人就从陕西历史博物馆的馆藏优势，来谈一下古都西安文化资源的利用与弘扬，以小见大，略述管见。

## 一、西周的"礼乐"文化，影响中国数千年

在陕西历史博物馆的展厅里，商周青铜器琳琅满目，类型多样，包括鼎、簋、钟、彝、斝、盉、尊、爵、豆、盘、匜等。西周的贵族，过着锦衣玉食的生活，他们饭前洗手，先是侍者用匜向下注水而供贵族盥洗，同时还有侍者在下用盘接水，匜与盘配合使用。贵族洗完手，侍者递上毛巾，供其擦手。在进餐过程中，悦耳动听的音乐是不可缺少的，所谓"钟鸣鼎食"就是当时情景的真切反映。士大夫间的宴请是常有的事，但宴请也要遵循一定规矩，这反映于当时《乡饮礼》中。

在商周时期，"国之大事，在祀与戎"。"祀"指祭祀，"戎"指军事。可见，当时祭祀与军事一样，都是国家大事。在祭祀时，周天子、诸侯王、士大夫在用鼎数量上

---

\* 本文与强跃合作。

是不同的，"天子用九鼎八簋，诸侯七鼎六簋，卿五鼎四簋，士三鼎二簋"①，这是礼的要求（图一），是不可逾越的，否则就要受到惩罚。春秋时期的孔子，以崇拜周公、向往周礼而自居，当他目睹各诸侯国贵族超越身份使用礼器和乐舞后，不由自主地发出了"礼崩乐坏"的感慨，立志以"克己复礼"为自己的座右铭。

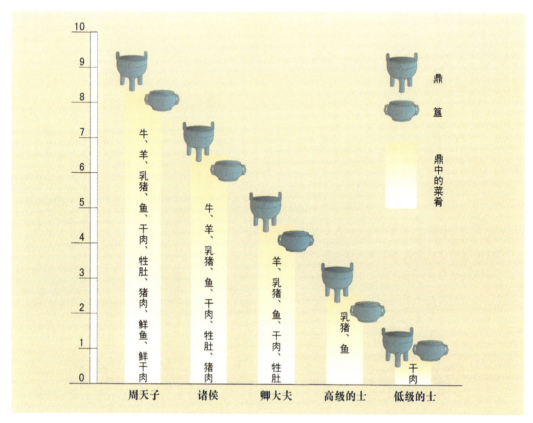

图一　西周用鼎制度图示

（采自：陕西历史博物馆编：《陕西古代文明》，西安：陕西人民出版社，2008年，第29页）

李济在《跪坐蹲居与箕踞——殷墟石刻研究之一》一文中指出：

蹲踞与箕踞不但是夷人的习惯，可能也是夏人的习惯；而跪坐却是尚鬼的商朝统治阶级的起居法，并演习成了一种供奉祖先，祭祀神天，以及招待宾客的礼貌。周朝人商化后，加以广大，发扬成了"礼"的系统，而奠定3000年来中国"礼"教文化的基础②。

---

① 王光永：《考古资料所反映的西周用鼎制度》，《人文杂志》丛刊第二辑《西周史研究》，1984年。

② 张光直、李光谟编：《李济考古学论文选集》，北京：文物出版社，1990年，第943—961页。

所谓"跪坐",也就是"正坐",具体做法是双膝着地,臀部压于双脚后跟上,其形象在陕西历史博物馆的陶俑收藏中有反映(图二、图三)。与跪坐相关的跪拜礼(有"稽首""顿首"等名称),贯穿于中国封建社会的始终,其中的"稽首"是臣子向皇帝所行的跪拜礼。而"顿首"则是大臣之间所行的跪拜礼。直至今天,在广大农村,新婚时一对新人拜天地、父母和对拜时所行的一定是跪拜礼;而在老人去世后,尸主(去世老人的长子)对吊唁宾客所行的礼也是跪拜礼(古名"稽颡")。逢年过节祭祀祖先时,不仅要奉上祭品,而且父辈们还要带上儿孙们行跪拜礼,以此来怀念祖先的功绩。所谓"礼失而求诸野",现在农村偶尔还在使用的跪拜礼,应是古代流行的跪拜礼的孑遗!

图二 秦陶坐俑
(陕西临潼秦始皇陵马厩坑出土)

图三 西汉陶坐俑
(陕西西安姜村汉墓出土)

## 二、西汉的大一统，促进了中西方贸易和文化的广泛交流

有"长者"美誉的汉高祖刘邦建立西汉王朝（图四）后，之所以定都长安而不定都洛阳，一是因为"秦地被山带河，四塞以为固"，进可攻退可守，具有重要的战略地位；二是关中"因秦之故，资甚美膏之地，此所谓天府"，具有重要的经济地位；三是汉王朝定都关中，既可拥有关中的险阻，又可通过黄河漕运而兼有关东的富庶；四是自秦以来北方的匈奴成为中原王朝的最大边患，汉王朝定都关中可以就近经营西北，反映了西汉统治者的开拓和进取精神。

图四　"汉并天下"瓦当
（陕西历史博物馆藏）

在汉代，汉王朝与匈奴时战时和。西汉初期，汉王朝对内休养生息，恢复经济，对外则与匈奴和亲。经过汉初的休养生息和经济恢复，汉武帝时积聚了大量的财富，为取得大规模反击匈奴战争的胜利奠定了坚实的物质基础。为了与大月支等国夹击匈奴，汉武帝两次派遣陕西城固人张骞出使西域。由于他的贡献，被汉朝皇帝封为"博望侯"，即看得远、见得多的人。张骞的"凿空之行"（即探险、冒险），充分反映了汉人不畏艰险、勇于开拓、渴求建功立业的精神风貌。

张骞的出使西域，第一次完全沟通了欧亚大陆的交通，将东亚的中国文明、南亚的印度的文明、西亚的波斯文明、欧洲的希腊罗马文明连在了一起，实现了中西文化的大交流，推动了世界文明一体化的进程，因而他也就成为了中西文化交流史上的不朽人物①。

丝绸之路畅通后，正式拉开了中外文化交流的大幕。首先，从域外输入的是珍禽异兽和植物。汉武帝在得到乌孙好马（伊犁马）后命名为天马，得到大宛汗血马后也命名为天马，同时将乌孙马改称西极马，并撰《天马歌》《西极天马歌》分别称赞它们。除马外，骆驼、狮子、犀牛、孔雀等珍禽异兽也纷纷落户中国，供人们观赏，从而开阔了中国人的眼界。苜蓿是大宛马必备的饲料。与苜蓿一同输入中国者，还有西

① 周天游主编：《秦汉雄风：雄风振采的历史画卷》，杭州：浙江人民美术出版社，1999年，第150页。

域瓜果、蔬菜等。瓜果中最著名的是石榴，因其来自安、石两国，故又称安石榴。与石榴齐名的还有葡萄，本作蒲陶或蒲萄，系希腊语的译音；它原是大宛的特产，是张骞通西域后带回中国的。从西域输入的植物品种极多，除上述苜蓿、石榴、葡萄外，还有胡麻（芝麻）、胡桃（核桃）、胡瓜（黄瓜）、胡豆（蚕豆）、胡荽（元荽）、胡蒜（大蒜）、酒杯藤、黄蓝等。除植物和珍禽异兽外，西方的其他物品也通过丝绸之路输入中国，如大秦（罗马）的珊瑚、海西布、水银、琥珀等，埃及的十色玻璃，中亚产的玛瑙、水晶，南亚和印度产的金刚石、玳瑁、珠贝、琉璃等。这些外来品虽属奇珍，又限于上层社会使用，但却丰富了人们的知识，开阔了汉人的视野。

汉代的中国，与周边地区的国家都建立了友好的交往关系，日本、朝鲜、越南、柬埔寨、泰国、斯里兰卡、老挝、印度、伊朗以及阿富汗、土库曼斯坦等古代国家经常有使节和商队来到长安，中外经济、文化的交流达到了前所未有的高潮[①]，长安城成为名符其实的国际大都市，也是丝绸之路东方的起点。

文化交流是双向的。只有双向的文化交流，才是正常的、健康的交流。两汉时期，中国人在引进域外文明的同时，中国文明的传播范围已不限于秦汉以前的周边地区，而是远远超过了周边地区。史载，汉王朝的使者，曾到达安息（今伊朗）、身毒（今印度）、奄蔡（今黑海东北）、条支（今波斯湾西北）等地，他们在扩大汉王朝影响的同时，也把中华文明传播到了这些地方。在两汉时期向域外传播的文明中，对西方世界影响最大者，当推丝绸、钢铁、冶铸和水利技术等。

## 三、唐代统治者海纳百川的胸襟，造就了大唐王朝的繁盛

唐太宗李世民是唐代第二位皇帝，他最应称道者，莫过于其海纳百川的宽广胸襟，这主要体现在他对少数民族"自古皆贵中华，贱夷狄，朕独爱之如一"的民族政策上。

唐太宗李世民之所以对中华和夷狄能"独爱之如一"，这与其血管里流着胡人的血有莫大关系。我们知道，独孤信是西魏北周时执掌兵权的著名将领之一（图五），而杨坚的父亲杨忠就是他的爱将。宇文泰组建的北府兵以武川镇军官为骨干，独孤信以军功成为北府兵统帅部八柱国之一，杨忠以军功成为北府兵统帅部十二大将军之一。北周初，杨忠位至柱国大将军，封随国公。杨忠死后，以长子身份袭爵随国公的杨坚，娶独孤信第七女为妻；独孤信之长女，为北周明帝宇文毓的皇后；独孤信第四女，为

---

①　周天游主编：《秦汉雄风：雄风振采的历史画卷》，第47页。

八柱国之一李虎之子李昺的妻子，即唐高祖李渊的母亲①。既然北周、隋、唐三朝皇帝都与独孤信结亲，说明唐朝统治者的血管里，同样流着胡人的血。正是因为唐太宗李世民的血统有胡人的成分，他对夷狄的态度才能与对中华的态度一样。

贞观二十年（646）秋八月己巳，唐太宗驾幸灵州（今宁夏吴忠市西）。庚午，次泾阳顿。铁勒回纥、拔野古、同罗、仆骨、多滥葛、思结、阿跌、契苾、跌结、浑、斛薛等十一姓各遣使朝贡，要求唐太宗在其地置汉官，诏遣会

图五　独孤信墨精组印

灵州②。九月甲辰，铁勒诸部落俟斤、颉利发等遣使相继而至灵州者数千人，来贡方物，因请在其地置汉吏，咸请至尊李世民为可汗。于是北荒悉平，于石上刻五言诗以序其事③。唐太宗与铁勒等十一姓在灵州的会盟，是一次民族团结的盛会，这是唐太宗宽广胸襟的体现，也是其民族政策的成功体现。

在陕西历史博物馆的唐墓壁画珍品馆里，展示着从章怀太子李贤墓墓道东、西壁揭取的《客使图》（图六、图七）。作为章怀太子墓主要发掘者的王仁波先生，他对东、西两壁画面中出现的人物的面貌、服饰和体态进行了非常详细的描绘，并结合文献记载提出了自己的观点。他认为，西壁第一人应为大食人，第二人为吐蕃人，第三人应为高昌使节；其余三人为唐朝礼宾官员。东壁由南至北第一人应为东北少数民族使节，第二人应为日本或高丽使节，第三人应为东罗马使者；其余三人也是唐朝礼宾官员④。

在墓道东壁《客使图》中，戴鸟羽冠使者位于墓道东壁客使图"主与客二元构图结构"比较重要的位置（由南至北第二人），中国、韩国、日本等国学者对其族属和文化背景进行了广泛讨论，已达成共识，认为此使者应为新罗人⑤。对于秃头使者，学

---

①　李金河：《魏晋隋唐婚姻形态研究》，济南：齐鲁书社，2005年，第210页。

②　（后晋）刘昫等：《旧唐书》卷2《太宗本纪下》，北京：中华书局，1975年，第59页。

③　《旧唐书》卷2《太宗本纪下》，第59页。

④　陕西省博物馆、乾县文教局唐墓发掘组：《唐章怀太子墓发掘简报》，《文物》1972年第7期。

⑤　王维坤：《丝路来使图为证：读唐章怀太子墓"西客使图"壁画》，《大众考古》2015年第2期；王维坤：《再论唐章怀太子墓壁画"客使图"的两个问题》，《唐墓壁画国际学术研讨会论文集》，西安：三秦出版社，2006年，第155—164页。

图六　章怀太子墓墓道东壁《客使图》

图七　章怀太子墓墓道西壁《客使图》（张鸿修临摹）

（采自：陕西历史博物馆编：《唐墓壁画集锦》，西安：陕西人民美术出版社，1991年）

者们有三种观点：第一种观点是王仁波先生的观点，他认为此使者为东罗马使者；第二种观点认为，此使者为中亚昭武九姓的康国人①；第三种观点认为，此使者为天竺人②。

在墓道西壁《客使图》中，对于西壁第一人应为大食人的观点，杨瑾教授做了补充和完善，她说："笔者认为大食人说法也不严谨，因为《通典》《旧唐书》《新唐书》《唐会要》《宋史》《辽史》《资治通鉴》等史料记载，按其民族服装颜色分白衣大食、黑衣大食、绿衣大食三种。倭马亚王朝（661—750）称白衣大食、阿拔斯王朝（750—1258）称黑衣大食。根据章怀太子生活和迁葬时代，应该是白衣大食。"③所以称"白衣大食"更为准确。对于第三人应为高昌使节的观点，李西兴先生提出了质疑，他认为此使者应为龟兹人④。

李西兴先生认为："客使图所绘的三位礼官应该是太子左庶子，鸿胪少卿和礼部主客郎中。东壁所绘是三位礼官服朝服的形象，西壁所绘是三位礼官穿公服的形象。由于太子监国是临时性的措施，所以接见客使就需要太子的属官和朝官合署办理。"⑤此说有理。

概括来说，《客使图》是太子李贤生前监国处理朝政的形象史料，是高宗时期唐王朝与周边少数民族和国家友好往来的见证！

唐代统治者的宽广胸襟，主要体现在以下方面。

## （一）在开疆拓土及平叛方面，大胆任用蕃将

中国古代的政治家有句名言，那就是"非我族类，其心必异"，想必唐朝皇帝李世民等是知道的。由于唐朝皇帝的血统有胡人的成分，他们对少数民族也就有了一种认同感，因而在开疆拓土及平叛方面，大胆任用少数民族将领也就没有心理障碍了。

唐代蕃将，是指"那些根据朝命在汉区或蕃区（蕃州和属国）任职的蕃人将领"⑥。

---

① 杨瑾：《唐章怀太子墓〈客使图〉壁画东罗马使者身份质疑》，韩国古代史探究学会：《韩国古代史探究》（24），2016年，第329—367页。

② 李西兴：《唐李贤墓壁画〈客使图〉疏证》，《陕西历史博物馆馆刊》第24辑，西安：三秦出版社，2017年，第302—310页。

③ 杨瑾：《唐章怀太子墓〈客使图〉壁画东罗马使者身份质疑》，韩国古代史探究学会：《韩国古代史探究》（24），2016年，第331页。

④ 李西兴：《唐李贤墓壁画〈客使图〉疏证》，《陕西历史博物馆馆刊》第24辑，第302—310页。

⑤ 李西兴：《唐李贤墓壁画〈客使图〉疏证》，《陕西历史博物馆馆刊》第24辑，第302—310页。

⑥ 马驰：《唐代蕃将》，西安：三秦出版社，2011年，第5页。

在大唐王朝的创建过程中，唐高祖李渊重用的蕃将有史大奈等。唐太宗时期，著名的蕃将有铁勒人契苾何力、突厥人阿史那社尔、阿史那忠等。贞观九年，阿史那社尔率众内附，拜左骑卫大将军；岁余，令尚衡阳长公主，授驸马都尉①。阿史那忠因"擒颉利功"，太宗拜其"左屯卫将军，妻以宗女定襄县主"②。契苾何力，太宗时征吐谷浑有大功，敕尚临洮县主；后又讨平高昌，立下大功。在太宗至高宗时期征高丽，立有大功③。

唐高宗时期，著名的蕃将有百济人黑齿常之等④。唐玄宗时期，著名的蕃将有歌舒翰、安禄山等；唐肃宗时期，著名的蕃将有契丹人李光弼，他在平定"安史之乱"中与郭子仪一样立下了汗马功劳。

唐代统治者对蕃将很重用："有唐三百年，自史大奈至李克用，数以万计的蕃将，无不受到朝廷重用：封王者有之，专大将之任者有之，拜天下兵马大元帅者有之，兼将相之任者有之；削平群雄，开疆拓土，平息内乱，莫不有被天子委以心膂之任的蕃将参加。朝廷非但不歧视这些'异类'，反倚之为支撑帝国大厦的柱石。"⑤这是唐王朝强盛的原因之一。

### （二）唐朝皇帝下嫁公主与少数民族和亲，促进了少数民族地区的经济发展和文化交流

据研究，在唐代280多年间，与唐实现和亲的少数民族是7个，真正嫁到少数民族地区的公主有16位。具体情况是：嫁到吐谷浑的一位：弘化公主；嫁到吐蕃的二位：文成公主、金城公主；嫁到突骑施的一位：金河公主；与奚和亲者三位：固安公主、东光公主、宜芳公主；与契丹和亲者四位：永乐公主、燕郡公主、东华公主、静乐公主；与宁远和亲者一位：和义公主；与回纥和亲者四位：宁国公主、崇徽公主、咸安公主、太和公主⑥。高世瑜在《唐代妇女》一书中说："和亲在唐代不失为一种成功的外交政策，它维持了边境和平，促进了各族人民的交往，从这点说，和亲公主是对历史

① 《旧唐书》卷109《阿史那社尔传》，第3289页。

② 《旧唐书》卷109《阿史那社尔传》，第3290页。

③ 《旧唐书》卷109《契苾何力传》，第3291—3294页。

④ 《旧唐书》卷109《黑齿常之传》，第3294—3295页。

⑤ 马驰：《唐代蕃将》，第9页。

⑥ 王双怀：《中国西部开发史研究》第三章《西部民族的发展》，北京：人民出版社，2014年，第102页。

做出了贡献的。"①此种评价，一点也不过分。

### （三）大胆吸收西域乐舞文化

　　唐高祖时，沿用隋"九部乐"。唐太宗贞观十四年（640）八月，平定高昌王国（今新疆吐鲁番），收其乐伎付于太常。唐太宗贞观十六年（642），遂增加新创作的《讌乐》，再增以《高昌乐》，便形成了唐朝的"十部乐"制度。十部乐的具体名称是《讌乐》《清商乐》《西凉乐》《龟兹乐》《天竺乐》《康国乐》《疏勒乐》《安国乐》《高丽乐》《高昌乐》。在七部"四方乐"中，除"高丽乐"外，有六部为西域地区的部族和外国乐舞。其中高昌、龟兹、疏勒（皆在今新疆境内天山以南地区）隶属唐安西都护府（初治今吐鲁番东高昌故城，后迁库车）统辖，以龟兹（今新疆库车）乐舞最具地域特色。而天竺、康国、安国皆远在葱岭（帕米尔高原）以西，这些外邦音乐多是先传到龟兹与当地音乐融合后，再东传中原地区。

　　隋唐史籍所载九、十部乐的使用，以隋炀帝、唐高祖和太宗朝最多。其使用场合有"迎待外宾、君臣宴飨和仪仗陈列等，尤其是用于接待外邦君主、部族酋首或使臣——体现'怀柔四夷'的礼仪和政治功能"②。其说有理。

　　胡旋舞、胡腾舞、柘枝舞都是西域传入中原的舞蹈。胡旋舞来自西域的康国（今中亚乌兹别克斯坦国撒马尔罕一带）。唐代诗人白居易、元稹均有《胡旋女》诗。胡旋舞在长安很流行，据说安禄山、杨玉环皆擅长此舞。

　　胡腾舞来自西域石国（今乌兹别克斯坦塔什干一带），大约在南北朝时传入中原。唐诗中称其舞伎为"石国胡儿""凉州胡儿"，即舞者多为男性。代宗朝诗人李端（"大历十才子"之一）有《胡腾儿》一诗，德宗朝诗人刘言史亦有《王中丞宅夜观舞胡腾》一诗，可见胡腾舞在中原也很流行。

　　在陕西历史博物馆壁画珍品馆中，有一幅来自苏思勖墓的壁画《乐舞图》（图八），就是当时胡腾舞情景的反映。

　　向达先生认为，柘枝舞属胡舞，来自中亚昭武九姓的何国。

### （四）在宗教政策上，允许外来佛教等与本土儒教、道教共同发展

　　唐代统治者海纳百川的胸襟，使得他们的民族政策是包容的。这同时也影响其宗教政策。有唐一代，除唐武宗短暂灭佛外，唐统治者对外来宗教是宽容的，允许佛教、摩尼教、景教、拜火教等外来宗教在中国境内与儒教、道教一同发展。反映景教情况

---

①　高世瑜：《唐代妇女》，西安：三秦出版社，1988年，第40页。
②　穆渭生等：《盛唐长安的国家乐伎与乐舞》，西安：陕西人民出版社，2016年，第135—136页。

图八　苏思勖墓壁画《乐舞图》

的有《大秦景教流行中国碑》可证。在外来宗教中，以佛教势力最大，足以与儒教、道教分庭抗礼。

　　目前学界较公认的佛教八大宗派，均最终形成于隋唐时期，其中六宗祖庭在西安。除天台宗祖庭在浙江国清寺、禅宗祖庭在河南少林寺外，其他六大宗派均诞生或最终定型于长安（今陕西西安）。学界基本认可的各宗派祖庭，三论宗祖庭为草堂寺，华严宗为华严寺，法相宗在慈恩寺，律宗在净业寺，净土宗在香积寺，密宗在大兴善寺。这些祖廷，在西安的旅游开发中无疑是会起一定作用的，我们要善于开发和利用。

# 四、几点启示

## （一）汉唐统治者的宽广胸襟为汉唐盛世奠定了基础

汉高祖有"长者"的美誉，他力排众议而采纳张良、刘敬等人"定都长安"的正确建议，奠定了盛世王朝的格局。同样，唐太宗海纳百川的胸襟，决定了他的民族政策是对中华和夷狄"爱之如一"，这是唐王朝繁盛的基础。

## （二）在外使接待中，唐统治者使用最高等级的九、十部乐，体现了大国和礼仪之邦的风范

在招待外邦君主、部族酋首或使臣时，唐统治者使用最高等级的九、十部乐。如武德八年（625）四月，林邑国王梵志遣使贡方物，"唐高祖为设九部乐以宴之，赐其王锦彩。"[1]再如贞观二十一年（647）正月，诏以漠北回纥十三部分置六府七州，各以其酋长为都督、刺史，各赐金银缯帛及锦袍。"及还，太宗御天成殿设宴，奏十部乐而遣之。"[2]在外使接待中，唐朝皇帝使用最高等级的九、十部乐，体现了大国和礼仪之邦的风范。

## （三）充分发挥陕西历史博物馆作为"爱国主义教育基地"的作用

地处古都西安南郊的陕西历史博物馆，不仅有着大气典雅的仿唐建筑，而且馆藏资源丰富，从业人员兢兢业业，与时俱进。中共中央总书记习近平在同中外记者见面时强调指出："人民对美好生活的向往，就是我们的奋斗目标。"作为博物馆的领导，我们要坚决贯彻和落实习主席的讲话精神。在保护好人类文化遗产和搞好科研的前提下，多办展览，多办精品展览，讲好文物背后的故事，服务好社会，在做好中小学生、大学生爱国主义教育的同时，还要不断满足人民群众日益增长的精神文化的需求，这是时代赋予我们的使命，我们一定要勇于担当！

原文载《陕西历史博物馆论丛》第25辑，西安：三秦出版社，2018年

---

① 《旧唐书》卷197《南蛮传·林邑国》，第5270页。

② （宋）王溥：《唐会要》卷96《铁勒》，北京：中华书局，1955年，第1726页。

# 学术专著出版切忌速成

**摘要：**学术专著的出版，编辑因时间紧迫而不可能对每本书都做到精编细校，这完全是经济利益驱使下的速成心理造成的。要改变这种现状，需注意以下三点：第一，在学术质量和学术规范上对作者严格要求，从严把关。第二，编辑要有甘愿为他人做嫁衣的奉献精神。第三，加强编辑与作者的互动，遇有问题，及时沟通解决。

**关键词：**学术专著；编辑

一

笔者因做《陕西经济通史》（先秦秦汉魏晋北朝卷）的课题，买了一本《汉代民事经济法律制度研究——汉简及文献所见》（北京：商务印书馆，2014年）的专著。通读此书，编校存在以下问题：

## 1. 常识性错误

常识性错误在本书中有两处：一是第17页正文倒数第一行"汉高祖后来在平定吴楚七国之乱以后"之"汉高祖"，乃是"汉景帝"之误；二是第58页正文第9行"三国时蜀郡太守李冰父子修都江堰"之"三国"，乃"战国"之误。

## 2. 错别字问题

第65页正文倒数第二行，"戍卒"之"戍"，乃"戍"之误。

第79页正文第十行，"田卒大河郡平富西里公土昭遂"之"公土"，乃"公士"之误。公士是秦汉推行的二十级爵位的第一级。

第81页正文第七行，"就人周谭县候君宾"之"候"，乃"侯"之误，这是姓氏之误。

第88页正文第9行，"债务人卿负债权人卒史幹卿千钱"之"幹卿"，据本校法，知是"幹卿"之误。

第88页正文第12行，简牍"奉钱"之"奉"，今人叙汉人俸禄时应作"俸"。

第91页正文第10行，"担保人都是戍卒"之"戍"，乃"戌"之误。

第101页正文倒数第5行，"准夷"之"准"，乃"淮"之误。

第149页正文第10行，"阳朔元年五月丁末朔丙辰"之"丁末"，乃"丁未"之误。

第160页正文倒数第9行，"毋□水泽，□陂地，□□"之"陂地"，据本校法知是"陂池"之误。

第204页正文倒数第8行，"《汉官归仪》"之"归"，乃"旧"之误。

第205页正文倒数第2行，"罚金为相关责任人各处以黄斤四两"之"黄斤"，乃"黄金"之误。

第206页正文第一行，"黄斤以斤来计量"之"黄斤"，乃"黄金"之误。

第228页正文第12行，"东对朝鲜，建立东浪、临屯、玄菟、真蕃等郡"之"东浪"，乃"乐浪"之讹。

### 3. 使用版本不当而致错

第107页引唐杜佑《通典》时，采用的版本是王云五主编《万有文库第二集·通典》（北京：商务印书馆，1935年），其文如下：

> 汉惠帝纳后，纳采雁璧，乘马、束帛，聘黄金二万斤，马十二疋。平帝立，王莽纳女为后，以固权……有司奏故事，聘皇后黄金二万斤。为钱一万万。

上段话，中华书局1988年12月版《通典》（王文锦、王永兴、刘俊文、徐庭云、谢方点校）则稍有变动，其文如下：

> 汉惠帝纳后，纳采雁璧，乘马束帛，聘黄金二万斤，马十二疋。平帝立，王莽纳女为后以固权……有司奏"故事，聘皇后黄金二万斤，为钱二万万"。

校勘记："为钱二万万，'二'原作'一'，据《汉书·王莽传》上改。"两相比较，中华书局版《通典》据《汉书·王莽传》，把"为钱一万万"改为"为钱二万万"是完全正确的，因为"故事，聘皇后黄金二万斤，为钱二万万"，即指"故事，聘皇后黄金二万斤，折钱二万万"是与《汉书·食货志》"黄金重一斤，直钱万"相一致的。

另外，作者虽然据《汉书·食货志》"黄金重一斤，直钱万"来换算黄金与铜钱的数量比值，但换算的结果却是错误的。如第107页"吕后为汉惠帝迎娶皇后的聘金，黄金二万斤，马十二疋，折钱为20亿加十二匹马"之"20亿"，乃是"2亿"

之误；再如第107页"汉平帝聘娶王莽女儿为皇后，所费聘金'黄金二万斤，为钱一万万'折钱为21亿钱"之"21亿"也是错误的，这是因使用版本不当而造成的。正确的说法是"故事，聘皇后黄金二万斤，为钱二万万"即指"故事，聘皇后黄金二万斤，折钱二万万"，换句话说，聘皇后黄金二万斤，折钱二万万即2亿才是正确的，何来21亿之多？

作为国家级出版社，商务印书馆出的一本专著的错误不少于17处，这是令人难以置信的。

## 二

《战国秦汉小农经济研究》（北京：商务印书馆，2012年）亦是笔者做《陕西经济通史》（先秦秦汉魏晋北朝卷）课题所购书之一，通读全书，在编校质量上存在以下问题：

### 1. 错别字问题

第9页第13行，"井田制的沟恤制"之"恤"，乃"洫"之误。

第43页第9行，"我们可以着到战国秦汉小农家庭"之"着"，乃"看"之误。

据本校法，第96页倒数第9行，"刍、稿钱若千万"之"千"，乃"干"之误。

第131页第11行，"皆径渭溉灌"之"径"乃"泾"之讹。

第137页倒数第6行，"像杨雄这样"之"杨"，乃"扬"之误。

第180页第13行，"天下大氐无虑皆铸金钱矣"之"氏"，乃"氐"之误。

第199页倒数第10行，"丹书铁卷"之"卷"，乃"券"之误。

第202页第9行，"皆径渭灌溉"之"径"，乃"泾"之误。同时，据原文"灌溉"应改为"溉灌"。

第203页第1行，"就可以着到"之"着"，乃"看"之误。

第212页倒数第11行，"耕件方式"之"件"，乃"作"之误。

第217页第3行，"故农夫辍来"之"来"，乃"耒"之误。

第218页第6行，"秦汉时期二牛抬杆式"之"杆"，乃"杠"之误。

第221页倒数第9行，"以其赎为吏巨"之"巨"，乃"臣"之误。

第227页倒数第1行，"东汉官定栗"之"栗"，乃"粟"之误。

第231页第2行，"百亩之收，不过石石"之"石石"，乃"百石"之误。

第232页第9行，"但晃错没有考虑"之"晃"，乃"晁"之误。

第253页第13行，"云梦唾虎地"之"唾"，乃"睡"之误。

第274页正文倒数第4行，"宣布沼令"之"沼"，乃"诏"之误。

第284页正文倒数第8行，"东汉修建的鸿隙破、蒲阳破、芍破"之"破"，乃"陂"（一种水利设施）之误。

第290页第9行，"一方而"之"而"，乃"面"之误。

第298页第7行，《史记·平淮书》之"淮"，乃"准"之误。

第305页第6行，"而娥兄第三人"之"第"，乃"弟"之误。

第306页正文倒数第5行，"这说明让会中大量存在着盗贼"之"让"，乃"社"之误。

第310页倒数第3行，"属于暴力的惊夺与侵害"之"惊"，乃"掠"之误。

第311页正文倒数第3行，"有司言关东贫民徒陇西"之"徒"，乃"徙"之误。

第338页第9行，"秦代的土五甲"之"土"，乃"士"之误。

第338页第14行，"赵国代田法"之"国"，乃"过"之误。

## 2. 衍文问题

第76页第14行，"战国秦汉小农家庭的生产力水一平"之"一"，乃衍文。

第89页第1行，"但绝不一可能"之"一"，乃衍文。

## 3. 缺字问题

第330页倒数第8行，"我们所论述的战秦汉小农的身份"一句，"战"与"秦"之间缺一"国"字。

## 4. 标点符号问题

第89页第10行，《汉书、百官公卿表》之"、"，乃"·"之误。

第188页第5行，"夫燕、亦勃碣之间一都会也"之"、"，应放在"勃"与"碣"之间。

第188页第8行，"洛阳、东贾齐鲁，南贾梁楚"之"、"，应放在"齐"与"鲁"之间以及"梁"与"楚"之间。

第195页第6行，"举凡工、牧、渔、商佣、樵、小农皆可兼营或弃农专营"一句，"樵"与"小农"之间的"、"，乃"，"之误。

这类问题，还有一些，就不一一列举了。

## 5. 引文问题

第76页引《史记·货殖列传》：

> 安邑千树枣，燕秦千树栗，蜀汉、江陵千树橘，淮北、常山以南，河济之间
> 千树荻，陈夏千亩漆，齐鲁千亩桑麻，渭川千亩竹……此其人皆与千户侯等。

这里的"常山以南"之"以"，乃"已"之误。"千树荻"之"荻"，乃"获"之误。

第215页引《史记·货殖列传》：

> 安邑千树枣，燕秦千树栗，蜀汉江陵千树橘，淮北、常山已南河济之间
> 千树荻，陈夏千亩漆，齐鲁千亩桑麻，渭川千亩竹，及名国万家之城，带郭
> 千亩亩钟之田，若千亩卮茜，千畦姜韭，此其人皆与千户侯等。

这里的"亩钟之田"之"钟"，乃"锺"（一种量器）之误。

两相比较，除错别字外，"淮北、常山已南，河济之间千树荻"在另一处则作"淮
北、常山已南河济之间千树荻"，这是不应该的。

第180页引《汉书·食货志》：

> 自造白金五铢钱后五岁，而赦吏民之坐盗金钱死者数十万人，其不发觉
> 相杀者，不可胜计。赦自出者百余万人，然不能半自出。天下大氐无虑皆铸
> 金钱矣。

这里的"大氐"之"氐"，乃"氏"之讹。

第195—196页引《汉书·食货志》：

> 自造白金五铢钱后五岁，而赦吏民之坐盗铸金钱死者数十万人。其不发
> 觉相杀者，不可胜计。赦自出者百余万人。然不能半自出，天下大抵无虑皆
> 铸金钱矣！

这里的"大抵"之"抵"，乃"氏"之讹。

两相比较，引同一篇原文，多处标点竟然不同，真是不可思议。而通过查中华书
局本原文，正确的标点如下：

> 自造白金五铢钱后五岁，而赦吏民之坐盗铸金钱死者数十万人。其不发
> 觉相杀者，不可胜计。赦自出者百余万人。然不能半自出，天下大氐无虑皆
> 铸金钱矣。

可见，核对原文是多么的重要。

作为国家级出版社的产品，这一本书错别字和标点符号共有40余处，比上一本书更多，简直令人难以置信。

经与有关专家交流，得知北京大的出版社的编辑，年出书任务在十余本，平均一个月出一本书，因时间紧迫而不可能对每本书都做到精编细校，这完全是经济利益驱使下的速成心理造成的。要改变这种现状，需注意以下三点：

第一，在学术质量和学术规范上对作者严格要求，严格把关。

第二，编辑要有甘愿为别人做嫁衣的奉献精神，就像人民出版社的编辑花十几年时间出精品《史念海全集》《谭其骧全集》那样，而商务印书馆出的专著竟不署责编名，这也许是导致专著错误多的原因吧！

第三，加强编辑与作者的互动，遇有问题，及时沟通解决。

随着博物馆事业的扩大，我馆与出版社合作出书的规模越来越大，"陕西历史博物馆学术文库"就是我馆推出的反映我馆学人水平的学术专著的组合。在编辑"陕西历史博物馆学术文库"时，作为馆内编辑，我们不仅要严把学术质量关，还要把好文字校对关，使"陕西历史博物馆学术文库"成为名符其实的反映我馆学术水平的专著组合。作为馆内编辑，如果我们不认真校阅稿件，仅靠出版社的责编，是难以保证质量的，上面的例证已充分说明了这个问题。

原文载《乾陵文化研究》第十一辑，西安：三秦出版社，2017年

# 谈新时期文博行业编辑素质的提高

**摘要：** 在新时期，编辑素质的提高包括以下两方面的内容：一、发挥编辑自主意识，提高自身综合素质。（一）时代呼唤学者型编辑；（二）加强编辑职业道德的教育。二、把握外部机遇，提高自身业务素质。（一）参加相关培训班，提高业务水平；（二）参加学术研讨会，提高学术水平；（三）参加相关学术讲座，扩大学术视野；（四）向老编辑学习经验教训。

**关键词：** 编辑；学者型编辑；综合素质

我们所说的新时期，就是眼下。对文博行业来说，新时期的特点是学术繁荣，科研成果日新月异，面对数量众多的科研成果，如何使它们转化为合格的精神文化产品，对于文博行业的编辑来说，无疑提出了很高的要求。

## 一、发挥编辑自主意识，提高自身综合素质

### （一）时代呼唤学者型编辑

所谓"学者型编辑"，是指有固定研究领域或方向的专家，同时从事编辑事业。薛正昌先生指出：

> 从编辑者主体方面看，古代编辑最突出的文化特征：就是学者和专家，是有相当层次的文化人来编书。这是从事编纂工作的前提和条件，也是我国历史文化得以传播和积累的内在的深层原因，也是我国编辑事业发展和延续的优良传统。古代的编辑者、编辑家都是当时社会上著名的学者或专家，学者与编辑家一身兼之[①]。

---

[①] 薛正昌：《编辑活动与文化构建》，氏著：《嫁衣余香录——编辑文化学研究》，兰州：甘肃人民出版社，2010年，第26—32页。

既然古代已有"学者与编辑家一身兼之"的学者型编辑，那么，我们今天更加推崇学者型编辑，只不过发挥古代的优良传统而已。

费孝通先生曾说过"专家办刊"的话。既然是"专家办刊"，那么办刊的专家无疑就是学者型编辑。

美国著名编辑马雷克在《如何选书》一文中说："……你应该编辑你了解的题材，要相信自己的直觉和热情，而读者终于会受到吸引，而且会掏出钱来买这本书。"①马雷克的话，是适合学者型编辑的。

### 1. 从选择好版本的角度出发，提高引文准确度

对于《水经注》，其版本有：（1）王国维校，袁英光、刘寅生整理标点：《水经注校》，上海人民出版社，1984年。（2）杨守敬、熊会贞：《水经注疏》上中下，江苏古籍出版社，1989年。（3）（北魏）郦道元注，陈桥驿校证：《水经注校证》，中华书局，2007年。

王国维虽是一代国学大师，但由于他依据的《水经注》底本是明刊本，错误较多，故学者们多不用其成果。杨守敬和其学生熊会贞，在《水经注疏》上用力很勤，又富创见，其成果值得参考。陈桥驿先生一生从事《水经注》的校勘和研究，著有《水经注校释》②《郦学札记》③等，我上博生研究生时，《水经注校释》就被导师史念海先生指定为专门教材。当然，其成果《水经注校证》也是最好的版本之一。最新的成果有李晓杰主编的《水经注校笺图释：渭水流域诸篇》（复旦大学出版社2017年版），可供参考。

对于唐代杜佑的《通典》，其版本大致有：（1）王云五：万有文库本。（2）（唐）杜佑撰，颜品忠等点校：《通典》，岳麓书社，1995年。（3）（唐）杜佑撰，王文锦等点校：《通典》，中华书局，1988年。在这些版本中，最好的版本当然是中华书局点校本。

有学者④引唐杜佑《通典》时，采用的版本是王云五主编《万有文库第二集·通典》（商务印书馆，1935年），其文如下：

---

① 〔美〕格雷斯主编，齐若兰译：《编辑人的世纪》，北京：中国工人出版社，2000年。

② 陈桥驿：《水经注校释》，杭州：杭州大学出版社，1999年。

③ 陈桥驿：《郦学札记》（当代学人笔记丛书），上海：上海书店出版社，2000年。

④ 冯卓慧：《汉代民事经济法律制度研究——汉简及文献所见》，北京：商务印书馆，2014年，第107页。

> 汉惠帝纳后，纳采雁璧，乘马、束帛，聘黄金二万斤，马十二疋。平帝立，王莽纳女为后，以固权……有司奏故事，聘皇后黄金二万斤。为钱一万万。

上段话，中华书局1988年12月版《通典》（王文锦、王永兴、刘俊文、徐庭云、谢方点校）则稍有变动，其文如下：

> 汉惠帝纳后，纳采雁璧，乘马束帛，聘黄金二万斤，马十二疋。平帝立，王莽纳女为后以固权……有司奏"故事，聘皇后黄金二万斤，为钱二万万"。

校勘记："为钱二万万，'二'原作'一'，据《汉书·王莽传》上改。"两相比较，中华书局版《通典》据《汉书·王莽传》，把"为钱一万万"改为"为钱二万万"是完全正确的，因为"故事，聘皇后黄金二万斤，为钱二万万"，即指"故事，聘皇后黄金二万斤，折钱二万万"是与《汉书·食货志》"黄金重一斤，直钱万"相一致的。

对于司马迁的《史记》，通行的本子是中华书局1959年出版的点校本，距今已60年。现在中华书局又出版了《史记》的新校刊本，改正错误一千条以上。在一般情况下，我们引用《史记》的材料，应以新版《史记》为准。但新版《史记》，也有把旧版《史记》正确者改为错误者，如秦王政元年，旧版《史记》载："秦地已并巴、蜀、汉中，越宛有郢，置南郡矣。"[1]而此段引文，新版《史记》改为："秦地已并巴、蜀、汉中、越、宛，有郢置南郡矣。""降越君，置会稽郡"是迟至秦王政二十五年才发生的事[2]，在秦王政元年断无并越为秦的可能，辛德勇先生已指出"今新点校本改是为非"[3]，这是我们应该引起注意的地方。

### 2. 及时吸收新成果并加以转化和推广

传播正确的思想和观点，是编辑不可推卸的责任，也是时代赋予我们的光荣历史使命。

学者型编辑以他的多闻广见，及时吸收新成果，使之转化为陈列展览的内容乃至讲解员的讲解词，以便及时让广大观众了解，满足他们日益增长的精神文化的需求。如对于何家村的"双狐纹银盘"，王子今先生认为，应该称"金涂两獾双桃银盘"或

---

① （汉）司马迁：《史记》卷6《秦始皇本纪》，北京：中华书局，1982年，第223页。

② 《史记》卷6《秦始皇本纪》，第302页。

③ 辛德勇：《史记新本校勘》，桂林：广西师范大学出版社，2017年，第327—328页。

"金涂双獾双桃银盘"①，表达了唐人"两欢"语汇。又如，发现于20世纪50年代的山东沂南画像墓②，其前室中被命名为《祭祀图》的一幅，实与祭祀无关。但发掘报告的这些意见，却被普遍接受，并且延续至今。对此，扬之水先生提出了新的观点，她认为是《上计图》，"旨在表现墓主人生涯中有重要意义的经历"③。

昭陵六骏是唐太宗李世民为纪念其六匹坐骑在建唐过程中立下的不凡功绩而雕刻的艺术杰作。作为六骏之一的"特勤骠"，其"特勤"一词，《新唐书》作"特勒"，《旧唐书》作"特勤"。究竟哪一种说法正确呢？ 1999年，笔者撰《"特勒骠"系"特勤骠"之讹辨析——兼论"特勤骠"的由来》一文④，用二重证据法阐述了"特勤骠"的正确。由于没有及时推广自己的观点，至今还有人延续"特勒骠"的错误。

1976年殷墟妇好墓出土了跪坐玉人；1976年至1977年秦始皇陵马厩坑又出土了跪坐陶圉人。但考古工作者却把"跪坐玉人"误释为"踞坐玉人"，把"跪坐陶圉人"误释为"踞坐陶圉人"，加之《汉语大辞典》对"踞坐"的误释，后来的文物辞典、图录、某些专家的著作以及展览遂以讹传讹，以致少数学者的正确解释被大多数学者的错误解释所淹没。为了避免以讹传讹，本人特撰《谈"踞坐俑"及其相关问题》一文，以正视听。

### （二）加强编辑职业道德的教育

美国著名编辑韦德说："编辑人的重要责任，是忠于你所编辑的那本书。假如你不能做到这一点，那么你对作者不够朋友，也有亏自己的职守。""假如你一错再错，那么你最好改行，不要当编辑……假如你善尽职责，假如你真是对这本书有贡献，那么你不但为作者尽了心，也对出版社尽到责任，而且也符合编辑的伦理道德规范。"⑤可见，编辑的职业道德是多么的重要。

编辑不仅是一种职业，而且是一种特殊职业。按照国家新闻出版署颁布的相关规定，出版物的差错率为万分之一。

在我阅读的书籍中，有一本名为《中国人的名利观》，是上海古籍出版社的产品，我在书中只发现了一个错误，其编校质量之高，使我很惊讶！但同是上海古籍出版

① 王子今：《说何家村"金涂两獾双桃银盘"》，《故宫博物院院刊》2011年第1期。

② 曾昭燏等：《沂南古画像石墓发掘报告》，文化部文物管理局出版，1956年。

③ 扬之水：《沂南古画像石墓所见汉故事》，氏著：《古诗文名物新证》，北京：故宫出版社，2013年，第470—487页。

④ 张维慎：《"特勒骠"系"特勤骠"之讹辨析——兼论"特勤骠"的由来》，西安碑林博物馆编：《碑林集刊》（五），西安：陕西人民美术出版社，1999年，第220—222、265页。

⑤ 〔美〕西弗林：《书业》，《文汇读书周报》2001年5月5日。

社的产品，陈寅恪《唐代政治史述论稿》①中的"王文度"，却误为"王大度"（第140页）；侍奉太宗、高宗父子的李勣，在第144页有5处误为"李绩"，这用本校法是可以看出来的，可编辑竟没有看出来，显然是粗心和不负责任所致。到了商务印书馆出版的《唐代政治史述论稿》②，以上5处的人名错误已更正，但"王文度"误为"王大度"，一仍其旧，这应是编辑不了解相关历史所致。

选择编辑这个职业，也就是选择牺牲和奉献。作为学者型编辑，我们一定要有担当，有责任，为社会生产合格的精神产品。我们一定要有思想准备，即为别人做嫁衣的时间，可能会占去自己学术研究的大量时间，即使这样，我们也心甘情愿，因为合格的精神文化产品不仅是全社会的需求，而且是为子孙后代提供精神食粮的大事，来不得半点马虎。

## 二、把握外部机遇，提高自身业务素质

### （一）参加相关培训班，提高业务水平

对于正式编辑来说，不仅要有编辑资格证，持证上岗，而且每年都要抽出一定时间参加业务培训，这是完全必要的，应该坚持下去。

作为《文博》《陕西历史博物馆论丛》的编辑，我们要见贤思齐，在以下方面多参加培训。

#### 1. 参加相关编辑业务培训班，提高业务水平

2014年7月份，我与翟战胜一起参加了在张家口举办的"2014年全国高校人文社科期刊编辑业务培训"，为期一周，各名校的资深编审亲自为我们授课，最后考试答卷，通过后颁发结业证书。这次培训，收获很大，编辑业务水平有了一定提高。今后，我们多争取机会参加这样的培训。

"博物馆出版专业委员会"的成立，对博物馆从事编辑的人来说是一件大事。现在，"博物馆出版专业委员会"每年都要举办年会，这对文博行业的编辑来说，无疑是业务交流和提高水平的好机会。当然，我们也可以学习高校的做法，选择适当的时机，举办"文博行业编辑业务培训班"，借此来提高我们文博行业编辑的业务水平。

---

① 陈寅恪著，唐振常导读：《唐代政治史述论稿》（蓬莱阁丛书），上海：上海古籍出版社，1997年。

② 陈寅恪：《隋唐制度渊源略论稿、唐代政治史述论稿》，北京：商务印书馆，2011年，第338页。

## 2. 参加相关专业培训班，提高业务水平

近年来，国家文物局曾委托一些大专院校举办"简牍研修班"。《陕西历史博物馆馆刊》长期以来设有"简牍与典籍"栏目，让某些有兴趣的编辑参加"简牍研修班"，不仅可以拓宽秦汉史研究的史料范围，而且对于提高编辑的审稿能力来说也是会有很大帮助的，我们应该鼓励编辑们去进修学习。

## （二）参加学术研讨会，提高学术水平

2019年6月15日至16日，由中国唐史学会主办、中央民族大学历史文化学院承办的"唐朝多维角度的审视——唐史专题研讨会暨唐史学会理事会"在北京召开，笔者有幸参加这一盛会。大会共收到学术论文26篇，其中涉及出土墓志的论文4篇，分别是杜文玉《唐墓志记载的玄武仗使考》、牛来颖《〈唐郑锴墓志〉所见唐末三川盐政》、拜根兴《一人两志：初唐撰述隋代将领王赟墓志考释》、张维慎《情志与疾病——以出土唐代墓志为主的考察》。《文博》与《陕西历史博物馆论丛》均刊发有关墓志的论文。通过参加高质量的学术研讨会，不仅对我们科研水平的提高有所助力，而且也提升了我们对于墓志类论文的审稿能力，可谓一举两得。

## （三）参加相关学术讲座，扩大学术视野

就陕西历史博物馆来说，每年承办的学术讲座包括两大类：一是文博讲坛，由陕西省文物局主办，共4—5期；二是历博讲坛，由陕西历史博物馆主办，每年约10余期（附《2018年"文博讲坛"统计表》《2018年"历博讲坛"统计表》①）。如果我们编辑能坚持聆听这些讲座，对自己业务的提高无疑是一个促进。

### 2018年"文博讲坛"统计表

| 序号 | 期数 | 时间 | 主讲人 | 职务或职称 | 主题 |
|---|---|---|---|---|---|
| 1 | 28 | 02-25 | 李新伟 | 中国社会科学院考古研究所史前考古研究室主任 | 《西坡葬礼：庙底沟类型的社会发展和"最初的中国"》 |
| | | | 韩建业 | 中国人民大学历史学院考古文博系教授 | 《丝绸之路前的彩陶之路》 |
| 2 | 29 | 04-19 | 郝振国 | 中国知网旅游文博分公司副总经理 | 《新时代 新方法——知网助力陕西文博行业创新发展》 |
| | | | 王雯 | 中国知网旅游文博分公司产品总监 | 《构建学术资源体系 提升业务研究水平》 |

---

① 2018年"文博讲坛""历博讲坛"的资料由胡中亚提供，特致谢忱。

续表

| 序号 | 期数 | 时间 | 主讲人 | 职务或职称 | 主题 |
|---|---|---|---|---|---|
| 3 | 30 | 06-22 | 罗宏才 | 上海大学中国艺术产业研究院执行院长 | 《陕西考古：80年前的发现》 |
| 4 | 31 | 07-26 | 周伟洲 | 陕西师范大学西北民族研究中心主任 | 《丝绸之路与21世纪"一带一路"的构建》 |
| 5 | 32 | 09-11 | 西蒙·克奈尔 | 英国莱斯特大学博物馆学教授 | 《边界与桥梁：博物馆与全球文化和谐》 |

**2018年"历博讲坛"统计表**

| 序号 | 期数 | 时间 | 主讲人 | 职务或职称 | 主题 |
|---|---|---|---|---|---|
| 1 | 40 | 03-07 | 馆业务人员 | | 《保护传承 展示分享——陕西历史博物馆2017年业务汇报会》 |
| 2 | 41 | 03-23 | 杜文玉 | 陕西师范大学历史文化学院教授 | 《从唐墓壁画"客使图"所想到的——长安成为丝路起点的原因与条件》 |
| 3 | 42 | 04-13 | 张金萍 | 南京博物院文物保护研究所所长 | 《文物修复的"度量衡"》 |
| 4 | 43 | 05-23 | 陈雍 | 天津市文史研究馆研究员 | 《半坡文化彩陶里的故事》 |
| | | | 赵春青 | 中国社会科学院考古研究所研究员 | 《庙底沟文化彩陶纵论》 |
| 5 | 44 | 05-23 | 齐东方 | 北京大学考古文博学院教授 | 《盛世遗珍——何家村里的传奇国宝》 |
| 6 | 45 | 09-04 | 梁金生 | 故宫博物院研究员 | 《梁氏五代故宫人》 |
| 7 | 46 | 10-19 | 薛新明 | 山西省考古研究所研究员 | 《从枣园到桃园——庙底沟文化的来与去》 |
| 8 | 47 | 10-29 | 孙志新 | 美国纽约大都会博物馆亚洲部特聘资深中国艺术主任 | 《〈秦汉文明〉特展及其策划与实施》《美国博物馆研究员及策展人员的工作与职责》 |
| 9 | 48 | 11-09 | 贺西林 | 中央美术学院人文学院教授 | 《思想史视野中的汉代美术》 |
| 10 | 49 | 11-23 | 刘斌 | 浙江省文物考古研究所所长 | 《寻找消失的王国——良渚古城考古》 |
| | | | 朱雪菲 | 浙江省文物考古研究所助理馆员 | 《若即若离、相生相克——半坡与庙底沟彩陶背后的隐喻》 |

## （四）向老编辑学习经验教训

### 1. 老编辑的敬业精神值得我们学习

人民出版社花数年时间出版的《谭其骧文集》《史念海文集》，不仅学术质量上乘，而且编校质量精益求精，可谓是精品文化产品。对于这两部书的责任编辑，我们表示敬佩！

《陕西省文物志》（上中下三册）在2018年陕西省哲学社会科学优秀成果评奖中获著作类一等奖，这是集体的荣誉。曾负责其事的老编辑吴晓丛先生是一位非常认真的人，他对稿件严格把关，如果稿件语句不通或有错别字或引文有问题等，他都会寝食难安。他这种敬业精神，是我们学习的榜样。

## 2. 认真核对引文是减少书刊错误的有效办法

现在是信息爆炸的时代，人们获得信息的途径多种多样。既有传统的纸质书刊，又有现代化的电子书刊、微信、微博、数据库、自媒体等。在信息和资料的来源多样化的情况下，我们对每部著作或每篇论文中所涉引文的核对就显得非常重要了。依我几十年的编辑经验来说，认真核对每部著作或论文中的引文，是减少该著作或论文错误的有效办法。

原文载《碑林集刊》总二十五辑，西安：三秦出版社，2020年

# 浅谈民国《朝邑新志序》手稿的价值

**摘要：** 民国《朝邑新志序》手稿，张明善（字复初）撰书，共两页纸，竖行行楷毛笔字，书法刚劲。从手稿及相关历史资料可知，民国《朝邑新志》（即民国《续修朝邑县志》）的部头，比它以前任何一部朝邑志的部头都要大，也就是说，资料非常翔实，这是它的优点；而其缺点则是作者说的"为文不计工拙"，亦即霍勤燡说的"笔力有限"（《续修朝邑县志序》）。

**关键词：** 张明善；民国《朝邑新志序》手稿

2016年元月16日，余回大荔县冯村乡船舍大队南堡村探望胞兄张维翰。胞兄交给我一纸手稿，我在灯下一看，原来竟是吾祖张明善（字复初）纂完《朝邑新志》后所做的序（图一、图二），简直太珍贵了！手稿共两片薄纸，竖行，行楷毛笔字，共25行，每行满字23个，内容修改时每行达30字，书法秀美，兹录其文如下。

张明善《朝邑新志序》：

民国戊午秋，邑人谋修邑志，佥推霍幼祺、竹汀昆仲秉笔。阅数稔，幼祺以职司团务，不遑分身，旋因瘵剧捐馆。竹汀剽摭挡穷政，百宂牵身，遂尒永遭搁笔。岁甲子，余归自粤西，闭庥蛰居，不聱外吏。会陕西续修通志，县各聘人採访。邑宰宫逸泉乃再三倩余承之，迭却勿获，勉任其役。明年，採访过半。而邑志之修，邑人又以属余。夫修志，岂易言哉！才学识一无所长，冒然问雉，宁不偾事。况荩有五泉、河汀、桐阁诸志，钜制鸿章，垂为绝笔，譬诸华岳，三峰屹然，高莫与并。余小子卑劣无似，诚不敢耋其顶，蹑其後也。顾荩志之修于今，垂七十年。傥再年湮代远，文献无征，百端付诸阙，为奚以昭垂来许用，故不辞谫陋，商同霍君竹汀，酌定志例。意谓莄分经纬，藉定民时，宜首星度。源闉定位，动植蕃滋，则次地理。相度黔隰，择地制邑，则次建置。责在守土，政贵牧党，则次设官。治明达幽，积诚感禋，则次秩祀。察习尚以施乿术，省畊敛以纾民力，则次风俗，次赋役。三物鞱而万民兴，先喆殂而余韵存，则次选举，次人物。浪卷波及，趋利先避害也；执

图一　民国《朝邑新志序》手稿之一

图二　民国《朝邑新志序》手稿之二

戈同袍，保民以卫圉也；异兆瑞征，天彰因人蒐也。则次河患，次兵事，次灾祥。司章载衢，翰墨华鑫，以艺文终焉。综其类，凡十有三。分公蒐集，故案用资编纂。惟辛亥县署被毁，档卷散轶，半无可籀，不得已而询诸耆宿，访诸田叟，考之金石，旁及野史稗说私家著述，凡有可以资考蠡者，即一事一物，无不采录靡遗。载笔之初，期以三月蒇事。逡以时局屡彰，多所鬷延。有间辄理槧铅，为文不计工拙。脱稿逾匝岁，成书凡十帙。质诸竹汀，再事修正润鑿，庶可示于今与后也。今将付梓，略弁数言，所望后之人，拾遗正讹，守缺抱残，不以覆酒瓮。我则所留贻者徸矣。

民国十七年仲秋邑人张明善谨序

张明善《朝邑新志序》的志例，是与"总其成"的霍勤燡（即霍竹汀）商定的，霍勤燡于民国二十一年撰有《续修朝邑县志序》，亦录于此，以便互为阐发。

霍勤燡《续修朝邑县志序》（付梓未果，稿本佚，仅留此序）：

作志之难，昔人尝言之矣，窃以为秦中志尤难，朝邑续志，则更难中之难。自对山志武功、泾野志高陵，一时名志林立，咸以史法为县志，故渔洋亟称之。珠玉在前，下笔不易，固无可讳言者。若我朝邑，则五泉子寥寥短章，独步千古，康、吕二公皆折服焉。以及河汀之遗书、河滨之旧稿(《金嘉琰志》本为河滨旧稿)、桐阁之《志例》，俱以名儒秉笔，辉映后先，一旦欲踵而修之，不几望洋兴叹乎？余滥竽通志馆，得睹全省志书，郡县百十种，类多缺略，惟吾邑新、旧五志俱全，不特人文渊薮，善于保存，亦可见不朽之作，难乎为继……

邑自李志后，咸、同、光、宣四朝失修至六七十载，河道之变异，人事之兴衰与夫政治、风俗、徭赋、物产之歧（异），不一而足。幸得厕于荐绅，焉忍听其湮没。昔阎文介公致仕归老，尝思赓续，见于渭南志序中。假以岁月，当成完璧。惜不久薨逝，遗草无存。后遂鲜问津者。岁庚申（民国九年，1920），罗山赵元丞知县事，汲汲焉谋续修，商诸绅耆，以属余兄弟，深知其难，辞不获已，顾采访未周，仲兄捐馆，余亦就医省会，将伯之人，搁笔几五稔。而怀远宫逸泉莅任，集议添举张复初孝廉会纂，以余总其成。适因事回邑，商订体裁，复初力任其难，又数年而脱稿，应有尽有，盖已灿然大备矣。自顾衰庸，敢言笔削；重以省志待修，未遑兼理，迟之又久，乃酌加审订，润色成书，体例略殊，门类较广。惟人物改照通志，余亦无大变更，仍依断代为书之法，庶免文献无征之患，合诸前志，其数为六。但求翔实，不慕高古。虽笔力有限，篇幅较长，而今昔不同，旨趣亦异，宁详毋略，期于开卷了然。明知事等续貂、差幸功同附骥。语云："不为之后。虽盛弗传。"千虑一得，此物此志也……吾邑多材，异日者未必无五泉，河汀其人，得所凭藉，重加修正，以成一邑巨制，千秋大观，庸讵非余与复初之厚幸，而往昔诸贤之所深契者，难云乎哉？（民国二十一年长邑人霍勤燡序于陕西通志馆）①

## 一、张明善《朝邑新志序》古字、难字、干支及历史人物解读

民国戊午，即民国七年（1918）。张明善《朝邑新志序》认为邑绅推霍勤燡兄弟修县志事在民国戊午，而霍勤燡（即霍竹汀）《续修朝邑县志序》认为邑绅推其兄弟修县志事在庚申（民国九年，1920），可能张明善记载有误，应以霍勤燡（即霍竹汀）《续修朝邑县志序》所载庚申（民国九年，1920）为准。

佥（qiān），都、皆②。汉蔡邕《郭有道碑文》："佥以为先民既没，而德音犹存者，亦赖之于见述也。"《新唐书·辛秘传》："佥谓秘材任将帅，会河东范希朝出讨王承宗，召秘为希朝司马，主留务。"

槑，《玉篇》：古文梅字。

霍幼梅，系霍勤燡兄勤炜的字或号。

霍竹汀，系霍勤燡的字或号。

稔（rěn），《说文》：谷熟也。《左传·襄二十七年》：不及五稔。注：稔，年也，熟也。谷一熟为一年③。

㧞，《玉篇》：古文克字。

疒，《说文》古文疾字。

剆，《唐韵》《集韵》并古文则字。

亦，《字汇补》：古文亦字。

遽，《广韵》：古文远字。

"岁甲子，余归自粤西。"岁甲子即民国十三年（1924）。张明善此前在广西连任上思县知事（县长）、龙茗县知事（县长），每届四年，卸任后归自粤西，这一年为岁甲

---

① 大荔县地方志编纂委员会编：《大荔县志》，西安：陕西人民出版社，1994年，第1107—1108页。

② 罗竹风主编：《汉语大词典》上卷，上海：汉语大词典出版社，1997年，第683页。

③ 汉语大词典编纂整理处：《康熙字典》（标点整理本），上海：上海辞书出版社，2008年，第815页。

子（民国十三年，1924），他被邑宰宫邑泉聘为朝邑县志采访处采访主任。

"明年，采访过半。"明年，即民国十四年（1925）。张明善自去年领朝邑县志采访处采访主任以来，到今年已完成了"采访过半"的任务，由于工作出色，在全县士绅的推举下，县政府聘请他为朝邑县编修县志处会纂兼征辑主任，全权负责朝邑县志资料的收集和县志的编纂。

厈，《集韵》：户，古作厈。

聲，《玉篇》：古文闻字。虞世南《孔子庙堂碑》：怡然动色，似聲箫韶之响。

叓，《玉篇》：古文事字。

宫逸泉，民国时任朝邑县令。

舽，《玉篇》：古文津字。

偾事，"败事"[1]之意。《礼·大学》："此谓一言偾事，一人定国。"

歬，《玉篇》：古文前字。

五泉，乃韩邦靖号。邦靖字汝庆，绍宗三子，正德进士。著有《朝邑县志》[2]。其《朝邑县志》编纂于正德十四年（1519），分两卷七篇：总志、风俗、物产、田赋、名宦、人物、杂记。此志为补旧志而作。文笔简确，字数不满七千[3]。

河汀，乃王学谟（一作"学模"）号。学谟字子扬，学古从弟，嘉靖进士。他曾集《朝邑志》八卷[4]。而曾在朝邑做官六年（万历十一年到任）的高邑人郭实（字华伯），"刻邑绅王学谟所撰邑志，至今考文献者证焉"[5]。王学谟《朝邑志》全名《续朝邑县志》，编纂于万历十二年（1584），共分八卷，每卷一志。目录为地形、建置、秩祀、食货、官氏、人物、节义、纪事。其《食货志》载："朝邑地瘠民贫，河灾频仍，万历辛巳（1581）黄河冲决三十里，大片良田变沙丘，而赋重吏贪，征粮时恣意妄加。"[6]

桐阁，乃李元春的一个号。元春字仲仁，号时斋，嘉庆戊午举人，大理评事。性颖悟，精力过人……咸丰六年，巡抚吴振棫奏请入祀乡贤祠；光绪元年，学士吴大澂奏请宣付国史馆，列入儒林传[7]。其《朝邑县志》编纂于咸丰元年（1851），三卷，志例

---

① 广东、广西、湖南、河南辞源修订组，商务印书馆编辑部编：《辞源》（一），北京：商务印书馆，1979年修订第1版，第0258页。

② 朱续馨：《朝邑县乡土志》（中国方志丛书·华北地方·第二四二号），据民国燕京大学图书馆铅印本（未著撰修人姓氏）影印，台北：成文出版社有限公司，1969年，第33页。

③ 大荔县地方志编纂委员会编：《大荔县志》，第1101页。

④ 朱续馨：《朝邑县乡土志》（中国方志丛书·华北地方·第二四二号），第35页。

⑤ 朱续馨：《朝邑县乡土志》（中国方志丛书·华北地方·第二四二号），第16—17页。

⑥ 大荔县地方志编纂委员会编：《大荔县志》，第1103页。

⑦ 朱续馨：《朝邑县乡土志》（中国方志丛书·华北地方·第二四二号），第35页。

一卷，后录一卷。志例分为：序、建置、官氏、秩祀、田赋、风俗、兵防、河防、人物、义行、艺文。后录有《梓里赋》、补记、补传、续传[①]。

朢，《玉篇》：古文望字。

後，《字汇补》：古文后字。

歬，《广韵》：古文前字。

兲，《字彙》：古天字。

陧，《玉篇》：同隰。

霒，《玉篇》：古文阴字。

陽，《字汇补》：古文阳字。

兂，《集韵》：民，古作兂。

禋，《集韵》：神，古作禋。

畊，《玉篇》：古文耕字。《晏子春秋·谏上》：今齐国大夫畊，女子织。又杨慎《铅丹录》：畊，上声。《唐六典》论府兵之制云：居无事时畊于耕。以此证之，畊耕音义有别。

纾，《说文》：缓也。《玉篇》：纾或作舒。

斆，《集韵》：教，古作斆。

圀，《玉篇》：古文国字。《正字通》：唐武后时，有言國中或者，惑也，请以武镇之。又有言武在口中，与困何异，复改为圀[②]。

彭，《玉篇》：古文变字。

使，古文叓。本作使。《六书统》：从人从事，令人治事也。

詞，《集韵》：词，古作詞。

衜，即道字[③]。

𡘙，《字汇补》：古文国字。

仌，《玉篇》：古文别字。

宲，《玉篇》：古文实字。

䭬，古文稽。

𨤞，《字汇补》：古文证字。

遻，《玉篇》：古文遗字。

蒇（chǎn），完成。严复《原强》：“殚毕生精力，五十年而著述之事始蒇。”

---

① 大荔县地方志编纂委员会编：《大荔县志》，第1104页。

② 汉语大词典编纂整理处：《康熙字典》（标点整理本），第150页。

③ 高明编：《古文字类编》，北京：中华书局，1980年，第107页。

彭，《集韵》：古文变字。

彪，《集韵》：色，古作彪。

槧，《说文》：牍朴也。徐曰：始削粗朴也。王充《论衡》：断木为槧。《释名》：槧，渐也。槧板长三尺，言渐渐然长也……《西京杂记》：扬雄怀铅提槧，从诸计吏，访殊方绝俗之语，作《方言》[1]。

帙（zhì），《说文》：书衣也。《广韵》：书帙。梁《昭明文选》序：飞文染翰，则卷盈乎缃帙。又《玉篇》：小囊也。又《韵会》：次序也。书卷编次[2]。

弁（biàn），前言。

邈，《集韵》：远，古作邈。

民国十七年，即1928年。民国十七年是张明善《朝邑新志序》手稿的落款年，据此可知，《朝邑新志》从民国十三年采访到民国十七年编纂成书稿，共花了大约4年的时间，这与霍勤燡（即霍竹汀）《续修朝邑县志序》所说"复初力任其难，又数年而脱稿"（"复初"为张明善字）在时间上也是吻合的。

## 二、民国《朝邑新志序》手稿与民国《续修朝邑县志序》一起揭示了民国《朝邑新志》的价值

张明善所说的民国《朝邑新志》，也就是霍勤燡所说的民国《续修朝邑县志》。民国《朝邑新志》的价值，主要体现在以下3个方面。

### （一）志例方面的创新

据张明善民国《朝邑新志序》所载，民国《朝邑新志》目录为星度、地理、建置、设官、秩祀、风俗、赋役、选举、人物、河患、兵事、灾祥、艺文13类，虽比朱续馨光绪三十二年（1906）成书的《朝邑县乡土志》（中国方志丛书·华北地方·第二四二号，目录分为延革表、政绩录、兵事录、人类、户口、民族、宗教、实业、地理、山、水、道路、物产、商务14类）少一类，但更加合理。如《朝邑县乡土志》地理、山、水、道路4类，到民国《朝邑新志》就成为"地理"一类，这样的合并可谓名副其实。

又清王兆鳌纂修《朝邑县后志》[3]全二册（中国方志丛书·华北地方·第二四一号）目录如下：

① 汉语大词典编纂整理处：《康熙字典》（标点整理本），第493页。
② 汉语大词典编纂整理处：《康熙字典》（标点整理本），第271页。
③ 据清康熙五十一年刻后刊本（清王兆鳌纂修）影印，台北：成文出版社有限公司，1969年。

卷之一　星野

天文、疆域、山川、形胜十二景附、关津

卷之二　建置

沿革表、城池城郭附、公署、学校学田、社学附、坛、祠庙寺观附、里镇、守备、古迹旧惠附、墓塚

卷之三　政事

田赋、盐法、关税、邮递、祀典、风俗物产附

卷之四　官师

封爵军师附、职官表、名宦、循吏轶事附

卷之五　选举

科贡表、武科表、杂用

卷之六　人物上

乡献神童附

卷之七　人物下

隐逸、孝行、义让义施、旌节附、后妃、贤媛、节孝、节烈、贞节、烈女、流寓、仙释

卷之八　艺文

诗、赞、箴、铭、赋、疏、议、序、跋、记、书、辨、墓志铭、文、撰著目录、灾祥、杂记

与王兆鳌《朝邑县后志》相较，张明善民国《朝邑新志》在目录设置上有以下三点值得肯定：

（1）民国《朝邑新志》除"星度"外，又设"地理"类，也就是《朝邑县后志》"星野"类中的"疆域、山川、形胜十二景附、关津"独立出来设"地理"类，这样做突出了朝邑地理位置的重要性。

（2）《朝邑县后志》卷之三"政事"类下设"田赋、盐法、关税、邮递、祀典、风俗物产附"6类，民国《朝邑新志》虽不设"政事类"，却设有秩祀、风俗、赋役及河患、兵事类，也就是说，作为《朝邑县后志》二级目录的"赋役、祀典、风俗"，到《朝邑新志》已被提升到一级目录了，反映了作者的卓识。

"国之大事，在祀与戎。"祀指"祭祀"而言，戎指"军事"而言。具体到地方也是一样。因而，民国《朝邑新志》"秩祀、兵事"两类的设置是完全必要的。

赋役与风俗两类有着密切联系。赋役是中央政府对地方的摊派，也是地方对中央政府所尽的义务。风俗（附物产）不仅是中央政府对地方施行教化的依据，而且也是中央政府对地方征收赋税和摊派劳役的参考。所以，民国《朝邑新志》"赋役、风俗"

两类的设置也是完全必要的。

朝邑北有洛河，南有渭河，东有黄河。迁徙不定的河道，反覆造成"鬼无墓，人无庐，百万田产了无余"①的凄惨景象，使沿岸百姓饱受其灾，因而民国《朝邑新志》设"河患"类是对民生的关注，显然是不可或缺的。

（3）在《朝邑县后志》中，"灾祥"是附在卷之八"艺文"类中，而到了民国《朝邑新志》，"灾祥"升为一级目录。

作者之所以在民国《朝邑新志》中把"灾祥"升为一级目录，与作者曾在广西任两届职事（县长）的经历有关，同时也与邑人阎敬铭（清户部尚书）倡议修建丰图义仓以备灾荒②有关，反映了作者情系民瘼的意识。

### （二）资料翔实

主要体现在两个方面：

一是注重口述材料。

据霍勤燡《续修朝邑县志序》可知，民国九年（1920），朝邑县令赵元丞与各位绅耆商议后请霍勤燡兄弟修撰县志，但采访未周而霍勤燡仲兄捐馆，采访任务没有完成。

又据张明善《朝邑新志序》可知，张明善岁甲子（民国十三年，1924）从粤西返秦后，朝邑县令宫逸泉就再三邀请闭户蛰居的张明善出山参与修县志事宜，张明善勉任其役，并不负众乡绅所望，明年（民国十四年，1925）就完成了采访过半的任务，可见对口述材料是多么的重视。由于出色完成了采访工作，这样，修志的任务也就落到了张明善的头上。

二是对修志有用的资料，无论官私均不遗余力地搜集。

由于辛亥革命时朝邑县署被毁，"档卷散轶，半无可稽"，纂者不得已而"询诸耆宿，访诸田叟"即进行采访，搜集口述材料。除官方正史材料与口述材料外，纂者又"考之金石，旁及野史稗说私家著述"，"凡有可以资考证者，即一事一物，无不採录靡遗"。也就是说，在修志时对考证有用的材料，不论官私，均加以搜集。可见，作者在材料翔实的追求上是不遗余力的。

### （三）在新旧志书中，民国《朝邑新志》部头最大

在张明善民国《朝邑新志》（即霍勤燡所谓民国《续修朝邑县志》）之前，关于朝

---

① （明）王钺：《黄河民谣》，（清）王兆鳌：《朝邑县后志》（"中国方志丛书"影印清康熙刻本）卷8《艺文》，台北：成文出版社，1969年，第354页。

② 张维慎：《阎敬铭与丰图义仓》，《文博》1998年第3期。

邑的县志有以下几部。

一是明弘治十七年（1504）知县李益编纂的《朝邑县志》，为最早的县志，惜已失传。

二是明正德年间人韩邦靖（号五泉）的《朝邑县志》，只有两卷七篇，文笔简确，字数不满七千。历代各地先后刻、印、抄、校，现发现有44种版本。

三是明嘉靖至万历年间人王学谟（号河汀）的《朝邑志》，全名《续朝邑县志》，共八卷，每卷一志。版本3种。清康熙五十一年（1712）再版时，王兆鳌序赞其与《韩五泉（邦靖）志》号为双璧。

四是清康熙五十一年（1712），王兆鳌以县令身份，撷取李河滨、刘筠石稿并旁搜广采而加工整理成《朝邑县后志》。共八卷七门，为星野、建置、政事、官师、选举、人物、艺文。凡例、目录极为详细，有自序、张廷枢序、范光宗后序。清同治十三年（1874）有后刻本。

五是清乾隆四十五年（1780），在县令金嘉琰主持下，钱坫在李凯（字河滨）旧稿基础上扩充纂成《朝邑县志》十一卷，首一卷。有毕沅序、闵鉴序、金嘉琰序及朱廷模后序。金嘉琰卒后，其佐职朱廷模升任县令，踵而刻印。一卷一录，依次为地形录、胜迹录、县尹丞尉簿史录、历代著闻人录、孝行忠义并节烈妇录、城池公署学校坛庙修建录、赋税录、科举录、缀录、修志源流录。

六是清咸丰元年（1851）李元春（字时斋，号桐阁）编纂的《朝邑县志》三卷。

七是清光绪三十二年（1906）朱续馨纂修的《朝邑乡土志》，不分卷，抄本。后有民国四年（1915）铅印本。自序说："历史、地理、山水，实杨温如辑；政绩，李荣初辑；兵事、氏族、道路、宗教、物产，则续所辑；耆旧、户口、实业、商务，王仲如辑。"从《朝邑县乡土志》（中国方志丛书·华北地方·第二四二号）看，该志虽不分卷，但篇幅有限，如"物产、商务"只占一页，"道路"只占二分之一页，"人类、户口"只占三分之二页，"人类"只占一行，内容为"皆汉人无别种族"。

从上面的论述可知，民国《朝邑新志》前的县志，部头小者很简略，只有二卷，部头大者也只有十一卷。而民国《朝邑新志》的部头就不同了，由于纂者"为文不计工拙"（民国《朝邑新志序》），"但求翔实""宁详毋略"（霍勤燡《续修朝邑县志序》），所以其部头"篇幅较长"（霍勤燡《续修朝邑县志序》），"成书凡十帙"（民国《朝邑新志序》），也就是十大册。由此可见，民国《朝邑新志》（即民国《续修朝邑县志》）的部头，比它以前任何一部朝邑志的部头都要大，也就是说，资料非常翔实，这是它的优点；而其缺点则是作者说的"为文不计工拙"，亦即霍勤燡说的"笔力有限"（《续修朝邑县志序》）。

沙苑子文史论稿

# 书　评

# 研究区域人类经济活动对自然环境影响的一部力作

## ——评艾冲《公元7—9世纪鄂尔多斯高原人类经济活动与自然环境演变研究》

7—9世纪（大略相当隋唐时期），鄂尔多斯高原地域的人类经济活动处在规模宏大、复杂多变的典型阶段，深刻地影响着后世该地域的自然环境面貌，以至当代人们不得不重视该地域自然环境对邻近区域社会经济发展的制约作用。陕西师范大学艾冲教授主持完成的国家社科基金项目（06XZS007）最终成果《公元7—9世纪鄂尔多斯高原人类经济活动与自然环境演变研究》（40万字）于2012年10月由中国社会科学出版社出版发行。该书对于隋唐时期鄂尔多斯高原人类经济活动的类型、规模、分布，以及各种经济活动影响区域自然环境的方式，作了全面而深入的探索，为当代自然环境形成的历史提供了有益的参考。通读该书，评议者认为其有如下特点：

## 一、谋篇布局，层层递进，逻辑性强

书前有"绪言"，简明扼要地阐述了课题的研究现状、选题意义、价值、研究的重点与难点、主要观点与创新之处、基本思路与方法以及各部分内容简介；书后有附录（相关论文）、参考文献、后记。正文共分七个部分：第一部分"鄂尔多斯高原（暨后套平原）自然地理概述"，包括两章：第一章"现代鄂尔多斯高原自然地理面貌"，第二章"公元6世纪末鄂尔多斯高原自然地理概貌"；第二部分"公元7—9世纪'河曲'地域行政区划建制"，包括五章：第三章"隋代'河曲'地域行政区划建制"，第四章"唐代前期'河曲'地域行政区划建制"，第五章"唐代后期'河曲'地域行政区划建制"，第六章"唐代前期'河曲'地域粟特人'六胡州'建制演替"，第七章"唐代前期'河曲'地域及邻区突厥族羁縻府州建制"；第三部分"隋唐时期'河曲'地域各族人口的数量、分布及其生业构成"，包括三章：第八章"隋代'河曲'地域人口的数量与分布"，第九章"唐代前期'河曲'地域各民族人口的数量与分布"，第十章"唐代后期'河曲'地域各民族人口的数量与分布"；第四部分"隋唐时期'河曲'地域农耕、畜牧、手工和商贸诸业的分布格局"，包括四章：第十一章"公元7—9世纪'河曲'地域的农牧演替"，第十二章"唐代'河曲'地域手工业和商业的分布与兴衰"，第十三章"唐代鄂尔多斯高原人类经济活动影响自然环境的力度差异及其原因"，第十四章"公元7—9世纪'河曲'地域屯田经济的空间分布及其对环境的影响"；第五部分"唐代'河曲'地域城市及城镇的分布与影响"，包括两章：第十五章"唐代'河曲'内外驻防城群体的分布与作用"，第十六章"唐代'河曲'地域城市及城镇的等级与形制"；第六部分"隋唐时期'河曲'地域自然环境对人类经济活动作用的响应"，包括两章：第十七章"友好型响应——维持人类社会与自然环境的相对和谐"，第十八章"负面型响应——局部区域自然环境退化对人类社会的反作用"；第七部分"研究结论"，包括两章：第十九章"公元7—9世纪鄂尔多斯高原人类经济活动与自然环境互动关系的总结与反思"，第二十章"历史启示：应对鄂尔多斯高原自然环境退化的方略"。七个部分之间呈递进关系，逻辑性极强，而每部分的"题记"则把读者导入了作者的研究思路上；各章的"小结"，则为读者点明了该章的中心思想，使人豁然开朗。

## 二、研究方法，采用多重证据法

在《公元7—9世纪鄂尔多斯高原人类经济活动与自然环境演变研究》一书中，作者善于吸收其他学科的研究成果，以多重证据法来探讨特定区域历史地理问题，收到了良好的效果。

国学大师王国维创立的"二重证据法"（文献资料与考古资料相结合），作者运用娴熟。在使用文献资料（包括正史、方志等）时，有问题的地方作者常以"笔者按""著者按"的方式进行小考证，如该书第79页指出《元和郡县志》谓胡洛盐池"在县（夏州长泽县）北五十里"实误，应以《太平寰宇记》"在县北五百里"为正；再如第122页指出《旧唐书·地理志·银州》"八年，改属柘州。十三年，柘州废，来属银州"中的"柘"是"祐"之误，这是字形相近造成的。又如第285页指出《新唐书》卷53《食货志三》"东起振武，西逾云州"之"云州"当作"胜州"。凡此，不一而足。作者不仅严谨地使用文献资料，而且也重视考古资料的吸收，如第六章"唐代前期'河曲'地域粟特人'六胡州'建制演替"、第十五章"唐代'河曲'内外驻防城群体的分布与作用"就较多地使用了考古资料。

在用"二重证据法"研究历史地理问题的同时，作者高度重视历史地理学的实地考察法，有计划地组织了5次野外考察和实地社会调查活动。实地考察的成果，书中多有反映，如该书第305页指出："初期'毛乌素沙漠'位于唐代夏州城西北方、宥州之境，即今鄂托克旗与鄂前旗的东部地方。经过我们2007年的实地调查证实，在此地分布着为数较多、范围较广的下伏沙质地层的地表，因当代工程施工而开挖的地层剖面直观地显示出沙质地层构造。这就为我们提供了毛乌素沙漠的起因是因人类过度放牧而'就地起沙'形成的可靠物证。"再如第324页指出："值得注意的是，在实地考察中所见库布齐沙漠的沙丘沙地物质呈现红黄色，与（李益）文中'至今草与沙皆赤'之语相符合。由此可知，诗人所谓'沙赤'乃纪实之作。"实地考察所见，印证了文献的记载。还有书中收录的12幅图版，系实地考察时所摄，内容包括地层剖面、风蚀坡面、风蚀地表、风积沙丘、动植物等，成为研究鄂尔多斯高原相关历史地理问题的珍贵形象资料。

由于作者善于吸收其他学科的研究成果，"二重证据法"与实地考察法并重，以多重证据法来论证历史时期的相关历史地理问题，加之行文朴实流畅、条理清晰，论说充分，该书的专题论述与分析就自然地令人信服。

## 三、全面再现7—9世纪鄂尔多斯高原各种经济活动的真实面貌

要探讨人类经济活动的真实面貌及其与自然环境演变的相互关系，即顺利地探究各种经济活动的兴起、发展、衰落的历史真相，前提是必须把握住行政区划的框架。7—9世纪，鄂尔多斯高原与毗邻的后套平原地域（古称河曲）的行政区划建制包括两个类别：正规的都督府/节度司—州/郡—县体系，羁縻的都督府—州—县体系。作者认为，隋唐时期"河曲"地域存在四个地方高层行政建制单位：夏州都督府/夏绥银宥节度司、灵州都督府/灵盐节度司、丰州都督府/天德军都防御司、胜州都督府/振武军节度司。

明晰了行政区划的框架，各行政区的民族与人口问题，就自然成为作者研究的重要内容。迄天宝元年（742），"河曲"地域的人口总数已达750137人。汉、粟特与稽胡等族人口达到305137人（粟特人口为34320），突厥族人口约近10000人，铁勒族人口大略为35000人，吐谷浑人口约有70000人，党项羌人口则达330000人。安史之乱后，铁勒、突厥、粟特、吐谷浑诸族人口相继迁出"河曲"地域，唯有汉、稽胡、党项留居原地，尤其以党项羌人口增长显著，遍及"河曲"地域，成为当地人口的主体。唐代"河曲"地域的各族人口呈现交错分布的时空特征，从而影响到社会经济的分布格局变化。

在公元7—9世纪的"河曲"地域，人类经济活动大体分为农耕业、畜牧业、手工业和商贸业，以及交通运输业。此时期在"河曲"地域，农业经济分布在该地域的边

缘地带——那些土壤肥沃、水源富裕、地形平缓、气候温和且具灌溉之利的地方，成为农业经济的重心区域。与此同时，随着"河曲"地域五个游牧族群人口的增加，畜牧经济占据了鄂尔多斯高原的大部分地表。至唐后期，党项羌成为"河曲"地域从事游牧型畜牧业的主要族群，遂出现游牧经济取代农业经济的态势。"河曲"地域农牧业的嬗替与分布状态显示出纵向阶段性、政治军事形势制约、民族人口数量和民族生业构成的影响等时空特征。

其时，"河曲"地域存在的诸多手工业包括畜牧产品类手工业、农耕产品类手工业、采矿产品类手工业以及狩猎产品类手工业。各民族之间、内地与北疆间的商货流通与交换，既有官方控管的互市贸易、朝贡贸易，也有民间自发的长途贩运、互通有无的商品交换。

隋唐时期"河曲"地域的城市及城镇，既包括因成为行政中心或因工商活动而兴起的地方性城市或城镇，又包括出于军事防御需要而建筑的驻防性城市或城镇。"河曲"内外，驻防城群体经历从无到有、由少增多、重心转移的发展过程，先后出现在黄河弯曲河道内侧及外围地带，至唐后期驻防重心转移至高原南部的无定河上游地区。驻防城群体的维持与延续，势必给予周边自然环境相当大的负面影响，引发其附近森林植被的缩减。这成为毁坏森林植被的重要动因之一。

总之，公元7—9世纪是鄂尔多斯高原社会经济发展的重要时期。作者详细论述隋唐时期鄂尔多斯高原的行政区划建制，人口数量与分布，农、牧、工、商、交通各种社会经济活动的兴衰，城市与城镇的出现及发展历程。在此基础上，重点探讨了人类经济活动对区域自然环境产生的不同影响。

## 四、具体阐述人类经济活动对自然环境的影响方式与力度

作者指出，在隋唐时期鄂尔多斯高原，自然环境受到人类经济活动的影响，被动地依随社会经济活动的力度强弱、范围大小、速度快慢和方式差异而做出两类不同的响应。

其一，在那些人类活动力度较弱、范围较小、速度缓和、以选择性永续利用的渐进方式开发自然资源的地方，自然环境虽然受到某种程度的干扰或损伤，但可在一定时间通过自我更新机制予以修复，重塑自然生态系统，从而做出友好型响应，维持生态系统相对平衡，与人类社会和谐共处。正如该书所揭示：该时期农业经济主要分布在鄂尔多斯高原的边缘地带和后套平原，由于水土条件优越而未引起自然环境的负面响应。

其二，在那些人类活动力度很强、范围很大、速度较快、以"竭泽而渔"的地毯

式开发利用自然资源的地方，自然环境承受不起人类大规模的破坏，其自身的运动规律和生态自我更新机制被打乱，从而失去维系生态相对平衡的机会，势必做出环境退化的负面响应，阻碍人类社会发展的进程。在隋唐时期"河曲"草原地带，过度放牧和大肆采挖甘草、地软、发菜、肉苁蓉等自然资源的后果，就使草原植被遭到强烈破坏、土壤裸露，易受风力侵蚀而致使草原生态退化，最终使社会畜牧经济受到制约影响。在7—9世纪的"河曲"地域，天然生态环境的自我更新机制被破坏而引起环境退化的地方，主要分布在"河曲"西北部、黄河之南，即早期"库布齐沙漠"——"库结沙"区域；"河曲"中部偏西的"六胡州"地区，即初期"毛乌素沙漠"之区。作者指出：初期"毛乌素沙漠"的出现，基本成因是过度的畜牧经济活动所引发，并非所谓过度农耕生产所驱动。迄9世纪末期，库布齐沙漠继续向东缓慢扩展，毛乌素沙漠亦向东南方逐渐蔓延。两个沙区从此给予鄂尔多斯高原生态环境演变以潜在而巨大的负面驱动力，致使区域沙漠化土地越来越广，乃至今日两大沙漠几乎覆盖鄂尔多斯高原全部。

## 五、提出多项合理化建议，体现了历史地理学"有用于世"的治学目的

作者认为：在7—9世纪（相当隋唐时期）三百年间，人类经济活动影响下的鄂尔多斯高原自然环境发生的变化为我们提供了正反两方面的历史借鉴，让我们反省过去经济社会发展过程中的问题，扬优汰劣，使我国社会经济真正循着与大自然和谐共处的可持续发展的道路适度运行。

回顾7—9世纪"河曲"地域人类经济活动与生态环境的互动过程，作者提出了四点建议。

第一，除国家政策或制度因素外，人口数量应维持在当地生态环境可承载的限度之内，是解决环境问题的根本方法。作者指出："隋唐时期，'河曲'地域总人口数量（尤其是农业人口数量）远低于汉代，也低于现代，因此未引起生态环境的大范围恶化的事实，是值得我们借鉴的良好先例。"（该书第346页）而当时灵州曾出现了两次黄河清（一次在贞观二十三年、一次在长庆元年）的现象，即印证了作者的观点。有鉴于此，作者认为："限制牧业及农业人口数量的不合理增长，维持在自然环境可供养的限度内，是解决环境问题的根本方法。"（该书第346页）这种观点无疑是正确的。

第二，人类经济活动方式必须与所处的自然环境条件相适应。具体地说，推行产业结构调整，改变区域社会经济发展模式——宜农则农、宜牧则牧、宜工则工、宜矿则矿，关注产业和工程建设对自然环境的影响程度，建立环境评估机制、严重污染工

业的淘汰制度。

第三，开发自然资源的力度须保持适度，以不损害自然环境自我修复机制及能力为宜。具体说来，在政府引导下，改变鄂尔多斯高原地域居民的生活模式——建立能源节约型社会及社区、摒弃高消耗生活方式，鼓励使用传统的生活燃料与建筑材料的替代品，建立防火消防机制。

第四，稳步推进绿色生态工程建设，宜草则草、宜灌则灌、宜林则林，分区实施绿色植被再造工程。在重塑绿色生态系统的过程中，为保持其有效性、稳定性和延续性，建立完整配套的绿色植被再造与管护制度、破坏植被惩罚制度、乡规民约的自律系统，是完全必要的。

作者的研究结论，旨在为推动当代经济建设与环境保护的和谐发展提供借鉴和启示，因而提出的四条合理化建议，充分体现了历史地理学"有用于世"的治学目的。

当然，书中还存在少许不足或疏漏：一是繁简字不统一问题，如表示地点状语的介词"于"，在多数情况下用繁体"於"，但个别情况却用简体"于"（第119页）；再如"军"字一般用简体，但个别地方却用繁体"軍"（第93页）；又如"时"字一般用简体，但个别地方却用繁体"時"（第163页）。二是书中仍有个别讹误，如第315页"图18—2"在正文中误为"图34"、"图18—3"在正文中误为"图35"；再如第133页引《隋书·高祖纪》时，"己丑"之"己"误为"已"，乃字形相近致误耳。

作为一部学术专著，该书虽存在少许不足或疏漏，但与其优点相比就微不足道了，正所谓瑕不掩瑜，因而本书仍是一部研究区域人类经济活动对自然环境影响的一部力作，对于深入探究区域人类经济活动对自然环境演变的影响与作用具有重要的理论启发意义和现实借鉴价值，实为关注环境变化的专家学者、政府部门和普通读者的必备文献。

原文载《陕西历史博物馆馆刊》第20辑，西安：三秦出版社，2013年

# 研究古代中韩关系史的一部力作

## ——拜根兴《唐代高丽百济移民研究》评介

  2012年9月中旬的一天，以研究古代中韩关系而颇受学界关注的陕西师范大学历史文化学院的拜根兴教授来访，并以其新作《唐代高丽百济移民研究——以西安洛阳出土墓志为中心》（中国社会科学出版社，2012年版）相赠。收到新著，我非常高兴。此前我对唐与朝鲜半岛政权交往涉及的问题亦偶有涉猎，但绝对谈不上专攻。作为多年来砥砺学术频繁交流的学界朋友，给新作撰写一篇书评责无旁贷。通读全书，收获良多。我认为拜根兴教授的新著有以下六方面的特点：

  第一，注重资料收集，论述有理有据，堪称古代中韩关系史研究领域的一部力作。本书是作者继《七世纪中叶唐与新罗关系研究》（中国社会科学出版社，2003年版）、《唐朝与新罗关系史论》（中国社会科学出版社，2009年版）后的第三部学术专著。作者在解释唐与朝鲜半岛的关系时虽采用的是符合历史事实的"朝贡体制"（或称为"册封体制"），即"从中原看周边"的视角，但在搜集资料时，却对葛兆光先生"从周边看中国"的观点进行了吸收，他利用自己曾经在韩国留学、熟谙朝鲜语及韩、日学界的研究动态，以及多次出席韩、日学界举办的国际学术研讨会之机，最大限度地搜求韩、日等国学者的相关研究成果，这样作者对国际学术动态就了如指掌，视角更加宽广，加之论证缜密，得出的结论自然令人信服，难怪李鸿宾教授称此书是"中国大陆学术界吸收韩国（包括日本）相关学术研究成果并将其推进动较高层次的一部比较典型的作品"（李鸿宾《跋》）。所以，我们可以毫不夸张地说，本书是目前学术界研究唐代中韩关系史的一部力作。

  第二，科学界定入唐高丽百济人涉及概念，正本清源。据笔者了解，以往中韩学界将高丽、百济入唐者定位"遗民"，而作者在本书中则使用了"移民"的新概念。"遗民"与"移民"是含义不同的两个概念："遗民"一般是指不脱离原住地或母国就能谋生的群体，而从汉语的语境考察，移民"是指那些脱离原住地或母国到另外地区或国家谋生的群体。"（李鸿宾《跋》）高丽、百济移民进入唐朝境内后，"其本人以及后裔均已成为大唐帝国的臣民，如果仍以'遗民'视之，既不符合历史事实，又会造成理论上的混乱，并会给研究工作带来一些不必要的麻烦"（杜文玉《序》），为了避免不必要的误会，更加明确移民群体的概念，作者"将高丽、百济迁往唐朝内地即入唐高丽、百济官民统称为高丽、百济'移民'"（拜根兴《前言》）。这比中韩学界此前使用的"遗民"概念更加合理，也更科学，因而成为本书的一个亮点。

第三，采用"二重证据法"与野外调查法并重探讨问题，得出令人信服的结论。"二重证据法"是国学大师王国维发明的一种治学方法，该方法立足于考古资料，并与文献资料相结合，以此来解决历史问题，对后世产生了深远的影响。拜根兴教授的《唐代高丽百济移民研究——以西安洛阳出土墓志为中心》，其资料立足于考古资料的墓志，这从书名的副标题"以西安洛阳出土墓志为中心"即可明了，具体地说，作者著作中收录了西安和洛阳出土的高丽移民墓志21方、百济移民墓志11方。作者释读墓志并进而解决高丽、百济移民问题时，除了阅读《金石录》《宝刻丛编》《金石萃编》《海东金石苑》近20种志石文献及相关论著外，又阅读了《旧唐书》《新唐书》《资治通鉴》《唐会要》《唐六典》《通典》《三国史记》等30种文献，可以说是对"二重证据法"的活学活用。作者不仅重视"二重证据法"，同样重视野外调查法，在上篇第四章"踏访高丽移民遗迹的实践与探索"和下篇第二章"入唐高丽移民遗物、遗迹的现状及其分布"、第三章"高丽末代王高藏在唐生活及其冢墓探讨"中，都有这种方法的应用。具体地说，作者利用外出开会之机，曾专门前往洛阳考察高丽移民泉氏家族墓地；又近水楼台，前往西安东郊高丽末代王高藏墓地探访，赴西安市长安区郭杜镇考察新发现的百济人祢氏家族墓地。作者强调指出："通过踏访高丽遗民遗迹，获得一些文献资料中难以找到的内容，对于深化、完善研究，拓宽研究视野具有重要意义。"（第82页）由于作者研究方法正确，得出的结论自然令人信服。

第四，从中原看周边的核心视角切入，符合古代中韩交往的历史事实。在唐代以前，中原王朝就已与周边国家和民族建立了一种"朝贡体制"（或称为"册封体制"）的关系。到了唐代，中原王朝与周边国家和民族继续保持着这种关系，如贞观二十年唐军破薛延陀后，唐太宗幸灵州（治今宁夏吴忠市），铁勒诸部回鹘、拔野古、同罗、仆骨、多滥葛、思结、阿跌、契丹、奚、浑、斛萨等十一姓各遣使朝贡并要求列其地为州县就是证明。在朝贡体系的框架下解释唐王朝与朝鲜半岛的关系，无疑是以半岛诸政权作为藩属角色看待的，这是由双方不对等的地位决定的。李鸿宾教授指出："从唐太宗出兵高丽、高宗持续用兵于此，到高丽臣服、新罗统辖半岛，这一系列行动的背后，体现的就是宗藩关系的确立。"（李鸿宾《跋》）作为宗主国的唐王朝，不仅可以对朝鲜半岛诸政权的统治者赐以王爵称号和财物，还可以在其辖区内设置军事、行政机构；而作为藩属国，朝鲜半岛诸政权的统治者，不仅要定期派使者朝贡，更重要的是要向唐王朝派遣质子以示忠诚。如新罗被唐王朝扶持是用来牵制和打击高丽和百济的，她的藩属地位没有改变，必须派遣质子以示忠诚，正如作者在《〈大唐平百济国碑铭〉相关问题考释》一文中所说："行军大总管由唐军将领担任，下设三名副行军大总管，其中之一则由熟悉百济情形的新罗武烈王金春秋派遣在唐的质子金仁问（王子）充当，以便协调唐与新罗对百济的战时关系。"李鸿宾教授又说："作者撰述的意图仍旧是传统中原核心说的再现，亦即朝贡体系的进一步伸展：从中原看周边成为支配此书作者观察问题的一个核心视角。"李教授的评说是允当的。

第五，微观实证释读，新见迭出。作者在前言中开宗明义，指出他要讨论的问题是"探讨高丽、百济移民出现的背景，入唐途径及路线，唐政府对移民的措施，移民及其现存遗迹遗物分布等，第一代移民之后与唐人的融合等问题，力图勾画在唐朝开放包容、兼收并蓄国策下入唐高丽、百济移民融入唐人共同体的曲折历程"。作者的研究，不仅全面而具体，而且新义迭出，试举例说明之。如唐朝出兵高丽的原因，作者分为表面、深层次两方面："所谓表面原因，即是唐朝认同并主张的中国天下秩序观念，唐朝以此作为处理国家关系的指针，周边众多的国家都支持并认同唐朝担当维持者的角色。所谓深层次缘由，就是对滞留高丽的隋朝俘虏现况的关注，以及辽东地域归属的执着眷恋心态。二者紧密结合，成为唐朝出兵征讨的动力。"（第30页）再如，作者在研究祢寔进墓志时指出："韩文中'植'与'寔'发音相同，祢寔进应是祢植入唐后根据原名读音改定的汉字名字，推证墓主祢寔进就是文献中出现的'祢植'。"（第97页）在研究祢仁秀墓志时，作者重申了这种观点："笔者依据祢寔进墓志铭所及祢寔进入唐后担当的正三品官职及所受的重视，推测文献资料中的祢植，就是入唐后担当左威卫大将军的祢寔进本人……祢仁秀墓志证明了史料中的祢植就是祢寔进墓的主人祢寔进。"（第131页）又如，韩国学者卞麟锡教授认为宋人张礼《游城南记》中的"高丽曲"在今户县宋村（原名高力渠），而作者以为《游城南记》中的"高丽曲"，应该是在距西安城较近的地方，而非书中比定的原高力渠所在地（第144页）。凡此种种，不一而足。

第六，章节设置平衡自然，谋篇布局自成一体。书前有中国唐史学会副会长杜文玉教授的"序"和作者"前言"，书后有"参考文献"、李鸿宾教授"跋""后记"。全书由上篇、下篇、附篇组成。上、下篇是全书的主干，系作者近十余年来在此领域发表文章的总汇；附篇收录32方墓志铭文，系作者从各种期刊和著作中搜寻而来，为学界进一步研究提供了便利。上篇名为"高丽、百济与唐朝关系及移民研究"，由"高丽与唐关系：高丽移民入唐的起因""高丽移民相关问题研究的现状与展望""唐人对高丽及高丽移民的认识""踏访高丽移民遗迹的实践与探索""入唐百济移民研究的现状"五章组成；下篇名为"高丽、百济移民遗迹分布及个案研究"，由"入唐百济移民遗物的现状及其分布""入唐高丽移民遗物、遗迹的现状及其分布""高丽末代王高藏在唐生活及其冢墓探讨"百济移民祢寔进墓志相关问题""高丽移民高性文、高慈父子墓志相关问题""高丽移民高足酉墓志铭相关问题""李他仁墓志涉及的几个问题"七章组成。全书章节平衡自然,谋篇布局合理。另外,作者是一个有心人,他不仅重视考古资料中的墓志铭文,而且对墓志铭拓片也很看重,书前汇集29方墓志拓片的精美照片,就是明证。29方墓志拓片的精美照片,在研究高丽、百济移民的相关问题时可以参详、比照,而在读图时代则为本书增色不少。

　　作为学术著作,本书难免有不足之处。主要是附篇体例不同一。前已指出,附篇收录32方墓志铭文,系作者从《全唐文》、《唐代墓志汇编》(周绍良、赵超主编)、《全唐文补遗》(千唐志斋新藏专辑)、《远望集——陕西省文物考古研究所华诞四十周年纪念文集》(陕西省考古研究所编)、《唐代墓志汇编续集》、《西安碑林博物馆新藏墓志汇编》(赵力光主编)、《社会科学战线》、《东北史地》、《文博》、《碑林集刊》等各种期刊和著作中搜寻而来,这就存在体例不统一的问题,如每方墓志铭的铭曰后各段末尾"其一""其二""其三",有的放在圆括弧内,有的则不加圆括弧;有的放在每段末尾句号前,有的则放在每段末尾句号后。作者是想保持资料的原貌本没错,但我个人认为应体例统一(后加按语以说明之),见仁见智吧!

　　本书虽然存在少许不足,但与上面我们论述的六方面优点相比,就微不足道了,因而仍不失为一部值得重视的上乘之作,用中国唐史学会副会长杜文玉教授的话来说,既是一部值得重视的古代中韩关系史研究领域的力作,也是一部颇见功底的探讨唐代民族史的重要著作。

　　　　　　　　　　　　　　　　　　　　　原文载《当代韩国》2014年第1期

# 研究两汉三辅政区、职官与人口的成功之作
## ——贾俊侠等《两汉三辅研究：政区、职官与人口》评介

贾俊侠等所著的《两汉三辅研究：政区、职官与人口》（长安历史文化丛书）于2019年3月由陕西人民出版社出版，该书融合了历史地理与职官制度，对两汉时期三辅的政区、职官以及人口沿革史研究有重要意义。通览全书，笔者认为该书有以下五个方面的特点：

其一，作者把研究对象置于两汉三辅的立足点上意义重大。

从《两汉三辅研究：政区、职官与人口》的书名来看，作者研究的时间段是两汉，即公元前206—220年；地区是三辅，即左冯翊、右扶风和京兆尹；研究的内容包括政区、职官与人口。"三辅"一词，最早出现于司马迁的《史记》卷123《大宛列传》中。有关"三辅"区域历史文化研究的论著，古代大致有《三辅旧事》《三辅故事》《三辅黄图》《三辅决录》《三辅记》等。"三辅"的范围，大致相当于狭义"关中"的范围。继周、秦定都关中之后，素有"长者"美誉的汉王刘邦，力排众议，把国都选在关中腹地——长安，以便就近经营西北，从而奠定了西汉盛世王朝的格局。雄才大略的汉武帝，凭借"文景之治"积累的雄厚财力，先后派卫青、霍去病等大将征伐匈奴，解除了边患，畅通了丝绸之路，使西汉王朝走向了辉煌。因而，贾俊侠等把研究对象"政区、职官与人口"置于两汉三辅的立足点上，从我们今天的"一带一路"国家战略来看，对于陕西走向全国乃至世界或多或少都有有益的借鉴作用。

其二，结构完整，层次分明。

该著除前言、参考文献、附录、后记外，正文分上、中、下三编：上编"两汉三辅政区制度"包括三章，题目分别是"文献所见两汉三辅之政区""两汉三辅政区沿革及其属县""两汉三辅地位的变化及原因"；中编"两汉三辅职官制度研究"包括四章，题目分别是"文献所见两汉三辅之职官""两汉三辅长吏之职掌""两汉三辅长吏的选

任与迁转""两汉三辅佐官及属吏";下编"两汉三辅地区人口制度研究"包括两章,题目分别是"两汉三辅地区的人口数量与分布""两汉三辅地区的宗教与学术文化"。上中下三编将两汉三辅的政区、职官及人口变化发展勾勒清晰,结构完整,层次分明。

其三,采用"二重证据法",方法科学。

作者长期致力于历史文献学的教学与研究,对《史记》《汉书》《东观汉纪》《汉官仪》《三辅黄图》《太平御览》等文献资料甚为熟悉,在广泛搜集前人研究成果的基础上,采用国学大师王国维"二重证据法",把文献资料与考古资料有机结合,论从史出,结论自然令人信服。王子今先生对此亦极为称许:"《两汉三辅研究:政区、职官与人口》……坚持实证原则,重视文献资料与考古收获的合理结合,这些优越之处,都值得称道。"(贾俊侠等:《两汉三辅研究:政区、职官与人口·序一》,西安:陕西人民出版社,2019年)。

其四,大量使用图表。

作者把纷繁复杂的人或事绘制成图表,寓繁于简。该著收录《西汉三辅政区示意图》《西汉京兆尹政区示意图》《西汉左冯翊政区示意图》《东汉左冯翊政区示意图》《西汉右扶风政区示意图》《东汉右扶风政区示意图》等18幅图,以及《出土文献所见两汉"三辅"概况表》《出土文献所见两汉京兆尹政区及属县概况表》《出土文献所见左冯翊及其属县情况表》《出土文献所见两汉右扶风政区之概况表》《出土文献所见曾为两汉右扶风政区属县概况表》《三辅区划沿革表》等69个表格。这些图表不仅能使人把握全局,而且又可以从全局中把握局部,对于分析研究问题起到了纲举目张的作用,使本书大为增色。

其五,分析细致入微,多有新见。

如《汉书·百官公卿表》有"守左冯翊延免"一语,有学者将这里的左冯翊人名释为"□延免",而作者认为西汉左冯翊有试守制度,"守左冯翊延免"应断句为"守左冯翊延,免",因而左冯翊"□延免"应为"□延",不无道理。再如,《汉书·百官公卿表》中的左冯翊刘彭祖,经作者以本证法考证应为"严彭祖",亦可成立。作者认为"两汉时期左冯翊的学术地位低于京兆尹和右扶风"的学术观点,也是正确的。此类新见,在书中时有出现,此不赘述。

总之,《两汉三辅研究:政区、职官与人口》是一部成功的学术专著,它的出版,实学术界之幸事也!愿贾教授等能有更多的著作问世。

# 嘉惠学林的博物馆学工具书

田静研究馆员的著作《博物馆学论著目录》（上下册），145万字，2019年11月由科学出版社出版。

中国古代的目录学，肇始于汉代。西汉成帝时的大学者刘向奉旨校书，编成了目录学著作《别录》；其子刘歆在《别录》基础上又编成了《七略》，分图书为六大类，这在班固《汉书·艺文志》中有所反映。西晋时秘书监荀勖的《中经新簿》改变《七略》体例，分图书为甲、乙、丙、丁四部，这便是后世经、史、子、集四部分类法的开端。唐人编的《隋书·经籍志》，则把经史子集四部分类法完全确定下来。此后，一直到清代，官方的图书分类，一直沿用经史子集四部分类法。

中国近现代的先贤，除进行专门的研究外，也致力于为学者提供便利之目录学著作的撰写，张之洞的《书目答问》即是其一。《辞源》《辞海》是学者们常用的工具书，但它是集体智慧的结晶。老一辈学者的工具书，有翦伯赞主编的《中外历史年表》（中华书局1961年版），陈垣的《二十史朔闰表》（中华书局1962年版），容庚编著的《金文编》（中华书局1985年版），张忱石、吴树平编的《二十四史纪传人名索引》（中华书局1980年版）等；现代学者的工具书，有高明的《古文字类编》（中华书局1980年版），宋镇豪主编的《百年甲骨学论著目》（语文出版社1999年版），周绍良、赵超主编的《唐五代墓志汇编》（上海古籍出版社1992年版），周伟洲、王欣主编的《丝绸之路大辞典》（陕西人民出版社2018年版），王双怀、贾云主编的《二十五史干支通检》（三秦出版社2011年版）等，不一而足。这些工具书，是学者为别人做嫁衣的，是一种奉献，值得吾辈学习。

纵览《博物馆学论著目录》（上下册），我认为有以下几个显著特点：

第一，内容涉及博物馆学研究多个方面，资料全面系统。

全书除序和后记外，正文分上、中、下三编。上编是"博物馆学论著目录"，包括九个方面：一、博物馆学通论、概论，二、博物馆学专题研究、工作研究，三、博物馆与博物馆学者介绍，四、馆藏文物研究、藏品图录，五、基本陈列与临时展览图录，六、博物馆馆刊、集刊、辑刊，七、博物馆学论文集、会议论文集，八、年鉴、指南、目录、纪念文集，九、其他。中编是"博物馆学著作与博物馆出版物内容提要"，内容与上编的九个方面基本一样，只是三改为"博物馆介绍、博物馆学者传记"。下编是"博物馆学论文目录"，内容包括十八个方面：一、博物馆总论，二、博物馆管理，三、博物馆陈列展览，四、博物馆藏品管理与保护，五、博物馆社会教育与讲解，六、博物馆建筑与安全防范，七、博物馆服务，八、博物馆营销与文化产业，九、数字化博物馆与信息化建设，十、博物馆考察（调查）报告、博物馆与博物馆学者介绍，十一、生态博物馆，十二、非国有博物馆，十三、博物馆与非物质文化遗产，十四、其他，十五、书评与书讯，十六、会议资讯，十七、短论与简讯，十八、硕（博）士研究生学位论文。

本书条目收录广博完整、编目分类科学系统，以公开出版发行的书籍、报刊为主，兼收部分内部资料，包括博物馆业务的方方面面，可谓全面而系统。

第二，收录时限跨度长，给研究提供极大便利。

有关博物馆学目录书籍，之前有段勇先生主编的《中国博物馆学研究论著目录》，英汉对照，新华出版社2010年10月出版。

本书是秦陵博物院"博物馆学研究丛书"之一，因该丛书已出版孟剑明先生主编的《博物馆学论著目录》（1949—1993），故本书博物馆学论文目录收录时限是1994—2014年，内容与上述衔接。博物馆学著作与博物馆出版物内容提要收录时限是1918—2014年。因此，本书是近百年博物馆学论著的目录索引和博物馆学著作的内容提要。

任何一个学科的发展，都伴随着研究成果以文章和专著形式的不断发表，以供其他研究者参考，博物馆学研究也不例外。学者在研究博物馆学的相关课题时，只要在《博物馆学论著目录》基础上，再查2015—2019年的学术成果，即可掌握相关课题的学术史。对学者而言，利用本书不仅起到了事半功倍的效果，而且能节省大量的时间。因而，本书将为学者研究提供极大便利。

第三，撰写博物馆学著作内容提要，承继我国先贤传统。

中国古代学者，有为图书撰写内容提要的传统。这方面的著作有宋代晁公武的《郡斋读书志》、陈振孙（号直斋）的《直斋书录解题》、清代的《四库全书总目提要》。对于学者来说，只要阅读了图书的内容提要，就大致了解书中的内容及对自己有用的材料。

本书中编是博物馆学著作、博物馆出版物的内容提要，包括著者（或编者）、出版社、出版年、页码总数、开本、内容提要以及书影（照片）。内容提要，有长有短，多数字数在200字至300字之间。最短者字数只有几十字，如国际博物馆事务局《博物馆学》（1934年）即是。最长者字数可达800余字，如马自树《文博丛谈》（紫禁城出版社2005年版）即是。每本书的文字介绍后均附有彩色书影照片，只要按图找书，就很容易得到需要的资料。

第四，书后附作者人名索引，综合展示学者的研究成果。

作为博物馆学极其重要的学术史研究，本书起到了纲举目张、豁然开朗的作用。书中研究成果的编排，不论是著作还是论文，均在各专题下按发表时间先后排序。读者首先要确定查找的资料是在著作中还是在论文中，其次再确定论著发表的年份。这样，便能迅速在某一专题的某一年份之下找到所需资料。

书后附有作者索引，便于读者了解某位学者的研究成果。这些资料有助于读者全面了解每位学者的研究方向和研究成果。

我们在受惠于这部工具书的同时，也应看到编纂者的不易和艰辛。1993年，田静传承我国近现代先贤治学传统，申请"百年博物馆学论著目录"课题获批立项。1999年，课题完成后，得到了宋伯胤、楼宇栋、张文立等前辈的肯定。油印本《博物馆学论著目录》（1935—1995）在同仁中传阅并获好评。但作者并未满足已有的成绩，而是继续补充完善，其结项成果，就是这本《博物馆学论著目录》。作者在《后记》中说，已去过65个博物馆并拍摄书影、论文资料照片20余万幅，撰写札记、抄录书摘350万字，购买、获赠博物馆期刊和图书近4万册。这项课题的工作量之大，由此可见一斑。

2008年后，大批综合类博物馆免费开放，博物馆编辑出版的学术期刊、藏品集萃、展览图录等书籍日渐增多，但有些书籍很难在书店和网上买到。从《后记》中作者所列的感谢单位和帮助者人数有数十人之多来看，资料搜罗范围很广，这是在学术资源上保证其课题顺利完成的有力支撑。

总之，《博物馆学论著目录》是一部嘉惠于学林的博物馆学工具书。

原文载《中国文物报》2021年元月19日第4版"综合"

# 后　记

　　人生苦短，不知不觉间两鬓斑白，即将步入耳顺之年了。在退休前，把自己多年来在工作之余学习和研究而发表的论文结集出版，算是对自己学术研究的阶段性总结。

　　拙著《沙苑子文史论稿》共收论文45篇，除《秦末谋士范增事迹钩沉》一篇为2004年发表外，其余论文均为2013年至2022年十年间发表的论文，虽不敢说十年磨一剑，但日积月累却也小有所成。《沙苑子文史论稿》共分七个部分：第一部分"文物研究"，收入《鎏金铜蚕与秦汉王朝的农本政策》《论唐墓壁画中侍女所持"丁"字形竿的用途》等论文7篇；第二部分"古代礼俗研究"，收入《谈"踞坐俑"及其相关问题》《"跪拜俑"溯源》等论文4篇；第三部分"唐人疾病研究"，收入《试论唐高宗的"风疾"及其治疗》《情志与疾病——以出土唐代墓志为主的考察》等论文4篇；第四部分"历史地理研究"，收入《论三国时期诸葛亮北伐的目的、行走道路及粮草供给》《〈新唐书〉"青他鹿角"新解——兼谈"青虫"之名实》等论文9篇；第五部分"中国古代史研究"，收入《浅谈三国时期曹魏的"质任"制度》《唐鸿胪卿萧嗣业事迹钩沉》等论文10篇；第六部分"读书札记"，收入《读书札记二则》《读史札记十则》等论文7篇；第七部分"书评"，收入4篇论文。

　　这些论文，多是有感而发！而不论哪一类论文，我们的目的是力图恢复历史的真相，这是历史研究的基本要求！愚者千虑，必有一得！在这些论文中，有些论文不乏作者的一孔之见，如：

　　在《鎏金铜蚕与秦汉王朝的农本政策》一文中，笔者认为，关中西周贵族墓中有陪葬玉蚕的习俗，史载秦始皇陵陪葬有金蚕（即鎏金铜蚕），当是对西周贵族墓陪葬玉蚕习俗的继承和发展。周秦汉时期，皇后"亲蚕"礼与皇帝"亲耕"礼一样重要，是国家农本政策的表现。石泉发现的鎏金铜蚕，应是来自高等级的汉墓，它是墓主人参加皇后"亲蚕"礼的纪念，是汉王朝农本政策在丧葬礼仪上的重要体现，也是关中和南山（秦岭）蚕桑业兴盛的反映。

　　在《谈"踞坐俑"及其相关问题》一文中，笔者指出了长期以来文博界在使用

"踞坐"概念时常常与"端坐（正坐）"概念混而为一的错误，并对"踞坐""端坐（正坐）"概念进行了界定：古人席地而坐，欲坐先跪，把臀部压在双脚后跟上坐实，这就是端坐（正坐）；在坐的基础上直起腰，使上身和大腿成一条直线并与小腿垂直，这就是踞，也叫长踞。同时，指出了秦汉时期"踞坐"使用的三种场合：一是某人在对另一人表敬时呈"踞"姿；二是某人应付突发状况时亦呈"踞"姿；三是驭手策马时呈踞坐姿。

在《论唐墓壁画中侍女所持"丁"字形竿的用途》一文中，笔者认为，在初唐至高宗、武周时期，统治者上层鉴赏书画成风。当时书画的立轴，称为障（包括画障、图障、软障等）。统治者上层在鉴赏立轴（挂轴）书画时，其展示方式最少有三种：一是让人用"丁"字形竿或鸦叉（丫叉）悬挑立轴书画直接展示；二是在曲江盛会或贵族的宴会上，以"丁"字形竿或鸦叉悬挑立轴书画挂于架子上来展示；三是让侍女用"丁"字形竿或鸦叉把立轴书画悬挑起来挂在庑殿的横梁上来展示，这在公主墓或高等级墓壁画中多有反映。

在《〈新唐书〉"青他鹿角"新解——兼谈"青虫"之名实》一文中，笔者从文字学和生态环境的角度入手，结合历史文献记载，认为文献所载胜州、麟州的土贡"青他鹿角"，应是两种药材，即"青他"（青它［蛇］）和"鹿角"，反映了当时鄂尔多斯高原生物的多样性。

在《读史札记十则》一文中，笔者认为，《元和郡县图志》误隋雷泽县置于开皇六年，其致误之由是"《隋书》由唐初的魏徵等人撰写，而《元和郡县图志》则由晚唐的李吉甫撰写，显然，是《元和郡县图志》把《隋书·地理志》的'开皇十六年'不慎误抄成了'开皇六年'"。

其他的创见还有一些，恕不一一罗列，读者自可阅读感知。

因各篇论文发表在不同的学术刊物，注释规范自然不统一。为此，作者花费大量时间把各篇论文的注释全部改为页下注，并做了版本信息（包括著者、书名、出版社、出版年、页码等）的核对；严耕望先生肯定"梁任公不惜以今日之我攻昨日之我"的学人精神，是我辈应效法的，因而对个别论文或作了内容增补，或做了内容修订，或增加了相关照片，这在相关论文的文末附有说明。在核对引文过程中，本馆图书资料室王蕾服务热情，助力甚多，特致谢意！

在学术上能取得一点成绩，除家人的支持外，更多地是与师友的支持、帮助分不开的。大荔乡党、陕西师范大学拜根兴教授不辞辛劳而为拙著作序，同门介永强教授挥毫为拙著题写书名，同事梁敏女史把中文目录译成英文，使拙著增色不少，深表谢意！感谢以侯宁彬馆长为主任的馆学术委员会把拙著列入"陕西历史博物馆学术文库"2022年出版计划，感谢科研规划部主任杨效俊对出版的持续关注，感谢同事翟战胜、邹尧不厌其烦地办理图书出版手续，也感谢为拙著的出版而付出辛勤劳动的责任编辑，终使拙著有机会面世！需要感谢的人太多太多，在此恕我就不一一列出姓名了，惟在心中祝福大家"长乐未央""福寿绵长"。

作者

草于陕西历史博物馆科研规划部办公室

2021年8月31日

改于2022年3月30日